일단 합격하고 오겠습니다

JLPT 일본어 능력시험

N1

동양북스

일단 **합격**하고 오겠습니다

JLPT N1

일본어 능력시험

초판 6쇄 | 2021년 11월 5일

지은이 | 연종현, 김상효
발행인 | 김태웅
책임 편집 | 길혜진, 이선민
디자인 | 남은혜, 신효선
마케팅 | 나재승
제 작 | 현대순

발행처 | (주)동양북스
등 록 | 제 2014-000055호
주 소 | 서울시 마포구 동교로22길 14 (04030)
구입 문의 | 전화 (02)337-1737   팩스 (02)334-6624
내용 문의 | 전화 (02)337-1762   dybooks2@gmail.com

ISBN 979-11-5768-337-6 18730
ISBN 979-11-5768-336-9 (세트)

이 도서의 국립중앙도서관 출판예정도서목록(CIP)은 서지정보유통지원시스템 홈페이지(http://seoji.nl.go.kr)와 국가자료공동목록시스템(http://www.nl.go.kr/kolisnet)에서 이용하실 수 있습니다.
(CIP제어번호:CIP2018000189)

"시험이 끝났습니다"

홀가분한 표정으로 필기구와 가방을 정리하는 수험생, 약간은 어둡고 복잡한 마음으로 창밖을 바라보는 수험생, 휴대 전화를 켜고 누군가와 시험에 대해서 대화하는 수험생 등, 매년 일본어 능력시험이 종료되면 수많은 수험생들이 우르르 학교를 빠져나가는 모습을 볼 수 있다. 2010년에 개정된 신(新) 일본어 능력시험에 매년 응시하면서, 시험을 보기 전에는 시험의 난이도를 걱정하고, 시험 문제를 풀 때는 수험생들이 함정 문제들을 잘 간파할 수 있기를 바라며, 시험이 끝나면 모든 수험생들이 밝은 얼굴로 귀가할 수 있기를 기원한다.

본서는 이러한 기원을 담아 일본어 능력시험 N1 수험에 필요한 내용을 한 권으로 망라하려는 뜻에서 제작되었다. 따라서 수험의 기본인 핵심 정리와 문제 풀이를 통한 실력 확인에 포인트를 두었으며, 일본어 능력시험의 각 영역마다 학습의 길잡이가 되도록 출제 경향을 분석하고 학습 요령을 제시하여, 객관적인 난이도와 최신 경향을 독자 스스로 분석하고 파악할 수 있도록 하였다.

'문자 · 어휘'는 기출 한자 및 어휘를 제시하고 앞으로 출제 가능성이 높은 단어를 추가로 제시하였다. '문법'은 어휘와 더불어 어학 학습의 기본이 되므로 문법적 기초가 부족한 수험생도 읽어가는 사이에 자신감이 붙을 수 있도록 분류 · 구성하였다. 특히, 혼동되기 쉬운 내용들에 대해서는 명쾌한 해설을 붙여, 제시된 예문과 설명만으로 최강의 문법 학습이 가능하도록 집필하였다.

'독해'는 어휘력과 문법에 관한 지식이 있다면 본서에 제시된 문장들을 꾸준하게 학습하는 것만으로도 고득점이 가능하도록 N1 출제 기준에 들어맞는 내용들을 제시하였다. '청해'는 출제 유형이 명확한 형태로서 유형화되어 있으며, 유형별 대비가 가능하도록 응용 가능성이 높은 문제들을 엄선하였다. 또한 청해의 핵심을 놓치지 않고 간파할 수 있도록 핵심 어휘를 제시하였다. 또한 본서의 마지막 부분에는 실제 시험과 같은 난이도로 구성된 모의고사가 있어서 본인의 실력을 점검할 수 있다. 이는 시험 전 최종 실력 확인에 유용하리라 믿는다.

수험생들에게는 결과가 절대적이다. 과정 따위는 결과 앞에서 백지와도 같은 것이다. 하지만 점수를 높이기 위해서는 과정 또한 굉장히 중요하다. 문제에 적응하면, 시험에 대한 두려움도 사라질 수 있다. 일본어 능력시험은 수험자의 학습 성취도를 측정하는 시험이다. 매회 출제되는 문제들은 출제 기관이 제시한 출제 기준에 충실하며, 본서 또한 그러한 경향에 맞추어 구성되어 있으므로 여러분을 합격으로 이끄는 데 큰 힘이 될 수 있으리라 확신한다.

본서를 충실히 학습한다면, 일본어 능력시험에 대한 철저한 대비는 물론, 여러분의 일본어 실력 향상에도 도움이 되리라 확신하는 바이다.

저자 일동

이 책의 구성과 활용법

　이 책은 2010년부터 시행된 JLPT N1에 대비할 수 있도록 구성된 종합 학습서입니다. 각 과목별로 문제 유형과 최신 출제 유형을 분석하였으며, 각각의 유형마다 학습 팁과 실전 팁을 제시하였습니다. 또한 그동안의 기출 어휘·문법 정리와 더불어 충분한 문제 풀이를 통해 실전에 철저히 대비할 수 있도록 구성하였습니다. 이 책은 크게 세 부분으로 이루어집니다. 〈본책〉에서는 시험에 대비해 실력을 쌓고 문제를 풀어 봅니다. 〈별책〉에서는 〈본책〉에 나왔던 각 문제를 상세히 풀이합니다. 또한 〈실전 모의고사〉로 실전에 대비해 실력 점검을 할 수 있습니다.

PART 1　워밍업

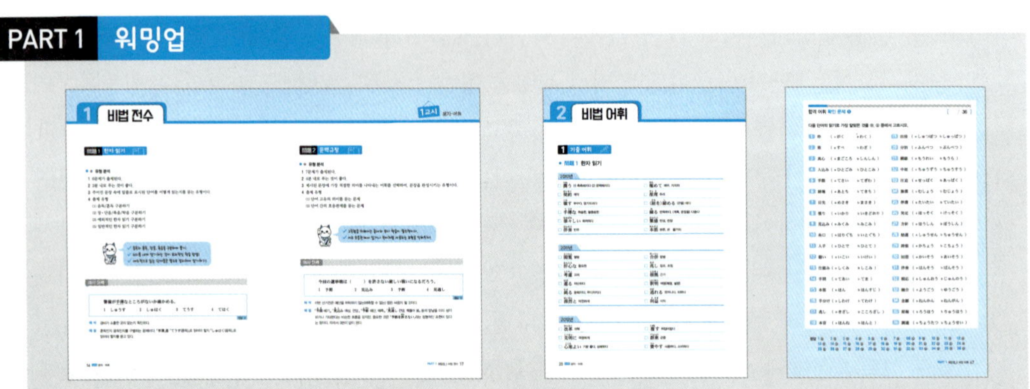

　JLPT 각 영역마다 문제별로 유형을 분석하고 신 출제 경향을 정리하였습니다. 또한 예시 문제를 제시하여 처음 JLPT를 접하는 학습자도 시험 유형에 쉽게 적응할 수 있도록 구성하였으며, 평소 학습하는 데 도움이 될 수 있는 팁을 함께 정리하여 취약한 영역을 극복하고, JLPT에 철저히 대비할 수 있도록 하였습니다.

PART 2　유형별 집중 공략

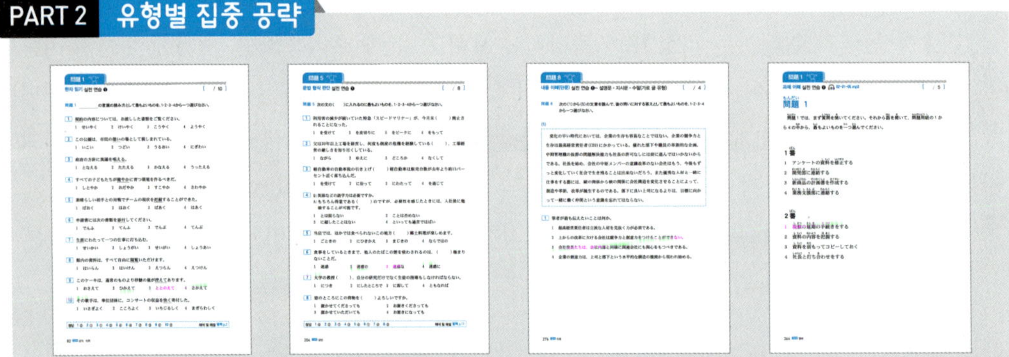

　실제 JLPT N1과 동일한 형식의 문제를 풀어보며 실전 감각을 키울 수 있습니다. 앞에서 제시되었던 학습 팁과 문제 풀이 팁을 활용하며 문제를 풀이합니다. 문제 아래에 정답 번호가 제시되어 있어 정답을 확인하는 시간을 절약할 수 있으며, 보다 상세한 해설은 별책 해설서를 통해 확인할 수 있습니다.

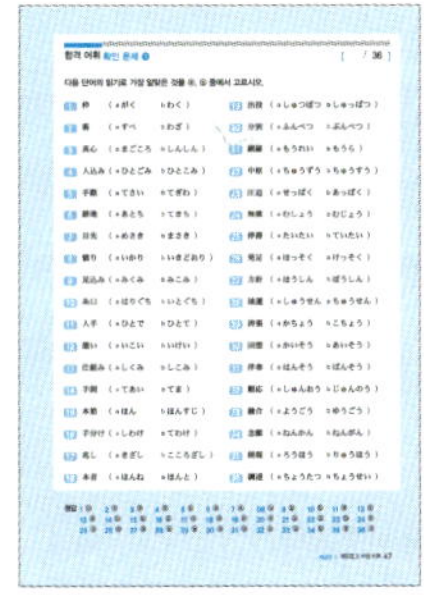

문자 · 어휘

기출 한자 및 어휘를 제시하고, 앞으로 출제 가능성이 높은 단어를 추가로 제시하였습니다. 지금까지 출제된 문제의 해답과 보기를 '합격 어휘(2010년~2017년)'와 '고득점 어휘(1991년~2009년)'로 분류하여 효율적으로 학습할 수 있도록 하였습니다. 또한 각 어휘 학습을 마친 후에는 '확인 문제'를 통해 성취도를 확인할 수 있습니다.

문법

기출 문법을 정리하고 출제 가능성이 높은 문법 항목을 상세히 설명하였습니다. [문자·어휘]와 마찬가지로 연도별로 '합격 문법'과 '고득점 문법'으로 분류하였으며, 오십음도 순서로 정리되어 있어 학습하고자 하는 문법을 쉽게 찾을 수 있고, '확인 문제'를 통해 성취도를 확인할 수 있습니다.

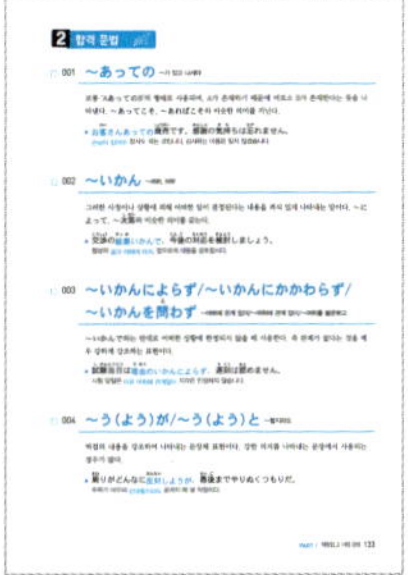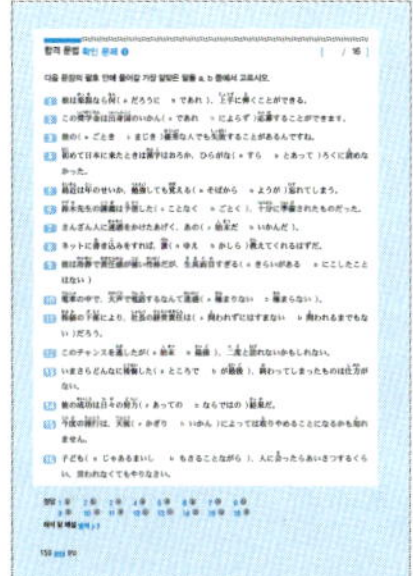

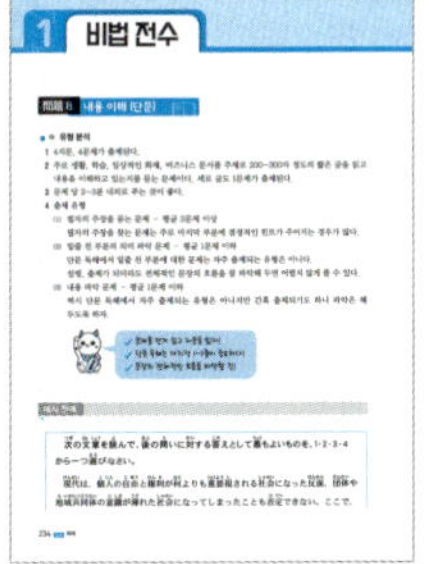

독해

각 문제별로 상세하게 유형을 분석하고 주로 출제되는 지문의 종류도 함께 정리하여 어렵게 느낄 수 있는 [독해]에 쉽게 적응할 수 있도록 하였습니다. 또한 각 유형마다 [독해] 문제 풀이 시간을 단축할 수 있는 팁과 고득점 팁을 제시하였으며 각 주제별로 주로 나오는 어휘들을 별도로 정리하여 문제 풀이에 도움이 될 수 있도록 하였습니다.

청해

각 문제별로 상세하게 유형을 분석하고 주로 출제되는 대화의 유형을 정리하였습니다. 시험에 자주 나오는 어휘와 축약·구어체 표현을 주제별로 정리하여 실전에 대비할 수 있도록 하였으며, 워밍업에서 제시되었던 풀이 요령을 실제 문제 풀이에 적용하면서 자신만의 청해 학습 전략을 세워 볼 수 있습니다.

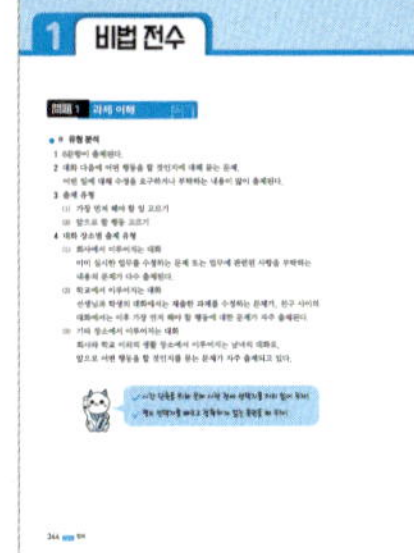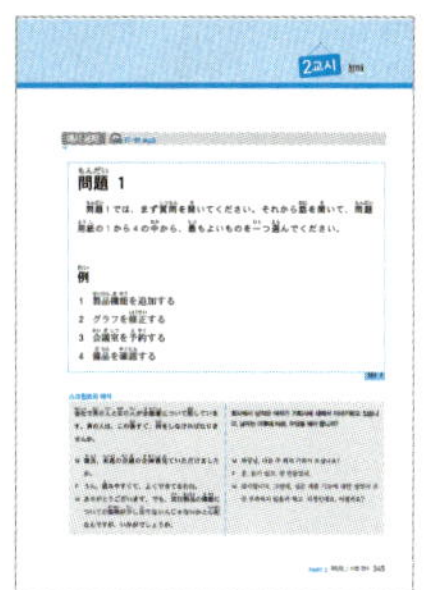

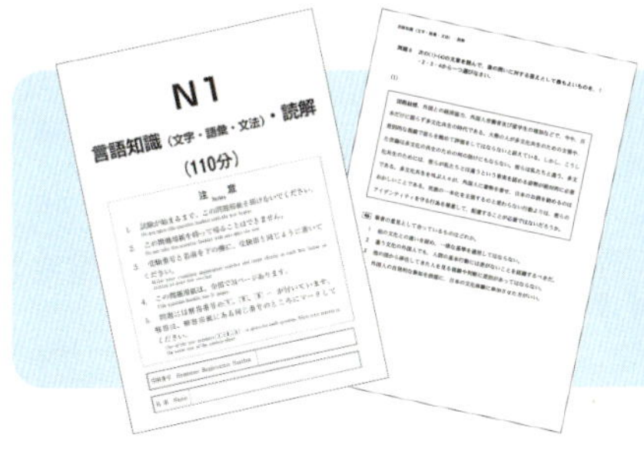

실전 모의고사 (2회분)

실제 시험과 같은 형식의 모의고사를 2회분 수록하였습니다. 시간을 재면서 실제 시험과 같은 환경에서 풀어 봅니다. 본책에서 학습한 내용을 최종 확인하고, 해설서를 참고하여 틀린 문제를 스스로 점검하도록 합니다.

JLPT(일본어 능력시험)란?

❶ JLPT에 대해서

JLPT(Japanese-Language Proficiency Test)는 일본어를 모국어로 하지 않는 사람의 일본어 능력을 측정하고 인정하는 시험으로, 국제교류기금과 재단법인 일본국제교육지원협회가 주최하고 있습니다. 1984년부터 실시되고 있으며 다양화된 수험자와 수험 목적의 변화에 발맞춰 2010년부터 새로워진 일본어 능력시험이 연 2회(7월, 12월) 실시되고 있습니다.

❷ JLPT 레벨과 인정 기준

레벨	과목별 시간		인정 기준
	유형별	시간	
N1	언어지식(문자 · 어휘 · 문법) 독해	110분	**기존 시험 1급보다 다소 높은 레벨까지 측정** [읽기] 논리적으로 약간 복잡하고 추상도가 높은 문장 등을 읽고, 문장의 구성과 내용을 이해할 수 있으며 다양한 화제의 글을 읽고, 이야기의 흐름이나 상세한 표현 의도를 이해할 수 있다.
	청해	60분	[듣기] 자연스러운 속도의 체계적 내용의 회화나 뉴스, 강의를 듣고, 내용의 흐름 및 등장인물의 관계나 내용의 논리 구성 등을 상세히 이해하거나 요지를 파악할 수 있다.
	계	170분	
N2	언어지식(문자 · 어휘 · 문법) 독해	105분	**기존 시험의 2급과 거의 같은 레벨** [읽기] 신문이나 잡지의 기사나 해설, 평이한 평론 등, 논지가 명쾌한 문장을 읽고 문장의 내용을 이해할 수 있으며, 일반적인 화제에 관한 글을 읽고, 이야기의 흐름이나 표현 의도를 이해할 수 있다.
	청해	50분	[듣기] 자연스러운 속도의 체계적 내용의 회화나 뉴스를 듣고, 내용의 흐름 및 등장인물의 관계를 이해하거나 요지를 파악할 수 있다.
	계	155분	
N3	언어지식(문자 · 어휘)	105분	**기존 시험의 2급과 3급 사이에 해당하는 레벨(신설)** [읽기] 일상적인 화제에 구체적인 내용을 나타내는 문장을 읽고 이해할 수 있으며, 신문의 기사 제목 등에서 정보의 개요를 파악할 수 있다. 일상적인 장면에서 난이도가 약간 높은 문장을 바꿔 제시하며 요지를 이해할 수 있다.
	언어지식(문법) · 독해		
	청해	40분	[듣기] 자연스러운 속도의 체계적 내용의 회화를 듣고, 이야기의 구체적인 내용을 등장인물의 관계 등과 함께 거의 이해할 수 있다.
	계	145분	
N4	언어지식(문자 · 어휘)	95분	**기존 시험 3급과 거의 같은 레벨** [읽기] 기본적인 어휘나 한자로 쓰인, 일상생활에서 흔하게 일어나는 화제의 문장을 읽고 이해할 수 있다.
	언어지식(문법) · 독해		
	청해	35분	[듣기] 일상적인 장면에서 다소 느린 속도의 회화라면 거의 내용을 이해할 수 있다.
	계	130분	
N5	언어지식(문자 · 어휘)	80분	**기존 시험 4급과 거의 같은 레벨** [읽기] 히라가나와 가타카나, 일상생활에서 사용되는 기본적인 한자로 쓰인 정형화된 어구나 문장을 읽고 이해할 수 있다.
	언어지식(문법) · 독해		
	청해	30분	[듣기] 일상생활에서 자주 접하는 장면에서 느리고 짧은 회화로부터 필요한 정보를 얻어낼 수 있다.
	계	110분	

❸ 시험 결과의 표시

레벨	득점 구분	인정 기준
N1	언어지식(문자 · 어휘 · 문법)	0~60
	독해	0~60
	청해	0~60
	종합득점	0~180
N2	언어지식(문자 · 어휘 · 문법)	0~60
	독해	0~60
	청해	0~60
	종합득점	0~180
N3	언어지식(문자 · 어휘 · 문법)	0~60
	독해	0~60
	청해	0~60
	종합득점	0~180
N4	언어지식(문자 · 어휘 · 문법) · 독해	0~120
	청해	0~60
	종합득점	0~180
N5	언어지식(문자 · 어휘 · 문법) · 독해	0~120
	청해	0~60
	종합득점	0~180

❹ 시험 결과 통지의 예

다음 예와 같이 ① '득점구분별 득점'과 득점구분별 득점을 합계한 ② '종합득점', 앞으로의 일본어 학습을 위한 ③ '참고정보'를 통지합니다. ③ '참고정보'는 합격/불합격 판정 대상이 아닙니다.

* 예 N3을 수험한 Y씨의 '합격/불합격 통지서'의 일부 성적 정보(실제 서식은 변경될 수 있습니다.)

① 득점 구분별 득점			② 종합 득점
언어지식 (문자 · 어휘 · 문법)	독해	청해	120/180
50/60	30/60	40/60	

③ 참고 정보	
문자 · 어휘	문법
A	C

A 매우 잘했음 (정답률 67% 이상)

B 잘했음 (정답률 34%이상 67% 미만)

C 그다지 잘하지 못했음 (정답률 34% 미만)

목 차

머리말 3

이 책의 구성과 활용법 4

JLPT(일본어 능력시험)란? 6

1교시 언어지식(문자 · 어휘 · 문법) / 독해

●● 문자 어휘

PART 1 워밍업 14

비법 전수 16

비법 어휘 – 기출 어휘 20

비법 어휘 – 합격 어휘 32

[합격 어휘 확인 문제] 47

비법 어휘 – 고득점 어휘 55

[고득점 어휘 확인 문제] 72

PART 2 유형별 집중 공략 80

한자 읽기 실전 연습 82

문맥 규정 실전 연습 88

유의어 실전 연습 94

용법 실전 연습 100

●● 문법

PART 1 워밍업 114

비법 전수 116

비법 문법 – 기출 문법 119

비법 문법 – 합격 문법 133

[합격 문법 확인 문제] 150

비법 문법 – 고득점 문법 155

경어 173

[고득점 문법 확인 문제] 178

N2, N3 핵심 문형 정리 183

PART 2 유형별 집중 공략 ·········· 202

문법 형식 판단 실전 연습 ·········· 204

문장 완성 실전 연습 ·········· 214

문맥 이해 실전 연습 ·········· 220

● ● **독해** ·········· 230

PART 1 워밍업 ·········· 232

비법 전수 ·········· 234

비법 어휘– 주제별 독해 필수 어휘 ·········· 258

[독해 어휘 확인 문제] ·········· 269

PART 2 유형별 집중 공략 ·········· 274

내용 이해(단문) 실전 연습 ·········· 276

내용 이해(중문) 실전 연습 ·········· 288

내용 이해(장문) 실전 연습 ·········· 300

종합 이해 실전 연습 ·········· 312

주장 이해(장문) 실전 연습 ·········· 320

정보 검색 실전 연습 ·········· 332

2교시 청 해

● ● **청해** ·········· 340

PART 1 워밍업 ·········· 342

비법 전수 ·········· 344

비법 어휘– 주제별 청해 필수 어휘 ·········· 356

[청해 유형 확인 문제] ·········· 360

PART 2 유형별 집중 공략 ·········· 362

과제 이해 실전 연습 ·········· 364

포인트 이해 실전 연습 ·········· 368

개요 이해 실전 연습 ·········· 372

즉시 응답 실전 연습 ·········· 374

종합 이해 실전 연습 ·········· 376

부록 실전 모의고사(2회분)

1교시

1교시 시험시간 13：30 ～ 15：20

언어지식(문자·어휘·문법) / 독해

N1

1교시

문자·어휘

問題 1 한자 읽기
問題 2 문맥 규정
問題 3 유의어
問題 4 용법

문자 · 어휘 완전 정복을 위한 꿀팁!

문자 · 어휘 파트는 한 번에 완벽하게 정리하려고 하지 말고 몇 번이고 반복하겠다는 마음가짐으로 편안하게 진행하시기 바랍니다.

● 問題 1 한자 읽기

먼저, 훈독인지 음독인지 구별하여 학습할 필요가 있습니다. 이는 특히 품사가 명사인 경우에 중요합니다. 음독 한자의 경우 '장음', '촉음', '탁음' 등을 유의하여 학습합니다.

● 問題 2 문맥 규정

고득점을 위해서는 동사와 부사 학습이 특히 중요합니다. 또한 문장을 많이 읽어서 사전적 의미 이외의 다양한 뉘앙스를 익힙니다.

● 問題 3 유의어

문맥 규정을 확장한 응용 유형으로, 기존의 문장을 보다 쉬운 말로 풀어서 표현하는 연습을 해 보는 것이 좋습니다.

● 問題 4 용법

가능한 한 많은 문장을 읽어서, 문장 속에서 각 단어가 어떻게 쓰이는지 자연스럽게 익히는 것이 중요합니다.

PART 1

워밍업

1. 비법 전수
2. 비법 어휘

비법 전수

問題 1 한자 읽기 

●● 유형 분석

1 6문제가 출제된다.
2 2분 내로 푸는 것이 좋다.
3 주어진 문장 속에 밑줄로 표시된 단어를 어떻게 읽는지를 묻는 유형이다.
4 출제 유형
   (1) 음독/훈독 구분하기
   (2) 장・단음/촉음/탁음 구분하기
   (3) 예외적인 한자 읽기 구분하기
   (5) 일반적인 한자 읽기 구분하기

예시 문제

警備が手薄なところがないか確かめる。

1　しゅうす　　　2　しゅはく　　　3　てうす　　　4　てはく

정답 3

해 석　경비가 소홀한 곳이 없는지 확인하다.

해 설　훈독인지 음독인지를 구별하는 문제이다. 「手薄」를 「てうす(훈독)」로 읽어야 할지 「しゅはく(음독)」로 읽어야 할지를 묻고 있다.

問題 2 문맥규정 

● ● 유형 분석

1 7문제가 출제된다.

2 4분 내로 푸는 것이 좋다.

3 제시된 문장에 가장 적절한 의미를 나타내는 어휘를 선택하여, 문장을 완성시키는 유형이다.

4 출제 유형

　(1) 단어 고유의 의미를 묻는 문제

　(2) 단어 간의 호응관계를 묻는 문제

예시 문제

今回の選挙戦は（　　　　）を許さない厳しい戦いになるだろう。

| 1　予期 | 2　見込み | 3　予断 | 4　見通し |

정답 3

해 석　이번 선거전은 예단을 허락하지 않는(예측할 수 없는) 힘든 싸움이 될 것이다.

해 설　「予期 예기」, 「見込み 예상, 전망」, 「予断 예단, 예측」, 「見通し 전망, 꿰뚫어 봄」 등의 앞날을 미리 생각하거나 기대한다는 비슷한 흐름을 갖지만, 중요한 것은 「予断を許さない」라는 정형적인 표현이 있다는 점이다. 따라서 3번이 답이 된다.

● ● 유형 분석

1 6문제가 출제된다.

2 2분 내로 푸는 것이 좋다.

3 제시된 단어나 표현과 의미가 가장 가까운 것을 선택하는 유형이다.

4 출제 유형

(1) 문제에 제시된 단어의 대체 가능한 단어 찾기

(2) 문제에 제시된 단어를 설명한 표현 고르기

5 한자 문제가 아니기 때문에 모든 품사에서 출제된다

✔ 부사를 공략하자. 명사를 제외하면, 부사가 상당한 비중을 차지한다.

✔ 단어를 쉬운 일본어로 설명하는 연습도 유용하다.

예시 문제

それが一番気掛かりだった。

1　不満　　　2　残念　　　3　意外　　　4　心配

정답 4

해 석 그것이 가장 걱정이었다.

해 설 문제로 제시된 단어를 '대체할 수 있는 단어를 찾는 유형'이다. 「気掛かり(걱정, 마음에 걸림)」를 대체할 수 있는 「心配(걱정)」를 선택하면 된다.

● ● 유형 분석

1 6문제가 출제된다.

2 4분 내로 푸는 것이 좋다.

3 제시된 단어의 용법에 관한 지식을 묻는 문제로, 출제된 단어가 바르게
사용된 예를 선택하는 유형이다.

4 출제 유형

(1) 단어의 의미상 오류 구분하기

(1) 품사의 적절한 사용 구분하기

5 명사, 부사, 외래어 등 다방면의 단어가 출제된다.

✔ 부자연스러운 문장을 하나씩 지워 가며 푸는 연습을 한다.
✔ 전형적인 문장 패턴을 익히기 위해, 문장을 많이 읽어 보자.
✔ 문법 예문과 연계한 어휘 학습이 고득점의 지름길이다.

예시 문제

ほどける

1 ねじがほどけて、イスがぐらぐらしている。
2 靴のひもがほどけないようにしっかりと結んだ。
3 シャツのボタンがほどけているから、とめた方がいいよ。
4 グラスに浮かぶ氷がみるみるうちにほどけた。

정답 **2**

해 석 신발 끈이 풀리지 않도록 단단히 묶었다.

해 설 「ほどける」는 '끈이나 긴장이 풀리다'라는 의미로 사용되며, 이 문제의 경우 '신발 끈이 풀리다'는 문장
이 적절한 용례이므로 2번이 답이 된다. 보기1과 보기3은 「緩む(느슨해지다)」, 보기4는 「溶ける(녹다)」
로 바꾸는 것이 적절하다.

1 기출 어휘

● 問題 1 한자 읽기

2010년

- 潤う (うるお) (1) 축축해지다 (2) 윤택해지다
- 契約 (けいやく) 계약
- 壊す (こわ) 부수다, 망가뜨리다
- 手薄な (てうす) 허술한, 불충분한
- 華々しい (はなばな) 화려하다
- 伴奏 (ばんそう) 반주
- 極めて (きわ) 매우, 지극히
- 推理 (すいり) 추리
- (紐を)締める (ひも / し) (끈을) 매다
- 練る (ね) 반죽하다, (계획, 문장을) 다듬다
- 繁盛 (はんじょう) 번성, 번창
- 本筋 (ほんすじ) 본론, 본 줄거리

2011년

- 閲覧 (えつらん) 열람
- 肝心な (かんじん) 중요한
- 考慮 (こうりょ) 고려
- 遮る (さえぎ) 차단하다
- 鈍る (にぶ) 둔해지다, 무디어지다
- 漠然と (ばくぜん) 막연하게
- 合併 (がっぺい) 합병
- 兆し (きざ) 징조, 조짐
- 根拠 (こんきょ) 근거
- 釈明 (しゃくめい) 석명(해명, 설명)
- 逃れる (のが) 벗어나다, 피하다
- 利益 (りえき) 이익

2012년

- 改革 (かいかく) 개혁
- 克明に (こくめい) 극명하게
- 心地よい (ここち) 기분 좋다, 상쾌하다
- 覆す (くつがえ) 뒤집어엎다
- 群衆 (ぐんしゅう) 군중
- 費やす (つい) 사용하다, 소비하다

□ 手際 일처리 솜씨, 수완
□ 踏襲する 답습하다
□ 名誉 명예
□ 網羅 망라
□ 由緒 유서, 내력
□ 枠 틀, 테두리

2013년

□ 跡地 철거 부지
□ 憤り 분노
□ 憩い 휴식
□ おろかな 어리석은
□ 緩和 완화
□ 巧妙な 교묘한
□ 趣旨 취지
□ 需要 수요
□ 貫く 관철하다
□ 日夜 밤낮, 늘
□ 把握 파악
□ 貧富 빈부

2014년

□ 否めない 부정할 수 없다
□ 概略 개략
□ 凝縮 응축
□ 厳正な 엄정한
□ 拒む 거부하다
□ 遂行 수행
□ 健やかな 건강한
□ 漂う 떠돌다, 감돌다
□ 中枢 중추
□ 督促 독촉
□ 臨む 임하다, (상황에) 직면하다
□ 躍進 약진

2015년

□ 値する ~할 가치가 있다
□ 淡い 연하다, 흐리다
□ 画一的な 획일적인
□ 興奮 흥분
□ 慕われる 추앙 받다, 존경 받다
□ 承諾 승낙
□ 随時 수시로
□ 添付 첨부
□ 唱える 외치다, 주장하다
□ 励む 힘쓰다
□ 破損 파손
□ 変遷 변천

- 賢い 똑똑하다
- 偏る 치우치다, 편향되다
- 鑑定 감정(판정)
- 顕著な 현저한
- 樹木 수목(커다란 나무)
- 人脈 인맥
- 廃れる 쇠퇴하다
- 相場 시세
- 多岐 다기, 다방면
- 蓄える 저축하다, 비축하다
- 陳列 진열
- 華やかな 화려한

- 潤す 축축하게 하다, 적시다
- 怠る 소홀히 하다
- 開拓 개척
- 傾斜 경사, 기울기
- 指図 지시
- 殺菌 살균
- 託す 맡기다, 부탁하다
- 暴露 폭로
- 阻む 저지하다, 가로막다
- 復興 부흥
- 了承 승낙, 양해
- 巡り 순회

● 問題 2 문맥 규정

- 円滑な 원활한
- 及ぼす (영향을) 미치다, 끼치다
- 完結 완결
- キャリア 커리어, 경력
- 結束 결속
- (歴史)上 ~상(역사상)
- 当(ホテル) 당~(당 호텔)
- 念願 염원
- 背景 배경
- フォローする 보조하다, 지원하다
- 報じる 알리다, 보도하다
- 本音 본심, 속내
- 綿密な 면밀한
- やんわり 부드럽게, 살며시

- 逸材 일재, 뛰어난 인재
- 実情 실정, 실제 사정
- ストック 스톡, 재고
- ニュアンス 뉘앙스
- 抜粋 발췌
- 平行 평행
- 無謀な 무모한

- 会心(の出来) 회심(의 완성도 – 만족스런 결과)
- 修復 수복, 복원
- 強み 강점
- 弾む 튀다, 들뜨다
- 不備 불비, 미비, 불충분함
- まみれ ~투성이, ~범벅
- 猛(反対) 맹~(맹렬한 반대)

- 言い張る 우겨대다, 주장하다
- 改訂版 개정판
- 急遽 급거, 갑작스럽게
- 寄与 기여
- ハードル 허들, 장애물
- 紛らわしい 혼란스럽다
- 和らぐ 누그러지다

- 大筋 요점, 대강
- 加工する 가공하다
- 究明する 규명하다
- 妥協 타협
- 人出 인파, 밖으로 나온 사람들
- 催す 개최하다
- リストアップ 리스트 업, 목록 작성

- 一任 일임(모두 맡김)
- 強硬に 강경하게
- じめじめする 축축하다
- 立て替える 대신하여 지불하다
- とりわけ 특히
- 担う 짊어지다, 떠맡다
- 念頭 염두

- 腕前 솜씨, 실력
- (気に)障る 기분 상하다, 불쾌하게 여겨지다
- そわそわ 불안한 모습, 안절부절 못하는 모습
- ためらう 주저하다, 망설이다
- 荷(が重い) 짐(이 무겁다)
- (対策を)練る (대책을) 세우다
- 無性に 몹시, 까닭 없이

- ☐ 異色 이색, 매우 특색 있음
- ☐ ウエイト 웨이트, 중량
- ☐ おびただしい 엄청나다, 수량이 매우 많다
- ☐ 可決 가결
- ☐ 食い止める 저지하다, 막다
- ☐ 駆使する 구사하다
- ☐ 心細い 불안하다
- ☐ 支障 지장
- ☐ 絶大な(人気) 지대한 (인기)
- ☐ (平行線を)たどる (평행선을) 달리다
- ☐ てきぱき 척척
- ☐ ノルマ 노르마, 업무 할당량
- ☐ 揺らぐ 흔들리다
- ☐ 予断(を許さない) 예단을 용납하지 않는다(예단할 수 없다)

- ☐ おおらかな 대범한
- ☐ 該当する 해당하다
- ☐ 稼働 가동
- ☐ 起伏 기복
- ☐ 強制 강제
- ☐ くよくよ 끙끙(사소한 일을 걱정하는 모습)
- ☐ 合意 합의
- ☐ しいて 억지로, 굳이
- ☐ すさまじい 대단하다, 무시무시하다
- ☐ 直面する 직면하다
- ☐ 取り戻す 되찾다, 회복하다
- ☐ 幅広い 폭넓다
- ☐ 紛れる 뒤섞이다
- ☐ メディア 미디어

- ☐ 愛着 애착
- ☐ 一掃 일소(모두 제거함)
- ☐ 基盤 기반
- ☐ 教訓 교훈
- ☐ 切り出す 말을 꺼내다
- ☐ 染みる 스며들다, 배다
- ☐ すんなり 수월하게, 순조롭게
- ☐ センス 센스
- ☐ 尽くす 애쓰다, 있는 힘을 다하다
- ☐ ノウハウ 노하우
- ☐ 頻繁に 빈번하게
- ☐ へとへとと 기진맥진
- ☐ 見かける 발견하다
- ☐ 流出 유출

□ 一環 (いっかん) 일환	□ 逸脱 (いつだつ) 일탈
□ いとも 매우, 아주	□ 経歴 (けいれき) 경력
□ コンスタントに 일정하게, 꾸준하게	□ シェア 점유
□ 打診 (だしん) 타진	□ たたえる 칭찬하다, 찬양하다
□ 念願 (ねんがん) 염원	□ 弾く (はじく) 튀기다, 튕겨내다
□ 非 (ひ) 비, 잘못, 부정	□ まちまち 가지각색
□ もっぱら 오로지, 한결같이	□ よみがえる 되살아나다, 소생하다

● 問題 3 유의어

□ いやみ 불쾌한 언행	≒	□ 皮肉 (ひにく) 비꼼, 빈정거림
□ 丹念に (たんねん) 정성껏, 꼼꼼하게	≒	□ じっくりと 정성껏, 곰곰이
□ どんよりした天気だ (てんき) 우중충한 날씨다	≒	□ 曇っていて暗い (くも)(くら) 흐리고 어둡다
□ なじむ 친숙해지다, 정들다	≒	□ 慣れる (な) 익숙해지다
□ はかどる 진척되다	≒	□ 順調に進む (じゅんちょう)(すす) 순조롭게 진행되다
□ 張り合う (は)(あ) 겨루다, 경쟁하다	≒	□ 競争する (きょうそう) 경쟁하다
□ まばらだ 드문드문 있다, 듬성듬성하다	≒	□ 少ない (すく) 적다
□ 見合わせる (み)(あ) 보류하다	≒	□ 中止する (ちゅうし) 중지하다
□ やむをえず 어쩔 수 없이	≒	□ しかたなく 어쩔 수 없이
□ ルーズな 느슨한, 단정치 못한	≒	□ だらしない 단정하지 못한, 절도가 없는
□ 朗報 (ろうほう) 낭보, 희소식	≒	□ うれしい知らせ (し) 기쁜 소식
□ わずらわしい 성가시다, 번거롭다	≒	□ 面倒だ (めんどう) 귀찮다, 성가시다

□ あっけない 어이없다	≒	□ 意外につまらない (いがい) 의외로 시시하다
□ ありきたりの 흔한	≒	□ 平凡な (へいぼん) 평범한

□ 画期的な 획기적인	≒	□ 今までになく新しい 지금까지 없이 새로운
□ 極力 극력, 힘껏	≒	□ できる限り 가능한 한
□ コントラスト 콘트라스트, 대조, 대비	≒	□ 対比 대비
□ シビアな 엄격한, 어려운	≒	□ 厳しい 엄격하다
□ 重宝する 애용하다	≒	□ 便利で役に立つ 편리해서 쓸모가 있다
□ 手がかり 단서, 실마리	≒	□ ヒント 힌트
□ にわかには 갑자기는	≒	□ すぐには 바로는, 당장에는
□ もくろむ 계획하다, 꾀하다	≒	□ 計画する 계획하다
□ 落胆する 낙담하다	≒	□ がっかりする 낙담하다, 실망하다
□ 歴然としている 역연하다, 또렷하다	≒	□ はっきりしている 분명하다

2012년

□ おっくうだ 귀찮다	≒	□ 面倒だ 귀찮다
□ おのずと 저절로, 자연히	≒	□ 自然に 자연히
□ 簡素だ 간소하다	≒	□ シンプルだ 심플하다
□ けなされる 비난을 받다	≒	□ 悪く言われる 나쁜 말을 듣다
□ しきりに 자꾸, 연달아	≒	□ 何度も 몇 번이고
□ 触発される 촉발되다	≒	□ 刺激を受ける 자극을 받다
□ すがすがしい 상쾌하다, 시원하다	≒	□ さわやかだ 상쾌하다, 산뜻하다
□ スケール 스케일	≒	□ 規模 규모
□ 先方 상대	≒	□ 相手 상대
□ 断念する 단념하다	≒	□ 諦める 포기하다
□ 当面 당면, 당분간	≒	□ しばらく 잠시
□ 密かに 은밀하게	≒	□ こっそり 살짝, 몰래

2013년

□ あらかじめ 미리	≒	□ 事前に 사전에
□ 裏づけ 뒷받침, 증거	≒	□ 証拠 증거

□ おおむね 대체로, 대강 ≒ □ 大体(だいたい) 대체로

□ 仰天(ぎょうてん)する 경악하다, 몹시 놀라다 ≒ □ とても驚(おどろ)く 매우 놀라다

□ ことごとく 전부 ≒ □ すべて 전부

□ 雑踏(ざっとう) 혼잡 ≒ □ 人込(ひとご)み 혼잡, 북새통

□ 従来(じゅうらい)の 종래의 ≒ □ これまでの 지금까지의

□ すべ 방법 ≒ □ 方法(ほうほう) 방법

□ せかす 재촉하다 ≒ □ 急(いそ)がせる 서두르게 하다

□ バックアップ 백업, 지원 ≒ □ 支援(しえん) 지원

□ 抜群(ばつぐん)だ 발군이다, 뛰어나다 ≒ □ 他(ほか)と比(くら)べて特(とく)によい 다른 것과 비교하여 특히 좋다

□ メカニズム 메커니즘 ≒ □ 仕組(しく)み 구조

2014년

□ 案(あん)の定(じょう) 역시, 예상대로 ≒ □ やはり 역시

□ いたって 지극히 ≒ □ 非常(ひじょう)に 매우, 몹시

□ 打(う)ち込(こ)む 몰입하다, 몰두하다 ≒ □ 熱心(ねっしん)に取(と)り組(く)む 열심히 몰두하다

□ お手(て)上(あ)げだ 두 손 들었다, 속수무책이다 ≒ □ どうしようもない 어쩔 방법이 없다

□ 回想(かいそう)する 회상하다 ≒ □ 思(おも)い返(かえ)す 돌아보다

□ 格段(かくだん)に 현격하게 ≒ □ 大幅(おおはば)に 대폭적으로

□ 気掛(きが)かり 걱정, 근심 ≒ □ 心配(しんぱい) 걱정, 근심

□ ストレートに 직설적으로 ≒ □ 率直(そっちょく)に 솔직하게

□ 手分(てわ)けする 분담하다 ≒ □ 分担(ぶんたん)する 분담하다

□ 不用意(ふようい)な 부주의한 ≒ □ 不注意(ふちゅうい)な 부주의한

□ 無償(むしょう) 무상 ≒ □ ただ 공짜, 무료

□ 厄介(やっかい)な 귀찮은 ≒ □ 面倒(めんどう)な 귀찮은

2015년

□ ありふれる 흔하다 ≒ □ 平凡(へいぼん)だ 평범하다

□ 糸口(いとぐち) 실마리 ≒ □ ヒント 힌트

□ うろたえる 허둥거리다, 당황하다	≒	□ 慌てる 당황하다, 허둥지둥하다
□ クレーム 클레임	≒	□ 苦情 클레임, 불만
□ 互角だ 호각이다, 백중세다	≒	□ 大体同じだ 대체로 같다
□ 誇張 과장(사실보다 크게 부풀림)	≒	□ 大げさ 과장, 호들갑
□ 錯覚する 착각하다	≒	□ 勘違いする 착각하다
□ 殺到する 쇄도하다	≒	□ 一度に大勢来る 한꺼번에 많이 몰려들다
□ 仕上がる 마무리되다, 완성되다	≒	□ 完成する 완성되다
□ 助言 조언	≒	□ アドバイス 조언, 충고
□ 不意に 갑자기	≒	□ 突然 돌연
□ 弁解する 변명하다	≒	□ 言い訳する 변명하다

□ 安堵する 안도하다	≒	□ ほっとする 안심하다
□ 意気込み 열의, 패기	≒	□ 意欲 의욕
□ おびえる 겁을 내다	≒	□ 怖がる 무서워하다
□ かねがね 전부터	≒	□ 以前から 이전부터
□ かろうじて 겨우, 간신히	≒	□ 何とか 그럭저럭
□ 故意に 고의로	≒	□ わざと 일부러
□ ささいな 사소한	≒	□ 小さな 작은
□ 自尊心 자존심	≒	□ プライド 프라이드
□ 戸惑う 어리둥절해하다, 당황하다	≒	□ 困る 곤란하다
□ 端的に 단적으로	≒	□ 明白に 명백하게
□ わずらわしい 번거로운	≒	□ 面倒な 귀찮은
□ 詫びる 사과하다	≒	□ 謝る 사과하다

□ うすうす 희미하게, 어렴풋이	≒	□ なんとなく 왠지 모르게, 어쩐지
□ かたくなな 고집이 센	≒	□ 頑固な 완고한

若干（じゃっかん） 약간	≒	わずかに 아주 조금
照会（しょうかい）する 조회하다	≒	問（と）い合（あ）わせる 문의하다
撤回（てっかい）する 철회하다	≒	取（と）り消（け）す 취소하다
難点（なんてん） 난점	≒	不安（ふあん）なところ 불안한 점
入念（にゅうねん）に 꼼꼼하게, 정성들여	≒	細（こま）かく丁寧（ていねい）に 섬세하고 정성껏
粘（ねば）り強（づよ）く 끈기있게	≒	あきらめずに 포기하지 않고
張（は）り合（あ）う 경쟁하다	≒	競（きそ）い合（あ）う 경합하다
抱負（ほうふ） 포부	≒	決意（けつい） 결의
むっとする 부루퉁해지다	≒	怒（おこ）ったような顔（かお）をする 화가 난 듯한 얼굴을 하다
ゆとり 여유	≒	余裕（よゆう） 여유

● 問題4 용법

2010년

潔（いさぎよ）い 깨끗하다, 후련하다	意地（いじ）（を張（は）る） 고집(을 부리다)
細心（さいしん）（の注意（ちゅうい）を払（はら）う） 세심한 주의를 기울이다	調達（ちょうたつ） 조달
賑（にぎ）わう 활기차다, 번화하다	ひとまず 일단, 우선
発足（ほっそく） 발족	満喫（まんきつ）する 만끽하다
見落（みお）とす 간과하다	密集（みっしゅう） 밀집
めきめき（上達（じょうたつ）する） 눈에 띄게 (숙달되다)	目先（めさき）（の利益（りえき）） 눈앞(의 이익)

2011년

（夢（ゆめ）が）かなう (꿈이) 이루어지다	質素（しっそ）な 검소한, 소탈한
とっくに 진작에, 훨씬 전에	配布（はいふ） 배포
赴任（ふにん） 부임	不服（ふふく） 불복
ほどける (매듭, 끈이) 풀리다	まちまち 제각각, 가지각색
見失（みうしな）う (시야에서) 놓치다	目覚（めざ）ましい 눈부시다, 주목할 만하다
ゆとり 여유	連携（れんけい） 연계

- [ ] 怠る 게을리하다, 소홀히 하다
- [ ] 500人に満たない 500명 이하이다, 500명에 못 미치다
- [ ] 総じて 대체로, 전반적으로
- [ ] 秘める 숨기다
- [ ] 見込み 예상, 전망
- [ ] 免除 면제
- [ ] 広大な 광대한
- [ ] 仕業 소행
- [ ] 発散 발산
- [ ] ブランク 블랭크, 공백
- [ ] 無造作に 대수롭지 않게, 아무렇게나
- [ ] 有数(の小麦生産国) 유수의 밀 생산국

2013년

- [ ] 当てはめる 적용하다
- [ ] 合致 합치, 일치
- [ ] 加味する 가미하다
- [ ] 気配 기미, 기색
- [ ] 打開する 타개하다
- [ ] 拍子 박자
- [ ] 円滑だ 원활하다
- [ ] かばう 두둔하다, 비호하다
- [ ] 口出し 간섭, 참견
- [ ] 処置 처치, 조치
- [ ] 煩雑な 번잡한
- [ ] 優位(に立つ) 우위(에 서다)

2014년

- [ ] 一律に 일률적으로
- [ ] 抱え込む 끌어안다, 떠맡다
- [ ] 心構え 마음가짐
- [ ] 損なう 손상시키다
- [ ] 携わる 종사하다
- [ ] 人一倍 남달리, 남보다 갑절
- [ ] 裏腹 정반대, 모순
- [ ] 工面 자금 마련
- [ ] しがみつく 매달리다
- [ ] 耐えがたい 견디기 힘들다
- [ ] はがす(剥がす) 벗기다, 떼다
- [ ] 復旧 복구

2015년

- [ ] 安静 안정(환자의 요양)
- [ ] 帯びる 띠다, 그러한 성질을 지니다
- [ ] 軌道 궤도
- [ ] 今更 이제 와서, 새삼스럽게
- [ ] 思い詰める 골똘히 생각하다
- [ ] くまなく 구석구석까지, 샅샅이

□ 辞任 사임　　□ 統合 통합

□ はなはだしい 심하다　　□ 人手 일손, 노동력

□ 没頭する 몰두하다　　□ もはや 이미, 벌써

2016년

□ 内訳 내역　　□ 過密 과밀

□ 還元 환원　　□ 閑静な 한적한, 조용한

□ 規制 규제　　□ 食い違う 엇갈리다

□ 経緯 경위, 자초지종　　□ 察する 헤아리다

□ 退く 물러나다, 후퇴하다　　□ 素早い 재빠르다, 민첩하다

□ たやすい 쉽다, 용이하다　　□ 入手 입수

2017년

□ うなだれる 고개를 숙이다　　□ 拠点 거점

□ 緊密 긴밀　　□ 重複/重複 중복

□ 昇進 승진　　□ 提起 제기

□ 遂げる 완수하다　　□ 配布 배포

□ 発足 발족　　□ 滅びる 멸망하다

□ 真っ先 제일 먼저　　□ 見落とす 간과하다, 못 보고 넘기다

❶ 명사

□ 相手（あいて）	상대		□ 裏付け（うらづけ）	뒷받침, 증거
□ 圧迫（あっぱく）	압박		□ 裏腹（うらはら）	정반대, 모순
□ 跡地（あとち）	철거 부지, 철거 후 공터		□ 運行（うんこう）	운행
□ ありきたり	매우 흔함, 얼마든지 있음		□ 影響（えいきょう）	영향
□ 安静（あんせい）	안정		□ 閲覧（えつらん）	열람
□ 言い訳（いいわけ）	변명		□ 遠隔（えんかく）	원격
□ 意外（いがい）	의외		□ 大口（おおぐち）	거액(의 거래)
□ 意義（いぎ）	의의		□ 大筋（おおすじ）	요점, 대강
□ 憤り（いきどお）	분노		□ お手上げ（おてあ）	포기, 속수무책
□ 憩い（いこ）	휴식		□ 重み（おも）	무게, 중량감
□ 意地（いじ）	고집		□ 改革（かいかく）	개혁
□ 異色（いしょく）	이색, 매우 특색 있음		□ 会心（かいしん）	회심, 마음에 듦
□ 依存／依存（いそん／いぞん）	의존		□ 回想（かいそう）	회상
□ 委託（いたく）	위탁		□ 該当（がいとう）	해당
□ いちず	외곬, 한결같음		□ 回復（かいふく）	회복
□ 一任（いちにん）	일임		□ 概略（がいりゃく）	개략
□ 一律（いちりつ）	일률		□ 核心（かくしん）	핵심
□ 逸材（いつざい）	일재, 뛰어난 인재		□ 確信（かくしん）	확신
□ 糸口（いとぐち）	단서, 실마리		□ 拡大（かくだい）	확대
□ いやみ	불쾌한 언행		□ 格段（かくだん）	현격함, 차이가 큼
□ 依頼（いらい）	의뢰		□ 可決（かけつ）	가결
□ 引用（いんよう）	인용		□ 加工（かこう）	가공
□ 腕前（うでまえ）	솜씨, 실력		□ 合致（がっち）	합치, 일치
			□ 合併（がっぺい）	합병

□ 稼働 (かどう)	가동	□ 供与 (きょうよ)	공여, 제공
□ 可能性 (かのうせい)	가능성	□ 巨匠 (きょしょう)	거장
□ 加味 (かみ)	가미, 추가	□ 近接 (きんせつ)	근접
□ 歓迎 (かんげい)	환영	□ 苦境 (くきょう)	곤경
□ 還元 (かんげん)	환원	□ 駆使 (くし)	구사, 능숙하게 사용함
□ 完結 (かんけつ)	완결	□ 苦情 (くじょう)	클레임, 불만
□ 鑑定 (かんてい)	감정(판정)	□ 愚痴 (くち)	푸념
□ 緩和 (かんわ)	완화	□ 口出し (くちだし)	간섭, 참견
□ 気掛かり (きがかり)	걱정, 근심	□ 工面 (くめん)	자금 마련
□ 危険性 (きけんせい)	위험성	□ 暗闇 (くらやみ)	어둠
□ 気心 (きごころ)	기질, 속마음	□ 玄人 (くろうと)	전문가
□ 兆し (きざし)	조짐, 징조	□ 群衆 (ぐんしゅう)	군중
□ 基準 (きじゅん)	기준	□ 経緯 (けいい)	경위, 자초지종
□ 規制 (きせい)	규제	□ 契約 (けいやく)	계약
□ きっかけ	계기	□ 結束 (けっそく)	결속
□ 軌道 (きどう)	궤도	□ 気配 (けはい)	기미, 기색
□ 起動 (きどう)	기동, 시동	□ 合意 (ごうい)	합의
□ 起伏 (きふく)	기복	□ 後援 (こうえん)	후원
□ 規模 (きぼ)	규모	□ 効果 (こうか)	효과
□ 究明 (きゅうめい)	구명, 밝혀냄	□ 後悔 (こうかい)	후회
□ 寄与 (きよ)	기여	□ 高低 (こうてい)	고저, 높낮이
□ 教訓 (きょうくん)	교훈	□ 興奮 (こうふん)	흥분
□ 凝縮 (ぎょうしゅく)	응축	□ 考慮 (こうりょ)	고려
□ 強制 (きょうせい)	강제	□ 互角 (ごかく)	호각, 백중세
□ 競争 (きょうそう)	경쟁	□ 心構え (こころがまえ)	마음가짐
□ 仰天 (ぎょうてん)	경악, 몹시 놀람	□ 固執 (こしつ)	고집

□ 誇張 (こちょう)	과장(사실보다 크게 부풀림)		□ 自慢 (じまん)	자랑
□ 根拠 (こんきょ)	근거		□ 釈明 (しゃくめい)	석명(해명, 설명)
□ 根源 (こんげん)	근원		□ 収束 (しゅうそく)	수습, 수렴
□ 混乱 (こんらん)	혼란		□ 従属 (じゅうぞく)	종속
□ 細工 (さいく)	세공		□ 渋滞 (じゅうたい)	정체, 밀리는 상태
□ 採取 (さいしゅ)	채취		□ 充当 (じゅうとう)	충당
□ 細心 (さいしん)	세심, 빈틈이 없음		□ 修復 (しゅうふく)	수복, 복원
□ 錯覚 (さっかく)	착각		□ 従来 (じゅうらい)	종래
□ 察知 (さっち)	감지, 헤아려 앎		□ 主催 (しゅさい)	주최
□ 殺到 (さっとう)	쇄도		□ 取材 (しゅざい)	취재
□ 雑踏 (ざっとう)	혼잡		□ 趣旨 (しゅし)	취지
□ 支援 (しえん)	지원		□ 受賞 (じゅしょう)	수상
□ 仕組み (しくみ)	구조		□ 出没 (しゅつぼつ)	출몰
□ 刺激 (しげき)	자극		□ 樹木 (じゅもく)	수목(커다란 나무)
□ 指示 (しじ)	지시		□ 需要 (じゅよう)	수요
□ 支持 (しじ)	지지		□ 瞬時 (しゅんじ)	순식간
□ 支障 (ししょう)	지장		□ 順応 (じゅんのう)	순응
□ 事前 (じぜん)	사전		□ 証拠 (しょうこ)	증거
□ 自尊心 (じそんしん)	자존심		□ 上司 (じょうし)	상사
□ 実況 (じっきょう)	실황		□ 承諾 (しょうだく)	승낙
□ 実権 (じっけん)	실권		□ 冗談 (じょうだん)	농담
□ 実在 (じつざい)	실재		□ 承認 (しょうにん)	승인
□ 実施 (じっし)	실시		□ 触発 (しょくはつ)	촉발
□ 実情 (じつじょう)	실정, 실제 사정		□ 助言 (じょげん)	조언
□ 質問 (しつもん)	질문		□ 処置 (しょち)	처치, 조치
□ 辞任 (じにん)	사임		□ 仕業 (しわざ)	소행

遂行 (すいこう)	수행	陳列 (ちんれつ)	진열
推理 (すいり)	추리	強み (つよみ)	강점
術 (すべ)	방법	停滞 (ていたい)	정체, 진행이 더딤
摂取 (せっしゅ)	섭취	適応 (てきおう)	적응
全員 (ぜんいん)	전원	摘出 (てきしゅつ)	적출, 끄집어 냄
選出 (せんしゅつ)	선출	手がかり (て)	단서, 실마리
専門家 (せんもんか)	전문가	手際 (てぎわ)	일처리 솜씨, 수완
束縛 (そくばく)	속박	手数 (てすう)	수고
素質 (そしつ)	소질	手間 (てま)	수고
素振り (そぶり)	거동, 기색	手分け (てわ)	분담
大家 (たいか)	대가, 권위자	展開 (てんかい)	전개
大差 (たいさ)	큰 차이	転換 (てんかん)	전환
対比 (たいひ)	대비, 비교	添付 (てんぷ)	첨부
対面 (たいめん)	대면	統合 (とうごう)	통합
打開 (だかい)	타개	踏襲 (とうしゅう)	답습(예전 방식대로 행함)
妥協 (だきょう)	타협	同情 (どうじょう)	동정
探知 (たんち)	탐지	同調 (どうちょう)	동조
断念 (だんねん)	단념	同伴 (どうはん)	동반
中止 (ちゅうし)	중지	当面 (とうめん)	당면, 당분간
中枢 (ちゅうすう)	중추, 중심부	督促 (とくそく)	독촉
抽選 (ちゅうせん)	추첨	内心 (ないしん)	내심, 속마음
注文 (ちゅうもん)	주문	日夜 (にちや)	밤낮, 늘
調達 (ちょうたつ)	조달	入手 (にゅうしゅ)	입수
重宝 (ちょうほう)	(1)편리함 (2)애용함	念願 (ねんがん)	염원
直接 (ちょくせつ)	직접	念頭 (ねんとう)	염두, 마음 속
直面 (ちょくめん)	직면	把握 (はあく)	파악

일본어	의미	일본어	의미
□ 背景（はいけい）	배경	□ 復旧（ふっきゅう）	복구
□ 配布（はいふ）	배포	□ 復興（ふっこう）	부흥
□ 波及（はきゅう）	파급	□ 赴任（ふにん）	부임
□ 破損（はそん）	파손	□ 不備（ふび）	불비, 미비, 불충분함
□ 抜群（ばつぐん）	발군, 뛰어남	□ 不服（ふふく）	불복
□ 発散（はっさん）	발산	□ 不平（ふへい）	불평
□ 抜粋（ばっすい）	발췌	□ 不満（ふまん）	불만
□ 繁盛（はんじょう）	번성, 번창	□ 分解（ぶんかい）	분해
□ 反省（はんせい）	반성	□ 分担（ぶんたん）	분담
□ 伴奏（ばんそう）	반주	□ 分配（ぶんぱい）	분배
□ 反対（はんたい）	반대	□ 分別（ふんべつ）	분별
□ 判別（はんべつ）	판별	□ 並行（へいこう）	병행
□ 反論（はんろん）	반론	□ 並列（へいれつ）	병렬
□ 必要（ひつよう）	필요	□ 弁解（べんかい）	변명
□ 人込み（ひとごみ）	인파	□ 変換（へんかん）	변환
□ 人手（ひとで）	일손, 노동력	□ 変形（へんけい）	변형
□ 人出（ひとで）	인파, 많은 사람이 그곳에 나옴	□ 変更（へんこう）	변경
□ 人通り（ひとどお）	사람의 왕래	□ 変遷（へんせん）	변천
□ 人波（ひとなみ）	인파	□ 返品（へんぴん）	반품
□ 皮肉（ひにく）	비꼼, 빈정거림	□ 方針（ほうしん）	방침
□ 拍子（ひょうし）	박자, **拍子に** ~하는 바람에, ~하는 순간에	□ 方法（ほうほう）	방법
		□ 発足（ほっそく）	발족, 출범
□ 貧富（ひんぷ）	빈부	□ 発端（ほったん）	발단
□ 普及（ふきゅう）	보급	□ 没頭（ぼっとう）	몰두
□ 不況（ふきょう）	불황	□ 本心（ほんしん）	본심
□ 不順（ふじゅん）	불순, 순탄치 못함	□ 本筋（ほんすじ）	본론, 본 줄거리

☐ 本音（ほんね）	속내, 본심		☐ 油断（ゆだん）	방심
☐ 真心（まごころ）	진심		☐ ゆとり	여유
☐ まちまち	제각각, 가지각색		☐ 予期（よき）	예기, 예상
☐ 真っ先（まさき）	맨 먼저, 선두		☐ 予断（よだん）	예단, 예측
☐ まみれ	~투성이, ~범벅(접미어)		☐ 落胆（らくたん）	낙담
☐ 満喫（まんきつ）	만끽		☐ 利益（りえき）	이익
☐ 見込み（みこみ）	예상, 전망		☐ 理由（りゆう）	이유
☐ 密集（みっしゅう）	밀집		☐ 流出（りゅうしゅつ）	유출
☐ 見通し（みとおし）	전망		☐ 隣接（りんせつ）	인접
☐ 無実（むじつ）	억울한 죄		☐ 連携（れんけい）	연계
☐ 無償（むしょう）	무상, 무료		☐ 朗報（ろうほう）	낭보, 희소식
☐ 無駄（むだ）	낭비, 헛됨		☐ 和解（わかい）	화해
☐ 無念（むねん）	무념		☐ 枠（わく）	틀, 테두리
☐ 明暗（めいあん）	명암			
☐ 名誉（めいよ）	명예			

② 동사

☐ 目先（めさき）	눈앞		☐ 商う（あきな）	장사하다
☐ 免除（めんじょ）	면제		☐ 諦める（あきら）	포기하다
☐ 猛反対（もうはんたい）	맹렬한 반대		☐ 飽きる（あ）	싫증나다, 질리다
☐ 網羅（もうら）	망라		☐ 挙げる（あ）	들다, 열거하다
☐ 目的（もくてき）	목적		☐ 焦る（あせ）	안달하다, 초조해하다
☐ 計画（けいかく）	계획		☐ 値する（あたい）	~할 가치가 있다, ~할 만하다
☐ 躍進（やくしん）	약진		☐ 当てはめる（あ）	적용하다
☐ 由緒（ゆいしょ）	유서, 내력		☐ 謝る（あやま）	사과하다
☐ 優位（ゆうい）	우위		☐ 歩む（あゆ）	걷다, 나아가다
☐ 融合（ゆうごう）	융합		☐ 改める（あらた）	고치다
☐ 有数（ゆうすう）	유수, 굴지(손꼽음)			

□ ありふれる	흔하다		□ おさまる	가라앉다, 수습되다
□ 慌てる	당황하다, 허둥지둥하다		□ 劣る	뒤떨어지다, 뒤지다
□ 案じる	걱정하다		□ 驚く	놀라다
□ 言い残す	말을 남기다, 빠뜨리고 말하다		□ 帯びる	(분위기, 경향을) 띠다, (그러한 성질을) 지니다
□ 言い放つ	단언하다, 잘라 말하다		□ 思い詰める	골똘히 생각하다
□ 言い張る	우겨대다, 주장하다		□ 及ぶ	(상태, 범위 등에) 이르다, 미치다
□ 言い渡す	언도하다, 선고하다		□ 及ぼす	(영향을) 미치다, 끼치다
□ 怒る	분노하다		□ 抱え込む	끌어안다, 떠맡다
□ 労る	위로하다, 노고를 치하하다		□ 掲げる	내걸다, 내세우다
□ 挑む	도전하다		□ 限る	한정되다
□ 否む	부정하다, 거부하다		□ 偏る	치우치다, 편중되다
□ 嫌がる	싫어하다		□ 適う	적합하다
□ 浮かれる	들뜨다, 신나다		□ 叶う	이루어지다
□ 受け入れる	받아들이다		□ かなえる	이루어 주다, 충족시키다
□ 薄まる	(색, 맛 등이) 옅어지다, 희석되다		□ かばう	두둔하다, 비호하다
□ 疑う	의심하다		□ 絡む	얽히다, 휘감기다
□ 打ち切る	중지하다		□ 絡める	휘감다, 관련시키다
□ 打ち込む	몰두하다, 몰입하다		□ 築く	쌓다, 구축하다
□ 訴える	호소하다, 소송하다		□ 切り出す	(1)잘라내다, (2)말을 꺼내다
□ 敬う	공경하다		□ 食い止める	저지하다, 막다
□ 恨む	원망하다		□ 崩す	무너뜨리다, 흩뜨리다
□ 潤う	(1)축축해지다, (2)경제적으로 윤택해지다		□ 覆す	뒤집어 엎다
□ うろたえる	허둥거리다, 당황하다		□ 削る	깎다, 삭감하다
□ 拝む	절하다, 경배하다		□ けなす	헐뜯다
□ 怠る	게을리하다, 소홀히 하다		□ 断る	(1)거절하다, (2)양해를 구하다

□ 拒む (こば)	거부하다, 저지하다		□ 携わる (たずさ)	종사하다
□ 転がる (ころ)	구르다, 넘어지다		□ たたえる	찬양하다, 칭송하다
□ 壊す (こわ)	파괴하다, 고장내다		□ 漂う (ただよ)	떠돌다, 감돌다
□ 遮る (さえぎ)	차단하다		□ 立て替える (た・か)	대신하여 지불하다
□ 逆らう (さか)	거스르다, 거역하다		□ たどる	더듬어 찾다
□ 差し引く (さ・ひ)	공제하다, 차감하다		□ ためらう	주저하다, 망설이다
□ 授ける (さず)	수여하다, 하사하다		□ 縮まる (ちぢ)	줄어들다, 단축되다
□ 誘う (さそ)	권유하다, 유혹하다		□ 費やす (つい)	소비하다, 사용하다
□ 妨げる (さまた)	방해하다		□ 突き止める (つ・と)	밝혀내다, 알아내다
□ さまよう	헤매다, 방황하다		□ 尽くす (つ)	애쓰다, 있는 힘을 다하다
□ 障る (さわ)	방해가 되다, 지장이 있다		□ 伝う (つた)	(1)(어떤 것을 따라) 이동하다 (2)타고 가다
□ 仕上がる (し・あ)	완성되다		□ 培う (つちか)	기르다, 배양하다
□ しがみつく	매달리다		□ 集う (つど)	모이다
□ 慕う (した)	그리워하다, 사모하다		□ 努める (つと)	노력하다
□ 従う (したが)	따르다, 복종하다		□ 募る (つの)	(1) 점점 더해지다 (2)모집하다
□ 忍ぶ (しの)	(1)숨다, (2)참다, 견디다		□ つぶす	찌부러뜨리다, 으깨다
□ 締める (し)	죄다, 매다		□ 積み立てる (つ・た)	적립하다
□ 退く (しりぞ)	물러나다, 후퇴하다		□ 貫く (つらぬ)	관철하다
□ 吸い上げる (す・あ)	빨아올리다		□ 投じる (とう)	던지다
□ 急かす (せ)	재촉하다		□ 遠ざける (とお)	멀리하다
□ 狭める (せば)	좁히다		□ 戸惑う (とまど)	어리둥절해 하다, 당황하다
□ 責める (せ)	책망하다, 나무라다		□ 解ける (ほど)	(끈, 긴장 등이) 풀리다
□ 損なう (そこ)	파손하다, 손상시키다		□ 滞る (とどこお)	막히다, 밀리다
□ 逸れる (そ)	빗나가다, 벗어나다		□ 唱える (とな)	외치다, 주장하다
□ 耐える (た)	견디다		□ 伴う (ともな)	함께 가다, 동반하다
□ 倒す (たお)	쓰러뜨리다			

□ 取り組む	몰두하다
□ 取り戻す	되찾다, 회복하다
□ 投げ出す	내던지다, 팽개치다
□ なじむ	친숙해지다, 정들다
□ なぞる	본뜨다, 그대로 모방하다
□ 慣れる	익숙해지다
□ 匂う	냄새가 나다
□ 賑わう	활기차다, 번화하다
□ 憎む	미워하다
□ 担う	짊어지다, 떠맡다
□ 鈍る	둔해지다, 무디어지다
□ 練る	반죽하다, (계획, 문장을) 다듬다
□ 逃れる	벗어나다, 피하다
□ 臨む	임하다, (상황에) 직면하다
□ 望む	바라다, 희망하다
□ 剥がす	벗기다, 떼다
□ 捗る	진척되다
□ 励む	힘쓰다
□ 弾む	튀다, 들뜨다
□ 離れる	멀어지다, (장소를) 떠나다
□ 跳ねる	튀다
□ はめる	채우다, 끼워넣다
□ 張り合う	겨루다, 경쟁하다
□ 張り切る	기운이 넘치다, 팽팽하다
□ 引き落とす	(1)당겨서 떨어뜨리다 (2)자동 납부하다
□ 引き寄せる	끌어당기다
□ 秘める	숨기다
□ 冷やす	식히다
□ 翻す	뒤집다, 번복하다
□ 震える	떨리다
□ 隔てる	멀리하다, 사이에 두다
□ 報じる	알리다, 보도하다
□ 施す	(1)베풀다, (2)행하다
□ 掘る	파다
□ 舞う	(1)흩날리다, (2)춤추다
□ 賄う	조달하다
□ 紛れる	뒤섞이다, 헷갈리다
□ 惑わす	혼란시키다, 현혹시키다
□ 免れる	면하다, 모면하다
□ 見合わせる	(1)마주보다, (2)보류하다
□ 見失う	(시야에서) 놓치다
□ 見落とす	간과하다
□ 磨く	닦다, 연마하다
□ 乱れる	흐트러지다, 어지러워지다
□ 恵まれる	혜택을 받다, 풍부하다
□ もうかる	돈벌이가 되다, 이득을 보다
□ 設ける	마련하다, 설치하다
□ もくろむ	계획하다, 꾀하다
□ 催す	개최하다
□ 養う	기르다, 부양하다
□ 安らぐ	평온해지다

和らぐ	누그러지다	すがすがしい	상쾌하다, 시원하다
揺らぐ	흔들리다	すさまじい	대단하다, 무시무시하다
揺るがす	뒤흔들다	素早い	재빠르다, 민첩하다
緩める	완화하다, 느슨하게 하다	騒々しい	시끄럽다, 소란스럽다
よける	피하다	だらしない	단정하지 못하다, 절도가 없다
呼び込む	불러들이다	注意深い	주의 깊다, 신중하다
喜ぶ	기뻐하다	悩ましい	괴롭다, 고통스럽다
弱る	약해지다, 곤란해지다	はかない	덧없다, 허무하다

❸ い형용사

あっけない	어이없다	はなはだしい	심하다
淡い	연하다, 흐리다	はなばなしい	화려하다
慌ただしい	분주하다, 어수선하다	幅広い	폭넓다
潔い	깨끗하다, 후련하다	分厚い	두툼하다, 두껍다
勇ましい	용감하다	紛らわしい	헷갈리다, 혼란스럽다
薄暗い	어둑어둑하다, 침침하다	満たない	부족하다, 충분하지 못하다
疑わしい	의심스럽다	目覚ましい	눈부시다, 주목할 만하다
おびただしい	엄청나다, 수량이 매우 많다	目まぐるしい	어지럽다, 변화가 빠르다
思いがけない	뜻밖이다, 의외이다	物々しい	삼엄하다
重々しい	엄숙하다, 위엄이 있다	やかましい	시끄럽다
清い	맑다, 깨끗하다	やむを得ない	어쩔 수 없다, 부득이하다
心地よい	기분 좋다, 상쾌하다	煩わしい	성가시다, 번거롭다
心無い	철이 없다, 매정하다		

❹ な형용사

心細い	불안하다	鮮やかな	선명한
仕方ない	어쩔 수 없다, 부득이하다	偉大な	위대한
		円滑な	원활한
ずうずうしい	뻔뻔하다	大げさな	과장된, 요란스러운

大ざっぱな	대략적인		しなやかな	유연한
大幅な	대폭적인		地味な	수수한, 소박한
穏やかな	온화한		重厚な	중후한
おっくうな	귀찮은		柔軟な	유연한
愚かな	어리석은		重要な	중요한
果敢な	과감한		順調な	순조로운
画一的な	획일적인		真剣な	진지한
かすかな	희미한		深刻な	심각한
頑なな	완고한		迅速な	신속한
画期的な	획기적인		慎重な	신중한
肝心な	중요한		親密な	친밀한
簡素な	간소한		健やかな	건강한
急激な	급격한		速やかな	신속한
強硬な	강경한		性急な	성급한
強大な	강대한, 막강한		積極的な	적극적인
緊密な	긴밀한		絶大な	아주 큰, 지대한
堅実な	견실한		繊細な	섬세한
厳正な	엄정한		率直な	솔직한
巧妙な	교묘한		退屈な	지루한, 따분한
克明な	극명한, 꼼꼼한		確かな	확실한
些細な	사소한		短期的な	단기적인
ささやかな	자그마한, 조촐한		丹念な	정성스런, 꼼꼼한
さわやかな	상쾌한		着実な	착실한
質素な	검소한, 소탈한		長期的な	장기적인
したたかな	호된, 만만치 않은		的確な	정확한
淑やかな	정숙한		特殊な	특수한

□ 苦手な (にがて)	서툰, 싫은	
□ 煩雑な (はんざつ)	번잡한	
□ 密かな (ひそ)	은밀한	
□ ひたむきな	한결같은	
□ 否定的な (ひていてき)	부정적인	
□ 頻繁な (ひんぱん)	빈번한, 잦은	
□ 不穏な (ふおん)	불온한	
□ 複雑な (ふくざつ)	복잡한	
□ 不当な (ふとう)	부당한	
□ 不真面目な (ふまじめ)	불성실한	
□ 不用意な (ふようい)	부주의한	
□ 不利な (ふり)	불리한	
□ 平気な (へいき)	태연한	
□ 平凡な (へいぼん)	평범한	
□ へとへとな	기진맥진한, 몹시 지친(주로 へとへとに의 형태로 쓰임)	
□ 膨大な (ぼうだい)	방대한	
□ 豊富な (ほうふ)	풍부한	
□ おおらかな	대범한	
□ まばらな	드문드문한, 듬성듬성한	
□ 無意味な (むいみ)	무의미한	
□ 無残な (むざん)	무참한, 잔인한	
□ 無造作な (むぞうさ)	손쉬운, 대수롭지 않게 여기는	
□ 無謀な (むぼう)	무모한	
□ 明白な (めいはく)	명백한	
□ 面倒な (めんどう)	귀찮은, 성가신	

□ 綿密な (めんみつ)	면밀한
□ 厄介な (やっかい)	귀찮은
□ 優先的な (ゆうせんてき)	우선적인
□ 愉快な (ゆかい)	유쾌한
□ 緩やかな (ゆる)	완만한
□ 幼稚な (ようち)	유치한
□ 弱気な (よわき)	나약한
□ 冷静な (れいせい)	냉정한, 침착한
□ わずかな	사소한, 매우 적은

❺ 부사

□ あいにく	공교롭게도
□ 予め (あらかじ)	미리
□ 改めて (あらた)	다시, 새삼스럽게
□ 案の定 (あんじょう)	역시, 예상대로
□ 意外に (いがい)	의외로
□ いかにも	정말이지
□ 生き生き (いきいき)	생기가 넘치는 모양
□ いたって	매우, 지극히
□ いっそう	한층, 더욱 더
□ 今更 (いまさら)	이제 와서, 새삼스럽게
□ いよいよ	드디어
□ うんざり	지긋지긋한 모습
□ おおむね	대체로, 대강
□ おのずと	저절로, 자연히＝おのずから
□ がさがさ	꺼칠꺼칠, 바삭바삭

□ からっと	바싹(마른 모습)	□ 相当(そうとう)	상당히
□ 辛(かろ)うじて	겨우, 간신히, 가까스로	□ 即刻(そっこく)	즉각, 즉시
□ 急遽(きゅうきょ)	급거, 갑작스럽게	□ そわそわ	불안한 모습, 안절부절 못하는 모습
□ 極力(きょくりょく)	극력, 힘껏		
□ 極(きわ)めて	매우, 지극히	□ 大(たい)して	별로
□ くまなく	구석구석까지, 샅샅이	□ だいたい	대체로
□ くよくよ	끙끙, 사소한 일을 걱정하는 모습	□ ただ	다만, 단지
□ ぐらぐら	흔들흔들	□ ちらっと	흘끗, 언뜻
□ こっそり	살짝, 몰래	□ てきぱきと	척척
□ ことごとく	전부, 모조리	□ とっくに	진작, 훨씬 이전에
□ 早急(さっきゅう)に	조속히	□ 突然(とつぜん)	돌연, 갑자기
□ ざっと	대충, 대강	□ 取(と)り分(わ)け	특히, 유난히
□ さらさら	(1)술술(거침없이 진행되는 모습) (2)찰랑찰랑(기름기나 습기가 없이 산뜻한 모습)	□ どんより	잔뜩 흐린 모양, 우중충한 모양
		□ 何度(なんど)も	몇 번이나
□ しいて	억지로, 굳이	□ にわかに	갑자기, 즉시, 곧바로
□ しきりに	자꾸, 연달아	□ のろのろ	느릿느릿
□ 自然(しぜん)に	자연스럽게	□ のんびり	한가하게, 느긋하게
□ じっくりと	정성껏, 곰곰이	□ 漠然(ばくぜん)と	막연하게
□ しっとり	(1)촉촉하게, (2)차분하게	□ 非常(ひじょう)に	매우
□ じめじめ	축축한 모습, 음침한 모습	□ ひっそり	조용히, 적막하게
□ 徐々(じょじょ)に	서서히	□ 人一倍(ひといちばい)	남달리, 남보다 갑절로
□ しんなり	부드럽고 유연한 모양	□ ひとまず	일단, 우선
□ 随時(ずいじ)	수시로, 그때그때	□ ひんやり	썰렁하게(차가움을 느끼는 모양)
□ すくすく	쑥쑥, 무럭무럭	□ 不意(ふい)に	갑자기, 느닷없이
□ 絶対(ぜったい)に	절대로	□ 再(ふたた)び	다시
□ 総(そう)じて	대체로, 전반적으로	□ ぶらぶら	어슬렁어슬렁, 빈둥빈둥

ふんわり	(1)살짝 (2)폭신폭신
ぼうっと	멍하니
ほっと	안심하는 모습
まさか	설마
まさしく	틀림없이, 확실하게
間<ruby>ま</ruby>もなく	머지않아, 곧
無性<ruby>むしょう</ruby>に	몹시, 공연히, 까닭없이
めきめき	무럭무럭, 눈에 띄게
めそめそ	훌쩍훌쩍(낮게 우는 모습)
もはや	이미, 벌써(もう)
やっと	겨우, 간신히
やんわり	부드럽게, 살며시
よほど	상당히, 무척
歴然<ruby>れきぜん</ruby>と	역연히, 또렷하게
わずかに	조금, 약간
わりに	비교적

❻ 가타카나

アドバイス	충고, 조언
イメージ	이미지
インスピレーション	영감, 인스피레이션
インタビュー	인터뷰
ウエイト	웨이트, 중량, 중요도
エントリー	엔트리, 참가 신청
キープ	유지, 보관
キャラクター	캐릭터
キャリア	커리어, 경력
クールな	(1)시원한, (2)냉정한
クレーム	클레임
コーディネート	코디네이트, 조정
コスト	비용
コミュニケーション	커뮤니케이션, 소통
コントラスト	콘트라스트, 대조, 대비
サポート	지원, 서포트
シェフ	셰프, 주방장
シビアな	엄격한, 어려운
シンプルな	심플한
スクリーン	스크린
スケール	스케일, 규모
ステータス	지위, 위상
ストック	스톡, 비축, 재고
ストップ	스톱
ストレート	스트레이트, 단도직입
センス	센스, 감각
チーフ	수석, 장, 주임
チャージ	요금, 충전
チャンス	기회, 찬스
データベース	데이터베이스
トップ	톱, 선두
トレーニング	훈련, 트레이닝
ニュアンス	뉘앙스
ノルマ	노르마, 업무할당량

□ ハードル	허들, 장애물	□ ポジション	포지션
□ バックアップ	백업	□ マイナス	마이너스
□ パワー	파워	□ メイン	메인, 중요한 것
□ ヒント	힌트	□ メカニズム	메커니즘, 구조
□ フォロー	지원, 보조	□ メディア	미디어
□ プライド	프라이드, 자존심	□ モダンな	모던한, 현대적인
□ ブランク	블랭크, 공백	□ ユニークな	독특한
□ プレゼン	프레젠테이션, 발표	□ リストアップ	리스트업, 목록 작성
□ ブロック	블록	□ リミット	리밋, 한계
□ ベテラン	베테랑	□ ルーズな	느슨한, 단정치 못한

다음 단어의 읽기로 가장 알맞은 것을 ⓐ, ⓑ 중에서 고르시오.

1 枠	(ⓐ がく　　ⓑ わく)	19 出没	(ⓐ しゅつぼつ　ⓑ しゅっぱつ)
2 術	(ⓐ すべ　　ⓑ わざ)	20 分別	(ⓐ ふんべつ　ⓑ ぶんべつ)
3 真心	(ⓐ まごころ　ⓑ しんしん)	21 網羅	(ⓐ もうれい　ⓑ もうら)
4 人込み	(ⓐ ひとごみ　ⓑ ひとこみ)	22 中枢	(ⓐ ちゅうずう　ⓑ ちゅうすう)
5 手際	(ⓐ てさい　　ⓑ てぎわ)	23 圧迫	(ⓐ せっぱく　ⓑ あっぱく)
6 跡地	(ⓐ あとち　　ⓑ てきち)	24 無償	(ⓐ むしょう　ⓑ むじょう)
7 目先	(ⓐ めさき　　ⓑ まさき)	25 停滞	(ⓐ たいたい　ⓑ ていたい)
8 憤り	(ⓐ いかり　　ⓑ いきどおり)	26 発足	(ⓐ ほっそく　ⓑ けっそく)
9 見込み	(ⓐ みくみ　　ⓑ みこみ)	27 方針	(ⓐ ほうしん　ⓑ ぼうしん)
10 糸口	(ⓐ はりぐち　ⓑ いとぐち)	28 抽選	(ⓐ しゅうせん　ⓑ ちゅうせん)
11 人手	(ⓐ ひとで　　ⓑ ひとて)	29 誇張	(ⓐ かちょう　ⓑ こちょう)
12 憩い	(ⓐ いこい　　ⓑ いけい)	30 回想	(ⓐ かいそう　ⓑ あいそう)
13 仕組み	(ⓐ しくみ　　ⓑ しこみ)	31 伴奏	(ⓐ はんそう　ⓑ ばんそう)
14 手間	(ⓐ てあい　　ⓑ てま)	32 順応	(ⓐ しゅんおう　ⓑ じゅんのう)
15 本筋	(ⓐ ほん　　ⓑ ほんすじ)	33 融合	(ⓐ ようごう　ⓑ ゆうごう)
16 手分け	(ⓐ しわけ　　ⓑ てわけ)	34 念願	(ⓐ ねんかん　ⓑ ねんがん)
17 兆し	(ⓐ きざし　　ⓑ こころざし)	35 朗報	(ⓐ ろうほう　ⓑ りゅうほう)
18 本音	(ⓐ ほんね　　ⓑ ほんと)	36 調達	(ⓐ ちょうたつ　ⓑ ちょうせい)

정답 1 ⓑ　2 ⓐ　3 ⓐ　4 ⓐ　5 ⓑ　6 ⓐ　7 ⓐ　08 ⓑ　9 ⓑ　10 ⓑ　11 ⓐ　12 ⓐ
13 ⓐ　14 ⓑ　15 ⓑ　16 ⓑ　17 ⓐ　18 ⓐ　19 ⓐ　20 ⓐ　21 ⓑ　22 ⓑ　23 ⓑ　24 ⓐ
25 ⓑ　26 ⓐ　27 ⓐ　28 ⓑ　29 ⓑ　30 ⓐ　31 ⓑ　32 ⓑ　33 ⓑ　34 ⓑ　35 ⓐ　36 ⓐ

다음 단어의 읽기로 가장 알맞은 것을 a, b 중에서 고르시오.

1 督促 （ a ていしょく　b とくそく ）

2 陳列 （ a ちんれつ　　b じんれつ ）

3 群衆 （ a くんしゅう　b ぐんしゅう ）

4 趣旨 （ a しゅし　　　b しゅうし ）

5 繁盛 （ a はんじょう　b はんせい ）

6 契約 （ a けいやく　　b かいやく ）

7 錯覚 （ a せいかく　　b さっかく ）

8 変遷 （ a へんけん　　b へんせん ）

9 苦境 （ a くけい　　　b くきょう ）

10 並行 （ a へいこう　　b はいこう ）

11 巨匠 （ a きょしょう　b きょしゅう ）

12 直面 （ a とうめん　　b ちょくめん ）

13 躍進 （ a とっしん　　b やくしん ）

14 不服 （ a ふふく　　　b ふぶく ）

15 油断 （ a よだん　　　b ゆだん ）

16 凝縮 （ a こうしゅく　b ぎょうしゅく ）

17 依頼 （ a いらい　　　b いれい ）

18 還元 （ a かんげん　　b けんげん ）

19 閲覧 （ a えつらん　　b せつらん ）

20 返品 （ a へんぴん　　b はんぴん ）

21 統合 （ a どうこう　　b とうごう ）

22 普及 （ a はきゅう　　b ふきゅう ）

23 駆使 （ a こうし　　　b くし ）

24 発端 （ a ほったん　　b はったん ）

25 打開 （ a たかい　　　b だかい ）

26 判別 （ a はんべつ　　b かんべつ ）

27 不況 （ a ふきょう　　b へこう ）

28 後悔 （ a こうがい　　b こうかい ）

29 妥協 （ a だきょう　　b たきょう ）

30 連携 （ a れんこう　　b れんけい ）

31 名誉 （ a めいよ　　　b めいよう ）

32 引用 （ a いんよう　　b いんゆう ）

33 根拠 （ a こんきょ　　b こんこ ）

34 回復 （ a かいふく　　b こうふく ）

35 没頭 （ a もっとう　　b ぼっとう ）

36 弁解 （ a ぶんかい　　b べんかい ）

정답　1 ⓑ　2 ⓐ　3 ⓑ　4 ⓐ　5 ⓐ　6 ⓐ　7 ⓑ　8 ⓑ　9 ⓑ　10 ⓐ　11 ⓐ　12 ⓑ
　　　13 ⓑ　14 ⓐ　15 ⓑ　16 ⓑ　17 ⓐ　18 ⓐ　19 ⓐ　20 ⓐ　21 ⓑ　22 ⓑ　23 ⓑ　24 ⓐ
　　　25 ⓑ　26 ⓐ　27 ⓐ　28 ⓑ　29 ⓐ　30 ⓑ　31 ⓐ　32 ⓐ　33 ⓐ　34 ⓐ　35 ⓑ　36 ⓑ

다음 단어의 읽기로 가장 알맞은 것을 ⓐ, ⓑ 중에서 고르시오.

1　核心　（ ⓐ かくじん　　ⓑ かくしん ）
2　完結　（ ⓐ あんけつ　　ⓑ かんけつ ）
3　貧富　（ ⓐ はんぷ　　ⓑ ひんぷ ）
4　遠隔　（ ⓐ えんかく　　ⓑ えんがく ）
5　束縛　（ ⓐ そくはく　　ⓑ そくばく ）
6　助言　（ ⓐ じょうげん　　ⓑ じょげん ）
7　釈明　（ ⓐ しゃくめい　　ⓑ せきめい ）
8　把握　（ ⓐ ひあく　　ⓑ はあく ）
9　分担　（ ⓐ ぶんたん　　ⓑ ぶんだん ）
10　殺到　（ ⓐ さっとう　　ⓑ さいとう ）
11　緩和　（ ⓐ あんわ　　ⓑ かんわ ）
12　落胆　（ ⓐ らくだん　　ⓑ らくたん ）
13　添付　（ ⓐ てんか　　ⓑ てんぷ ）
14　探知　（ ⓐ たんじ　　ⓑ たんち ）
15　反省　（ ⓐ はんせい　　ⓑ はんしょう ）
16　供与　（ ⓐ きょうよ　　ⓑ きょうよう ）
17　仰天　（ ⓐ ぎょうてん　　ⓑ きょうてん ）
18　満喫　（ ⓐ まんけい　　ⓑ まんきつ ）

19　素質　（ ⓐ そうしつ　　ⓑ そしつ ）
20　主催　（ ⓐ しゅざい　　ⓑ しゅさい ）
21　遂行　（ ⓐ すいこう　　ⓑ ずいこう ）
22　断念　（ ⓐ だんねん　　ⓑ ざんねん ）
23　支持　（ ⓐ しじ　　ⓑ じじ ）
24　影響　（ ⓐ えいこう　　ⓑ えいきょう ）
25　破損　（ ⓐ ほそん　　ⓑ はそん ）
26　明暗　（ ⓐ めいあん　　ⓑ みょうあん ）
27　反論　（ ⓐ はんろん　　ⓑ はんのん ）
28　赴任　（ ⓐ ふにん　　ⓑ しゅうにん ）
29　需要　（ ⓐ じゅよう　　ⓑ しゅよう ）
30　密集　（ ⓐ みっせつ　　ⓑ みっしゅう ）
31　従属　（ ⓐ じゅうしゅく　ⓑ じゅうぞく ）
32　教訓　（ ⓐ きょうくん　　ⓑ きょうゆう ）
33　念頭　（ ⓐ ねんとう　　ⓑ ねんどう ）
34　当面　（ ⓐ とうみん　　ⓑ とうめん ）
35　歓迎　（ ⓐ かんえい　　ⓑ かんげい ）
36　発散　（ ⓐ はっかん　　ⓑ はっさん ）

정답 1 ⓑ　2 ⓑ　3 ⓑ　4 ⓐ　5 ⓑ　6 ⓑ　7 ⓐ　8 ⓑ　9 ⓐ　10 ⓐ　11 ⓑ　12 ⓑ
13 ⓑ　14 ⓑ　15 ⓐ　16 ⓐ　17 ⓐ　18 ⓑ　19 ⓑ　20 ⓑ　21 ⓐ　22 ⓐ　23 ⓐ　24 ⓑ
25 ⓑ　26 ⓐ　27 ⓐ　28 ⓐ　29 ⓐ　30 ⓑ　31 ⓑ　32 ⓐ　33 ⓐ　34 ⓑ　35 ⓑ　36 ⓑ

다음 단어의 읽기로 가장 알맞은 것을 a, b 중에서 고르시오.

1 募る　（ a つのる　　b いのる ）		**19** 否む　（ a いなむ　　b いどむ ）
2 断る　（ a かたよる　　b ことわる ）		**20** 逸れる　（ a それる　　b まぬがれる ）
3 逆らう　（ a さからう　　b あしらう ）		**21** 費やす　（ a いやす　　b ついやす ）
4 歩む　（ a あゆむ　　b ひずむ ）		**22** 授ける　（ a あずける　　b さずける ）
5 敬う　（ a ふるまう　　b うやまう ）		**23** 飽きる　（ a あきる　　b つきる ）
6 貫く　（ a つらぬく　　b なげく ）		**24** 築く　（ a うなずく　　b きずく ）
7 慕う　（ a したう　　b つちかう ）		**25** 焦る　（ a さわる　　b あせる ）
8 培う　（ a つちかう　　b したう ）		**26** 絡む　（ a からむ　　b うらむ ）
9 削る　（ a けずる　　b ゆずる ）		**27** 恨む　（ a なやむ　　b うらむ ）
10 掲げる　（ a かかげる　　b つなげる ）		**28** 疑う　（ a うたがう　　b うかがう ）
11 挑む　（ a はげむ　　b いどむ ）		**29** 商う　（ a おぎなう　　b あきなう ）
12 劣る　（ a さとる　　b おとる ）		**30** 急かす　（ a せかす　　b おどかす ）
13 挙げる　（ a あげる　　b かかげる ）		**31** 拝む　（ a おがむ　　b せがむ ）
14 漂う　（ a ただよう　　b さまよう ）		**32** 携わる　（ a たずさわる　b うけたまわる ）
15 集う　（ a にぎわう　　b つどう ）		**33** 締める　（ a しめる　　b あきらめる ）
16 崩す　（ a はずす　　b くずす ）		**34** 縮まる　（ a かたまる　　b ちぢまる ）
17 退く　（ a くだく　　b しりぞく ）		**35** 遮る　（ a ちぎる　　b さえぎる ）
18 障る　（ a さわる　　b こだわる ）		**36** 訴える　（ a うったえる　b かえりみる ）

정답 1 ⓐ　2 ⓑ　3 ⓐ　4 ⓐ　5 ⓑ　6 ⓐ　7 ⓐ　8 ⓐ　9 ⓐ　10 ⓐ　11 ⓑ　12 ⓑ
13 ⓐ　14 ⓐ　15 ⓑ　16 ⓑ　17 ⓑ　18 ⓐ　19 ⓐ　20 ⓐ　21 ⓑ　22 ⓑ　23 ⓐ　24 ⓑ
25 ⓑ　26 ⓐ　27 ⓑ　28 ⓐ　29 ⓑ　30 ⓐ　31 ⓐ　32 ⓐ　33 ⓐ　34 ⓑ　35 ⓑ　36 ⓐ

다음 단어의 읽기로 가장 알맞은 것을 a, b 중에서 고르시오.

1 悩ましい（a なやましい　b いさましい）	**19** 簡素な（a かんそな　b かんけつな）
2 潔い（a いさぎよい　b こころよい）	**20** 強硬な（a きょうこうな　b きょうけいな）
3 目覚ましい（a めざましい　b めさましい）	**21** 巧妙な（a きゅうみょうな　b こうみょうな）
4 分厚い（a ぶんあつい　b ぶあつい）	**22** 急激な（a きゅうそくな　b きゅうげきな）
5 清い（a あわい　b きよい）	**23** 緊密な（a きんみつな　b しんみつな）
6 慌ただしい（a あわただしい　b おびただしい）	**24** 無謀な（a むぼうな　b むもうな）
7 心細い（a こころぼそい　b こころよわい）	**25** 膨大な（a ぼうだいな　b ばくだいな）
8 物々しい（a ぶつぶつしい　b ものものしい）	**26** 煩雑な（a ほんざつな　b はんざつな）
9 煩わしい（a わずらわしい　b まぎらわしい）	**27** 頻繁な（a ひんぱんな　b はんぱな）
10 騒々しい（a さわざわしい　b そうぞうしい）	**28** 愚かな（a おろそかな　b おろかな）
11 心地よい（a ここちよい　b こころちよい）	**29** 厳正な（a げんせいな　b けんせいな）
12 重々しい（a じゅうじゅうしい　b おもおもしい）	**30** 穏やかな（a おだやかな　b なごやかな）
13 淡い（a あわい　b うすい）	**31** 幼稚な（a ようちな　b にゅうちな）
14 勇ましい（a いさましい　b めざましい）	**32** 愉快な（a ゆかいな　b ゆうかいな）
15 疑わしい（a いまわしい　b うたがわしい）	**33** 密かな（a おごそかな　b ひそかな）
16 素早い（a すばやい　b そばやい）	**34** 丹念な（a かんねんな　b たんねんな）
17 幅広い（a はまびろい　b ははびろい）	**35** 着実な（a せいじつな　b ちゃくじつな）
18 紛らわしい（a けがらわしい　b まぎらわしい）	**36** 豊富な（a ほうふな　b ほうふうな）

정답　1 ⓐ　2 ⓐ　3 ⓐ　4 ⓑ　5 ⓑ　6 ⓐ　7 ⓐ　8 ⓑ　9 ⓐ　10 ⓑ　11 ⓐ　12 ⓑ
13 ⓐ　14 ⓐ　15 ⓑ　16 ⓐ　17 ⓑ　18 ⓑ　19 ⓐ　20 ⓐ　21 ⓑ　22 ⓑ　23 ⓐ　24 ⓐ
25 ⓐ　26 ⓑ　27 ⓐ　28 ⓑ　29 ⓐ　30 ⓐ　31 ⓐ　32 ⓐ　33 ⓑ　34 ⓑ　35 ⓑ　36 ⓐ

다음 단어의 일본어 표현으로 가장 알맞은 것을 a, b 중에서 고르시오.

1 동반하다　　　　　　　(a うやまう　　　　b ともなう ）

2 양육하다, 부양하다　　(a つぐなう　　　　b やしなう ）

3 찬양하다, 칭송하다　　(a たたえる　　　　b かかえる ）

4 짊어지다, 떠맡다　　　(a になう　　　　　b かなう ）

5 떨리다　　　　　　　　(a ささえる　　　　b ふるえる ）

6 흐트러지다　　　　　　(a 乱れる　　　　　b 溢れる ）

7 파다　　　　　　　　　(a 張る　　　　　　b 掘る ）

8 중지하다　　　　　　　(a 打ち切る　　　　b 打ち込む ）

9 힘쓰다　　　　　　　　(a 拒む　　　　　　b 励む ）

10 던지다　　　　　　　　(a 投じる　　　　　b 報じる ）

11 누그러지다　　　　　　(a 安らぐ　　　　　b 和らぐ ）

12 뛰다, 들뜨다　　　　　(a 弾む　　　　　　b 歪む ）

13 춤추다　　　　　　　　(a 舞う　　　　　　b 酔う ）

14 외치다, 주장하다　　　(a かなえる　　　　b となえる ）

15 조달하다　　　　　　　(a まかなう　　　　b ともなう ）

16 기뻐하다　　　　　　　(a よろこぶ　　　　b およぶ ）

17 개최하다　　　　　　　(a うるおす　　　　b もよおす ）

18 미워하다　　　　　　　(a 憎む　　　　　　b 臨む ）

정답　1 ⓑ　　2 ⓑ　　3 ⓐ　　4 ⓐ　　5 ⓑ　　6 ⓐ　　7 ⓑ　　8 ⓐ　　9 ⓑ
　　　10 ⓐ　　11 ⓑ　　12 ⓐ　　13 ⓐ　　14 ⓑ　　15 ⓐ　　16 ⓐ　　17 ⓑ　　18 ⓐ

다음 단어의 일본어 표현으로 가장 알맞은 것을 a, b 중에서 고르시오.

1 조용히, 적막하게　　　(a ひんやり　　　　b ひっそり)

2 폭신폭신　　　　　　　(a ふらふら　　　　b ふんわり)

3 전부, 모조리　　　　　(a ことごとく　　　b まさしく)

4 무럭무럭, 눈에 띄게　　(a めそめそ　　　　b めきめき)

5 대체로, 대강　　　　　(a おおむね　　　　b おのずと)

6 급거, 갑작스럽게　　　(a 急遽　　　　　　b 極端に)

7 살짝, 몰래　　　　　　(a あいにく　　　　b こっそり)

8 역시, 예상대로　　　　(a 案の定　　　　　b 案外)

9 매우, 지극히　　　　　(a いっそう　　　　b いたって)

10 겨우, 간신히　　　　　(a 総じて　　　　　b 辛うじて)

11 즉각, 즉시　　　　　　(a 相当　　　　　　b 即刻)

12 쑥쑥, 무럭무럭　　　　(a すくすく　　　　b そわそわ)

13 특히, 유난히　　　　　(a とっくに　　　　b 取り分け)

14 이미, 벌써　　　　　　(a もはや　　　　　b 間もなく)

15 상당히, 무척　　　　　(a よほど　　　　　b もはや)

16 생기가 넘치는 모양　　(a いよいよ　　　　b いきいき)

17 대체로, 전반적으로　　(a 総じて　　　　　b 決して)

18 억지로, 굳이　　　　　(a しいて　　　　　b ざっと)

정답　**1** ⓑ　**2** ⓑ　**3** ⓐ　**4** ⓑ　**5** ⓐ　**6** ⓐ　**7** ⓑ　**8** ⓐ　**9** ⓑ
　　　10 ⓑ　**11** ⓑ　**12** ⓐ　**13** ⓑ　**14** ⓐ　**15** ⓐ　**16** ⓑ　**17** ⓐ　**18** ⓐ

다음 단어의 일본어 표현으로 가장 알맞은 것을 a, b 중에서 고르시오.

1 덧없다, 허무하다　　　（ a すばやい　　　　b はかない ）

2 상쾌하다, 시원하다　　（ a すがすがしい　　b はなばなしい ）

3 시끄럽다　　　　　　　（ a だらしない　　　b やかましい ）

4 심하다　　　　　　　　（ a はなばなしい　　b はなはだしい ）

5 어이없다　　　　　　　（ a あっけない　　　b まぎらわしい ）

6 대략적인　　　　　　　（ a おおざっぱな　　b おおげさな ）

7 사소한　　　　　　　　（ a さわやかな　　　b ささいな ）

8 유연한　　　　　　　　（ a なごやかな　　　b しなやかな ）

9 정숙한　　　　　　　　（ a 健やかな　　　　b 淑やかな ）

10 희미한　　　　　　　　（ a なめらかな　　　b かすかな ）

11 막강한　　　　　　　　（ a 強大な　　　　　b 強引な ）

12 선명한　　　　　　　　（ a 緩やかな　　　　b 鮮やかな ）

13 경력　　　　　　　　　（ a キャラクター　　b キャリア ）

14 지원　　　　　　　　　（ a サポート　　　　b ストック ）

15 지위, 위상　　　　　　（ a スケール　　　　b ステータス ）

16 업무할당량　　　　　　（ a クレーム　　　　b ノルマ ）

17 비축, 재고　　　　　　（ a ストック　　　　b ブランク ）

18 발표　　　　　　　　　（ a プレゼン　　　　b チャージ ）

정답 1 ⓑ　2 ⓐ　3 ⓑ　4 ⓑ　5 ⓐ　6 ⓐ　7 ⓑ　8 ⓑ　9 ⓑ
　　 10 ⓑ　11 ⓐ　12 ⓑ　13 ⓑ　14 ⓐ　15 ⓑ　16 ⓑ　17 ⓐ　18 ⓐ

3 고득점 어휘

❶ 명사

あい そ あい そう □ 愛想(愛想)	붙임성, 정나미
あい ま □ 合間	틈, 짬
あくじゅんかん □ 悪循環	악순환
あく へき □ 悪癖	못된 버릇, 악습
あた □ 辺り	근처, 부근
あっ とう □ 圧倒	압도
あと □ 跡	흔적
あな □ 穴	구멍
□ ありのまま	있는 그대로
い ぎ □ 異議	이의
い ちが □ 行き違い	길이 엇갈림
い こう □ 移行	이행
い じ □ 維持	유지
い しょう □ 衣装	의상
い せき □ 遺跡	유적
いちめん □ 一面	일면, 한쪽 면
いちれん □ 一連	일련
いっかつ □ 一括	일괄
いっしょ □ 一緒	함께 함
いっぱん □ 一般	일반
い と □ 意図	의도
い はん □ 違反	위반
い よく □ 意欲	의욕
い りょく □ 威力	위력
いんかん □ 印鑑	인감
いんきょ □ 隠居	은거
いんしょう □ 印象	인상
いんりょく □ 引力	인력
うず □ 渦	소용돌이
うつわ □ 器	그릇
うんえい □ 運営	운영
うんどう □ 運動	운동
うんよう □ 運用	운용
えいよう □ 栄養	영양
え もの □ 獲物	사냥감, 먹이
えんそう □ 演奏	연주
おうきゅう □ 応急	응급
おうせつしつ □ 応接室	응접실
おう ぼ □ 応募	응모
おか □ 丘	언덕
おき □ 沖	(먼)바다
お せん □ 汚染	오염
おもて む □ 表向き	표면상, 공식상
おもむき □ 趣	정취
おんけい □ 恩恵	혜택, 은혜
かいがら □ 貝殻	조개 껍데기
かいきょう □ 海峡	해협
かい ご □ 介護	간호, 간병
かいしゅう □ 改修	개수, 수리

□ 回収	かいしゅう	회수, 수거		□ 偏り	かたよ り	치우침, 편향
□ 怪獣	かいじゅう	괴수		□ 傍ら	かたわ ら	옆, 곁
□ 解消	かいしょう	해소		□ 花壇	か だん	화단
□ 解説	かいせつ	해설		□ 楽器	がっ き	악기
□ 概説	がいせつ	개설		□ 活躍	かつやく	활약
□ 改善	かいぜん	개선		□ 柄	がら	(1)무늬 (2)몸집 (3) 속성
□ 開拓	かいたく	개척		□ 過労	か ろう	과로
□ 街頭	がいとう	가두, 거리		□ 間隔	かんかく	간격
□ 介入	かいにゅう	개입		□ 看護師	かんごし	간호사
□ 概念	がいねん	개념		□ 感謝	かんしゃ	감사
□ 介抱	かいほう	간호, 간병		□ 干渉	かんしょう	간섭
□ 価格	か かく	가격		□ 勘定	かんじょう	지불, 계산
□ 垣根	かき ね	울타리		□ 歓声	かんせい	환호성
□ 架空	か くう	가공, 허구		□ 幹線	かんせん	간선
□ 格差	かく さ	격차		□ 感染	かんせん	감염
□ 各種	かくしゅ	각종		□ 乾燥	かんそう	건조
□ 革新	かくしん	혁신		□ 観測	かんそく	관측
□ 確保	かく ほ	확보		□ 勘違い	かんちが い	착각
□ 陰	かげ	그늘		□ 監督	かんとく	감독
□ 加減	か げん	가감, 조절		□ 幹部	かん ぶ	간부
□ 火災	か さい	화재		□ 関与	かん よ	관여
□ 箇条書き	か じょう が	조목별로 기록함		□ 官僚	かんりょう	관료
□ 仮説	か せつ	가설		□ 慣例	かんれい	관례
□ 下線	か せん	밑줄		□ 還暦	かんれき	환갑
□ 河川	か せん	하천		□ 漢和	かん わ	한일(한자와 일본어)
□ 過疎化	か そ か	과소화		□ 危害	き がい	위해
□ 課題	か だい	과제		□ 規格	き かく	규격

企画（きかく）	기획
気兼ね（きがね）	거리낌, 눈치를 봄
企業（きぎょう）	기업
戯曲（ぎきょく）	희곡
棄権（きけん）	기권
起源（きげん）	기원
既婚者（きこんしゃ）	기혼자
記載（きさい）	기재(기록)
儀式（ぎしき）	의식, 관혼상제의 방법
気象（きしょう）	기상
偽造（ぎぞう）	위조
規範（きはん）	규범
気品（きひん）	기품
寄付（きふ）	기부
義務（ぎむ）	의무
脚本（きゃくほん）	각본
救援（きゅうえん）	구원
救済（きゅうさい）	구제
窮地（きゅうち）	궁지, 곤궁
宮殿（きゅうでん）	궁전
休養（きゅうよう）	휴양
丘陵（きゅうりょう）	구릉
給料（きゅうりょう）	월급
境遇（きょうぐう）	처지
享受（きょうじゅ）	향유
業績（ぎょうせき）	실적
強調（きょうちょう）	강조
共鳴（きょうめい）	공명, 공감
郷里（きょうり）	고향
極限（きょくげん）	극한
漁船（ぎょせん）	어선
拒否（きょひ）	거부
緊急（きんきゅう）	긴급
均衡（きんこう）	균형
緊張（きんちょう）	긴장
吟味（ぎんみ）	음미
禁物（きんもつ）	금물
草花（くさばな）	화초
工夫（くふう）	궁리
警戒（けいかい）	경계
掲載（けいさい）	게재
形勢（けいせい）	형세
継続（けいぞく）	계속
携帯（けいたい）	휴대
刑罰（けいばつ）	형벌
欠陥（けっかん）	결함
欠如（けつじょ）	결여
結晶（けっしょう）	결정, 훌륭한 결과물
欠乏（けつぼう）	결핍
権威（けんい）	권위
検討（けんとう）	검토
言動（げんどう）	언동
権力者（けんりょくしゃ）	권력자
行為（こうい）	행위

こう い 好意	호의	こ しょう 故障	고장
こううん 幸運	행운	こ ぜに 小銭	잔돈
こうかい 航海	항해	こつ	요령
こう ぎ 講義	강의	こ よう 雇用	고용
こう ぎ 抗議	항의	こ りつ 孤立	고립
こうけん 貢献	공헌	こんだて 献立	식단
こうしょう 交渉	협상	こんちゅう 昆虫	곤충
こうじょう 向上	향상	こんてい 根底	근저, 근본
こうしんりょう 香辛料	향신료	さいがい 災害	재해
こうせき 功績	공적	さいきん 細菌	세균
こうそく 拘束	구속	さいきん 最近	최근
こうたい 交代	교대, 교체	さいさん 再三	재삼, 여러 번
こうてい 肯定	긍정	さいさん 採算	채산, 수지타산
ごうとう 強盗	강도	さいそく 催促	재촉
こうどく 購読	구독	さいたく 採択	채택
こうにゅう 購入	구입	さいばい 栽培	재배
こう ふ 交付	교부	さいはつ 再発	재발
こうふく 幸福	행복	さいぼう 細胞	세포
こう ほ しゃ 候補者	후보자	さくげん 削減	삭감
こうりつ 効率	효율	さく ご 錯誤	착오
こうれい か 高齢化	고령화	さし ず 指図	지시
ご かい 誤解	오해	さ とう 砂糖	설탕
こくはく 告白	고백	さ ばく 砂漠	사막
こくふく 克服	극복	さん か 参加	참여
こころ え 心得	마음가짐, 소양, 주의사항	さんがく 山岳	산악
こころ 試み	시도	さんしょう 参照	참조
ご さ 誤差	오차	し いく 飼育	사육

□ 自覚 (じかく)	자각		□ 志望 (しぼう)	지망
□ 仕掛け (しかけ)	(1)장치, (2)시작함		□ 脂肪 (しぼう)	지방
□ 時期 (じき)	시기		□ 使命感 (しめいかん)	사명감
□ 磁気 (じき)	자기, 자력		□ 霜 (しも)	서리
□ 色彩 (しきさい)	색채		□ 視野 (しや)	시야
□ 自己 (じこ)	자기		□ 斜面 (しゃめん)	사면, 경사면
□ 思考 (しこう)	사고		□ 周囲 (しゅうい)	주위
□ 施行 (しこう)	시행		□ 収益 (しゅうえき)	수익
□ 試行 (しこう)	시행(시험삼아 실시함)		□ 収穫 (しゅうかく)	수확
□ 事項 (じこう)	사항		□ 習慣 (しゅうかん)	습관
□ 視察 (しさつ)	시찰		□ 終始 (しゅうし)	시종, 처음부터 끝까지
□ 事情 (じじょう)	사정, 상황		□ 重視 (じゅうし)	중시
□ 死傷者 (ししょうしゃ)	사상자		□ 従事 (じゅうじ)	종사
□ 姿勢 (しせい)	자세		□ 終日 (しゅうじつ)	종일
□ 施設 (しせつ)	시설		□ 修飾 (しゅうしょく)	수식
□ 次第 (しだい)	(1)순서, (2)나름(〜에 달려 있음)		□ 執着 (しゅうちゃく)	집착
□ 事態 (じたい)	사태		□ 収入 (しゅうにゅう)	수입
□ 辞退 (じたい)	사퇴		□ 収容 (しゅうよう)	수용
□ 質疑 (しつぎ)	질의		□ 修行 (しゅぎょう)	수행
□ 実態 (じったい)	실태		□ 祝賀会 (しゅくがかい)	축하회, 축하파티
□ 実費 (じっぴ)	실비(실제 비용)		□ 縮小 (しゅくしょう)	축소
□ 執筆 (しっぴつ)	집필		□ 首相 (しゅしょう)	수상, 총리
□ 指摘 (してき)	지적		□ 主張 (しゅちょう)	주장
□ 視点 (してん)	시점		□ 主導 (しゅどう)	주도
□ 児童 (じどう)	아동		□ 寿命 (じゅみょう)	수명
□ 芝居 (しばい)	연극		□ 樹立 (じゅりつ)	수립
□ 紙幣 (しへい)	지폐		□ 順序 (じゅんじょ)	순서

	일본어	한국어		일본어	한국어
☐	生涯（しょうがい）	생애	☐	振興（しんこう）	진흥
☐	障害（しょうがい）	장애	☐	申告（しんこく）	신고
☐	消去（しょうきょ）	소거	☐	審査（しんさ）	심사
☐	衝撃（しょうげき）	충격	☐	人材（じんざい）	인재
☐	照合（しょうごう）	조합, 대조 확인	☐	真珠（しんじゅ）	진주
☐	賞賛（しょうさん）	칭찬	☐	申請（しんせい）	신청
☐	症状（しょうじょう）	증상	☐	親善（しんぜん）	친선
☐	昇進（しょうしん）	승진	☐	真相（しんそう）	진상
☐	正体（しょうたい）	정체	☐	進呈（しんてい）	증정
☐	状態（じょうたい）	상태	☐	侵入（しんにゅう）	침입
☐	商店（しょうてん）	상점	☐	辛抱（しんぼう）	참을성, 인내
☐	焦点（しょうてん）	초점	☐	巣（す）	둥지
☐	衝突（しょうとつ）	충돌	☐	推進（すいしん）	추진
☐	証人（しょうにん）	증인	☐	推測（すいそく）	추측
☐	蒸発（じょうはつ）	증발	☐	衰退（すいたい）	쇠퇴
☐	譲歩（じょうほ）	양보	☐	睡眠（すいみん）	수면
☐	証明（しょうめい）	증명	☐	崇拝（すうはい）	숭배
☐	奨励（しょうれい）	장려	☐	筋（すじ）	선, 줄, 줄거리
☐	処罰（しょばつ）	처벌	☐	誠意（せいい）	성의
☐	庶民（しょみん）	서민	☐	正規（せいき）	정규
☐	署名（しょめい）	서명	☐	制限（せいげん）	제한
☐	所有（しょゆう）	소유	☐	成功（せいこう）	성공
☐	資料（しりょう）	자료	☐	政策（せいさく）	정책
☐	視力（しりょく）	시력	☐	清掃（せいそう）	청소
☐	進化（しんか）	진화	☐	制服（せいふく）	제복
☐	神経（しんけい）	신경	☐	政府筋（せいふすじ）	정부 소식통
☐	信仰（しんこう）	신앙	☐	世界（せかい）	세계

□ 是正	ぜせい	시정		□ 待遇	たいぐう	대우
□ 設置	せっち	설치		□ 大惨事	だいさんじ	대참사
□ 折衷	せっちゅう	절충		□ 対処	たいしょ	대처
□ 設立	せつりつ	설립		□ 態勢	たいせい	태세
□ 繊維	せんい	섬유		□ 台無し	だいなし	엉망
□ 宣言	せんげん	선언		□ 立場	たちば	입장
□ 選考	せんこう	전형		□ 魂	たましい	영혼
□ 全盛	ぜんせい	전성		□ 単一	たんいつ	단일
□ 宣伝	せんでん	선전		□ 探検	たんけん	탐험
□ 前途	ぜんと	전도, 앞 길		□ 断言	だんげん	단언
□ 全滅	ぜんめつ	전멸		□ 短縮	たんしゅく	단축
□ 相応	そうおう	상응, 적합함		□ 断面	だんめん	단면
□ 騒音	そうおん	소음		□ 蓄積	ちくせき	축적
□ 相互	そうご	상호		□ 秩序	ちつじょ	질서
□ 操作	そうさ	조작		□ 忠告	ちゅうこく	충고
□ 捜索	そうさく	수색		□ 中旬	ちゅうじゅん	중순
□ 創作	そうさく	창작		□ 中傷	ちゅうしょう	중상, 비방
□ 装飾	そうしょく	장식		□ 中毒	ちゅうどく	중독
□ 遭難	そうなん	조난		□ 彫刻	ちょうこく	조각
□ 促進	そくしん	촉진		□ 徴収	ちょうしゅう	징수
□ 素材	そざい	소재		□ 直感	ちょっかん	직감
□ 阻止	そし	저지		□ 沈黙	ちんもく	침묵
□ 訴訟	そしょう	소송		□ 陳列	ちんれつ	진열
□ 措置	そち	조치		□ 追放	ついほう	추방
□ 率先	そっせん	솔선		□ 痛感	つうかん	통감, 절실히 느낌
□ 存続	そんぞく	존속		□ 通常	つうじょう	통상
□ 大規模	だいきぼ	대규모		□ 綱	つな	밧줄

翼 (つばさ)	날개	特派員 (とくはいん)	특파원
手当 (てあて)	(1)수당, (2)치료	土地 (とち)	토지
提案 (ていあん)	제안	取り締まり (とりしまり)	단속
定義 (ていぎ)	정의	泥沼 (どろぬま)	수렁
提供 (ていきょう)	제공	問屋 (とんや)	도매상
提携 (ていけい)	제휴	内臓 (ないぞう)	내장(내부에 지니고 있음)
抵抗 (ていこう)	저항	苗 (なえ)	모종
邸宅 (ていたく)	저택	名残 (なごり)	여운, 여파
手遅れ (ておくれ)	때를 놓침	認識 (にんしき)	인식
手がかり (てがかり)	단서, 실마리	根 (ね)	뿌리
手順 (てじゅん)	순서	粘り (ねばり)	끈기
徹底 (てってい)	철저	狙い (ねらい)	표적, 목표
徹夜 (てつや)	철야	燃焼 (ねんしょう)	연소
転勤 (てんきん)	전근	濃度 (のうど)	농도
展示 (てんじ)	전시	廃棄物 (はいきぶつ)	폐기물
同意 (どうい)	동의	拝啓 (はいけい)	근계(삼가 아룁니다)
同感 (どうかん)	동감	背後 (はいご)	배후
陶器 (とうき)	도기	俳優 (はいゆう)	배우
投資 (とうし)	투자	配慮 (はいりょ)	배려
登場 (とうじょう)	등장	破棄 (はき)	파기
統率 (とうそつ)	통솔	派遣 (はけん)	파견
同様 (どうよう)	마찬가지	端 (はし)	끝, 가장자리
童謡 (どうよう)	동요	裸 (はだか)	알몸
特技 (とくぎ)	특기	働き (はたらき)	기능, 작용
独裁 (どくさい)	독재	鉢 (はち)	주발, 화분
特集 (とくしゅう)	특집	発刊 (はっかん)	발간
特徴 (とくちょう)	특징	発揮 (はっき)	발휘

□ 発掘 (はっくつ)	발굴		□ 舞台 (ぶたい)	무대
□ 幅 (はば)	폭, 너비		□ 負担 (ふたん)	부담
□ 浜辺 (はまべ)	해변		□ 不動産 (ふどうさん)	부동산
□ 繁栄 (はんえい)	번영		□ 腐敗 (ふはい)	부패
□ 犯罪 (はんざい)	범죄		□ 不平等 (ふびょうどう)	불평등
□ 反射 (はんしゃ)	반사		□ 踏み場 (ふば)	발 디딜 곳
□ 万人 (ばんにん)	만인, 모든 사람		□ 振り出し (ふりだし)	원점, 출발점
□ 反応 (はんのう)	반응		□ 付録 (ふろく)	부록
□ 万能 (ばんのう)	만능		□ 雰囲気 (ふんいき)	분위기
□ 被害者 (ひがいしゃ)	피해자		□ 憤慨 (ふんがい)	분개
□ 被災地 (ひさいち)	재해 지역		□ 文化財 (ぶんかざい)	문화재
□ 一息 (ひといき)	(1)단숨, 짧은 시간, (2) 짧은 휴식		□ 分析 (ぶんせき)	분석
□ 人影 (ひとかげ)	사람의 그림자		□ 紛争 (ふんそう)	분쟁
□ 人柄 (ひとがら)	인품, 인성		□ 文房具 (ぶんぼうぐ)	문방구
□ 人質 (ひとじち)	인질		□ 分離 (ぶんり)	분리
□ 避難 (ひなん)	피난		□ 閉鎖 (へいさ)	폐쇄
□ 批評 (ひひょう)	비평		□ 別荘 (べっそう)	별장
□ 標語 (ひょうご)	표어		□ 便宜 (べんぎ)	편의
□ 肥料 (ひりょう)	비료		□ 返却 (へんきゃく)	반납
□ 披露 (ひろう)	피로		□ 偏見 (へんけん)	편견
□ 品種 (ひんしゅ)	품종		□ 返済 (へんさい)	상환
□ 福祉 (ふくし)	복지		□ 豊作 (ほうさく)	풍작
□ 服装 (ふくそう)	복장		□ 奉仕 (ほうし)	봉사
□ 富豪 (ふごう)	부호		□ 防止 (ぼうし)	방지
□ 負債 (ふさい)	부채, 채무		□ 放射能 (ほうしゃのう)	방사능
□ 侮辱 (ぶじょく)	모욕		□ 報道 (ほうどう)	보도
□ 不振 (ふしん)	부진		□ 冒頭 (ぼうとう)	(문장이나 연설의) 모두, 서두

□ 飽和	ほうわ	포화
□ 保護	ほご	보호
□ 誇り	ほこり	자랑, 긍지
□ 補充	ほじゅう	보충
□ 募集	ぼしゅう	모집
□ 保守派	ほしゅは	보수파
□ 保障	ほしょう	보장
□ 墓地	ぼち	묘지
□ 没収	ぼっしゅう	몰수
□ 本場	ほんば	본고장
□ 摩擦	まさつ	마찰
□ 街角	まちかど	길모퉁이, 거리
□ 満場一致	まんじょういっち	만장일치
□ 慢性	まんせい	만성
□ 源	みなもと	근원
□ 身なり	みなり	옷 차림
□ 身の回り	みのまわり	신변, 일상생활의 일
□ 魅力	みりょく	매력
□ 未練	みれん	미련
□ 無効	むこう	무효
□ 無言	むごん	무언
□ 矛盾	むじゅん	모순
□ 無条件	むじょうけん	무조건
□ 紫	むらさき	보라색
□ 芽	め	싹
□ 迷信	めいしん	미신
□ 名簿	めいぼ	명부
□ めど		목표
□ 面倒	めんどう	귀찮음, 폐, 돌봄
□ 模型	もけい	모형
□ 模索	もさく	모색
□ 物事	ものごと	사물, 일, 사항
□ 模範	もはん	모범
□ 模様	もよう	모양
□ 役職	やくしょく	직책, 보직
□ 野心	やしん	야심
□ 有効	ゆうこう	유효
□ 融通	ゆうずう	(1)자금 마련, (2) 융통성
□ 夕闇	ゆうやみ	땅거미
□ 幽霊	ゆうれい	유령
□ 誘惑	ゆうわく	유혹
□ 養成	ようせい	양성
□ 要請	ようせい	요청
□ 様相	ようそう	양상, 모습
□ 幼稚園	ようちえん	유치원
□ 抑制	よくせい	억제
□ 酪農	らくのう	낙농
□ 濫用	らんよう	남용
□ 理想	りそう	이상
□ 寮	りょう	기숙사
□ 領域	りょういき	영역
□ 良識	りょうしき	양식, 건전한 판단력
□ 領収書	りょうしゅうしょ	영수증
□ 了承	りょうしょう	승낙, 승인

□ 両立 ^{りょうりつ}	양립	□ いじる	만지작거리다
□ 類似 ^{るいじ}	유사	□ 痛める ^{いた}	고통을 주다, 다치다
□ 類推 ^{るいすい}	유추	□ 至る ^{いた}	이르다, 도달하다
□ 冷房 ^{れいぼう}	냉방	□ 威張る ^{いば}	뽐내다, 으스대다
□ 連日 ^{れんじつ}	연일	□ 映る ^{うつ}	비치다
□ 連帯 ^{れんたい}	연대	□ 促す ^{うなが}	촉구하다, 재촉하다
□ 廊下 ^{ろうか}	복도	□ うぬぼれる	자만하다, 우쭐해 하다
□ 老衰 ^{ろうすい}	노쇠	□ 描く ^{えが}	묘사하다
□ 朗読 ^{ろうどく}	낭독	□ 負う ^お	지다, 짊어지다
□ 浪費 ^{ろうひ}	낭비	□ 侵す ^{おか}	침범하다
□ 論理 ^{ろんり}	논리	□ おごる	한턱내다, 대접하다
□ 枠内 ^{わくない}	테두리 안, 범위 내	□ 収まる ^{おさ}	수습되다, 수확되다
□ 技 ^{わざ}	기술	□ 納める ^{おさ}	납부하다
		□ 惜しむ ^お	아까워하다

❷ 동사

□ 相次ぐ ^{あいつ}	잇따르다	□ 襲う ^{おそ}	덮치다, 습격하다
□ 明かす ^あ	밝히다, 털어놓다	□ 陥る ^{おちい}	(나쁜 상황에) 빠지다
□ 与える ^{あた}	주다	□ 訪れる ^{おとず}	방문하다
□ 当たる ^あ	해당하다	□ 衰える ^{おとろ}	쇠약해지다
□ 暴れる ^{あば}	날뛰다, 난폭하게 행동하다	□ 脅かす ^{おびや}	위협하다
□ 余る ^{あま}	남다	□ 思い返す ^{おも かえ}	돌아보다
□ 危ぶむ ^{あや}	위태로워하다, 걱정하다	□ 顧みる ^{かえり}	돌아보다, 회고하다
□ 誤る ^{あやま}	실수하다	□ 省みる ^{かえり}	반성하다
□ 争う ^{あらそ}	다투다	□ 輝く ^{かがや}	빛나다
□ 現れる ^{あらわ}	나타나다	□ 駆けつける ^か	급히 달려가다
□ 生かす ^い	살리다	□ かさばる	부피가 늘다
□ 生きる ^い	살다	□ 稼ぐ ^{かせ}	(돈, 시간) 벌다
		□ 傾ける ^{かたむ}	기울이다

□ 固<ruby>かた</ruby>める	굳히다	□ 仕<ruby>し</ruby>上<ruby>あ</ruby>げる	마무리하다, 완성하다
□ 敵<ruby>かな</ruby>う	필적하다, 당해내다	□ 準<ruby>じゅん</ruby>ずる	준하다, 기준으로 삼다
□ 適<ruby>かな</ruby>う	들어맞다, 적합하다	□ 勧<ruby>すす</ruby>める	권유하다
□ 叶<ruby>かな</ruby>う	희망대로 되다, 이루어지다	□ 澄<ruby>す</ruby>む	맑다
□ 兼<ruby>か</ruby>ねる	겸하다	□ ずらす	(겹치지 않도록) 비켜 놓다
□ 枯<ruby>か</ruby>れる	(풀, 나무) 말라 죽다	□ 迫<ruby>せま</ruby>る	(1)다가오다, (2)강요하다
□ きしむ	삐걱거리다	□ 添<ruby>そ</ruby>える	첨부하다, 곁들이다
□ 興<ruby>きょう</ruby>じる	즐거워하다, 흥겨워하다	□ 備<ruby>そな</ruby>わる	갖추어지다
□ 崩<ruby>くず</ruby>れる	무너지다	□ 逸<ruby>そ</ruby>らす	(방향을) 딴 데로 돌리다
□ 朽<ruby>く</ruby>ち果<ruby>は</ruby>てる	완전히 썩다	□ 脱<ruby>だっ</ruby>する	벗어나다, 탈피하다
□ 組<ruby>く</ruby>む	짜다, 조직하다	□ 立<ruby>た</ruby>て直<ruby>なお</ruby>す	다시 일으키다, 재건하다
□ 曇<ruby>くも</ruby>る	흐리다	□ 保<ruby>たも</ruby>つ	유지하다, 보존하다
□ 繰<ruby>く</ruby>り返<ruby>かえ</ruby>す	반복하다	□ 通<ruby>つう</ruby>じる	통하다
□ 狂<ruby>くる</ruby>う	미치다, 잘못되다	□ 使<ruby>つか</ruby>いこなす	구사하다, 잘 다루다
□ 心<ruby>こころ</ruby>掛<ruby>が</ruby>ける	유념하다, 명심하다	□ 尽<ruby>つ</ruby>きる	소진되다, (다 사용하여) 끝장이 나다
□ 志<ruby>こころざ</ruby>す	뜻을 두다		
□ こじれる	꼬이다, 악화되다	□ 償<ruby>つぐな</ruby>う	보상하다
□ こだわる	집착하다, 세세하게 신경을 쓰다	□ 告<ruby>つ</ruby>げる	고하다, 알리다
□ こみ上<ruby>あ</ruby>げる	치밀어 오르다	□ 慎<ruby>つつし</ruby>む	삼가다
□ 込<ruby>こ</ruby>める	담다	□ つぶやく	중얼거리다
□ 冴<ruby>さ</ruby>える	맑아지다	□ 詰<ruby>つ</ruby>める	가득 채우다
□ 裂<ruby>さ</ruby>く	찢다	□ 釣<ruby>つ</ruby>る	낚시하다
□ 避<ruby>さ</ruby>ける	피한다	□ 説<ruby>と</ruby>く	설명하다, 설득하다
□ 支<ruby>ささ</ruby>える	지탱하다, 떠받치다	□ 解<ruby>と</ruby>く	풀다
□ 差<ruby>さ</ruby>し支<ruby>つか</ruby>える	지장이 있다, 방해가 되다	□ 研<ruby>と</ruby>ぐ	갈다, 연마하다
□ 察<ruby>さっ</ruby>する	헤아리다	□ 解<ruby>と</ruby>ける	풀리다
□ 悟<ruby>さと</ruby>る	깨닫다	□ 遂<ruby>と</ruby>げる	이루다, 완수하다

□ とぼける	얼빠지다, 시치미떼다	
□ 取り扱う	취급하다	
□ 取り締まる	단속하다	
□ 取り次ぐ	중개하다, 전달하다	
□ 取り除く	제거하다	
□ 嘆く	한탄하다, 탄식하다	
□ 投げる	던지다	
□ 倣う	모방하다	
□ にじむ	번지다	
□ にらむ	노려보다	
□ 縫う	꿰매다	
□ 抜ける	빠지다	
□ ののしる	욕하다, 매도하다	
□ 伸ばす	늘리다, 향상시키다	
□ 延びる	연장되다, 연기되다	
□ 述べる	말하다, 서술하다	
□ 図る	도모하다, 의도하다	
□ 測る	재다	
□ 励ます	격려하다	
□ 弾く	튀기다, 탄력있게 튕겨내다	
□ 外れる	빗나가다	
□ 生やす	(수염, 풀 등) 자라게 하다, 기르다	
□ 控える	(1)삼가다, 억제하다, (2)앞두다, 대기하다 (3)기록하다	
□ 率いる	이끌다, 인솔하다	
□ 響く	울리다	
□ 噴く	내뿜다	

□ 塞がる	막히다
□ 触れる	접촉하다, 언급하다
□ へりくだる	겸손하게 행동하다
□ 経る	(시간) 지나다, (장소) 거치다
□ 葬る	매장하다, 장사지내다
□ 誇る	자랑하다, 긍지로 여기다
□ ぼやける	흐려지다, 희미해지다
□ 滅ぶ	멸망하다
□ 蒔く	뿌리다
□ 交わる	사귀다, 교제하다
□ 見積もる	견적을 내다, 예상하다
□ 向く	향하다
□ 結ぶ	맺다
□ 巡る	순회하다, 한 바퀴 돌다
□ 目指す	지향하다, 목표로 하다
□ 潜る	숨어들다, 잠수하다
□ もてなす	대접하다
□ 揉む	(1)비비다, 문지르다, (2)논의하다
□ 漏れる	새다, 누설되다
□ 焼ける	타다, 구워지다
□ 破る	찢다, 깨다
□ 辞める	그만두다
□ 和らげる	완화하다
□ 許す	용서하다, 허락하다
□ 寄せる	(1)밀려오다, (2)의지하다
□ 装う	꾸미다, 치장하다
□ 蘇る	되살아나다, 소생하다

□ 沸く（わく）	끓다
□ 分ける（わける）	나누다, 구분하다
□ 割り込む（わりこむ）	끼어들다, 새치기하다

③ い형용사

□ あくどい	(1)악랄하다, (2)(색, 맛, 화장이) 짙다
□ 荒い（あらい）	거칠다
□ いやらしい	불쾌하다, 외설되다
□ うっとうしい	을씨년스럽다
□ 汚い（きたない）	더럽다
□ きつい	(1)힘들다, (2)꼭 끼다
□ 厳しい（きびしい）	엄격하다, 심하다
□ 詳しい（くわしい）	자세하다
□ 煙たい（けむたい）	(1)연기 때문에 숨쉬기 힘들다, (2)거북하다
□ 心強い（こころづよい）	든든하다
□ 快い（こころよい）	기분 좋다, 유쾌하다
□ 寂しい（さびしい）	쓸쓸하다
□ 渋い（しぶい）	떫다, 떨떠름하다
□ しぶとい	끈질기다
□ すばしこい	재빠르다
□ 切ない（せつない）	애절하다, 안타깝다
□ そっけない	(1)무뚝뚝하다, (2)퉁명스럽다
□ たくましい	씩씩하다
□ だるい	나른하다
□ 乏しい（とぼしい）	부족하다

□ 何気ない（なにげない）	무심하다, 태연하다
□ なれなれしい	매우 정답다, 무례하다
□ 望ましい（のぞましい）	바람직하다
□ 相応しい（ふさわしい）	어울리다, 상응하다
□ 見苦しい（みぐるしい）	볼썽사납다
□ 空しい（むなしい）	헛되다
□ もろい	약하다
□ ややこしい	까다롭다
□ 柔らかい（やわらかい）	부드럽다
□ 緩い（ゆるい）	느슨하다

④ な형용사

□ あやふやな	애매한, 모호한
□ 新たな（あらたな）	새로운
□ いい加減な（いいかげんな）	무책임한
□ 円満な（えんまんな）	원만한
□ 大まかな（おおまかな）	대략적인
□ おろそかな	소홀한
□ 確実な（かくじつな）	확실한
□ 過密な（かみつな）	과밀한
□ 簡潔な（かんけつな）	간결한
□ 頑固な（がんこな）	완고한
□ 頑丈な（がんじょうな）	튼튼한
□ 完璧な（かんぺきな）	완벽한
□ 寛容な（かんような）	너그러운
□ 気障な（きざな）	아니꼬운
□ 貴重な（きちょうな）	귀중한

☐	奇妙（きみょう）な	기묘한	☐	著名（ちょめい）な	저명한
☐	窮屈（きゅうくつ）な	비좁은, 답답한	☐	手軽（てがる）な	손쉬운, 간단한
☐	極端（きょくたん）な	극단적인	☐	適当（てきとう）な	적당한
☐	軽快（けいかい）な	경쾌한	☐	典型的（てんけいてき）な	전형적인
☐	軽率（けいそつ）な	경솔한	☐	伝統的（でんとうてき）な	전통적인
☐	結構（けっこう）な	좋은, 훌륭한	☐	和（なご）やかな	부드러운
☐	謙虚（けんきょ）な	겸허한	☐	のどかな	화창한, 한가로운
☐	健全（けんぜん）な	건전한	☐	派手（はで）な	화려한
☐	厳密（げんみつ）な	엄밀한	☐	華（はな）やかな	화려한
☐	懸命（けんめい）な	열심인	☐	控（ひか）えめな	소극적인, 조심스러운
☐	賢明（けんめい）な	현명한	☐	悲惨（ひさん）な	비참한
☐	強引（ごういん）な	억지스러운, 무리한	☐	微妙（びみょう）な	미묘한
☐	高尚（こうしょう）な	고상한	☐	敏感（びんかん）な	민감한
☐	細（こま）やかな	자상한, 세심한, 자세한	☐	貧弱（ひんじゃく）な	빈약한
☐	充実（じゅうじつ）な	충실한	☐	無難（ぶなん）な	무난한
☐	精巧（せいこう）な	정교한	☐	無礼（ぶれい）な	무례한
☐	盛大（せいだい）な	성대한	☐	朗（ほが）らかな	명랑한
☐	正当（せいとう）な	정당한	☐	身近（みぢか）な	친밀한
☐	精密（せいみつ）な	정밀한	☐	密接（みっせつ）な	밀접한
☐	切実（せつじつ）な	절실한	☐	無計画（むけいかく）な	무계획한
☐	壮大（そうだい）な	장대한	☐	無邪気（むじゃき）な	순진한
☐	ぞんざいな	거친, 난폭한	☐	無茶（むちゃ）な	터무니없는, 형편없는
☐	対照的（たいしょうてき）な	대조적인	☐	明朗（めいろう）な	명랑한
☐	大胆（だいたん）な	대담한	☐	猛烈（もうれつ）な	맹렬한
☐	段階的（だんかいてき）な	단계적인	☐	勇敢（ゆうかん）な	용감한
☐	忠実（ちゅうじつ）な	충실한	☐	有望（ゆうぼう）な	유망한
☐	抽象的（ちゅうしょうてき）な	추상적인	☐	容易（ようい）な	용이한, 쉬운

楽観的な（らっかんてきな）	낙관적인
理性的な（りせいてきな）	이성적인
倫理的な（りんりてきな）	윤리적인
冷淡な（れいたん）	냉담한
露骨な（ろこつ）	노골적인

❺ 부사/접속사

一見（いっけん）	언뜻 보기에
あえて	굳이, 억지로, 구태여
あっさり	산뜻하게, 간단하게
依然として（いぜん）	여전히
一概に（いちがい）	일률적으로
一挙に（いっきょ）	한꺼번에, 단번에
一切（いっさい）	(1)〈명사〉 일체, 전부 (2)〈부사〉 일절, 전혀
いっそ	차라리, 오히려
いやに	몹시, 매우
大方（おおかた）	대체로
おどおど	주뼛주뼛, 주저주저 (두려워 불안해 하는 모습)
仮に（かり）	만일, 만약
きっちり	꼭, 딱(빈틈없는 모습)
きっぱり	단호하게
ぐっすり	푹(깊이 잠든 모습)
ごろごろ	데굴데굴
さっぱり	(1)후련하게, 깨끗하게 (2)전혀(뒤에 부정이 따른다)

さも	매우, 정말로
かつ	또, 또한(접속사)
ことによると	어쩌면, 경우에 따라서는
即座に（そくざ）	즉석에서, 그 자리에서
互いに（たが）	서로
だぶだぶ	헐렁헐렁
つくづく	곰곰이, 절실히
てっきり	틀림없이, 철석같이
到底（とうてい）	도저히
どうにか	그럭저럭, 그런대로
どうやら	아무래도
とっさに	순간적으로
突如（とつじょ）	갑자기
何とぞ（なに）	아무쪼록
軒並み（のきなみ）	일제히
はらはら	조마조마
ひいては	나아가서는(접속사)
必死に（ひっし）	필사적으로
ぶかぶか	헐렁헐렁
ふらふら	흔들흔들, 비틀비틀
ぺこぺこ	(1)굽실굽실 (2)〈な형용사〉 ぺこぺこな 배가 고픈
ぽつぽつ	조금씩, 슬슬
まるまる	(1)모조리, 전부, (2)토실토실
自ら（みずか）	스스로
目下（もっか）	목하, 현재
もろに	완전히, 정면으로

□ ろくに	제대로(뒤에 부정이 따른다)

❻ 가타카나

□ ウイルス	바이러스
□ エレガントな	우아한
□ オーバー	오버, 초과
□ ガレージ	차고
□ カンニング	부정 행위
□ サービス	서비스
□ サイズ	사이즈, 크기
□ シックな	세련된
□ ジャンル	장르
□ ショック	쇼크, 충격
□ スタイル	스타일
□ スペース	공간

□ セレモニー	세리머니, 의식
□ データ	데이터
□ デザート	디저트
□ デザイン	디자인
□ ナンセンス	난센스, 무의미함
□ ファイト	투지
□ フォーム	폼, 모양
□ ボイコット	보이콧, 단체 거부
□ ムード	무드, 분위기
□ ユーモア	유머
□ リード	리드, 선도
□ レベル	레벨, 수준
□ ロマンチック	로맨틱

다음 단어의 읽기로 가장 알맞은 것을 a, b 중에서 고르시오.

1	器	(a うつわ　　b うちわ)	**19**	辺り	(a あたり　　b まわり)
2	技	(a わざ　　b えだ)	**20**	傍ら	(a かたわら　b かけら)
3	粘り	(a ねばり　　b よわり)	**21**	取り締まり	(a とりきまり　b とりしまり)
4	趣	(a おもむき　b むね)	**22**	泥沼	(a どろぬま　　b どろ)
5	裸	(a はだ　　b はだか)	**23**	合間	(a あいま　　b あいだ)
6	丘	(a さか　　b おか)	**24**	献立	(a こんりゅう　b こんだて)
7	芽	(a め　　b え)	**25**	草花	(a くさばな　　b くさか)
8	巣	(a す　　b ま)	**26**	人質	(a ひとじち　b ひとえ)
9	綱	(a なわ　　b つな)	**27**	勘違い	(a くいちがい　b かんちがい)
10	霜	(a しも　　b きり)	**28**	小銭	(a こせん　　b こぜに)
11	筋	(a すじ　　b はじ)	**29**	心得	(a しんとく　b こころえ)
12	翼	(a はね　　b つばさ)	**30**	浜辺	(a うみべ　　b はまべ)
13	渦	(a かげ　　b うず)	**31**	手遅れ	(a ておくれ　b たおくれ)
14	幅	(a おく　　b はば)	**32**	貝殻	(a かいがら　b かいから)
15	柄	(a から　　b がら)	**33**	手当	(a てあて　　b しゅとう)
16	跡	(a さと　　b あと)	**34**	狙い	(a のろい　　b ねらい)
17	沖	(a うみ　　b おき)	**35**	人柄	(a ひとえ　　b ひとがら)
18	端	(a きし　　b はし)	**36**	獲物	(a ひもの　　b えもの)

정답 1 ⓐ　2 ⓐ　3 ⓐ　4 ⓐ　5 ⓑ　6 ⓑ　7 ⓐ　8 ⓐ　9 ⓑ　10 ⓐ　11 ⓐ　12 ⓑ
13 ⓑ　14 ⓑ　15 ⓑ　16 ⓑ　17 ⓑ　18 ⓑ　19 ⓐ　20 ⓐ　21 ⓑ　22 ⓐ　23 ⓐ　24 ⓑ
25 ⓐ　26 ⓐ　27 ⓑ　28 ⓑ　29 ⓑ　30 ⓑ　31 ⓐ　32 ⓐ　33 ⓐ　34 ⓑ　35 ⓑ　36 ⓑ

다음 단어의 읽기로 가장 알맞은 것을 a, b 중에서 고르시오.

1 汚染 （ a おせん　　b おえん)		**19** 催促 （ a さいそく　　b とくそく)	
2 応募 （ a おうぼ　　b おうも)		**20** 抵抗 （ a ていこう　　b たいこう)	
3 侮辱 （ a ふしょく　　b ぶじょく)		**21** 提供 （ a ていこう　　b ていきょう)	
4 反応 （ a はんおう　　b はんのう)		**22** 照合 （ a せいごう　　b しょうごう)	
5 脂肪 （ a しほう　　b しぼう)		**23** 概説 （ a かいせつ　　b がいせつ)	
6 間隔 （ a かんけき　　b かんかく)		**24** 開拓 （ a かいせき　　b かいたく)	
7 論理 （ a ろんり　　b ろんぎ)		**25** 街頭 （ a がいとう　　b かいどう)	
8 細胞 （ a さいほう　　b さいぼう)		**26** 抑制 （ a よくし　　b よくせい)	
9 樹立 （ a じゅりつ　　b じゅうりつ)		**27** 規格 （ a けいかく　　b きかく)	
10 捜索 （ a そうさく　　b もさく)		**28** 指摘 （ a してき　　b したく)	
11 収穫 （ a しゅうかく　　b しゅうがく)		**29** 偽造 （ a いぞう　　b ぎぞう)	
12 崇拝 （ a しゅうはい　　b すうはい)		**30** 遺跡 （ a いしょく　　b いせき)	
13 譲歩 （ a じょうほう　　b じょうほ)		**31** 購読 （ a かいどく　　b こうどく)	
14 栄養 （ a えいゆう　　b えいよう)		**32** 拘束 （ a こうそく　　b きゅうそっく)	
15 意図 （ a いと　　b いず)		**33** 色彩 （ a しきさい　　b しょくさい)	
16 衣装 （ a いしょう　　b いぞう)		**34** 生涯 （ a せいがい　　b しょうがい)	
17 奨励 （ a せいれい　　b しょうれい)		**35** 繊維 （ a せんい　　b せんゆ)	
18 栽培 （ a さいはい　　b さいばい)		**36** 恩恵 （ a おんかい　　b おんけい)	

정답 1 ⓐ　2 ⓐ　3 ⓑ　4 ⓑ　5 ⓑ　6 ⓑ　7 ⓐ　8 ⓑ　9 ⓐ　10 ⓐ　11 ⓐ　12 ⓑ
13 ⓑ　14 ⓑ　15 ⓐ　16 ⓐ　17 ⓑ　18 ⓑ　19 ⓐ　20 ⓐ　21 ⓑ　22 ⓑ　23 ⓑ　24 ⓑ
25 ⓐ　26 ⓑ　27 ⓑ　28 ⓐ　29 ⓑ　30 ⓑ　31 ⓑ　32 ⓐ　33 ⓐ　34 ⓑ　35 ⓐ　36 ⓑ

다음 단어의 읽기로 가장 알맞은 것을 a, b 중에서 고르시오.

1 掲載 （ a けいさい　　b けいざい ）

2 結晶 （ a けっしょう　b けってい ）

3 功績 （ a こうしき　　b こうせき ）

4 投資 （ a とうし　　　b とうじ ）

5 便宜 （ a べんぎ　　　b びんい ）

6 豊作 （ a ふうさく　　b ほうさく ）

7 披露 （ a はろう　　　b ひろう ）

8 河川 （ a かせん　　　b がせん ）

9 交渉 （ a こうしょう　b こうそう ）

10 刑罰 （ a かいばつ　　b けいばつ ）

11 活躍 （ a かつやく　　b かつよく ）

12 信仰 （ a しんきょう　b しんこう ）

13 圧倒 （ a おうとう　　b あっとう ）

14 錯誤 （ a さっこ　　　b さくご ）

15 干渉 （ a かんそう　　b かんしょう ）

16 腐敗 （ a ふはい　　　b ふへい ）

17 憤慨 （ a ふんがい　　b ふんかい ）

18 批評 （ a ひへい　　　b ひひょう ）

19 介護 （ a けいご　　　b かいご ）

20 感染 （ a かんえん　　b かんせん ）

21 改善 （ a かいぜん　　b かいせん ）

22 漁船 （ a ぎょせん　　b りょせん ）

23 連帯 （ a えんたい　　b れんたい ）

24 燃焼 （ a えんしょう　b ねんしょう ）

25 質疑 （ a しっき　　　b しつぎ ）

26 俳優 （ a はいゆ　　　b はいゆう ）

27 繁栄 （ a はんおう　　b はんえい ）

28 福祉 （ a ふくち　　　b ふくし ）

29 執着 （ a しっちゃく　b しゅうちゃく ）

30 推測 （ a しゅそく　　b すいそく ）

31 蓄積 （ a ちょくせき　b ちくせき ）

32 官僚 （ a かんよう　　b かんりょう ）

33 関与 （ a かんよ　　　b かんよう ）

34 融通 （ a ゆうつう　　b ゆうずう ）

35 衝撃 （ a しょうげき　b しゅうげき ）

36 慣例 （ a かんれつ　　b かんれい ）

정답　1 ⓐ　2 ⓐ　3 ⓑ　4 ⓐ　5 ⓐ　6 ⓑ　7 ⓑ　8 ⓐ　9 ⓐ　10 ⓑ　11 ⓐ　12 ⓑ
13 ⓑ　14 ⓑ　15 ⓑ　16 ⓐ　17 ⓐ　18 ⓑ　19 ⓑ　20 ⓑ　21 ⓐ　22 ⓐ　23 ⓑ　24 ⓑ
25 ⓑ　26 ⓑ　27 ⓑ　28 ⓑ　29 ⓑ　30 ⓑ　31 ⓑ　32 ⓑ　33 ⓐ　34 ⓑ　35 ⓐ　36 ⓑ

다음 단어의 읽기로 가장 알맞은 것을 a, b 중에서 고르시오.

1 稼ぐ （ a ふせぐ　 b かせぐ ） 19 滅ぶ （ a しのぶ　 b ほろぶ ）

2 説く （ a とく　 b さく ） 20 装う （ a よそう　 b よそおう ）

3 誇る （ a はかる　 b ほこる ） 21 蘇る （ a くつがえる b よみがえる ）

4 輝く （ a かがやく　 b あざむく ） 22 志す （ a こころざす　 b めざす ）

5 促す （ a せかす　 b うながす ） 23 枯れる （ a かれる　 b かすれる ）

6 悟る （ a さとる　 b おとる ） 24 漏れる （ a もたれる　 b もれる ）

7 襲う （ a おそう　 b おおう ） 25 述べる （ a うかべる　 b のべる ）

8 陥る （ a おちいる　 b ひきいる ） 26 暴れる （ a すたれる　 b あばれる ）

9 慎む （ a おしむ　 b つつしむ ） 27 衰える （ a さかえる　 b おとろえる ）

10 侵す （ a ひたす　 b おかす ） 28 省みる （ a こころみる b かえりみる ）

11 誤る （ a いつわる　 b あやまる ） 29 添える （ a そえる　 b たえる ）

12 償う （ a おぎなう　 b つぐなう ） 30 逸らす （ a そらす　 b てらす ）

13 研ぐ （ a はぐ　 b とぐ ） 31 率いる （ a ひきいる　 b むくいる ）

14 嘆く （ a つぶやく　 b なげく ） 32 塞がる （ a またがる　 b ふさがる ）

15 裂く （ a はく　 b さく ） 33 触れる （ a ほれる　 b ふれる ）

16 図る （ a はかる　 b いかる ） 34 割り込む （ a わりこむ　 b もりこむ ）

17 葬る （ a こうむる　 b ほうむる ） 35 威張る （ a いばる　 b しばる ）

18 澄む （ a すむ　 b とむ ） 36 脱する （ a だっする　 b さっする ）

정답 1 ⓑ　2 ⓐ　3 ⓑ　4 ⓐ　5 ⓑ　6 ⓐ　7 ⓐ　8 ⓐ　9 ⓑ　10 ⓑ　11 ⓑ　12 ⓑ
13 ⓑ　14 ⓑ　15 ⓑ　16 ⓐ　17 ⓑ　18 ⓐ　19 ⓑ　20 ⓑ　21 ⓑ　22 ⓐ　23 ⓐ　24 ⓑ
25 ⓑ　26 ⓑ　27 ⓑ　28 ⓑ　29 ⓐ　30 ⓐ　31 ⓐ　32 ⓑ　33 ⓑ　34 ⓐ　35 ⓐ　36 ⓐ

다음 단어의 읽기로 가장 알맞은 것을 a, b 중에서 고르시오.

1	相応しい（ a いさましい　b ふさわしい ）	**19**	完璧な（ a かんぺきな b かんせきな ）
2	空しい（ a くやしい　b むなしい ）	**20**	寛容な（ a かんゆうな b かんような ）
3	荒い（ a あらい　b えらい ）	**21**	猛烈な（ a めいれつな b もうれつな ）
4	快い（ a ここちよい b こころよい ）	**22**	謙虚な（ a けんこな　b けんきょな ）
5	切ない（ a きりない　b せつない ）	**23**	厳密な（ a しんみつな b げんみつな ）
6	乏しい（ a まずしい　b とぼしい ）	**24**	賢明な（ a けんめいな b げんめいな ）
7	望ましい（ a のぞましい　b このましい ）	**25**	高尚な（ a こうしょうな　b こうそうな ）
8	緩い（ a ゆるい　b のろい ）	**26**	細やかな（ a ほがらかな b こまやかな ）
9	過密な（ a かめつな　b かみつな ）	**27**	充実な（ a じゅうじつな b ちゅうじつな ）
10	露骨な（ a ろこつな　b ろうこつな ）	**28**	大胆な（ a だいたんな b たいたんな ）
11	簡潔な（ a かんきつな b かんけつな ）	**29**	忠実な（ a ちゅうじつな b じゅうじつな ）
12	頑丈な（ a がんじょうな b かんじょうな ）	**30**	著名な（ a ちゅうめいな　b ちょめいな ）
13	軽率な（ a けいりつな b けいそつな ）	**31**	典型的な（ a てんこうてきな b てんけいてきな ）
14	敏感な（ a びんかんな b どんかんな ）	**32**	和やかな（ a なごやかな b おだやかな ）
15	貧弱な（ a ひんやくな　b ひんじゃくな ）	**33**	悲惨な（ a ひざんな　b ひさんな ）
16	無難な（ a むなんな　b ぶなんな ）	**34**	微妙な（ a みみょうな b びみょうな ）
17	有望な（ a ゆうもうな　b ゆうぼうな ）	**35**	窮屈な（ a こうくつな　b きゅうくつな ）
18	冷淡な（ a れいたんな b れいだんな ）	**36**	極端な（ a きょくたんな　ごくたんな ）

정답　1 ⓑ　2 ⓑ　3 ⓐ　4 ⓑ　5 ⓑ　6 ⓑ　7 ⓐ　8 ⓐ　9 ⓑ　10 ⓐ　11 ⓑ　12 ⓐ
13 ⓑ　14 ⓐ　15 ⓑ　16 ⓑ　17 ⓑ　18 ⓐ　19 ⓐ　20 ⓑ　21 ⓑ　22 ⓑ　23 ⓑ　24 ⓐ
25 ⓐ　26 ⓑ　27 ⓐ　28 ⓐ　29 ⓐ　30 ⓑ　31 ⓑ　32 ⓐ　33 ⓑ　34 ⓑ　35 ⓑ　36 ⓐ

다음 단어의 일본어 표현으로 가장 알맞은 것을 a, b 중에서 고르시오.

1 다투다　　　　　　　　　　（ a 争う　　　　　b 疑う ）

2 밝히다, 털어놓다　　　　　（ a 促す　　　　　b 明かす ）

3 나누다, 구분하다　　　　　（ a 分ける　　　　b 破る ）

4 헤아리다　　　　　　　　　（ a 察する　　　　b 報じる ）

5 만지작거리다　　　　　　　（ a かばう　　　　b いじる ）

6 자만하다, 우쭐해 하다　　　（ a へりくだる　　b うぬぼれる ）

7 삐걱거리다　　　　　　　　（ a きしむ　　　　b こばむ ）

8 집착하다　　　　　　　　　（ a こだわる　　　b いたわる ）

9 지탱하다, 떠받치다　　　　（ a ささえる　　　b うったえる ）

10 소진되다　　　　　　　　　（ a にぎる　　　　b つきる ）

11 고하다, 알리다　　　　　　（ a つげる　　　　b さめる ）

12 이루다, 완수하다　　　　　（ a とける　　　　b とげる ）

13 취급하다　　　　　　　　　（ a とりあつかう　b とりきめる ）

14 모방하다　　　　　　　　　（ a ならう　　　　b おそう ）

15 노려보다　　　　　　　　　（ a にがす　　　　b にらむ ）

16 욕하다, 매도하다　　　　　（ a ののしる　　　b やわらげる ）

17 이르다, 도달하다　　　　　（ a いたる　　　　b かねる ）

18 삼가다　　　　　　　　　　（ a ひきいる　　　b ひかえる ）

정답　1 ⓐ　　2 ⓑ　　3 ⓐ　　4 ⓐ　　5 ⓑ　　6 ⓑ　　7 ⓐ　　8 ⓐ　　9 ⓐ
　　　10 ⓑ　　11 ⓐ　　12 ⓑ　　13 ⓐ　　14 ⓐ　　15 ⓑ　　16 ⓐ　　17 ⓐ　　18 ⓑ

다음 단어의 접두어·접미어로 가장 알맞은 것을 a, b 중에서 고르시오.

1 언뜻 보기에 　　　　　　　　　(a 一切　　　　　b 一見)

2 한꺼번에, 단번에 　　　　　　　(a しきりに　　　b いっきょに)

3 만일, 만약 　　　　　　　　　　(a とっくに　　　b かりに)

4 곰곰이, 절실히 　　　　　　　　(a はらはら　　　b つくづく)

5 순간적으로 　　　　　　　　　　(a とっさに　　　b たいして)

6 틀림없이, 철석같이 　　　　　　(a しっとり　　　b てっきり)

7 도저히 　　　　　　　　　　　　(a 到底　　　　　b 即刻)

8 갑자기 　　　　　　　　　　　　(a 突如　　　　　b 極力)

9 일제히 　　　　　　　　　　　　(a 案の定　　　　b 軒並み)

10 흔들흔들, 비틀비틀 　　　　　　(a ふらふら　　　b めそめそ)

11 굳이, 억지로 　　　　　　　　　(a いたって　　　b あえて)

12 단호하게 　　　　　　　　　　　(a きっぱり　　　b こっそり)

13 즉석에서, 그 자리에서 　　　　　(a 漠然と　　　　b 即座に)

14 헐렁헐렁 　　　　　　　　　　　(a ぺこぺこ　　　b ぶかぶか)

15 현재 　　　　　　　　　　　　　(a 目下　　　　　b 随時)

16 주뼛주뼛, 주저주저 　　　　　　(a おどおど　　　b ごろごろ)

17 열심히, 필사적으로 　　　　　　(a 無性に　　　　b 必死に)

18 완전히, 정면으로 　　　　　　　(a もろに　　　　b ろくに)

정답　01 ⓑ　02 ⓑ　03 ⓑ　04 ⓑ　05 ⓐ　06 ⓑ　07 ⓐ　08 ⓐ　09 ⓑ
　　　10 ⓐ　11 ⓑ　12 ⓐ　13 ⓑ　14 ⓑ　15 ⓐ　16 ⓐ　17 ⓑ　18 ⓐ

다음 단어의 가타카나 표기로 가장 알맞은 것을 a, b 중에서 고르시오.

1 끈질기다 (a けむたい b しぶとい)

2 퉁명스럽다 (a そっけない b あっけない)

3 씩씩하다 (a たくましい b ややこしい)

4 나른하다 (a ゆるい b だるい)

5 약하다 (a あわい b もろい)

6 까다롭다 (a ややこしい b だらしない)

7 대략적인 (a わずかな b おおまかな)

8 애매한, 모호한 (a おおらかな b あやふやな)

9 소홀한 (a おろそかな b おごそかな)

10 완고한 (a 寛容な b 頑固な)

11 성대한 (a 膨大な b 盛大な)

12 손쉬운, 간단한 (a 気軽な b 手軽な)

13 차고 (a ガレージ b チャージ)

14 우아한 (a ルーズな b エレガントな)

15 초과 (a オーバー b リード)

16 투지 (a バックアップ b ファイト)

17 부정행위 (a メカニズム b カンニング)

18 세련된 (a シックな b ユニークな)

정답 1 ⓑ 2 ⓐ 3 ⓐ 4 ⓑ 5 ⓑ 6 ⓐ 7 ⓑ 8 ⓑ 9 ⓐ
10 ⓑ 11 ⓑ 12 ⓑ 13 ⓐ 14 ⓑ 15 ⓐ 16 ⓑ 17 ⓑ 18 ⓐ

문자 · 어휘 완전 정복을 위한 꿀팁!

문제를 풀어 본 후에는 반드시 복습을 해야 합니다. 본서에 제시된 예문들을 충실하게 학습해 두면 어떤 문제든 풀 수 있을 겁니다.

● 問題 1 한자 읽기
음독과 훈독, 장음, 촉음을 구분하여 풉니다. 비슷한 형태의 한자는 같은 발음인 경우가 많습니다.

● 問題 2 문맥 규정
다양한 품사가 출제되는데, 동사나 い형용사는 사전형을 떠올려 보고, 부사는 호응하는 단어를 찾아내면 확실하게 답을 구할 수 있습니다.

● 問題 3 유의어
사전적인 의미가 완전히 같지 않더라도 문장의 의미가 손상되지 않는 경우에는 답이 될 수 있다는 것을 명심하세요.

● 問題 4 용법
단어를 원래의 의미대로 사용한 것을 찾는 한편, 해당 단어가 원래의 품사대로 사용되고 있는지도 확인해 봅니다. な형용사의 경우, 어간만을 한자로 제시하므로 명사와 혼동하지 않도록 합니다. N1에서 출제되는 부사는 다양한 의미를 지닌 경우가 대부분이므로, 주어진 단어가 문장의 흐름에 가장 어울리는 선택지를 선택하도록 합니다.

PART 2

유형별 집중 공략

- **問題1 한자 읽기** 실전 연습 ···· p.82
- **問題2 문맥 규정** 실전 연습 ···· p.88
- **問題3 유의어** 실전 연습 ······· p.94
- **問題4 용법** 실전 연습 ·········· p.100

한자 읽기 실전 연습 ❶　　　　　　　　　　　　[　　／ 10]

問題 1 ＿＿＿＿＿＿の言葉の読み方として最もよいものを、1・2・3・4から一つ選びなさい。

1 契約の内容については、お渡しした書類をご覧ください。
1　せいやく　　　2　けいやく　　　3　こうやく　　　4　ようやく

2 この公園は、市民の憩いの場として親しまれている。
1　いこい　　　2　つどい　　　3　うるおい　　　4　にぎわい

3 政府の方針に異議を唱える。
1　となえる　　　2　たたえる　　　3　かなえる　　　4　うったえる

4 すべての子どもたちが健やかに育つ環境を作るべきだ。
1　しとやか　　　2　おだやか　　　3　すこやか　　　4　さわやか

5 素晴らしい相手との対戦でチームの現状を把握することができた。
1　ばおく　　　2　はおく　　　3　ばあく　　　4　はあく

6 申請書には次の書類を添付してください。
1　でんふ　　　2　てんふ　　　3　でんぷ　　　4　てんぷ

7 生涯にわたって一つの仕事に打ち込む。
1　せいかい　　　2　しょうがい　　　3　せいがい　　　4　しょうあい

8 館内の資料は、すべて自由に閲覧いただけます。
1　はいらん　　　2　はいけん　　　3　えつらん　　　4　えつけん

9 このケーキは、通常のものより砂糖の量が控えてあります。
1　おさえて　　　2　ひかえて　　　3　ととのえて　　　4　さかえて

10 その歌手は、奉仕団休に、コンリートの収益を快く寄付した。
1　いさぎよく　　　2　こころよく　　　3　いちじるしく　　　4　まぎらわしく

정답　**1** ②　**2** ①　**3** ①　**4** ③　**5** ④　**6** ④　**7** ②　**8** ③　**9** ②　**10** ②　　　　　해석 및 해설 별책 p.2

問題 1 ＿＿＿＿＿の言葉の読み方として最もよいものを、1・2・3・4から一つ選びなさい。

1 気候変動問題への対処には国境の枠を超えた対策が必要である。

　　1　かべ　　　　　2　ふち　　　　　3　わく　　　　　4　みぞ

2 現代社会では漠然とした不安を抱えている人が多い。

　　1　まくぜん　　　2　ばくぜん　　　3　もうぜん　　　4　ばうぜん

3 大臣の無責任な発言に憤りを感じた。

　　1　いかり　　　　2　こだわり　　　3　いきどおり　　4　あせり

4 近くの八百屋は品揃えもよく、繁盛している。

　　1　はんしょう　　2　はんじょう　　3　ひんしょう　　4　ひんじょう

5 この国は移民や難民の受け入れを拒んでいる。

　　1　うらんで　　　2　おがんで　　　3　こばんで　　　4　にくんで

6 この製品にはたくさんの技術が凝縮されている。

　　1　うしゅく　　　2　せいしゅく　　3　こうしゅく　　4　ぎょうしゅく

7 バスは１０分間隔で運転されている。

　　1　かんかく　　　2　かんげき　　　3　かんけき　　　4　かんがく

8 彼はどんな問題が起きても、迅速にことをおさめるので、彼を崇拝している部下も多い。

　　1　こうはい　　　2　しょうはい　　3　すうはい　　　4　ちょうはい

9 不利な状況になってきたが、体勢を立て直して、相手との交渉に臨みたい。

　　1　いどみたい　　2　からみたい　　3　のぞみたい　　4　おがみたい

10 猛烈な暑さで何をするのもわずらわしい。

　　1　きょうれつ　　2　しれつ　　　　3　ねつれつ　　　4　もうれつ

正答　1 ③　2 ②　3 ③　4 ②　5 ③　6 ④　7 ①　8 ③　9 ③　10 ④　　　　해석 및 해설 별책 p.2

問題1 ＿＿＿＿＿の言葉の読み方として最もよいものを、1・2・3・4から一つ選びなさい。

1 質問の<u>趣旨</u>がまったく分からない。

　1　しゅし　　　　2　しゅじ　　　　3　しゅうし　　　　4　しゅうじ

2 彼は自分の意志を最後まで<u>貫いた</u>。

　1　つらぬいた　　2　かたむいた　　3　うつむいた　　4　かがやいた

3 同じ間違いをするなんて、本当に<u>愚か</u>なことだ。

　1　すみやか　　　2　ひそか　　　　3　しとやか　　　4　おろか

4 本年度の活動計画の<u>概略</u>を説明します。

　1　がいかく　　　2　きかく　　　　3　がいりゃく　　　4　きりゃく

5 患者または家族の<u>承諾</u>を得てから手術するのが普通だ。

　1　せいにん　　　2　せいだく　　　3　しょうにん　　　4　しょうだく

6 株価が将来どのように変動するのかを予測するのは<u>極めて</u>難しい。

　1　きわめて　　　2　あらためて　　3　つとめて　　　4　つきつめて

7 彼の入れた1点が試合の<u>均衡</u>を破った。

　1　きんきょう　　2　きんこう　　　3　けんきょう　　　4　けんこう

8 記録的な長雨は、農作物の<u>収穫</u>に大きな影響を与えた。

　1　しゅうかく　　2　しょうがく　　3　しゅうとく　　4　しょうどく

9 他人を<u>侮辱</u>するような行為は避けるべきだ。

　1　かいじょく　　2　かいしょく　　3　ぶじょく　　　4　ぶしょく

10 自然が<u>滅ん</u>でいくのを防ぐには、嘆くだけではいけない。

　1　いたんで　　　2　およんで　　　3　ほろんで　　　4　ゆるんで

정답　**1** ①　**2** ①　**3** ④　**4** ③　**5** ④　**6** ①　**7** ②　**8** ①　**9** ③　**10** ③　　　　해석 및 해설 **별책** p.2

問題1 ________ の言葉の読み方として最もよいものを、1・2・3・4から一つ選びなさい。

1 ようやく景気回復の兆しが見えてきた。

1 あかし　　　　2 きざし　　　　3 しるし　　　　4 ひざし

2 このカーテンを使用すると、外からの光を遮ることができる。

1 さまたげる　　2 さえぎる　　　3 せばめる　　　4 へだてる

3 A社との合併をきっかけに社名変更が行われた。

1 ごうべい　　　2 ごうべん　　　3 がっぺい　　　4 がっぺん

4 人生には、お金や名誉よりも大切なものがあると思う。

1 えいよ　　　　2 えいゆう　　　3 めいよ　　　　4 めいゆう

5 同じ商品でも業者によって価格に差があるということは否めない。

1 いなめない　　2 こばめない　　3 なじまない　　4 ゆがめない

6 建築に関するお客様のご相談は随時受け付けております。

1 すうじ　　　　2 ずいじ　　　　3 せいじ　　　　4 しょうじ

7 彼は他人に対する寛容さと謙虚さを持っている。

1 かんだいさ　　2 かんようさ　　3 けんぜんさ　　4 けんようさ

8 友人は北海道で酪農に携わっている。

1 がくのう　　　2 らくのう　　　3 りゃくのう　　4 やくのう

9 チームの全員が結束して問題解決に当たっている。

1 けいそく　　　2 けっそく　　　3 けっしゅう　　4 けつだん

10 田中先生は生徒たちに慕われている。

1 したわれて　　2 になわれて　　3 うやまわれて　　4 したがわれて

정답　**1** ②　**2** ②　**3** ③　**4** ③　**5** ①　**6** ②　**7** ②　**8** ②　**9** ②　**10** ①　　　해석 및 해설 별책 p.2

問題 1 ＿＿＿＿＿＿＿の言葉の読み方として最もよいものを、1・2・3・4から一つ選びなさい。

1 ビール工場の跡地が住宅地になるらしい。

1　あとじ　　　　2　あとち　　　　3　せきじ　　　　4　せきち

2 窓から淡い光が差し込んでいる。

1　あさい　　　　2　はかない　　　　3　あわい　　　　4　きよい

3 語学には復習が肝心だ。

1　たんしん　　　　2　かんしん　　　　3　たんじん　　　　4　かんじん

4 7月ともなると、この辺りにはバラの甘い香りが漂う。

1　さまよう　　　　2　うるおう　　　　3　ただよう　　　　4　におう

5 その説には、何の根拠もない。

1　こんしょ　　　　2　こんじょ　　　　3　こんきょ　　　　4　こんぎょ

6 彼は与えられた仕事を手際よく進めていった。

1　しゅさい　　　　2　しゅざい　　　　3　てきわ　　　　4　てぎわ

7 彼は親の跡を継ぎ、伝統を守り続けたい使命感に燃えている。

1　あと　　　　2　さと　　　　3　せき　　　　4　あし

8 若いころは家庭を顧みることなく働いていた。

1　こころみる　　　　2　かんがみる　　　　3　かえりみる　　　　4　うしろみる

9 窮屈な靴をはくと、体にも悪い影響が及ぶそうだ。

1　くうくつな　　　　2　きゅうくつな　　　　3　けいそつな　　　　4　きゅうそつな

10 新しい雑誌の名前を一般から募集することにした。

1　しゅうしゅう　　　2　かいしゅう　　　3　ぼしゅう　　　4　さいしゅう

정답　**1**②　**2**③　**3**④　**4**③　**5**③　**6**④　**7**①　**8**③　**9**②　**10**③　　　　해석 및 해설 **별책** p.3

問題 1 ＿＿＿＿＿の言葉の読み方として最もよいものを、1・2・3・4から一つ選びなさい。

1 彼は冷淡な男で、どんなに人が困っていても助けようとしない。
1　れいたんな　　　2　りょうたんな　　　3　だいたんな　　　4　ていたんな

2 選挙が近いので、街頭で演説をしている。
1　かいず　　　2　がいとう　　　3　けいとう　　　4　けいどう

3 昔、ここは港町として繁栄していた。
1　はんえい　　　2　はんせい　　　3　びんえい　　　4　びんじょう

4 社員が一生けんめいに働いてくれたので、会社の経営は軌道に乗った。
1　かどう　　　2　きどう　　　3　さどう　　　4　こうどう

5 テレビなどの報道を通して震災の悲惨な状況を知るようになった。
1　ぴざんな　　　2　ぴさんな　　　3　ひざんな　　　4　ひさんな

6 山田さんはホテルでピアノを演奏してお金を稼いでいる。
1　つないで　　　2　しのいで　　　3　かせいで　　　4　かついで

7 音に敏感で、車の騒音が気になって眠れないという人が結構多い。
1　どんかん　　　2　しんかん　　　3　ひんかん　　　4　びんかん

8 自分の境遇に満足している。
1　けいか　　　2　けいぐ　　　3　きょうそう　　　4　きょうぐう

9 山田君は何でも自慢ばかりするので、ぼくは彼の態度に憤慨している。
1　しんがい　　　2　ぼうがい　　　3　ふんがい　　　4　だんがい

10 鈴木氏は講演会で森林保全の重要性を説いた。
1　かいた　　　2　といた　　　3　ほどいた　　　4　むくいた

정답　**1** ①　**2** ②　**3** ①　**4** ②　**5** ④　**6** ③　**7** ④　**8** ④　**9** ③　**10** ②　　　해석 및 해설 **별책** p.3

문맥 규정 실전 연습 ❶　　　　　　　　　　　　　　　　　　[　　/ 10　]

問題 2 （　　　　　）に入れるのに最もよいものを、1・2・3・4から一つ選びなさい。

1 外国語を勉強するにあたって、その細かい（　　　）を使い分けるのは難しいものだ。

　　1　センス　　　　　　2　キャラクター　　3　ニュアンス　　　4　インスピレーション

2 市立美術館では、著名な芸術家の作品を展示する彫刻展示会が（　　　）いる。

　　1　施されて　　　　　2　催されて　　　　3　設けられて　　　4　挙げられて

3 私は消極的な性格なので、ささいなことでも（　　　）悩んでしまいがちだ。

　　1　くよくよ　　　　　2　のろのろ　　　　3　ひっそり　　　　4　ふんわり

4 先方は自社の方針を（　　　）主張しており、交渉はちっとも進まない状態だ。

　　1　強硬に　　　　　　2　果敢に　　　　　3　無謀に　　　　　4　堅実に

5 家族で海外旅行に行きたいと言うので賛成したが、（　　　）を言えば国内旅行の方がいいと思う。

　　1　内気　　　　　　　2　弱気　　　　　　3　本音　　　　　　4　弱音

6 地球温暖化を防ぐため、温室ガス削減に（　　　）する製品への要求が高まっている。

　　1　供与　　　　　　　2　波及　　　　　　3　寄与　　　　　　4　普及

7 これといった趣味はないんですが、（　　　）言えば音楽鑑賞でしょうか。

　　1　いっそう　　　　　2　しいて　　　　　3　いかにも　　　　4　よほど

8 予約なしでも診療を行います。ただし、（　　　）の場合を除いて、予約されている方を優先いたします。

　　1　異常　　　　　　　2　緊急　　　　　　3　多忙　　　　　　4　不意

9 問題が（　　　）しまう前に対策をたてるべきだったのに、今となってはどうしようもない。

　　1　みだれて　　　　　2　ねじれて　　　　3　はずれて　　　　4　こじれて

10 約束の時間になっても、誰も来ないので、（　　　）場所を間違えたかと思った。

　　1　くっきり　　　　　2　てっきり　　　　3　じっくり　　　　4　きっちり

問題 2 （　　　　　）に入れるのに最もよいものを、1・2・3・4から一つ選びなさい。

1 会社の将来を（　　　　）人材の育成には戦略と投資が必要である。
1　になう　　　　　2　いたわる　　　　3　やしなう　　　　4　かかげる

2 「被る」という漢字は読み方が（　　　　）、状況によって「かぶる」とも「こうむる」とも読む。
1　悩ましく　　　　2　疑わしく　　　　3　まぎらわしく　　4　はなはだしく

3 入力内容に（　　　　）があった場合には、当社から個別にご連絡いたします。
1　不穏　　　　　　2　不備　　　　　　3　不当　　　　　　4　不順

4 事前に相手の関心事について調べておくと、交渉が（　　　　）進むことがある。
1　はるかに　　　　2　しなやかに　　　3　円滑に　　　　　4　かたくなに

5 日本最大と言われるこの花火大会は、毎年100万人近い（　　　　）が見込まれている。
1　人込み　　　　　2　人波　　　　　　3　人通り　　　　　4　人出

6 あの歌手は、（　　　　）年齢層から人気を集めている。
1　大げさな　　　　2　幅広い　　　　　3　分厚い　　　　　4　重厚な

7 本資料は、国の統計調査を一部（　　　　）したものである。
1　抽選　　　　　　2　摘出　　　　　　3　採取　　　　　　4　抜粋

8 皆が並んでいるのに、後から来て（　　　　）とは何て図々しい人なのだろう。
1　おしこむ　　　　2　わりこむ　　　　3　ふみこむ　　　　4　のりこむ

9 今日はニューヨーク市場で、株価が（　　　　）下落しておりまして、景気の行方が心配されております。
1　いまさら　　　　2　ひたすら　　　　3　のきなみ　　　　4　ひいては

10 その子は幼いながら、両親の苦しい状況を（　　　　）いた。
1　制して　　　　　2　称して　　　　　3　察して　　　　　4　即して

정답　**1** ①　**2** ③　**3** ②　**4** ③　**5** ④　**6** ②　**7** ④　**8** ②　**9** ③　**10** ③　　　　해석 및 해설 **별책** p.3

問題2 （　　　　　）に入れるのに最もよいものを、1・2・3・4から一つ選びなさい。

1 コミュニケーションを通して、社員同士の（　　　）を図る。
　　1　収束　　　　2　結束　　　　3　親密　　　　4　緊密

2 病気やストレス等が原因で感情の（　　　）が激しくなる人が増えているという。
　　1　起伏　　　　2　高低　　　　3　出没　　　　4　明暗

3 この映画は、最新の映像技術を（　　　）して作られた。
　　1　駆使　　　　2　引用　　　　3　充当　　　　4　摂取

4 新型インフルエンザの発生は、依然として（　　　）を許さない状況が続いている。
　　1　予期　　　　2　見通し　　　3　見込み　　　4　予断

5 何かお気に（　　　）ようなことがございましたら、お許しください。
　　1　絡む　　　　2　障る　　　　3　及ぶ　　　　4　至る

6 募集条件に（　　　）する人は、なかなか見つからなかった。
　　1　該当　　　　2　適応　　　　3　相当　　　　4　順応

7 コーヒー豆の（　　　）が無くなってしまったので、注文しておいた。
　　1　チャージ　　2　ストック　　3　チェンジ　　4　キープ

8 あの監督はいつも今シーズンは優勝すると（　　　）するが、私はあまり信用しない。
　　1　信任　　　　2　依頼　　　　3　断言　　　　4　発注

9 私の（　　　）の関心は子供の進学にある。
　　1　最中　　　　2　目下　　　　3　今更　　　　4　案外

10 彼もわがままばかり言っていたら、誰も応援する人がいなく、（　　　）してしまうだろう。
　　1　単独　　　　2　孤立　　　　3　独立　　　　4　孤独

정답　**1** ②　**2** ①　**3** ①　**4** ④　**5** ②　**6** ①　**7** ②　**8** ③　**9** ②　**10** ②　　해석 및 해설 별책 p.4

問題 2 （　　　　）に入れるのに最もよいものを、1・2・3・4から一つ選びなさい。

1 いいデザインのかばんが見つかったが、高くて買うのを（　　　）いるうちに、売り切れてしまった。

　　1　遠ざけて　　　　2　ためらって　　　3　案じて　　　　4　よけて

2 何ごとにも余裕を持って対応できる（　　　）気持ちは大事なことだと思う。

　　1　おおらかな　　2　鮮やかな　　　3　速やかな　　　4　ささやかな

3 ビジネスにおいて（　　　）計画なくして成功することは難しい。

　　1　厳かな　　　　2　綿密な　　　　3　柔和な　　　　4　零細な

4 来年度の予算案は、賛成多数で（　　　）された。

　　1　決済　　　　　2　判決　　　　　3　選出　　　　　4　可決

5 新しく発売された食品は、消費者の健康を（　　　）に置いて開発されたものです。

　　1　念頭　　　　　2　念願　　　　　3　内心　　　　　4　本心

6 厳しい暑さが続く中、エアコンの需要が増加し、メーカー各社は工場をフル（　　　）させている。

　　1　展開　　　　　2　稼働　　　　　3　起動　　　　　4　運行

7 財布を忘れて出社してしまったので、先輩に食事代を（　　　）もらった。

　　1　積み立てて　　2　引き落として　3　立て替えて　　4　差し引いて

8 自分の経験だけですべてを判断しようとするのは（　　　）ことである。

　　1　はるかな　　　2　かすかな　　　3　のどかな　　　4　おろかな

9 近所で盗難事件が相次いでおり、（　　　）になる前に、防犯対策を講じる必要がある。

　　1　手遅れ　　　　2　手当て　　　　3　手違い　　　　4　手直し

10 病気が悪化し、（　　　）ものも食べられなくなった。

　　1　せめて　　　　2　やけに　　　　3　ろくに　　　　4　まして

問題 2 （　　　　　）に入れるのに最もよいものを、1・2・3・4から一つ選びなさい。

1　ジョギングを始めたばかりなのに、いきなりマラソンに参加するなんて（　　　）なことをしないでください。

1　無残　　　　　　2　無実　　　　　　3　無念　　　　　　4　無謀

2　スマホ用のこのゲームの利用者は（　　　）勢いで伸びている。

1　勇ましい　　　　2　やかましい　　　3　すさまじい　　　4　慌ただしい

3　私はスポーツなら何でも好きだが、（　　　）野球が好きだ。

1　いよいよ　　　　2　とりわけ　　　　3　まさしく　　　　4　一概に

4　5年にわたる交渉は、（　　　）で合意に達した。

1　大筋　　　　　　2　大口　　　　　　3　大目　　　　　　4　大幅

5　各新聞社が昨日行われた選挙の結果を（　　　）。

1　投じた　　　　　2　配送した　　　　3　報じた　　　　　4　配布した

6　彼女はファッション業界で15年以上の（　　　）を積んできた。

1　ベテラン　　　　2　ポジション　　　3　ステータス　　　4　キャリア

7　交渉をまとめるためには（　　　）するしかないだろう。

1　合致　　　　　　2　妥協　　　　　　3　打開　　　　　　4　融合

8　彼は、自分を天才芸術家だと（　　　）いる。

1　ひやかして　　　2　おもむいて　　　3　うぬぼれて　　　4　あつらえて

9　彼は（　　　）で、一度言い出したら、人の言うことなど聞かない。

1　強力　　　　　　2　強行　　　　　　3　頑固　　　　　　4　頑丈

10　裁判所は証拠不十分として、原審の判決を（　　　）し、彼に無罪を言い渡した。

1　遺棄　　　　　　2　破棄　　　　　　3　廃棄　　　　　　4　放棄

정답　1④　2③　3②　4①　5③　6④　7②　8③　9③　10②　　　　　해석 및 해설 별책 p.4

問題 2 （　　　　　）に入れるのに最もよいものを、1・2・3・4から一つ選びなさい。

1　転職の話があるが、今の職場に（　　　　　）があって決めかねている。
　　1　後退　　　　　　2　後悔　　　　　　3　未練　　　　　　4　未満

2　どんな（　　　　）の音楽が好きですか。
　　1　ポジション　　　2　フィルター　　　3　ジャンル　　　　4　タイミング

3　創立5周年記念として、今日からご来店のお客様に記念品を（　　　）しております。
　　1　交付　　　　　　2　進呈　　　　　　3　寄附　　　　　　4　配給

4　高橋さんの気迫に（　　　）されて、思わず同意してしまった。
　　1　圧迫　　　　　　2　抑圧　　　　　　3　圧倒　　　　　　4　圧縮

5　この雑誌は、日本でいちばん（　　　）のある自動車雑誌である。
　　1　威力　　　　　　2　迫力　　　　　　3　権威　　　　　　4　権限

6　このあたりは、現在でも昔の（　　　）を残しているので、観光客が多い。
　　1　おおすじ　　　　2　おもむき　　　　3　おおめ　　　　　4　おそれ

7　この学部では、国際社会で通用する専門知識と課題解決力を備えた人材の
　　（　　　）に力を入れている。
　　1　成熟　　　　　　2　生育　　　　　　3　養成　　　　　　4　発育

8　両者の話し合いは（　　　）終わった。
　　1　健全に　　　　　2　寛容に　　　　　3　精巧に　　　　　4　円満に

9　今度の旅行の（　　　）予定を説明します。
　　1　あやふやな　　　2　おおまかな　　　3　おおらかな　　　4　おろそかな

10　他の人に電話を（　　　　）ときは、電話をかけてきた人の名前や用件などの情報を
　　きちんと伝えることが大切です。
　　1　取り扱う　　　　2　取り組む　　　　3　取り次ぐ　　　　4　取り巻く

정답　1 ③　　2 ③　　3 ②　　4 ③　　5 ③　　6 ②　　7 ③　　8 ④　　9 ②　　10 ③　　　　　해석 및 해설 별책 p.4

유의어 실전 연습 ❶   [/ 10]

問題 3 　　＿＿＿＿＿の言葉に意味が最も近いものを、1・2・3・4から一つ選びなさい。

1 会員登録されたお客様は、以下のサービスが<u>無償</u>で受けられます。

  1　優先的に　　　　2　速やかに　　　　3　いつも　　　　4　ただで

2 今回の失敗は私のせいです。<u>弁解</u>の余地はありません。

  1　言い訳　　　　2　反論　　　　3　謝罪　　　　4　解釈

3 山田先生の研究は、<u>画期的な</u>研究として土木の分野で高く評価されている。

  1　広く知られている　　　　　　2　最近ではめずらしい
  3　非常に時間がかかる　　　　　4　今までになく新しい

4 彼の事業は<u>ことごとく</u>失敗した。

  1　すべて　　　　2　わずかに　　　　3　思ったとおり　　　4　一部ではありながら

5 二つの製品の品質の差は<u>歴然としている</u>。

  1　以前と変わらない　　　　　　2　ほとんどない
  3　以前より大きくなっている　　4　はっきりしている

6 最近、１日１２時間近く、論文に<u>打ち込んでいる</u>。

  1　興味を持っている　　　　　　2　悩んでいる
  3　熱心に取り組んでいる　　　　4　時間をとられている

7 裁判の経緯を見ていると、両者に<u>譲歩</u>の姿勢は全くない。

  1　継続　　　　2　対立　　　　3　妥協　　　　4　共有

8 キャプテンにうまくチームを<u>リードして</u>ほしい。

  1　制圧して　　　　2　計画して　　　　3　導いて　　　　4　仕入れて

9 社員の仕事に対する<u>やる気</u>を高めるためにはどうすればよいだろうか。

  1　意地　　　　2　意欲　　　　3　意義　　　　4　意図

10 ボランティアを<u>募集して</u>人員を補充する措置が取られた。

  1　やとって　　　　2　たよって　　　　3　つのって　　　　4　したって

정답   **1**④   **2**①   **3**④   **4**①   **5**④   **6**③   **7**③   **8**③   **9**②   **10**③   해석 및 해설 별책 p.5

問題 3　　________の言葉に意味が最も近いものを、1・2・3・4から一つ選びなさい。

1　あの会社は目下、海外進出をもくろんでいる。
　　1　計画して　　　　2　あきらめて　　　3　開始して　　　4　果たして

2　A社は危ないと思っていたが、案の定倒産した。
　　1　なぜか　　　　　2　やはり　　　　　3　あいにく　　　4　わりに

3　講演の内容は、別にめずらしくもないありふれた話だった。
　　1　平凡な　　　　　2　高尚な　　　　　3　幼稚な　　　　4　複雑な

4　予約完了後のキャンセルはキャンセル料が発生しますのであらかじめご了承ください。
　　1　早急に　　　　　2　まとめて　　　　3　改めて　　　　4　事前に

5　その事件の犯人の手がかりが少なくて、捜査は行き詰まっていた。
　　1　イメージ　　　　2　サポート　　　　3　チャンス　　　4　ヒント

6　山本さんは、抜群の成績で大学を卒業した。
　　1　特に下がった　　2　特に悪かった　　3　特に上がった　　4　特に優れた

7　能力はあるのだが、まだ経験が乏しいため、うまくいかないことが多い。
　　1　十分にある　　　2　足りない　　　　3　豊かな　　　　4　まったくない

8　二つの勢力は均衡を保っている。
　　1　サスペンス　　　2　バランス　　　　3　ストレス　　　4　プロセス

9　うちの車庫は、入り口が狭くて車を入れにくい。
　　1　ガレージ　　　　2　スタジオ　　　　3　ステージ　　　4　フロント

10　彼はあくどいやり方でお金をもうけてきた。
　　1　誠実な　　　　　2　悪質な　　　　　3　有効な　　　　4　無難な

정답　**1** ①　**2** ②　**3** ①　**4** ④　**5** ④　**6** ④　**7** ②　**8** ②　**9** ①　**10** ②　　　해석 및 해설 **별책** p.5

問題3 ________ の言葉に意味が最も近いものを、1・2・3・4から一つ選びなさい。

1 不用意な発言で職場内の人間関係が悪化してしまう場合がある。

  1　無駄な　　　　2　不利な　　　　3　無意味な　　　　4　不注意な

2 突然発生するお客様からのクレームに対応するのは大変なことだ。

  1　注文　　　　2　苦情　　　　3　反論　　　　4　返品

3 内田先生は、私の研究の問題点を具体的に指摘し、助言を惜しまなかった。

  1　インタビュー　　2　アドバイス　　3　コンテスト　　4　トレーニング

4 A社とB社が、合併を密かに進めている。

  1　ぐったり　　　　2　ぐっすり　　　　3　げっそり　　　　4　こっそり

5 自分の意図が正確に先方に伝わったかどうか心配している。

  1　相手　　　　2　上司　　　　3　全員　　　　4　先生

6 田中先輩は、会社のバックアップを受けて新しいプロジェクトを立ち上げた。

  1　決定　　　　2　支援　　　　3　依頼　　　　4　指示

7 この仕事について一切の責任を持つ。

  1　すこし　　　　2　すべて　　　　3　全然　　　　4　ちっとも

8 彼女のファッションはいつもシックだ。

  1　エレガント　　2　さわやか　　3　パワフル　　4　ストレート

9 このゲームは発売されてからずいぶん経っているが、依然として人気が高い。

  1　以前よりも　　2　昔とは違って　　3　前と変わらず　　4　やや落ち込んではいるが

10 これら二つの商品は名前が類似していて紛らわしいため、当局はメーカーに変更を促した。

  1　果たした　　　2　推測した　　　3　やめさせた　　　4　進めた

正答　1④　2②　3②　4④　5①　6②　7②　8①　9③　10④　　　　解釈及び解説 別冊 p.5

問題 3　________の言葉に意味が最も近いものを、1・2・3・4から一つ選びなさい。

1　この機械の仕組みは複雑だから、修理がやっかいである。
　　1　面倒　　　　　　2　深刻　　　　　　3　特殊　　　　　　4　重要

2　雨が降ってきたので、やむをえず山登りを断念した。
　　1　さまめた　　　　2　のぞんだ　　　　3　あきらめた　　　4　ことわった

3　不意に子どもが飛び出してきて、慌てて急ブレーキをかけた。
　　1　突然　　　　　　2　再び　　　　　　3　久しぶり　　　　4　わざわざ

4　彼の話を聞いてみんな仰天した。
　　1　とても驚いた　　2　非常に喜んだ　　3　深く感動した　　4　急に笑い出した

5　今は製品の品質はもちろん安全性に対してもシビアな時代だ。
　　1　柔軟な　　　　　2　弱気な　　　　　3　厳しい　　　　　4　強引な

6　コンビニで買った安いボールペンだが、重宝している。
　　1　大きいような気がしている　　　　　2　便利で役に立っている
　　3　評価が高まっている　　　　　　　　4　使い物にならない

7　交通事故を減らすためのスローガンを考えてください。
　　1　標準　　　　　　2　標語　　　　　　3　標識　　　　　　4　標本

8　あのチーム、なかなかしぶといね。まだあきらめずにがんばってるよ。
　　1　ふさわしい　　　2　情け深い　　　　3　粘り強い　　　　4　心細い

9　山田さんは、オリンピックの選手を志して、小さいころから技を磨いてきた。
　　1　めざして　　　　2　みせびらかして　3　さけて　　　　　4　あきらめて

10　障害を克服して、社会に貢献した人の伝記を読み、非常に励まされた。
　　1　くつがえして　　2　おそれて　　　　3　のりこえて　　　4　つくりだして

正答　**1** ①　**2** ③　**3** ①　**4** ①　**5** ③　**6** ②　**7** ②　**8** ③　**9** ①　**10** ③　　　　해석 및 해설 별책 p.5

問題 3 ＿＿＿＿＿の言葉に意味が最も近いものを、1・2・3・4から一つ選びなさい。

1 あの上司はいつも部下をけなしてばかりいる。

1　反対して　　　　2　命令して　　　　3　悪く言って　　　4　高く評価して

2 今日の講演の内容はおおむね理解できたと思う。

1　ようやく　　　　2　だいたい　　　　3　完璧に　　　　4　すこし

3 この商品の手入れや使い方はいたって簡単です。

1　非常に　　　　2　案の定　　　　3　わりに　　　　4　意外に

4 みんなで手分けして会議の準備をした。

1　分析　　　　2　分別　　　　3　分解　　　　4　分担

5 不安定な市場状況により、新製品の投入は見合わせることになった。

1　承認する　　　　2　実施する　　　　3　変更する　　　　4　中止する

6 激しい雨のため、やむをえず試合は延期することになった。

1　思いがけなく　　2　仕方なく　　　　3　間もなく　　　　4　果てしなく

7 地震で鉄道が不通になり、復旧の見通しはまだ立っていない。

1　ほど　　　　2　まと　　　　3　あと　　　　4　めど

8 この映画は万人向けだと言える。

1　一万人程度　　　2　すべての人　　　3　知識のある人　　4　年寄りの人

9 当店では、素材を吟味した料理と世界各国のワインがお楽しみいただけます。

1 新鮮に保存した　　　　　　　　　2　よく調べて選んだ
3 味見した　　　　　　　　　　　　4　たくさん使った

10 この漫画はナンセンスなところがおもしろい。

1　馬鹿げている　　2　展開の遅い　　　3　真剣な　　　　4　躍動的な

정답　**1** ③　**2** ②　**3** ①　**4** ④　**5** ④　**6** ②　**7** ④　**8** ②　**9** ②　**10** ①　　　　해석 및 해설 별책 p.6

問題 3 ＿＿＿＿＿の言葉に意味が最も近いものを、1・2・3・4から一つ選びなさい。

1 無理だと思っていたけど、ことによると、優勝できるかもしれないね。
1 ひょっとしたら　2 てっきり　　3 あいにく　　4 思ったまま

2 根拠のないことを言いふらして、他人を中傷してはいけない。
1 落ち着かせては　2 悪口を言っては　3 邪魔しては　　4 かばっては

3 公園のベンチに座って、夕闇の迫る街角をしばらく眺めていた。
1 消えていく　　2 近づく　　　3 催促する　　4 沈む

4 今回の調査は、当初の目的をほぼとげた。
1 果たせなかった　2 引き継いだ　　3 達成した　　4 避けた

5 友人は北海道で酪農に従事している。
1 興じて　　　　2 携わって　　　3 募って　　4 陥って

6 アルバイトの彼は、社員に準ずる給料をもらっている。
1 社員より少ない　2 社員以上の　　3 社員と同等の　4 社員とは言えない

7 せっかく「一緒に行こう」と言ったのに、そっけなく断られた。
1 やんわりと　　2 冷たく　　　3 ばかばかしく　4 申し訳なさそうに

8 収穫を増やそうとして肥料を濫用したため、昆虫が減ってしまった。
1 むやみに使った　2 少しだけ用いた　3 厳しく制限した　4 使用しなかった

9 清水さんは、ホテルの予約が難しいと聞いただけで、あっさり旅行をあきらめた。
1 しぶしぶ　　　　2 やむを得ず　　3 未練がましく　4 簡単に

10 最近の青少年は、一見しっかりしているようだが、精神的にもろい面がある。
1 一度話してみると　　　　　2 最初の出会いでは
3 ちょっと見たところ　　　　4 いつも変わりなく

정답　1 ①　2 ②　3 ②　4 ③　5 ②　6 ③　7 ②　8 ①　9 ④　10 ③　　　해석 및 해설 별책 p.6

用법 실전 연습 ❶　　　　　　　　　　　　　　　　　　　　[　 / 10]

問題 4 次の言葉の使い方として最もよいものを、1・2・3・4から一つ選びなさい。

1 とっくに
　1　引受けてしまった以上とっくにやめるわけにもいかない。
　2　山田さんならとっくに帰りました。
　3　このへんには、とっくに大きいお寺があった。
　4　あなたからの電話をとっくに待っていました。

2 一律に
　1　旅行に行くという日になると、一律に雨が降る。
　2　この部署の社員は、経歴はさまざまだが、一律に留学経験者だ。
　3　鈴木さんは、会うと一律に黒い帽子をかぶっている。
　4　すべての経費を一律に削減せず、無駄なものから減らせばよい。

3 かばう
　1　多くの人々の人権をかばうため運動を進めようではないか。
　2　疑われている友人をかばう、うその証言をした。
　3　このマンションは、警備員が入り口で住人をかばっているので安心だ。
　4　仕事のストレスから身をかばうには、適度な休養も必要だ。

4 ブランク
　1　長いブランクがあり心配だったが、先月から職場に復帰した。
　2　5分ほどブランクにしませんか。みんな疲れたようだし。
　3　プレゼンの最中は緊張しちゃって、頭がブランクだったよ。
　4　大事なデータをブランクしてしまった。

5 円滑に
　1　一時はどうなることかと心配したが、やっと円滑に解決した。
　2　手順を改善したら、業務が円滑に進むようになった。
　3　手術の後、田中さんの体力は円滑に回復している。
　4　山田さんは5か国語を円滑に操ることができるそうだ。

6 統合

1 当社の大阪にある二つの支店は、この度、都合により統合することになりました。
2 どの建物も、それぞれの外観が町並みに見事に統合していて美しい。
3 本旅行では会社からバスで目的地まで向かうか、直接現地で統合してもいい。
4 家庭から出される新聞紙、書籍等の資源ごみは、ひもで統合して出してください。

7 図る

1 この問題は会議に図る必要がある。
2 両国の交流を図るために文化使節をおくった。
3 学力を図るために試験を行う。
4 人の本当の気持ちを図ることはできない。

8 よほど

1 今日は寝坊して、会議によほど遅刻してしまった。
2 電気がなかったころの暮らしはよほど想像できない。
3 時間はよほどあるからゆっくり出かけてもいいだろう。
4 この作家の場合、新しい作品より若いときの作品のほうがよほどおもしろい。

9 忠実

1 その計画はきちんと忠実するように努力します。
2 それが彼の忠実の姿です。
3 忠実と説明したので、質問はあまり出ませんでした。
4 これは事実を忠実に再現したドラマです。

10 欠如

1 山田さんが欠如したので、森さんが試合に出た。
2 お金が欠如してきたので、銀行へ行った。
3 いつも間にか本が欠如してしまった。
4 彼は親としての自覚が欠如している。

問題 4　次の言葉の使い方として最もよいものを、1・2・3・4から一つ選びなさい。

1 細心

1　細心の一言でせっかく積み上げてきた商談がこわれることもある。
2　割れ物だから、運搬には細心の注意を払う必要がある。
3　感謝セールを開催します。細心の内容は後でお知らせします。
4　初めての海外旅行だったので、細心の思いをした。

2 秘める

1　子供たちは潜在的にすばらしい能力を秘めている。
2　来月転職することは会社のみんなにはまだ秘めている。
3　チームで仕事をする上では、多少の不満は秘める必要もある。
4　ずいぶん我慢してきたが、もう秘めることはできない。

3 優位

1　彼女は優位な成績で高校を卒業し、大学へ進学することが決まった。
2　わが社は技術力において競合他社より優位に立っている。
3　ご予約のお客さまを優位にお席にご案内しております。
4　最近の調査によると、顧客はますます価格より優位に考えているそうだ。

4 目先

1　この大学の周りには流行の目先を行く、ファッションやグルメなどの専門店が並んでいる。
2　目先の利益にとらわれていると、顧客からの信頼を得ることはできない。
3　決勝戦を目先に控え、選手たちはだいぶ緊張しているようだ。
4　新市長に当選した中村氏は、自らが目先に立って公約を実行していくと決意を述べた。

5 発足

1　では、今回発足した問題について報告します。
2　大手銀行の不正取引が発足して、大騒動になった。
3　この出版社は、来月、新しい週刊誌を発足する。
4　この団体は先月発足したばかりです。

6 はなはだしい

1 彼がはなはだしくおいしそうに食べるので、私もつい食べ過ぎてしまった。
2 皆が並んでいるのに、後から来て割り込むとは何てはなはだしい人なのだろう。
3 誕生日にはなはだしいプレゼントをいただき、どうもありがとうございました。
4 あなたの主張は時代錯誤もはなはだしいと思います。

7 露骨

1 新しいめがねにしたら露骨に見えるようになった。
2 開始時間は露骨に知らせておきました。
3 昔のことはあまり露骨に覚えていない。
4 露骨にいやな顔をしてはいけない。

8 一括

1 一括して50人集まった。
2 今日は家内と一括して買い物に行くつもりです。
3 グラスのビールを一括して飲んだ。
4 各々が行ってきた業務を一括して処理することにした。

9 交付

1 国から各大学に補助金が交付された。
2 国民には国に税金を交付する義務がある。
3 今月の給料が交付されたら、新しい服を買うつもりだ。
4 友達に旅行のお土産を交付した。

10 不順

1 天候が不順で野菜の値段が高い。
2 シリーズの本を1巻から不順に並べた。
3 不順に練習しても全然上手にならない。
4 このところ、会社の成長が不順で心配だ。

問題 4　次の言葉の使い方として最もよいものを、1・2・3・4から一つ選びなさい。

1　配布

1　人事異動で広報担当の部署に配布された。
2　インターネットでは、最新情報がすぐに配布される。
3　ご購入いただいた商品は、当日に配布いたします。
4　スキンケア商品の無料サンプルを配布している化粧品メーカーが多い。

2　かなう

1　今までの努力や苦労が報われて、目標をかなった。
2　マイホームを建てるという夢が、とうとうかなった。
3　準備を重ねてきた新製品発表会が無事かなった。
4　お年寄りをターゲットにしたビジネスがかなって、金持ちになった。

3　仕業

1　うちの庭に空き缶を投げ捨てたのは、隣の子の仕業に違いない。
2　彼はテレビなどの演出の仕業が認められ、賞をもらった。
3　火の中から子どもを助け出した山田さんの仕業は、本当に立派だった。
4　客に対する応対の仕業について研修を行った。

4　人一倍

1　彼女が日本を代表する大女優になったのは、人一倍努力してきたからだ。
2　今期の売り上げは人一倍に立ったが、ライバルが多くて安心してはいられない。
3　人がたくさん集まってくる場所は、土地の値段も人一倍上がるものだ。
4　大切なお客様なので、人一倍上等な料理でもてなしたい。

5　怠る

1　彼は寝る時間を怠って勉強したからこそ、合格したんですよ。
2　彼はどんな苦労も怠らずに、いつも積極的に仕事に取り組んでいる。
3　若いころは家庭を怠ることなく働いてばかりいた。
4　いくら忙しいといっても、健康管理を怠ってはいけない。

6 　調達

1　新しい事業のために、資金を調達しなければならない。

2　両社の意見を調達して、問題の解決を図ることができた。

3　インターネットで奨学金の申請方法を調達した。

4　環境問題に対する各国の若者の意識を調達した。

7 　手当

1　手当にあるのが区役所で、その後ろが図書館です。

2　翼をけがした鳥の手当をして、巣に戻してやった。

3　この書類の手当を誤ると大きなトラブルにつながるので、特に注意してください。

4　一度にまとめて切って冷凍保存しておくと、調理のたびに刻む手当が省ける。

8 　とぐ

1　くもっためがねをはずして、ハンカチでといだ。

2　うちの包丁はといであるからよく切れる。

3　からだをといで筋肉をつけた。

4　感覚がにぶらないように、いつもといでおかないといけない。

9 　高尚

1　彼女の高尚な振る舞いを見習いたい。

2　バイオリンは高尚な趣味ですね。

3　このあたりは高尚な住宅街だ。

4　この時計はとても高尚だったんです。

10 　照合

1　この機械は、コピーとファックス、そしてプリンターの機能が照合されています。

2　部屋が少し暗いので、部屋の明かりと机の明かりを照合したほうがいいですよ。

3　パソコンの使い方が分からなかったので、使い方をサービスセンターに照合した。

4　写真と受験者を照合して、本人かどうか確かめてください。

問題 4　次の言葉の使い方として最もよいものを、1・2・3・4から一つ選びなさい。

1　見込み

1　旅行の見込みに変更がありますので注意して下さい。
2　国民の熱い見込みに応えて、木村選手は金メダルを取った。
3　祖父は、来週には退院の見込みです。
4　山の頂上からの見込みはすばらいものがある。

2　安静

1　あの人は手術をしたばかりで、安静が必要なのに動き回っている
2　彼はいつも安静な判断ができるので、頼りになる。
3　家の周りは緑が多く、安静でとても住みやすい。
4　この仕事は気楽でいいが、収入が安静しないという問題がある。

3　没頭

1　初めて任された仕事をやり遂げ、充実感に没頭した。
2　一日でも早く良くなるように、休暇を取って治療に没頭したい。
3　大学院時代は、寝る間も惜しんで専門分野の研究に没頭していた。
4　山田氏は苦労して社長になったのに、全く地位に没頭していない。

4　携わる

1　大学受験を控えて、現在受験勉強に携わっています。
2　報道に携わる者は、偏見や差別に敏感でなければならない。
3　会社を辞めて自由な時間ができたので、新しい趣味に携わりはじめた。
4　結果よりも過程が大事だから、勝敗には携わらないつもりだ。

5　くまなく

1　こちらが提示した条件はくまなく拒否され、取引は失敗した。
2　部屋中をくまなく探したが、結局、財布は見つからなかった。
3　道で高校時代の友達にあったが、名前をくまなく思い出せなかった。
4　金庫の中の宝石や現金を泥棒にくまなく盗まれてしまった。

6 満喫

1　このホームページには生活に役に立つ情報が満喫されている。

2　画一的なチェーンレストランには満喫できないというお客さんの声に耳を傾ける
　　必要がある。

3　リゾートに行って、久しぶりの休暇を満喫した。

4　これらの条件を満喫する部屋を探しているが、なかなか見つからない。

7 極端

1　極端なダイエットはからだに悪い。

2　あの人は、大好きか大嫌いかで中間がない。極端的だ。

3　南極と北極は地球の極端だ。

4　極端ぶって過激なことばかりする。

8 とっさに

1　転びそうになったので、とっさに手すりをつかんだ。

2　とっさに用事ができて、パーティーに出席できなかった。

3　夕方からとっさに雨が降り出した。

4　昨日は約束があって、仕事が終わるととっさに帰りました。

9 禁物

1　飛行機にうっかり禁物を持ち込もうとして注意された。

2　ここで魚を捕ることは禁物されています。

3　自信があっても油断は禁物です。

4　銃は許可なく持ち歩いてはいけない禁物なものの一つだ。

10 指図

1　間違いを指図してくだされば、すぐ直します。

2　ペンがなかったので、わからない字を指図して教えてもらった。

3　講演では、グラフを指図して説明した。

4　誰でも人にあれこれ指図されるのは嫌だろう。

問題 4　次の言葉の使い方として最もよいものを、1・2・3・4から一つ選びなさい。

1 工面

1　銀行から融資を受け、資金を工面し、何とか家を建てることができた。
2　各学校、事業所で実践しているごみの減量の取り組みに関してアイデアを工面します。
3　近年の人手不足により、企業も優秀な人材を工面するのに必死だ。
4　エアコンを新しく買い替えるために、各社の資料を工面して比較検討中である。

2 見落とす

1　友人が困っているのを見落とすわけにはいかない。
2　丘の上のレストランで夜景を見落としながら食事を楽しんだ。
3　課長は気付いていたようだが、新入社員のミスを見落としてあげた。
4　仕事上の電子メールが多すぎて、重要な連絡を見落としていた。

3 打開

1　皆さんの励ましのおかげで、病を打開することができました。
2　行き詰まった交渉を打開するため、新たに代表団を派遣することにした。
3　あのベテラン刑事は、綿密な捜査を続け、難事件を見事に打開した。
4　地域を打開するために必要な多額の資金は税金だけではまかなえない。

4 合致

1　自分の年齢や体の状態に合致した運動をすることが大事だ。
2　佐藤さんはスタイルがいいから、どんな洋服でもよく合致する。
3　実験の結果は、理論的な予測に完全に合致していた。
4　自分に合致する仕事を見つけるのは簡単なことではない。

5 総じて

1　わが社の主力製品の売り上げは、総じて伸びている。
2　今日の会議の参加者は、総じて３０名だった。
3　テキストに書いてある説明だけでは、総じて理解できなかった。
4　セミナーの発表者は総じてスーツを着ている。

6 連携

1　学校は地域と連携して交通安全に取り組んでいる。
2　５台のパソコンを１０人の社員が連携して使っている。
3　この商品の価格は、為替レートと連携して上下している。
4　パスワードを連携して間違えたら、サイトにログインできなくなった。

7 突如

1　突如な地震だったが、幸いけが人は出なかった。
2　昼は静かだったのに、夜になって突如にとても強い風が吹いてきた。
3　コンピューターのシステムが突如して動かなくなった。
4　道を歩いているときに、突如素晴しいアイデアがひらめいた。

8 ぶかぶか

1　大粒の雨がぶかぶか降ってきた。
2　晴れた空に雲がぶかぶか浮かんでいる。
3　うちの子は食欲があって、ぶかぶか食べる。
4　この靴はぶかぶかで、歩くとぬげてしまう。

9 終日

1　この駅は終日禁煙となっている。
2　６月は30日が終日です
3　明日はレポート提出の終日です。
4　昨日の終日は音楽を聴いてゆっくりした。

10 執着

1　駅に執着したらすぐに連絡してください。
2　彼は勝敗に執着するタイプだ。
3　お気に入りのセーターを毎日執着しています。
4　船底にたくさんの貝が執着している。

問題 4　次の言葉の使い方として最もよいものを、1・2・3・4から一つ選びなさい。

1 昇進

1　煙が空に昇進している。
2　田中さんは先月課長に昇進した。
3　息子は来年高校を卒業し、大学に昇進する。
4　エスカレーターで3階に昇進した。

2 つぶやく

1　子供たちがつぶやきあいながら元気に遊んでいた。
2　さっきから庭で猫がつぶやいている。
3　彼は不満そうに、何かつぶやきながら歩いていた。
4　よく聞きとれませんから、もっと大声でつぶやいてください。

3 にじむ

1　これはよく味がにじんでおいしいね。
2　今日は風邪で鼻がにじんでいます。
3　話しすぎて声がにじんで困った。
4　水にぬれて字がにじんでしまった。

4 まるまる

1　そこでまるまる寝ているのが私のネコです。
2　昨日の発表はとても好評でまるまるだったそうだね。
3　せっかくのアイデアをまるまる人に使われてしまった。
4　来ている人たちまるまるにプレゼントを用意してあります。

5 手際

1　彼女は手際よく料理を作った。
2　レポートを書くのは、手際のかかる作業である。
3　彼は、長い間逃亡していた犯人を捕まえるという手際をあげた。
4　これは研究上とても大切な資料なので、いつも手際に置いておく。

6 そらす

1 木村はちょっと席をそらしราしております。
2 古くなった看板をそらして、新しいのにかえた。
3 忙しくて昼ご飯をそらした。
4 彼は都合が悪くなると、いつも話題をそらす。

7 相応

1 この割引券の1ポイントは1円に相応する。
2 この条件に相応する人は少ないだろう。
3 会社に貢献した人には相応の待遇を考えるべきだ。
4 砂糖と相応のしょうゆを入れてください。

8 ののしる

1 友達に頼まれて英語の手紙をののしってあげた。
2 子どもが悪いことをしたらののしることが大切な教育です。
3 立ち入り禁止の所に入ろうとしている人をそっとののしった。
4 会社で大きなミスをしてしまい、大声でののしられた。

9 単一

1 庭の手入れは単一に父の仕事だ。
2 このアルバイトは単一で飽きる。
3 ユーロはヨーロッパ連合の単一の通貨である。
4 私の単一の趣味は釣りだ。

10 はかどる

1 この国が多くの分野で世界にはかどるのは、技術者たちが有能だったからだ。
2 朝早く起きて仕事を始めたので、だいぶはかどった。
3 通信システムがはかどったおかげで、今では全世界の情報がすべて入手できる。
4 このえさを与えると、魚の成長がはかどる。

N1

1교시

문법

問題5 문법 형식 판단
問題6 문장 완성
問題7 문맥 이해

문법 완전 정복을 위한 꿀팁!

N1 레벨뿐 아니라 N2, 때로는 기초 레벨까지 다양한 수준의 문제를 통해 문법 실력을 확인합니다. 따라서 고난도의 선택지가 문제의 답이라고 단정하는 것은 금물입니다.

●問題5 문법 형식 판단

반드시 문장 전체를 읽어 보고 답을 골라야 합니다. 선택지 앞뒤의 요소만으로 판단하여 답을 고르면 함정에 빠지기 쉽습니다.

●問題6 문장 완성

제일 먼저 문법 포인트(기능어)를 찾아낸 후 앞뒤에 다른 요소를 배치해 나가는 것이 기본입니다.

●問題7 문맥 이해

こ・そ・あ・ど와 같은 지시어가 가리키는 내용에 주목합니다. 또한, 각 문장을 마무리하는 부분의 표현 형식을 주의 깊게 살펴야 합니다.

PART 1

워밍업

1. 비법 전수
2. 비법 문법

問題 5 문법 형식 판단 

● ● 유형 분석

1 10문제가 출제된다.

2 5분 내로 푸는 것이 좋다.

3 가장 기본적인 출제 유형으로 문법 내용에 맞는 표현 형식을 묻는다.

4 명사, 조사, 그리고 접미어 관련 표현 외에도, 경어와 부사 관련 표현들이 자주 출제된다.

5 하나의 문장에 2개 이상의 문법 포인트를 사용하여 출제하는 경우가 많다.

6 하위 단계에 속하는 N2 수준의 핵심적인 문법 내용을 상당수 포함한다.

7 출제 유형

  ⑴ 문형 접속 이해하기

  ⑵ 문형 의미 이해하기

예시 문제

> このカメラは新品だと5万円はするが、中古なら２、３万円（　　　）。
>
> 1　に限る　　　　　　　　　　2　にのぼる
>
> 3　どころではない　　　　　　4　といったところだ

정답 **4**

해 석　이 카메라는 새것이라면 5만 엔이지만, 중고라면 2, 3만 엔 정도이다.

해 설　～といったところだ는 '(대략) ~정도이다'라는 의미로, 앞에 제시되는 내용을 대략적으로 설명할 때 사용한다.

問題 6 문장 완성 

● ● **유형 분석**

1 5문제가 출제된다.

2 3분 내로 푸는 것이 좋다.

3 선택지 1, 2, 3, 4의 표현들을 재구성하여 문장을 완성하는 유형이다.

4 문장 완성 후 ★ 부분에 해당되는 순서의 표현을 선택하여 답을 체크한다.

✓ 문제를 풀기 위한 핵심 포인트는 대부분 선택지에 있다!
✓ 평소 필수 문형의 의미와 문장을 함께 익혀 두기!
✓ N2, N3 수준의 문법 내용도 잊지 말기!
✓ 긴 문장 속에서의 단어 간의 수식 관계를 확인하는 연습을 해 두자!

예시 문제

> このドラマは、＿＿＿ ＿＿＿ ★ ＿＿＿、大人気だ。
>
> 1 ストーリーの良さも　　　　2 俳優の演技力が
>
> 3 さることながら　　　　　　4 素晴らしく

정답 2 (1–3–2–4)

해 석 이 드라마는 스토리가 좋은 점도 그러하지만, 배우의 연기력이 훌륭해서 매우 인기가 있다.(1–3–2–4)

해 설 ～もさることながら는 '～도 그러하지만'이라는 의미를 나타낸다. 앞에 제시되는 내용도 중요하지만 뒤에 오는 내용을 더욱 강조하는 느낌을 나타낸다.

● ● ● 유형 분석

1 5문제가 출제된다.

2 5분 내로 푸는 것이 좋다.

3 독해의 중문 형식에 해당하는 약 600~700자 정도의 글을 읽고, 문맥에 맞는 표현을 선택하여 전체 문장을 완성하는 유형이다.

4 단순한 포인트 암기 위주의 문법이 아니라 문장에 대한 이해도를 강조한 유형이다.

5 전형적인 N1 수준의 문법 외에도 접속사, 기초 문법의 응용 표현들을 요구하는 경우도 있다.

6 출제 유형

(1) 적절한 문말 표현 넣기

(2) 적절한 접속사 넣기

(3) 적절한 지시어 넣기

✓ 문말 표현은 필수 출제! 놓치지 말자!

✓ 접속사 문제에서는 역접 표현이 자주 등장한다!

✓ 지시어 문제에서는 반드시 지시어의 앞쪽 문장에 주목하자!

예시 문제

…（前略）　いざ、審査員の点数が出ようとするその直前に、ポンとＣＭが割って入る。あるいは、クイズ番組の中で正解が発表されようとするその瞬間に、サッと画面がＣＭに入れ替わる。ああいうせこいことは　◻︎　。

1	やめようと思う	2	やめてほしいのだ
3	やめるのだろうか	4	やめられるものではない

정답 2

해 석　정작 심사 위원의 점수가 나오기 직전에 갑자기 CM이 끼어든다. 혹은 퀴즈 프로그램에서 정답이 발표되려는 그 순간에 재빨리 화면이 CM으로 바뀐다. 그런 치사한 짓은 그만두었으면 좋겠다.

해 설　문장의 흐름상, 점수 발표나 정답 발표를 기대하는 순간에 광고(CM)가 끼어드는 것을 'せこい(교활하다, 치사하다)'로 표현하고 있으므로, 그러한 행동에 대한 자신의 의견을 나타내고 있는 '그만두었으면 좋겠다'가 적절하다.

1 기출 문법

● 問題5 문법 형식 판단

2010년

□ 〜いただく	〜받다(겸양)	□ いっさい〜ない	일절 〜하지 않는다
□ お詫び申し上げる	사죄의 말씀을 드리다 (겸양)	□ 〜かというと	〜인가 하면
□ 〜きわまりない	〜하기 그지없다	□ 〜する思いだ	〜하는 심정이다
□ するまま	〜하는 대로	□ 〜つつある	〜하는 중이다
□ 〜では	〜로는	□ 〜ではないか	〜하지 않아? (의문, 반문)
□ 〜でもしたら	〜라도 하게 되면	□ 〜として	〜라고 하여
□ 〜にしても	〜라고 할지라도	□ 〜にすぎない	〜에 지나지 않는다
□ 〜はしない	〜하지는 않겠다	□ 〜はずだ	〜할 것이다(확신)
□ 〜べきだ	〜해야 한다	□ 〜ほどのことではない	〜할 정도의 일이 아니다
□ 〜ものか	〜하지 않겠다	□ 〜を機に	〜을 계기로, 〜을 기회로

☐ ～あげく	～한 끝에	☐ お出しする	제공하다(겸양)
☐ 思えるくらい	생각이 들 정도로	☐ ～がたい	～하기 곤란하다
☐ ～かっていうと	～인가 하면	☐ ～こととする	～하기로 하다
☐ ～させられる	～하게 되다 (사역수동)	☐ ～した＋ではないか	하는 것이 아닌가! (놀람)
☐ ～する以上	～하는 이상	☐ つもり	생각, 작정
☐ ～でしかない	～밖에 되지 않는다	☐ ～ではあるまいし	～도 아닐 테고
☐ ～と	～라는(내용 제시)	☐ ～とあって	～라서(원인)
☐ ～といったところだ	～라는 정도다	☐ ～としても	～라고는 해도
☐ ～ないでもない	～않는 것도 아니다	☐ ～ならではの	～다운, ～만의
☐ ～につけ	～할 때마다	☐ ～願えますか	～해 주시겠습니까?
☐ ～待っていただく	기다려 주시다	☐ ～ゆえに	～때문에
☐ ～わけではない	～인 것은 아니다	☐ ～わけにはいかない	～할 수는 없다
☐ ～を受けて	～을 반영하여, ～의 영향을 받아		

☐ あがる	찾아 뵙다(겸양)	☐ いたす	하다(겸양)
☐ ～かねる	～하기 곤란하다	☐ ～から言えば	～로 보아
☐ ご変更願いたい	변경을 부탁 드리고 싶다	☐ ～させられる	～하게 되다(사역수동)

□ ～ざる	~할 수 없는	□ ～そうにない	~할 것 같지 않다
□ ～そうになる	~할 것 같이 되다	□ ～ためを思って	~을 위해서, ~을 염려하여
□ ～だろうと～だろうと	~이든 ~이든	□ ～てほしいものだ	~해 주었으면 좋겠다
□ ～といいましょうか	~라고나 할까	□ ～として	~라고 하여
□ ～に伴って	~에 따라서	□ ～べく	~하기 위해서
□ まず～ない	거의 ~않는다	□ ～も	~도(강조)
□ ＡもА	A도 A(A를 강조)	□ もらってやってください	받아 주세요
□ (동사의 ます형) ＋よう	~하는 방법	□ ～ようがない	~할 방도가 없다

□ おっしゃってくださる	말씀해 주시다(존경)	□ 思われる	생각이 들다
□ かつ	및, 또한	□ ～きわまりない	~하기 그지없다
□ ご覧になる	보시다(존경)	□ 存じる	생각하다(겸양)
□ ～だけでも	~만으로도	□ ～だけに	~인 만큼(당연)
□ ～とあっては	~라서, ~때문에	□ ～といったらない	몹시 ~하다
□ どうしたものか	어떻게 하면 좋을까?	□ ～と思いきや	~라고 생각했더니
□ ～とく	~해 두다 (～ておく의 축약)	□ ～とするか	~하기로 할까(결심)
□ ～させてくれる	~하게 해 주다	□ ～に言わせると	~의 이야기로는, ~의 의견으로는

□ ～にもほどがある   ～에도 정도가 있다   □ はたして～だろうか   과연 ～할까?

□ AをAで終わらせない   A를 A만으로 끝내지 않겠다   □ ～をもって   ～로(시간)

2014년

□ するかしないかのころ   막 ～했을 무렵   □ ～して＋まいる   ～해 가다(겸양)

□ ～それを
AがにBした。それをCにしろなんて   그런데도 (それなのに. 역접)   □ ～たら～たで   ～하면 하는 대로

□ 頂戴する   받다(겸양)   □ ～ておらず   ～하지 않고(상태)

□ できる限り   할 수 있는 한   □ ～てならない   너무 ～하다

□ AというA   모든 A는   □ ～といっても過言ではない   ～라고 해도 과언이 아니다

□ どうやら   아무래도   □ ～ないで済む   ～하지 않아도 된다

□ ～なくはない   ～않는 것도 아니다   □ ～にしては   ～치고는

□ ～ものを   ～텐데   □ ～もん   ～라니까(감정 표현)

□ ～ようがない   ～할 방도가 없다   □ ～ようとも   ～할지라도

□ ～を受けて   ～을 반영하여, ～의 영향을 받아   □ ～を最後に   ～을 끝으로

2015년

□ いっさい～ない   일절 ～하지 않는다   □ 大人は大人で   어른은 어른대로(고유한 상태)

□ 思い出される   생각이 떠오르다   □ 決して～ない   결코 ～않는다

□ 存じ上げる	알고 있다(겸양)	□ ～だけあって	～인 만큼(당연)
□ ～だろうか	～한 것일까?	□ ～でいい	～로 좋다, ～면 된다 (선택)
□ ～ていただけると助かります	～해 주시면 좋겠습니다(겸양)	□ ～てからでは	～하고 나서는
□ ～てしまわないか	～해버리지 않을래	□ ～ても始まらない	～해도 어쩔 수가 없다 (무의미)
□ ～ないで済む	～하지 않아도 된다	□ ～なければ～ことはない	～하지 않는다면 ～하는 일은 없다
□ ～に決まっている	～할 것임에 틀림없다, ～하게 되어 있다	□ ～にしてみれば	～입장에서는
□ ～べき	～해야 할	□ まるで～ない	전혀 ～않는다
□ ～ものだ	～로구나(감동)	□ ～をもって	～으로써

□ おいでになる	계시다(존경)	□ ～させてもらう	～하다(겸양)
□ ～しかない	～할 수밖에 없다	□ ～次第では (명사 + 次第)	～에 따라서는
□ ～ては	～하면	□ ～てみせる	～하고야 말겠다
□ ～というものではない	～인 것은 아니다	□ ～といったところだ	～정도다
□ ～ともなれば/～ともなると	～라도 되면	□ ～に越したことはない	～이 최고다
□ はたして～だろうか	과연 ～할까?	□ ～もしない	～도 하지 않는다
□ もっとも	다만	□ ～ものと思われる	～할 것으로 생각된다 (확신)

☐ ～ものの	～이지만	☐ ～も～も	～도 ～도
☐ ～ゆえに	～때문에	☐ ～(よ)うと	～할지라도
☐ ～ように(문장 끝)。	～하기를(희망)	☐ ～をよそに	～을 뒷전으로 하고, ～에도 아랑곳하지 않고

☐ お＋ます형＋願う	～해 주세요, ～해 주시기 원합니다	☐ ～かぎり	～하는 한
☐ ～がゆえに	～이기에, ～때문에	☐ ～きれる	전부 ～할 수 있다
☐ ご説明なさる	설명하시다(존경)	☐ ～(さ)せる	～시키다
☐ ～末に	～한 끝에	☐ ～た＋つもり	～한 셈, ～했다는 생각
☐ ～っこない	～할 리가 없다	☐ ～つつある	～하는 중이다
☐ つもり	생각, 작정	☐ ～と＋している	～라고 하고 있다 (주장, 생각)
☐ ～とすれば	～라고 한다면	☐ ～ないまでも	～하지는 않더라도
☐ ～なんか	～같은 것	☐ なんら～ない	아무런 ～없다
☐ ～において	～에 있어서	☐ ～に先だち	～에 앞서
☐ ～ぬく	끝까지 ～하다	☐ ～は否めない	～은 부정할 수 없다
☐ ～ばかりとなる	～하기만 하면 된다	☐ ～ようにする	～하도록 하다

□ ～んじゃなかった　　～하는 게 아니었다 (후회)　　□ ～んなら　　～것이라면 (のなら의 변형)

● 問題6 문장 완성

□ ～あっての	～있고 나서의	□ ～からして	～부터가
□ ～からには	～하는 이상에는	□ ～さえ～ば	～만 ～하면
□ ～だけあって	～인 만큼	□ ～って	～라는(～という)
□ ～というような	～와 같은	□ ～ならではの	～만의, ～다운
□ ～によるところが大きい	～에 의한 바가 크다	□ ～ばかりに	～탓에

□ ～からといって	～라고 해서	□ ～こそ	～야말로
□ ～ごとく	～처럼, ～같이	□ ～だけのことだ	～하면 되는 일이다
□ ～てまで	～해서까지	□ ～と思いきや	～라고 생각했더니
□ ～として	～라고 하여	□ ～となると	～가 되면
□ ～ないように	～하지 않도록	□ ～のみならず	～뿐만 아니라
□ ～ようがない	～할 방도가 없다	□ ～わけではない	～인 것은 아니다

□ ～次第だ	～에 달려 있다	□ ～しようと	～할지라도
□ ～しようとしまいと	～하든 ～말든	□ ～っていう	～라는(= ～という)
□ ～つもり	～하는 생각	□ ～て参る	～해 가다(겸양)
□ ～と(でも)	～라고 (～라도)	□ ～にあって	～에서
□ ～ばこそ	～하기에	□ ～(よ)うにできない	～하려고 해도 할 수 없다

□ ～からすれば	～로 보아	□ ～ぐらい	정도
□ すくなからぬ	적지 않다	□ それっきり	그것을 끝으로
□ ～ついでに	～하는 김에	□ ～というような	～와 같은
□ ～ところを見ると	～인 상황을 보면	□ ～として	～로서
□ ～ながらも	～하면서도	□ ～によるところが大きい	～에 의한 점이 크다
□ ～のみ	～뿐, ～만	□ ～分	～만큼(정도, 상태)
□ ～もさることながら	～도 그렇지만	□ ～ものがある	～안 데가 있다
□ ～ようと	～할지라도		

□ ～かというと	～인가 하면	□ ～からといって	～라고 해서
□ ～こそ	～야말로	□ ～といったら	～로 말하자면
□ ～とは	～라니	□ ～とみられる	～로 보인다
□ ～なくして	～없이	□ ～に至る	～에 이르다
□ ～にして	～에, ～으로 (수량의 강조)	□ ～には	～에게는 (～にとっては)
□ ～までに	～할 정도로	□ ～ようがない	～할 방도가 없다
□ ～ように	～하기를(희망,의뢰)	□ ～をもって	～으로써

□ ～かもしれない	～할지도 모른다	□ ～ことなく	～하는 일 없이
□ ～として	～로서	□ ～との	～라는(～という)
□ ～なんて	～라니	□ ～にしても	～라고 하더라도, ～하는 경우에서
□ ～にたえる	～할 만하다	□ ～にとって	～에게 있어서
□ ～には	～하는 경우에는, ～하려면	□ ～への	～으로의
□ ～みたいだ	～인 것 같다	□ ～ものか	～하지 않겠다

□ ～ようにする   ～하도록 하다

2016년

□ ～か否か	～인지 어떤지	□ ～きる	완전히 ～하다, 전부 ～하다
□ ～させてくれる	～하게 해 주다	□ ～だけでなく	～뿐만 아니라
□ ～たつもり	～한 셈, ～했다는 생각	□ 誰かしら	누군가
□ ～という	～라는(생략)	□ どうだって	아무래도(どうでも)
□ ～とか	～라든가	□ ～として	～라고 하여
□ ～に至る	～에 이르다	□ ～ほど	～정도

2017년

□ ～以上	～하는 이상	□ ～ことから	～로부터
□ ～こともあって	～하려고 해서	□ ～という	～라는
□ ～として	～로서(자격)	□ ～直す(を)繰り返し	고치기를 반복하여 (생략)
□ ～なくして	～없이	□ ～なりに	～나름대로
□ ～にかけては	～에 관한 한	□ ～によって	～에 의해서

☐ ～はずだ	～할 것이다(확신)	☐ ～まじき	～해서는 안 될
☐ ～ようだ	～한 것 같다	☐ ～わけにはいかない	～할 수 없다

● 問題7 문맥 이해

2010년

☐ 通う人もいるほどだ	다니는 사람도 있을 정도다	☐ 親しまれることになる	친숙해지게 된다
☐ ～てしまうだけである	～되어 버릴 뿐이다	☐ そういう父親の子ども	그러한 아버지의 자녀
☐ その結果	그 결과	☐ それにつまずいてしまった	그것에 좌절해 버렸다
☐ 対等	대등	☐ 父ではない	아버지가 아니다
☐ とはいえ	그렇다고는 해도	☐ はたして健全なのだろうか	과연 건전한 것일까?

2011년

☐ あれ以来	그 이후로	☐ 一方	한편
☐ 貸したままなのは	빌려 준 채로 있는 것은	☐ 君から	너에게서
☐ しましょうか	할까요?	☐ たしかに～ことは間違いない	분명히 ～라는 것은 틀림없다
☐ 入るのはいい	들어가는 것은 좋다	☐ ぼく/みんな	나 / 모두

☐ 見させてしまう	보게 만들어 버린다	☐ やめてほしいのだ	그만두었으면 좋겠다

2012년

☐ 大人	어른	☐ 思わされた	생각하게 되었다
☐ こと	것	☐ 〜しなければ	〜하지 않으면
☐ そういう	그러한	☐ そうだろうか	그럴까?
☐ そして	그리고	☐ 〜ではないか	〜가 아닐까?
☐ 〜というものである	〜인 것이다	☐ なぜならば	왜냐하면

2013년

☐ 朝だと思って頂きたい	아침이라고 생각해 주었으면 좋겠다	☐ いたっていいんです	있어도 되는 것입니다
☐ いつごろになろうか	언제쯤이 될 것인가?	☐ 犬の	개의
☐ 買ってきましょう	사 옵시다	☐ 気が揉めるのである	마음을 졸이게 되는 것이다
☐ 気にかかるといっても	신경이 쓰인다고는 해도	☐ すると	그러면
☐ その上で	그 후에	☐ よだれを流して迎えてくれる	침을 흘리며 맞이해 준다

☐ 嬉しそうにこういった	기쁜 듯이 이렇게 말했다	☐ 彼	그 사람
☐ 子供ながらに感じた	어린 마음에 느꼈다	☐ 全然悪くなかったのだ	전혀 나쁘지 않은 것이다
☐ そこで	그래서	☐ そんな日には	그런 날에는
☐ 助かった	도움이 되었다	☐ 出会えたと思った	만날 수 있었다고 생각했다
☐ ～でもないのかもしれない	～도 아닐지도 모른다	☐ ～も	～도

☐ 一冊といえる	한 권이라고 말할 수 있다	☐ 聞くだけだった	들을 뿐이었다
☐ こうして	이렇게 해서	☐ 「じゃあね」はないだろう	"그럼 잘 가"는 말이 안 되잖아
☐ すなわち	즉, 이를테면	☐ 育ち続けるに違いない	계속 성장할 것임에 틀림없다
☐ そんな彼女の	그러한 그녀의	☐ ～である	～이다
☐ 当時	당시	☐ なってきたのだ	되기 시작한 것이다

☐ あの～	그～	☐ あの若者だ	저 젊은이다
☐ いたらなあ	있으면 좋을 텐데	☐ こちらにいえるとは限らない	이쪽에도 말할 수 있다고는 단정할 수 없다

☐ トイレのことだ	배변에 관한 것이다	☐ ところがである	그런데 말이다
☐ 飛び出してきたのだろう	뛰쳐나온 것이겠지	☐ なのに	그런데도
☐ 認識させられる出来事だった	인식하게 된 일이었다	☐ 私	나

2017년

☐ ある日	어느 날	☐ いたいです	있고 싶습니다
☐ 思って	생각해서	☐ ～が	～이(가)
☐ 聞いています	묻고 있습니다.	☐ ただ	다만, 단
☐ ～ていたころでした	～하고 있던 때였습니다	☐ ～にとっても	～에게 있어서도
☐ 母親に会いたくなって	어머니를 만나고 싶어져서	☐ よく思う	자주 생각하다

☐ 001 ～あっての ～가 있고 나서야

보통 'AあってのB'의 형태로 사용되며, A가 존재하기 때문에 비로소 B가 존재한다는 뜻을 나타낸다. ～あってこそ, ～あればこそ와 비슷한 의미를 지닌다.

- お客さんあっての商売です。感謝の気持ちは忘れません。
  손님이 있어야 장사도 되는 것입니다. 감사하는 마음은 잊지 않겠습니다.

☐ 002 ～いかん ～여하, 여부

그러한 사정이나 상황에 의해 어떠한 일이 결정된다는 내용을 격식 있게 나타내는 말이다. ～によって, ～次第와 비슷한 의미를 갖는다.

- 交渉の結果いかんで、今後の対応を検討しましょう。
  협상의 결과 여하에 따라, 앞으로의 대응을 검토합시다.

☐ 003 ～いかんによらず/～いかんにかかわらず/ ～いかんを問わず ～여하에 관계 없이/～여하에 관계 없이/～여하를 불문하고

～いかんで와는 반대로 어떠한 상황에 한정되지 않을 때 사용한다. 즉 관계가 없다는 것을 매우 강하게 강조하는 표현이다.

- 試験当日は理由のいかんによらず、遅刻は認めません。
  시험 당일은 이유 여하에 관계없이 지각은 인정하지 않습니다.

☐ 004 ～う(よう)が/～う(よう)と ～할지라도

역접의 내용을 강조하여 나타내는 문장체 표현이다. 강한 의지를 나타내는 문장에서 사용되는 경우가 많다.

- 周りがどんなに反対しようが、最後までやりぬくつもりだ。
  주위가 아무리 반대할지라도 끝까지 해 낼 작정이다.

☐ 005 **〜思いをする** ~라고 생각하다, ~느낌이 들다

말하는 사람의 감정을 나타낸다. 보통 '그렇게 생각하다', '그렇게 느끼다'의 의미로 해석한다. 아래 예문의 경우 悔しい思いをする는 悔しく思う로 이해하면 된다.

- 試合に負けて悔しい思いをした。
  시합에 져서 **분한 생각이 들었다**.

☐ 006 **〜かしら** ~인가

なに, だれ, どこ 등의 의문사에 붙어서 막연한 것을 나타내는 경우에 사용하는 조사이다. 조사 「か」와 비슷한 의미를 나타낸다. 예를 들어 **なにかしら**는 **なにか**와 비슷한 의미를 나타낸다고 할 수 있다.

> **주의:** これで大丈夫かしら。(이것으로 괜찮을까?)처럼 문장의 마지막에 붙어서 의문이나 희망을 나타내는 종조사 かしら와는 다른 용법이므로 주의하도록 하자.

- 課長は出張の度に何かしらお土産を買ってきてくれる。
  과장님은 출장 때마다 **무언가** 기념품을 사다 준다.

☐ 007 **〜きらいがある** ~하는 경향이 있다

'~하는 좋지 않은 경향이 있다'는 뜻을 나타내며, 주로 사람이 주어로 쓰이는 경우가 많다.

- 彼は何でも大げさに言うきらいがある。
  그는 무엇이든 과장되게 **말하는 경향이 있다**.

☐ 008 **〜極まる/〜極まりない** ~하기 그지없다

말하는 사람이 그것에 대해서 극단적으로 강한 감정을 가지고 있을 때에 사용한다. 문장체적인 딱딱한 표현으로 보통 회화체에서는 사용하지 않는다.

- その話は、私には退屈極まるものだった。
  그 이야기는 나에게 **지루하기 그지없는** 것이었다.

- ノックもせずに人の部屋に入ってくるなんて、失礼極まりない。
  노크도 하지 않고 남의 방에 들어오다니 **무례하기 짝이 없다**.

□ 009 **〜ごとき** 〜와 같은

〜ごとき는 〜ような에 상당하는 고어적 표현이며, 현대어에서는 딱딱한 문장에서 관용적으로 한정되어 쓰인다.

● 今回のごとき事件は二度と起こらないようにすべきた。
이번 같은 사건은 두 번 다시 일어나지 않도록 해야 한다.

□ 010 **〜ごとく** 〜처럼, 〜와 같이

〜ごとく는 〜ように에 상당하는 고어적 표현이다. 〜ごとき처럼 딱딱한 문장에서 관용적으로 한정되어 쓰인다.

● 予想したごとく、事態は悪化する一方だった。
예상한 것처럼 사태는 악화되어 가기만 했다.

□ 011 **〜始末だ** 〜모양이다, 〜꼬락서니이다, 〜지경이다

주로 나쁜 결과가 되었을 때에 비난의 느낌을 담아서 사용한다. この, その, あの와 더불어 쓰이는 경우가 많다

● あの二人は仲が悪くて、ちょっとしたことでもすぐけんかになる始末だ。
그 두 사람은 사이가 나빠서 사소한 일로도 바로 싸움이 나는 지경이다.

□ 012 **〜ずにはすまない** 〜하지 않고는 해결되지 않는다 / 〜하지 않으면 끝나지 않는다

상식적으로 생각하여 그렇게 하지 않으면 어떠한 문제가 해결되지 않는다는 것을 강조하는 표현이다. 〜ないではすまない와 같은 의미이다. 동사의 **ない**형에 접속하는데, **する**의 경우는 **せずにはすまない**가 된다.

● 私のせいでこうなったのだから、謝らずにはすまない。
나 때문에 이렇게 된 것이니까, 사과하지 않으면 안 될 것이다.

□ 013　**～すら** ~조차

극단적인 예를 들어 다른 것은 말할 필요도 없다는 강조의 의미를 나타낸다. 기본적으로는 ～さ
え와 같은 의미이지만, ～すら는 부정적인 느낌에 한정되어 쓰이는 경우가 많다.

- 忙しくて食事をする時間すらありません。
  바빠서 식사할 시간조차 없습니다.

□ 014　**～そばから** ~하자마자, ~하는 족족

어떤 일이 시간적 간격이 없이 바로 발생한다는 의미를 나타낸다. 다만, 일회적인 것이 아니라
반복적으로 이루어지는 일에 대하여 사용되므로, '~하는 족족'으로 기억하면 다른 문법 포인트
와 구별하기 쉽다.

- 稼ぐそばから使ってしまうので、貯金なんか無理だ。
  버는 족족 써버려서, 저축 같은 것은 무리다.

□ 015　**～たが最後** ~했다 하면

일단 그런 상황이 되면, 반드시 부정적인 상황이 이어진다는 의미를 강조하여 나타낸다. ～た
ら最後의 형태로 쓰이기도 한다.

- 彼は、一度言い出したが最後、決して意志を曲げることのない人だ。
  그는 한 번 말을 꺼냈다 하면, 결코 의지를 굽히는 일이 없는 사람이다.

□ 016　**～たところで** ~한들, ~해 보았자, ~한다 해도

어떤 동작이 무의미하다는 의미로 사용되며, 뒤에는 부정의 의미를 갖는 문장이 온다.

- いくら急いだところで、最終電車にはもう間に合わない。
  아무리 서두른들 마지막 전철에는 이미 늦었다.

□ 017　**〜であれ** 〜이라 할지라도

예를 제시하여 화자의 생각을 나타내는 역접표현의 하나이다. いつ・どこ・だれ 등의 의문사 뒤에 붙는 경우가 많다.

- たとえ子供であれ、自分のしたことは自分で責任をとらなければならない。
  비록 **아이라 할지라도**, 자신이 한 일은 자신이 책임을 져야 한다.

□ 018　**〜ではあるまいし** 〜은 아닐 테고

원인을 강조하여 나타내는 표현의 하나이다. 해당하는 상황이 아니라서 그렇게 할 수 없다는 부정적 내용이 따르는 경우가 많다.

- 専門家ではあるまいし、そんなこと分かるわけないだろう。
  전문가도 아닐 테고, 그런 것을 알 리가 없을 것이다.

□ 019　**〜てまで** 〜해서까지

극단적인 예를 제시하는 표현이다.

- 借金をしてまで投資をする気はありません。
  빚을 내서까지 투자를 할 생각은 없습니다.

□ 020　**〜てみせる** 〜하고야 말겠다. 〜반드시 그렇게 하겠다

화자의 의지나 결심을 상대에게 단호하게 표현하는 용법이다.

- こんどこそ絶対合格してみせる。
  이번에야말로 절대 **합격하고야 말겠다**.

□ 021　**〜ても始まらない** 〜해도 어쩔 수가 없다, 〜해도 의미가 없다

그러한 동작이나 상황이 무의미하다는 의미로 사용된다.

- 済んだことを今さら後悔しても始まらない。
  끝난 일을 이제 와서 **후회해도 어쩔 수가 없다**.

□ 022 **～とあって** ～라서

～ので처럼 원인이나 이유를 나타내는 표현으로, 문장의 후반부에는 이미 발생한 일이나 결과가 온다.

● 新しい商品は、限定発売とあってすぐに売り切れてしまった。
신제품은 한정발매라서 바로 매진되어 버렸다.

□ 023 **～といえども** ～라 할지라도

어떤 권위나 힘, 능력, 조건 등에 대해 역설적인 내용을 유도한다. 특히, いくら, たとえ, いかに, いかなる 등과 호응하여 쓰이는 경우에는 극단적인 내용을 강조하는 표현이 된다.

● 親友の頼みといえども、人をだますようなことはできない。
친한 친구의 부탁이라 할지라도 사람을 속이는 것 같은 일은 할 수 없다.

□ 024 **～といったところだ** 대략 ～라는 정도이다

정도를 나타내는 ところ의 용법이 응용된 것으로, 화자의 대략적인 판단을 나타낸다.

● 平均睡眠時間は7時間といったところだ。
평균 수면 시간은 7시간 정도이다.

□ 025 **～として(と＋して)** ～라고 하여, ～라고 생각하여

～として의 と 앞의 내용을 가정하거나 기정사실로 생각한다는 의미를 나타낸다. 후반부에는 と 앞의 내용에 근거한 동작이 따른다.

● 新製品は安全上の問題があるとして売場から撤去された。
신제품은 안전상의 문제가 있다고 하여 매장에서 치워졌다.

□ 026 **～とは** ～하다니, ～이라니

예상하지 못한 일에 대한 놀람이나 감탄의 감정을 강조하는 표현이다. ～なんて와 비슷한 표현이다.

● 人の失敗を笑い物にするとは、失礼だし非常識なことだと思う。
다른 사람의 실패를 웃음거리로 삼다니, 무례하며 몰상식한 일이라고 생각한다.

☐ **027** **〜とはいえ** ~라고는 해도

〜とはいえ 앞의 내용이 사실임을 인정한 뒤에 어떠한 문제점이나 정보를 추가한다. 역접표현의 하나이다.

- 都心とはいえ、この辺りはまだ緑が多く残っている。
  도심이라고는 해도, 이 근처는 아직 초목이 많이 남아 있다.

☐ **028** **〜ともなると/〜ともなれば** ~이라도 되면

어떠한 상황이나 조건 아래에서 당연한 결과를 유도하는 경우에 사용된다.

- ここは、休日ともなると観光客でいっぱいです。
  이곳은 휴일이라도 되면 관광객으로 가득합니다.

☐ **029** **〜と思いきや** ~라고 생각했더니

예상과는 다른 뜻밖의 사태가 전개되는 경우에 사용한다.

- 簡単な問題だからすぐ解けると思いきや、意外に厳しくて苦労した。
  간단한 문제라서 곧 풀릴 것으로 생각했는데, 의외로 어려워서 고생했다.

☐ **030** **〜と言っても過言ではない** ~라고 해도 과언이 아니다

'그렇게 말해도 과장된 것은 아니다', '정말 그럴 만하다'는 의미를 나타낸다. 일종의 강조표현으로 '강한 단정'이라고 생각하면 된다. 〜と言っても言い過ぎではない를 사용하기도 한다.

- 彼は天才だと言っても過言ではない。
  그는 천재라고 해도 과언이 아니다.

☐ **031** **〜ないですむ/〜なくてすむ/〜ずにすむ** ~하지 않아도 된다

그러한 일을 하지 않아도 된다, 그렇게 하지 않아도 만족스럽다는 의미를 나타낸다. 이는 동사 済む가 '끝나다'의 의미가 아니라 '해결되다'의 의미로 사용되는 경우를 응용한 표현이라고 할 수 있다.

- 多目にカレーを作ってしまうと3日は料理しないで済む。
  넉넉하게 카레를 만들어버리면 3일은 요리하지 않아도 된다.

□ 032 ～ないまでも ～하지는 않더라도

앞에 오는 내용에 제시된 정도는 아니더라도, 최소한 뒤에 오는 동작을 해야 한다는 의미를 나타낸다.

● 天才とは言わないまでも、彼は才能豊かな人物だ。
천재라고는 말하지 않더라도, 그는 재능이 풍부한 인물이다.

□ 033 ～なくして(は) ～없이(는)

강조 표현의 일종이다. 만일 그것이 존재하지 않는다면, 그 뒤의 결과는 존재하지 않는다는 가정 표현이다. 문장 뒤에 부정의 표현이 따른다.

● みんなの協力なくしてはこの計画は成功しなかっただろう。
모두의 협력 없이는 이 계획은 성공하지 못했을 것이다.

□ 034 ～ならではの ～이 아니고는 안 되는, (과연) ～다운

그것이 아니면 할 수 없다는 의미를 포함하고 있다. 우리말로 해석할 때는 '～다운'의 의미로 해석하는 것이 자연스럽다.

● 店の雰囲気やサービスに一流の店ならではの品が感じられる。
가게의 분위기나 서비스에 일류 가게다운 품격이 느껴진다.

□ 035 ～なり ～하자마자

앞의 일이 발생한 후 계속하여 바로 어떤 일이 발생하는 경우에 사용하며, 비슷한 표현으로는 ～が早いか, ～や否や 등이 있다.

● その怪しい男はパトカーの音を聞くなり、逃げ出した。
그 수상한 남자는 경찰차 소리를 듣자마자 도망치기 시작했다.

□ 036 ～なり～なり ～하든지 ～하든지

예를 든 것 중에서 어느 하나를 선택하는 '양자택일'의 의미를 나타낸다.

● ビールなりワインなり、好きな物を飲んでください。
맥주이든 와인이든 좋아하는 것을 마시도록 하세요.

□ 037 **～にあたらない／～にはあたらない** ~할 필요 없다

상대의 반응에 대해 그럴 필요 없다는 것을 이해시키거나 깨닫게 할 때에 사용한다. ～にはあたらない는 ～にあたらない의 강조 표현으로 이해하면 된다.

- あのチームが優勝したからといって驚くにはあたらない。
  그 팀이 우승했다고 해서 **놀랄 필요는 없다**.

□ 038 **～にあって** ~에 있어, ~에서

시간, 장소, 상황 등을 강조하는 딱딱한 표현이다. 주로 で 또는 に로 대체할 수 있다.

- 父は責任者という立場にあって、寝る時間も惜しんで働いた。
  아버지는 책임자라는 **입장에 있어**, 자는 시간도 아껴가며 일했다.

□ 039 **～にいたる** ~에 이르다

궁극적인 결과나 변화를 강조하여 나타낸다.

- 事故が起こるに至って、交差点に信号が取り付けられた。
  사고가 **일어나기에 이르러서**, 교차로에 신호등이 설치되었다.

□ 040 **～にこしたことはない** ~이 가장 좋다, ~이 최고다

상식적으로 생각하여, 그렇게 하는 편이 좋다는 화자의 기분을 나타낸다. 당연성을 강조하는 표현으로 이해하도록 하자.

- 自分の悩みは自分で解決するにこしたことはない。
  자신의 고민은 자신이 **해결하는 것이 최고다**.

□ 041 **～にして** (1)~에. (2)~인 동시에, ~이자. (3)~인데도, ~라고 해도

(1) 어떤 일이 이루어지는 상황을 강조하여 나타낸다. 시간과 수량과 관련된 표현에 붙는 경우가 많다. 조사 で의 의미를 나타내는 경우가 많다.
(2) 비슷한 종류의 것을 나열하여 나타낸다.
(3) 역접의 의미를 나타낸다. のに, でも의 의미를 나타낸다.

(1) 상황 강조

- 火災により、家は一瞬にして燃え尽きた。
  화재로 인하여 집은 순식간에 불타버렸다.

(2) 비슷한 것을 나열

- 繊細にして優雅な彫刻作品を作り上げる。
  섬세하며 우아한 조각 작품을 만들어 내다.

(3) 역접

- 経済の専門家にして為替相場を予測するのは極めて難しい。
  경제 전문가라고 해도 환율 시세를 예측하는 것은 지극히 어렵다.

□ 042 ～にしてみれば ~입장에서 보면, ~입장에서

어떠한 사람의 입장에서 판단한다는 의미를 나타낸다.

- 彼にしてみれば反対するのは当然だ。
  그의 입장에서 보면 반대하는 것은 당연하다.

□ 043 ～にしても ~라 할지라도

문장 앞 부분에 제시된 내용을 인정하면서, 뒷부분에는 그것과는 다른 결과나 결론을 유도할 때 사용한다. 역접 표현의 하나로, とはいえ에 가까운 표현이다.

- 問題が難しかったにしても、この成績はひどすぎる。
  문제가 어려웠다고는 해도 이 성적은 너무 심하다.

※ 一つにしても와 같은 형태로, 그것 하나를 보더라도 다른 것도 같을 것이라고 판단하는 경우를 나타내기도 한다.

- 英語は単語一つにしてもいろいろな発音がある。
  영어는 단어 하나에도 다양한 발음이 있다.

□ 044 ～にたえる ~할 만하다

그렇게 할 만한 가치가 있다는 의미로, 말하는 사람의 주관적인 평가나 기분을 나타낸다.

- あのアニメは、十分大人の鑑賞にたえる作品だ。
  그 애니메이션은 충분히 어른이 감상할 만한 작품이다.

□ 045　**〜にのぼる** 〜에 달하다

수량을 나타내는 말 뒤에 붙어서, 수량이 무시할 수 없는 정도로 많다는 의미를 나타낸다.

- あの会社の今年度の赤字額は200億円にのぼる。
  그 회사의 올해 적자 규모는 200억 엔에 이른다.

□ 046　**〜にもほどがある** 〜에도 정도가 있다

비난의 감정을 표현한다. 누군가의 행위가 상식적인 한계를 넘어서 있음을 나타낸다.

- 1 時間も遅刻するなんて、遅れるにもほどがある。
  1시간이나 지각하다니, 늦는 데도 정도가 있다.

□ 047　**〜によるところが大きい** 〜에 의한 바가 크다, 〜에 힘입은 바가 크다

중요한 원인이나 근거를 강조하여 나타내는 표현이다.

- この研究の成果は山田教授の協力によるところが大きい。
  이 연구 성과는 야마다 교수의 협력에 의한 바가 크다.

□ 048　**〜に言わせれば／〜に言わせると** 〜의 의견으로는, 〜가 말하기로는

누군가의 의견을 인용할 때 사용한다. 이때 인용하는 의견은 단정적이며 확실한 경우가 많다.

- 父に言わせれば富士山など、登山のうちに入らないのだそうだ。
  아버지 말로는 후지산 같은 건, 등산 축에 들지도 않는다고 한다.

□ 049　**〜に限る** 〜이 최고다

문장에 제시된 선택이 가장 좋다는 의미를 나타낸다.

- 夏は冷たいビールに限る。
  여름은 차가운 맥주가 최고다.

□ 050　**〜は＋しない** 〜는 하지 않겠다

조사 は의 강조 용법의 하나로, 결코 그러한 행동은 하지 않겠다는 결심을 나타낸다.

- 君との約束は忘れはしないよ。
  너와의 약속은 잊지는 않을 거야.

□ 051　**〜ばこそ** 〜하기에, 〜하므로

어떠한 결과의 유일한 원인이라는 느낌을 강조하는 표현이다.

- 親は子供の将来を思えばこそ、厳しいことも言うのだ。
  부모는 자녀의 장래를 생각하기에, 심한 말도 하는 것이다.

□ 052　**〜べからず** 〜해서는 안 된다

개인적인 의견이라기보다는 사회통념상 그렇게 해서는 안 된다는 의미를 지니고 있으며, 실제로는 문서나 표지판에 주로 쓰이는 강한 금지 표현이다. するべからず는 すべからず로 표현하기도 한다.

- 授業中の私語は、するべからず。
  수업 중의 사적인 대화는 하지 말 것

□ 053　**〜べく** 〜하기 위해서

목적의 뜻을 나타내는 〜ために와 비슷한 뜻이지만, 딱딱한 고어체의 표현이다.

- 彼はマイホームを持つべく、節約に節約を重ねた。
  그는 자신의 집을 갖기 위해 절약에 절약을 거듭했다.

□ 054　**〜ほど（のこと）ではない** 〜할 정도의 일이 아니다

구태여 그렇게 할 필요가 없다는 의미를 나타낸다.

- このことは君が心配するほどのことではないよ。
  이 일은 네가 걱정할 정도의 일이 아니다.

□ 055 ～までだ/～までのことだ (1)~하면 된다. (2)~했을 뿐이다

(1)어쩔 도리가 없다는 전제하에, 어떤 결론이나 자신의 결의를 단정적으로 제시하는 표현이다.
(2)동사의 た형에 접속하는 경우에는 '그저 ~했을 뿐이다', 즉 일의 사정이나 이유를 가볍게 설명하는 의미로 쓰인다.

(1) 결론, 결의

● 彼に断られればほかの人を探すまでのことだ。
그에게 거절당하면 다른 사람을 찾으면 되는 일이다.

(2) 가벼운 설명

● お礼なんていりません。医者として当たり前の事をしたまでです。
감사의 말 같은 것은 필요 없습니다. 의사로서 당연한 일을 했을 뿐입니다.

□ 056 ～までに ~할 정도로

한도를 나타내는 강조 용법의 하나로, 어떤 일의 정도를 강조하여 나타낸다. ～ほどに(~할 정도로)의 의미를 갖는다.

● この時計は、デザインにおいては完璧なまでに仕上げられた逸品だ。
이 시계는 디자인에 있어서는 완벽할 정도로 만들어진 명품이다.

□ 057 ～までもない ~할 것까지도 없다, ~할 필요도 없다

당연히 그렇게 할 필요가 없다는 의미를 나타낸다. 비슷한 의미를 지닌 ～ことはない가 '충고나 권유'의 느낌을 갖는 데 비해, ～までもない는 '단정하거나 확신하는' 의미를 지닌다.

● 駅まで歩いてすぐだから、タクシーに乗るまでもない。
역까지 걸어서 바로라서, 택시를 탈 것까지도 없다.

□ 058 ～もさることながら ~도 그러하지만

둘 다 의미가 있지만 나중 것이 더 중요하다는 것을 조심스럽고 우회적으로 표현한다.

● このビルはデザインの素晴らしさもさることながら、地震にも強い。
이 건물은 디자인의 우수성도 그러하지만, 지진에도 강하다.

□ 059 **～もの（もん）** ～라니까

불만이나 호소 등의 뉘앙스를 담아 이유를 설명한다. 문법상으로는 종조사에 속한다. 회화 문장에서는 もん이라고 쓰는 경우가 많다.

● どうしても行きたいんだもの。
꼭 가고 싶어(꼭 가고 싶다니까).

□ 060 **～ものなら** ～라도 하게 되면

조건 표현의 하나로, 동사의 의지형에 접속한다. 만약 그러한 상황이 된다면 커다란 문제가 생길 것이라는 화자의 감정을 나타낸다. 불가능하다는 것을 전제로 하는 '동사의 가능형 ＋ ものなら(～할 수만 있다면)'와 구별하도록 하자.

● 小さなミスでもしようものなら厳しく叱られるだろう。
작은 실수라도 하게 되면 심하게 꾸중을 들을 것이다.

□ 061 **～ものを** ～할 것을, ～할 텐데, ～하련만

불만이나 유감의 감정을 강조하는 표현이다. のに(～할 텐데)가 종조사처럼 사용될 때와 같은 용법이다.

● 電話一本ですむのだから、わざわざ来なくてもよかったものを。
전화 한 통화로 해결될 일이니, 일부러 오지 않아도 좋았을 텐데.

□ 062 **～やいなや** ～하자마자

앞의 일과 동시에 또는 곧이어 어떤 일이 발생하는 경우에 사용한다. 비슷한 표현으로 ～なり, ～が早いか 등이 있다. 회화체보다는 문장에서 주로 사용하며 딱딱한 느낌을 준다. ～するや否やを 줄여서 ～するや의 형태로 쓰기도 한다.

● 授業終了のベルが鳴るやいなや、彼は教室を飛び出して行った。
수업 종료 벨이 울리자마자 그는 교실을 뛰쳐나간다

□ 063　**〜ゆえ** 〜때문에

원인을 나타내는 〜**ために**, 〜**から**의 문장체 표현이다. い형용사와 동사의 경우, 〜**ゆえに**
대신에 〜**がゆえに**로 쓰기도 한다.

- この国は、島国ゆえに造船業が盛んになったといわれている。
  이 나라는 **섬나라이기 때문에** 조선업이 활발해졌다고 알려져 있다.

□ 064　**〜ようが〜まいが/〜う（よう）と〜まいと** 〜하든 말든

그렇게 하든 하지 않든 상관이 없다는 뜻을 나타내며, 주로 같은 동작이나 상태를 대비시켜 거
론하는 형식을 취한다.

- あなたが信じようが信じまいが、これは事実なのです。
  당신이 **믿든 말든** 이것은 사실입니다.

□ 065　**〜ように** 〜하기를

문장 뒤에 붙어서 '해 주기를 바란다', '해 주었으면 좋겠다'와 같은 바람, 희망, 의뢰 등의 의미를
나타낸다.

- 一日も早くお元気になりますように。
  하루라도 빨리 **건강해지기를**.

□ 066　**〜ようにも〜ない** 〜하려고 해도 〜할 수 없다

원하는 대로 되지 않는다는 아쉬움을 나타낸다. **しようにもできない**, **行こうにも行けない**
처럼, 같은 동사가 반복되어 사용되는 경우가 많다. 이 문법의 경우, 동사의 의지형(**う／よう**)
에 접속한다는 점이 중요하므로 숙지해 두도록 하자.

- 歯が痛くて食べようにも食べられない。
  이가 아파서 **먹으려고 해도 먹을 수가 없다**.

□ 067　**～を受けて** ～을 받아, ～을 받아들여

어떠한 요구사항을 받아들여 대응하거나 무언가의 영향을 받아 대응한다는 의미를 나타낸다.

- 反対意見を受けて、修正案を作成する。
  반대 의견을 받아들여, 수정안을 작성하다.

□ 068　**～を限りに** ～을 끝으로

주로 시간 표현 뒤에 붙어서, 어떠한 일이 끝난다는 것을 강조하여 나타낸다.

- このバーゲンを限りに、閉店することになりました。
  이 바겐세일을 끝으로, 폐점하게 되었습니다.

※ 다음의 경우에는 '～을 다해'의 뜻을 나타내는 관용 표현이다.

- みんなで力を合わせて声を限りに応援してくれた。
  모두 힘을 합쳐 목소리를 다해 응원해 주었다.

□ 069　**～を皮切りに** ～을 시작으로

어떤 것을 시작으로 해서, 그 후에 같은 일이 계속 이루어짐을 나타낸다. 한편, ～を契機に, ～をきっかけに는 새로운 행위가 시작되는 것을 나타내므로 ～を皮切りに와는 조금 다르다.

- この作品を皮切りに、彼は次々と成功を収めた。
  이 작품을 시작으로 그는 연이어 성공을 거두었다.

□ 070　**～を機に** ～을 계기로, ～을 기회로

어떤 것이 기회나 동기가 됨을 나타낸다. 비슷한 표현으로 をきっかけに, を契機に가 있다.

- 当社は創立30周年を機に新しい製品を発表しました。
  당사는 창립 30주년을 계기로 새로운 제품을 발표했습니다.

□ 071　**～を最後に** ～을 끝으로

시간적 한계점을 나타낸다. ～を限りに와 비슷한 표현이다.

- 今回を最後に、今年のゴミの収集は終わりです。
  이번을 끝으로 올해의 쓰레기 수집은 종료됩니다.

□ 072 ～をもって ～으로, ～로써

문장이나 격식 차린 자리에서 사용하는 표현으로, 주로 수단, 방법이나 기한, 한도를 나타낸다.

- これをもって会議を終了いたします。
  이것으로써 회의를 종료하겠습니다.

□ 073 ～を余儀なくされる 어쩔 수 없이 ～하게 되다

달리 선택할 수 있는 방법이 없어서 그러한 동작을 하게 되거나, 그러한 상태로 될 수밖에 없다는 의미를 나타낸다. 참고로 余儀는 '다른 방법'이라는 의미를 지니고 있다.

- 資金不足のため、計画の中止を余儀なくされた。
  자금 부족 때문에 어쩔 수 없이 계획을 중지해야만 했다.

□ 074 ～をよそに ～을 뒷전으로 하고, ～에도 아랑곳하지 않고

행위자의 행동에 대해 칭찬하는 기분이 담겨져 있는 ～をものともせず와는 달리, 의무나 당연한 일을 무시했다는 비난의 느낌이 담겨져 있는 경우가 많다는 점에 유의한다.

- 弟は、両親の心配をよそに、遊んでばかりいる。
  동생은 부모님의 걱정에도 아랑곳하지 않고 놀고만 있다.

□ 075 ～んばかり 곧 ～할 듯함, 당장이라도 ～할 듯함

실제로는 그런 동작을 하지는 않았지만, 뒤에 오는 내용으로 그 분위기나 상황을 알 수 있는 경우를 나타낸다. ～んばかり는 '동사의 ない형 + んばかり'의 형태로 이루어진다. 이때 する는 'せん＋ばかり'의 형태로 된다는 것도 기억해 두도록 한다.

- 合格した彼女は、泣き出さんばかりに喜んだ。
  합격 한 그녀는 울음을 터뜨릴 듯이 기뻐했다.

다음 문장의 괄호 안에 들어갈 가장 알맞은 말을 a, b 중에서 고르시오.

1 彼は楽器なら何（ a だろうに　　b であれ ）、上手に弾くことができる。

2 この奨学金は出身国のいかん（ a であれ　　b によらず ）応募することができます。

3 彼の（ a ごとき　　b まじき ）優秀な人でも失敗することがあるんですね。

4 初めて日本に来たときは漢字はおろか、ひらがな（ a すら　　b とあって ）ろくに読めなかった。

5 最近は年のせいか、勉強しても覚える（ a そばから　　b ようが ）忘れてしまう。

6 鈴木先生の講義は予想した（ a ことなく　　b ごとく ）、十分に準備されたものだった。

7 さんざん人に迷惑をかけたあげく、あの（ a 始末だ　　b いかんだ ）。

8 ネットに書き込みをすれば、誰（ a ゆえ　　b かしら ）教えてくれるはずだ。

9 彼は冷静で責任感が強い性格だが、生真面目すぎる（ a きらいがある　　b にこしたことはない ）

10 電車の中で、大声で電話するなんて迷惑（ a 極まりない　　b 極まらない ）。

11 株価の下落により、社長の経営責任は（ a 問われずにはすまない　　b 問われるまでもない ）だろう。

12 このチャンスを逃したが（ a 始末　　b 最後 ）、二度と訪れないかもしれない。

13 いまさらどんなに後悔した（ a ところで　　b が最後 ）、終わってしまったものは仕方がない。

14 彼の成功は日々の努力（ a あっての　　b ならではの ）結果だ。

15 今度の旅行は、天候（ a かぎり　　b いかん ）によっては取りやめることになるかも知れません。

16 子ども（ a じゃあるまいし　　b もさることながら ）、人に会ったらあいさつするくらい、言われなくてもやりなさい。

정답 **1** ⓑ　　**2** ⓑ　　**3** ⓐ　　**4** ⓐ　　**5** ⓐ　　**6** ⓑ　　**7** ⓐ　　**8** ⓑ
　　9 ⓐ　　**10** ⓐ　　**11** ⓐ　　**12** ⓑ　　**13** ⓐ　　**14** ⓐ　　**15** ⓑ　　**16** ⓐ

해석 및 해설 별책 p.8

다음 문장의 괄호 안에 들어갈 가장 알맞은 말을 a, b 중에서 고르시오.

1 ここは高原（ a であれ　 b ならではの ）さわやかな空気と素晴らしい景観が楽しめる。

2 この成績なら、合格ラインぎりぎりといった（ a まで　 b ところ ）だろう。

3 ここであたなに会う（ a ゆえ　 b とは ）思ってもみなかった。

4 風邪が治った（ a が最後　 b と思いきや ）、また寝込んでしまった。

5 現代は、パソコンや携帯なくしては、生活ができないといっても（ a 始まらない　 b 過言ではない ）。

6 100円（ a とは言わないまでも　 b ともなると ）、少しでも時給を上げてほしい。

7 環境破壊を（ a してまで　 b したところで ）観光開発を推し進めていくのには疑問がある。

8 新しい社長の就任は違法だ（ a として　 b とはいえ ）、株主らは記者会見を開いた。

9 苦難に満ちた彼女の生涯は、涙（ a ないまでも　 b なくしては ）語れない。

10 受験に失敗した。いつまでも落ち込んでいても（ a はじまらない　 b あたらない ）ので、もっと頑張ることにした。

11 今年はもっと練習して、きっと優勝して（ a みられよう　 b みせよう ）。

12 春になった（ a そばから　 b とはいえ ）、朝晩はかなり冷える。

13 プロの選手（ a ともすると　 b ともなると ）、さすがに実力が違うようだ。

14 風邪が自然によくなったので、医者に（ a 行かずに済んだ　 b 行くに越したことはなかった ）。

15 人前でスピーチをするのは初めての経験（ a であれ　 b とあって ）、彼はひどく緊張していた。

16 一円（ a といえども　 b と思いきや ）むだにはできない。

정답 **1** ⓑ　　**2** ⓑ　　**3** ⓑ　　**4** ⓑ　　**5** ⓑ　　**6** ⓐ　　**7** ⓐ　　**8** ⓐ
　　　9 ⓑ　　**10** ⓐ　　**11** ⓑ　　**12** ⓑ　　**13** ⓑ　　**14** ⓐ　　**15** ⓑ　　**16** ⓐ

해석 및 해설 **별책** p.8

다음 문장의 괄호 안에 들어갈 가장 알맞은 말을 a, b 중에서 고르시오.

1 たとえ日帰り旅行に行く（ a にしても　　b ともなると ）、準備は必要だ。

2 現代技術で文化財を見事な（ a までもなく　　b までに ）修復する。

3 最近の調査によると、ストレスや強い不安などを持つ人の割合は、60%（ a にのぼる　　b にもほどがある ）という。

4 冗談にも（ a ほど　　b 始末 ）があります。言葉使いに気を付けてください。

5 彼の成功は、周囲の人たちの協力（ a による　　b にたえる ）ところが大きい。

6 上司の指示（ a とはいえ　　b を受けて ）、来週開かれる会議の資料を作成している。

7 証拠となる書類が発見される（ a にいたって　　b を機に ）、彼はやっと自分の罪を認めた。

8 田中さんは今月末（ a を限りに　　b を皮切りに ）退職する。

9 有能な彼（ a とあって　　b にして ）できなかったのだから、私にできるはずがない。

10 平日の昼間（ a とはいえ　　b とあって ）、電車の車内は結構空いていた。

11 清水さん（ a にしてみれば　　b までもなく ）、今回の決定には不満があるだろう。

12 ここは春の桜（ a ともなると　　b もさることながら ）秋の紅葉も見事だ。

13 子どもは母親の姿を見る（ a なり　　b ともなると ）、泣き出した。

14 分からない言葉は、辞書を引くなりだれかに聞くなり（ a になって　　b して ）、調べておきなさい。

15 残念な結果だったが、彼なりに頑張ってきたのだから非難するには（ a 越したことはない　　b あたらない ）。

16 あの歌手は5枚目（ a にして　　b とあって ）最後のアルバムを発売した。

정답　**1** ⓐ　**2** ⓑ　**3** ⓐ　**4** ⓐ　**5** ⓐ　**6** ⓑ　**7** ⓐ　**8** ⓐ
　　　9 ⓑ　**10** ⓑ　**11** ⓐ　**12** ⓑ　**13** ⓐ　**14** ⓑ　**15** ⓑ　**16** ⓐ

해석 및 해설 별책 p.9

다음 문장의 괄호 안에 들어갈 가장 알맞은 말을 a, b 중에서 고르시오.

1 風邪を引いた時は、寝る（ a にかぎる　 b にのぼる ）。

2 彼の絵画が個性に乏しいものであることは（ a 否めない　 b きらいがある ）。

3 いきなりパソコンの電源を切る（ a べからず　 b べからざる ）。

4 会社はよい社員がいれば（ a とは　 b こそ ）発展するものだ。

5 ここには招待されて来た（ a ほど　 b まで ）だ。

6 この野菜は、消費者の信頼（ a にたえる　 b とあえまって ）農家で生産されたものです。

7 人に言われる（ a までもなく　 b と思いきや ）、この事件の責任は私にあります。

8 大人（ a もさることながら　 b に言わせれば ）、私の悩みなどつまらないことなのだろう。

9 だって、時間がなかった（ a もん　 b こと ）。

10 遅刻（ a しよう　 b した ）ものなら、あの怖い先生に叱られるだろう。

11 あと10分早く会社を出ていたら、終電に間に合った（ a しまつだ　 b ものを ）。

12 信号が青に変わる（ a を受けて　 b やいなや ）、車は一斉に走り出した。

13 貧しい（ a がゆえに　 b とゆえに ）十分な教育を受けられない子供たちがいる。

14 志望校に合格する（ a ゆえ　 b べく ）頑張っています。

15 今回の失敗は、悲しむ（ a ほどのことではない　 b にこしたことはない ）。

16 車が駄目なら、歩いていく（ a までだ　 b かぎりだ ）。

정답 1 ⓐ　　2 ⓐ　　3 ⓐ　　4 ⓑ　　5 ⓑ　　6 ⓐ　　7 ⓐ　　8 ⓑ
　　　9 ⓐ　　10 ⓐ　　11 ⓑ　　12 ⓑ　　13 ⓐ　　14 ⓑ　　15 ⓐ　　16 ⓐ

해석 및 해설 별책 p.9

다음 문장의 괄호 안에 들어갈 가장 알맞은 말을 a, b 중에서 고르시오.

1 勉強（ a しようがしまいと　 b しようとしまいと ）、その結果の責任は自分にある。

2 地震による建物の破損が激しく、住民はテントでの生活を（ a 余儀なくされた　 b 余儀なくさせた ）。

3 彼は医者の忠告（ a ともなると　 b をよそに ）、飲酒を続けている。

4 携帯電話は現代社会（ a にあって　 b といえども ）、もはや必需品になっている。

5 村山選手は今日の試合（ a をよそに　 b を最後に ）引退する。

6 旅行の荷物は少ない（ a にこしたことはない　 b ほどのことではない ）。

7 選考の結果は、書面（ a をよそに　 b をもって ）通知します。

8 本日は8時（ a であれ　 b をもって ）営業を終了いたします。

9 彼は溢れん（ a までに　 b ばかりに ）ビールを注いだ。

10 大統領の訪日（ a によそに　 b を機に ）両国の相互理解が深まるだろう。

11 ケイタイはだれが何と（ a 言おうと　 b 言うと ）、自分が使いやすいと思うのが一番だ。

12 日本の食堂に入るとどうも窮屈な（ a 始末　 b 思い ）をする。

13 全員（ a 集まろう　 b 集めよう ）が集まるまいが、審議をはじめなくてはならない。

14 市民ホールでは、市長の講演を（ a 皮切り　 b 最後に ）、コンサートや発表会などが予定されている。

15 どうか合格できます（ a ように　 b ものを ）。

16 欲しいものが売り切れなので、買おう（ a にも　 b とは ）買えない。

정답　**1** ⓑ　**2** ⓐ　**3** ⓑ　**4** ⓐ　**5** ⓑ　**6** ⓐ　**7** ⓑ　**8** ⓑ
　　　9 ⓑ　**10** ⓑ　**11** ⓐ　**12** ⓑ　**13** ⓐ　**14** ⓐ　**15** ⓐ　**16** ⓐ

해석 및 해설 별책 p.9

• 地震のことなど想像するだに恐ろしい。
지진 같은 것은 상상하는 것조차 무섭다.

□ 094 ～たりとも ~라고 할지라도

문장 끝에 강한 부정의 표현을 유도한다. 특히 **たりとも** 앞에 一円, 一度, 一日처럼 一와 관련된 숫자가 오는 경우가 많다.

• 経費削減のため、紙一枚たりとも無駄にできない。
경비절감을 위해 종이 한 장일지라도 낭비할 수 없다.

□ 095 ～たる ~된

사회적으로 중요한 집단이나 직업에 관련된 사람에 대하여, '당연히 그래야 한다'는 사회적인 인식이나 평가를 나타낸다. 주로 **学生, 教師, 医者, 政治家, 社長** 등에 붙는다.

• 政治家たるもの、自らの言動に責任を持たねばならない。
정치인 된 자는 자신의 행동에 책임을 져야 한다.

□ 096 ～だろうに ~텐데

현재의 사실과는 다른 내용을 가정하여 나타낸다. 주로 실현되지 못한 일에 대한 불만이나 유감의 감정을 나타낸다.

• 昨日薬を飲んでおけば、今ごろ体調が良くなっているだろうに。
어제 약을 먹어 두었더라면, 지금쯤 컨디션이 좋아져 있을 텐데.

□ 097 ～つつ ~하면서

동사의 **ます**형에 접속한다. **～つつ**는 **～ながら**의 고어 표현에 해당된다. **～つつ**에는 크게 두 가지 용법이 있다. 즉 (1) 두 가지 동작이나 작용이 동시에 이루어지는 것을 나타내는 경우와 (2) 두 가지 동작이나 작용이 모순되게 이루어지는 경우가 있다.

(1) 동작의 동시 진행

• 働きつつ子育てができる社会をつくるべきだ。
일하면서 아이를 키울 수 있는 사회를 만들어야 한다.

(2) 상반되는 동작

- 早起きが健康にいいと知りつつも、つい寝坊してしまう。
  일찍 일어나는 것이 건강에 좋다고 **알면서도** 무심코 늦잠을 자버린다.

□ 098 ～っぱなし ～인 채로 내버려 둠, 계속 ～인 상태 그대로임

동사의 **ます**형에 접속하여 '～한 채로 내버려 두다'란 의미를 나타낸다. '**た**형 + **まま**'와 달리 ～っぱなし는 부정적인 어감으로 사용된다.

- 疲れてしまってパソコンの電源をつけっぱなしで寝てしまった。
  피곤해서 컴퓨터의 전원을 **켜 놓은 채로** 자 버렸다.

□ 099 ～てからというもの ～하고부터는, ～한 후 줄곧

어떤 일을 계기로 다른 상황이 발생하여, 그 상태가 지속되고 있다는 의미로 사용된다.

- インターネットを始めてからというもの、テレビを見る回数が激減した。
  인터넷을 **시작하고 나서부터는**, TV 시청 횟수가 격감했다.

□ 100 ～て初めて ～해서야 비로소

앞부분의 조건이 갖추어져야만, 후반부의 동작이나 상태가 가능해진다는 의미를 나타낸다.

- 人は病気になって初めて健康の大切さが分かる。
  사람은 **병에 걸려서야 비로소** 건강의 소중함을 알게 된다.

□ 101 ～でなくてなんだろう ～가 아니라 무엇이란 말인가?

말하는 사람의 감동이나 감탄의 감정을 강조한다. '이것이야말로 바로 ～이다'라는 강한 단정의 의미를 나타낸다.

- 今の彼の成功は長年の苦労の結果でなくてなんだろっ。
  지금의 그의 성공은 오랜 고생의 **결과가 아니고 무엇이란 말인가**.

□ 102 　**〜てはかなわない** 　〜해서 견딜 수 없다, 매우 〜하다

현재 일어나고 있는 일에 대하여 강한 불만을 나타낸다.

● 毎日こう寒くてはかなわない。
매일 이렇게 추워서는 견딜 수가 없다(너무 춥다).

□ 103 　**〜てはばからない** 　〜하기를 주저하지 않는다

보통은 조심스럽게 말하고 행동할 것을 거리낌없이 당당하게 말하고 행동하는 경우에 쓴다.

● 彼は、その製品には重大な欠陥があると断言してはばからなかった。
그는 그 제품에 중대한 결함이 있다고 단언하기를 주저하지 않았다.

□ 104 　**〜ても(でも)差し支えない** 　〜해도 좋다, 〜해도 문제없다

어떠한 일을 해도 좋다는 허가, 허락의 의미를 나타낸다. 〜てもいい나 〜てもかまわない보다 격식 차린 표현이다.

● 印鑑をお持ちでなければ、サインでも差し支えありません。
인감을 가지고 계시지 않다면, 사인도 상관없습니다.

□ 105 　**〜てやまない** 　간절히 〜하다, 〜해 마지않다

어떠한 감정을 강하게 지니고 있다는 의미를 나타낸다. 願う · 祈る · 信じる · 期待する처럼 희망과 관련된 동사와 함께 사용하는 경우가 많다.

● われわれは世界平和の実現を願ってやまない。
우리는 세계평화의 실현을 바라 마지않는다(간절히 바란다).

□ 106 　**〜(と)あいまって** 　〜맞물려

제시된 요소들이 서로 영향을 미쳐, 더욱 그 상태나 효과가 나타나는 경우에 사용한다. 'A と B 가あいまって'의 형태로 쓰이는 경우도 많다.

● 優れた機能とデザインの良さがあいまって人気商品になった。
뛰어난 기능과 좋은 디자인이 맞물려 인기상품이 되었다.

□ **107 ～とあれば** ～라면

조건을 나타내는 문장체적인 표현으로 ～たら, ～なら에 해당한다.

- 彼のためとあれば、協力を惜しまないつもりだ。
  그를 위해서라면 협력을 아끼지 않을 작정이다.

□ **108 ～といい～といい** ～도 ～도

주어가 지닌 다양한 측면 중, 대표적인 내용을 제시하여 평가할 때 사용한다. '～も、～も'에 해당하는 표현이라고 할 수 있다.

- あの店の服は、品質といいデザインといい申し分ない。
  그 가게의 옷은 품질도 디자인도 더할 나위 없다(최고다).

□ **109 ～といったらない** ～하기 이를 데 없다, 정말이지 ～하다

감동, 감탄, 실망 등 화자의 감정을 강조하는 표현이다. 회화체의 문형이며, ない 자리에 ありはしない 또는 ありゃしない를 사용하여 좀 더 강한 느낌을 주기도 한다.

- あんな弱いチームに負けるなんて、くやしいといったらない。
  저런 약한 팀에게 지다니 정말이지 너무나 분하다.

□ **110 ～といわず～といわず** ～며 ～며 할 것 없이

예외 없이 전부 그러한 상태라는 것을 강조한다.

- この映画は子供といわず大人といわずみんなで楽しめる。
  이 영화는 아이며 어른이며 할 것 없이 모두가 즐길 수 있다.

□ **111 ～ときたら** ～는, ～로 말할 것 같으면

주제를 특별하게 강조하는 표현이다. 주로 비난이나 불만의 대상을 나타낸다.

- 部長ときたら、口で言うばかりで全然実行しようとしない。
  부장으로 말할 것 같으면 입으로 말할 뿐이고, 전혀 실행하려고 하지 않는다.

□ 112 **～ところを** ～인데도, ~한 상황인데도

역접의 의미를 나타내는 조사 ～のに(~인데도)의 뉘앙스를 지니며, 인사말에서 주로 사용한다. ところを 앞에 제시된 내용에서 예상되는 것과는 다른 동작을 한다는 의미를 나타낸다.

- 本日は、お忙しいところをお集まりいただきまして、誠にありがとうございます。
  오늘은 바쁘신데도 모여 주셔서 진심으로 감사 드립니다.

□ 113 **～としたところで/～にしたところで** ~라고 한들

설령 그렇게 된다고 할지라도 결국은 기대나 예상대로 되지 않는다는 의미를 나타낸다. 뒤에는 부정적인 표현이 따른다는 것을 기억해 두자. 비슷한 표현으로, 부드러운 느낌을 주는 ～としたって, ～にしたって 등이 있다.

- 家具の配置を変えるとしたところで、家が広くなるわけではないのだ。
  가구의 배치를 바꾼다고 한들, 집이 넓어지는 것은 아니다.

□ 114 **～とばかりに** ~라는 듯이

と 앞에 오는 내용을 인용하여, 직접 그러한 표현이나 행동을 한 것은 아니지만, 마치 그런 것처럼 느껴진다는 의미를 표현한다.

- 彼は早く来いとばかりに手を振った。
  그는 빨리 오라는 듯이 손을 흔들었다.

□ 115 **～とみえる** ~한 것 같다, ~한 것처럼 보이다

눈으로 보아 그렇게 보이거나, 그러한 느낌이 든다는 의미를 나타낸다.

- 彼はかなり疲れているとみえて一言もしゃべらなかった。
  그는 매우 피곤한 것인지, 한 마디도 말하지 않았다.

□ 116 **～ともなしに/～ともなく** _{(특별히) ～하려는 생각 없이}

앞뒤로 같은 동사를 반복하여 무의식적으로 그러한 동작을 하고 있다는 의미를 나타낸다. 대표적인 예가 **見るともなしに見る**, **聞くともなしに聞く**의 형태이다. '무심코 보다', '무심코 듣다'로 해석하는 것이 자연스럽다.

● 周りの人の話を聞くともなしに聞いていたら、旅行の話だった。
  주위 사람들의 이야기를 **무심코 듣고 있었더니**, 여행 이야기였다.

□ 117 **～ないものでもない** _{～못 할 것도 없다}

부분적인 긍정을 나타내는 표현이다. 단정할 수는 없지만, 경우에 따라서는 그러한 가능성이 있다는 의미를 나타낸다.

● この問題は関係者の努力で解決できないものでもない。
  이 문제는 관계자의 노력으로 **해결할 수 없는 것도 아니다**.

□ 118 **～ならいざ知らず** _{～라면 몰라도}

'AならいざしらずB'의 형태로 'A라면 어떨지 모르겠지만, B라서 납득하기 곤란하다'는 의미를 나타낸다.

● 新入社員ならいざ知らず、入社 5 年にもなる君がこんなミスをするとは信じられない。
  신입 사원라면 몰라도 입사 5년이나 되는 자네가 이런 실수를 하다니 믿을 수가 없다.

□ 119 **～ならまだしも** _{～라면 몰라도}

'AならまだしもB'의 형태로 'A라면 그나마 다행이지만, B라서 좋지 않다', 'A라면 그나마 납득할 수 있지만, B라서 납득할 수 없다'는 의미를 나타낸다. 수량이나 정도를 나타내는 표현 뒤에 붙는 경우가 많다.

● 5千円ぐらいならまだしも 1万円は高すぎる。
  5천 엔 성도라면 몰라도 만 엔은 너무 비싸다.

□ 120 　**〜なりに/〜なりの** 〜나름대로/〜나름의

주로 명사에 붙어 '그에 걸맞게', '그에 상응하여'의 뜻을 나타낸다. '명사 + なりの'의 경우에는
'〜나름의'로 해석하면 된다. 〜なりに 뒤에는 동사나 형용사, 〜なりの 뒤에는 명사가 온다.

- 子どもは子どもなりにストレスを抱えている。
  아이들은 아이들 나름대로 스트레스를 안고 있다.

- 人にはそれぞれ、その人なりの生き方や生きがいがある。
  사람은 각각 그 사람 나름대로의 삶의 방식과 삶의 보람이 있다.

□ 121 　**〜にかかわる** 〜와 관련된, 〜와 직결된

제시된 내용과 매우 중대한 관련성이 있거나 커다란 영향을 미친다는 의미로 쓰인다.

- お客様とのトラブルは店の信用にかかわる問題だ。
  고객과의 트러블은 가게의 신용과 직결된 문제이다.

□ 122 　**〜にかぎったことではない** 〜에 국한된 것은 아니다

그것뿐 아니라 다른 것들도 많이 있다는 의미를 나타낸다.

- 東京の物価の高さは、家賃や交通費にかぎったことではない。
  도쿄의 물가가 비싼 것은 방세나 교통비에만 국한된 것은 아니다.

□ 123 　**〜にかこつけて** 〜을 구실로, 〜을 핑계로

직접적인 이유나 원인이 아닌데도 그것을 구실 삼아 자신의 행동을 정당화한다는 뜻이다.

- 学校の勉強にかこつけて、新しいパソコンを買ってもらった。
  학교 공부를 구실로 새 컴퓨터를 구입했다.

□ 124 　**〜にかたくない** 〜하기 어렵지 않다, 간단히 〜할 수 있다

어떤 일을 하는 것이 어렵지 않다는 의미를 나타낸다. 주로 생각을 나타내는 想像(する), 理解
(する), 推測(する), 察する의 한정된 어휘에 붙는 관용적 표현이다.

- 事業成功の裏には並々ならぬ努力があったということは想像にかたくない。
  사업 성공의 이면에는 남다른 노력이 있었다는 것은 상상이 되고도 남는다.

□ 125 **〜にかまけて** 〜에 매달려서, 〜에 얽매여서

어떤 일에 정신이 팔려 다른 일에 신경을 쓸 수 없다는 의미를 나타낸다.

● 新入社員の世話にかまけて、自分の仕事が全然進まない。
신입사원을 보살피는 일에 얽매여, 자신의 일이 전혀 진행되지 않는다.

□ 126 **〜に即して** 〜에 입각하여, 〜에 맞춰

제시된 내용에 근거하여 어떤 일을 진행한다는 의미를 나타낸다. '〜에 적합하게', '〜에 맞추어', '〜에 근거하여' 등으로 해석한다.

● 防災訓練は実際の場合に即して、行われた。
방재 훈련은 실제의 경우에 입각하여 실시되었다.

□ 127 **〜にたえない** (차마) 〜할 수 없다

제시된 동작을 할 수 없을 정도로 불쾌하다는 의미를 나타낸다. **聞くにたえない**(차마 듣고 있을 수 없다), **見るにたえない**(차마 보고 있을 수 없다)와 같은 대표적인 문장을 기억해 두자.

● 二人の下品な会話は聞くにたえない。
두 사람의 품위 없는 대화는 차마 듣고 있을 수 없다.

※참고: 감정을 나타내는 명사에 접속하여 '그러한 감정이 매우 강하게 든다'는 의미로 사용되는 용법도 있다.

● 皆様からあたたかい励ましのお言葉をいただき、感謝にたえません。
여러분으로부터 따뜻한 격려의 말씀을 받아 너무나도 감사합니다.

□ 128 **〜に足る/〜に足りない** 〜하기에 충분하다 / 〜할 만한 가치가 없다

〜に足るは 그렇게 할 만한 가치가 있다는 의미를 나타내며, 긍정적인 내용을 표현할 때 사용한다. 〜に足る 뒤에는 명사가 오는 경우가 대부분이다. 〜に足りない는 그렇게 할 만큼 중요하지 않다는 의미를 나타낸다.

● 彼の提案は満足に足るものであった。
그의 제안은 충분히 만족할 만한 것이었다.

● この計画は経済的な面からも、論ずるに足りない。
이 계획은 경제적인 면에서도 논할 만한 가치가 없다.

□ 129　**〜にとどまらず** 〜에 그치지 않고

제시된 내용에 국한되지 않고, 더욱 넓은 범위에까지 영향력이 파급되거나 상황이 전개된다는 의미를 나타낸다.

- 今回の地震による建物の被害は、木造住宅だけにとどまらず、大型ビルにも及んだ。
  이번 지진에 의한 건물 피해는 목조주택에만 그치지 않고, 대형 빌딩에도 이르렀다.

□ 130　**〜には及ばない** (1)〜할 것까지도 없다, 〜할 필요도 없다. (2) 〜에 미치지 못한다

(1) '그렇게까지 하지 않아도 된다', '그렇게 할 필요가 없다'처럼 불필요함을 강조하여 나타낸다.

- 電話で十分だから、わざわざ来るには及ばないよ。
  전화로 충분하기 때문에 일부러 올 필요는 없다.

(2) 그 정도의 수준에 이르지 못했다는 의미를 나타낸다.

- 私がいくらがんばっても、彼の実力には及ばない。
  내가 아무리 노력해도 그의 실력에는 미치지 못한다.

□ 131　**〜にひきかえ** 〜와 비교하여, 〜와 대조적으로

두 가지 사항을 비교하여, 서로가 반대의 성향을 지니거나 완전히 대조적이라는 의미를 나타낸다.

- 米不足だった去年にひきかえ、今年は豊作のようだ。
  쌀이 부족했던 작년과는 대조적으로, 올해는 풍작인 것 같다.

□ 132　**〜にもまして** 〜보다 더

앞의 것과 비교하여 정도가 더욱 강해지거나 수량이 증가했다는 것을 강조할 때 사용한다. 誰にもまして(누구보다 더), いつにもまして(어느 때보다 더), 何にもまして(무엇보다 더), 去年にもまして(작년보다 더)처럼 사용한다.

- 今週のイベントは、前回にもまして好評だった。
  이번 주의 이벤트는 지난 번보다 더 호평을 받았다.

□ 133 **〜の至り** ~의 극치, ~하기 그지없음

어떤 일의 정도가 최고의 상태에 도달해 있다는 의미를 나타낸다. **極み**보다 더 딱딱한 느낌을 주며, 서간문이나 인사말처럼 격식을 차리는 상황에서 사용하는 경우가 많다.

- 伝統と名誉がある賞をいただき、光栄の至りです。
  전통과 명예가 있는 상을 받게 되어, 영광스럽기 그지없습니다.

□ 134 **〜の極み** ~의 극치, ~하기 그지없음

'이 이상 ~할 수 없다'는 의미로서, 그 정도가 극단적인 상태에 도달했음을 나타낸다. 보통 회화에서는 사용하지 않는다. 주로 **感激, 痛恨, 疲労, 贅沢**처럼 주관적, 감각적인 표현 뒤에 붙는다. 특히 **感激**의 경우, **感激の極み**와 **感激の至り**는 어느 쪽이든 자연스럽게 사용할 수 있다.

- 世界的に有名な俳優と握手できたなんて、感激の極みだ。
  세계적으로 유명한 배우와 악수할 수 있었다니 감격스럽기 그지없다.

□ 135 **〜は言うに及ばず** ~은 말할 것도 없고, ~은 물론이고

특별히 거론하여 말할 필요도 없이 너무나 당연하다는 의미를 나타낸다.

- 濃い霧のため、道路標識は言うに及ばず、信号さえも見えなかった
  짙은 안개 때문에, 도로 표지판은 말할 것도 없고, 신호조차도 보이지 않았다

□ 136 **〜はおろか** ~은 말할 것도 없고, ~은커녕, ~은 물론이고

주로 'AはおろかBも'의 형태에서, A는 말할 것도 없고 B에도 영향이 미친다는 뜻이다. A쪽에 정도가 강한 내용이 오는 경우가 많다. 흔히 놀람이나 비판과 같은 부정적인 표현에 사용된다.

- 腰を痛めてしまい、歩くことはおろか立つことも難しい。
  허리를 다치고 말아, 걷기는커녕 서는 것도 어렵다.

□ 137 **〜ばかりになっている** ~하기만 하면 된다

준비가 다 끝나 언제든 그 동작을 할 수 있는 상태를 나타낸다. **ばかりだ**로 대체 가능할 때도 있다. 즉 **出発するばかりになっている** = **出発するばかりだ**(출발하기만 하면 된다).

- 練習は十分したので、後は発表日を待つばかりになっている。
  연습은 충분히 했기 때문에, 앞으로는 발표일을 기다리기만 하면 된다.

□ 138 **〜はさておき** 〜은 제쳐두고, 〜은 접어두고

〜はさておき 앞에 오는 것에 대해서는 지금은 거론하지 말고 더 중요한 문제를 화제로 삼자는 의도를 표현하는 문장이다.

- 責任が誰にあるのかはさておき、今は至急対策を考えるべきだ。
  책임이 누구에게 있는지는 접어두고, 지금은 시급히 대책을 생각해야 한다.

□ 139 **〜はしない** 〜하지는 않는다(않겠다)

동사 ます형에 접속하여 그 동작을 강하게 부정한다. 회화체 표현에서 'ます형 + は + しない'가 'ます형 + や + しない' 또는 'ます형+や+しない'로 사용된다. 예를 들면, 다음의 문장은 '이 일은 나로서는 할 수 없다'의 의미를 나타내는데, 모두 같은 의미로 이해한다.

この仕事、私には出来ない(=出来はしない)(=出来やしない)(=出来もしない)。

- 最終電車に遅れはしないかと気が気でなかった。
  막차에 늦지는 않을까 하고 제정신이 아니었다.

□ 140 **〜ばそれまでだ** 〜하면 그것으로 끝이다

그러한 상황이 되면 어쩔 방도가 없다는 의미를 나타낸다. 주로 허무한 결말을 유도한다.

- いくら名誉や富があっても、死んでしまえばそれまでだ。
  아무리 명예나 부가 있어도 죽어버리면 그것으로 끝이다.

□ 141 **〜べからざる** 〜해서는 안 될

그렇게 해서는 안 된다는 의미를 나타내며, べからざる 뒤에는 명사가 온다.

- 国際都市の条件として国際空港は欠くべからざるものである。
  국제 도시의 조건으로 국제 공항은 필수불가결한 것이다.

□ 142 **〜べからず** 〜해서는 안 된다

개인적인 의견이 아니라 사회통념상 그렇게 해서는 안 된다는 의미를 가지며, 실제로는 문서나 표지판에 주로 쓰이는 강한 금지 표현이다. するべからず는 すべからず로 표현하기도 한다.

- 関係者以外立ち入るべからず。 관계자 이외 출입하지 말 것.

□ 143　**～べく**　～하기 위해, ~하려고

목적을 나타내는 **ために**와 비슷한 뜻이지만, 딱딱한 고어체의 표현이다. **する**는 **するべく**,
すべく 모두 가능하다.

● 志望校に合格するべく頑張っています。
지망 학교에 합격할 수 있도록 노력하고 있습니다.

□ 144　**～まじき**　～해서는 안 될

그러한 입장에 있는 사람은 당연히 그런 일을 해서는 안 된다는 의미를 나타낸다. 뒤에는 명사
가 온다는 점에 주의하도록 한다. **する**는 **すまじき**로 표현하는 경우도 있다.

● 学校を休んで遊びに行くなんて、学生にあるまじき行為だ。
학교를 쉬고 놀러 가다니, 학생에게 있어서는 안 될 행위이다.

□ 145　**～まみれ**　～범벅, ~투성이

어느 물체의 표면 전체에 진흙, 땀, 먼지, 기름 등의 지저분한 것이 가득 붙어 있거나 덮여 있는
상태를 나타낸다. **ほこり, 血, 汗, 泥** 등의 명사 뒤에 붙는다.

※주의: **だらけ**는 **まみれ**가 지닌 의미 외에도 무언가 부정적인 것이 많이 있다는 의미를 나타
낸다.

● 暑さの中を歩いてきたので、全身がすっかり汗まみれだ。
더위 속을 걸어왔기 때문에, 온몸이 완전히 땀 범벅이다.

□ 146　**～めく**　～한 듯한 느낌이 들다

い형용사와 な형용사의 어간 또는 부사, 명사에 붙어 어떠한 느낌이 확실하게 든다는 의미를
나타낸다. 주로 명사에 접속하며, (春、夏、秋、冬)めく(〈봄, 여름, 가을, 겨울〉다워지다), 皮
肉めく(비꼬는 듯하다), 冗談めく(농담인 느낌이다)와 같은 표현이 자주 쓰인다.

● 彼はいつも冗談めいた言い方をするので、本気なのかどうかわからない。
그는 항상 농담처럼 말하기 때문에, 진심인지 어떤지 알 수가 없다.

□ 147　**〜をおいて** 〜외에, 〜을 놓아 두고

그것밖에 없다는 의미를 우회적으로 강조한다. 뒤에는 **〜ない**와 같은 부정적인 표현이 온다.

- 話し合いをおいて他に問題解決の道はない。
  대화를 놓아 두고 달리 문제 해결의 길은 없다.

□ 148　**〜を押して** 〜을 무릅쓰고, 〜을 뿌리치고

곤란한 점이나 무리한 점이 있다는 것을 알면서도 어떤 일을 진행시킬 때 사용한다.

- 病気を押して仕事を続け、ついに倒れてしまった。
  병을 무릅쓰고 일을 계속하여, 마침내 쓰러지고 말았다.

□ 149　**〜を禁じえない** 〜을 금할 수 없다

주로 감정을 나타내는 涙, 驚き, 同情, 怒り 등에 붙어, 그 감정을 억제할 수 없음을 나타낸다.

- 戦争の映画や写真を見るたびに、戦争への怒りを禁じえない。
  전쟁 영화나 사진을 볼 때마다, 전쟁에 대한 분노를 금할 수 없다.

□ 150　**〜を境に** 〜을 거쳐, 〜을 분기점으로, 〜을 계기로

어떤 일이나 시간의 분기점을 나타내는 표현이다.

- オリンピックを境に、この国は急激に経済的な発展を遂げた。
  올림픽을 계기로 이 나라는 급격하게 경제적인 발전을 이루었다.

□ 151　**〜を潮に** 〜을 기회로, 〜을 계기로

어떤 일을 기회로 삼아 뒷부분의 동작을 한다는 의미를 나타낸다. 특히 어떤 일을 그만둔다는 의미로 흔히 쓰인다. 潮는 원래 조수(밀물과 썰물 같은 바닷물의 움직임)를 의미하지만, 이 문형에서는 '어떤 일을 하는 시점, 타이밍'의 의미로 사용되고 있다.

- 店員さんの閉店の案内を潮に席を立った。
  점원의 폐점 안내를 기회로 자리에서 일어섰다.

□ 152 **〜をふまえて** ～을 토대로, ～에 입각하여

무언가를 근거나 전제로 어떠한 행동이나 고려를 하는 경우에 사용한다.

● 今年度の反省をふまえて来年度の計画を立てなければならない。
올해의 반성을 토대로 내년도 계획을 세워야 한다.

□ 153 **〜をものともせず（に）** ～을 대수롭지 않게 여기고, ～에도 아랑곳하지 않고,

주어진 상황에 크게 영향을 받지 않고 곤란한 상황을 극복한다는 느낌을 나타내는 경우가 많다.

● 周囲の反対をものともせずに、彼は自分の意志を貫いた。
주위의 반대에도 아랑곳하지 않고 그는 자신의 의지를 관철시켰다.

□ 154 **〜を経て** ～을 거쳐

어떠한 과정이나 단계를 거쳐서 중요한 일이 이루어진다는 의미를 나타낸다.

● 長年の研究を経て、すばらしい製品が開発された。
오랜 연구를 거쳐 훌륭한 제품이 개발되었다.

□ 155 **〜んがため** ～하기 위해

동사의 **ない** 형에 접속해 의도나 목적을 나타내는 문장체의 딱딱한 표현이다. 현대어의 **する ために**와 같은 의미이다. 동사의 **ない** 형에 접속하며, **する**의 경우에는 **せんがため**의 형태로 쓰이는 점에 주의하자.

● 一日も早く自分の店を持たんがため、必死で働いている。
하루 빨리 자신의 가게를 갖기 위해 필사적으로 일하고 있습니다.

4 경어

경어란 상대방에 대해 경의를 나타내는 표현을 가리킨다. 경어는 크게 존경어, 겸양어, 그리고 정중어 세 가지로 나눈다. 존경어는 상대방에 대한 존경을 나타내는 표현이며, 겸양어는 자신을 낮추어 상대방에게 경의를 나타내는 표현이다. 정중어는 일상적으로 자주 사용하는 표현이기 때문에 학습에서 신경 써서 학습할 것은 '존경어'와 '겸양어'이다.

1. 정중어: 정중하고 조심스럽게 말함으로써 상대방에 대한 경의를 나타내는 말
2. 존경어: 듣는 사람이나 대화 속에 등장하는 사람을 높이는 말
3. 겸양어: 말하는 사람 자신의 동작이나 상태를 낮추는 말

---

1. 정중어

정중어는 상대방에게 경의를 나타내는 말로서, 일상 회화에서 자주 사용한다. です나 ます를 사용하거나 'お＋명사', 'ご＋한자어'의 형태로 명사에 お나 ご를 붙여 사용하는 경우를 말한다. 그리고 ござる는 ある를 정중하게 나타낸 말이다.

- お酒 술, お名前 이름, ご家族 가족, ご紹介 소개

  これは私の本です。 이것은 저의 책입니다.

  毎朝 7 時に起きます。 매일 아침 7시에 일어납니다.

  郵便局は駅の前にございます。 우체국은 역 앞에 있습니다.

  ※ 순수한 일본어 고유 단어에는 お, 한자 단어에는 ご를 붙인다. 단, お電話, お料理, お食事, お会計, お勉強 등은 한자어 명사이지만 예외적으로 ご가 아닌 お를 붙인다.

---

2. 존경어

상대방의 행동이나 상태, 소유물 등을 높여 표현함으로써 상대방에 대한 경의를 나타낸다.
'お＋동사의 ます형＋になる', ～れる, ～られる가 일반적인 활용 형태이다.

- この本は山田先生がお書きになりました。 이 책은 야마다 선생님께서 쓰셨습니다.

  先生は帰られました。 선생님은 귀가하셨습니다.

2-1. 일반적 존경어

(1) お＋동사의 ます형＋になる: ～하시다
(2) ご＋한자어＋になる: ～하시다

- この小説をお読みになりましたか。 이 소설을 읽으셨습니까?

  いつご出発になりますか。 언제 출발하십니까?

(3) ～れる／～られる : ～하시다

～れる／～られる 하면 먼저 수동형을 떠올리는 경우가 많지만 존경을 나타내는 용법도 있다는 것을 알아 두자.

- どちらへ行かれますか。
  어디에 가십니까?

  お客さまはどこに座られますか。
  손님은 어디에 앉으시겠습니까?

(4) お＋동사의 ます형＋ください : ～해 주십시오〈정중한 부탁〉

- この辞書をお使いください。
  이 사전을 사용하십시오.

2-2. 특수한 존경어

일부 동사의 경우 'お＋동사의 ます형＋になる〈존경〉', 'お＋동사의 ます형＋する〈겸손〉'와 같이 형태가 변화되지 않고, 동사 자체가 완전히 다른 말로 바뀐다. 우리말로 '먹다'를 '먹으시다'라고 하지 않고 '드시다'라고 말하는 것처럼 일본어에도 일부 특수한 존경어 표현이 존재한다. 이러한 특수한 경어들은 일상적으로 많이 사용되는 단어들이므로 외워 두도록 한다.(자세한 것은 p.177 참고)

- 先生、コーヒーを召し上がりますか。
  선생님, 커피를 드시겠습니까?

  先生は来週海外へいらっしゃいます。
  선생님은 다음 주에 해외에 가십니다.

  どうぞ、何でもおっしゃってください。
  자, 무엇이든 말씀하세요.

  あの映画をもうご覧になりましたか。
  그 영화를 벌써 보셨습니까?

  木村さんは何かスポーツをなさいますか。
  기무라 씨는 무언가 스포츠를 하십니까?

  先生の奥様はどの方かご存じですか。
  선생님의 부인은 어느 분인지 알고 계십니까?

  先生は今新聞を読んでいらっしゃいます。
  선생님은 지금 신문을 읽고 계십니다.

2-3. 존경의 의미를 나타내는 명사

- 御: 御身 신체, 御礼 감사, 御社 귀사
- 貴: 貴社 귀사, 貴殿 귀하, 貴校 귀교
- 芳名 성함, 令嬢 따님

3. 겸양어

겸양어란 자신이나 자기 쪽(가족, 회사, 소속된 그룹 등)을 낮추어 겸손의 의미를 나타내는 말이다. 'お＋동사의 ます형＋する'가 가장 기본적인 활용 형태이다. 시험에서 중요한 것은 존경어와 겸양어의 구분이다. '상대에게는 존경어를 사용하고 나에게는 겸양어를 사용한다'는 점을 기억해 둔다. 실제 시험에서는 상대에게 겸양어를 사용하거나, 자신에게 존경어를 사용하는 문제로 수험자의 혼란을 유도하는 경우가 많다. 존경어가 필요한 상황인지를 파악한 후에 존경이나 겸손의 패턴을 대입하여 답을 찾아야 한다.

- これは鈴木先生にお借りした本です。 이것은 스즈키 선생님께 빌린 책입니다.

3-1. 일반적 겸양어

겸양어란, 겸손하게 자신을 낮추어 상대방에 대한 경의를 나타내는 표현이다.

⑴ お＋동사의 ます형＋する: ~하다

⑵ ご＋한자어＋する: ~하다

- ご返事をお待ちしております。
  답변을 기다리고 있겠습니다.

  後で電話でご連絡します。
  나중에 전화로 연락 드리겠습니다.

⑶ ~(さ)せて＋いただきます: ~하겠습니다('그렇게 하겠다'라는 화자의 의지를 겸손하게 나타냄)

- 今日は、先に帰らせていただきます。
  오늘은 먼저 돌아가겠습니다.

  これから会議を始めさせていただきます。
  지금부터 회의를 시작하겠습니다.

  では、参加者の確認をさせていただきます。
  그러면 참가자를 확인하겠습니다.

3-2. 특수한 겸양어

- 先日のパーティーで先生の奥様にお目にかかりました。
  지난번 파티에서 선생님의 부인을 만나뵈었습니다.

  ちょっとうかがいたいことがあります。
  좀 여쭙고 싶은 것이 있습니다.

  明日何時ごろお宅にうかがいましょうか。
  내일 몇 시경 댁으로 찾아뵐까요?

  田中先生の絵を拝見しました。
  다나카 선생님의 그림을 보았습니다.

  先生におもしろい本をいただきました。
  선생님께 재미있는 책을 받았습니다.

  中村と申します。よろしくお願いします。
  나카무라라고 합니다. 잘 부탁드리겠습니다.

  それでは、皆様に山田先生をご紹介いたします。
  그러면, 여러분께 야마다 선생님을 소개하겠습니다.

  私は明日一日中家におります。
  저는 내일 하루 종일 집에 있습니다.

3-3. 겸손의 의미를 나타내는 명사

- 弊: 弊社 폐사, 우리 회사, 弊店 우리 가게, 弊校 우리 학교
- 拝: 拝見 보기, 拝借 빌림, 拝聴 듣기, 拝読 읽기

4. 특수한 경어 동사 정리

기본형	존경어	겸양어
いる 있다	いらっしゃる おいでになる 계시다	おる 있다
行く 가다	いらっしゃる おいでになる お越しになる 가시다	伺う 参る 가다
来る 오다	いらっしゃる おいでになる お越しになる お見えになる 오시다	伺う 参る 오다
言う 말하다	おっしゃる 말씀하시다	申す, 申し上げる 말씀드리다
する 하다	なさる 하시다	いたす 하다
食べる/飲む 먹다/마시다	召し上がる 드시다	いただく 먹다/마시다
見る 보다	ご覧になる 보시다	拝見する 보다
知る 알다	ご存じだ 아시다	存じる 알다
聞く 듣다, 묻다		伺う 듣다, 여쭈다
会う 만나다		お目にかかる 뵙다
思う 생각하다		存じる 생각하다
あげる (남에게) 주다		差し上げる 드리다
くれる (나에게) 주다	くださる 주시다	
もらう 받다		いただく 받다
寝る 자다	お休みになる 주무시다	
受ける 받다, 수용하다		承る 받다
着る 입다	召す/お召しになる 입으시다	
気に入る 마음에 들다	お気に召す 마음에 드시다	
もらう 받다		いただく/賜る/頂戴する 받다
見せる 보여주다		お目にかける/ご覧に入れる 보여 드리다
分かる 이해하다		承知する/かしこまる 이해하다
訪ねる 방문하다		うかがう/あがる 찾아뵙다

다음 문장의 괄호 안에 들어갈 가장 알맞은 말을 a, b 중에서 고르시오.

1 彼は50キロ（ a からある　 b からこそ ）荷物を片手で持ち上げた。

2 妹は両親の反対（ a に即して　 b を押して ）結婚した。

3 こんなに忙しい時期に社員に（ a 休まれてはかなわない　 b 休まれてもさしつかえない ）。

4 地震で家族を失った彼女の話を聞いて、涙（ a を禁じえなかった　 b に越したことはなかった ）。

5 久しぶりの旅行だから、1分（ a たりとも　 b とあって ）無駄にできない。

6 途中でやめる（ a とはいえ　 b くらいなら ）、やらないほうがましだ。

7 入院したの（ a にひきかえ　 b を潮に ）、酒もタバコもやめることにした。

8 まだ幼い子どもの（ a こととて　 b くらいなら ）世話がやけて仕方がない。

9 初めての海外旅行は、心細い（ a かぎり　 b きわみ ）だった。

10 今年に入ってから（ a とあって　 b というもの ）、店の売り上げが落ち込んでいる。

11 電話の料金はもっと安くなって（ a いたる　 b しかる ）べきだ。

12 先生方からの教えを決して忘れ（ a は　 b に ）しません。

13 忙しくて昼食も取れず（ a じまい　 b まじき ）だった。

14 今度こそ彼に謝らせずには（ a おかない　 b ほかない ）。

15 緊張のあまり、電話相手の名前を（ a 聞かずに済んだ　 b 聞きそびれた ）。

16 旅行中、財布はすられたが、ポケットに入れておいたパスポートが無事だっただけ（ a のみだ　 b ましだ ）。

정답　1 ⓐ　　2 ⓑ　　3 ⓐ　　4 ⓐ　　5 ⓐ　　6 ⓑ　　7 ⓑ　　8 ⓐ
　　　9 ⓐ　　10 ⓑ　　11 ⓑ　　12 ⓐ　　13 ⓐ　　14 ⓐ　　15 ⓑ　　16 ⓑ

해석 및 해설 별책 p.10

다음 문장의 괄호 안에 들어갈 가장 알맞은 말을 a, b 중에서 고르시오.

1 住んでみて（ a はじめて　b まで ）、このマンションの快適さが分かった。

2 この件に賛成する（ a やいなや　b か否か ）、自分の意見をはっきり言ってください。

3 医療ミスは、人命に（ a およばない　b かかわる ）問題であり、絶対あってはならない。

4 散歩（ a たりとも　b がてら ）、近くの友人の家を訪ねた。

5 親の病気（ a にかこつけて　b に即して ）、彼は学校を欠席した。

6 教師（ a たる　b ならではの ）者、生徒に範を示すべきだ。

7 仕事も終わった（ a ことだし　b ことから ）、みんなで一杯やりませんか。

8 その選手は、優勝してみせると（ a 断言して　b 断言する ）はばからない。

9 試験は終わった。あとはただ結果を待つ（ a のみ　b ほど ）だ。

10 結婚が決まったときの彼の喜びよう（ a といったところだ　b といったらなかった ）。

11 ここでは煙草を吸っても（ a 差し支え　b きらい ）ありませんか。

12 皆さんの活躍を期待して（ a 始まりません　b やみません ）。

13 厳しい経済状況（ a とあいまって　b とばかりに ）、就職は非常に困難だった。

14 たばこは体に悪いと（ a 知りつつも　b 知っているゆえに ）、つい吸ってしまう。

15 風呂の水を（ a 出すともなしに　b 出しっぱなしに ）して出かけてしまった。

16 電話で済む（ a とあれば　b ともなく ）、わざわざ行くことはないでしょう。

정답　1 ⓐ　2 ⓑ　3 ⓑ　4 ⓑ　5 ⓐ　6 ⓐ　7 ⓐ　8 ⓐ
　　　9 ⓐ　10 ⓑ　11 ⓐ　12 ⓑ　13 ⓐ　14 ⓐ　15 ⓑ　16 ⓐ

해석 및 해설 별책 p.10

다음 문장의 괄호 안에 들어갈 가장 알맞은 말을 a, b 중에서 고르시오.

1 子供（ a ならいざ知らず　 b をものともぜす ）、大人がそんなことも知らないなんて。

2 戦争で多くの人が殺されているなんて、これが悲劇（ a にはあたらないだろう　 b でなくてなんだろう ）。

3 欠陥を放置していたのだから、今回の事故は起こる（ a べからず　 b べくして ）起こったと言える。

4 こんな事態になるとは、予想（ a だに　 b ながら ）しなかった。

5 彼のきざな格好は、まったく見る（ a にたえない　 b にかたくない ）。

6 子供は、（ a 手によらず足によらず　 b 手といわず足といわず ）泥だらけだった。

7 もっと時間があれば、たくさんの本が読める（ a べからず　 b だろうに ）。

8 お休みの（ a ところを　 b ものを ）おじゃましてすみません。

9 あのレストランは、店の（ a 雰囲気といい味といい　 b 雰囲気すら味すら ）最高だ。

10 今年は、昨年（ a にもまして　 b にかまけて ）台風が多い。

11 どちらにした（ a ところで　 b までで ）、そう大した差があるとは思えない。

12 黒（ a ずくめ　 b まみれ ）の男が、家の前をうろうろしている。

13 古い本なのだから簡単には入手できないけど、手に入らない（ a にかたくない　 b ものでもない ）。

14 店員は、早く帰れ（ a とはいえ　 b とばかりに ）お皿を片付けはじめた。

15 彼は車がほしい（ a とみえて　 b とみせて ）、車のカタログを集めている。

16 火山噴火による避難生活の苦労は察する（ a といったらない　 b にかたくない ）。

정답　1 ⓐ　　2 ⓑ　　3 ⓑ　　4 ⓐ　　5 ⓐ　　6 ⓑ　　7 ⓑ　　8 ⓐ
　　　9 ⓐ　　10 ⓐ　　11 ⓐ　　12 ⓐ　　13 ⓑ　　14 ⓑ　　15 ⓐ　　16 ⓑ

해석 및 해설 별책 p.10

다음 문장의 괄호 안에 들어갈 가장 알맞은 말을 a, b 중에서 고르시오.

1 優れた製品ができたところで売れなければ（ a それからだ　b それまでだ ）。

2 海外旅行中、財布だけ（ a でも　b なら ）まだしも、パスポートまで盗まれてしまった。

3 書類審査や面接（ a を潮に　b を経て ）、やっと入社が認められた。

4 敬語を正しく使えないのは、若者（ a にかぎった　b にかたくない ）ことではない。

5 昨年末を（ a 最後に　b 境に ）景気は回復しつつある。

6 いじめ・不登校などの教育にかかわる問題は、学校（ a にひきかえ　b にとどまらず ）社会全体の問題として対応すべきだ。

7 このプリンター（ a とあいまって　b ときたら ）、故障ばかりして、もう嫌になる。

8 子供（ a にかまけて　b にもまして ）テレビを見る時間もない。

9 経済や金融の変化（ a に即して　b をよそに ）、現行制度を見直すべきだ。

10 次期社長には彼を（ a おいて　b 押して ）候補者は見当たらない。

11 冗談（ a はさておいて　b はおろか ）、本題に入りましょう。

12 彼女はテレビを見る（ a とばかり　b ともなく ）見ていた。

13 海外出張で心身ともに疲労の（ a 最後　b 極み ）に達している。

14 このおつまみはビールは言うに（ a 及ばず　b 限らず ）、ワインにもよく合います。

15 海外旅行（ a かたがた　b はおろか ）国内さえもほとんど見て回ったことがない。

16 旅行の参加者が全員集合し、出発する（ a 始末　b ばかり ）になっている。

정답 **1** ⓑ　**2** ⓑ　**3** ⓑ　**4** ⓐ　**5** ⓑ　**6** ⓑ　**7** ⓑ　**8** ⓐ
　　9 ⓐ　**10** ⓐ　**11** ⓐ　**12** ⓑ　**13** ⓑ　**14** ⓐ　**15** ⓑ　**16** ⓑ

해석 및 해설 별책 p.11

다음 문장의 괄호 안에 들어갈 가장 알맞은 말을 a, b 중에서 고르시오.

1 彼の言動は社会人としてある（ a べく　 b まじき ）ものだ。

2 人間にとって教育は欠く（ a べからざる　 b べからず ）ものである。

3 彼は役所で働く（ a かたがた　 b かたわら ）、ボランティアとして外国人に日本語を教えている。

4 これだけ証拠がそろっては、彼が犯人であることは（ a 疑う　 b 疑い ）べくもない。

5 家に帰る（ a が早いか　 b が最後 ）、弟は遊びに出かけていってしまった

6 兄は町工場で朝から夕方まで油（ a ずくめ　 b まみれ ）になって働いている。

7 いつも冷静でしっかり者の兄（ a はおろか　 b にひきかえ ）、弟の方は落ち着きがない。

8 現状（ a を踏まえて　 b をよそに ）、よりよい政策を立てるべきだ。

9 ここ数日暖かくなり、ようやく春（ a めいて　 b ともなく ）きた。

10 お礼（ a こととて　 b かたがた ）新年のご挨拶にまいりました。

11 悪天候（ a はさておき　 b をものともせず ）、救助隊は遭難者の捜索に向かった。

12 論文を完成（ a させんがため　 b させてまで ）、彼は昼夜を問わず研究に没頭している。

13 今日の午後はちょっと早めに（ a 帰らせて　 b 帰らされて ）いただきたいのですが。

14 商品ご使用後の返品対応は（ a さしあげ　 b いたし ）かねます。

15 あそこの（ a お年　 b お年齢 ）を召していらっしゃるご婦人が社長の奥様です。

16 この件につき、引き続きご検討いただければ幸いに（ a 頂戴します　 b 存じます ）。

정답　**1** ⓑ　**2** ⓐ　**3** ⓑ　**4** ⓐ　**5** ⓐ　**6** ⓑ　**7** ⓑ　**8** ⓐ
　　9 ⓐ　**10** ⓑ　**11** ⓑ　**12** ⓐ　**13** ⓐ　**14** ⓑ　**15** ⓐ　**16** ⓑ

해석 및 해설 별책 p.11

□ 001 **〜あげく** 〜한 끝에

● さんざん迷ったあげく、今の会社を辞めることにした。
실컷 망설인 끝에 지금 다니는 회사를 그만두기로 했다.

□ 002 **〜あまり** 〜한 나머지

● 経済成長を急ぐあまり、環境が年々悪化している。
경제 성장을 서두른 나머지 환경이 해마다 악화되고 있다.

□ 003 **〜以上 / 〜以上は** 〜한 이상 / 〜한 이상에는

● 約束した以上守らなければならない。
약속한 이상 지켜야 한다.

この会社の社員である以上は、会社の方針に従わなければならない。
이 회사의 사원인 이상에는 회사의 방침에 따라야 한다.

□ 004 **〜一方だ** 〜할 뿐이다, 〜하기만 한다

● ここ数年、この町の人口は減る一方だ。
최근 수 년 동안 이 마을의 인구는 줄어들기만 한다.

□ 005 **〜一方/〜一方で** 〜하는 한편 / 〜하는 한편으로

● 車は便利である一方、環境汚染の原因にもなっている。
차는 편리한 한편 환경 오염의 원인도 되고 있다.
一人暮らしは自由でいい。その一方で不便なこともある。
독신 생활은 자유로워서 좋다. 다른 한편으로 불편한 것도 있다.

□ 006 **〜上で** 〜한 후에

(1) 〜한 후에

● よく考えた上でお返事いたします。
잘 생각한 다음 답변하겠습니다.

(2) 〜와 관련하여(그러한 측면에서)

● この製品を使用する上で、何かあったらいつでもお電話ください。
이 제품을 사용하는 데 있어서(사용과 관련하여), 무언가 문제가 있으면 언제든 전화 주십시오.

□ 007 **～上に** ～인 데다가

- この店の商品は、**値段が安い上に**品質もよい。
  이 가게의 상품은 **가격이 싼 데다가** 품질도 좋다.

□ 008 **～上は** ～한 이상에는

- 試合に出ると**決めた上は**、全力を尽すつもりだ。
  시합에 출전하겠다고 **결심한 이상에는** 전력을 다할 생각이다.

□ 009 **～うる / ～えない** ～할 수 있다 / ～할 수 없다

- 論文を書くため、**集めうる資料**は全部集めてみた。
  논문을 쓰기 위해 **모을 수 있는 자료**는 전부 모아 보았다.

  勉強もしないで成績が上がるなんて、**ありえない話だ**。
  공부도 하지 않고 성적이 오르다니 **있을 수 없는 이야기다**.

□ 010 **～おそれがある** ～할 우려가 있다

- 景気が悪いので、この会社は**倒産するおそれがある**。
  경기가 나빠서 이 회사는 **도산할 우려가 있다**.

□ 011 **～かぎり / ～ないかぎり** ～하는 한 / ～하지 않는 한

- 説明書を**読まない限り**、使い方はわからないだろう。
  설명서를 **읽지 않는 한**, 사용법은 알 수 없을 것이다.

□ 012 **～がたい** ～하기 어렵다

- **信じがたいことだが**、すべて事実である。
  믿기 어려운 일이지만 모두 사실이다.

□ 013 **～か～ないかのうちに** ～하자마자, ～함과 거의 동시에

- 授業が**終わるか終わらないかのうちに**、彼は教室を出た。
  수업이 **끝나자마자** 그는 교실을 나왔다.

□ 014 **～かねない** ～할지도 모른다, ～할 수도 있다

- スピードを出しすぎると、**事故を起こしかねない**。
  스피드를 너무 내면 **사고를 낼 수도 있다**.

□ 015　**～かねる**　～하기 곤란하다

● 残念ながら、あなたの意見には賛成しかねます。
유감스럽지만, 당신의 의견에는 찬성하기 곤란합니다.

□ 016　**～かのようだ**　～인 듯하다

● まだ4月なのに、今日は夏になったかのように暑い。
아직 4월인데, 오늘은 여름이 된 것처럼 덥다.

□ 017　**～からいうと／～からいえば／～からいって**　～으로 보아

● 実力からいうと、あのチームが優勝することは間違いない。
실력으로 보아, 저 팀이 우승할 것임에 틀림없다.

能力からいえば、彼がこの仕事に一番適切だ。
능력으로 보아, 그가 이 일에 가장 적절하다.

彼の性格からいって、決して諦めることはないだろう。
그의 성격으로 보아, 결코 단념하는 일은 없을 것이다.

□ 018　**～からして**　～부터가

● このレストランの料理はおいしい。材料からして違うのだろう。
이 레스토랑의 요리는 맛이 좋다. 재료부터가 다른 것이겠지.

□ 019　**～からすると／～からすれば**　～로 보아

● 田中君の成績からすると、合格は間違いない。
다나카 군의 성적으로 보아 합격은 틀림없다.

我がチームの今の実力からすれば勝利は難しい。
우리 팀의 지금 실력으로 보면 승리는 어렵다.

□ 020　**～からといって**　～라고 해서

● 安いからといって質が悪いわけではない。
싸다고 해서 질이 나쁜 것은 아니다.

□ 021　**～からには**　～하는 이상에는

● 試合に出るからには、勝ちたい。
시합에 출전하는 이상에는 이기고 싶다.

□ 022 **〜きり** 〜채

- 彼は私の本を持っていったきり返さない。
  그는 내 책을 가져 간 채 돌려주지 않는다.

□ 023 **〜きる** 전부 〜하다

- そんなにたくさんの料理、一人で食べきれますか。
  그렇게 많은 요리, 혼자서 다 먹을 수 있습니까?

□ 024 **〜くらい/〜ぐらい** 〜정도

- 声も出ないくらい驚いた。
  목소리도 안 나올 정도로 놀랐다.
- これぐらい面白い映画は見たことがない。
  이 정도로 재미있는 영화는 본 적이 없다.

□ 025 **〜こそ** 〜야말로

- 努力したからこそ成功したのだ。
  노력했기 때문에 성공한 것이다.

□ 026 **〜ことか** 〜던가, 〜란 말인가

- 健康でいられることは、なんとすばらしいことか。
  건강하게 지낼 수 있다는 것은 얼마나 멋진 일이란 말인가!

□ 027 **〜ことだ** 〜해야 한다, 〜하는 편이 좋다

- 風邪の時はゆっくり休むことだ。
  감기에 걸렸을 때는 푹 쉬어야 한다.

□ 028 **〜ことだから** 〜이니까

- 実力のある彼のことだから、きっと合格するだろう。
  실력이 있는 그 사람이니까, 반드시 합격할 것이다.

□ 029 **〜ことなく** 〜하지 않고, 〜하지 말고

- 人に頼ることなく、自分の思いどおりの道を進む。
  다른 사람에게 의지하지 않고 자신이 생각한 대로의 길을 나아간다.

☐ 030 **〜ことはない** 〜할 필요는 없다

- 簡単な手術だから心配することはない。
  간단한 수술이니까 걱정할 필요는 없다.

☐ 031 **〜最中** 한창 〜하는 중

- 会議をしている最中に電話がかかってきた。
  회의가 한창일 때 전화가 걸려 왔다.

  試験の最中に地震があってびっくりした。
  시험이 한창일 때 지진이 있어서 놀랐다.

☐ 032 **〜さえ〜ば** 〜만 〜하면

- 天気さえよければ、よい旅行になるだろう。
  날씨만 좋다면 좋은 여행이 될 것이다.

☐ 033 **〜ざるをえない** 〜하지 않을 수 없다

- みんなで決めた規則だから、守らざるをえない。
  모두 함께 결정한 규칙이니까 지키지 않을 수 없다.

  この考えには反対せざるをえない。
  이 생각에는 반대하지 않을 수 없다.

☐ 034 **〜しかない** 〜할 수밖에 없다

- 試験に合格するためには、がんばるしかない。
  시험에 합격하기 위해서는 노력할 수밖에 없다.

☐ 035 **〜次第** 〜하는 대로, 〜하는 즉시

- 予定が決まり次第、お知らせします。
  예정이 정해지는 대로 알려 드리겠습니다.

☐ 036 **〜次第だ** 〜에 달렸다

- 合格するかしないかは本人の努力次第だ。
  합격할지 못할지는 본인의 노력에 달렸다.

  会議の結果次第では、計画の中止もありうる。
  회의 결과에 따라서는 계획이 중지되는 경우도 있을 수 있다.

□ **037　〜末（すえ）（に）** 〜한 끝에

● いろいろ考えた末、実行することに決めた。
여러 가지로 생각한 끝에 실행하기로 결정했다.

二人は、2年間の恋愛の末に、結婚した。
두 사람은 2년 간의 연애 끝에 결혼했다.

□ **038　〜ずにはいられない／〜ないではいられない** 〜하지 않을 수 없다

● 甘い物が好きでケーキを見ると食べずにはいられない。
단 것을 좋아해서 케이크를 보면 먹지 않을 수 없다.

彼の冗談を聞いて、笑わないではいられなかった。
그의 농담을 듣고 웃지 않을 수 없었다.

□ **039　〜だけに／〜だけあって** 〜인 만큼

● さすが評判のレストランだけに料理もサービスもすばらしかった。
과연 평판 있는 레스토랑인 만큼 요리도 서비스도 훌륭했다.

この店の品物は高いだけあって、質がいい。
이 가게의 물건은 비싼 만큼 질이 좋다.

□ **040　たとえ〜ても** 설령 〜하더라도

● たとえ失敗しても後悔はしない。
설령 실패하더라도 후회는 하지 않겠다.

□ **041　〜たところ** 〜했더니

● 箱を開けてみたところ、人形が入っていた。
상자를 열어 보았더니 인형이 들어 있었다.

□ **042　〜たとたん／〜たとたんに** 〜하자마자

● 怪しい男は警官の姿を見たとたん、逃げ出した。
수상한 남자는 경관의 모습을 보자마자 도망쳤다.

車を降りたとたんに転んだ。
차에서 내리자마자 넘어졌다.

□ **043** **〜たびに** 〜할 때마다

- 古いアルバムを見るたびに子どものころを思い出す。
  옛 앨범을 볼 때마다 어린 시절을 떠올린다.

□ **044** **〜ついでに** 〜하는 김에

- 銀行へ行ったついでに、デパートで買い物をした。
  은행에 간 김에 백화점에서 쇼핑을 했다.

□ **045** **〜つつ/つつも** 〜하면서 / 〜하면서도

- 働きつつ子育てができる社会をつくるべきだ。
  일하면서 육아할 수 있는 사회를 만들어야 한다.

  早起きが健康にいいと知りつつも、つい寝坊してしまう。
  일찍 일어나는 것이 건강에 좋다는 걸 알면서도 그만 늦잠을 자 버린다.

□ **046** **〜つつある** 〜하고 있다, 〜하는 중이다

- 景気は回復に向かいつつある。
  경기는 회복으로 향하고 있다.

□ **047** **〜つもり** 〜셈, 〜생각

- 全部覚えたつもりだったけど、試験では思い出せなかった。
  전부 외웠다고 생각했지만, 시험에서는 생각이 나지 않았다.(실제와는 달리, 그렇게 되었다고 가정하는 기분)

□ **048** **〜て以来** 〜한 이래

- 彼とは卒業して以来、会っていない。
  그와는 졸업한 이래 만나지 못했다.

□ **049** **〜てからでないと/〜てからでなければ** 〜한 후가 아니면 / 〜하지 않고서는

- 製品は、入金を確認してからでないと発送しない。
  제품은 입금을 확인한 후가 아니면 발송하지 않는다.

  免許を取ってからでなければ、車の運転はできない。
  면허를 취득하지 않고서는 자동차 운전은 할 수 없다.

□ 050 **～てしょうがない** ～해서 어쩔 수가 없다, ～해서 견딜 수가 없다

- 今の仕事がいやでしょうがない。
  지금 (하는) 일이 싫어서 견딜 수가 없다.

□ 051 **～てたまらない** ～해서 견딜 수 없다(너무 ～하다)

- 久しぶりにジョギングをしたら、足が痛くてたまらなかった。
  오랜만에 조깅을 했더니 다리가 아파서 견딜 수 없었다.

□ 052 **～てならない** ～해서 견딜 수 없다(너무 ～하다)

- 日本に来たばかりのころは、寂しくてならなかった。
  일본에 막 왔을 때는 외로워서 견딜 수 없었다.

□ 053 **～というと/～といえば** ～라고 하면 / ～로 말하자면

- パソコンというと山田君に聞けばよい。
  컴퓨터라면 야마다 군에게 물어 보면 된다.

  そうそう、サッカーといえば、昨日の試合はどうだった？
  그래 그래, 축구로 말하자면 어제 시합은 어땠어?

□ 054 **～といっても** ～라고 해도

- 残業といっても何時間もするわけではない。
  잔업이라고 해도 몇 시간씩이나 하는 것은 아니다.

□ 055 **～と思うと/～と思ったら** ～라고 생각했더니

- 子どもは今泣いたかと思うと、もう笑っている。
  아이는 막 우는가 싶었더니 벌써 웃고 있다.

  まじめに勉強していると思ったら、パソコンでゲームをしている。
  진지하게 공부하고 있다고 생각했더니, 컴퓨터로 게임을 하고 있다.

□ 056 **～とおり/～どおり** ～대로

- 結果は予想したとおりであった。
  결과는 예상했던 대로였다.

  電車は時刻どおりに駅を出た。
  전철은 시각대로 역을 출발했다.

□ 057 **〜とか** 〜라던데

- ニュースによると、バス代があがるとか。
  뉴스에 따르면, 버스 요금이 오른다던데.(불확실한 내용의 전달이나 상상)

□ 058 **〜どころか** 〜는커녕

- いそがしくて、休みをとるどころか食事をする時間もない。
  바빠서 휴가를 내기는커녕 식사를 할 시간도 없다.

□ 059 **〜どころではない** 〜할 수 있는 상황이 아니다

- 周りがうるさくて、勉強どころではなかった。
  주위가 시끄러워서 공부할 수 있는 상황이 아니었다.

□ 060 **〜としたら/〜とすれば** 〜라고 한다면(〜라고 가정하면)

- 海外旅行に行くとしたら、どこに行きたいですか。
  해외 여행을 간다고 하면, 어디로 가고 싶습니까?

□ 061 **〜として** 〜로서

- 代表として会議に出席する。
  대표로서 회의에 출석한다.

□ 062 **〜としても** 〜라고 할지라도

- 短い休みなので、旅行に行くとしても、近いところになるだろう。
  짧은 휴가라서 여행을 간다고 해도 가까운 곳이 될 것이다.

□ 063 **〜とともに** 〜와 더불어 / 〜와 함께

- 人口の増加とともに、ゴミ問題が深刻になってきた。
  인구 증가와 더불어 쓰레기 문제가 심각해지고 있다.

□ 064 **〜との** 〜라는

- 明日来るとの連絡があった。
  내일 온다는 연락이 있었다.(との＝という)

□ 065　**〜とは限（かぎ）らない**　〜라고는 할 수 없다

● 選手（せんしゅ）として優秀（ゆうしゅう）な人（ひと）が監督（かんとく）として優秀（ゆうしゅう）であるとはかぎらない。
선수로서 우수한 사람이 감독으로서 우수하다고는 단정할 수 없다.

□ 066　**〜ないことには**　〜하지 않고서는

● 実際（じっさい）に読（よ）んでみないことには、この本（ほん）のおもしろさは分（わ）からない。
실제로 읽어 보지 않고서는 이 책의 재미는 알 수 없다.

□ 067　**〜ながら**　〜하면서

● 彼女（かのじょ）はすべてを知（し）っていながら、教（おし）えてくれない。
그녀는 모든 것을 알고 있으면서, 가르쳐 주지 않는다.(역접)

山道（やまみち）を登（のぼ）りながらも、いろいろと考（かんが）え事（ごと）をしていた。
산길을 오르면서도 여러 가지 생각을 하고 있었다.(병행)

□ 068　**〜なんて／〜なんか／〜など**　〜같은 것〈① 예시 ② 경멸이나 겸손〉

● ビールなんかないの？（예시）
맥주 같은 거 없어?

□ 069　**〜にあたって／〜にあたり**　〜에 즈음하여

● 出発（しゅっぱつ）にあたって、スケジュールを確認（かくにん）します。
출발에 즈음하여 스케줄을 확인하겠습니다.

製品（せいひん）を開発（かいはつ）するにあたり、市場調査（しじょうちょうさ）が行（おこな）われた。
제품을 개발하기에 즈음하여 시장 조사가 실시되었다.

□ 070　**〜において**　〜에 있어서, 〜에서

● 私（わたし）たちの生活（せいかつ）においてパソコンは不可欠（ふかけつ）なものとなっている。
우리들의 생활에 있어서 컴퓨터는 불가결한 것이 되어 있다.

講堂（こうどう）において、今年（ことし）の入学式（にゅうがくしき）が行（おこな）われた。
강당에서 올해 입학식이 거행되었다.

□ 071　**〜に応（おう）じて**　〜에 상응하여, 〜에 적합하게

● お客様（きゃくさま）のご予算（よさん）に応（おう）じて、料理（りょうり）をご用意（ようい）いたします。
손님의 예산에 맞춰 요리를 준비하겠습니다.

☐ 072 **～にかかわらず** ～에 관계없이

● 参加するしないにかかわらず、必ず返事をください。
참가 여부에 관계없이 꼭 답장을 주세요.

☐ 073 **～に限って/～に限り** ～에 한해서(~할 때만)

● 田中さんに限ってそんなひどいことはしないよ。
다나카 씨만은 그런 심한 일은 하지 않아.

先着20名様に限り、プレゼントを差し上げます。
선착순 스무 분에 한하여 선물을 드립니다.

☐ 074 **～に限らず** ～뿐 아니라

● 運転しているときに限らず、常に注意が必要だ。
운전하고 있을 때뿐 아니라 항상 주의가 필요하다.

☐ 075 **～に関して** ～에 관해서

● 留学に関して、先生に聞いてみた。
유학에 관해서 선생님에게 물어보았다.

☐ 076 **～にきまっている** 반드시 ~하게 되어 있다, 틀림없이 ~하다

● 去年優勝したあのチームが勝つにきまっている。
작년에 우승한 저 팀이 반드시 이기게 되어 있다.

☐ 077 **～にこたえ/～にこたえて** ～에 부응하여

● お客様の声にこたえて、新製品が発売されました。
고객의 목소리에 부응하여 신제품이 발매되었습니다.

☐ 078 **～に先立ち/～に先立って** ～에 앞서

● 道路工事に先立ち、住民たちと話し合いを重ねた。
도로 공사에 앞서 주민들과 대화를 거듭했다.

面接に先立って書類選考を行う。
면접에 앞서 서류 전형을 실시한다.

□ 079 **〜にしたがって/〜にしたがい** 〜에 따라

● 人は年をとるにしたがって、体力がだんだんと衰えてくる。
사람은 나이를 먹음에 따라 체력이 점점 쇠약해지기 시작한다.

□ 080 **〜にしたら/〜にすれば** 〜로서는, 〜입장에서는

● 自分の子を外国へ留学させるのは、親にしたら心配なことだろう。
자신의 아이를 외국에 유학시키는 것은, 부모 입장에서는 걱정스러운 일일 것이다.

学生にすれば、休みは長ければ長いほどいいだろう。
학생 입장에서는, 방학은 길면 길수록 좋을 것이다.

□ 081 **〜にしては** 〜치고는

● あの人は、大学を出たにしては教養がなさすぎる。
저 사람은 대학을 나온 것치고는 교양이 너무 없다.

□ 082 **〜にすぎない** 〜에 지나지 않는다, 〜에 불과하다

● ただの風邪に過ぎないので、心配しないでください。
단순한 감기에 지나지 않으니 걱정하지 마세요.

□ 083 **〜に相違ない** 〜임에 틀림없다

● 今の品質と性能なら、きっと海外でも成功するに相違ない。
현재의 품질과 성능이라면 반드시 해외에서도 성공할 것임에 틀림없다.

□ 084 **〜に沿って/〜に沿い** ① 〜을 따라서(평행해서) ② 〜을 따라서(적합하게)

① 〜을 따라서(평행해서)
● 川に沿って、新しい道路ができた。
강을 따라서 새로운 도로가 생겼다.

② 〜을 따라서(적합하게)
● 政府の方針に沿い、税率を引き下げる。
정부의 방침에 따라서 세율을 인하한다.

□ 085 **〜に対し/〜に対して/〜に対する** 〜에 대해 / 〜에 대해서 / 〜에 대한

● 初めて店に来たお客に対し感謝のメールを送る。
처음으로 가게에 온 손님에 대해 감사의 메일을 보낸다.

目上の人に対して敬語を使わない若者が増えている。
손윗사람에 대해서 경어를 사용하지 않는 젊은이가 증가하고 있다.

□ 086 ～に違いない ~임에 틀림없다

● 予算がないので、この計画の実行は困難に違いない。
예산이 없기 때문에 이 계획의 실행은 곤란할 것임에 틀림없다.

□ 087 ～について／～についての ~에 대하여 / ~에 대한

● 日本の国際的役割について講演する。
일본의 국제적 역할에 대하여 강연한다.

学校生活についての説明をうけた。
학교 생활에 대한 설명을 들었다.

□ 088 ～につき ~이므로

● 本日は定休日につき、休ませていただきます。
오늘은 정기휴일이라서 쉽니다.

□ 089 ～につけ ~할 때마다

● 写真を見るにつけ、母のことを思い出す。
사진을 볼 때마다 어머니가 생각난다. (사진을 보는 것과 관련하여 어머니를 떠올린다)

□ 090 ～につれ／～につれて ~함에 따라서

● 暑くなるにつれ、電力使用量も増えている。
더워짐에 따라 전력 사용량도 증가하고 있다.

試合が近づくにつれて、選手たちの緊張が高まった。
시합이 가까워짐에 따라 선수들의 긴장이 높아졌다.

□ 091 ～にとって ~에게 있어서

● 日本語を勉強する人にとって、やはり漢字は大変だ。
일본어를 공부하는 사람에게 있어서 역시 한자는 어렵다.

□ 092 ～にともなって ~에 따라서

● 医学の進歩にともなって、平均寿命が延びている。
의학의 진보에 따라서 평균 수명이 늘고 있다.

□ 093　**〜に反して / 〜に反する**　〜에 반해(〜와는 달리) / 〜에 반하는(〜와는 다른)

- みんなの予想に反して彼は無名の新人に負けてしまった。
  모두의 예상에 반하여 그는 무명의 신인에게 패하고 말았다.

  消費者の期待に反する行動をとって、あの会社は信頼を失った。
  소비자의 기대에 반하는 행동을 취하여 그 회사는 신뢰를 잃었다.

□ 094　**〜にほかならない**　바로 〜이다, 다름 아닌 〜이다

- 彼の成功は努力の結果にほかならない。
  그의 성공은 다름 아닌 노력의 결과이다.

□ 095　**〜にもかかわらず**　〜(임)에도 불구하고

- 雨が降っているにもかかわらず、大勢の人が集まった。
  비가 내리는데도 불구하고 많은 사람들이 모였다.

□ 096　**〜に基づいて / 〜に基づき**　〜에 근거해서(기초해서)

- この小説は実際にあった事件に基づいて書かれた。
  이 소설은 실제로 있던 사건에 근거해 쓰였다.

  すべての行政活動は、法律に基づき行われている。
  모든 행정 활동은 법률에 근거해 행해지고 있다.

□ 097　**〜によって**　〜에 의해서, 〜에 따라서

- 何回も繰り返すことによって上達するものだ。
  몇 번이나 반복하는 것에 의해서 능숙해지는 것이다. (수단/방법)

  未成年者の飲酒は法律によって禁止されている。
  미성년자의 음주는 법률에 의해서 금지되어 있다. (근거)

  この店のサービスメニューは日によって変わる。
  이 가게의 서비스 메뉴는 날에 따라 바뀐다. (차이)

□ 098　**〜にわたって / 〜にわたり**　〜에 걸쳐서

- 会議は6時間にわたって行われた。
  회의는 6시간에 걸쳐 진행되었다.

□ 099　**〜ぬきで/〜ぬきにして** 〜빼고 / 〜빼기로 하고

● 朝食ぬきで登校する生徒が増えている。
아침 식사를 거르고 등교하는 학생이 증가하고 있다.

冗談はぬきにして、真剣に議論しましょう。
농담은 빼기로 하고 진지하게 논의합시다.

□ 100　**〜のみ/〜のみならず** 〜뿐 / 〜뿐만 아니라

● あとは発表を待つのみだ。
앞으로는 발표를 기다릴 뿐이다(기다리기만 하면 된다).

彼のマンガは、日本のみならず海外でも大人気である。
그의 만화는 일본뿐 아니라 해외에서도 매우 인기가 있다.

□ 101　**〜ばかりか/〜ばかりでなく** 〜뿐만 아니라

● このアニメは子どもばかりか大人にも人気がある。
이 애니메이션은 아이뿐만 아니라 어른에게도 인기가 있다.

この果物は色がいいばかりでなく香りもいい。
이 과일은 색이 좋을 뿐만 아니라 향기도 좋다.

□ 102　**〜ばかりに** 〜한 탓에

● ちょっと無理をしたばかりに、入院することになった。
조금 무리를 한 탓에 입원하게 되었다.

□ 103　**〜反面** 〜반면

● このチケットは安い反面、予約の変更ができません。
이 티켓은 싼 반면에, 예약을 변경할 수 없습니다.

□ 104　**〜べきだ/〜べきではない** 〜해야 한다 / 〜해서는 안 된다

● みんなで決めたことは守るべきだ。
모두 함께 결정한 것은 지켜야만 한다.

無責任な批判はす（る）べきではない。
무책임한 비판은 해서는 안 된다.

□ 105　**〜ほかない/〜ほかはない/〜よりほかはない** 〜할 수밖에 없다

- これでは計画全体を諦めるほかないだろう。
  이래서는 계획 전체를 단념할 수밖에 없을 것이다.

  彼が手伝ってくれないなら、私一人でやるほかはない。
  그가 도와주지 않는다면 나 혼자서 할 수밖에 없다.

  まったく資料がないので、自分で調べるよりほかはない。
  전혀 자료가 없기 때문에 스스로 조사하는 것 외에 방법은 없다.

□ 106　**〜ほどではない/〜ほどのことではない**
〜할 정도는 아니다, 〜할 정도로 중요하지 않다

- おいしいといっても、並んで食べるほどではない。
  맛있다고는 해도, 줄 서서 먹을 정도는 아니다.

□ 107　**〜まい** ① 〜하지 않겠다 ② 〜하지 않을 것이다

① 〜하지 않겠다 〈부정의 의지〉
- 何があっても泣くまいと決心した。
  무슨 일이 있어도 울지 않기로 결심했다.

② 〜하지 않을 것이다 〈부정의 추측〉
- これ以上事態が悪化することはあるまい。
  더 이상 사태가 악화되는 일은 없을 것이다.

□ 108　**〜向け** 〜대상, 〜용

- 企業向けだけでなく個人向けにも製品を販売している。
  기업용뿐만 아니라 개인용으로도 제품을 판매하고 있다.

  この工場で生産された製品のほとんどはアメリカ向けに輸出されている。
  이 공장에서 생산된 제품의 대부분은 미국을 대상으로 수출되고 있다.

□ 109　**〜ものか** 〜하나 봐라, 〜할까 보냐

- あんなサービスの悪い店、二度と行くものか。
  저런 서비스가 나쁜 가게, 두 번 다시 가나 봐라!

□ **110** **～ものだ** ① ～하는 법이다(당연, 보편성), ② ～하곤 했다(과거의 회상), ③ ～하구나(감탄)

① ～하는 법이다(당연, 보편성)

● 事故のときは、だれでも慌てるものだ。

사고 때는, 누구라도 **당황하는 법이다**.(당연, 보편성)

② ～하곤 했다(과거의 회상)

● 小さいころはよく川辺で遊んだものだ。

어릴 때는 자주 강가에서 **놀곤 했다**.(과거의 회상)

③ ～하구나(감탄)

● 時間のたつのは早いものだ。

시간이 지나는 것은 **빠르구나**.(감탄)

□ **111** **～ものの** ～하기는 했지만

● あの映画は一度見たものの、話の筋がまったくわからなかった。
그 영화는 한 번 보기는 했지만, 이야기의 줄거리를 전혀 이해할 수 없었다.

□ **112** **～も～ば～も** ～도 ～하거니와 ～도

● この喫茶店は雰囲気もよければ、料理もうまい。
이 찻집은 **분위기도 좋거니와** 요리도 맛있다.

□ **113** **～ようがない** ～할 수가 없다, ～할 방도가 없다

● 質問の意味が分からなくて、答えようがなかった。
질문의 의미를 몰라서 **대답할 수가 없었다**.
＊[동사 ます형 + よう]는 '～하는 방법'의 의미.

□ **114** **～わけがない** ～할 리가 없다

● 単語を知らなければ、文章など作れるわけがない。
단어를 모르면 **문장 같은 것을 만들 수 있을 리가 없다**.

□ **115** **～わけではない** 반드시 ～한 것은 아니다

● 酒が飲めないといってもぜんぜん飲めないわけではない。
술을 마실 수 없다고 해도 **전혀 마실 수 없는 것은 아니다**.

□ 116　**〜わけにはいかない** 〜할 수는 없다

● これは借りたものだから、あなたにあげるわけにはいかない。
이것은 빌린 것이라서 당신에게 줄 수는 없다.

□ 117　**〜わりに/〜わりには** 〜비해서 / 〜비해서는

● 値段が安いわりに品物がよい。
가격이 싼 것에 비해서 물건이 좋다.

祖父は年をとっているわりには元気です。
할아버지는 연세를 드신 것에 비해서는 건강합니다.

□ 118　**〜をきっかけに/〜をきっかけにして** 〜을 계기로 / 〜을 계기로 하여

● 病気になったのをきっかけにお酒をやめた。
병에 걸린 것을 계기로 술을 끊었다.

彼は、就職をきっかけにして、生活習慣を変えた。
그는 취직을 계기로 하여 생활 습관을 바꿨다.

□ 119　**〜を契機に** 〜을 계기로

● 大地震を契機に、建物の安全に関する関心が高まった。
대지진을 계기로 해서 건물 안전에 관한 관심이 높아졌다.

□ 120　**〜をこめて** 〜을 담아

● 感謝の気持ちを込めて、花束を贈った。
감사의 마음을 담아서 꽃다발을 선물했다.

□ 121　**〜を通して/〜を通じて** 〜을 통해

● 社長と面会するには、受付を通して連絡をとってください。
사장님과 면회하려면 접수처를 통해 연락을 취해 주세요.

現地の大使館を通じて、事実関係を調査する。
현지 대사관을 통해서 사실 관계를 조사하다.

□ 122　**〜を問わず** 〜을 불문하고

● この奨学金は国籍を問わず応募できる。
이 장학금은 국적을 불문하고 응모할 수 있다.

☐ **123** **〜をはじめ** ~을 비롯하여

● 春になると桜をはじめ、さまざまな花が咲き始める。
봄이 되면 벚꽃을 비롯하여 다양한 꽃이 피기 시작한다.

☐ **124** **〜をめぐって** ~을 둘러싸고

● 市役所の移転計画をめぐって、様々な意見が出ている。
시청의 이전 계획을 둘러싸고 다양한 의견이 나오고 있다.

☐ **125** **〜をもとに／〜をもとにして** ~을 토대로 / ~을 토대로 하여

● マーケット調査をもとに販売計画を立てる。
시장 조사를 토대로 판매 계획을 세운다.

奨学金は前学期の成績をもとにして対象者を決定します。
장학금은 이전 학기 성적을 토대로 하여 대상자를 결정합니다.

문법 완전 정복을 위한 꿀팁!

N1 문법에서는 N2, N3 수준을 포함한 다양한 수준의 문법 실력을 테스트합니다.
PART 1의 고득점 문법 및 N2, N3 핵심 문형 정리에 나오는 표현들을 내 것으로
만든다면 시험에서 좋은 결과를 얻을 수 있을 것입니다.

●問題5 문법 형식 판단

단순 문법이 아닌 다양한 변형 문제가 출제됩니다. 선택지 하나하나의 뜻을 살펴
본 뒤 답을 고르도록 합니다.

●問題6 문장 완성

문법을 아는 것뿐 아니라 문장을 제대로 구성하는 것이 중요합니다. 자칫 순서를
착각해서 답을 놓칠 수 있으므로 반드시 공란에 번호를 적어 가면서 풀도록 합
니다.

●問題7 문맥 이해

전체 내용 이해가 중요합니다. 독해 파트를 풀 때처럼 단락을 나누면서 공란에
내용을 요약하면 지문을 읽는 시간을 절약할 수 있습니다.

PART 2

유형별 집중 공략

- **문법 형식 판단 실전 연습** ······ p.204
- **문장 완성 실전 연습** ············ p.214
- **문맥 이해 실전 연습** ············ p.220

문법 형식 판단 실전 연습 ❶　　　　　　　　　　　　　　　　[　　/ 8]

問題 5　次の文の（　　　）に入れるのに最もよいものを、1・2・3・4から一つ選びなさい。

1　利用客の減少が続いていた特急「スピードマリナー」が、今月末（　　　）廃止されることになった。

　　1　を受けて　　　　2　を皮切りに　　　3　をピークに　　　4　をもって

2　父は30年以上工場を経営し、何度も倒産の危機を経験している（　　　）、工場経営の厳しさを知り尽くしている。

　　1　ながら　　　　　2　ゆえに　　　　　3　どころか　　　　4　なくして

3　軽自動車の自動車税の引き上げ（　　　）軽自動車は販売台数が去年より約15パーセント近く落ち込んだ。

　　1　を受けて　　　　2　に沿って　　　　3　にわたって　　　4　を通じて

4　Q:英語などの語学力は必要ですか。
　　A:もちろん得意である（　　　）のですが、必要性を感じたときには、入社後に勉強することが可能です。

　　1　とは限らない　　　　　　　　　　2　ことは否めない
　　3　に越したことはない　　　　　　　4　といっても過言ではない

5　当店では、ほかでは食べられないこの地方（　　　）郷土料理が楽しめます。

　　1　ごときの　　　　2　にひきかえ　　　3　まじきの　　　　4　ならではの

6　食事をしているときまで、他人のたばこの煙を吸わされるのは、（　　　）極まりないことだ。

　　1　迷惑　　　　　　2　迷惑の　　　　　3　迷惑な　　　　　4　迷惑に

7　大学の教授（　　　）、自分の研究だけでなく生徒の指導もしなければならない。

　　1　につき　　　　　2　にしたところで　　3　に即して　　　4　ともなれば

8　窓のところにこの荷物を（　　　）よろしいですか。

　　1　置かせてくださっても　　　　　　2　お置きくださっても
　　3　置かせていただいても　　　　　　4　お置きになっても

正答　1④　2②　3①　4③　5④　6①　7④　8③　　　　　　　　　　解석 및 해설 별책 p.11

問題 5　次の文の（　　　）に入れるのに最もよいものを、1・2・3・4から一つ選びなさい。

1　労働組合は組合員Ａさんの解雇を不当（　　　）、解雇撤回を求めて団体交渉を申し入れている。

　　1　となって　　　　　2　になって　　　　　3　として　　　　　4　にして

2　どんなに高性能の製品でも、デザインがよくないと、消費者に（　　　）しないだろう。

　　1　受け入れは　　　　　　　　　　　2　受け入れられは
　　3　受け入れられては　　　　　　　　4　受け入れられることは

3　いよいよ明日試験ですね。どうかいい点が（　　　）。

　　1　とれますように　　　　　　　　　2　とれてはどうですか
　　3　とれるだろうに　　　　　　　　　4　とれるでしょうか

4　映画が好きだが、忙しくて、見られるのは月に1、2本（　　　）。

　　1　にのぼる　　　　　　　　　　　　2　といったところだ
　　3　でもあるまい　　　　　　　　　　4　に限ったことではない

5　今回の公演（　　　）、私たちのグループは解散することになった。

　　1　を最後に　　　　　2　を皮切りに　　　　3　にあたって　　　　4　に沿って

6　だれかに相談すれば（　　　）、どうして一人で悩んでいたのだろう。

　　1　解決できるように　　　　　　　　2　解決できないのだから
　　3　解決できたものを　　　　　　　　4　解決できないかぎりは

7　また、いやな仕事がまわってきた。腹立たしい（　　　）。

　　1　といったらない　　　　　　　　　2　にすぎない
　　3　ほどのことではない　　　　　　　4　ともかぎらない

8　わざわざここまでお出迎え（　　　）、ありがとうございます。

　　1　られて　　　　　2　されて　　　　　3　いたされ　　　　　4　くださり

問題 5　次の文の（　　　）に入れるのに最もよいものを、1・2・3・4から一つ選びなさい。

1　新しい道路の建設には住民の反対も大きい。国は計画を中止する（　　　）、もう
一度見直さざるを得ないだろう。

　　1　ことはないにしても　　　　　　2　ことはないにもかかわらず
　　3　ほかはないにしても　　　　　　4　ほかはないにもかかわらず

2　インターネットなくしては、現代社会は成り立たない（　　　）だろう。

　　1　疑いがある　　　　　　　　　　2　にはあたらない
　　3　よりほかはない　　　　　　　　4　といっても過言ではない

3　彼はアメリカに5年住んでいたと聞いたので、英語が（　　　）、大したことはなかった。

　　1　うまいとみえて　　　　　　　　2　うまかっただけに
　　3　うまいと思いきや　　　　　　　4　うまかったと思うが

4　平野工業は、今年で創業50周年を迎えるの（　　　）、長年親しまれてきた社名を
変えることを決断した。

　　1　を限りに　　　　2　を皮切りに　　　3　をよそに　　　　4　を機に

5　3か月も運動したのに体重が減らない。友達に（　　　）、ただの運動不足に過ぎ
ないらしい。

　　1　言えば　　　　　2　言われれば　　　3　言わせれば　　　4　言わせられれば

6　彼は、周りにどんなに（　　　）、自分の意思を貫く頑固な人だ。

　　1　非難されたといえば　　　　　　2　非難させたにもかかわらず
　　3　非難されようとも　　　　　　　4　非難されようにも

7　彼女の今回の作品は素晴らしい。両親とも芸術家（　　　）、彼女のセンスのよさ
は抜群だ。

　　1　に伴って　　　　2　にあって　　　3　として　　　　　4　とあって

8　商品ご使用後の返品につきましては対応（　　　）ので、ご了承ください。

　　1　いたしかねます　　　　　　　　2　いたしかねません
　　3　さしあげかねます　　　　　　　4　さしあげかねません

正答　1① 　2④ 　3③ 　4④ 　5③ 　6③ 　7④ 　8①　　　　　　　해석 및 해설 **별책** p.12

問題 5　次の文の（　　　　）に入れるのに最もよいものを、1・2・3・4から一つ選びなさい。

1　自分のミスで実験に失敗してしまった。（　　　　）から、今日からしっかり取り組んでいこう。

1　後悔するに限る　　　　　　　　　　2　後悔していたことは否めない
3　後悔するわけがない　　　　　　　　4　後悔しても始まらない

2　同じ物をまた買うとは、無駄遣い（　　　　）。

1　のかぎりではない　　　　　　　　　2　のことにかぎる
3　にもほどがある　　　　　　　　　　4　にあるほどでもない

3　医師からの忠告（　　　　）、彼は毎晩のように酒に浸る生活を送っていた。

1　を機に　　　　　2　をよそに　　　　　3　を口実に　　　　　4　を問わず

4　海外旅行に（　　　　）、そんな大きなスーツケースは持っていかなくてもいいんじゃないの。

1　行くわけじゃあるまいし　　　　　　2　行くもんだっただろうに
3　行くわけだったんだから　　　　　　4　行くもんじゃないだろうけど

5　中野：「どうして朝の授業に来なかったの？」

　　木村：「だって、起きられなかったんだ（　　　　）。」

1　もん　　　　　　2　もんか　　　　　3　って　　　　　　4　っけ

6　去年の入試では、あんなに勉強したのに、希望の大学に入れなかった。今年はもっと練習して、絶対に（　　　　）。

1　合格する始末だ　　　　　　　　　　2　合格するものか
3　合格しつつある　　　　　　　　　　4　合格してみせよう

7　後で返済が大変になるから、奨学金に（　　　　）借りないほうがいいに決まっている。

1　頼らずにいると　　　　　　　　　　2　頼らずにいることで
3　頼らずに済むのだから　　　　　　　4　頼らずに済むものなら

8　A：「ご注文の品をお届けに（　　　　）のですが、明日のご都合はいかがでしょうか。」

　　B：「そうですね。4時以降なら家におりますが。」

1　上がりたい　　　　2　差しあげたい　　　3　おいでになりたい　4　見えたい

정답　1④　2③　3②　4①　5①　6④　7④　8①　　　　　　　　해석 및 해설 별책 p.12

問題 5　次の文の（　　　　）に入れるのに最もよいものを、1・2・3・4から一つ選びなさい。

1　銀行（　　　　）、返済の危うい会社に高利で貸し付けるよりは、低利でも確実に返済してくれる会社に融資したいと思うものだ。

　　1　からして　　　　　2　といっても　　　　3　にしてみれば　　4　にもまして

2　あきらめず治療に耐え、病気を克服することができたのは、家族の励ましが
　　（　　　　）。

　　1　あってのことだ　　　　　　　　　2　あるかのようだ
　　3　あるかぎりだ　　　　　　　　　　4　ありながらだ

3　彼女は俳優としての活動の（　　　　）、小説家としても活躍している。

　　1　かたわら　　　　2　うちに　　　　　3　ところ　　　　　4　そばで

4　政府の新しい雇用対策が有効で（　　　　）、結果が出るのはまだ先のことだ。

　　1　あるかいなか　　　　　　　　　　2　あるからには
　　3　あってにしては　　　　　　　　　4　あってはじめて

5　近くに用事があったものですから、先日のお礼（　　　　）伺いました。

　　1　につき　　　　　2　ゆえに　　　　　3　かたがた　　　　4　と言わず

6　学業成績（　　　　）、奨学金の支給を停止することもありうる。

　　1　のいかんでは　　2　のきわみで　　3　といえども　　　4　としたって

7　彼の無責任な行動は社会人として（　　　　）もので、とうてい許すことはできない。

　　1　あろう　　　　　2　あるべき　　　　3　あるまじき　　　4　あるような

8　本サービスを利用される方は、利用規約を（　　　　）、お申し込みください。

　　1　ご覧になった結果　　　　　　　　2　ご覧の末
　　3　ご覧になった上で　　　　　　　　4　ご覧くださったからには

정답　**1** ③　**2** ①　**3** ①　**4** ①　**5** ③　**6** ①　**7** ③　**8** ③　　　　　해석 및 해설 **별책** p.12

問題 5　次の文の（　　　　）に入れるのに最もよいものを、1・2・3・4から一つ選びなさい。

1　100キロ（　　　　）荷物を二人で5階まで運ぶのは大変なことだ。

1　でもない　　　　2　しかない　　　　3　までなる　　　　4　からある

2　A社は、先週発表した携帯を（　　　　）、次々と新しい機種を発表するそうだ。

1　おいて　　　　2　もって　　　　3　かぎりに　　　　4　かわきりに

3　兄は両親の反対（　　　）結婚した。

1　をおして　　　　2　をおいて　　　　3　につけても　　　　4　にてらして

4　不正な取引が明らかになり、関わった会社役員は辞任（　　　　）。

1　を禁じえなかった　　　　　　　　2　を余儀なくされた
3　には及ばなかった　　　　　　　　4　にあずからなかった

5　連休中、遊園地は言うに（　　　　）、公園や美術館までたくさんの人であふれていた。

1　および　　　　2　およんで　　　　3　およばず　　　　4　およばなくて

6　今の販売システムにおける問題点を、私（　　　　）考えてみました。

1　に対して　　　　2　にとって　　　　3　ならでは　　　　4　なりに

7　内田さんは、意見を求められると、（　　　　）とばかりに自分の考えを述べ始めた。

1　待ちます　　　　2　待ちました　　　　3　待っています　　　4　待っていました

8　アンケートを通じてお客様から（　　　　）ご意見・ご要望^{ようぼう}は、今後の商品開発やサービスの改善に活用してまいります。

1　なさった　　　　2　差し上げた　　　　3　頂戴^{ちょうだい}した　　　　4　おいでくださった

問題 5　次の文の（　　　）に入れるのに最もよいものを、1・2・3・4から一つ選びなさい。

1　面白くもないつまらない冗談を何度も（　　　）。

　　1　聞かせてもらいたい　　　　　　　2　聞かせてしまおう
　　3　聞かされたらいいじゃないか　　　4　聞かされてはかなわない

2　お忙しい（　　　）恐れ入りますが、どうかよろしくお願い申し上げます。

　　1　ところを　　　2　ものを　　　3　とさを　　　4　ことを

3　会社の前の新しいレストランは、明日の開店をひかえてすっかり準備が整い、あとは客を（　　　）。

　　1　待たないばかりになっている　　　2　待たないほどになっている
　　3　待つばかりになっている　　　　　4　待つほどになっている

4　彼女は、ぼんやりテレビを見るとも（　　　）見ていた。

　　1　なしに　　　2　なくて　　　3　ないで　　　4　ないと

5　彼の協力があれば（　　　）、計画が順調に進んでいるのだ。

　　1　こそ　　　2　しか　　　3　すら　　　4　だけ

6　彼の方から素直に謝ってきたら、許して（　　　）。

　　1　やるまでもない　　　　　2　やるものでもない
　　3　やらないまでもない　　　4　やらないものでもない

7　彼は一生懸命に努力してきたのだから、いい結果を出せなかったとしても、非難（　　　）。

　　1　するにはあたらない　　　2　するよりはかない
　　3　しないではおかない　　　4　しないはずがない

8　この度は、私どもの商品発送ミスにより、お客様に大変ご迷惑をおかけしましたことを深く（　　　）。

　　1　わびていただきます　　　2　わびていらっしゃいます
　　3　おわびいただきます　　　4　おわび申し上げます

問題 5　次の文の（　　　）に入れるのに最もよいものを、1・2・3・4から一つ選びなさい。

1　去年の調査によれば、スマートフォンによる高校生の平日の平均インターネット利用時間は約3時間（　　　）そうだ。

1　にのぼる　　　　2　にわたる　　　　3　を経る　　　　4　をひかえる

2　結論を急いでいるので、全員集まろうが（　　　）、予定どおりに審議を始めなくてはならない。

1　集まるまいが　　2　集まらないが　　3　集まって　　　　4　集まろ

3　工事中につき、（　　　）。

1　立ち入りたまえ　　　　　　　　2　立ち入るべからず
3　立ち入ること　　　　　　　　　4　立ち入らざる

4　国民が安心して幸せに暮らせるようにすること、それが政治家（　　　）者の使命だと考えます。

1　ある　　　　　2　うる　　　　　3　たる　　　　　4　よる

5　この映画は本当に素晴らしい。見る者を感動（　　　）だろう。

1　させずじまい　　　　　　　　2　させてばかり
3　させずにはおかない　　　　　4　させてはいられない

6　この重大なプロジェクトを進められるのは、彼をおいて（　　　）。

1　ほかにもいるだろう　　　　　2　ほかにはいないだろう
3　ほかの人がいいだろう　　　　4　ほかの人に相違ないだろう

7　このハンドバッグは、繊細（せんさい）なデザインが華やかな色彩（しきさい）（　　　）素晴らしい製品となっている。

1　とあいまって　　2　ともなると　　3　にして　　　　4　にそくして

8　この悲惨な事件の犯人には、強い怒りを（　　　）。

1　禁じえない　　　　　　　　　2　禁じざるを得ない
3　禁じるにかたくない　　　　　4　禁じるばかりではない

정답　**1** ①　**2** ①　**3** ②　**4** ③　**5** ③　**6** ②　**7** ①　**8** ①　　　　해석 및 해설 **별책** p.13

問題 5 次の文の（   ）に入れるのに最もよいものを、1・2・3・4から一つ選びなさい。

1 ゴミを減らすためには、市の取り組み（   ）、個人の心がけもやはり大切だ。

1　もなにも　　　　2　をなかばに　　　3　を抜きにして　　4　もさることながら

2 今回の旅行で泊まったホテルは、眺め（   ）、サービス（   ）、本当に満足のいくものだった。

1　だの／だの　　　2　とも／とも　　　3　なり／なり　　　4　といい／といい

3 寒さも一段落し、桜のつぼみも膨らみ、いよいよ春（   ）まいりました。

1　らしく　　　　　2　ぎみに　　　　　3　っぽく　　　　　4　めいて

4 自分の夢を（   ）、日々努力を重ねている。

1　かなえるまいと　　　　　　　　2　かなえるまじく
3　かなえんがため　　　　　　　　4　かなえないものを

5 社長が誰になるかは、この会社の将来（   ）ことだ。

1　に基づく　　　　2　にかかわる　　　3　にかたくない　　4　に相違ない

6 障害者に対する暴力は、どんな理由（   ）許されない。

1　だに　　　　　　2　であれ　　　　　3　ならば　　　　　4　にてらし

7 小学生（   ）、大学生がこんな簡単な問題もできないとは信じられない。

1　ともなれば　　　　　　　　　　2　にさきがけて
3　でもしかたなく　　　　　　　　4　ならいざしらず

8 授業終了を知らせるベルが鳴るが（   ）、生徒たちは教室を飛び出して行った。

1　早くて　　　　　2　早いか　　　　　3　早くも　　　　　4　早ければ

問題 5　次の文の（　　　）に入れるのに最もよいものを、1・2・3・4から一つ選びなさい。

1　所得が低い人には、税金の負担を軽くするなどの措置がとられて（　　　）。

　　1　もともとだ　　　2　しかるべきだ　　3　極まりない　　　4　やまない

2　暑い日にサイクリングをしたら、汗が滝（　　　）流れてきた。

　　1　のごとく　　　2　なりに　　　3　らしく　　　4　じみて

3　先日提出された調査報告は信頼（　　　）ものではなかった

　　1　に向く　　　2　に足る　　　3　を通す　　　4　を込めた

4　多くの困難にも負けず、頑張り続けている彼女はすばらしい。そんな彼女の成功を（　　　）。

　　1　願うわけにはいかない　　　　　2　願ってやまない
　　3　願うにはあたらない　　　　　4　願わないばかりだ

5　退職前の毎日忙しい生活（　　　）、今の生活はのんびりしていい。

　　1　ぬきには　　　2　といったら　　3　にひきかえ　　4　はもとより

6　電車が駅に止まり、ドアが開く（　　　）彼は飛び出していった。

　　1　ことなしに　　　2　やいなや　　　3　ともなしに　　4　におよんで

7　突然の事故で、私は何をしたらいいか分からず、ただ（　　　）。

　　1　おどおどするまでもなかった　　　2　おどおどしがちだった
　　3　おどおどするのみだった　　　　4　おどおどするきらいがあった

8　近頃は、電車などで騒ぐ子どもを（　　　）ものなら、逆にこちらがその親に文句を言われてしまう。

　　1　しかった　　　2　しかる　　　3　しかろう　　　4　しからん

정답　**1** ②　**2** ①　**3** ②　**4** ②　**5** ③　**6** ②　**7** ③　**8** ③　　　해석 및 해설 별책 p.14

문장 완성 실전 연습 ❶ [/ 8]

問題 6 次の文の ★ に入る最もよいものを、1・2・3・4から一つ選びなさい。

1 今回発表された作品は、＿＿＿ ＿＿＿ ★ ＿＿＿ 素晴らしい作品だと思います。

1 高橋さん　　　2 ならではの　　3 芸術的才能の　4 ある

2 妻の買い物に付き合うのは大変だ。スカート ＿＿＿ ＿＿＿ ★ ＿＿＿、全くあきれてしまった。

1 一時間もかかる　　　　　　2 だけのことなのに
3 一枚選ぶ　　　　　　　　　4 とは

3 この映画の人気は、ストーリーの良さも ＿＿＿ ＿＿＿ ★ ＿＿＿ いえる。

1 よるところが　2 さることながら　3 俳優の演技力に　4 大きいと

4 インターネット上のデータを使用するときは、情報が正しい ＿＿＿ ＿＿＿ ★ ＿＿＿ も重要である。

1 か否か　　　　　　　　　　2 確認すること
3 だけでなく　　　　　　　　4 いつのデータなのかを

5 会社の労働条件が悪化しつつある。労働条件 ＿＿＿ ＿＿＿ ★ ＿＿＿ が業績向上だ。

1 何　　　　　　2 の　　　　　　3 改善　　　　　4 なくして

6 景気が回復してきているとはいっても、＿＿＿ ＿＿＿ ★ ＿＿＿ 現状である。

1 企業もまだ多い　2 実感できる　　3 というのが　　4 までに至らない

7 今回の学部卒業生の作品は素晴らしい。まだ ＿＿＿ ＿＿＿ ★ ＿＿＿ 才能を発揮していると思う。

1 遠く及ばないにしろ　　　　2 プロ画家の作品には
3 経験豊かな　　　　　　　　4 それなりに

8 都心の地価が上がっている。＿＿＿ ＿＿＿ ★ ＿＿＿ ことだ。

1 一般の人にとっては　　　　2 どうでもいい
3 上がろうが下がろうが　　　4 お金のない

정답　**1** ①　**2** ①　**3** ①　**4** ④　**5** ④　**6** ①　**7** ①　**8** ③　　해석 및 해설 별책 p.14

問題 6　次の文の＿＿★＿＿に入る最もよいものを、1・2・3・4から一つ選びなさい。

1　家の近くに大きなスーパーがあり、一人で ＿＿＿＿ ＿＿＿＿ ＿★＿ ＿＿＿＿ 一つになっている。

　　1　行っても　　　　　　　　　　　　2　誰かしら
　　3　それも楽しみの　　　　　　　　　4　近所の人に会うので

2　新作アニメについて、山田監督は、「大人の ＿＿＿＿ ＿＿＿＿ ＿★＿ ＿＿＿＿」と語った。

　　1　アニメ映画を　　　　　　　　　　2　作った作品だ
　　3　鑑賞にたえるような　　　　　　　4　と考えて

3　上司という者は、たとえ ＿＿＿＿ ＿＿＿＿ ＿★＿ ＿＿＿＿ 部下の失敗も引き受けるというくらいの覚悟が必要だ。

　　1　だとして　　　　2　がなくても　　　　3　自分には責任　　　4　自分の責任

4　川本先生は私の恩師です。今の ＿＿＿＿ ＿＿＿＿ ＿★＿ ＿＿＿＿ ことです。

　　1　私が　　　　　　2　先生　　　　　3　あっての　　　　4　あるのも

5　国際化が進み、＿＿＿＿ ＿＿＿＿ ＿★＿ ＿＿＿＿ 差別や紛争が後を絶たない。

　　1　現代社会にあっては　　　　　　　2　世界各地の文化の交流が
　　3　ますます活発になっている　　　　4　文化の違いを原因とする

6　どんな ＿＿＿＿ ＿＿＿＿ ＿★＿ ＿＿＿＿ 良心は残っているはずだ。

　　1　悪人で　　　　2　心の　　　　3　あろうが　　　　4　どこかに

7　政府は ＿＿＿＿ ＿＿＿＿ ＿★＿ ＿＿＿＿ として、消費税のさらなる引き上げを主張している。

　　1　もの　　　　　　2　増税は　　　　3　のない　　　　4　避けよう

8　電気・ガス・水道等は、安全かつ確かに ＿＿＿＿ ＿＿＿＿ ＿★＿ ＿＿＿＿ 人々は思っている。その「当たり前」のためどれだけ多くの人たちが頑張っていることか。

　　1　供給される　　　2　当然である　　　3　ことが　　　4　かのごとく

정답　**1** ④　**2** ④　**3** ④　**4** ②　**5** ①　**6** ②　**7** ③　**8** ②　　　　해석 및 해설 별책 p.14

問題 6　次の文の　★　に入る最もよいものを、1・2・3・4から一つ選びなさい。

1　市内を走るバス路線の一部が廃止される問題で、市側から地域住民に対し、市内循環バスを廃止する＿＿＿＿＿ ＿＿＿＿＿ ＿★＿ ＿＿＿＿＿について、説明会が行われた。

　　1　経緯　　　　　　2　今後の対応　　　3　及び　　　　4　に至った

2　社長は「魅力のある商品開発＿＿＿＿＿ ＿＿＿＿＿ ＿★＿ ＿＿＿＿＿ない」と語った。

　　1　など　　　　　　2　なくして　　　　3　望みようも　　4　会社の成長

3　旅行をするのはいいことだと思うが、借金して＿＿＿＿＿ ＿＿＿＿＿ ＿★＿ ＿＿＿＿＿、それはちょっと問題だと思う。

　　1　まで　　　　　　2　となる　　　　　3　と　　　　　　4　旅行

4　趣味も勉強も好きだという＿＿＿＿＿ ＿＿＿＿＿ ＿★＿ ＿＿＿＿＿ものだ。

　　1　好きであればこそ　　　　　　　　　2　上達する
　　3　気持ちが　　　　　　　　　　　　　4　大切であり

5　新入社員には、実務現場で直接指導したほうがいい。例えば、＿＿＿＿＿ ＿＿＿＿＿ ＿★＿ ＿＿＿＿＿、様々な状況に対応する能力が上がるので成長も早い。

　　1　しても　　　　　2　電話の応対　　　3　ひとつに　　　4　そうで

6　150円の安いケーキだったので、＿＿＿＿＿ ＿＿＿＿＿ ＿★＿ ＿＿＿＿＿、しっとりとしていて、甘さもちょうどよく、十分大満足の商品だった。

　　1　だろうと　　　　2　まあまあ　　　　3　思いきや　　　4　味も

7　サッカーの西山監督は、試合の前に、「今日の試合は、＿＿＿＿＿ ＿＿＿＿＿ ＿★＿ ＿＿＿＿＿自分たちの攻撃的なサッカーを貫きたいと思います。」と語った。

　　1　相手が　　　　　2　しようと　　　　3　どんな　　　　4　戦いを

8　彼女はこの映画で、深い悲しみを抱えた＿＿＿＿＿ ＿＿＿＿＿ ＿★＿ ＿＿＿＿＿までに演じきった。

　　1　主人公を　　　　2　見事な　　　　　3　表現力で　　　4　その個性ある

問題6 次の文の＿＿★＿＿に入る最もよいものを、1・2・3・4から一つ選びなさい。

1　勉強に専念するためにアルバイトをすぐにでも＿＿＿＿ ＿＿＿＿ ＿★＿ ＿＿＿＿ 困っている。
　　1　やめるに　　　　　2　やめられず　　　3　学費が足りず　　4　やめたいが

2　祖母は、この間階段で転んで足を痛めてしまった。＿＿＿＿ ＿＿＿＿ ＿★＿ ＿＿＿＿ ことではないので、家事をするには問題ないとのことだ。
　　1　という　　　　　　　　　　　　2　とはいえ
　　3　全く歩けない　　　　　　　　　4　歩くのが不自由になった

3　ケータイでLINEを使う＿＿＿＿ ＿＿＿＿ ＿★＿ ＿＿＿＿ 、Eメールをほとんど使わなくなった。
　　1　から　　　　　　2　ように　　　　　3　なって　　　　4　というもの

4　新型インフルエンザが流行している。保健当局は＿＿＿＿ ＿＿＿＿ ＿★＿ ＿＿＿＿ 行っている最中である。
　　1　すべく　　　　　　　　　　　　2　明らかに
　　3　ウイルスの感染経路を　　　　　4　調査を

5　お客さんにきちんとあいさつする＿＿＿＿ ＿＿＿＿ ＿★＿ ＿＿＿＿ 、言われなくてもやりなさい。
　　1　し　　　　　　　2　くらい　　　　　3　子供　　　　　4　じゃあるまい

6　株の取引も、大金持ちの彼女に＿＿＿＿ ＿＿＿＿ ＿★＿ ＿＿＿＿ ところだ。
　　1　とっては　　　　2　といった　　　　3　遊び　　　　　4　単なる

7　ここまで＿＿＿＿ ＿＿＿＿ ＿★＿ ＿＿＿＿ と判断した。
　　1　に至っては　　　2　やむを得ない　　3　業績が悪化する　4　工場の閉鎖も

8　このパソコンは、＿＿＿＿ ＿＿＿＿ ＿★＿ ＿＿＿＿ 良いので人気がある。
　　1　デザインが　　　2　価格や性能も　　3　ながら　　　　4　さること

問題6 次の文の ★ に入る最もよいものを、1・2・3・4から一つ選びなさい。

1 この問題については、＿＿＿＿ ＿＿＿＿ ★ ＿＿＿＿ でしょうが、ここのところは私の言うとおりにしてください。

　　1　あなた　　　　2　お考えが　　　3　おあり　　　4　なりの

2 末っ子の弟は兄弟の中で一番わがままだ。気に入らない ＿＿＿＿ ＿＿＿＿ ★ ＿＿＿＿ すぐに大声で泣き叫ぶ。

　　1　ものなら　　　2　ちょっとでも　　3　されよう　　4　ことを

3 原油価格の高騰により、A社の業績は急速に悪化したが、＿＿＿＿ ＿＿＿＿ ★ ＿＿＿＿ 評価も聞かれる。

　　1　という　　　　2　ましだ　　　　3　だけ　　　　4　損失が出ない

4 電車の窓から外を ＿＿＿＿ ＿＿＿＿ ★ ＿＿＿＿ 、祭りの行列が目に入った。

　　1　見て　　　　　2　見る　　　　　3　いたら　　　4　ともなく

5 どんなに安全な地域でも、ドアの鍵を二つつけるなど ＿＿＿＿ ＿＿＿＿ ★ ＿＿＿＿ だろう。

　　1　用心する　　　2　ことはない　　3　に　　　　　4　こした

6 もう少し早く ＿＿＿＿ ＿＿＿＿ ★ ＿＿＿＿ ので、手遅れになってしまった。

　　1　助かった　　　2　放っておいた　3　ものを　　　4　病院に行けば

7 来客があり、家の掃除を始めたが、＿＿＿＿ ＿＿＿＿ ★ ＿＿＿＿ 思わず大きな声を上げてしまった。

　　1　片づける　　　2　子供たちに　　3　そばから　　4　散らかしていく

8 留学生のエリカさんは、震災が発生して近くの公園に逃げた時、＿＿＿＿ ＿＿＿＿ ★ ＿＿＿＿ と語っていた。

　　1　誰も　　　　　　　　　　　　　2　思いをした

　　3　顔見知りがおらず　　　　　　　4　非常に心細い

정답　1②　2③　3②　4①　5④　6③　7④　8④　　　　해석 및 해설 별책 p.15

問題 6　次の文の　__★__　に入る最もよいものを、1・2・3・4から一つ選びなさい。

1　映画を見終わって、＿＿＿＿ ＿＿＿＿ __★__ ＿＿＿＿ だったか、強く反省した。
　　1　自分の生き方が　　　　　　　　2　主人公の生き方に
　　3　ひきかえ　　　　　　　　　　　4　いかにいい加減

2　公園のベンチにかばんを置き忘れたことに今気がついた。もう5時間も経っている
　　から、戻ってさがして＿＿＿＿ ＿＿＿＿ __★__ ＿＿＿＿ まい。
　　1　ところで　　　　2　みた　　　　3　見つかる　　　　4　まず

3　今日は ＿＿＿＿ ＿＿＿＿ __★__ ＿＿＿＿ くらいだった。
　　1　むしろ　　　　2　寒い　　　　3　暑くなるか　　　4　と思いきや

4　今年引き下げられた税率が、来年から上がるそうだ。
　　短期間でこんな ＿＿＿＿ ＿＿＿＿ __★__ ＿＿＿＿ かなわない。
　　1　何度も　　　　2　風に　　　　3　は　　　　　　4　変えられて

5　昨日の演奏は、＿＿＿＿ ＿＿＿＿ __★__ ＿＿＿＿ かなり良かったと思う。
　　1　最高の出来　　2　までも　　　3　とは　　　　　4　いえない

6　試験まで ＿＿＿＿ ＿＿＿＿ __★__ ＿＿＿＿ たりとも無駄にはできない。
　　1　あと　　　　　2　一日　　　　3　一週間　　　　4　しかなく

7　次回の交渉では、相手の態度のいかんに ＿＿＿＿ ＿＿＿＿ __★__ ＿＿＿＿ つもり
　　だ。
　　1　こちらの　　　　2　こちらは　　　3　かかわらず　　4　主張を貫き通す

8　高層ホテルの建設に対する住民の反対運動が ＿＿＿＿ ＿＿＿＿ __★__ ＿＿＿＿ 進め
　　られた。
　　1　工事はどんどん　　　　　　　　2　のを
　　3　盛り上がる　　　　　　　　　　4　よそに

問題 7 次の文章を読んで、文章全体の趣旨を踏まえて、1から5の中に入る最もよいものを
1・2・3・4から一つ選びなさい。

　時間というのは実に驚異的なものです。どんなに凄まじい怒りや、深い悲しみ
でさえも、時間が経てば　1　のですから。大抵のことは、時間が解決してくれる
ものです。

　この時間の効果をうまく活用し、時間を味方につければ^(注)運を引き寄せられる
かもしれません。　2　、会社内で上司や同僚となかなか意見の交換がうまくいか
ない時、夫婦喧嘩で腹が立った時などを挙げることができます。これは大いに役
立ちます。とりあえず「時間を取ろう」と言ってみてはどうですか。双方がその
まま腹を立て理性を失えば、取り返しのつかない　3　。

　よほどのことがない以上、人は激しい感情が長続きすることなどありません。
少しの時間を置けば、　4　ものです。カッとなった時、イラっとした時、冷静
になれない時、失敗をしたと思った時、思わぬ障害にぶつかった時は何もせずに
「時間を取ろう」と、自分に一言投げかけてみましょう。

　口に出すことで、少し余裕が生まれるはずです。そして、その状況から少し距
離を置くことで、一時的な感情はなくなり、予想もできなかったような解決策が
頭に浮かぶ　5　。「時間を取ろう」は幸運の言葉かもしれません。

（注）味方につける：自分の助けになるよう利用する

1

1 薄れていく　　　　2 こじれてしまう　　3 浮き彫りになってくる 4 よみがえる

2

1 さらに　　　　　　2 しかしながら　　　3 たとえば　　　　　4 とはいえ

3

1 結果になるわけがない　　　　　　2 結果にならないとも限りません

3 結果になるというものではない　　　4 結果になるとは言いがたい

4

1 感心する　　　　2 挫折する　　　　3 鎮静する　　　　4 動揺する

5

1 ことはあるだろうか　　　　　　　2 ことはありえない

3 ことにしている　　　　　　　　　4 こともあるでしょう

問題 7　次の文章を読んで、文章全体の趣旨を踏まえて、 1 から 5 の中に入る最もよいものを
　　　　1・2・3・4から一つ選びなさい。

　　どうしてこんなことに苦情が殺到するのか、と思うことが増えている。最近は
隙（すき）さえあれば苦情を送りつけるテレビ視聴者がいる。

　　ある人気料理番組に出演し、オリーブオイルを使った料理を披露したシェフに
対し、こんな苦情が寄せられた。オイルを「使い過ぎだ」「あんなに使ったら健康
を害する」「視聴者の家計を配慮しろ」「高いブランドのを使っている」などの内容
だった。苦情の内容は様々ではあるが、 1 考えても健康や家庭などを口実に取
り、揚げ足を取っている[注]ようにしか思えない。

　　彼らは自分が正しいと感じ、テレビ側に非があると感じれば、即、苦情を送り
付ける。現に、自分が大量に使わないと思っていてもこれを「チャンス」 2 感
じるのだ。その機会を決して 3 。

　　万一、メディアがこのような苦情に対し、謝罪をすれば彼らには 4 体験へと
なるのだ。そしてまた成功したいために、また苦情を送り付けるのだ。もちろん
彼らの肩を持つ意見も存在したが、これは各メディアで取り上げられ、彼らは大
成功したと歓喜をあげたかもしれない。メディアは苦情に屈することなく、正当
ではない苦情を 5 。正当ではないものを除けば、まともなものが見える。そし
て彼らの失敗は増えていくだろう。

（注）揚（あ）げ足（あし）を取（と）る：人（ひと）の言葉（ことば）じりやちょっとした失敗（しっぱい）を取（と）り揚（あ）げて非難（ひなん）する。

1

1　いつ

2　何か

3　たとえ

4　どう

2

1　とばかりに

2　とあいまって

3　がてら

4　をおいて

3

1　逃がすこともありうる

2　逃がさないとも限らない

3　逃したりはしない

4　逃がさないものでもない

4

1　現実

2　成功

3　出演

4　非難

5

1　謝罪するべきだ

2　放置するべきだ

3　体験するべきだ

4　許容するべきだ

問題 7　次の文章を読んで、文章全体の趣旨を踏まえて、1から5の中に入る最もよいものを
　　　　1・2・3・4から一つ選びなさい。

　人間というものは　1　捨てるということが下手なのか。一番分かりやすい例は引っ越しの時だろう。何年もの間、使用していない物を見て、いつか使うかもしれない、捨てたら後悔するかもしれない、愛着があるからなど……。　2　ごみのように見えるものでも、様々な理由をつけていき、どんどん荷物が増えていく。結局、大半の物は使うことなく、ただ場所を占領することになるのに。本人も心の底ではきっと分かっているはずだ。引っ越し先でも、頻繁には使われず、邪魔になってしまうことを。

　一度、手にしたものを手放すことに対し、不安的な感情が先行し捨てることができないのだろう。物に対する執着心や依存心が芽生えていて、捨てることは自分自身の存在意義をも捨ててしまうことだと　3　からだ。

　このように捨てられない人は多く存在するが、このようなケースの人は物　4　、過去の必要のない思い出や経験をも頭から切り離せないでいることが多い。すぐ忘れてしまうような、すぐ忘れてもいいような過去の失敗や栄光を何年も引きずり未来への構築ができないまま年を取っていくのだ。

　物を捨てる行為は新しい何かを得るために、新しい何かを始めるために行う行為だと思えばいい。いや、実際、捨てるという行為を実践すればそこから　5　が見えてくるだろう。

1

1 どうして

2 どうすれば

3 どのように

4 どう

2

1 一切

2 一体

3 一見

4 一部

3

1 感じるわけがない

2 感じてほしくない

3 感じるべきだ

4 感じている

4

1 をふまえて

2 を押して

3 に即して

4 に限らず

5

1 不安な感情

2 自分の存在意義

3 必要なもの

4 過去の思い出

問題 7　次の文章を読んで、文章全体の趣旨を踏まえて、 1 から 5 の中に入る最もよいものを
　　　　　1・2・3・4から一つ選びなさい。

　　日本ではここ数年、漢字が流行しています。連日テレビでは漢字のクイズ番組
が放送され、出演者たちが漢字の読み書きの能力を競っています。 1 、手軽に
クイズができる携帯電話用のアプリケーション、書き順や音読み、訓読みを覚え
るための新奇な漢字ドリル、漢字にまつわるジョークまでもがブームになってい
ます。幼少期から漢字に興味を抱いてきた私にとって、人々の漢字への関心は嬉
しい反面、気にかかるものであります。

　　というのは、私は最近の漢字ブームに対して物足りない思いを抱いているので
す。辞書に載っているような漢字の表面的な知識を暗記し、それを披露するだけ
の表面的な流行として感じてしまうからです。たくさんの人々が漢字に関心を持
っている 2 、その関心は辞書が教えてくれること、そして表面的な知識を覚え
ることに留まっています。それがもったいないと思うのです。 3 を通して分か
ることは漢字に関する複雑な事実の中のごく部分的なものにすぎないからです。

　　私が最も伝えたい事は漢字は古代の中国から現在に至るまで形を変えてきたと
いうことです。そして、今なお変化をやめていません。漢字の変化の背景には、
それを引き起こす様々な歴史的、社会的、民族的な要因が存在します。でも実際
は部分的なものばかりが注目され、漢字の特有の特徴があまり注目されていない
のです。どうやって変化を成してきたのか、このようなおもしろい要素を無視す
るのは 4 のです。

　　辞書に載っている漢字を覚えることはもちろん大事で、楽しいことではありま
すが、それと同じぐらい、漢字には大事で楽しいことが 5 。

1

1　それにひきかえ	2　それだけでなく
3　それとは裏腹に	4　それをよそに

2

1　のに加えて	2　のにもかかわらず
3　のにもとづいて	4　のにもまして

3

1　歴史	2　放送
3　辞書	4　クイズ

4

1　実に残念である	2　実にすばらしい
3　実は望ましい	4　実はない

5

1　あるでしょうか	2　あるわけではない
3　あってほしいのです	4　あるのです

問題 7　次の文章を読んで、文章全体の趣旨を踏まえて、1 から 5 の中に入る最もよいものを
　　　　1・2・3・4から一つ選びなさい。

　この夏、わが家にとって最大のイベントは、10年ぶりの引っ越しだった。結婚して３番目の家になるのだが、住環境が新しくなると、知らないあいだに住む者まで変化することに、驚いている。

　まず、最大の変貌ぶりは、夫だった。これまで、掃除機などに手を触れたこともないその夫　1　である。新しい家はちょっとした汚れでも目につくのか、突然、きれい好きでマメな「掃除魔」と化してしまったのだ。

　実は私は、夕食のあといったん短い仮眠をとり、毎晩夜中にごそごそ(注1)と起きだしては、朝まで仕事をするという完全な夜型作家だ。引っ越し直後の朝、ふらふらのまま仕事部屋を出ると、なんと掃除機の音が　2　。びっくりしてリビングに行ってみると、かいがいしく(注2)掃除機をかけている夫がいた。私が最大限の賛辞と拍手を贈ったことは言うまでもない。

　ところで、うちにはタロウという犬がいる。今年７歳になる犬で、タロウも引っ越しを機に大変身を遂げた。以前は散歩嫌い、階段嫌いで、どんなに運動を　3　無理で、「食っちゃ寝(注3)」の怠惰な暮らしから抜けきれない怠け者だった。

　4　、新しい家が地上二階という間取りのため、引っ越し当日どこに行くにも私のあとをついて回り、階段をものともしない。私は、そんなタロウをほめてやったのである。以来一か月あまり、夫もタロウも楽しそうに掃除と階段運動を楽しんでいる。

　そこで私は、ふと気がついた。　5　は、まさにわが家の構造改革なのだと。動かない犬も、非協力的な夫も、家という構造を変えただけであっけなく改善されてしまったのである。もちろん改革成功のキーワードは、ほめることなのである。

（注１）ごそごそ：こわばった物、乾いた物などがふれ合って立てる音
（注２）かいがいしい：てきぱきしている
（注３）食っちゃ寝：何もしないでぶらぶら暮らすこと。

1

1 が

2 にと

3 の

4 をも

2

1 聞こえたのか

2 聞こえるのだろうか

3 聞こえるではないか

4 聞こえないこともあるのか

3

1 させんがため

2 させようとしても

3 されようと

4 させるまでもなく

4

1 それによって

2 そして

3 つまり

4 ところが

5

1 賛辞

2 運動

3 引っ越し

4 掃除

1교시

독해

問題8 내용 이해(단문)

問題9 내용 이해(중문)

問題10 내용 이해(장문)

問題11 종합 이해

問題12 주장 이해(장문)

問題13 정보 검색

독해 완전 정복을 위한 꿀팁!

독해는 번역과는 다릅니다. 보물찾기처럼 힌트를 찾아서 정답과 관련된 문장만 해석하여 푸는 것이 효율적인 독해 접근 방법입니다. 정답을 고를 때에는 오답을 하나씩 지워 나가는 연습을 하는 것이 좋습니다.

● **問題8 내용 이해(단문)**
단문 독해는 마지막 1~2줄에 필자의 주장이 있으니 그 부분에 주의하여 읽는 연습을 합니다.

● **問題9 내용 이해(중문)**
중문 독해는 단문이 2개라는 생각으로 접근합니다. 밑줄 문제는 90% 이상 앞뒤 문장에 힌트가 있다고 보면 됩니다.

● **問題10 내용 이해(장문)**
장문 독해는 단문이 3개라는 생각으로 접근합니다. 지문을 4단락으로 나눈다고 할 때, 단락별로 1문제씩 출제됩니다. 시간 배분을 위해 어려운 문제의 단락은 과감하게 패스하고 푸는 연습도 필요합니다.

● **問題12 종합 이해**
지문 A, B의 주장을 요약하는 연습과 공통점 및 차이점 찾는 연습을 합니다. 두 문제 중 한 문제는 무조건 맞힐 수 있을 것입니다.

● **問題13 주장 이해(장문)**
독해에서 난이도가 가장 높습니다. 먼저 지문을 3~4단락으로 나누는 것부터 시작하되, 문제를 먼저 읽고 지문을 어디까지 읽어야 할지 가늠해 봅시다. 문제는 지문의 순서로 나오기 때문입니다.

● **問題14 정보 검색**
문제에서 제시된 조건을 지문에 표시하며 풉니다. 그리고 예외 조항에 주의합니다. 주로 앞부분에서 1문제, 뒷부분에서 1문제가 나옵니다.

PART 1

워밍업

1. 비법 전수
2. 비법 어휘

問題 8 내용 이해 (단문)

● ● 유형 분석

1 4지문, 4문제가 출제된다.

2 주로 생활, 학습, 일상적인 화제, 비즈니스 문서를 주제로 200~300자 정도의 짧은 글을 읽고 내용을 이해하고 있는지를 묻는 문제이다. 세로 글도 1문제가 출제된다.

3 문제 당 2~3분 내외로 푸는 것이 좋다.

4 출제 유형

(1) 필자의 주장을 묻는 문제 – 평균 3문제 이상

필자의 주장을 찾는 문제는 주로 마지막 부분에 결정적인 힌트가 주어지는 경우가 많다.

(2) 밑줄 친 부분의 의미 파악 문제 – 평균 1문제 이하

단문 독해에서 밑줄 친 부분에 대한 문제는 자주 출제되는 유형은 아니다.

설령, 출제가 되더라도 전체적인 문장의 흐름을 잘 파악해 두면 어렵지 않게 풀 수 있다.

(3) 내용 파악 문제 – 평균 1문제 이하

역시 단문 독해에서 자주 출제되는 유형은 아니지만 간혹 출제되기도 하니 파악은 해 두도록 하자.

예시 문제

次の文章を読んで、後の問いに対する答えとして最もよいものを、1・2・3・4から一つ選びなさい。

現代は、個人の自由と権利が何よりも重要視される社会になった反面、団体や地域共同体の意識が薄れた社会になってしまったことも否定できない。ここで、一体自分は何のために生きていきたいのか考えてみよう。今している仕事や行動は誰のためのものなのか。人間の寿命は有限であり、時間も限られている。幸せと不幸の基準は相対的なものであるが、富と権力を追求する人生だけではなく、もう少し価値のある人生を送ってみようではないか。金持ちは数えきれないほどいるし、権力者も予測するのが難しいほど多い。このような平凡な「個人」になることよりは、誰かのために少しは価値があり、特別な「人」になるために努力してみるのはどうだろうか。

1 この文章で筆者が一番言いたいことは何か。

1 現代は、他人のために個人の自由と権利を放棄することは仕方がない。

2 個人の幸福を追求するのみでなく、他人のために価値がある人生でありたい。

3 幸福と価値を判断するのは絶対的な基準ではなく相対的な基準による。

4 富と名誉だけを追求する思想を捨てて、幸せな個人になるための準備をするべきだ。

정답 2

해석 다음 글을 읽고 다음의 물음에 대한 답으로 가장 알맞은 것을 1·2·3·4에서 하나 고르시오.

현대는 개인의 자유와 권리가 무엇보다도 중요시되는 사회가 된 반면, 단체나 지역 공동체의 의식이 희미해진 사회가 되어버린 것도 부정할 수 없다. 여기서, 도대체 자신은 무엇을 위해서 살아가고 싶은 것인지 생각해 보자. 지금 하고 있는 일이나 행동은 누구를 위한 것인가. 인간의 수명은 유한하고, 시간도 한정되어 있다. 행복과 불행의 기준은 상대적인 것이지만, 부와 권력을 추구하는 삶뿐만 아니라, 조금 더 가치가 있는 삶을 살아 보지 않겠는가. 부자는 헤아릴 수 없을 정도로 있고, 권력자도 예측하기 어려울 정도로 많다. ⓐ이러한 평범한 '개인'이 되는 것보다는 누군가를 위해서 조금은 가치 있고 특별한 '사람'이 되기 위해서 노력해 보는 것은 어떨까?

1 이 문장에서 필자가 가장 말하고 싶은 것은 무엇인가?

1 현대 사회는 타인을 위해서 개인의 자유와 권리를 포기하는 것은 어쩔 수 없다.
2 개인의 행복을 추구하는 것뿐만 아니라, 타인을 위한 가치 있는 삶이고 싶다.
3 행복과 가치를 판단하는 것은 절대적인 기준이 아니라 상대적인 기준에 의한 것이다.
4 부와 명예만을 추구하는 사상을 버리고, 행복한 개인이 되기 위한 준비를 해야 한다.

해 설 제시문의 마지막 문장에서 필자는 돈과 권력의 추구보다는 누군가를 위한 특별한 사람이 되자고 주장하고 있다. 따라서 정답은 선택지 2번이다.

Tip 필자의 주장을 묻는 문제는 마지막 부분에 정답에 관한 힌트가 나오는 경우가 많다.

단어 現代 현대 | 個人 개인 | 権利 권리 | ～反面 ～반면 | 地域 지역 | 意識 의식 | 薄れる 희미해지다, 점차 줄다 | 否定 부정 | 寿命 수명 | 限る 제한하다, 한정하다 | 富 부 | 権力 권력 | 追求 추구 | 価値 가치 | ～きれない 다 ～할 수 없다 | 予測 예측 | 平凡 평범 | 特別 특별 | 努力 노력 | 放棄 포기 | 基準 기준 | 思想 사상 | ～べきだ ～해야 한다

● ● 유형 분석

1 3지문, 9문제가 출제된다.

2 주로 500~700자 정도의 신문 또는 잡지의 기사나 평론, 일상적인 화제에 관한 글을 읽고 내용을 이해했는지를 묻는 문제이다.

3 지문당 7분 내외로 푸는 것이 좋다.

4 출제 유형

(1) 밑줄 친 부분의 의미 파악 문제 – 평균 4문제 이상

중문 독해에서 가장 자주 출제되는 유형이 바로 밑줄 친 부분에 대해 묻는 것이다.

많이 출제될 때는 한 지문에서 2문제 이상이 출제되기도 한다.

(2) 필자의 주장을 묻는 문제 – 평균 3문제 이상

필자의 주장이나 문장의 결론을 찾는 문제는 주로 마지막 부분에 결정적인 힌트가 주어지는 경우가 많다.

(3) 내용 파악 문제 – 평균 2문제 이상

次の文章を読んで、後の問いに対する答えとして最もよいものを、1・2・3・4から一つ選びなさい。

社会人になると、職場での拘束時間が長くなる。職場で多くの時間を消費しなければならないだけに、職場内での対話は非常に重要になる。職場においての対話では、友達や恋人関係でみられる水平的なコミュニケーションとは異なり、垂直的なコミュニケーションが現れる場合が多い。職場での対話は、一方的な指示の体制を基礎にした上下関係の対話が多い。そもそも、職場のような階級社会では相互間の協力と対話よりも、一方的な指示と伝達の体制がさらに効果的なのである。

コミュニケーションというのは、発信者と受信者の両方向の対話が基本である。リーダーから出た発言がチームの人々に伝えられるだけでは、コミュニケーション自体が成り立たない。一方、社員たちの雰囲気がいい会社の共通点があるが、それはまさに、リーダーの優秀なコミュニケーション能力である。対話ということの前提は、相互尊重であり、最も大切なことである。互いに自分の立場だけを主張して固執すれば、職場での効率性とはかけ離れた業務になってしまいかねない。　（中略）

リーダーのコミュニケーション能力と同様に、部下のコミュニケーション能力も重要である。部下の立場の人の最も重要なコミュニケーション能力は、傾聴というものである。相手の言葉を聞くこと、その自体は難しいことではない。重要なのは、聞く姿勢である。話をする人の感情や雰囲気を察し、話の目的を予知することが最も重要である。相手の話がよく聞ける人は、相手に自分の話もよくできるようになるのである。

1　垂直的なコミュニケーションが現れる場合が多いとあるが、その理由は何か。

1　自分の主張だけを申し立てようとする傾向により、相手との対話に困難が生じるため

2　多数の個体とコミュニケーションを図って、効率的に仕事を進める必要があるため

3　内容を発信する側と受信する側が確実に区分されていて、構造上、反対方向への対話が難しいため

4　円滑な業務処理のためには、報告と指示に基づいたコミュニケーションのシステムがより便利であるため

2 筆者は、優秀なリーダーのコミュニケーション能力についてどう考えているのか。

1 リーダーは職場の雰囲気を主導し、導いていくための丁寧な言い方が必要だ。

2 部下たちの立場を十分認知した上に、効率的な指示を工夫しなければならない。

3 序列関係にとらわれず、ある特定の人物の肩を持つのは自制するべきだ。

4 個人の人格と立場を十分配慮して、一方的な作業指示のような行為は慎むべきだ

3 筆者が考えている、部下のコミュニケーション能力とは何か。

1 どんな状況においても上司が言う意図を逃すまいとする姿勢が必要だ。

2 対話の主体となって内容を発信することも重要だが、正確に受信する能力も必要だ。

3 低い地位にいる人ほど、上司の言葉をよく聞き入れる練習が必要だ。

4 話を聞くのも重要だが、発信者の姿を観察することも必要だ。

정답 4/4/4

해 석　다음 글을 읽고 다음의 물음에 대한 답으로 가장 알맞은 것을 1·2·3·4에서 하나 고르시오.

사회인이 되면, 직장에서의 구속 시간이 길어진다. 직장에서 많은 시간을 소비해야 하는 만큼, 직장 내에서의 대화는 굉장히 중요하다. 직장 내 대화에서는 친구나 연인 관계에서 보이는 수평적인 커뮤니케이션과는 달리, 수직적인 커뮤니케이션이 나타나는 경우가 많다. 직장에서의 대화는 일방적인 지시 체제를 기초로 한 상하관계의 대화가 많다. 애초에 ⓐ직장과 같은 계급사회에서는 상호 간의 협력과 대화보다는 일방적인 지시와 전달 체제가 더욱 효과적인 것이다.

커뮤니케이션이라고 하는 것은 발신자와 수신자의 양방향 대화가 기본이다. 리더에게서 나온 발언이 팀원들에게 전달되는 것만으로는 커뮤니케이션 자체가 성립되지 않는다. 한편, 사원들의 분위기가 좋은 회사의 공통점이 있는데, 그것은 바로 리더의 우수한 커뮤니케이션 능력이다. ⓑ대화라는 것의 전제는 상호존중이고, 가장 중요한 것이다. 서로가 자신의 입장만을 주장하고 고집한다면, 직장에서의 효율성과는 동떨어진 업무가 되어버릴 수도 있다. (중략)

리더의 커뮤니케이션 능력과 마찬가지로, 부하의 커뮤니케이션 능력도 중요하다. 부하의 입장에 있는 사람의 가장 중요한 커뮤니케이션 능력은 경청이라는 것이다. 상대의 말을 듣는 것, 그 자체는 어려운 일이 아니다. ⓒ중요한 것은 듣는 자세이다. 말을 하는 사람의 감정이나 분위기를 살피고, 이야기의 목적을 알아내는 것이 가장 중요하다. 상대의 이야기를 잘 들을 수 있는 사람은 상대에게 자신의 이야기도 잘 할 수 있게 되는 것이다.

<u>1</u>　수직적인 커뮤니케이션이 나타나는 경우가 많다고 하는데, 그 이유는 무엇인가?

　1　자신의 주장만을 내세우려 하는 경향으로 인해, 상대와의 대화에 어려움이 생기기 때문에

　2　다수의 개체와 커뮤니케이션을 도모하고, 효율적으로 일을 진행할 필요가 있기 때문에

　3　내용을 발신하는 쪽과 수신하는 쪽이 확실하게 구분되어 있고, 구조 상 반대 방향으로의 대화가 어렵기 때문에

　4　원활한 업무 처리를 위해서는 보고와 지시에 기초한 커뮤니케이션 체계가 보다 편리하기 때문에

<u>2</u>　필자는 우수한 리더의 커뮤니케이션 능력에 대해서 어떻게 생각하고 있는가?

　1　리더는 직장의 분위기를 주도하고 이끌어 가기 위한 공손한 말투가 필요하다.

　2　부하들의 입장을 충분히 인지한 후에, 효율적인 지시를 연구해야 한다.

　3　서열 관계에 얽매이지 않고, 어떤 특정 인물의 편을 드는 것은 자제해야 한다.

　4　개인의 인격과 입장을 충분히 배려하고, 일방적인 작업 지시와 같은 행위는 삼가야 한다.

<u>3</u>　필자가 생각하는 부하의 커뮤니케이션 능력이라는 것은 무엇인가?

　1　어떤 상황에서도 상사가 말하는 의도를 놓치지 않으려고 하는 자세가 필요하다.

　2　대화의 주체가 되어서 내용을 발신하는 것도 중요하지만, 정확하게 수신하는 능력도 필요하다.

　3　낮은 지위에 있는 사람일수록 상사의 말을 잘 들어주는 연습이 필요하다.

　4　이야기를 듣는 것도 중요하지만, 발신자의 모습을 관찰하는 것도 필요하다.

해 설　<u>1</u>　ⓐ직장에서는 협력과 대화보다, 일방적인 지시와 전달이 더욱 효과적이라고 말하고 있다. 따라서 정답은 선택지 4번이다.

　Tip　밑줄 친 부분과 관련된 문제는 앞뒤의 문장을 잘 살펴보면 정답에 관한 힌트를 찾을 수 있는 경우가 많다.

　<u>2</u>　ⓑ일방적인 지시가 아닌, 상호 존중의 대화와, 자신의 입장만을 고집해서는 안 된다고 말하고 있다. 따라서 정답은 선택지 4번이다.

　<u>3</u>　ⓒ상대방의 이야기를 그냥 듣는 것이 아니라, 감정이나 분위기, 이야기를 하는 목적을 살피는 것이 중요하다고 말하고 있다. 따라서 정답은 선택지 4번이다.

단어　職場 직장 | 拘束 구속 | 消費 소비 | 非常に 매우, 상당히 | ～において ～에 있어서, ～에서 | 行う 행하다, 실시하다 | 異なる 다르다 | 垂直 수직 | 階級 계급 | 指示 지시 | 体制 체제 | 基礎 기초 | 協力 협력 | 伝達 전달 | 効果 효과 | 成り立つ 성립하다 | 優秀 우수 | 尊重 존중 | 固執 고집 | かけ離れる 멀리 떨어지다, 동떨어지다 | 傾聴 경청 | 申し立てる 주장하다, 내세우다 | 傾向 경향 | 図る 도모하다 | 区分 구분 | 円滑 원활 | 処理 처리 | 導く 이끌다 | 序列 서열 | 肩を持つ 편들다 | 自制 자제 | 姿勢 자세 | 察する 살피다, 헤아리다 | 行為 행위 | 状況 상황 | 逃す 놓치다 | 観察 관찰

● ● 유형 분석

1 1지문, 4문제가 출제된다.

2 주로 1,000~1,100자 정도의 논리적인 이해 전개가 비교적 평이한 신문 또는 잡지의 기사나 평론, 일상적인 화제에 관한 글을 읽고 내용을 이해했는지를 묻는 문제이다.

3 지문당 10분 내외로 푸는 것이 좋다.

4 출제 유형

(1) 밑줄 친 부분의 의미 파악 문제 – 평균 1문제 이상

　　장문 독해에서 가장 자주 출제되는 유형이 바로 밑줄 친 부분에 대해 묻는 것이다.

　　많이 출제될 때는 한 지문에서 2문제 이상이 출제되기도 한다.

(2) 필자의 주장을 묻는 문제 – 평균 2문제 이상

　　장문 독해에서 가장 자주 출제되는 유형으로, 필자의 주장이나 문장의 결론을 찾는 문제이다. 주로 마지막 부분에 결정적인 힌트가 주어지는 경우가 많다.

(3) 내용 파악 문제 – 평균 1문제 이상

✓ 마지막 1~2줄에 결정적 힌트가 나오는 경우가 많다!
✓ 문제를 먼저 읽고, 본문을 3~4개의 단락으로 나누는 연습을 하자!

예시 문제

　　次の文章を読んで、後の問いに対する答えとして最もよいものを、1・2・3・4から一つ選びなさい。

　　多くの人が健康のために走っている。僕もまた増えた体重と、運動不足を補うために新年から走っている。ジムでの運動は何度か失敗した経験があるので、今年は①放棄することにした。すらりとして素敵な筋肉を誇る人々の中で、強いストレスと侮辱感を感じるだけだったのだ。

　　走ることはダイエットのための　最高の運動である。そのために、まず、私たちの身体のメカニズムを理解しなければならない。20分以下のランニングは血液や筋肉の脂肪をエネルギー源として使用してしまうだけなので、それ以上でなければ、ダイエットには効果がないのである。ダイエットが目的ではなく、健康のためにランニングを行っている人なら、走る時間よりは弛まぬ努力を続けることがより重要だ。米国のある研究チームの発表によると、健康のための最も効率的なランニングは、一週間に2回、20~30分ほどだという。屋外でのランニングは気温が下がるほど、体が収縮するので、柔軟性と弾力性が落ちることになる。寒い気候によって、筋肉や関節に大きな無理が伴う可能性があるということだ。蒸し暑い日のランニングには脱水症状と筋肉の痙攣が起こりやすいため、普段よりスローペースで短い距離を走るのが望ましい。

　すべての運動と同じように、走ることにも効果的な運動方法が存在する。自分の健康状態に合わせて距離を調節するのはもとより、走りに適したランニングシューズを購入することも非常に重要だ。衝撃をよく吸収する靴か、着用感はどうかなど、きめ細かいチェックが必要だ。初めてランニングをする人は、怪我をしないように走る前に体の主要関節をほぐすことが重要だ。膝と足首だけでなく、腰や肩、首、手首などの関節も十分にほぐさなければならない。ランニングの正しい姿勢は思ったより難しいことだが正しい姿勢を身につけることは基本中の基本である。

　ところで、ランニングのオアシスと呼ばれる②ランナーズ・ハイのことを知っているだろうか。心拍数が1分に120回以上の状態で、30分以上走っている場合に限って、誰にでも訪れるという。肉体の苦痛を軽減するために脳から送られる強力なホルモンであるベータエンドルフィンがまさにそのことだ。苦痛の代わりに快感を与えると言われているが、麻薬成分が含まれた鎮痛剤のようなこのホルモンを感じることができたら、走ることが楽しくてたまらなくなるようだ。僕にも早く訪れてくれることを祈りながら、今日も靴ひもを結んでいる。

1　筆者はなぜ①放棄することにしたと言っているのか。

1　ダイエットのためではなく、健康を維持するための運動が目的だから

2　運動をするために、他の人々の視線を受けるのが苦痛だから

3　室内で運動するより、屋外で運動をするのを選択したから

4　運動以外のことにストレスを感じるのが嫌だから

2　走ることについての説明の中、本文の内容に合っているものはどれか。

1　健康を目的とする走りの場合、その効果は必ずしも時間の長さと関連しない。

2　蓄積された脂肪を燃やすまで走らない限り、健康に役立つことはない。

3　やせるためにランニングをする時は、制限された時間と回数を守ることが重要である。

4　寒い気候で行われる走りは筋肉痙攣などの現象をもたらしがちである。

3　効果的なランニングの内容に合っていないものはどれか。

1　本人の体の状態に応じて適切なコースを選択しなければならない。

2　ランニングを目的とした靴を購入するとき、安全検査項目を把握しなければならない。

3　ランニングのための準備運動として体の関節を十分弛緩させなければならない。

4　正しい姿勢を維持しながら走ることにも気をつけた方がいい。

4　筆者が言う②ランナーズ・ハイとは何か。

1　ランナーが体の苦痛にたえるために服用する薬物

2　人の体から生成されるホルモンに近い効果がある麻薬物質

3　苦痛を克服するために人の体内で作られる物質

4　ランニングをしているとき、まれに起こる異常疲労現象

많은 사람이 건강을 위해 달리기를 하고 있다. 나 또한 늘어난 체중과 운동 부족을 보충하기 위해 새해부터 달리고 있다. 체육관에서의 운동은 몇 번인가 실패한 경험이 있기 때문에 올해는 ①포기하기로 했다. @날씬하고 멋진 근육을 뽐내는 사람들 속에서 강한 스트레스와 모욕감을 느낄 뿐이었기 때문이다.

달리기는 다이어트를 위한 최고의 운동이다. 그것을 위해서 먼저 우리 몸의 메커니즘을 이해해야 한다. 20분 이하의 달리기는 혈액이나 근육의 지방을 에너지원으로 사용해버릴 뿐이기 때문에, 그 이상이 아니라면 다이어트에는 효과가 없는 것이다. 다이어트가 목적이 아니고, ⓑ건강을 위해서 달리기를 하고 있는 사람이라면, 달리는 시간보다는 꾸준한 노력을 계속하는 것이 더욱 중요하다. 미국의 어떤 연구팀의 발표에 의하면, 건강을 위한 가장 효율적인 달리기는 일주일에 2회, 20~30분 정도라고 한다. 야외에서의 달리기는 기온이 떨어질수록 몸이 수축되기 때문에 유연성과 탄력성이 떨어지게 된다. 추운 날씨에 의해서 근육이나 관절에 큰 무리가 동반될 가능성이 있다는 것이다. 무더운 날씨의 달리기에는 탈수 증상과 근육 경련이 일어나기 쉽기 때문에 평소보다 느린 페이스로 짧은 거리를 뛰는 것이 바람직하다.

모든 운동과 마찬가지로 달리기에도 효과적인 운동법이 존재한다. 자신의 건강 상태에 맞추어 거리를 조절하는 것은 물론이고, 달리기에 적합한 러닝 슈즈를 구입하는 것도 매우 중요하다. ⓒ충격을 잘 흡수하는 신발인지, 착용했을 때의 불편한 점은 없는지 등, 꼼꼼한 체크가 필요하다. 처음으로 달리기를 하는 사람은 다치지 않도록 달리기 전에 몸의 주요 관절을 풀어주는 것이 중요하다. 무릎과 발목뿐만 아니라, 허리나 어깨, 목, 손목 등의 관절도 충분히 풀어주어야 한다. 달리기의 올바른 자세는 생각보다 어렵지만, 올바른 자세를 익히는 것은 기본 중의 기본이다.

그런데 달리기의 오아시스라고 불리는 ②러너스 하이를 알고 있는가? 심박수가 1분에 120회 이상의 상태에서 30분 이상의 달리기를 하고 있을 경우에 한해 누구에게나 찾아온다고 한다. ⓓ육체의 고통을 줄이기 위해서 뇌로부터 보내지는 강력한 호르몬인 베타엔도르핀이 바로 그것이다. 고통 대신에 쾌감을 준다고 하는데, 마약 성분이 포함된 진통제와 같은 이 호르몬을 느낄 수 있다면, 달리는 것이 즐거워서 견딜 수 없게 되는 것 같다. 나에게도 빨리 찾아와 주기를 바라면서, 오늘도 운동화 끈을 묶고 있다.

---

1   필자는 왜 ①포기하기로 했다고 말하고 있는가?

  1 다이어트를 위함이 아니라, 건강을 유지하기 위한 운동이 목적이기 때문에

  2 운동을 하기 위해서 다른 사람들의 시선을 받는 것이 괴롭기 때문에

  3 실내에서 운동하는 것보다 야외에서 운동을 하는 것을 선택했기 때문에

  4 운동 이외의 것에 스트레스를 느끼는 것이 싫기 때문에

2   달리기에 대한 설명 중 본문의 내용과 맞는 것은 어느 것인가?

  1 건강을 목적으로 하는 달리기의 경우, 그 효과는 반드시 시간의 길이와 관련되지는 않는다.

  2 축적된 지방을 태울 때까지 달리기를 하지 않는 한, 건강에 도움이 되는 것은 없다.

  3 살을 빼기 위해서 달리기를 할 때는 제한된 시간과 횟수를 지키는 것이 중요하다.

  4 추운 날씨에서 이루어지는 달리기는 근육 경련 등의 현상을 초래하기 쉽다.

3 효과적인 달리기의 내용으로 맞지 않는 것은 어느 것인가?

1 본인의 몸 상태에 따라서 적절한 코스를 선택해야 한다.

2 달리기를 목적으로 한 신발을 구매할 때, 안전 검사 항목을 파악해야 한다.

3 달리기를 위한 준비 운동으로 몸의 관절들을 충분히 이완시켜야 한다.

4 올바른 자세를 유지하며 달리는 것에도 신경을 쓰는 것이 좋다.

4 필자가 말하는 ②러너스 하이라는 것은 무엇인가?

1 달리기 선수들이 육체의 고통을 견디기 위해서 복용하는 약물

2 사람의 몸에서 생성되는 호르몬에 가까운 효과가 있는 마약 물질

3 고통을 극복하기 위해서 사람의 체내에서 만들어지는 물질

4 달리기를 하고 있을 때, 드물게 생기는 이상 피로 현상

해 설 **1** ⓐ필자는 운동보다 날씬하고 멋있는 근육을 가진 다른 사람들 때문에 스트레스와 모욕감을 느낀다고 말하고 있다. 따라서 정답은 선택지 4번이다.

2 ⓑ건강을 위한 달리기에서 중요한 것은 달리는 시간보다 끊임없는 노력이 중요하다고 말하고 있다. 따라서 정답은 선택지 1번이다. 선택지 2번은 다이어트를 위한 달리기이고, 선택지 3번은 건강을 위한 달리기이다. 따라서 선택지 2번과 3번은 정답이 될 수 없다. 근육 경련이 일어나는 것은 추운 날이 아니라 더운 날이기 때문에 선택지 4번도 정답이 아니다.

3 ⓒ달리기를 위한 신발을 구매할 때, 안전 검사 항목을 파악하는 것이 아니라, 착용감 등을 본인이 체크하는 것이 중요하다고 말하고 있다. 따라서 정답은 선택지 2번이다.

4 ⓓ러너스 하이란, 고통을 줄이기 위해서 사람의 몸에서 만들어지는 베타엔도르핀이라는 호르몬이라고 말하고 있다. 따라서 정답은 선택지 3번이다.

단어 健康 건강 | 体重 체중 | 補う 보충하다, 채우다 | 放棄 포기 | 筋肉 근육 | 誇る 자랑하다 | 侮辱感 모욕감 | 血液 혈액 | 脂肪 지방 | 効果 효과 | 弛む 방심하다, 해이해지다 | 努力 노력 | 効率的 효율적 | 収縮 수축 | 柔軟 유연 | 弾力 탄력 | ～によって ～에 의해서, ～에 따라서 | 伴う 따르다, 수반하다 | 症状 증상 | 痙攣 경련 | 状態 상태 | 調節 조절 | 非常に 매우, 상당히 | 衝撃 충격 | 吸収 흡수 | ほぐす 풀다 | 膝 무릎 | 姿勢 자세 | 身につける 몸에 익히다 | 容易 용이 | 心臓 심장 | ～に限って ～에 한해서 | 訪れる 찾아오다, 방문하다 | ～代わりに ～대신에 | 快感 쾌감 | 与える 주다, 수여하다 | 鎮痛剤 진통제 | 維持 유지 | 制限 제한 | ～に応じて ～에 따라서, ～에 응해서 | 把握 파악 | ～として ～로서 | 弛緩 이완 | 物質 물질 | 克服 극복 | まれに 드물게

● ● 유형 분석

1 2문제가 출제된다.

2 한 가지 주제에 대한 두 지문을 비교하면서 읽고 종합하면서 이해했는지 묻는다.
보통 신문 사설이나 잡지, 비평 형태의 지문이며 합계 600자 정도로 구성된다.

3 총 7분 내외로 푸는 것이 좋다.

4 출제 유형
  (1) 필자의 입장을 묻는 문제 – 평균 1문제
  (2) 공통된 의견 찾는 문제 – 평균 1문제

예시 문제

次のAとBはそれぞれ、芸術について書かれた文章である。二つの文章を読んで、後の問いに対する答えとして最もよいものを、1・2・3・4から一つ選んでください。

A

　一人だけの世界に浸っている芸術だけが価値があるというのは間違った考えである。それは単に純粋芸術に相対的な優位性を付けただけの行為に過ぎない。純粋芸術という単語自体も、大衆芸術が発達した後に出たものである。言い換えれば、芸術というのは、元々その範疇(注)に限界を置いていないが、純粋芸術という表現は大衆芸術を批判するために作られたものに過ぎないということである。芸術は時代を反映するものであり、時代の流れとともに変貌するものである。その時代の多くの人々がその純粋芸術を楽しんで、愛するなら、大衆芸術になってしまうのである。純粋芸術、大衆芸術と分類して、それを評価しながら差別する行動が、むしろ芸術の純粋性を害する行為なのである。

(注)範疇：同じような性質のものが含まれる範囲。

芸術というのはどのような利益関係にも影響を受けない純粋な美的享受のためのものである。純粋芸術や大衆芸術が利益を出すための手段に転落してしまってはならない。すべて芸術性や芸術的動機によって創造された作品でなければならないのである。クラシック音楽やオペラなどの古典的な芸術作品はその大衆性が立証されているし、純粋芸術が大衆的な影響を受けながら作られたミュージカルや実用音楽、応用芸術などの芸術作品と利益の追求のために作られたものは厳然と違うのである。純粋的な創造意識以外の不純物が含まれたものを芸術作品と命名してはならないのである。芸術家という職業に就いている人々は、その目的を忘れてしまってはならない。

1 芸術の区分について、AとBはどのような考え方を持っているか。

1 Aは芸術を区分することは意味がない行動だと考え、Bは純粋芸術以外のことを芸術の範囲に適用することに対して否定的だ。

2 Aは時代の流れに沿って芸術を区分しなければならないと考え、Bは創造目的によって芸術を区分しなければならないと考えている。

3 AもBも、大衆芸術と純粋芸術を区分することは望ましくないと考えている。

4 AもBも、大衆芸術と純粋芸術は明確に区分しなければならないと考えている。

2 大衆芸術について、AとBはどう述べているか。

1 Aは純粋芸術に対する批判として述べ、Bは純粋芸術とは関連がないジャンルだと述べている。

2 Aは大衆芸術と純粋芸術に価値の違いはないと述べ、Bは作品を作った動機に純粋性がない大衆芸術については批判的に述べている。

3 AもBも、時代の流れによる大衆芸術の変遷について肯定的に述べている。

4 AもBも、純粋芸術より大衆芸術に対して批判的に述べている。

해 석 다음 A와 B는 각각 예술에 대해 쓰인 글이다. 두 글을 읽고 다음의 물음에 대한 답으로 가장 알맞은 것을 1・2・3・4에서 하나 고르시오.

A

@ⓐ혼자만의 세계에 빠져 있는 예술만이 가치가 있다는 것은 잘못된 생각이다. 그것은 단지 순수예술에 상대적인 우위성을 부여한 행위에 지나지 않는다. 순수예술이라는 단어 자체도 대중예술이 발달한 이후에 나온 것이다. 다시 말하자면, 예술이라는 것은 원래 그 범주에 한계를 두고 있지 않지만, 순수예술이라는 표현은 대중예술을 비판하기 위해서 만들어진 것에 지나지 않는다는 것이다. 예술은 시대를 반영하는 것이자, 시대의 흐름과 함께 변모하는 것이다. 그 시대의 ⓑ많은 사람들이 그 순수예술을 즐기고 사랑하면 대중예술이 되어버리는 것이다. ⓒ순수예술, 대중예술이라고 분류하고, 그것을 평가하면서 차별하는 행동이 오히려 예술의 순수성을 해치는 행위인 것이다.

(注)範疇 : 범주. 같은 성질의 것이 포함된 범위.

B

예술이라는 것은 어떠한 이익 관계에도 영향을 받지 않는 순수한 미적 향수를 위한 것이다. ⓓ순수예술이나 대중예술이 이익을 내기 위한 수단으로 전락해 버려서는 안 된다. 모두 예술성이나 예술적 동기에 의해서 창조된 작품이 아니면 안 된다는 것이다. 클래식 음악이나 오페라와 같은 고전적인 예술 작품은 그 대중성이 입증되어 있고, 순수예술이 대중적인 영향을 받으면서 만들어진 뮤지컬이나 실용음악, 응용미술 등의 예술 작품과 이익의 추구를 위해서 만들어진 것은 엄연히 다른 것이다. ⓔ순수한 창조 의식 이외의 불순물이 포함된 것을 예술 작품이라고 명명해서는 안 되는 것이다. 예술가라는 직업에 종사하는 사람들은 그 목적을 잊어버려서는 안 된다.

1 예술의 구분에 대해서, A와 B는 어떠한 생각을 가지고 있는가?

1 A는 예술을 구분하는 것은 바람직하지 않은 행동이라고 생각하고, B는 예술의 구분에 대해서 명확하게 말하고 있지 않다.

2 A는 시대의 흐름에 따라서 예술을 구분해야 한다고 생각하고, B는 창조 목적에 따라서 예술을 구분해야 한다고 생각하고 있다.

3 A도 B도 대중예술과 순수예술을 구분하는 것은 바람직하지 않다고 생각하고 있다.

4 A도 B도 대중예술과 순수예술은 확실히 구분해야 한다고 생각하고 있다.

2 대중예술에 대해서 A와 B는 어떻게 말하고 있는가?

1 A는 순수예술에 대한 비판으로 말하고, B는 순수예술과는 관련이 없는 장르라고 말하고 있다.

2 A는 대중예술과 순수예술에 가치의 차이는 없다고 말하고, B는 작품을 만든 동기에 순수성이 없는 대중예술에 대해서는 비판적으로 말하고 있다.

3 A도 B도 시대의 흐름에 따른 대중예술의 변천에 대해서 긍정적으로 말하고 있다.

4 A도 B도 순수예술보다 대중예술에 대해서 비판적으로 말하고 있다.

해 설   1 ⓒA는 예술의 구분이나 차별에 대해서 바람직하지 않다고 생각하고 있고, B는 예술의 구분에 관한 언급을 하지 않았다. 따라서 정답은 선택지 1번이다.

2 ⓐⓑA는 순수예술만이 가치가 있는 것이 아니라고 말하고 있고, 순수예술과 대중예술의 차이가 없다고 말하고 있다. ⓓⓔB는 예술 작품에 예술성이나 예술적 동기 이외의 불순한 것들을 비판하고 있다. 따라서 정답은 선택지 2번이다.

단 어   浸（ひた）る 빠지다 | 優位（ゆうい） 우위 | 純粋（じゅんすい） 순수 | 言（い）い換（か）える 바꿔 말하다 | 限界（げんかい） 한계 | 批判（ひはん） 비판 | 変貌（へんぼう） 변모 | 害（がい）する 해치다, 상하게 하다 | 享受（きょうじゅ） 향수 | 就（つ）く 종사하다, 취직하다 | 範囲（はんい） 범위 | ～に沿（そ）って ～에 따라서 | ～として ～로서 | 関連（かんれん） 연관 | 変遷（へんせん） 변천 | 肯定（こうてい） 긍정

● ● 유형 분석

1 1지문, 4문제가 출제된다.

2 1,000자 정도의 사설이나 평론 등 추상적이고 논리적인 지문이 제시된다.

3 10분 내외로 푸는 것이 좋다.

4 출제 유형 : 기본적으로 내용 이해(중문) 독해와 유사하다.

　(1)　밑줄 친 부분의 의미 파악 문제

　(2)　필자의 주장을 묻는 문제

　(3)　내용 파악 문제

예시 문제

　　次の文章を読んで、後の問いに対する答えとして最もよいものを、1・2・3・4から一つ選びなさい。

　　外部の力が作用しない限り、物体はその運動状態を維持しようとする性質を持つ。いわゆる、慣性というものである。例えば、道を歩いていて石につまずいた場合、歩いている状態を維持するために、体は引き続き前に進もうとするが、外部の力として作用される石がその進行を遮る。その結果、足はとまるが、その他の部分は前に進もうとするために、倒れそうになるのである。もし慣性が作用をしなかったら、石につまずいた時に体が前にのめらず、その場に停止するようになる。

　　難しい科学の授業だけに留まらず、慣性は我々の日常の中でも、まず任された任務を全うしている。例えば、10年以上仕事をしてきた人が仕事をやめた時、最初は心安らかな気持ちになるという。しかし、しばらく経つとその余裕のある感情があせりや不安に変わるという。体と心は長い間仕事をしてきた行動に影響を受けてしまい、仕事をずっと維持しようとする性質を持つようになる。つまり、ある性質を失うことになると、その副作用により違う感情が出てくるのである。一方、仕事をやめた後、休んでいる期間が長期化すれば、今回はずっと休もうとする慣性が生じることとなる。（中略）

我々の人生に現れる慣性の法則は、時間と強い関係を持つ。習慣というのは、慣性の力が大きく作用をしているときに現れるものであると言える。自分の人生の助けになる習慣であればかまわないが、残念なことに、我々はだれでも悪い習慣を持っている。変えようとしても簡単に変えることもできない習慣、これもまた慣性の影響ということである。慣性は外部の力が作用しないという前提条件を持っている。自分の内部の力ではなく、外部の他人の力を作用させることができるのであれば、長く持続されてきた、例えば、喫煙や飲酒などの悪い習慣も直すことができる。

　自分の悪い慣性の法則を破ることができる唯一の方法は挑戦である。挑戦を始めると、慣性は少しずつ消えることになる。その挑戦により、それまで堅固に作用していた慣性の力に少しずつ亀裂(注)ができ始め、徐々に慣性は消滅し、新たな変化を迎える準備ができるようになる。（中略）

　無理にでも良い考えをして道徳的な行いを優先した方が良い。それを積み重ねることによって、良い習慣に発展させることができるのである。このように、慣性を利用し、慣性を拒否することこそ、豊かな生活が享受できる秘密なのである。

(注)亀裂：亀の甲の模様のように、ひびが入ること。

1　筆者が考える慣性とはどれか。
　1　物理的な力の作用に基づいた科学的な常識に分類されること
　2　外部の力と内部の力を調節できる物理概念
　3　他の力が作用しない限り、その行動を維持しようとする性質
　4　外部の力の副作用によって現れる一時的な現象

2 筆者は、習慣と慣性の関係についてどう言っているのか。

1　時間の経過によって習慣の反対概念である慣性が作用することになる。

2　習慣は慣性の力によって作られた結果である。

3　よくない習慣は、慣性の影響を大きく受けることになる。

4　慣性に外部的な力と時間が加えられる時、習慣に変わることになる。

3 この文章で挑戦というのはどのようなことを指すか。

1　よい習慣を維持するために、慣性の影響を制限しようと努力する挑戦

2　自分の願う結果を得るために、慣性の力を利用する挑戦

3　他の人の影響を受けず、慣性の力に対抗する挑戦

4　以前とは異なる慣性の影響を受けるために努力する挑戦

4 慣性について、筆者が言いたいことは何か。

1　習慣と慣性の相互影響を理解し、効果的な力の作用について考えなければならない。

2　豊かな人生のために、よい習慣を維持することが何より重要である。

3　よい習慣を維持するための努力と、悪い習慣を改めるための努力が伴うべきである。

4　慣性の力を利用してよい習慣を作り、それを維持するための努力が重要である。

정답 3/2/4/3

ⓐ외부의 힘이 작용하지 않는 한, 물체는 그 운동 상태를 유지하려는 성질을 가진다. 이른바 관성이라고 하는 것이다. 예를 들면, 길을 걷다가 돌에 걸려 넘어지는 경우, 걷고 있는 상태를 유지하기 위해서 몸은 계속 앞으로 나아가려 하지만, 외부의 힘으로 작용되는 돌이 그 진행을 가로막는다. 그 결과 발은 멈추지만, 그 외의 부분은 앞으로 나아가려 하기 때문에, 넘어질 듯이 되는 것이다. 만약 관성이 작용하지 않았다면, 돌에 걸렸을 때에 몸이 앞으로 고꾸라지지 않고 그 자리에 정지하게 된다.

어려운 과학 수업에만 그치지 않고, 관성은 우리의 일상 속에서도 쉬지 않고 맡겨진 임무를 다하고 있다. 예를 들면, 10년 이상 일을 하던 사람이 일을 그만두었을 때, 처음에는 편안한 마음이 든다고 한다. 그러나 얼마 지나면 그 여유로운 감정이 초조함과 불안감으로 바뀐다고 한다. 몸과 마음은 오랫동안 일을 해온 행동에 영향을 받아서, 일을 계속 유지하려는 성질을 가지게 된다. 즉 어떤 성질을 잃게 되면, 그 부작용에 의해서 다른 감정이 나오는 것이다. 한편, 일을 그만둔 후 쉬고 있는 기간이 장기화되면, 이번에는 계속 쉬고 싶어하는 관성이 생기게 된다. (중략)

우리의 삶에 나타나는 관성의 법칙은 시간과 강한 관계를 가진다. ⓑ습관이라는 것은 관성의 힘이 크게 작용을 하고 있을 때 나타나는 것이라고 할 수 있다. 자신의 삶에 도움을 주는 습관이라면 상관없지만, 아쉽게도 우리는 누구나 나쁜 습관을 가지고 있다. 바꾸려고 해도 쉽게 바꿀 수 없는 좋지 않은 습관, 이것 또한 관성의 영향이라는 것이다. 관성은 외부의 힘이 작용을 하지 않는다는 전제 조건을 가지고 있다. 자신의 내부의 힘이 아닌, 외부의 타인의 힘을 작용시킬 수 있다면, 오래 지속되어온, 예를 들면 흡연이나 음주 등의 나쁜 습관도 고칠 수 있다.

자신의 나쁜 관성의 법칙을 깰 수 있는 유일한 방법은 도전이다. 도전을 시작하면 관성은 조금씩 사라지게 된다. ⓒ그 도전에 의해, 그전까지 굳건하게 작용하고 있던 관성의 힘에 조금씩 균열이 생기기 시작하고, 서서히 관성은 소멸되며, 새로운 변화를 맞이할 준비를 할 수 있게 된다. (중략)

억지로라도 좋은 생각을 하고 도덕적인 행위를 우선하는 것이 좋다. 그것을 거듭해서 쌓는 것에 의해서, 좋은 습관으로 발전시킬 수 있는 것이다. 이처럼 ⓓ관성을 이용하고 관성을 거부하는 것이야말로 풍요로운 삶을 누릴 수 있는 비밀인 것이다.

(注)亀裂(きれつ)：균열. 거북이 등의 무늬처럼 금이 가는 것.

1　필자가 생각하는 관성이라는 것은 어느 것인가?

　1　물리적인 힘의 작용에 기초한 과학적인 상식으로 분류되는 것

　2　외부의 힘과 내부의 힘을 조절할 수 있는 물리 개념

　3　다른 힘이 작용하지 않는 한, 그 행동을 유지하려고 하는 성질

　4　외부의 힘의 부작용에 의해 나타나는 일시적인 현상

2　필자는 습관과 관성의 관계에 대해서 어떻게 말하고 있는가?

　1　시간의 경과에 따라서 습관의 반대 개념인 관성이 작용하게 된다.

　2　습관은 관성의 힘에 의해서 만들어진 결과물이다.

　3　좋지 않은 습관은 관성의 영향을 크게 받게 된다.

　4　관성에 외부적인 힘과 시간이 가해질 때, 습관으로 바뀌게 된다.

3 이 글에서 도전이라는 것은 어떠한 것을 가리키는가?

1 좋은 습관을 유지하기 위해서 관성의 영향을 제한하려고 노력하는 도전

2 자신이 원하는 결과를 얻기 위해서 관성의 힘을 이용하는 도전

3 다른 사람의 영향을 받지 않고 관성의 힘에 대항하는 도전

4 이전과는 다른 관성의 영향을 받기 위해서 노력하는 도전

4 관성에 대해서 필자가 말하고 싶은 것은 무엇인가?

1 습관과 관성의 상호 영향을 이해하고, 효과적인 힘의 작용에 대해서 생각해야 한다.

2 풍요로운 삶을 위해서 좋은 습관을 유지하는 것이 무엇보다 중요하다.

3 좋은 습관을 유지하기 위한 노력과 나쁜 습관을 고치기 위한 노력이 함께 이루어져야 한다.

4 관성의 힘을 이용하여 좋은 습관을 만들고, 그것을 유지하기 위한 노력이 중요하다.

해 설 **1** ⓐ외부의 힘이 작용하지 않는 한, 물체는 그 상태를 유지하려고 한다고 말하고 있다. 따라서 정답은 선택지 3번이다.

2 ⓑ습관은 관성의 힘에 의해서 나타난다고 언급하고 있기 때문에, 정답은 선택지 2번이다.

3 ⓒ도전을 하는 것에 의해서 좋지 않은 습관을 고치고, 새로운 변화를 맞이할 수 있다고 말하고 있다. 따라서 정답은 선택지 4번이다.

4 ⓓ좋은 관성은 유지하고, 나쁜 관성은 거부하는 것이 중요하다고 말하고 있기 때문에, 정답은 선택지 3번이다.

Tip 필자의 주장은 마지막에 나오는 경우가 많다.

단어 ～ない限り ～하지 않는 한 ┃ 状態 상태 ┃ 維持 유지 ┃ 性質 성질 ┃ いわゆる 소위, 이른바 ┃ 慣性 관성 ┃ 例えば 예를 들면 ┃ つまずく 걸려 넘어지다 ┃ 遮る 차단하다 ┃ 停止 정지 ┃ ～に留まらず ～에 머물지 않고, ～에 그치지 않고 ┃ 任す 맡기다 ┃ 任務 임무 ┃ 全うする 완수하다, 다하다 ┃ ～ようになる ～하게 되다 ┃ 心安らか 마음이 편안한 ┃ 経つ 경과하다, 지나다 ┃ 失う 잃어버리다 ┃ 生じる 생기다 ┃ 現れる 나타나다 ┃ ～ことに ～하게도 ┃ 条件 조건 ┃ 破る 깨뜨리다, 부수다 ┃ 挑戦 도전 ┃ 消える 사라지다 ┃ 消滅 소멸 ┃ 迎える 맞이하다 ┃ 優先 우선 ┃ 積み重ねる 겹겹이 쌓다, 포개어 쌓다 ┃ 拒否 거부 ┃ 豊かだ 풍부하다, 풍요롭다 ┃ 享受 향수 ┃ 秘密 비밀 ┃ ～に基づく ～에 입각한, ～에 기초한 ┃ 常識 상식 ┃ 調節 조절 ┃ 副作用 부작용 ┃ 現象 현상 ┃ 加える 더하다, 보태다 ┃ 制限 제한 ┃ 対抗 대항 ┃ 改める 고치다, 개선하다 ┃ 伴う 수반하다 ┃ ～べきだ ～해야 한다

● ● **유형 분석**

1 1지문, 2문제가 출제된다.

2 700~800자 정도로 구성된다. 주로 일상 생활과 관련된 정보성 글(전단지, 홍보지, 팸플릿 등)이나 신청 안내(수강생 모집, 아르바이트 모집, 대회 참가 희망자 등)에 관한 글에서 필요한 정보를 찾을 수 있는지를 묻는다.

3 7~8분 내외로 푸는 것이 좋다.

4 출제 유형
   (1) 내용 파악 문제
   (2) 정보 검색 문제

예시 문제

右のページは、青山市立図書館の会議室利用の案内である。下の問いに対する答えとして、最もよいものを1・2・3・4から一つ選びなさい。

1 会議室の利用申請についての説明として正しいものはどのようなものか。

1 会議室の利用のためには、必ず3ヵ月前に申請しなければならない。

2 会議室を利用する上で、費用は一切かからない。

3 電話でも会議室利用の予約をすることができる。

4 会議室の利用を申請後、1週間以内に図書館事務局に連絡をしなければならない。

2 この図書館の会議室の利用にあたって、注意しなければならない点は何か。

1 会議室利用のための空間の配置などは、あらかじめ担当者に知らせなければならない。

2 会議室の利用時間内に後片付けまで終わらせなければならない。

3 貴重品の紛失が心配される場合には、事前に事務局に預けなければならない。

4 利用人員が収容人数を超える場合、事前に事務局に知らせなければならない。

青山市立図書館　会議室利用のお知らせ

■貸出時間

午前９時〜午後８時（午前:9時〜12時00分、午後:13時〜16時30分、夜間:17時〜20時）

※使用時間は厳守してください。使用時間には、準備・後片付けの時間を含みますので、ご留意ください。

※土日、祝日、年末年始（12月29日〜1月3日）は休館となります。

■使用申し込み

1　所定の申請書に記入のうえ別表料金表の使用料を添えてお申し込みください。
2　電話による仮予約も受付けいたしますが、必ず１週間以内に窓口へお越しください。１週間が経過してもご連絡が無い場合は、取消しと致します。
3　申込みは、3ヶ月前より受付けます。但し、特に必要があると認めたときは例外と致します。

※受付時間：9:00〜17:00（土・日・祝日除く）

■使用にあたっての注意

1　会議室のご使用は、準備・後片付けを含んだ使用区分時間内でお願いします。机、椅子等の配置は、使用者にてお願いします。
2　会議室の貸出時間は、午前９時〜午後８時までの間とします。
3　各室の収容人員は厳守願います。
4　会議室等を間仕切りでご利用される場合はマイクをご利用いただけません。
5　廊下等共用の場所での受付けはできません。必ず会場内でお願いします。
6　施設・備品を損傷及び紛失されたときは、その実費を弁償していただきます。
7　事前の荷物等のお預かりはいたしておりません。
8　飲食物の館内持ち込みは、原則として禁止します。
9　火気の使用はご遠慮願います。尚、会議室はすべて禁煙ですので、おたばこはご遠慮ください。

■お問い合わせ先

青山市立図書館 事務局 電話 082-1234-7777（直通）

FAX 082-5678-7777　　E-Mail bunka@aoyama.or.jp

해 석　오른쪽 페이지는 아오야마시립도서관 회의실 이용 안내이다. 아래 질문에 대한 대답으로 가장 알맞은 것을 1·2·3·4 에서 하나 고르시오.

1　회의실 이용 신청에 관한 설명으로 올바른 것은 어떤 것인가?

　1　회의실 사용을 위해서는 반드시 3개월 전에 신청해야 한다.

　2　회의실을 이용하는 데 있어서 비용은 일절 들지 않는다.

　3　전화로도 회의실 이용 예약을 할 수 있다.

　4　회의실 이용 신청 후 1주일 이내에 도서관 사무국에 연락을 해야 한다.

2　이 도서관의 회의실 이용에 있어서 주의해야 할 점은 무엇인가?

　1　회의실 이용을 위한 공간의 배치는 미리 담당자에게 알려야 한다.

　2　회의실 이용 시간 내에 뒷정리까지 끝내지 않으면 안 된다.

　3　귀중품의 분실이 걱정될 경우에는 사전에 사무국에 맡겨야 한다.

　4　이용 인원이 수용 인원을 넘는 경우, 사전에 사무국에 알려야 한다.

아오야마시립도서관 회의실 이용 안내

■ **대여 시간**

　오전 9시~오후 8시(오전 : 9시~12시 00분, 오후 : 13시~16시 30분, 야간 : 17시~20시)

　※사용 시간은 엄수하세요. 사용 시간에는 준비·정리 시간을 포함하오니 유의하십시오.

　※토, 일요일, 국경일, 연말연시(12월 29일~1월 3일)는 휴관이 됩니다.

■ **사용 신청**

　1　ⓐ소정의 신청서에 기입 후 별표 요금표의 사용료를 첨부해서 신청해 주세요.

　2　ⓑ전화에 의한 임시 예약도 받습니다만, 꼭 1주일 이내에 창구로 오세요. 1주일이 경과해도 연락이 없는 경우는 취소로 하겠습니다.

　3　ⓒ신청은 3개월 전부터 접수 받습니다. 단, 특별히 필요하다고 인정했을 때는 예외로 하겠습니다.

　※접수 시간 :　9:00~17:00(토·일·휴일 제외)

■ **사용에 있어서의 주의**

　1　ⓓ회의실의 사용은 준비·뒷정리를 포함한 사용 구분 시간 내에 부탁합니다. 책상, 의자 등의 배치는 사용자가 해 주십시오.

　2　회의실 대여 시간은 오전 9시~오후 8시 사이입니다.

　3　ⓔ각 방의 수용 인원은 준수 바랍니다.

　4　회의실 등을 칸막이로 나누어 이용하실 경우 마이크를 이용할 수 없습니다.

　5　복도 등 공용 장소에서 접수할 수 없습니다. 꼭 대회장 안에서 부탁합니다.

　6　시설·비품을 손상 및 분실할 때에는 그 실비를 변상해 주십시오.

　7　ⓕ사전의 짐 등의 보관은 해 드리지 않습니다.

8 음식물의 관내 반입은 원칙적으로 금지합니다.

9 화기의 사용은 삼가 주시기 바랍니다. 또한 회의실은 모두 금연이므로, 담배는 삼가 주십시오.

■ 문의처
아오야마시립도서관 사무국 전화 082–1234–7777(직통)
FAX 082–5678–7777   E–Mail bunka@aoyama.or.jp

해설

1 ⓐ회의실 이용할 때 사용료를 지불해야 하는 것을 알 수 있기 때문에, 선택지 2번은 정답이 될 수 없다. ⓑ전화에 의한 예약이 가능하다는 것과 전화 예약 후에 1주일 이내로 방문해야 한다는 것을 알 수 있다. 따라서 선택지 4번은 정답이 될 수 없고, 선택지 3번이 정답이다. ⓒ신청을 3개월 전부터 할 수 있다는 말은, 3개월 더 이전에는 할 수 없다는 뜻이므로 선택지 1번은 정답이 아니다.

2 ⓓ회의실 사용 시간에 뒷정리 시간까지 포함된 것과 책상이나 의자 등의 배치는 사용자가 직접 해야 한다. 따라서 선택지 1번은 정답이 될 수 없고, 선택지 2번이 정답이다. ⓔ수용 인원을 준수해야 하고, ⓕ귀중품의 보관은 사무국에서 하지 않는다는 것을 확인할 수 있다. 따라서 선택지 3번과 4번은 정답이 아니다.

단어 ～に対する ～에 대한 | ～として ～로서 | 申請 신청 | 一切 일체, 일절 | ～にあたって ～할 때 | 後片付け 뒤처리 | 貴重品 귀중품 | 紛失 분실 | 預ける 맡기다 | 収容 수용 | 厳守 엄수 | 留意 유의 | 祝日 국경일 | 年末年始 연말연시 | 添える 첨부하다, 더하다 | ～による ～에 의한, ～에 따른 | 受付 접수 | 経過 경과 | 取り消し 취소 | 認める 인정하다 | 超過 초과 | 応じる 응하다 | 廊下 복도 | 弁償 변상 | 遠慮 사양, 삼가

1 주제별 독해 필수 어휘 

❶ 독해가 사랑하는 필수 명사 250

☐ 育児 (いくじ)	육아	
☐ 維持 (いじ)	유지	
☐ 意識 (いしき)	의식	
☐ 一連 (いちれん)	일련	
☐ 命 (いのち)	목숨, 생명	
☐ 印象 (いんしょう)	인상	
☐ 受付 (うけつけ)	접수(처)	
☐ 扶養 (ふよう)	부양	
☐ 運営 (うんえい)	운영	
☐ 影響 (えいきょう)	영향	
☐ 応募 (おうぼ)	응모	
☐ 汚染 (おせん)	오염	
☐ 温暖化 (おんだんか)	온난화	
☐ 介護 (かいご)	간호	
☐ 開催 (かいさい)	개최	
☐ 解消 (かいしょう)	해소	
☐ 回復 (かいふく)	회복	
☐ 改善 (かいぜん)	개선	
☐ 概念 (がいねん)	개념	

☐ 確認 (かくにん)	확인	
☐ 確率 (かくりつ)	확률	
☐ 過言 (かごん)	과언	
☐ 活性化 (かっせいか)	활성화	
☐ 活発 (かっぱつ)	활발	
☐ 株 (かぶ)	주식	
☐ 株式会社 (かぶしきがいしゃ)	주식회사	
☐ 環境 (かんきょう)	환경	
☐ 勘定 (かんじょう)	계산	
☐ 勘違い (かんちがい)	착각	
☐ 完璧 (かんぺき)	완벽	
☐ 観覧 (かんらん)	관람	
☐ 学習 (がくしゅう)	학습	
☐ 学歴 (がくれき)	학력	
☐ 企画 (きかく)	기획	
☐ 機関 (きかん)	기관	
☐ 危険 (きけん)	위험	
☐ 貴社 (きしゃ)	귀사(상대방의 회사를 높여 부르는 말)	
☐ 規則 (きそく)	규칙	

喫煙 (きつえん)	흡연	現実 (げんじつ)	현실
記入 (きにゅう)	기입	現象 (げんしょう)	현상
機能 (きのう)	기능	幻想 (げんそう)	환상
基盤 (きばん)	기반	行為 (こうい)	행위
希望 (きぼう)	희망	効果 (こうか)	효과
客観的 (きゃっかんてき)	객관적	口座 (こうざ)	계좌(은행)
教育 (きょういく)	교육	交渉 (こうしょう)	교섭
享受 (きょうじゅ)	향수(감동을 음미하고 누림)	構造 (こうぞう)	구조
脅迫 (きょうはく)	협박	肯定的 (こうていてき)	긍정적
恐怖 (きょうふ)	공포	強盗 (ごうとう)	강도
業務 (ぎょうむ)	업무	購入 (こうにゅう)	구입
協力 (きょうりょく)	협력	効率 (こうりつ)	효율
虚偽 (きょぎ)	허위	交流 (こうりゅう)	교류
拒否感 (きょひかん)	거부감	考慮 (こうりょ)	고려
距離 (きょり)	거리	高齢化 (こうれいか)	고령화
禁止 (きんし)	금지	顧客 (こきゃく)	고객
金融 (きんゆう)	금융	個人 (こじん)	개인
区役所 (くやくしょ)	구청	誇張 (こちょう)	과장
警戒 (けいかい)	경계	頃 (ころ)	무렵, 쯤
経験 (けいけん)	경험	混合 (こんごう)	혼합
傾向 (けいこう)	경향	献立 (こんだて)	식단, 메뉴
軽率 (けいそつ)	경솔	困難 (こんなん)	곤란
原因 (げんいん)	원인	際 (さい)	때, 즈음
喧嘩 (けんか)	싸움, 다툼	災害 (さいがい)	재해
研究 (けんきゅう)	연구	細菌 (さいきん)	세균
検査 (けんさ)	검사	才能 (さいのう)	재능

□ 搾取（さくしゅ）	착취	□ 条件（じょうけん）	조건
□ 指図（さしず）	지시	□ 詳細（しょうさい）	상세
□ 参加（さんか）	참가	□ 症状（しょうじょう）	증상
□ 残業（ざんぎょう）	잔업	□ 正体（しょうたい）	정체
□ 幸せ（しあわ）	행복	□ 承諾（しょうだく）	승낙
□ 支援（しえん）	지원	□ 承認（しょうにん）	승인
□ 刺激（しげき）	자극	□ 消費（しょうひ）	소비
□ 資源（しげん）	자원	□ 情報（じょうほう）	정보
□ 持参（じさん）	지참	□ 職業（しょくぎょう）	직업
□ 指示（しじ）	지시	□ 職種（しょくしゅ）	직종
□ 姿勢（しせい）	자세	□ 所有（しょゆう）	소유
□ 施設（しせつ）	시설	□ 処理（しょり）	처리
□ 躾（しつけ）	예의범절	□ 深刻（しんこく）	심각
□ 実施（じっし）	실시	□ 申請（しんせい）	신청
□ 実践（じっせん）	실천	□ 迅速（じんそく）	신속
□ 老舗（しにせ）	오래된 점포	□ 出納（すいとう）	출납
□ 諮問（しもん）	자문	□ 生産（せいさん）	생산
□ 若干（じゃっかん）	약간	□ 性質（せいしつ）	성질
□ 習慣（しゅうかん）	습관	□ 精神（せいしん）	정신
□ 執着（しゅうちゃく）	집착	□ 成長（せいちょう）	성장
□ 集中（しゅうちゅう）	집중	□ 性別（せいべつ）	성별
□ 重複（じゅうふく）	중복	□ 責任（せきにん）	책임
□ 祝日（しゅくじつ）	국경일	□ 設置（せっち）	설치
□ 障害（しょうがい）	장해	□ 選択（せんたく）	선택
□ 奨学金（しょうがくきん）	장학금	□ 先方（せんぽう）	상대방
□ 状況（じょうきょう）	상황	□ 専門家（せんもんか）	전문가

□ 遭遇	조우		□ 治療	치료
□ 倉庫	창고		□ 鎮圧	진압
□ 捜査	수사		□ 墜落	추락
□ 操縦	조종		□ 提示	제시
□ 想像	상상		□ 提出	제출
□ 措置	조치		□ 手数	수고
□ 存在	존재		□ 手数料	수수료
□ 損傷	손상		□ 伝達	전달
□ 対応	대응		□ 問い合わせ	문의, 조회
□ 対処	대처		□ 投資	투자
□ 対象	대상		□ 導入	도입
□ 態度	태도		□ 特定	특정
□ 代表	대표		□ 特別	특별
□ 互いに	서로		□ 取引先	거래처
□ 類	종류		□ 努力	노력
□ 打撃	타격		□ 鈍感	둔감
□ 立入禁止	출입금지		□ 納得	납득
□ 達成	달성		□ 認識	인식
□ 団体	단체		□ 年末年始	연말연시
□ 担当者	담당자		□ 脳	뇌
□ 蓄積	축적		□ 能力	능력
□ 抽選	추첨		□ 把握	파악
□ 躊躇	주저		□ 埋葬	매장(땅속에 묻음)
□ 長所	장점		□ 配慮	배려
□ 調節	조절		□ 莫大	막대(대단히 큼)
□ 挑戦	도전		□ 犯罪	범죄

☐ 判断 (はんだん)	판단		☐ 法律 (ほうりつ)	법률
☐ 被害 (ひがい)	피해		☐ 募金 (ぼきん)	모금
☐ 比較 (ひかく)	비교		☐ 保険 (ほけん)	보험
☐ 筆者 (ひっしゃ)	필자		☐ 保護 (ほご)	보호
☐ 必着 (ひっちゃく)	필착		☐ 募集 (ぼしゅう)	모집
☐ 否定 (ひてい)	부정		☐ 発作 (ほっさ)	발작
☐ 批判 (ひはん)	비판		☐ 満喫 (まんきつ)	만끽
☐ 評価 (ひょうか)	평가		☐ 魅力 (みりょく)	매력
☐ 表現 (ひょうげん)	표현		☐ 面接 (めんせつ)	면접
☐ 敏感 (びんかん)	민감		☐ 持ち込み (もこ)	가지고 들어옴, 지참
☐ 福祉 (ふくし)	복지		☐ 遺言 (ゆいごん)	유언
☐ 普段 (ふだん)	평소		☐ 郵送 (ゆうそう)	우송(우편 발송)
☐ 復旧 (ふっきゅう)	복구		☐ 要求 (ようきゅう)	요구
☐ 吹雪 (ふぶき)	눈보라		☐ 翌日 (よくじつ)	다음날
☐ 振込 (ふりこみ)	납입		☐ 欲望 (よくぼう)	욕망
☐ 故郷 (ふるさと)	고향		☐ 予防 (よぼう)	예방
☐ 振る舞い (ふま)	행동		☐ 余裕 (よゆう)	여유
☐ 紛失 (ふんしつ)	분실		☐ 羅列 (られつ)	나열
☐ 弊害 (へいがい)	해, 폐해		☐ 了承 (りょうしょう)	양해
☐ 弊社 (へいしゃ)	폐사(자신이 속한 회사를 낮추어서 부르는말)		☐ 履歴書 (りれきしょ)	이력서
			☐ 歴史 (れきし)	역사
☐ 変化 (へんか)	변화		☐ 賄賂 (わいろ)	뇌물
☐ 変更 (へんこう)	변경		☐ 災い (わざわ)	재앙, 재난
☐ 返事 (へんじ)	대답, 답장		☐ 話題 (わだい)	화제
☐ 報告 (ほうこく)	보고		☐ 我々 (われわれ)	우리들
☐ 防止 (ぼうし)	방지			

欺く（あざむく）	속이다
与える（あたえる）	주다
扱う（あつかう）	다루다, 취급하다
侮る（あなどる）	깔보다, 얕보다
現れる（あらわれる）	나타나다
打ち明ける（うちあける）	털어놓다, 고백하다
打ち切る（うちきる）	중지하다, 중단하다
打ち消す（うちけす）	부정하다
訴える（うったえる）	호소하다, 소송하다
奪う（うばう）	빼앗다
敬う（うやまう）	존경하다, 공경하다
追い込む（おいこむ）	몰아넣다, 빠뜨리다
応じる（おうじる）	응하다
補う（おぎなう）	채우다, 보충하다
行う（おこなう）	행하다, 실시하다
押し付ける（おしつける）	강요하다
陥る（おちいる）	(구멍·계략에) 빠지다
訪れる（おとずれる）	방문하다, 찾아오다
劣る（おとる）	뒤떨어지다
衰える（おとろえる）	(세력이) 약해지다
帯びる（おびる）	(몸에) 두르다, 띠다
思い出す（おもいだす）	생각해내다, 떠올리다
及ぼす（およぼす）	미치게 하다
返す（かえす）	돌려주다
傷つける（きずつける）	상처를 입히다(주다)
気づく（きづく）	깨닫다, 알아차리다
崩れる（くずれる）	무너지다
朽ちる（くちる）	썩다, 쇠퇴하다
繰り返す（くりかえす）	반복하다, 되풀이하다
異なる（ことなる）	다르다
断る（ことわる）	거절하다
拒む（こばむ）	거절하다
避ける（さける）	피하다
定める（さだめる）	정하다
従う（したがう）	따르다
支払う（しはらう）	지불하다
占める（しめる）	차지하다, 점하다
生じる（しょうじる）	발생하다, 생기다
信じる（しんじる）	믿다
救う（すくう）	구하다
優れる（すぐれる）	뛰어나다, 우수하다
勧める（すすめる）	권하다
廃れる（すたれる）	쇠퇴하다, 한물가다
備える（そなえる）	준비하다, 갖추다
耕す（たがやす）	(밭을) 갈다, 경작하다
漂う（ただよう）	떠돌다, 감돌다, 헤매다
頼る（たよる）	기대다, 의지하다
黙る（だまる）	입을 다물다, 침묵하다
就く（つく）	종사하다
繕う（つくろう）	꿰매다, 바로잡다, 수선하다
培う（つちかう）	가꾸다, 기르다, 재배하다

□ 勤める（つと）	근무하다, 종사하다	□ 守る（まも）	지키다
□ 努める（つと）	노력하다	□ 磨く（みが）	갈다, 닦다
□ 繋がる（つな）	이어지다, 연결되다	□ 満たす（み）	채우다
□ 滞る（とどこお）	밀리다, 정체하다	□ 見逃す（み のが）	못 보고 지나치다
□ 整える（ととの）	정돈하다, 조정하다	□ 迎える（むか）	맞이하다, 마중하다
□ 唱える（とな）	외치다, 주창하다	□ 目指す（め ざ）	목표로 하다, 노리다
□ 伴う（ともな）	동반하다, 수반하다	□ 目立つ（め だ）	눈에 띄다
□ 取り消す（と け）	취소하다	□ 設ける（もう）	설치하다, 마련하다
□ 眺める（なが）	바라보다	□ 申し込む（もう こ）	신청하다
□ 慰める（なぐさ）	위로하다	□ 求める（もと）	요구하다, 바라다
□ 悩む（なや）	괴로워하다, 고민하다	□ 辞める（や）	그만두다
□ 倣う（なら）	모방하다	□ 詫びる（わ）	사죄하다, 사과하다
□ 担う（にな）	담당하다		
□ 望む（のぞ）	바라다		

□ 述べる（の）	기술하다, 말하다	□ 厚かましい（あつ）	뻔뻔하다
□ 図る（はか）	도모하다	□ 怪しい（あや）	수상하다
□ 離れる（はな）	떨어지다, 멀어지다	□ 潔い（いさぎよ）	떳떳하다, 미련 없이 깨끗하다
□ 省く（はぶ）	생략하다	□ 著しい（いちじる）	두드러지다, 현저하다
□ 含める（ふく）	포함시키다	□ うっとうしい	우울하다, 성가시다
□ 隔てる（へだ）	사이를 두다, 칸을 막다	□ 大げさだ（おお）	과장되다, 야단스럽다
□ 経る（へ）	지나다, 거치다	□ 幼い（おさな）	어리다
□ 滅びる（ほろ）	멸망하다, 없어지다	□ 惜しい（お）	아깝다
□ 賄う（まかな）	마련하다, 조달하다	□ 恐ろしい（おそ）	두렵다, 무섭다
□ 間違う（ま ちが）	잘못되다, 틀리다	□ 愚かだ（おろ）	어리석다
□ 免れる（まぬが）	모면하다	□ 疎かだ（おろそ）	소홀하다, 부주의하다
□ 招く（まね）	초래하다	□ 賢い（かしこ）	현명하다

勝手だ	제멋대로이다
感心だ	감탄하다, 기특하다
肝心だ	중요하다, 요긴하다
気軽だ	소탈하다, 부담 없다
気楽だ	마음 편하다
悔しい	분하다
汚らわしい	불결하다, 더럽다
濃い	진하다
心強い	든든하다
心細い	불안하다
滑稽だ	우스꽝스럽다, 익살맞다
細かい	자세하다
幸いだ	다행이다
爽やかだ	상쾌하다
渋い	떫다, 수수하다
親しい	친하다
地味だ	수수하다
鋭い	예리하다, 날카롭다
ずうずうしい	뻔뻔하다
健やかだ	튼튼하다, 건전하다
速やかだ	빠르다, 신속하다
切ない	애절하다, 절실하다
そそっかしい	경솔하다
退屈だ	지루하다
台無しだ	엉망이 되다
巧みだ	교묘하다

手ごろだ	적당하다
情けない	한심하다
懐かしい	그립다
鈍い	둔하다
望ましい	바람직하다
激しい	심하다, 격렬하다
甚だしい	(정도가) 심하다
華やかだ	화려하다
ふさわしい	어울리다
朗らかだ	명랑하다
紛らわしい	헷갈리기 쉽다
貧しい	가난하다
稀だ	드물다
無邪気だ	천진난만하다, 악의가 없다
無茶だ	터무니없다, 형편없다
空しい	허무하다
目覚しい	눈부시다
申し訳ない	미안하다, 죄송하다
厄介だ	성가시다, 귀찮다
豊かだ	풍부하다, 풍족하다
理不尽だ	부당하다, 불합리하다
煩わしい	번거롭다, 성가시다

❹ 독해가 사랑하는 필수 부사 및 접속사 60

| あたかも | 마치, 흡사 |
| 相変わらず | 변함없이, 여전히 |

☐ 改めて (あらためて)	새삼스럽게, 다시	
☐ あらゆる	모든	
☐ あるいは	또는, 혹은	
☐ いきなり	갑자기	
☐ 一切 (いっさい)	일절, 일체	
☐ 一体 (いったい)	도대체	
☐ いつの間 (ま) にか	어느새	
☐ いわゆる	소위, 이른바	
☐ うきうき	신이 나서 마음이 들뜨는 모양	
☐ うっかり	깜박	
☐ うんざり	지긋지긋함, 몹시 싫증남	
☐ 自 (おの) ずから	저절로, 자연히	
☐ 及 (およ) び	및	
☐ かえって	오히려, 도리어	
☐ かつて	일찍이, 이전에	
☐ 仮 (かり) に	가령, 설령	
☐ 辛 (かろ) うじて	겨우, 간신히	
☐ がっかり	실망, 낙담하는 모양	
☐ きっぱり	단호하게, 딱 잘라	
☐ くっきり	선명하게, 또렷이	
☐ ぐったり	녹초가 된 모양, 축 처진 모양	
☐ ことごとく	전부, 모조리	
☐ ざっと	대충, 대강	
☐ しかも	게다가, 더욱더	
☐ したがって	따라서	
☐ じっくり	곰곰이, 차분히	
☐ すっきり	상쾌한 모양, 산뜻한 모양	
☐ すでに	이미, 벌써	
☐ すなわち	즉, 다시 말하면	
☐ すると	그러자, 그러면	
☐ そこで	그래서, 그런데	
☐ そして	그리고	
☐ そのうえ	게다가, 더구나	
☐ それとも	그렇지 않으면, 혹은	
☐ ただし	단, 다만	
☐ 例 (たと) えば	예를 들면	
☐ たまたま	가끔, 우연히	
☐ ちらっと	흘끗, 언뜻	
☐ つまり	즉, 다시 말해서	
☐ ところが	그러나, 그런데	
☐ ところで	그런데(화제 전환)	
☐ とりわけ	특히	
☐ なお	더군다나, 또한	
☐ 果 (は) たして	과연	
☐ はらはら	조마조마	
☐ ひいては	더 나아가서는	
☐ ひたすら	오로지, 한결같이	
☐ 再 (ふたた) び	다시, 재차	
☐ ふと	문득	
☐ ほっと	마음 놓는 모양, 한숨 짓는 모양	
☐ まして	하물며, 더구나	
☐ むしろ	오히려	

☐ もしくは	혹은, 또는		☐ わざと	고의로
☐ 最^{もっと}も	가장		☐ わざわざ	일부러
☐ もっぱら	오로지			

2 독해가 사랑하는 필수 문법 및 표현

☐ ～恐^{おそ}れがある	～우려가 있다		☐ ～通^{とお}り	～대로
☐ ～きらいがある	～경향이 있다		☐ ～として	～로서
☐ ～きり	～한 채		☐ ～とともに	～와 함께
☐ ～切^きれない	다 ～못 하다		☐ ～ない限^{かぎ}り	～하지 않는 한
☐ ～次第^{しだい}で	～에 따라서		☐ ～直^{なお}す	다시 ～하다
☐ ～しまつだ	～하는 지경이다, ～하는 꼴이다		☐ ～ならではの	～만의, ～가 아니고는 안 되는
☐ ～すら	～조차		☐ ～において	～에서, ～에 있어서
☐ ～ずに	～하지 않고 (=～ないで)		☐ ～にかかわらず	～에 상관 없이, ～에 관계 없이
☐ ～ずにはいられない	～하지 않고는 있을 수 없다		☐ ～に関^{かん}して	～에 관해서
			☐ ～に関^{かん}する	～에 관한
☐ ～せいで	～때문에, ～탓으로		☐ ～に決^きまっている	～임에 틀림없다, 반드시 ～이다
☐ ～たあげく	～한 끝에			
☐ ～度^{たび}に	～할 때마다		☐ ～に比^{くら}べて	～에 비해서
☐ ～ために	～를 위해서, ～때문에		☐ ～に越^こしたことはない	～보다 나은 것은 없다
☐ ～だけに	～인 만큼		☐ ～に先立^{さきだ}って	～에 앞서서
☐ ～つつある	～하고 있다		☐ ～に過^すぎない	～에 지나지 않는다
☐ ～てほしい	～해 주길 바라다		☐ ～に対^{たい}して	～에 대해서
☐ ～である	～이다		☐ ～に対^{たい}する	～에 대한

☐ ～に違_{ちが}いない	～임에 틀림없다		☐ ～べきだ	～해야 한다
☐ ～につき	～당		☐ ～わけがない	～일 리가 없다
☐ ～にほかならない	～이나 다름없다. 바로 ～이다		☐ ～わけではない	～인 것은 아니다
☐ ～に基_{もと}づいて	～에 기초해서		☐ ～を通_{つう}じて	～을 통해서
☐ ～による	～에 의한, ～에 따른		☐ ～お通_{とお}して	～을 통해서
☐ ～によると	～에 의하면, ～에 따르면		☐ ～を問_とわず	～을 불문하고
☐ ～にわたる	～에 걸친		☐ ～をはじめ	～을 비롯해
☐ ～のみならず	～뿐만 아니라		☐ ～をめぐって	～을 둘러싸고
☐ ～はずがない	～일 리가 없다		☐ ～をもとに	～을 토대로

다음 단어의 일본어 표현으로 가장 알맞은 것을 a, b 중에서 고르시오.

1 협력　　　　（a 協力（きょうりょく）　　b 吸収（きゅうしゅう）　）

2 평가　　　　（a 評価（ひょうか）　　b 平等（びょうどう）　）

3 처리　　　　（a 処理（しょり）　　b 勝利（しょうり）　）

4 책임　　　　（a 索引（さくいん）　　b 責任（せきにん）　）

5 제출　　　　（a 出張（しゅっちょう）　　b 提出（ていしゅつ）　）

6 신청　　　　（a 心理（しんり）　　b 申請（しんせい）　）

7 법률　　　　（a 法律（ほうりつ）　　b 方法（ほうほう）　）

8 범죄　　　　（a 犯罪（はんざい）　　b 最悪（さいあく）　）

9 금지　　　　（a 禁止（きんし）　　b 緊張（きんちょう）　）

10 교육　　　　（a 教育（きょういく）　　b 育成（いくせい）　）

11 빼앗다　　　（a 働く（はたらく）　　b 奪う（うばう）　）

12 주다　　　　（a もらう　　b 与える（あたえる）　）

13 눈에 띄다　　（a 目立つ（めだつ）　　b 望む（のぞむ）　）

14 현명하다　　（a 貧乏だ（びんぼうだ）　　b 賢い（かしこい）　）

15 바람직하다　（a のんきだ　　b のぞましい　）

16 즉　　　　　（a すなわち　　b しかし　）

17 ~와 함께　　（a ~とおり　　b ~とともに　）

18 ~에 따라서　（a ~しだいで　　b ~にかかわらず　）

정답 1 ⓐ　2 ⓐ　3 ⓐ　4 ⓑ　5 ⓑ　6 ⓑ　7 ⓐ　8 ⓐ　9 ⓐ
　　　 10 ⓐ　11 ⓑ　12 ⓑ　13 ⓐ　14 ⓑ　15 ⓑ　16 ⓐ　17 ⓑ　18 ⓐ

다음 단어의 일본어 표현으로 가장 알맞은 것을 a, b 중에서 고르시오.

1 효율　　　　　（a 効率　　　　b 効果 ）

2 거래처　　　　（a 取引先　　　b 連絡先 ）

3 직업　　　　　（a 就職　　　　b 職業 ）

4 지원　　　　　（a 支援　　　　b 知恵 ）

5 수수료　　　　（a 手数料　　　b 領収書 ）

6 소비　　　　　（a 組織　　　　b 消費 ）

7 상황　　　　　（a 増加　　　　b 状況 ）

8 복지　　　　　（a 福祉　　　　b 服装 ）

9 계좌　　　　　（a 口座　　　　b 通帳 ）

10 갖추다　　　（a 崩れる　　　b 備える ）

11 지불하다　　（a 支払う　　　b 補う ）

12 노력하다　　（a 図る　　　　b 努める ）

13 자세하다　　（a 肝心だ　　　b 細かい ）

14 가난하다　　（a 貧しい　　　b 親しい ）

15 그러나, 그런데　（a ところが　　b つまり ）

16 오히려　　　（a ただし　　　b むしろ ）

17 ~에 비해서　（a ~に比べて　b ~に対して ）

18 ~할 때마다　（a ~たびに　　b ~ついでに ）

정답　1 ⓐ　　2 ⓐ　　3 ⓑ　　4 ⓐ　　5 ⓐ　　6 ⓑ　　7 ⓑ　　8 ⓐ　　9 ⓐ
　　　10 ⓑ　　11 ⓐ　　12 ⓑ　　13 ⓑ　　14 ⓐ　　15 ⓐ　　16 ⓑ　　17 ⓐ　　18 ⓐ

다음 단어의 일본어 표현으로 가장 알맞은 것을 a, b 중에서 고르시오.

1 희망 (a 希望(きぼう)　　b 希薄(きはく))

2 현상 (a 現在(げんざい)　　b 現象(げんしょう))

3 학력 (a 学校(がっこう)　　b 学歴(がくれき))

4 잔업 (a 解消(かいしょう)　　b 残業(ざんぎょう))

5 육아 (a 育成(いくせい)　　b 育児(いくじ))

6 접수(처) (a 施設(しせつ)　　b 受付(うけつけ))

7 면접 (a 保険(ほけん)　　b 面接(めんせつ))

8 담당자 (a 担当者(たんとうしゃ)　　b 販売者(はんばいしゃ))

9 개인 (a 個性(こせい)　　b 個人(こじん))

10 실시하다 (a 含(ふく)める　　b 行(おこな)う)

11 믿다 (a 訴(うった)える　　b 信(しん)じる)

12 그만두다 (a 断(ことわ)る　　b 辞(や)める)

13 잘못되다 (a 間違(まちが)う　　b 担(にな)う)

14 불안하다 (a 心細(こころぼそ)い　　b おおげさだ)

15 죄송하다 (a 空(むな)しい　　b 申(もう)し訳(わけ)ない)

16 혹은 (a および　　b もしくは)

17 ~해 주길 바라다 (a ~てほしい　　b ~に違(ちが)いない)

18 ~할 리가 없다 (a ~べきだ　　b ~はずがない)

정답 1 ⓐ　2 ⓑ　3 ⓑ　4 ⓑ　5 ⓑ　6 ⓑ　7 ⓑ　8 ⓐ　9 ⓑ
　　10 ⓑ　11 ⓑ　12 ⓑ　13 ⓐ　14 ⓐ　15 ⓑ　16 ⓑ　17 ⓐ　18 ⓑ

다음 단어의 일본어 표현으로 가장 알맞은 것을 a, b 중에서 고르시오.

1　행위　　　　　　(a 行為　　　　　b 行動)

2　표현　　　　　　(a 価値　　　　　b 表現)

3　정보　　　　　　(a 精神　　　　　b 情報)

4　의식　　　　　　(a 意識　　　　　b 医者)

5　욕망　　　　　　(a 応募　　　　　b 欲望)

6　상상　　　　　　(a 選択　　　　　b 想像)

7　매력　　　　　　(a 魅力　　　　　b 努力)

8　역사　　　　　　(a 未来　　　　　b 歴史)

9　따르다　　　　　(a 眺める　　　　b 従う)

10　반복하다　　　　(a 繰り返す　　　b 生じる)

11　신청하다　　　　(a 申し込む　　　b 返す)

12　취급하다　　　　(a 扱う　　　　　b 伴う)

13　어리다　　　　　(a 少ない　　　　b 幼い)

14　분하다　　　　　(a 悔しい　　　　b 惜しい)

15　지루한　　　　　(a 退屈な　　　　b 親切な)

16　그러자　　　　　(a すると　　　　b たとえば)

17　~를 불문하고　　(a ~をもとに　　b ~を問わず)

18　~를 통해서　　　(a ~をとおして　　b ~をきっかけに)

정답　1 ⓐ　　2 ⓑ　　3 ⓑ　　4 ⓐ　　5 ⓑ　　6 ⓑ　　7 ⓐ　　8 ⓑ　　9 ⓑ
　　　10 ⓐ　　11 ⓐ　　12 ⓐ　　13 ⓑ　　14 ⓐ　　15 ⓐ　　16 ⓐ　　17 ⓑ　　18 ⓐ

다음 단어의 일본어 표현으로 가장 알맞은 것을 a, b 중에서 고르시오.

1 환경　　　　　　(a 環境　　　　b 感情)

2 증상　　　　　　(a 症状　　　　b 調節)

3 재해　　　　　　(a 被害　　　　b 災害)

4 자원　　　　　　(a 資源　　　　b 認識)

5 온난화　　　　　(a 自動化　　　b 温暖化)

6 오염　　　　　　(a 影響　　　　b 汚染)

7 연구　　　　　　(a 研究　　　　b 研修)

8 보호　　　　　　(a 保母　　　　b 保護)

9 다르다　　　　　(a 優れる　　　b 異なる)

10 지키다　　　　　(a 守る　　　　b 参る)

11 방문하다　　　　(a 訪れる　　　b 離れる)

12 두렵다　　　　　(a 濃い　　　　b 恐ろしい)

13 날카롭다　　　　(a 鋭い　　　　b 鈍い)

14 풍부한　　　　　(a 貧乏な　　　b 豊かな)

15 게다가　　　　　(a いきなり　　b しかも)

16 일부러　　　　　(a わざわざ　　b ふと)

17 ～에 지나지 않는다 (a ～にわたる　b ～に過ぎない)

18 다시 ～하다　　　(a ～直す　　　b ～切る)

정답　1 ⓐ　　2 ⓐ　　3 ⓑ　　4 ⓐ　　5 ⓑ　　6 ⓑ　　7 ⓐ　　8 ⓑ　　9 ⓑ
　　　10 ⓐ　　11 ⓐ　　12 ⓑ　　13 ⓐ　　14 ⓑ　　15 ⓑ　　16 ⓐ　　17 ⓑ　　18 ⓐ

독해 완전 정복을 위한 꿀팁!

독해는 특히 집중력이 요구되는 문제입니다. 밑줄이 의미하거나 가리키는 것을 가려내거나 필자의 주장을 파악하는 것이 주요 과제입니다. 필자의 주장은 지문 마지막 부분에 제시되므로, 지문 전체를 읽고 마지막 부분을 더 신중하게 읽는 방법으로 정답 찾기에 주력합시다.

● **問題8 내용 이해(단문)**

대부분 필자의 주장을 묻는 문제이기 때문에 지문의 마지막 부분에 집중해야 합니다. 문제를 먼저 보고, 이 글의 목적이 무엇인지를 정리합니다.

● **問題9 내용 이해(중문)**

중문 독해에서는 단락 나누는 연습이 중요합니다. 문제를 먼저 본 후에 지문을 2~3단락으로 나누면서 문제의 힌트를 찾습니다.

● **問題10 내용 이해(장문)**

먼저 네 개의 문제를 파악한 후 지문을 3~4단락으로 나누면서 문제의 힌트를 찾아갑니다. 밑줄 친 문제는 그 앞뒤 문장을, 필자의 주장은 마지막 1~2줄을 파악하는 것이 중요합니다.

● **問題11 종합 이해**

가장 중요한 것은 A와 B의 공통점과 차이점을 찾는 것입니다(ex. 찬성 VS 반대 or 긍정 VS 부정). 선택지를 보면서 A와 B, 어느 쪽의 의견인지 파악하는 것이 중요합니다.

● **問題12 주장 이해(장문)**

문제가 네 개이므로 지문을 4단락으로 나누는 것이 무난합니다. 각 단락에 문제 하나의 힌트가 숨겨져 있습니다. 다른 문제에 비해 내용이 다소 어렵지만, 글의 길이에 압도당하지 말고 침착하게 대응하는 것이 좋습니다.

● **問題13 정보 검색**

문제 두 개이고, 각 문제에 어떤 조건이 주어지므로, 조건에 해당하는 내용을 체크하며 지문을 읽으면 의외로 쉽게 풀 수 있습니다. 난이도가 높은 편은 아니므로 되도록 두 문제 모두 맞출 수 있도록 합시다.

PART 2

유형별 집중 공략

- **내용 이해(단문)** 실전 연습 ········· p.276
- **내용 이해(중문)** 실전 연습 ········· p.288
- **내용 이해(장문)** 실전 연습 ········· p.300
- **종합 이해** 실전 연습 ················· p.312
- **주장 이해(장문)** 실전 연습 ········· p.320
- **정보 검색** 실전 연습 ················· p.332

内容 이해(단문) 실전 연습 ❶ – 설명문・지시문・수필(가로 글 유형)　　　[　 / 4]

問題 8　次の(1)から(5)の文章を読んで、後の問いに対する答えとして最もよいものを、1・2・3・4から一つ選びなさい。

(1)

> 　変化の早い時代においては、企業の生存も容易なことではない。企業の競争力と生存は最高経営責任者(CEO)にかかっている。優れた部下や職員の革新的な企画、中間管理職の抜群の問題解決能力も社長の許可なしには前に進んではいかないからである。社長を始め、会社の中枢メンバーの意識改革のない会社はもう、今後もずっと変化していく社会で生き残ることは出来ないだろう。また優秀な人材と一緒に仕事をする際には、縦の関係から横の関係に会社構造を変化させることによって、創造や革新、改革が誕生するのである。部下に良い上司になるよりは、目標に向かって一緒に働く仲間という意識を忘れてはならない。

1　筆者が最も伝えたいことは何か。

1　最高経営責任者は立派な人材を見抜く力が必須である。

2　上からの改革に欠ける会社は競争力と創意力をつけることができない。

3　会社役員たちは、会社内部と同様に関連会社にも関心をもつべきである。

4　企業の創意力は、上司と部下という水平的な構造の撤廃から現われ始める。

　文を書くことを職業としている人ならば、誰もが一度は文章を全く書けない地獄のような状況に陥る時がある。新しいアイデアが浮かばない、どんなものを書くべきかも分からない状態に陥った作家やアーティストの苦痛を、一般の人々は想像できないだろう。このような時期が長くなるほど、成果を出すための創作に執着することになる。残念ながら、この状態から抜け出せる効果的な方法はないだろう。ただ全てのことを止める無創作の状態にさせることだけである。また、創作は子供の遊びと同じようなものである。遊ぶことに熱中した子供は、決して疲れることなく、遊びだけに熱中する。ただそれが好なだけである。作家や芸術家は子供にならなければならない。

2　筆者が最も伝えたいことは何か。

1　厳しい時期が訪れても、責任を持って任務を果たそうとする姿勢が必要だ。

2　創造的な仕事に携わる人は、純粋な情熱を持っていなければならない。

3　創作に困難を感じる時期には、他のことを楽しむ気分転換が必要だ。

4　精神的な恐慌状態に陥るときは、創作活動を止めるのが唯一の解決策だ。

(3)

　目標を達成するための行為としては、能動的行為と受動的行為がある。後者の行為は、前者の二倍の疲労を感じるという。つまり、他人からさせられる行動なので、疲れとストレスを感じやすく、満足感や達成感は感じ難い。知能と知恵が人間の特質であるにもかかわらず、人は感情に多大な影響を受けてしまうのである。このような状況において必要なのが、発想の転換である。受動的な目標に自分の意思、すなわち動機付けをすれば、感情によるストレスや疲労を減らすことが可能となるだろう。いくら大変な状況でも、自分の意志を貫くことができれば、最後までやり抜くことが可能になる。いくら簡単なことだとしても、モチベーションがあるか無いかは重要なことである。

3　筆者の主張に合うものは何か。

1　感情の影響を一切排除した後、目標を立てることが重要である。

2　目標を成して満足感を得るためには、自由なやり方が必要である。

3　自分が計画した目標でなくても、自発的な行動をするための努力が必要である。

4　モチベーションのある目標は、そうでない目標より満足すべき結果を得やすい。

(4)

> 　言語を記憶するために文字が作られ、音を記憶するために楽譜が作られた。楽譜の進化と発展により、音程を整理することができるようになり、数多くの名曲の誕生につながった。20世紀以降、新しい楽器と奏法の登場で、楽譜は一層華やかな形を持つようになった。音を記録し、記憶するための楽譜の存在が、音楽の多様性に大きく貢献するようになったのである。　しかし、華やかさにとらわれた楽譜は、流行に敏感な音楽を作る道具に転落してしまった。楽譜は作曲者のノートのようなものである。大衆に必ず伝えておきたい作曲者の心が、きれいに整理されたノートを通じて演奏される、<u>そういう音楽</u>が聴きたい。

4　この文章で、<u>そういう音楽</u>が指しているものは何か。

　　1　体系化された楽譜によって、一定のリズムと旋律を維持している音楽

　　2　楽譜という媒体なしに、作曲者の心を表現している音楽

　　3　華麗な技巧と複雑な音の変化が、一切入っていない音楽

　　4　作曲者の意図が、端正に整理された楽譜を通じて演奏される音楽

問題 8　　次の（1）から（5）の文章を読んで、後の問いに対する答えとして最もよいものを、1・2・3・4から一つ選びなさい。

(1)

建築様式とインテリアの発達により、家さえも一つの芸術的な空間としてみなされる時代である。しかし、私はそんな家には住みたくない。私にとって家というのは、心身の疲れをとってくれる休息空間であり、厳しい競争社会に生きている不安や萎縮を癒す安心区域でもある。適当に散らかっている空間で余裕を感じ、何でもやりたいことができる満足感も得られる。綺麗な空間で暮すのは、健康上からも勿論、重要であるが、家事を完璧にこなすことほど疲れることもない。愛する家族とともに食卓に着いて、あれこれ様々な話ができる場所。私はテレビに出てくる成功した事業家の広くて洒落た家より、母の小言と父がテレビを見る音が響く家がもっと好きである。

1　家について、筆者が最も言いたいこと何か。

1　自分の個性に合わせた構造と雰囲気よりは、生活の機能性が強調された空間が重要である。

2　最も私的で安らかな空間であると同時に、家族との協力が必要な空間にならなければならない。

3　自分だけの空間が存在するとともに、家族と共有できる空間も備えなければならない。

4　実用性をもとに行われた配置と、気楽な雰囲気を醸成することができる空間が重要である。

(2)

営業で成功するということは、決して簡単なことではない。市場の需要調査、消費者の年齢と対象、広報と広告、ブランドのイメージづくり、効率的な販売ルートの開拓等々、考慮して準備する必要のある部分があまりにも多い。これらを完璧に備えていない商品は、消費者に受け入れられず、この条件をすべて備えていたとしても販売の成功につながるわけではない。長期不況で、家庭経済の縮小が続いている。希少性の価値を唱えた供給者たちは、もはや需要者に見放されてしまった。つまり、販売戦略を消費者志向にしていかなければならない時代になったということである。誰もが所有する必要があるものを、手頃な価格で購入できるようにする努力が必要である。

2 筆者は、営業で成功するために、どのような姿勢を整えなければならないと言っているか。

1 ブランドの商品化の過程の効率性と、消費者の要求を反映させる商品の細分化

2 需要者の経済状況の理解と、大衆性を基盤とした商品化の過程

3 不景気に影響を受ける庶民の消費パターンの把握と需要調査

4 製品価格の引き下げのための生産工程と、販売ルートの簡素化

(3)

現代社会は速度の社会とも言える。時間を効率的に使用するための最も重要な要素は集中力である。最近では、集中力を高めるための様々な方法に関心が高まっている。その中でも食べ物の摂取を通じた集中力の向上が注目されている。ある会社の研究結果によると、脳が必要とするエネルギー源はブドウ糖という。夜にも休まず、活動を続けている脳の作用により、人間の体内に蓄積されたブドウ糖は朝になるとほとんど消耗されてしまう。ブドウ糖が豊富に含まれている食べ物を摂取することにより、持続的に変わっていく現代社会の速度に引けを取らない敏捷[注]性を維持できるようになる。

（注）敏捷（びんしょう）…理解や判断が早いこと。また、そのさま。

3　この文章で筆者が一番言いたいことは何か。

1　忙しい日常でも必須ビタミンを十分に摂取できる食事を疎かにしてはならない。

2　ブドウ糖が作り出す成分を通じ、脳の活性化を促進させることができる。

3　食べ物の摂取が脳の活性化による集中力の向上に役に立つ。

4　集中力を維持するためには、体内に蓄積されたブドウ糖の消耗を抑えなければならない。

(4)

内向的な人々の思考のメカニズムは、外向的な人々とは大きく異なる。内向的な人々は自分を代弁することに慣れていないから、外向的な人々に誤解される場合もしばしばある。また、自分だけの空間を大切に思い、その空間に侵入する人に恐怖を感じ、自分を理解してくれない人を恨む場合も多い。このような内向的な性格を改善しようとする人には、他の人に自分からあいさつをする行動が、良い解決策に繋がることもある。しかし、その場合重要なことは、あいさつをする行為自体に意味があるのであり、相手の反応を期待してはならないということである。他人の視線に萎縮されず、もう少し自分が思うように行動してもよい。あなたが考えているよりもはるかに、あなたに関心がない人が多い。

4 本文の内容に合っているものはどれか。

1 消極的な性格を改善するための最も良い方法は、挨拶する仕方を変えることだ。

2 他の人の視線と反応に、あまりにも敏感に反応をする必要はない。

3 内向的な人々の行動を非難して、厳しい評価をすることは正しくない。

4 他人を配慮しながら、本人の幸せを追求する方法を探すことが重要だ。

問題8　次の（1）から（5）の文章を読んで、後の問いに対する答えとして最もよいものを、1・2・3・4から一つ選びなさい。

(1)

以下は、ある会社が取引先に出したメールである。

桜株式会社
営業部　佐藤　弘　様

南物産株式会社
営業部　安部　太郎

　拝啓　貴社、益々ご清祥のこととお慶び申し上げます。

　さて、2月17日付で発送いたしました製品に不良品が混入していたとのことで、貴社にご迷惑をおかけしてしまい、心よりお詫び申し上げます。その製品につきましては、新しい製品に交換し、弊社の工場より製品が準備でき次第、直送させていただきます。今回発生した事態の原因究明につきましても、徹底的に調査をいたします。

　今後は、このような間違いがないよう、誠心誠意に品質管理に努めてまいる所存です。ご不明な点がございましたら、何なりとお申し付けください。今後ともご愛顧をいただきますよう、よろしくお願い申し上げます。

敬具

1　このメールから分かることは何か。

1　工場側の納品間違いにより、製品交換に支障が発生した。

2　取引先への納品の手違いの謝意とその原因を究明する。

3　新しい製品の交換のため、工場の日程の調整が必要である。

4　納品した製品に異常が発生し、代金を賠償しなければならない。

以下は、ある会社の社内メールの内容である。

回覧

歓迎会のご案内

お疲れ様です。人事部の北川です

　さて、このたび、新しく赴任された高橋支社長と、今年度の新入社員の皆さまの歓迎会を下記のようにとり行うこととなりました。よりスムーズな業務を行うためにも、お互いの親睦を深める絶好の機会と存じます。お忙しいとは存じますが、ぜひ、ご参加いただきたく思っております。なお、準備の都合上、出欠につきましては、別紙に書き込んで頂き、4月6日までに幹事あてご提出ください。ご協力よろしくお願い申し上げます。

記

日時：4月20日(金)19時～22時
場所：サクラホテル　3階
電話：032-1234
会費：4,500円（新入社員は無料です。）
幹事：人事部　北川

2　この文書の内容に合っていないものはどれか。

　1　新入社員を除いて、すべての人は会費を支払わなければならない。

　2　この文書の目的は、新入社員たちの歓迎と社員たちの親睦である。

　3　決まった期限内に、出席の如何を幹事に知らせなければならない。

　4　歓迎会に出席できない人も、担当者に書面提出しなければならない。

以下は、ある高校が出した公開授業参観に対する案内の文書である。

平成XX年 11月7日

東京桜高等専門学校　教務主事

11月21日（火）・22日（水）の公開授業参観のご案内

日ごろより本校の教育活動にご理解とご協力を賜り、厚くお礼申し上げます。

　さて、本校では、11月21日（火）・22日（水）におきまして、下記のとおり公開授業参観を実施いたします。本校受験を考えている小中学生やその保護者の皆様、在校生の保護者の皆様には日頃の本校の授業を参観する良い機会と存じます。ご多用中とは存じますが、どうぞご来校いただきますよう、お願い申し上げます。

記

- 公 開 日：11月21日（火）・22日（水）
- 公開時間：8時50分から16時00分まで
　　　　　　　※開始時間の20分前に3階の演習室にお集まりください。
- 公開場所：東京桜高等専門学校
　　　　　　　校内の教室、体育館、グラウンドなど（案内資料は受付にて配布予定）。
- 申し込み：不要。来校されましたら、受付にお寄りください。
　　　　　　　※受付は1階の学生課前にございます

3　この案内文の内容に合っていないものはどれか。

1　二日にわたって実施される公開授業参観の案内文で、対象が限られている。

2　公開授業参観に関した日付と時間が明確に記載されている。

3　授業開始20分前には、公開授業参観の申請をしなければならない。

4　学校施設を見学することができ、学校に関する資料が無料で提供される。

(4)

以下は、ある会社の社内メールの内容である。

社員各位

　お疲れ様です。経理部の吉岡です。出張費精算について、経理部からお願いです。最近精算表を提出の際、領収書の貼り忘れ等の不備が目立ちます。提出される前に、改めて確認するよう、お願い致します。

　尚、今月分の出張費精算書の提出期限は、５月２９日（火曜）までとなっておりますが、営業Bチームはまだ提出されていないようです。　経理事務の都合上、至急提出をお願い致します。

　より効率的な業務処理のために経費請求システムの点検を6月12日から3日にわたって行いますので、精算書の提出に支障が予想されます。ご不明な点がありましたら、経理部の吉岡(内線203)まで、お問い合わせください。

　以上、よろしくお願い致します。

4　この文書の目的は何か。

1　営業部の出張費領収書の添付に関する催促と、経理部のシステム点検の案内

2　出張費精算書の提出期間の厳守に対するお願いと、経費請求システムの点検案内

3　経理部の業務処理のためのお願いと、経費請求システム点検の案内

4　経理部システムの再編成のためのお知らせと担当者の変更に対する案内

내용 이해(중문) 실전 연습 ❶ – 설명문, 지시문　　　　　[　　/ 9]

問題 9　次の(1)から(3)の文章を読んで、後の問いに対する答えとして最もよいものを、1・2・3・4から一つ選びなさい。

(1)

　他の文化を受け入れることを厭わない日本は、食器においても和食器よりも重さのある洋食器文化が主流を成し始めた。洒落ていて華やかな西洋式のライフスタイルに憧れる若い夫婦の増加により、和食器の販売不振につながってしまったのである。またそれに伴って居間で一緒に食事をするスタイルから、台所という空間で食事をするスタイルに変わっている。（中略）

　日本は良質の土を焼いた陶器の食器文化を持っている。自分の器を手で持って食べる日本の食文化により、軽くて質感のいい器を好むようになったと見ることができる。西洋では石を砕いてできた石の粉が主な材料になる磁器が、食器の大半をなしている。また、器を置いてフォークとナイフで食べるので、食器が傷つかないように硬度が優れている。一方、主に木で作られた箸を食事の道具に使用している日本は、食器の硬度を考える必要がなかったのである。陶器に慣れている日本人は、洋食器を持ってご飯を食べる場合、思ったより重さを感じることもあると思う。

　（中略）

　日本は四季があり、自然や食べ物や和食器からも季節感を感じることができる。季節にふさわしい色合いの食器を使うことにより、口先だけで食事を楽しむのではなく、目を通して料理の味を一層豊かにすることが、日本の食文化である。一方、用途に応じた容器の種類が多いため、一回の食事には多くの食器が必要になり、その後の食器洗いも大変である。しかし、余裕ある食事を楽しむことができる環境作りが簡単ではない現代社会の流れが、その国の固有のものを押し出す現象が、残念でならない。

1　筆者が、<u>和食器の販売不振につながってしまったのである</u>と言う理由は何か。

1　日本食器の重さにより、消費者たちにそっぽを向かれようになったため

2　リビングではなく、台所での食事には、軽い洋食器が便利なため

3　割れやすい和食器に比べ、洋食器は、耐久性が優れているため

4　生活パターンの変化により、洋食器がよく売れているため

2　日本の食文化と西洋の食文化に対する説明のうち、正しいものはどれか。

1　西洋ではフォークとナイフの使用によって、硬い食器を使うようになった。

2　日本では良質の土を利用することにより、質感と耐久性の優れた食器を使用してきた。

3　西洋におけるほとんどの食器は磁器で、軽くて丈夫な食器の使用を好んでいる。

4　日本の食事道具の箸は主に木で出来ているため、質感を強調したものが多い。

3　この文章で、筆者が一番言いたいことは何か。

1　季節ごとに温度と環境に合った食器を使用することで、食べ物の味をもっと豊かにすることができる。

2　季節ごとに味わうことができる食べ物は制限されているため、時期に合う材料の選択が優先されるべきだ。

3　現代社会は変化が必要な時期であるが、固有の文化を守るための努力も必要だ。

4　料理の種類に合う多様な食器を備え、食器の色についても考慮した方がいい。

(2)

　握手はビジネスマナーの基本であり、初めて会う人に自分を見せる行為でもある。握手という行動が初めて現れたのは、中世ヨーロッパ時代である。戦時中に自分には武器がないということを証明し、相手の警戒心を緩和させるための行為として作られたものである。<u>互いの信頼があってこそ行われる行動</u>である握手は、今の時代では相手に好意を持っているという意識を前提に行われている。

　アメリカやカナダ、ブラジルでは、ちょっと力を入れて握手するし、中国や韓国では、日本と同様に力を抜いて握手をする。また、オーストラリアでは、女性の間では握手をしない傾向もあり、ノルウェーでは男性は必ず立ち上がって握手するのが礼儀とされている。このように、国によって握手する方法に、少しの差はあるが、大抵の国で、握手は右手で行われる行為ということが分かる。一方、インドなどでは、左手でする握手は相手を尊重していないという非難を受けるようである。

　握手をはじめとして手を握るという行為は、愛情と関心ということが含まれている。子供の手を握っている親の姿から愛情と保護の心を感じることができ、夫婦や恋人の間では、二人の互いへの愛と関心を発見することができる。さらに植物や動物との交感も手で行われる行動が多い。このように手は、時には言葉よりも自分の心をうまく伝える手段でもある。握手というのは、自分を知らない人に自分を見せる最も普遍的なやり方である。握手をすることに自信のない人が意外と多いという。自分を表すことや知らせることにためらうことはない。相手を尊重する心さえあれば、それが握手を通じて相手に伝えられるはずである。

4 | 筆者はなぜ握手を、互いの信頼があってこそ行われる行動だと述べているか。

1 相手の好意に反応しないと、握手の行為は行われないから

2 初めて会う人と円滑な意思疎通をするのに役に立つから

3 敵意を持っていないということを証明する手段であるから

4 相手の文化と思想を配慮する心によって現れる結果であるから

5 | 握手をする仕方に対する説明のうち、正しくないものはどれか。

1 東アジアに属した国における握手は、主に力を抜いて行われる場合が多い。

2 インドでは、左手で握手をする行為が法律で禁止されている。

3 握手をする時、女性と男性のルールが決まっている国もある。

4 握手する仕方に少しの違いがあるが、ほとんどの国において右手で行われている。

6 | この文章で、筆者が一番言いたいことは何か。

1 文化によって握手する方法が異なるため、事前に知っておく必要がある。

2 手で行われる意思疎通には、相手を配慮する心が重要である。

3 感情を最もよく伝達できるコミュニケーション手段は、手を用いる行為である。

4 相手を配慮する心さえあれば、握手について難しく考える必要はない。

(3)

　日本も、西欧化の影響により、肉食中心になりつつあるが、タンパク質が豊富に含まれた肉に対する消費促進が、地球環境に良くないということを認知している人は多くないだろう。ある国の研究によると、牛からタンパク質1ポンドを得るためには、21ポンドに当たるタンパク質が必要であるということが分かったという。天然資源の量が限定されているということを考慮すると、とても<u>非効率的なメカニズム</u>であることに違いない。飼育されている牛は一日に15キロ以上の草を食べたり、10キロ以上の穀物飼料を食べる。中央アメリカでは、牛を育てる牧草地を作るために森を燃やしている。

　地球温暖化の主原因である温室効果ガスの比重を最も多く占めているのは水蒸気、二酸化炭素、メタンガスの順である。牛一頭が排出するメタンガスの量は、年間50キロで、これは、全世界メタンガスの排出量の約20%に迫っている。アメリカのカリフォルニア州では、牛を飼う牧場にメタンガス処理施設の設置を求める法案を通過させた。多くの酪農業者たちの反発を招いたが、地球温暖化防止に大きな役割を果たすことは否定できない。また、牛によって排出されるメタンガスを、効果的なエネルギー源として使用する研究も行われている。　（中略）

　海水面と水温の上昇で、地球の生態系においては激しい変化が起きている。地球環境の危機と温暖化現象に、我々の食習慣の変化も大きな役割を果たしている。食べたい肉を思い切り食べることの代わりに、環境に優しい食習慣を持ったほうがいいと思われる。

7 <u>非効率的なメカニズム</u>が指すものは何か。

1 肉類から得られるタンパク質の量は、魚に比べて効率的ではないということ

2 牛の飼育のためには、多くの量の水と飼料が必要であるということ

3 牛から得られるタンパク質の量に比べ、飼育に必要なタンパク質の量がはるかに多いということ

4 牛が生息できる環境を作るために、多くの労働力が求められるということ

8 地球温暖化の原因に対する説明のうち、正しいものはどれか。

1 牛によって発生されるメタンガスは、すでに他の分野のエネルギー源として使用されている。

2 動物の飼育などによる二酸化炭素の発生が 、地球温暖化に影響を与える可能性もある。

3 地球温暖化の防止のためには、二酸化炭素とメタンガスを減らすための議論が必要である。

4 メタンガスを減らすために、政府レベルでの規制が実施されている地域もある。

9 この文章で、筆者が最も伝えたいことは何か。

1 偏向的な食習慣の変化により、地球が脅かされかねないということを警戒するべきだ。

2 肉類のほかに、たんぱく質を得ることができる食材料に関する考察が必要だ。

3 海水面と水温の上昇を予防することが、地球温暖化の対策となりうる。

4 地球温暖化により、動物だけでなく、植物の絶滅も行われている。

問題 9　　次の(1)から(3)の文章を読んで、後の問いに対する答えとして最もよいものを、1・2・3・4から一つ選びなさい。

(1)

　昼寝は幼児期の子供には必須なものだ。子供の成長を助け、特に、免疫力強化に良い。大人たちの昼寝は、血液循環の助けになり、ストレスを解消させる卓越した効果がある。夜の眠りに影響を与えない昼寝の時間は、最大2時間を越えないものが良くて、夜眠るまで4時間の時間をあけなければならないという条件を伴う。

　40分から1時間の昼寝をすることで、記憶力向上に役に立つという研究結果もある。また、ギリシャでは、昼寝をする人が、心臓疾患で死亡する確率が、実に37%も低いという実験結果もある。NASAの研究結果でも、26分の昼寝で、注意力を54%も引き上げることを突き止めたという。日本でも、昼寝は、アルツハイマーの予防に役立つという研究結果がある。カリフォルニア大学では、昼寝の睡眠の質を、夜の睡眠の質より、最大8倍高く評価している。昼寝を導入している一流企業もあるほどである。（中略）

　会社での睡眠は椅子の上なので、ベッドが与えるほどの安らぎを得ることはできない。それに、勤務時間外でも昼寝という行為は会社に対する反抗心や怠惰な人であるという評価につながりがちなのだ。偉大な指導者であるウィンストン・チャーチルや、アインシュタインやレオナルド・ダ・ヴィンチなどの天才、希代の英雄のナポレオンなども共通して昼寝を楽しんでいたそうである。昼寝が与える効果は決して無視できず、昼寝をするからといって、業務を疎かにするわけでもないのである。むしろ業務に役立っていることを認めなければならない。ストレスと慢性疲労を抱えている現代人は昼寝をしなければならないのだ。

[1] この文章で、条件が指すことは何か。

1　昼寝る時間が夜寝る時間より長くなってはならないということ

2　成長のために昼寝をするには、4時間以上の睡眠が必要であるということ

3　効果的な昼寝のためには、時間の制約が必要であるということ

4　免疫力を高めるための昼寝は、短いほど効果的であるということ

[2] 各国の研究結果から分かることは何か。

1　記憶力の向上と心臓疾患の関係

2　心臓疾患を予防するための睡眠時間の配分

3　昼寝が人間に与える影響や効果

4　昼寝の睡眠の質を向上させるための方法

[3] 昼寝について、筆者はどのように述べているか。

1　昼寝の効果を得るには、不便な姿勢を改善するための努力をするべきである。

2　業務時間のほかに昼寝をすることについて、制度的な改善が求められる。

3　周辺の人々の配慮のために、昼寝が行われる空間を確保しなければならない。

4　安定的な生活と業務的な効果のためにも、昼寝は必ず必要なものである。

(2)

　もう長いこと教壇に立っているが、教えている最中にぎくりとすることがある。ある分野の専門的な知識を長く積んできたとしても、その知識を展開する過程で発生しやすい過ちが多いからだ。僕の考えと主張がところどころ混じって出てくるのだ。僕の主張が、生徒たちの主張になってはならない。①教育は、ある面においては一種の催眠のようなものだという思いがする。生徒たちは先生の言うことを盲信する傾向があり、誤った知識と思考の伝達によって、真実とは全く違う真実の姿で彼らにつくこともありうるからだ。

　僕は授業中に一方的な授業展開による生徒たちの退屈さを紛らわすためや熱中しすぎることを防止する目的で、冗談をよく言う。しかし、そんな冗談までメモする生徒もいる。そういう姿を見たら、先生という職業にさらに使命感を持つと同時に言葉と行動は慎重になる。喫煙場所であるにもかかわらず、周囲を見回し、はらはらしながらタバコをくわえたことがある。②僕の行動は犯罪に当たるものでもなく、生徒たちから自分の姿を隠すための行動でもなかった。ただ、タバコを吸っている人に対する偏見によって、彼らと僕の間の信頼感が消失することの心配からだった。

　人を教えるということは、とても大変で重要なことだ。教える者も教えられる者もそれぞれ違った人格を持った独立した個体であるからだ。完璧な考えや教えなどはないのだ。授業に集中し、熱心にメモして、熱情に満ちた眼で僕を見つめている生徒を見ると、殊勝（しゅしょう）(注) と応援の心も生じるが、心配になることも多い。先生の考えや意見を批判と洞察（どうさつ）なしで学習してしまうのは、良くない学習につながりかねないためだ。

（注）殊勝（しゅしょう）：心がけや行動などが感心なさま。けなげであるさま。

4 筆者はなぜ、①教育は、ある面においては一種の催眠のようなものだという思いがすると述べているか。

1　一方的な知識伝達の教育によって、催眠にかかることもありうるため

2　指導を受けている人は、教える人を無条件的に信頼する恐れがあるため

3　真実を隠して偽りで教える行為は、教育を受ける人に良くない影響を与えやすいため

4　人の口から出てくる知識は、伝える過程で多様な過ちが発生しやすいため

5 この文章で、②僕の行動が指しているものはどれか。

1　授業の注意換気と生徒たちの姿を観察するために冗談を言っている行動

2　学校側と生徒たちに信頼を得るために努力する行動

3　認識の違いにより、よくない行動とみられかねない行動

4　生徒たちががっかりしないように、普段にも善良な行動を実践しようとする行動

6 筆者は、教えることについてどう述べているか。

1　すべての先生が、同じパターンと考えを持っていることはありえないことだ。

2　情報の正確性だけでなく、受容の過程にも注意を払わなければならない。

3　生徒たちは、それぞれの個性と人格を持っているということを認識しているべきだ。

4　生徒に間違った知識を伝達しないために、常に努力しなければならない。

(3)

　人間の言語には「希望」、「喜び」、「楽しみ」などの肯定的な意味の単語もあれば、「苦しみ」、「悲しみ」などの重い意味を持つ否定的な言葉もある。言葉には力があるとするが、肯定的な単語で構成された文章を発することで、慰労と力を得るケースも多い。一方、否定的な言葉にも強い力が存在する。人間は心理的な影響を受けやすい存在であるだけに、大変な環境に瀕している人であればあるほど、否定的な表現は控えて、肯定的な表現を多く発するのがいい。　（中略）

　変な単語がある。肯定的な意味でも使われて、否定的な意味も持っている単語が、まさに「適当に」だ。適当な温度、適当な睡眠などの基準はどこにあるのだろうか。一体、誰の基準に合わせれば良いのか。人によって基準は違うものである。普遍的に使用される「適当に」というのは、誰にでもある程度公平に適用されなければならないと思う。しかし、人類と文明の発達や時間の流れは、あまりにも多くの多様性と個性を作り出してしまった。多様性と個性というのは、普遍性の原理が適用されないのだ。「適当に」という言葉が誰にも似たような意味で適用できれば、世の中で発生している誤解と争いを大きく減らすことができるだろう。

　（中略）

　重儀的な意味を持つ曖昧な単語の使用は、自制することがいい。私が考える「適当に」という言葉は、妥協に近いものだ。適当に妥協すること。すべてを適当に妥協しながら生きていくことを要求する時代に合わせて、適当に楽しみながら生きていくのがいいのか、まだはっきりは分からない。適当に考えて適当に気持ちを整理するつもりだ。いつかは適当な返事を得ることができるだろう。

問題 10 次の文章を読んで、後の問いに対する答えとして最もよいものを、1・2・3・4から一つ選んでください。

すでに作られた固定的な概念が自由な思考を妨害するという意味を持つ先入観。先入観に対する辞書的な意味は、多少否定的であると言える。また、正しい主張のためには、先入観を抜きにして対象を見なければならない、先入観を持ってはならないという言葉を、誰もが一度は聞いたことがあるだろう。つまり、先入観とは、①辞書的な意味だけでなく、ほとんどの人々にも否定的な認識が強いということである。

先入観を入れずに自己主張をするためにはどうしたらよいのだろうか。先入観は一種の情報と同じようなものであり、ほとんどの人が、十分に共感できるような事実といえる。問題になるのは、②自由意思のためには先入観というものを排除させなければならないという主張である。つまり、ほとんどの人々の共感の枠組みで作られた情報を警戒し、自分の考えはこれとは異なるということを証明してはじめて、先入観の枠から脱した自由な思考を展開することができるということである。

ある話題について自分の主張を言う時に、必ず必要なものが情報である。いくらでも収集可能な多くの情報には、大勢の人の共通意見、又は共感の内容が必ずといって良いほど、含まれている。これがなければ、その情報を信用すること自体が問題になるからである。だが、こういう情報を集めるとき、また再び先入観による問題が発生する。自分に必要な、自分の望む情報のみを得ることは不可能なのだ。情報というのは、主に文章から収集されるが、そこには情報だけでなく、この文を書いた人の主張も共に入っているためである。その思想や主張を受け入れるか、批判するかは完全に本人にかかっているにもかかわらず、影響を一切受けないとは言えないのである。

　先入観を否定する人々の論理から言えば、自分の考えを、先入観の影響を排除して語るには、自ら体験するしかないのである 。自分の体験を除き、それに対する事前の知識が全く無い時、すなわち、他人の意見に一切接していない時に出るのが純粋な自分の主張というわけである。先入観というのは、必ずしも悪いことばかりではない。先入観とは、言い換えれば、常識または知恵でもある。常識や先祖たちの知恵のおかげで、経験したことがない良くない現象に、十分対応ができるようになった。先入観なしに本人の考えを語れと教えるのではなく、先入観まで十分に考慮して考えた後、自分なりの主張を語るように指導することが必要である。

1 ここでいう①辞書的な意味が指すのは何か。

1　先入観に対して否定的な見方を持っている人々の意識

2　正しい主張をするために先入観の定義を下すことが求められること

3　自由な思考を妨害し、固定的な概念を意味するという先入観の意味

4　人たちに否定的な意識を持たせる先入観に対する偏見

2 ②自由意思のためには先入観というものを排除させなければならないとあるが、なぜか。

1　他の人たちの共感を得られない意思は正しい意思ではないため

2　自分の主張は、他の人の考えに影響を受けていてはならないため

3　一般的な常識として認識されていることとは異なる主張をしなければならないため

4　先入観に対する批判なしには、自己主張と言えないため

3 この文で、筆者が考える情報に最も近いものは何か。

1 多様なメディアを通して得られるもので、自分の共感と同意が成立しているもの

2 他人の思想に影響されていないもので、体験の客観性だけを維持しているもの

3 信用性に問題がないもので、文を作成する筆者の主張と意見があるもの

4 印刷媒体やインターネットを通して収集可能で、検証された内容が含まれているもの

4 この文章で、筆者が一番言いたいことは何か。

1 他人の意見に頼らず、素直な自分の感情を十分に表現しなければならない。

2 先入観に対する否定的な思考を持たせる教育はやめるべきである。

3 先入観の概念の中に、一般常識と知恵まで含まれていることを知っておくべきである。

4 自分の考えを表現する時は、十分な情報収集が必要である。

問題 10　次の文章を読んで、後の問いに対する答えとして最もよいものを、1・2・3・4から一つ選んでください。

　人生の成功のために、実現の可能性もない目標を立てる人が多いが、目標は、ある程度実現可能なものでなければならない。そして、自分の価値観からはずれる目標も、やはり正しい目標とは言えない。①このような種類の目標は、ある事件やきっかけによってそれまでの自分の人生を否定するためのものであったり、一種の報復行為のために建てられる目標だったりする可能性が高い。しかし、自分の過ちを悟り、反省する過程を経て、生活を改善するためのことなら、歓迎すべきことである。このように今までの人生を完全に覆すことではない目標を立てるのであれば、先に自分の性格と能力を把握しておかなければならない。最終目標を立てることも重要だが、その目標に到達するための中間目標や段階目標も共に立てた方が良い。

　（中略）

　新しい年が始まると、目標を立てる人は多いが、それを実現するための期限のことまで考える人は少ない。仮に運動に対する目標を立てるのであれば、前もって運動の目標と期限を決めておくのである。そうすれば、そのための中間目標とその下位概念である段階目標も立てやすくなる。期限を確実に決めておくことにより、達成感も得やすくなる。このような達成感を通して次の目標に行ける力を得ることができ、最終目標にも到達できるようになるのである。ここで留意すべきことは、最終目標を忘れて目の前の目標にのみとらわれてしまう行為である。（中略）

　目標の達成よりも過程の方を重要と考える人もいるが、失敗した目標は良くない影響を与える可能性が非常に高い。目標に向かって疾走していたすべてのエネルギーや力は、その間の苦労に対する補償を求めるようになり、それが誤った方向に変質する場合が多いからである。事業に失敗した人が、自殺を選択したり、犯罪に踏み込んだりする行為も、このような②補償心理から始まったのである。

目標を達成するために必要な過程も重要だが、最も大切なことはやはり正しい目標を立てることである。正しい目標というのは、自分を成長させるとともに、家族や地域共同体に利益を与える目標であるといえる。自分の欲求実現のための目標をたてることが、社会に害を与える結果をもたらしてはならない。目標を立て、それに向けて努力する全ての人を応援したいが、社会に否定的な影響を与えながら、ただ自分だけのために努力して精進する人は応援したくない。

1 ①このような種類の目標とはどのような目標なのか。

1 これから先の人生に大幅な変化が予想される目標

2 実現可能性がある程度予想される目標

3 自己反省を通じて再誕生した最終目標

4 最終目標に到達するための中間段階の目標

2 筆者は、目標に期限をおく行動についてどう言っているか。

1 決まった期間内に目標を達成することが、達成感の獲得に繋がる。

2 期限を意識したあまり、それを成す過程が疎かになる恐れもある。

3 目標を細分化する過程のために期間を定めておくことは非常に重要である。

4 目標した期間が短いほど、達成する時間を短縮させることができる。

3　②補償心理について、筆者はどのように考えているか。

1　自ら定めた期限内に目標を達成することによって得られる満足感

2　達成できなかった目標の失敗の原因を合理化しようとする努力

3　目標の失敗による損失を他の目標から復旧しようとする心

4　目標の達成と失敗をすべて考慮して、過程と時間を最小化するための努力

4　筆者の意見と合っているのはどれか。

1　目標というのは、他人の助けになることができるものでなければならない。

2　成功的な目標達成も重要だが、そのための過程も非常に重要である。

3　失敗に対する危険性を認知して、目標達成のための段階を作ることが重要である。

4　自分の目標のために、他の人に被害を与える行動をしてはならない。

問題 10　次の文章を読んで、後の問いに対する答えとして最もよいものを、1・2・3・4から一つ選んでください。

　非営利を目的とする会社を除いて、大半の会社は、利益追求を会社の一番重要な運営目標として規定している。複雑で様々な会社の運営の指針を簡単に要約すると、製品を売って利益を残すことが目的だということである。製品を売るために、消費者が欲しがる製品を作るための開発部と、その製品を人々に売るための営業部が会社の中枢であると言える。どんな企業であれ共通の悩みは製品の売り上げを増やすことである。会社の規模にかかわらず、①この問題から解放される会社は皆無である。

　自分の会社だけが良い製品を販売しているのであれば、申し分ないが、惜しくも、どの会社も競争の仕組みから脱することはできない。他社と競争して製品の売上の増加を達成するためには、効果的な営業が欠かせないのである。会社のすべての部署のうち、最も大変な部署は営業部だと断言できる。厳しい自然環境の中でも、外を歩き回らねばならず、競争会社の営業と、最後には自分自身と戦わなければならないのである。離職率と退社率が最も高いという営業マンになるためには②特別な何かを持っていなければならない。そうでなければ、食物連鎖^{しょくもつれんさ}[注1]のような苛酷^{かこく}な環境で生き残ることは不可能であるから。自分だけの営業技術を持っていない人を決して許容しない世界がまさに営業の世界である。

　脳性麻痺^{のうせいまひ}[注2]という致命的な欠陥を持っていたにもかかわらず伝説の販売王になったビル・ポッターという人がいる。右手に障害を持っていた彼は、左手でかばんを持ち、左手で製品を取り出した。数多くの困難な条件を克服して、年間売上4万3千ドル（約一千万円）を達成した彼の記録は、今もその会社の最高記録として残っている。55年という間、営業の世界で過ごしてきたその男が言った有名な言葉がある。「忍耐して、忍耐して、最後まで忍耐せよ」。私はこれこそ営業の技術であり、精神であると言いたい。

　営業の世界で断りと無視はつきものである。自社の作り出した製品が、ライバル企業のものに比べて劣るという考えを持ってはならない。その場で成果を実現できず、契約できなかったのは、ただその人にもっと必要な製品を持って来られなかっただけであり、その代わりに改善が必要な製品のアイデアも得ることができる。焦りを捨て、忍耐の営業ということを忘れなければ、あなたも伝説の営業マンになることができる。

（注１）食物連鎖：自然界における食うものと食われるものとの一連の関係。
（注２）脳性麻痺：筋肉の動きや運動機能の障害を症状とする疾患

1　この文章で言う、①この問題が指すものは何か。

1　会社の利益を増やすために、成功的な販売を収めなければならない問題

2　多くの製品を売るために、定期的に部署を再編しなければならない問題

3　消費者の希望する商品を作るための制度改善が行われなければならない問題

4　会社の営業方針を設定して、下位部署の仕組みを整備する問題

2　②特別な何かを持っていなければならないというのはどういう意味か。

1　会社内部の競争で淘汰されないためには絶え間ない自己開発が求められるということ

2　業務の特性を完全に理解して、外勤の厳しい環境に耐えられる精神力が求められるということ

3　競争で生き残るために、自分の長所になることができる能力を養わなければならないということ

4　肉体的にきつい営業の仕事を耐えられる体力を育てなければならないということ

3 筆者が、例を通じて伝えたいものは何か。

1 慢心と怠惰に陥っている人は、営業でよい成果をあげることができないということ

2 よい営業社員になるためには、勤務環境や周辺の評価にとらわれてはいけないということ

3 成功を収めるためには、失敗を通じて何かを悟らなければならないということ

4 失敗と難関を耐え、持続できる力が、営業の仕事をする人に必要ということ

4 営業について、筆者が一番言いたいことは何か。

1 目の前の成功にだけ執着しないで、消費者に無視されるのを恐れてはならない。

2 成功のためには、消費者の要求と市場の需要を調べられる洞察力が必要である。

3 営業の競争で勝ち残るためには、失敗を通じた分析と改善が必ず必要である。

4 自分が勤務している会社の製品性能について疑ってはいけない。

問題 11　次のAとBはそれぞれ、ネット実名制の導入について書かれた文章である。二つの文章を読んで、後の問いに対する答えとして最もよいものを、1・2・3・4から一つ選びなさい。

A

　ネット上で行われる話し合いを見ていると、たまに怖い思いがする。匿名（とくめい）ということを巧妙に活用して、相手に対して暴言をためらわずに放っているためだ。目に見えない壁の裏に隠れて、誰かを攻撃して傷つける行為があってはならない。実名制の導入は、犯罪の予防にもなりうるのではないだろうか。犯罪者に対する情報も以前に比べて簡単に得られるだろうし、不特定人物を誹謗中傷（ひぼうちゅうしょう）する行動も減ると予想されるので、健全なネット利用文化にも大きく役立つことに違いない。もちろん、ユーザーのモラルの回復とマナーに対する認識の変化が前提となるのだが。これがなされなければ、制度的な規制だけで改善できる問題ではなさそうだ。

B

　ネット実名制の導入は強者の論理に過ぎないと思う。ネット上で行われる悪辣（あくらつ）な誹謗の対象はほとんど人気のある有名人たちである。彼らは、この制度の導入を歓迎するであろう。たまに、匿名（とくめい）がもたらす恐ろしい行為も起こっているが、匿名もそれなりの長所を持っている。ある事件について自分の名前を書いて堂々と行動できる人は多くないだろう。人は誰もが自分の意見を言うことのできる権利を持っている。匿名は、強力な力を持つ特定の団体、または特定の人物に対する批判を可能にしてくれるのだ。言論が統制されている国では、情報についての事実の如何が確認できない。真実と嘘が区別できないところで、自分の声を出すことができるはずがない。

1 AとBが共通して述べていることはどれか。

1 匿名ということによって、ネット上における良くない事件が起こることもある。

2 実名によって行われる行動は、ネット犯罪の予防に大いに役立つ。

3 社会の有名人たちは、ネットの実名使用について賛成している。

4 インターネットを利用する人たちの道徳の回復なしには、根本的な問題は解決できない。

2 ネット実名制について、AとBはどう考えているか。

1 Aは犯罪の予防に直接的な影響を期待できないと考え、Bは犯罪予防に期待できると考えている。

2 Aは健全なネット文化の形成に役立つと考え、Bは表現の自由を邪魔すると考えている。

3 AもBも、犯罪予防において、根本的な解決策ではないと考えている。

4 AもBも、インターネットマナーを改善することには役立つと考えている。

問題 11　次のAとBはそれぞれ、貿易について書かれた文章である。二つの文章を読んで、
後の問いに対する答えとして最もよいものを、1・2・3・4から一つ選びなさい。

A

　　貿易において重要なのは、その国の事情を十分に考慮してから、輸入する品目と輸出する品目を定めることである。このような貿易の分野において、自分の国だけのための保護貿易は、国家間の葛藤や世界市民意識を妨害する大きな要因となっている。また、保護貿易の高い関税の賦課[注1]を避けるために、密輸などの不法行為が後を絶たない。一方、他の国と貿易することで得られる利益で、それらの国に対する援護活動を行うことも可能になりうるのである。消費者は一つの品物を購買する行為が、企業や社会、国家にいかなる影響を及ぼしているかについて自覚しなければならない。賢明な消費は、国家間の紛争を和らげ、世界平和に貢献することができる。

（注1）賦課：租税などを割り当てて負担させること。

B

　　今日の貿易は、国の経済、技術、資源の差によって、比較優位[注2]が発生する。このような比較優位が発生している国のほとんどは、いわゆる先進国である。一方、あらゆる国の政策の基本は、自国民のためのものでなければならない。貿易においても同様であるが、現代社会の経済メカニズムは、富裕な人が、さらに富を蓄積できるシステムである。したがって、豊かな国は相対的に貧しい国を保護していかなければならないのである。保護貿易によって、貧しい国が富裕になれる資本を提供し、最終的にそれらの国が経済的に豊かになれば、それらの国に役立ったことになるのである。人間は一人では生きていくことができないが、国も同様である。

（注2）比較優位：相対的に優越した位置にあること。

1 保護貿易について、ＡとＢはどのような考え方を持っているか。

1 Ａは国家間の競争に不要なことだと考え、Ｂは撤廃されなければならないことだと考えている。

2 Ａは効率的な貿易のためには必要なことだと考え、Ｂは不要な紛争を招くことだと考えている。

3 Ａは国家間の摩擦を引き起こすことだと考え、Ｂは国民を保護するために必要なことだと考えている。

4 Ａは貧しい国の経済に役立つことだと考え、Ｂは、先進国の経済に役立つことだと考えている。

2 ＡとＢは、貿易の方向性についてどう述べているか。

1 Ａは消費者の意識の変化が必要だと述べ、Ｂは比較優位を得るために、さらに力を入れるべきだと述べている。

2 Ａは相対的に貧しい貿易協力国家の支援につながるべきだと述べ、Ｂは自由貿易強化で、国民を保護するべきだと述べている。

3 ＡもＢも、相対的に貧しい国に対する支援が必要だと述べている。

4 ＡもＢも、公正な貿易を活性化させるためには、制度の改善が必要だと述べている。

問題 11　次のAとBはそれぞれ、子どもの休みについて書かれた文章である。二つの文章を読んで、後の問いに対する答えとして最もよいものを、1・2・3・4から一つ選びなさい。

A

　夏休みや冬休みというのは、学業をしばらく中断して、休息のための目的で作られた。学業による疲れた心身を治癒し、肉体的、精神的に安静を与えるために作られた教育システムの一環でもある。そのような目的を持っている休みの期間にも、多くの量の宿題によって子供達が学業にストレスを感じてしまうというのは、本末転倒(注)である。生徒たちにとっては、家族との交流、友達との付き合い、自分の趣味生活を通じて何かを学ぶことができる唯一の時間が、学校の休み期間に与えられる。学校から出た読書感想文や自由研究などの宿題を有料で代わりにやってくれる業者まで登場している。学ぶためには休まなければならない。

(注) 本末転倒：根本的で重要なこととささいでつまらないことを取り違えること。

B

　夏休みや冬休みになると、子どもたちは学校での学業をしばらく中断し、十分な休息を取ることができる。家族とより多くの時間を共有し、子どもの趣味活動を通じて何かを学び感じとる時間になるのである。しかし、休み中の子供たちの生活のパターンと行動に関する研究発表によると、学校に通う時に比べ、子供の生活リズムは大きく乱れてしまうそうだ。親が共働きで不在の場所で、子供たちが、一定の生活パターンを維持することは困難であろう。子供の休みの大部分は、ゲームを楽しむこととテレビを見ることだという。研究発表からみると、休みという存在に疑問がわいてきてしまう。子供に何の課題も与えず、休みを送らせるのは、休み期間中に子供を放置すること同様である。

---

1 休みについて、ＡとＢが共通して述べていることはどれか、

1 子どもの趣味生活と家族との時間のために、必ず必要だと述べている。

2 子どもの自律性を育てるよい機会だが、適当な規制が必要だと述べている。

3 親の指導の下で、子供たちの休息と趣味活動のための時間が保障されるべきだと述べている。

4 学校での学業によるストレスを解消して、他のことが学習できる時間だと述べている。

2 ＡとＢは、夏休みの宿題についてどう述べているか。

1 Ａは社会に悪影響を及ぼす休みの宿題に対して批判的に述べ、Ｂは親が代わりにしてくれる休みの宿題に意味はないと述べている。

2 Ａは子供が自らできる課題に対する研究が必要だと述べ、Ｂは子供の趣味活動に役に立つ課題の必要性について述べている。

3 Ａは子供の教育において、休みの宿題は必要ないと述べているが、Ｂは休みを統制するための手段としての課題の意義について述べている。

4 Ａは適当な課題の必要性について述べているが、Ｂは社会構造の変化に即した休みの宿題の多様化について述べている。

問題 11　次のAとBはそれぞれ、動物実験について書かれた文章である。二つの文章を読んで、
　　　　　後の問いに対する答えとして最もよいものを、1・2・3・4から一つ選びなさい。

A

　動物実験を通して犠牲にされる動物の数は、一年におよそ5億匹という。人間と動物が共有している疾患は、わずか2%に満たないというのに、一日に130万匹以上の動物が、実験のせいで生涯を終えてしまう現実が納得できない。人間の細胞組織、人工的な皮膚組織、コンピューターシミュレーションの研究など、動物実験を代替することができるものはいくらでもあるはずである。動物実験を通して、捏造^{ねつぞう}された遺伝子を持つ、今まではなかった種まで作り出している。そして、偉大な種の存続を続けようとしている動物の命を、人間の知的好奇心のために犠牲させることはできない。いかなる場合も、生命の尊厳性は守られるべきである。

B

　人々が副作用なく、薬を服用できるようになるまでには、徹底的な研究が繰り返し行われる必要がある。そのために全世界の国で、薬品の市販に先立って、動物実験をしなければならないことを義務化しているのである。動物実験を経て開発された薬のおかげで、我々は放置すれば死ぬしかない疾病から身を治療し、暮らしを維持できるようになったのである。最近では、世界の色々な国において、動物実験に関する法律や規則などが作られている。代替実験の有無を優先し、実験に使用される動物数の減少に努め、動物の苦痛を最小限に抑える麻酔を推奨するなどの原則を掲げている。動物実験の目的は、決して無慈悲に動物を殺すためのものではないのである。

1 動物実験について、AとBはどのように述べているか。

1 Aは人間のための犠牲に過ぎないと述べ、Bは治療が困難な薬を開発するための目的に限って、実験が必要だと述べている。

2 Aは動物実験の必要性について否定的に述べ、Bは動物実験の否定的見解について批判的に述べている。

3 AもBも、動物実験の残酷な行為を批判し、法的な制裁が必要だと述べている。

4 AもBも、動物実験に改善されるべき問題点はあるが、人類のためにはやむをえない選択だと述べている。

2 AとBが共通して延べていることはどれか。

1 生命の尊厳性を守るために、倫理に基づいた原則を違反する動物実験は、廃止されるべきだ。

2 人間に役立つ薬を作るために行われる動物実験は、仕方のないことだ。

3 動物実験という過酷な環境の中で、動物を虐待する行為などは行われてはならない。

4 動物実験に対する基準と制限を扱う法律の制定に先立ち、実験機関の倫理的誓約が必要だ。

問題 12　次の文章を読んで、後の問いに対する答えとして最もよいものを、1・2・3・4から一つ選び
　　　　なさい。

　私は年に一回以上は家族旅行もするが、自分にだけ焦点を合わせられる一人旅を
楽しんでいる。一人での旅行は寂しくて不安だと思うこともあるが、他の人の視線
は気にせず、自分だけの世界に入れる時間を持つことが、私にとってはとても大切
なことなのだ。家庭の母であり、一人の男性の妻としての義務も重要だが、一人の
人間としての幸福の放棄を強要することはできないと思う。

　一人でする旅行であれ、他の人と一緒に行く旅行であれ、最も重要なのはやはり
旅行先の選択のことだ。一人での旅行は、特に細心な配慮が必要だ。しかも、女性
の場合は、さらに慎重にならなければならない。やはり治安が良い所を選ぶのが一
番よい。また、安全や便利さを優先するのならば、現地でガイドを雇うことも否定
しない。一方、ガイドブックを買って、有名な観光地を訪れ、評判の食堂で食事を
とる定番の観光コースを廻るようなものは旅行ではない。自分だけのための一人の
旅行には、旅行ガイドブックほど、意味のない本もないと思う。（中略）

　気楽に旅行したいという考えは捨てなければならない。今まで、一人旅を7回経
験したが、楽で楽しいことばかりの旅行は一度もなかった。厳しい日程が繰り返さ
れるほど、旅行を諦めて帰りたいという考えを、一日に何度もするようになる。に
もかかわらず、これを諦められないのは、これを通してはじめて、真の自分が発見
できるためだ。他の人に徹底的に排除されて、助けを借りることができない状況で
出会う「私」にはとても不慣れだ。ある時は肯定的で快活な姿を、またある時は、
冷たくて恐ろしい面まで見ることができる。家族、友人、職場、隣人、そして国
家。これらが、私にとってどれほど大切な存在で、今まで私のことを保護して守っ
てくれていたのかと痛感させられてしまう。愛国心とは、自分の国ではなく、他の
国にいるときに遭遇するものなのか。（中略）

一人の旅行は、精神的に鍛錬させてくれたり、豊かに補ってくれたりすることも
あるが、諦めということも教えてくれる。慣れた安全な場所を離れてはじめて、自
分の中にいる自分を見つけることができる。他の人との調和を考えて、その中での
安定と平和を追求するためにも、隠された自分を発見することはとても重要なこと
だ。私の内面にいる姿から他人の姿も発見できる。これが他の人との繋がりの形成
にも、不必要な摩擦を解決することにも大変役立つ。

1 筆者は一人で旅行をする理由は何だと説明しているか。

1　他のことを考えず、個人のニーズを充足することも重要だから

2　家族のための犠牲に対する、一種の報いとして考えているから

3　旅の場所を選ぶことに対して、何の制約もないから

4　家族と一緒に行く旅行では、自分を反省する余裕がないから

2 筆者が言う一人だけの旅行に当てはまらないものはどれか。

1　旅行先の選択には慎重にアプローチして、安全を最優先に考えること

2　現地で会う人との質疑応答を通じて、旅行の情報を得ること

3　観光地について詳しく記述された本は、一人だけの旅行にあまり役に立っていないこと

4　多くの人たちが共感をなしている旅行コースからは、特別さを発見しにくいということ

| 3 | 筆者が、<u>これを通してはじめて、真の自分が発見できるためだ</u>と言った理由は何か。

1　自分も知らなかったところが発見されて、それを改善しながら、自分の性格を直していくことができるから

2　大変な状況で現れる自分の新たな姿が、本物の自分の姿に近いことだから

3　普段は感じられなかった愛国心ということについて、真剣に考えられる良い機会だから

4　他人の影響や干渉のない状況で、普段は認知できなかった自分の他の面を見ることができるから

| 4 | この文章で、筆者が一番言いたいことは何か。

1　他人の姿を批判する前に、自分の姿を先に反省してみなければならない。

2　利己的な自分の目標を追求することで、他の人に迷惑をかけてはいけない。

3　地域社会の繋がりと問題解決のためにも、たまには自分の姿を省みたほうがよい。

4　普段とは違う自分の姿を発見することで、他の人を理解することに役立つことができる。

問題 12　次の文章を読んで、後の問いに対する答えとして最もよいものを、1・2・3・4から一つ選び
なさい。

　多くの人々がそれぞれの立場で文章を書いている。学生はレポートや論文などの
課題を、職場で働く人は報告書や計画書、提案書などを、また趣味としてSNSに投
稿したり、職業として専門的な文章を書く人も多い。文章を書くために資料を収集
し、多くの本を読み、品詞の調整、文体の簡潔化や統一性のために努力する。

　文章を書くための最高の方法は、やはり①多読である。多様な文をたくさん読む
と、文を書くための文章の構成や長さ、単語の組み合わせ、文体の特徴と適切な例
などの技術的なことを身に付けることができる。また、文の目的と対象を正確に把
握していなければならない。例えば、子供たちを対象にする文に、各種の図やグラ
フ、難しい用語の羅列が入った文章は難しい。また、客観的な事実を伝える内容を
書くか、自分の意見を主張する文章を書くかによって、文体や文章の作成要領が一
変する。情報を提供することを目的とする文は、信頼性のある資料収集が極めて重
要である。それに比べて論文や評論、社説などの文章を書くときは、一貫した論調
をもとに、自分の考えを明確に伝えるための文章と展開の仕方が必要である。文章
を書くとき、目的と対象を確実に決めておくと、②文章の方向を定めることに大い
に役立つ。

　文章が完成すれば、3回ぐらい声を出して読んでみた方が良い。全体的な主題と
内容の流れに合わない内容なら、思い切って捨てなければならない。脱稿（注）する
過程で音を出して読んでみると、文章のリズムと韻律も感じることができる。流れ
に合わないリズムや表現があれば、すぐに削除することが、よい文章を書けるポイ
ントだと言える。作成された文を読み上げながら、完成度を害した表現を取り出す
ことが、筆者の欲も取り出すことができるようになるのである。（中略）

　文をうまく書くことと良い文を書くのは明らかに異なる。うまく書かれた文章とは、技術的な面が優れた文章である。模倣と稽古を通じて誰でも十分に上手になる。しかし、良い文章というのは、それを読んだ対象に何かを伝えられなくてはならない。感動、悟り、思索を抱かせる文章こそ、良い文章であると思う。そのためには澄んだ精神を維持して、きれいな心の状態を作ることが重要である。澄んだ精神のためには十分に睡眠を取り、よい行いをして、罪を犯さないように努力しなければならない。良い文章は良い人から誕生するものである。

（注）脱稿：原稿を書きおえること。

1 筆者はなぜ、①多読が重要だと述べているか。

1　職業として文字を書く人たちの職業意識を学ぶことができるから

2　よい成果を出すための資料が必要であるから

3　文を書くための多様な技術を学ぶことができるから

4　他人の文を通じて、対象を選定する方法を身につけることができるから

2 ②文章の方向を定めることに大いに役立つというのはどういう意味か。

1　文章の対象によって、情報の種類は変わるということ

2　文章をたくさん読むと、読者の要求を把握しやすくなるということ

3　目的と対象によって、文章の構成と文体が変わるということ

4　目的を決めておけば、資料収集の量を推測することができるということ

3 筆者が文章を何回か声を出して読んでみた方がいいと述べている理由は何か。

1 不足した部分を詰めることによって、文章の完成度を高めることができるため

2 文章の流れや内容の加減を判断するための効果的な方法であるため

3 全体的なテーマに関した内容をさらに強調できるため

4 筆者の欲求を制限して、文章を読む読者の要求を把握することができるため

4 筆者は良い文章について、どう考えているか。

1 文章の精巧さと模倣を通じた創造こそ、良い文章の条件だと考えている。

2 良い人格を持っている人が文章を作成するとき、現れるものだと考えている。

3 周辺環境について考えさせる文章が、良い文章だと考えている。

4 善良な行動をするための動機づけを持たせる文章が、良い文章の条件だと考えている。

問題 12　次の文章を読んで、後の問いに対する答えとして最もよいものを、1・2・3・4から一つ選び
なさい。

　人間が万物の首長になることができたのは、脳の活性化の成功のおかげである。遠い昔、人類は生存のための道具を作るために努力した。数多くの失敗を記憶しながら、再び挑戦する過程が、何百年も繰り返された。一般的な成人の脳は、約1000億個のニューロンがあり、このニューロンは最大1000兆のシナプスを形成することが可能である。理論的には、この1000兆のシナプスを通して約5億冊の本を保存することができるほど、実に莫大な保存スペースを有しているが、まだ脳を完全に活用できないのが現実であり、今も絶えず研究が進みつつある。（中略）

　人間の記憶は短期記憶と長期記憶に分かれている。短期記憶はあっという間に消えていく。その保存のために、人類は記録の発見という偉大な結果を作り出した。記録が進化を重ねた結果、人間の生活を豊かにする数多くの物を発明するまでに至ったのである。記録に助けてもらった短期記憶や、脳の選択によって濾過^(注)されたものが長期記憶として脳の中に保存される。長期記憶は無限の容量を誇るが、反復的な刺激が必要である。つまり、時間の影響を受けるということである。人間は記憶によって、生活の質を向上させてきたが、その反面、比べようもない苦痛も味わわざるをえなくなっている。幼い頃には楽しく、幸せな思い出が長期記憶の大半を占めているが、時間の流れによる周囲の状況の変化、道徳、責任などによって、喜ばしくない思い出や失敗や心の傷などの記憶が長期記憶と位置づけられる場合が多い。視覚的、聴覚的による良くない記憶が、長期記憶に認識されてしまうと、忘れるのに相当な時間がかかってしまうのである。

　記憶の裏面には、忘却が存在する。記憶が人類の物質的な発展を遂げたとすれば、忘却は人類の精神的な発展を遂げた贈り物だとも言える。人間の行動は、精神的な影響に左右されている。同じ種類の良くないことであっても、機嫌のいい日は、

大したことではないように思うが、機嫌の悪い日は挫折して絶望してしまう。人間にとって、忘却は必須的な存在になってしまった。特に、感情の処理が必要なサービス業などに従事している人なら、必ず備えなければならない。削除ボタンを押すだけで、すべての内容が消えてしまう機械のような忘却の力がさらに必要な時代になってしまったと思う。新しいものを詰めるには、古いものを捨てなければならない。捨てる力が忘却であり、感情を制御できる力もまた、忘却というものである。

（注）濾過：液体や気体を多孔質の物質に通して固体粒を取り除くこと。

1 脳の活性化とあるが、ここではどういう意味か。

1　極限な状況で記憶力を引き上げるための効率的な方法

2　長年にわたって蓄積された記憶を通して、新しい物を発明すること

3　記憶の空間を増やすために、脳を研究する過程を活発に進めること

4　難しい問題の解決のために、脳から送るホルモンのこと

2 長期記憶と短期記憶についての説明として正しくないものは何か。

1　保存の限界を持っている短期記憶は、記録の選択を受けたものである。

2　記録による短期記憶は、長期記憶に発展する可能性がある。

3　感覚器官による情報は、記憶の保存時間が相対的に長い。

4　良い記憶だけが長期記憶に発展するわけではない。

해석 및 해설 별책 p.72

3 次のうち、筆者が考えている忘却に最も近いものはどれか。

1 記憶に至らなかった情報を処理して取り除く過程

2 人類の革新的な発明に多大な影響を与えたもの

3 人間の道徳や良心に影響を受けているもの

4 人間の精神や感情を調節できる装置

4 この文章で、筆者が一番言いたいことは何か。

1 今後の人間の発展のためには、忘れることに関する見直しが必要である。

2 記憶力と忘却の調和による感情の調節が重要な時代になった。

3 新しいものを受け入れるためには、すべての古い知識を空けることが重要である。

4 記憶に依存せずに、不要な情報を選び出すことが必要な時代である。

問題 12　次の文章を読んで、後の問いに対する答えとして最もよいものを、1・2・3・4から一つ選び
なさい。

　本を身近に置く子供は、同年代のほかの子供たちに比べて集中力と思考力、そし
て想像力の部分において優れているという研究結果がある。子供の個性というもの
は、ある程度の自我と人格が形成できている成人の個性とは大きく異なる。5歳か
ら7歳までの子供の個性は、真っ白な画用紙と同じである。何もないのではなく、
あまりにも多様で複合的な個性を、成人の基準では判断できないというわけであ
る。その紙に字を書き放題、絵を描き放題に個性が現れる。言語の発達と教育の統
制を受けながら弱くなった個性は、徐々に消滅してその中で最も強いものが個性と
して現れる。すべてのことを受け入れることができるが、すべてのことを忘れるこ
ともできるのが、子供が持っている特別さである。（中略）

　自分の子どもを注意深く観察すると、特定のものや映像に反応することが発見で
きる。これと関連がある本を子供に渡すと子供は夢中になって、それを読み始め
る。文を読み始めたばかりの低年齢層の子どもの集中力は信じられないほどである
ため、子供に本を勧める時には注意が必要である。本の内容が子供に及ぼす影響が
少ないと言えず、本を読みながら知りたいことを質問する子供も多い。そういうわ
けで、<u>親は子供より先に本を読んでおかなければならない</u>。本を読み終わったら、
子供をほめて、激励してあげるのがいい。本が好きな子供は、そうでない子供よ
りも道徳的な個性を持ちやすく、忍耐と適応力に優れている。ここで注意すべき
点は、子供の結論が、自分の思った範囲から外れることもあるという点である。善
と悪が完璧に判断できない存在が、子供であることを肝に銘じなければならない。
（中略）

　本を読み聞かせる時は、普段より、はるかに大げさに読むことが重要である。子供の想像力に大きく役立つためである。本を読んであげる父親の声は認知能力の発達のみならず、情緒的な安定感を高め、思考力と想像力を拡張させる。母親より父親が読んであげるほうが、すべての面において子どもによい影響を与える。

　本がいやな子供に本を強要するのは、子供の教育はもとより、情緒的な発達にもよくないし、強要の結果、本をずっと嫌がる子供へと成長する可能性もある。本を読まない権利を子供にもあげるのが良い。子供に本を読ませるのが親の権利ではない。子供は本を読むこともあれば、読まないこともある。また、休んでから読むこともあれば、最後まで読まないこともある。読者としての権利というのが親によって無視されてはならないことである。親はその本の読者ではない。

1 筆者は、子供の個性の特徴は何だと述べているか。

　1　子供の人格を決定する必須不可欠な要素

　2　大人の個性とは異なり、さまざまなものが混合されているもの

　3　最も発達した一つの個性が、他のものを吸収しながら現れるもの

　4　教育の影響を与えられなかったことによって、表には全く表れていないもの

2 親は子供より先に本を読んでおかなければならないとあるが、その理由は何か。

　1　子供の好みに合っていない本は、むしろ読書習慣に悪影響を与えるから

　2　本を読み終えた子供に、適切な質問をしたほうがいいから

　3　本を読むことに集中しすぎたあまり、周辺の変化が認知できなくなるから

　4　本の内容が子供に適合しているかについて、あらかじめ把握しておかなければならないから

第7回　フォトコンテスト募集要項

　第7回フォトコンテストの作品募集を９月４日（月）より開始します。一般社団法人桜写真協会が主催する今回の写真コンテストは、「日本の四季」に関するテーマで、自分ならではの個性と感情が込まれている写真を募集します。

テーマ	「写真で語る日本の四季」
応募期間	９月４日（月）〜１０月１３日（金）18：00pm　必着
応募資格	日本国内に在住の方に限ります。 ※アマチュア、プロフェッショナル、国籍、年齢、性別不問。
応募方法	指定の送付先への郵送・宅配便、もしくは、桜写真協会の事務局へ直接持込、またウェブからの応募も可能です。 (1)ウェブによる応募の場合 ・応募ページへアクセスし、必要事項を登録してご応募ください。 　（http://www.sAkurA-photo.or.jp） ・応募点数は３点までとします。 (2)郵送・宅配便等による応募の場合 ・応募作品と応募作品の裏面に必要事項（作品名、撮影場所、氏名、住所、電話番号、e-mailアドレス）を記入したうえ、封筒に入れて応募票を貼ってください。応募票は応募作品一点につき一枚必要です。 ・応募点数は、５点までとします。
賞品	・最優秀賞(1名)：旅行券１０万円分 ・優秀賞（季節ごとに５名の計２０名）：旅行券５万円分 ・佳作（季節を問わず３０名）：　旅行券１万円分

◆ 注意事項
- 画像処理（合成変形）及びそれに準じたものは不可とします。
- ご記入頂きました個人情報については、上記の利用目的以外では、応募者の同意なく第三者に開示することはありません。
- 応募作品は返却いたしません。作品の返却をご希望の場合、必ず封筒に「返却希望」と書き、返信用封筒（切手添付・宛先明記）をご同封ください。
- 作品は未発表の写真に限ります。過去に他のコンテストに応募した作品、応募中または応募予定の作品は応募できません。
- 被写体に人物が含まれている場合は、事前にその方の承諾を得るなど、肖像権の侵害等が生じないように応募者本人がご確認ください。

◆ お問い合わせ先
桜写真協会お客さまセンター直通　Tel：1234-56-7890

問題 13　右のページは、ヒカリ市立図書館の案内である。下の問いに対する答えとして、最もよいものを1・2・3・4から一つ選びなさい。

1　この図書館の予約サービス方法に対する説明のうち、合っているものはどれか。

1　図書を予約するためには、必ずカウンターで書類を作成しなければならない。

2　インターネットで本を予約する前に、図書館のカウンターに連絡しなければならない。

3　視聴覚資料を予約したいとき、利用者用検索機でも申請できる。

4　メールで図書予約に対する問い合わせをしてから、電話で図書予約を申請する。

2　予約上の注意事項について、正しいものはどれか。

1　予約準備の完了について、6日以内に図書館に問い合わせをしなければならない。

2　図書予約をキャンセルしたいときは、必ず図書館の担当者に電話するべきだ。

3　資料の貸出状況によって、サービスの提供が行われない場合もありうる。

4　新刊図書の場合、発行後、一ヶ月過ぎてから予約することが可能だ。

お探しの本が貸し出し中や図書館にない時は予約サービスをご利用ください。

◎ 予約方法
　① 図書館ホームページ又は、館内利用者向けの検索機で直接インターネット予約が可能です。インターネット予約をご利用の場合には、事前にパスワードの登録が必要です。また、パスワードの加入には図書館カード番号、生年月日、電話番号が必要です。生年月日と電話番号の登録がされていない方は、ホームページのパスワード加入ができません。
　② 図書館カウンターでも予約が可能です。図書貸出の予約に必要な書類をご記入した後、担当者に渡してください。
　※メールでの申請はできませんので、気をつけてください。

◎ 予約可能な資料
　図書、雑誌（最新号の雑誌は、発売日から受け付けております。）
　視聴覚資料(CD、カセット、レコード、ビデオ、DVD)

◎ 貸し出し件数と期間
　・図書及び雑誌は一人当たり、7冊まで予約の申し込み可能です。
　・DVD、ビデオ、CDは、すべて3点まで予約の申し込み可能です。
　・聴覚資料は一人当たり、4点まで予約の申し込み可能です。

◎ 予約上の注意事項
　・予約資料が準備できたことを、選択された連絡方法にてご連絡します。
　　（メール、電話など）
　・連絡の待機期間は6日です。
　・図書が不要になった場合は、当図書館にご連絡をお願いします。効率的な図書予約サービスを提供するため、協力をお願いします。※インターネット取り消し可。
　・新刊図書は発行の1ヵ月前から受付いたします。
　・予約の多い資料は順番待ちになりますので、お待ちいただくことになります。
　・長期延滞や事故などにより、資料提供の見込みがない場合、予約キャンセルのご連絡をいたす場合もございます。

2교시
2교시 시험시간 15 : 40 ~ 16 : 45

1

청해

N1

2교시

청해

問題 1 과제 이해

問題 2 포인트 이해

問題 3 개요 이해

問題 4 즉시 응답

問題 5 종합 이해

청해 완전 정복을 위한 꿀팁!

선택지 1번부터 순차적으로 힌트가 언급되므로, 청해 점수를 높이기 위해서는 조건에 맞지 않는 선택지를 하나씩 제거해 나가는 방식인 소거법으로 문제를 푸는 것이 가장 좋습니다.

● 問題 1 과제 이해

남자 또는 여자가 대화 이후에 가장 먼저 해야 할 과제를 찾는 문제 형식이 많습니다. 순서를 조합하는 것이 중요하므로, **まず**(우선), **とりあえず**(우선), **一応**(일단), **最初に**(가장 먼저), **先に**(먼저), **それから**(그러고 나서), **最後に**(마지막으로) 등의 부사를 정리해 두는 것이 좋습니다.

● 問題 2 포인트 이해

행동의 이유를 묻는 문제가 많이 나옵니다. 선택지가 비교적 길기 때문에 실제 시험에서는 선택지를 읽을 시간이 주어집니다. 따라서 제시된 선택지를 재빨리 읽는 연습을 해 두는 것이 중요합니다.

● 問題 3 개요 이해

문제 형식이 대부분 독백이기 때문에 두 사람 이상이 등장하는 대화문보다 전개 속도가 빠릅니다. 대부분 전체적인 개요에 대해 묻습니다. 따라서 세세하게 내용을 따지기보다 전체적으로 무엇에 관한 내용이었는지를 빠르게 정리하는 연습을 해야 합니다.

● 問題 4 즉시 응답

짧은 문장을 듣고 그에 대해 적절하게 응답한 선택지를 고르는 유형입니다. 동사의 수동형, 사역형, 사역수동형, 존경어, 겸양어에 대한 정확한 이해가 필수입니다.

● 問題 5 종합 이해

긴 내용을 듣고 문제를 풀어야 하기 때문에 메모하며 듣는 연습을 반드시 해야 합니다. 처음에는 어렵겠지만 연습한 만큼 좋아지니 꼭 자신만의 메모법을 만들어 봅시다.

PART 1

워밍업

1. 비법 전수
2. 비법 어휘

問題 1　과제 이해 

●● 유형 분석

1 6문항이 출제된다.

2 대화 다음에 어떤 행동을 할 것인지에 대해 묻는 문제.
　어떤 일에 대해 수정을 요구하거나 부탁하는 내용이 많이 출제된다.

3 출제 유형

　(1)　가장 먼저 해야 할 일 고르기

　(2)　앞으로 할 행동 고르기

4 대화 장소별 출제 유형

　(1)　회사에서 이루어지는 대화

　　　이미 실시한 업무를 수정하는 문제 또는 업무에 관련된 사항을 부탁하는
　　　내용의 문제가 다수 출제된다.

　(2)　학교에서 이루어지는 대화

　　　선생님과 학생의 대화에서는 제출한 과제를 수정하는 문제가, 친구 사이의
　　　대화에서는 이후 가장 먼저 해야 할 행동에 대한 문제가 자주 출제된다.

　(3)　기타 장소에서 이루어지는 대화

　　　회사와 학교 이외의 생활 장소에서 이루어지는 남녀의 대화로,
　　　앞으로 어떤 행동을 할 것인지를 묻는 문제가 자주 출제되고 있다.

問題 1

　問題1では、まず質問を聞いてください。それから話を聞いて、問題用紙の1から4の中から、最もよいものを一つ選んでください。

例

1　製品機能を追加する
2　グラフを修正する
3　会議室を予約する
4　備品を確認する

정답 2

스크립트와 해석

会社で男の人と女の人が企画書について話しています。男の人は、この後すぐ、何をしなければなりませんか。

M　課長、来週の会議の企画書見ていただけましたか。

F　うん、読みやすくて、よくできてるわね。

M　ありがとうございます。でも、実は製品の機能についての説明が少し足りないんじゃないかと心配なんですが、いかがでしょうか。

회사에서 남자와 여자가 기획서에 대해서 이야기하고 있습니다. 남자는 이후에 바로, 무엇을 해야 합니까?

M　과장님, 다음 주 회의 기획서 보셨나요?

F　응, 읽기 쉽고, 잘 만들었네.

M　감사합니다. 그런데, 실은 제품 기능에 대한 설명이 조금 부족하지 않을까 하고 걱정인데요, 어떨까요?

F	それは気にしなくて大丈夫よ。十分アピールできるように整理されてるから。一つ気になるのは、企画書に入れたグラフの数字が小さくて見にくい点ね。
M	あぁ……、すぐ直します。
F	では、それと当日に使う会議室は予約した？
M	はい、もうしてあります。
F	それからパソコンとかマイクとか、前もってチェックしておいた方がいいわよ。
M	はい、今朝確認しておきましたが、会議の前日にもう一度するつもりです。

男の人は、この後すぐ、何をしなければなりませんか。

F	그건 신경 쓰지 않아도 괜찮아. 충분히 어필할 수 있도록 정리되어 있으니까. 한 가지 신경이 쓰이는 것은 기획서에 넣은 그래프의 숫자가 너무 작아서 보기 불편한 점이야.
M	아……, 바로 고치겠습니다.
F	그럼, 그거랑 당일에 사용할 회의실은 예약했어?
M	네, 이미 해 두었습니다.
F	그리고, 컴퓨터나 마이크 같은 거, 미리 체크해 두는 편이 좋아.
M	네, 오늘 아침에 확인해 두었지만, 회의 전날에 다시 한번 할 예정입니다.

남자는 이후에 바로, 무엇을 해야 합니까?

1 製品機能を追加する	1 제품 기능을 추가한다
2 グラフを修正する	**2 그래프를 수정한다**
3 会議室を予約する	3 회의실을 예약한다
4 備品を確認する	4 비품을 확인한다

해설 제품 기능에 관한 설명은 충분하다고 말하고 있기 때문에, 선택지 1번은 정답이 될 수 없고, 그래프를 수정해야 한다고 말하고 있기 때문에, 정답은 선택지 2번이다. 회의실 예약은 이미 했고, 비품 체크도 했다고 말하고 있다. 따라서 선택지 3번과 4번도 정답이 아니다.

단어 企画書 기획서 | ~について ~에 대해서 | 製品 제품 | 機能 기능 | 気にする 신경을 쓰다, 마음에 두다 | 気になる 신경이 쓰이다, 마음에 걸리다 | 前もって 미리 | 様子 모습, 상태 | 確認 확인 | 追加 추가 | 修正 수정 | 備品 비품

● ● 유형 분석

1 7문항이 출제된다.

2 남녀의 대화 또는 혼자서 말하는 내용을 들려 주고,
　어떤 행동을 한 이유나 원인에 대해서 묻는 문제가 많다.

3 대화에서 강조하는 포인트를 잘 캐치하는 것이 관건이다.

4 출제 유형

　(1) 가장 적절한 이유 찾기

　　4개의 선택지 중에서 질문의 내용에 맞는 가장 적절한 이유를 찾는 문제이다.

　　행동의 주체가 남자인지 여자인지 잘 들어 두어야 한다.

　(2) 가장 큰 이유 찾기

　　대화에서 언급되는 이유 중에서 가장 큰 이유를 찾는 문제이다.

　　4개의 선택지 내용이 모두 대화에서 언급되므로, 얼핏 까다롭게 느껴질 수 있다.

　　제시되는 이유 중 강조하고 있는 선택지를 찾는 것이 포인트이다.

　(3) 이유 찾기 이외의 문제

　　이유를 묻는 문제가 아닌 다른 형태의 문제이다. '~라고 생각합니까?',

　　'~라고 말하고 있습니까?', '~ 합니까?' 등 일반적인 내용의 문제가 출제된다.

　(4) 일방적 주장을 듣고 답하는 문제

　　한 사람의 일방적인 주장 또는 설명을 듣고 질문에 답하는 문제이다.

　　대화문에 비해 말하는 속도가 빠르게 느껴지겠지만 그다지 긴 내용이 아니므로

　　연습을 통해 속도에 적응하면 충분히 맞힐 수 있는 유형이다.

問題 2

　問題 2 では、まず質問を聞いてください。その後、問題用紙のせんたくしを読んでください。読む時間があります。それから、話を聞いて、問題用紙の 1 から 4 の中から、最もよいものを一つ選んでください。

例

1　旅行に出かけるから
2　店長が休むから
3　店を改装するから
4　家族と過ごしたいから

정답 3

스크립트와 해석

男の人と女の人が話しています。男の人は、どうして明日からバイトに行かないと言っていますか。	남자와 여자가 이야기하고 있습니다. 남자는 왜 내일부터 아르바이트에 가지 않는다고 말하고 있습니까?
M　いよいよ明日から連休だね。久しぶりに旅行にでも行って来ようかな。	M　드디어 내일부터 연휴네. 오랜만에 여행이라도 다녀올까?
F　うん？連休？明日はバイトの日じゃないの？	F　응? 연휴? 내일은 아르바이트 하는 날 아니야?
M　あ、明日はバイトに行かなくてもいいんだ。	M　아, 내일은 아르바이트에 가지 않아도 돼.
F　え！また、体の具合が悪いって嘘ついたんじゃないの？	F　앗! 또 몸이 안 좋다고 거짓말한 것 아니야?
M　違うよ。今回は店長から休むようにって言われたんだよ。	M　아니야. 이번에는 점장님이 쉬라고 했단 말이야.
F　そう？何で、急に？あ、店長の子供がついに生まれたの？	F　그래? 왜, 갑자기? 아, 점장님 아이가 드디어 태어났구나?

M いや。まだだよ。それは来月ごろだろう。実は、店の内装工事で一週間はまともな営業が出来ないんだよ。

F あ、そうなんだ。よかったね。家でゆっくりすることもできるじゃない。

男の人は、どうして明日からバイトに行かないと言っていますか。

M 아니. 아직이야. 그건 다음 달 쯤일걸? 실은, 가게 내부 공사로 일주일은 제대로된 영업을 할 수 없어.

F 아, 그렇구나. 잘됐네. 집에서 푹 쉴 수도 있겠네.

남자는 왜 내일부터 아르바이트에 가지 않는다고 말하고 있습니까?

1 旅行に出かけるから	1 여행을 가기 때문에
2 店長が休むから	2 점장이 쉬기 때문에
3 店を改装するから	3 가게를 수리하기 때문에
4 家族と過ごしたいから	4 가족과 시간을 보내고 싶기 때문에

해설 여행을 가기 위해서 알르바이트를 쉬는 것은 아니고, 점장이 쉬기 때문도 아니다. 따라서 선택지 1번과 2번은 정답이 아니다. 가게 내부 공사로 영업을 할 수 없기 때문에 아르바이트를 가지 않는다고 말하고 있다. 따라서 정답은 선택지 3번이다. 집에 관한 언급은 여자가 한 말이므로, 선택지 4번도 정답이 될 수 없다.

단어 連休 연휴 | 体の具合が悪い 컨디션이 좋지 않다 | 生まれる 태어나다 | 内装 내장. 내부 설비 또는 장치 | 工事 공사 | 営業 영업 | 改装 개장. 수리

● ● 유형 분석

1 6문항이 출제된다.

2 선택지가 문제지에 인쇄되어 있지 않다.

3 질문이 미리 나오지 않기 때문에 내용 파악에 초점을 맞춰야 한다.

4 독백(4문항 이상)과 남녀의 대화문(2문항 이하)이 출제된다.

5 출제 유형

  (1) 이야기의 주제 찾기

     주로 회사, 여행사, 도서관과 관련된 상황에서의 일정 변경이나 부탁,
     또는 안내와 관련된 내용이 나온다.

  (2) 화자의 주장이나 생각 찾기

     전체적인 이야기의 주제나 화자의 주장을 묻는 문제로, 일상생활에서
     일어나는 주제에 관한 내용을 다루기 때문에 비교적 쉽게 맞힐 수 있다.

✔ 독백 유형은 말하기 속도가 대화문에 비해 빠르지만 내용은 쉬운 편!

✔ 전체적인 이야기 흐름을 생각하면서 요약해 두기!

예시 문제 🎧 01-03.mp3

問題 3

　問題 3 では、問題用紙に何も印刷されていません。この問題は、全体としてどんな内容かを聞く問題です。話の前に質問はありません。まず話を聞いてください。それから、質問とせんたくしを聞いて、1 から 4 の中から、最もよいものを一つ選んでください。

－ メモ －

정답 3

テレビで、女の人が話しています。

F 最近、ネット上で売り上げが伸びている人気の製品があります。「オチドメ」と呼ばれる人形です。個性的なキャラクターの人形で、見た目も十分かわいいです。特に大学進学を目指している高校生やいろいろな資格試験の受験準備をしている会社員たちに大変人気だそうです。「落ちるのを止める」という意味で名付けられたこの人形は、これからもずっと人気を維持していくだろうと専門家たちは言っています。

女の人は、何について話していますか。

1 ある人形の名前に関する意味
2 ある人形のキャラクターの個性の紹介
3 ある人形の脚光を浴びている理由
4 ある人形の今後の展望

TV에서 여자가 이야기하고 있습니다.

F 최근 인터넷상에서 매상이 오르고 있는 인기 제품이 있습니다. '오치도메'라고 불리는 인형입니다. 개성적인 캐릭터 인형으로, 외모도 충분히 귀엽습니다. 특히 대학 진학을 목표로 하고 있는 고등학생이나 여러 가지 자격 시험의 수험 준비를 하고 있는 회사원들에게 큰 인기라고 합니다. '떨어지는 것을 막는다'라는 의미에서 이름이 붙여진 이 인형은 앞으로도 계속 인기를 유지해 갈 것이라고 전문가들은 말하고 있습니다.

여자는 무엇에 대해서 이야기하고 있습니까?

1 어떤 인형의 이름에 관한 의미
2 어떤 인형 캐릭터의 개성 소개
3 어떤 인형이 각광을 받는 이유
4 어떤 인형의 앞으로의 전망

해설 어떤 인형이 인기를 얻고 있는 이유에 대해서 언급하고 있기 때문에, 정답은 선택지 3번이다.

단어 売り上げ 매상, 매출 ㅣ 個性 개성 ㅣ 見た目 외관, 외모 ㅣ 進学 진학 ㅣ 目指す 목표로 하다, 노리다 ㅣ 資格 자격 ㅣ 名付ける 이름을 짓다 ㅣ 揃える 맞추다, 일치시키다 ㅣ 維持 유지 ㅣ ～に関する ～에 관한 ㅣ 脚光を浴びる 각광을 받다 ㅣ 展望 전망

●● 유형 분석

1 14문항이 출제된다.

2 선택지가 문제지에 인쇄되어 있지 않다.

3 상대방의 짧은 질문이나 말에 대해서 가장 적절한 응답을 찾는 문제이다.

4 선택지는 3개이며, 정답을 고르는 데 시간적인 여유가 충분하지는 않으니
정답을 고를 때 너무 고민하지 않도록 한다.

예시 문제 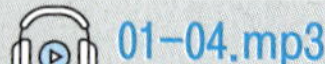 01–04.mp3

もんだい
問題 4

　問題 4 では、問題用紙に何も印刷されていません。まず文を聞いてください。それから、それに対する返事を聞いて、1 から 3 の中から、最もよいものを一つ選んでください。

－ メモ －

정답 2

스크립트와 해석

F 先輩、大学に行ってもバンドはやめないですよね。

M 1 うん、やめさせるようにする。
　2 しばらく忙しいだろうけど、続けるつもりだよ。
　3 今のバイトはやめなくちゃね。

F 선배, 대학에 가도 밴드는 그만두지 않을 거죠?

M 1 응, 그만두도록 할게.
　2 당분간 바쁘겠지만, 계속할 생각이야.
　3 지금 하는 아르바이트는 그만두어야겠지.

해설　밴드를 그만둘 거냐는 여자의 질문에, 계속할 거라고 대답한 선택지 2번이 정답이다.

●● 유형 분석

1 4문항이 출제된다.

2 다소 긴 대화를 듣고 여러 가지 정보를 비교하면서 풀어 나가는 유형이다.

3 긴 내용으로 인해 실제 시험에서는 유일하게 연습 문제가 없다.

4 출제 유형

   (1) 두 사람의 긴 대화 문제

      점원과 손님의 대화가 주로 출제된다. 점원이 권하는 제품 중에서
      마음에 드는 한 가지를 고르는 문제가 자주 나온다.

   (2) 세 사람의 대화 문제

      청해 시험 중 유일한 세 사람의 대화문이다. 가족이 대화하는 내용이
      자주 출제되는 편이다.

   (3) 설명문과 대화문이 함께 나오는 문제

      선택지를 문제 시작 전에 미리 읽어 둔다. 책, 영화, 여행지, 선거의
      후보자 등 다양한 주제가 나온다. 대화에서 선택지의 내용을 직접적으로
      언급하지 않으므로 메모해 둔 특징이나 성질을 통해 정답을 유추해야 한다.

もんだい
問題 5

問題5では、長めの話を聞きます。この問題には練習はありません。問題用紙にメモをとってもかまいません。

ばん　　ばん
1番、2番

問題用紙に何も印刷されていません。まず話を聞いてください。それから、質問とせんたくしを聞いて、1から4の中から、最もよいものを一つ選んでください。

では始めます。

－ メモ －

정답 3

店で女の人が男の店員と話しています。

F パソコンが買いたいんですが、何かお勧めの商品がありますか。あまり高くないもので。

M はい、では4タイプご紹介いたします。こちら「桜パソコン」は今月のおすすめの製品で、10万円の商品を4割引きでご提供しております。@文書作業をする場合、幾つかの作業を同時進行しても速度が落ちず、値段の割に性能が優れております。

F へーえ。

M 次の「星パソコン」は⑥小型で持ち歩きやすいので、女性に人気があります。性能も優れていて外でのDVD視聴にも支障がなく、インターネットの速度も早い方です。これ15万円です。

F へぇー、ちょっと　高いですね。

가게에서 여자가 남자 점원과 이야기하고 있습니다.

F 컴퓨터를 사고 싶은데요, 뭔가 추천해 주실 상품이 있나요? 그다지 비싸지 않은 걸로.

M 네, 그럼 4개의 타입을 소개해 드리겠습니다. 이쪽 '사쿠라 컴퓨터'는 이번 달 추천 상품으로, 10만 엔의 상품을 40% 할인으로 제공하고 있습니다. @문서 작업을 하는 경우, 여러 가지 작업을 동시 진행하더라도 속도가 떨어지지 않고, 가격에 비해서 성능이 뛰어납니다.

F 오~.

M 다음 '호시 컴퓨터'는 ⑥소형이고, 가지고 다니기 편해서 여성들에게 인기가 있습니다. 성능도 뛰어나고 야외에서 DVD 시청을 하는 데도 지장이 없으며, 인터넷 속도도 빠른 편입니다. 이것은 15만 엔입니다.

F 아~, 조금 비싸네요.

M 「トレンドパソコン」はもう少しお安いんです。
11万円程度の、ⓒ小型で、超軽量なので、外で
のご利用が多い方にはぴったりです。文書作成に
関しては問題ないですが、多くの作業を同時に行
うと、速度が少し遅くなることもあります。

F あぁ〜。そうなんですか。

M 「青井パソコン」は18万円で画面が大きいです
が、軽いんです。ⓓ最新型だけに、どんな作業を
するにも差し支えがありません。専門的なデザイ
ンのプログラムを扱う方とかゲームが好きな方に
大人気です。今出ているパソコンの中で性能面で
は最高ですね。

F そうなんですか。えーと、私はなるべくⓔ小型で
軽いのがいいんです。持ち歩くことができる物
で。静かなカフェで会社の書類作業をする場合も
よくあるから……。それに、多くの作業を同時に
する事もほとんどないから、これにします。

女の人はどのパソコンを選びましたか。

M '트렌드 컴퓨터'는 조금 더 쌉니다. 11만 엔 정도의 ⓒ소
형이고, 초경량이라서 밖에서 이용이 많은 분들에게는
딱입니다. 문서 작성에 관해서는 문제가 없지만, 여러
작업을 동시에 할 때 속도가 조금 느려지는 일도 있습
니다.

F 아〜, 그런가요?

M '아오이 컴퓨터'는 18만 엔으로 화면이 크지만, 가볍습
니다. ⓓ최신형인 만큼 어떤 작업을 하는 데도 지장이
없습니다. 전문적인 디자인 프로그램을 다루는 분이나
게임을 좋아하는 분에게 큰 인기를 얻고 있습니다. 지
금 나와 있는 컴퓨터 중에서 성능 면에서는 최고입니
다.

F 그런가요? 음, 저는 가능한 한 ⓔ작고 가벼운 것이 좋
아요. 들고 다닐 수 있는 걸로. 조용한 카페에서 회사
서류 작업을 하는 경우도 있으니까……. 게다가 많은
작업을 동시에 하는 일도 거의 없으니까, 이걸로 할게
요.

여자는 어느 컴퓨터를 골랐습니까?

1 「桜パソコン」	1 '사쿠라 컴퓨터'
2 「星パソコン」	2 '호시 컴퓨터'
3 「トレンドパソコン」	3 '트렌드 컴퓨터'
4 「青井パソコン」	4 '아오이 컴퓨터'

풀이 ⓐ선택지 1번에 관한 내용으로, 가격에 비해 성능이 뛰어나고 문서 작업을 동시에 진행할 수
있다. ⓑ선택지 2번에 관한 내용으로, 소형에 휴대가 간편해서 여성들에게 인기가 있고, 야외
에서 DVD 시청과 인터넷 속도를 강조하고 있다. ⓒ선택지 3번에 관한 내용으로, 소형에 가벼
워서 야외에서 이용하는 사람에게 추천하고 있다. 여러 가지의 동시 작업에 약간의 단점이 있
다. ⓓ선택지 4번에 관한 내용으로, 최신형에 성능도 좋고, 화면도 크고, 전문적으로 사용하는
것에 대해서 강조하고 있다. ⓔ여자의 구매 조건은 작고 가벼운 것, 문서 작업, 동시 진행은 필
요없다는 것이다. 따라서 정답은 선택지 3번이다. 선택지 2번도 여자의 구매 조건에 해당하지
만, 가격이 비싸고, 동시 작업이 필요 없다고 말하고 있기 때문에 정답이 될 수 없다.

단어 お勧め 추천 | 製品 제품 | 割引 할인 | 提供 제공 | 作業 작업 | 〜割に 〜에 비해서 | 性能 성
능 | 優れる 우수하다, 뛰어나다 | 小型 소형 | 視聴 시청 | 支障 지장 | 超軽量 초경량 | 〜に
関して 〜에 관해서 | 画面 화면 | 差し支え 지장 | 専門 전문 | 扱う 다루다, 취급하다

1 주제별 청해 필수 어휘

① 회사

□ 挨拶(あいさつ)	인사
□ 諦(あきら)める	포기하다
□ 打(う)ち合(あ)わせ	협의, 미팅
□ お世話(せわ)になる	신세를 지다
□ お互(たが)いに	서로
□ 会場(かいじょう)	회장, 모임의 장소
□ 片付(かたづ)ける	정리하다
□ 合併(がっぺい)	합병
□ 企画書(きかくしょ)	기획서
□ 給料(きゅうりょう)	급료, 월급
□ 恐縮(きょうしゅく)ですが	송구스럽지만(대단히 죄송하지만)
□ 業務(ぎょうむ)	업무
□ 苦労(くろう)	수고, 고생
□ 計画(けいかく)	계획
□ 契約書(けいやくしょ)	계약서
□ 件(けん)	건
□ 検討(けんとう)	검토
□ 顧客(こきゃく)	고객
□ ご無沙汰(ぶさた)	오랫동안 격조함(만나지 못함)
□ 採用(さいよう)	채용
□ 差(さ)し上(あ)げる	드리다
□ 支店(してん)	지점
□ 締(し)め切(き)り	마감
□ 修正(しゅうせい)	수정
□ 条件(じょうけん)	조건
□ 資料(しりょう)	자료
□ 人事異動(じんじいどう)	인사이동
□ 慎重(しんちょう)	신중
□ すでに	이미, 벌써
□ 席(せき)を外(はず)す	자리를 비우다
□ 先日(せんじつ)	일전, 요전
□ 先方(せんぽう)	상대방
□ 創立(そうりつ)	창립
□ 只今(ただいま)	지금, 현재
□ 担当者(たんとうしゃ)	담당자
□ 調整(ちょうせい)	조정
□ 提案(ていあん)	제안
□ 定期的(ていきてき)	정기적
□ 手伝(てつだ)う	돕다

<ruby>転勤<rt>てんきん</rt></ruby>	전근
<ruby>特別<rt>とくべつ</rt></ruby>	특별
<ruby>取引先<rt>とりひきさき</rt></ruby>	거래처
～<ruby>直<rt>なお</rt></ruby>す	다시 ～하다
<ruby>長引<rt>ながび</rt></ruby>く	오래 끌다, 지연되다
<ruby>日程<rt>にってい</rt></ruby>	일정
<ruby>変更<rt>へんこう</rt></ruby>	변경
<ruby>報告書<rt>ほうこくしょ</rt></ruby>	보고서
<ruby>参<rt>まい</rt></ruby>る	가다〈겸양〉
<ruby>前<rt>まえ</rt></ruby>もって	미리
<ruby>間違<rt>まちが</rt></ruby>う	틀리다, 잘못되다
<ruby>申<rt>もう</rt></ruby>し<ruby>上<rt>あ</rt></ruby>げる	말씀드리다
<ruby>譲<rt>ゆず</rt></ruby>る	양보하다
<ruby>用件<rt>ようけん</rt></ruby>	용건
<ruby>要約<rt>ようやく</rt></ruby>	요약

❷ 학교

<ruby>行<rt>おこな</rt></ruby>う	행하다, 실시하다
<ruby>甲斐<rt>かい</rt></ruby>	보람
<ruby>課題<rt>かだい</rt></ruby>	과제
<ruby>企業<rt>きぎょう</rt></ruby>	기업
<ruby>競争率<rt>きょうそうりつ</rt></ruby>	경쟁률
<ruby>距離<rt>きょり</rt></ruby>	거리
<ruby>気<rt>き</rt></ruby>を<ruby>使<rt>つか</rt></ruby>う	신경을 쓰다
<ruby>気<rt>き</rt></ruby>を<ruby>付<rt>つ</rt></ruby>ける	조심하다
<ruby>具体的<rt>ぐたいてき</rt></ruby>	구체적
<ruby>掲示板<rt>けいじばん</rt></ruby>	게시판
<ruby>研究室<rt>けんきゅうしつ</rt></ruby>	연구실
<ruby>謙譲語<rt>けんじょうご</rt></ruby>	겸양어
<ruby>現場<rt>げんば</rt></ruby>	현장
<ruby>構成<rt>こうせい</rt></ruby>	구성
<ruby>語学<rt>ごがく</rt></ruby>	어학
<ruby>参考文献<rt>さんこうぶんけん</rt></ruby>	참고 문헌
<ruby>資格<rt>しかく</rt></ruby>	자격
<ruby>事情<rt>じじょう</rt></ruby>	사정
<ruby>就活<rt>しゅうかつ</rt></ruby>	취활('취직 활동'의 준말)
<ruby>就職<rt>しゅうしょく</rt></ruby>	취직
<ruby>就職説明会<rt>しゅうしょくせつめいかい</rt></ruby>	취직 설명회
<ruby>主張<rt>しゅちょう</rt></ruby>	주장
<ruby>状況<rt>じょうきょう</rt></ruby>	상황
<ruby>初日<rt>しょにち</rt></ruby>	첫날
<ruby>事例<rt>じれい</rt></ruby>	사례
<ruby>申請<rt>しんせい</rt></ruby>	신청
<ruby>精一杯<rt>せいいっぱい</rt></ruby>	최대한, 힘껏
<ruby>卒業論文<rt>そつぎょうろんぶん</rt></ruby>	졸업 논문
<ruby>尊敬語<rt>そんけいご</rt></ruby>	존경어
<ruby>対象<rt>たいしょう</rt></ruby>	대상
<ruby>注意事項<rt>ちゅういじこう</rt></ruby>	주의 사항
<ruby>調節<rt>ちょうせつ</rt></ruby>	조절
<ruby>通知<rt>つうち</rt></ruby>	통지, 알림
<ruby>提出<rt>ていしゅつ</rt></ruby>	제출
～にもかかわらず	～(임)에도 불구하고

☐ ～にわたって	～에 걸쳐서	☐ 服装	복장
☐ 反省	반성	☐ 普段	보통, 평소
☐ 評判	평판	☐ ～べき	～해야 할
☐ 開く	열리다	☐ 申し込み	신청
☐ フォーラム	포럼	☐ 例	예

❸ 축약 표현

	원형	축약형	뜻	예문
☐	～ていない	～てない	～하고 있지 않다	まだ食べてない　아직 먹고 있지 않다
☐	～でいない	～でない	～하고 있지 않다	まだ飲んでない　아직 마시고 있지 않다
☐	～ている	～てる	～하고 있다	ご飯を食べてる　밥을 먹고 있다
☐	～でいる	～でる	～하고 있다	お酒を飲んでる　술을 마시고 있다
☐	～ておく	～とく	～해 두다, ～해 놓다	準備しとく　준비해 두다
☐	～でおく	～どく	～해 두다, ～해 놓다	読んどく　읽어 두다
☐	～てしまう	～ちゃう	～해 버리다	全部食べちゃう　전부 먹어 버리다
☐	～でしまう	～じゃう	～해 버리다	全部飲んじゃう　전부 마셔 버리다
☐	～ては	～ちゃ	～해서는	食べちゃいけない　먹어서는 안 된다
☐	～では	～じゃ	～해서는	飲んじゃいけない　마셔서는 안 된다
☐	～なくては	～なくちゃ	～하지 않으면	準備しなくちゃいけない 준비해 두지 않으면 안 된다
☐	～なければ	～なきゃ	～하지 않으면	準備しなきゃならない 준비해 두지 않으면 안 된다

원형	축약형	뜻	예문
□ ～という	～って	～라고 한다	帰ったって　돌아갔대
□ ～だそうだ	～だって	～라고 한다	静かだって　조용하대
□ ～ても	～たって	～해도, ～라도	勉強したって　공부해도
□ ～でも	～だって	～해도, ～라도	いくら読んだって　아무리 읽어도
□ ～ない	～ん	～하지 않는다	絶対行かん　절대 안 간다
□ ～のだ	～んだ	～인 것이다	行くんだ　가는 것이다〈강한 단정〉
□ ～らない	～んない	～하지 않는다	分かんない　몰라
□ ～れない	～んない	～할 수 없다	信じらんない　믿을 수 없어

다음 문제를 듣고 알맞은 답을 고르시오.

1 まず質問を聞いてください。それから話を聞いて、問題用紙の１から４の中から、最もよいものを一つ選んでください。

1　内容を削る

2　テーマを変更する

3　図と表を増やす

4　テーマをしぼる

2 まず質問を聞いてください。それから話を聞いて、問題用紙の１から４の中から、最もよいものを一つ選んでください。

1　店の賃貸料が高かったから

2　メインメニューが良くなかったから

3　店の雰囲気が良くなかったから

4　ライバルの店より高かったから

3 問題３では、問題用紙に何も印刷されていません。この問題は、全体としてどんな内容かを聞く問題です。話の前に質問はありません。まず話を聞いてください。それから、質問とせんたくしを聞いて、１から４の中から、最もよいものを一つ選んでください。

4 問題用紙に何も印刷されていません。まず文を聞いてください。それから、それに対する返事を聞いて、1から3の中から、最もよいものを一つ選んでください。

5 まず話を聞いてください。それから、二つの質問を聞いて、それぞれ問題用紙の1から4の中から、最もよいものを一つ選んでください。

質問1

男の人はどの本を読もうとしていますか。

1 「夢と出会った時間」
2 「父の止まった時計」
3 「東京の郵便局」
4 「人の生きる道」

質問2

女の人はどの本を読もうとしていますか。

1 「夢と出会った時間」
2 「父の止まった時計」
3 「東京の郵便局」
4 「人の生きる道」

정답 1 ④　2 ②　3 ②　4 ①　5 ③ / ②
해석 및 해설 별책 p.87

청해 완전 정복을 위한 꿀팁!

일본어 능력시험의 청해 실력을 올리기 위해서는 다음 2가지 방법으로도 충분합니다.
– 선택지가 인쇄되어 있는 문제는 선택지를 미리 보고 압축하기
– 선택지가 인쇄되어 있지 않은 문제는 최대한 내용을 메모하기

● 問題 1 과제 이해

반드시 선택지를 미리 읽고 문제를 풀어야 합니다. 내용을 다 듣고 나서 선택지를 읽기 시작하면, 시간에 쫓겨 문제를 제대로 풀지 못하는 경우가 많습니다.

● 問題 2 포인트 이해

실제 시험에서 약 20초간 선택지를 읽을 시간이 주어지지만 〈問題 1 과제 이해〉보다 선택지가 길기 때문에 시간상 여유가 있다고 하기는 어렵습니다. 선택지를 빠르게 읽어 내는 것은 물론이고, 긴 선택지를 요약하는 연습도 필요합니다.

● 問題 3 개요 이해

내용과 문제를 들은 후 선택지를 들을 때, 정답 여부를 바로 표시해 둡시다.
○, ×, △ 정도로 표시해 두는 것만으로도 실수를 막을 수 있습니다.

● 問題 4 즉시 응답

어쩔 수 없이 정답을 찍어야 할 경우, 이왕이면 잘 들리는 단어가 나오지 않은 선택지로 골라 봅시다. 비교적 학습자들에게 익숙한 단어를 문제 내용과 상관없는 상황으로 연결시키면서 함정을 파는 경우가 많기 때문입니다.

● 問題 5 종합 이해

긴 대화문이 나오지만, 소거법과 메모를 이용하면 충분히 대처할 수 있습니다. 메모는 간략하고 빠르게 하는 것을 목표로 꾸준히 훈련하면 반드시 좋아집니다. 대화가 길더라도 선택지 1번에 관한 내용부터 순서대로 설명하는 방식이라는 것을 명심합니다.

PART 2

- **과제 이해 실전 연습** ⋯⋯⋯⋯⋯⋯ p.364
- **포인트 이해 실전 연습** ⋯⋯⋯⋯⋯ p.368
- **개요 이해 실전 연습** ⋯⋯⋯⋯⋯⋯ p.372
- **즉시 응답 실전 연습** ⋯⋯⋯⋯⋯⋯ p.374
- **종합 이해 실전 연습** ⋯⋯⋯⋯⋯⋯ p.376

과제 이해 실전 연습 ❶ 🎧 02-01~05.mp3　　　　　　　　　　[　　/ 5]

問題 1

問題1では、まず質問を聞いてください。それから話を聞いて、問題用紙の1から4の中から、最もよいものを一つ選んでください。

1番

1　アンケートの資料を修正する

2　開発部に連絡する

3　新商品の計画書を作成する

4　業務支援部に連絡する

2番

1　視察の延期の手続きをする

2　資料の内容を把握する

3　資料を前もってコピーしておく

4　社長と打ち合わせをする

3番

1　研究課題の範囲を決める

2　図書館のカードの発行を頼む

3　電子図書を利用しに行く

4　内容をアピールする方法を考える

4番

1　原稿の修正のため家に帰る

2　施設の確認のため会場に行く

3　何もせずに家で休む

4　男の人と一緒に準備に行く

5番

1　診察券を受け取る

2　問診票を作成する

3　診察を受けに行く

4　椅子に座って待つ

もんだい
問題 1

　問題 1 では、まず質問を聞いてください。それから話を聞いて、問題用紙の 1 から 4 の中から、最もよいものを一つ選んでください。

ばん
1番

1　工場に品物をもらいに行く

2　商品をデパートに送る

3　取引先に電話して謝る

4　工場に連絡する

ばん
2番

1　3階の会議室へ行く

2　2階の会議室へ行く

3　会議の資料をコピーする

4　会議の場所を変更する

3番

1 資料の文句を大きく書く

2 他の会場を探す

3 絵を追加する

4 図やグラフを修正する

4番

1 レポートを書く

2 レポートのテーマを決める

3 参考文献を借りに行く

4 講義の内容を書き写す

5番

1 修理の受付をする

2 保証書を確認する

3 修理依頼書を作成する

4 手数料を振り込む

問題 2

　問題 2 では、まず質問を聞いてください。その後、問題用紙のせんたくしを読んでください。読む時間があります。それから、話を聞いて、問題用紙の 1 から 4 の中から、最もよいものを一つ選んでください。

1番

1　会社の仕事が忙しくなったため

2　中国へ出張に行くため

3　中国語の勉強が必要なため

4　運動を始めて疲れているため

2番

1　修正が必要ではない企画だから

2　新入社員の企画を採用することにしたから

3　良い商品としての可能性があったから

4　女性社員が行ったアンケートがよかったから

3番

1　お客さんとの意思疎通の方法

2　新商品を顧客に説明する方法

3　取引先と信頼関係を築く方法

4　販売店での品物の並べ方

4番

1　玩具セット付の公演チケット

2　玩具付でない公演チケット

3　マートの商品券と公演チケット

4　何も買わなかった

5番

1　清潔で静かな環境

2　先生たちの授業や助言

3　活発なサークル活動

4　外国人留学生との交流

問題 2

　問題 2 では、まず質問を聞いてください。その後、問題用紙のせんたくしを読んでください。読む時間があります。それから、話を聞いて、問題用紙の 1 から 4 の中から、最もよいものを一つ選んでください。

1番

1　サッカーの試合があったため

2　親善試合を応援するため

3　気分転換をするため

4　応援の練習をするため

2番

1　就職に必要な語学力をつけるため

2　中国の親戚に会うため

3　父が中国で仕事をしているため

4　ある場所について知りたいため

스크립트 및 해설 p.109

3番

1 社会的弱者を演じてみること
2 監督として作品を作ること
3 シナリオの勉強をすること
4 イメージと違う役をやってみること

4番

1 結婚や恋愛のための出会いを提供すること
2 些細な出来事を通して生活の楽しさを求めること
3 同じ地域で趣味を共有できる会をつくること
4 会員に適当な会社を紹介すること

5番

1 温泉で様々な文化の授業を行う
2 温泉を楽しむイベントを企画する
3 地域社会と共にイベント案を練る
4 コミュニケーション教育を行う

問題 3

　問題3では、問題用紙に何も印刷されていません。この問題は、全体としてどんな内容かを聞く問題です。話の前に質問はありません。まず話を聞いてください。それから、質問とせんたくしを聞いて、１から４の中から、最もよいものを一つ選んでください。

– メモ –

정답　**1** ③　**2** ④　**3** ③　**4** ②　**5** ④　　　　　　　　스크립트 및 해설 p.115

もんだい
問題 3

　問題3では、問題用紙に何も印刷されていません。この問題は、全体としてどんな内容かを聞く問題です。話の前に質問はありません。まず話を聞いてください。それから、質問とせんたくしを聞いて、１から４の中から、最もよいものを一つ選んでください。

– メモ –

즉시 응답 실전 연습 ❶ 🎧 02-31~37.mp3 　　　　[　/ 7]

問題 4

　問題 4 では、問題用紙に何も印刷されていません。まず文を聞いてください。それから、それに対する返事を聞いて、1 から 3 の中から、最もよいものを一つ選んでください。

– メモ –

정답　**1** ②　**2** ③　**3** ①　**4** ③　**5** ②　**6** ①　**7** ②　　　　스크립트 및 해설 p.125

問題 4

　問題 4 では、問題用紙に何も印刷されていません。まず文を聞いてください。それから、それに対する返事を聞いて、1 から 3 の中から、最もよいものを一つ選んでください。

– メモ –

정답　**1** ③　**2** ①　**3** ②　**4** ①　**5** ②　**6** ②　**7** ①　　　　　　스크립트 및 해설 p.127

問題 5

　問題 5 では、長めの話を聞きます。この問題には練習はありません。問題
用紙にメモをとってもかまいません。

1番、2番

　問題用紙に何も印刷されていません。まず話を聞いてください。それか
ら、質問とせんたくしを聞いて、1 から 4 の中から、最もよいものを一つ選ん
でください。

－ メモ －

3番

まず話を聞いてください。それから、二つの質問を聞いて、それぞれ問題用紙の1から4の中から、最もよいものを一つ選んでください。

質問1

1 「夢」

2 「希望の声」

3 「時代の絆」

4 「プチ」

質問2

1 「夢」

2 「希望の声」

3 「時代の絆」

4 「プチ」

<ruby>問題<rt>もんだい</rt></ruby> 5

　問題 5 では、長めの話を聞きます。この問題には練習はありません。問題用紙にメモをとってもかまいません。

1番、2番

　問題用紙に何も印刷されていません。まず話を聞いてください。それから、質問とせんたくしを聞いて、1から4の中から、最もよいものを一つ選んでください。

3番

　まず話を聞いてください。それから、二つの質問を聞いて、それぞれ問題用紙の１から４の中から、最もよいものを一つ選んでください。

質問1

1　クッキングクラス

2　ヨガ

3　ウクレレ

4　美術クラス

質問2

1　クッキングクラス

2　ヨガ

3　ウクレレ

4　美術クラス

실전 모의고사

N1

N1

言語知識（文字・語彙・文法）・読解

（110分）

受験番号 Examinee Registration Number	

名前 Name	

問題1 _________の言葉の読み方として最もよいものを、1・2・3・4から一つ選びなさい。

1 読書によって知識を蓄積する。

1 しくせき　　　2 しっせき　　　3 ちくせき　　　4 ちっせき

2 最近の車はだれでも手軽に運転できるようになった。

1 てがるに　　　2 てかるに　　　3 しゅげいに　　　4 しゅけいに

3 爆発の衝撃でガラスが割れた。

1 じゅうけき　　　2 じゅうげき　　　3 しょうけき　　　4 しょうげき

4 現代人は大量の情報の渦の中に否応なしに巻き込まれている。

1 いやおう　　　2 いやのう　　　3 ひおう　　　4 ひのう

5 父は建設業を営んでいる。

1 あゆんで　　　2 いとなんで　　　3 かこんで　　　4 はこんで

6 不正な取引が頻繁に行われたという証言を得た。

1 とびん　　　2 もはん　　　3 ひんぱん　　　4 かびん

問題2　（　　　　）に入れるのに最もよいものを、1・2・3・4から一つ選びなさい。

7 このお茶は眠気をさます（　　　）がある。

1　働き　　　　　　2　まとめ　　　　　3　定め　　　　　4　歪み

8 友達とバンドを（　　　）してコンサートを開催した。

1　進出　　　　　　2　結成　　　　　　3　発明　　　　　4　発掘

9 今回の失敗から多くの（　　　）を学ぶことができた。

1　教科　　　　　　2　教訓　　　　　　3　教材　　　　　4　教習

10 この薬に含まれるビタミンCはオレンジ１０個分に（　　　）する。

1　担当　　　　　　2　見当　　　　　　3　相当　　　　　4　妥当

11 昔から外見に対して強い（　　　）を持っている。

1　コンプレックス　2　キャラクター　3　ストレート　　　4　ニュアンス

12 トンカツとオムライスのどちらが好きかと聞かれても困るが、（　　　　）選ぶならトンカツだ。

1　たとえ　　　　　2　まさに　　　　　3　しいて　　　　　4　ひいては

13 このパソコン・ソフトを使えば、複雑だった会計処理が（　　　　）改善されるだろう。

1　一向に　　　　　2　一挙に　　　　　3　一心に　　　　　4　一概に

問題3 ＿＿＿＿の言葉に意味が最も近いものを、1・2・3・4から一つ選びなさい。

14 不意の出来事に驚いてしまった。

1　久しぶり　　　　2　大勢　　　　3　予想通り　　　　4　突然

15 彼は私の質問にとぼけていた。

1　知らんぷりしていた　　　　　　　2　簡単に説明してくれた

3　いやいや答えた　　　　　　　　　4　怒っていた

16 彼は、人を勇気づけることが自分の使命だと自覚した。

1　判った　　　　2　承った　　　　3　悟った　　　　4　解った

17 商品のテレビ広告を中止し、コストの削減を図ることにした。

1　宣伝　　　　2　便益　　　　3　費用　　　　4　圧力

18 営業利益が前年より若干増えた。

1　つねに　　　　2　わずかに　　　　3　いまだに　　　　4　ぎっしり

19 気楽な雰囲気になったとき、人は本音を話すものだ。

1　本当の気持ち　　2　面白い話　　3　自分の話　　4　大胆な言葉

問題４　次の言葉の使い方として最もよいものを、１・２・３・４から一つ選びなさい。

20 不満

1　うちの子どもは、親に不満ばかりしている。

2　店員の態度に不満して、何も買わずに店を出た。

3　そのときの佐藤さんの表情はいかにも不満だった。

4　今度の人事異動には不満がある。あまりに不公平だ。

21 おごる

1　この本は私が父におごったものです。

2　今日は私がおごるからどんどん注文して。

3　手作りの料理をおごっていただいて恐縮です。

4　入学祝いに気持ちばかりのプレゼントをおごった。

22 中毒

1　彼はお酒に中毒で、治療が必要だ。

2　彼はガス中毒で入院した。

3　公園の彫刻が雨の中毒で溶けてきた。

4　うちの子は、勉強に中毒して熱を出してしまった。

23 ずらっと

1　お店の前にずらっと人が並んでいる。

2　雑誌にずらっと目を通した。

3　東京は、明日はずらっと晴れるようですよ。

4　あの人はずらっと背が高い。

24 品種

1 この文房具屋ではいろいろな品種のボールペンが売られている。

2 このテレビはさまざまな品種を組み合わせて作られている。

3 飴の品種はたくさんあり、呼び方もそれぞれ異なる。

4 米は品種が同じでも、育った土地によって味が違う

25 親善

1 両国は親善を深めるために、野球の試合を行った。

2 両市は親善するため、互いに市民団体が訪問し合った。

3 両校の生徒たちは親善に交流するために、頻繁に連絡を取り合った。

4 両大学は留学生の交換を親善に行うために、規約を作成した。

問題5 次の文の（　　　　）に入れるのに最もよいものを、1・2・3・4から一つ選びなさい。

26 年末（　　　　　）繁華街は大勢の人で賑わっていた。

1　としては　　　　2　とあって　　　　3　とはいえ　　　　4　だからといって

27 実際に使ってみて（　　　　　）、食器洗い機の便利さを知った。

1　はじめ　　　　2　はじめで　　　　3　はじめて　　　　4　はじめると

28 最近の若者は、自分に与えられた問題を考え（　　　　　）力が足りないようだ。

1　ぬく　　　　2　もとづく　　　　3　かける　　　　4　わたる

29 あの人にお金を貸した（　　　　　）、一度足りとも返ってきた試しはない。

1　が最後　　　　2　とたん　　　　3　や否や　　　　4　末に

30 市議会の決定（　　　　　）、総合的な市街地の開発方針が定められることになった。

1　に限って　　　　2　を除いて　　　　3　にわたって　　　　4　を受けて

31 進学問題は、親の意向（　　　　　）、本人の希望を第一に尊重すべきだ。

1　なくしては　　　　　　　　2　もさることながら

3　をよそに　　　　　　　　　4　もかまわず

32 苦しい戦争の時代を生き抜き、私が今ここにいることこそが奇跡（　　　　　）。

1　でないものでもない　　　　　　2　でなければならない

3　でなくてなんだろう　　　　　　4　であるはずがない

388

33 ゲーム市場は、不況をものともせず（　　　　）。

1　成長の見込みがない　　　　　　　2　急成長を続けている

3　低迷し続けている　　　　　　　　4　成長を余儀なくされている

34 新市長となる上原氏は「いじめ問題や通学路の安全対策、子どもの貧困対策など
を、強力に推進して（　　　　）。」と決意を述べた。

1　いたします　　　2　願います　　　3　まいります　　　4　頂戴します

35 私の会社では、どんな理由があろうと、業務に関するデータや資料を社外に持ち
出すことは、（　　　　）認められていない。

1　いっさい　　　2　むしろ　　　3　かならず　　　4　どうしても

問題6 次の文の＿＿★＿＿に入る最もよいものを、1・2・3・4から一つ選びなさい。

（問題例）

あそこで ＿＿＿＿ ＿＿＿＿ ＿★＿ ＿＿＿＿ は山田さんです。

1 テレビ　　2 見ている　　3 を　　4 人

（解答の仕方）

1．正しい文はこうです。

あそこで ＿＿＿＿＿＿ ＿＿＿＿ ＿★＿＿ ＿＿＿＿ は山田さんです。
1 テレビ　　3 を　　2 見ている　　4 人

2．＿★＿に入る番号を解答用紙にマークします。

（解答用紙）　（例）　① ● ③ ④

---

36 彼の鮮やかなプレーには、だれもが目をうばわれた。

そして、＿＿＿＿＿＿＿ ＿＿＿＿＿＿ ＿★＿ ＿＿＿＿＿も拍手がわいた。

1　相手チームの人々　　　　　　2　から

3　味方の応援団　　　　　　　　4　のみならず

37 人気俳優がくる ＿＿＿＿＿＿＿ ＿＿＿＿＿＿ ＿★＿ ＿＿＿＿＿ なった。

1　このイベントのチケットは　　2　売り切れに

3　とあって　　　　　　　　　　4　あっという間に

38 彼は学生 ＿＿＿＿＿ ＿＿＿＿＿ ＿★＿ ＿＿＿＿＿ として退学させられた。

1　許す

2　行為を行った

3　べからざる

4　として

39 この類の事業の成功のカギは、物的環境にあるという ＿＿＿＿＿ ＿＿＿＿＿ ＿★＿ ＿＿＿＿＿大きいと考えています。

1　人的資源に

2　より

3　ところが

4　よる

40 人はいつも勇気をもてという。しかしおくびょうではいけないのだろうか。＿＿＿＿＿ ＿＿＿＿＿ ＿★＿ ＿＿＿＿＿危険を避けることができるのだ。

1　おくびょうで

2　用心深くなり

3　こそ

4　あれば

問題7 次の文章を読んで、文章全体の趣旨を踏まえて、[41]から[50]の中に入る最もよいものを１・２・３・４から一つ選びなさい。

高校卒業後、とあるメーカーのシステム系の事務職に就いた。部内人数は５人と少なく、会社の全データシステムを扱う部署ということもあり、コンピューターの作動音だけが響くような環境の部署だった。仕事をしているのだから私語は慎むべきではあるが、話をすること自体がタブーな雰囲気で、ほとんど社会経験のなかった私は息の詰まるような毎日だった。[41]不況の時代に10代で仕事があるのはありがたいと頑張ってはいた。

部内に上司に目をつけられている人がいた。私を除いて４名は男性で、唯一女性の私を娘や妹のように可愛がってくれる優しい人達なのだが、[42]に対してだけはとても厳しく、仕事が遅い、ミスが多い、声が小さいなど、とにかく目についた事を片っ端から言うような感じだった。[43]特にその人がそんなに劣っているとは感じられず、ちょっと性格的におっとり^(注)しているかなというぐらいなのだが、年下の同僚の人も自分の方が上だと[44]をとっていた。

そういう部署で２年働いた。でも、特定の人をいじめる環境が嫌で、その環境から逃げるために仕事を辞める決心をした。相変わらずシーンとした部屋でみんな聞き耳を立てている中、上司に退職の話を切り出すのはとても勇気がいることだったが、決心して良かったと思う。

退職ではなく部署移動を言い渡されたのだが、移動した先の部署は仕事をしつつも楽しい部署で、以前の部署とは正反対だった。上司が変わるだけでこんなに違うのかと感じた。自分だけ逃げだしたようで罪悪感もあるが、あの部署にずっといたらいつか体を壊していたんじゃないかと思う。やはり[45]。

（注）おっとり：態度がゆったり落ち着いているさま。

41

1　それなので　　2　あるいは　　3　さぞかし　　4　それでも

42

1　上司　　2　年下　　3　その人　　4　同僚

43

1　私から見て　　2　みんなが言うには

3　上司の考えでは　　4　部内の人達からすると

44

1　へりくだった態度　　2　理解を求める態度

3　見上げる態度　　4　言わんばかりの態度

45

1　体の健康が一番だなと思った

2　勇気を出すのも必要だなと思った

3　職場は静かな方がいいと思った

4　退職よりは部署移動の方がいいなと思った

問題8　次の(1)~(4)の文章を読んで、後の問いに対する答えとして最もよいものを、1・2・3・4から一つ選びなさい。

(1)

国際結婚、外国との経済協力、外国人労働者及び留学生の増加などで、今や、日本だけに限らず多文化共生の時代である。大勢の人が多文化共生のための主張や、差別的な視線で彼らを眺めて評価をしてはならないと訴えている。しかし、こうした世論は多文化の共生のための何の助けにもならない。彼らは私たちと違う。多文化共生のためには、彼らが私たちとは違うという事実を認める姿勢が絶対的に必要である。多文化共生を叫ぶ人々が、外国人に着物を着せ、日本のお酒を勧めるのはおかしいことである。民族の一本化を主張するのと変わらない行動よりは、彼らのアイデンティティを守る行為を尊重して、配慮することが必要ではないだろうか。

46　筆者の意見として合っているものはどれか。

1　他の文化との違いを認め、一律な基準を適用してはならない。

2　違う文化の外国人でも、人間の基本行動には差がないことを認識するべきだ。

3　他の国から移住してきた人を見る視線や判断に差別があってはならない。

4　外国人の自発的な参加を前提に、日本の文化体験に参加させた方がいい。

(2)

　私は厚い本を読む時に負担を感じる。これに比べて、薄い本を読む時は、長閑（のどか）な気持ちで、余裕を持って本に接することができる。厚い本だとその膨大な量に圧倒されたり、早く読み終えたいという気持ちで、かえって気疲（きづか）れしてしまうのだ。また、厚い本は著者の意図を察しにくいということも原因になるかもしれない。それで厚い本を読むときは、すべての内容を完璧に理解しながら読まないことにしている。著者の答えが私のと違うこともあれば、著者の考えが私と一致していないこともあるのだから。すべての本にはそれなりの目的があるが、それを受け入れるかどうかは、読者にかかっているわけだ。読者に正解を要求できる著者はいない。

47　筆者が最も伝えたいものは何か。

1　内容が難解で時間を消耗させる本を真剣に読む必要はない。

2　ページの量に比例して、本に接する姿勢が変わることは仕方がない。

3　文を書いた著者の目的と読者の結論が必ずしも一致するわけではない。

4　厚い本を読む時は、意識的に負担を感じない心の状態を維持するべきだ。

(3)

人類が地球を支配する前には、微生物が地球を支配していた。ひょっとすると、今も我々が住んでいる世の中は微生物によって維持されているのかもしれない。人間によって変形されつつある地球の環境に合わせて変化し、進化を重ねている微生物の適応力には驚かされる。

微生物に対する我々の見方は、否定的な側面が強いが、人間にとって脅威となる微生物は1％に及ばないという。人間は、むしろこの目に見えない地球の実支配者に感謝すべきである。医学の発達は言うまでもなく、地球の緑が維持できる最も大きな理由も、微生物の分解作用にほかならないのである。微生物との効果的な共生に、人類の未来がかかっているのかもしれない。

48 この文章で筆者が最も伝えたいものは何か。

1　危険な病原菌を除くと、微生物は科学の発展に寄与する存在だ。

2　人間は、微生物を、地球を救ってくれる存在として認識するべきだ。

3　微生物は地球環境を守る存在だが、誤用されれば、人類に致命的な脅威になることもある。

4　微生物を正しく利用することが、環境保存に大きく役立つことができる。

（4）

以下は、ある会社が取引先に出したメールである。

株式会社ユメノニワ
代表取締役　田中一郎　様

株式会社中川商事
代表取締役　小田寿太郎

事務所移転のご挨拶

拝啓　陽春の候　貴社ますますご清栄のこととお慶び申し上げます。

開業以来順調に業績を上げてまいりましたのも皆様のご支援の賜ものと心から感謝いたしております。

さて、この度は事務所の拡張工事により、四月二十三日より下記へ本社を移転し業務を行うこととなりましたので、ご案内申し上げます。ご不便をおかけいたしますが、引き続きご愛顧のほどよろしくお願い申し上げます。

まずは略儀ながら書面にてご挨拶申し上げます。

敬具

記

新住所　　　〒104-0044　東京都中央区明石町18-1　5F
電話番号　03-3524-6521
ＦＡＸ　　　03-3524-7891

49 この文書から分かることはどれか。

1　事務所を移転せざるを得ない理由と時期

2　新しい事業のための事務所移転と目標

3　事務所を移転するためのお願いと手続き

4　新しい事務所の位置と賃貸期間

問題9　次の(1)~(3)の文章を読んで、後の問いに対する答えとして最もよいものを、
　　　　1・2・3・4から一つ選びなさい。

(1)

　　一人ではできないことも、何人かが力を合わせてすれば可能になる。その集団の
単位が、数千、数万人に拡大されれば、さらに国を覆すほどの①強い力として発展
できるようになる。例えば、クーデターや戦争のようなものが、まさにこうした集
団の力と見ることができる。集団の中にいる人は、その強力な力に魅了され、自分
も知らないうちに集団の力に引っ張られるケースも頻繁にある。　（中略）

　集団では勇気も増幅（ぞうふく）される。群衆の中にいる人は恐れを割と少なく感じるという
研究結果もある。集団という心強い盾（たて）を利用して、自分の声をさらに積極的に出す
ことができ、普段より果敢に行動することも可能である。ここで問題になるのは、
集団の目的である。集団という大きな力を利用して、自分たちの利益だけを追求す
る行動は正しくない。利益に目が眩（くら）んで恐れを知らぬ戦士のように前進するその姿
から、狂気さえ感じられる場合がある。②集団の心臓は倫理と良心という基盤の中
で安全に保護されなければならない。

　勇気の反対は卑怯ではない。恐れを知らずに前進することが勇気だとはいえな
い。それが正しいことという信念のもとで、恐怖に体と心がぶるぶるしながらも、
辛うじて足を運ぶ行為。私はこういうことが勇気ある行動であると思う。つまり、
勇気というのは、善悪を区別して判断することができる知恵と言える。我々は今ま
さに勇気の要る時代に生きている。勇気の反対は無知である。

　（注）盾（たて）：敵の攻撃から身を守るための防御用具。

50　ここでいう、①強い力とは何を指すか。

1　危険要素が多く存在する戦争において、敵を撃破できる物理的な力

2　集団に属している各個人の力の総合計よりさらに強い力

3　従来の枠組みを変化させることが可能なほど、凝集された力

4　集団に所属した人が、自分の限界をはるかに超越して示す力

51　筆者が、②集団の心臓は倫理と良心という基盤の中で安全に保護されるべきであると考える理由はどれか。

1　恐怖知らずに前進する集団の力は、最初の目的とは異なる力に変質しやすいから

2　個人の利益や目的が集団の目標より優先されてはならないから

3　社会体制に反対する集団の力は、恐ろしい速度で拡張される可能性があるから

4　集団の目的とは、特定少数の利益を充当させるためではないから

52　この文章で、筆者が一番言いたいことは何か。

1　恐怖が克服できない勇気は、真の勇気とは言い難い。

2　善と悪を区分できる知恵を整えることが必要な社会となっている。

3　犯罪が急増して冷ややかな社会になった理由は、勇気のことを間違えて理解している人が多いからだ。

4　勇気が必要な行動をするためには、まず倫理を学ぼうと努力する姿勢が必要だ。

(2)

　　歳月の痕跡^(注)がそのまま残されている古い本が集まっている空間を想像してみよう。カバーがぼろぼろになるほど擦り切れている古い本を手でつかむと、暖かい温もりが伝わってくる。単なる出版物の一つに過ぎない本であるが、生きている生命体から感じられる温もりを持っているようである。このような本が集まっている空間が図書館である。世界のどの図書館でも、寒さにぶるぶる震える人々の姿は想像できない。（中略）

　図書館を言及するにあたって、芸術を抜きにすることはできない。建物自体が芸術品であり、文化財産として登録されている図書館が非常に多い。その時代を反映した思想と文化の頂点が図書館というところである。各国の有名な図書館は過去と現在をつないでくれる非常に大切な空間である。歴史、建築、文化、社会、芸術、自然、科学など、この世に存在する全てのものを扱っている図書館の価値は、決して金では買えないその国の大切な資産というものである。このように重要な価値と象徴を持っている図書館は、そのデザインもまた注目に値する。作られた背景も作られた目的も明らかな図書館は、それぞれの特色を持っているのである。（中略）

　人々が図書館を楽しんでいる理由は多いだろうが、その中でも私は、図書館が持っている「共有の美」が最も好きである。どんな人でも差別なく受け入れられる空間、営利の追求が目的ではないこの空間があまりにも愛らしい。何かを渇望している人だけが来られるこの空間は、その特有の温もりでみんなの夢を温かく応援してくれるようである。

(注)痕跡：過去にある事物があったことを示す、あとかた。

53 筆者はなぜ、世界のどの図書館でも、寒さにぶるぶる震える人々の姿は想像でき

ないと言っているか。

1 古い本が集まっている空間は暖かく維持されなければならないため

2 図書館に生息する多様な生物が温度を維持することに役立つため

3 本の表紙の材質と紙の特性により、本の表面温度は一定に維持されるため

4 古い書籍から感じられる温かみが集まっている空間であるため

54 筆者は図書館と芸術の関係について、どう考えているか。

1 目につく芸術的なデザインとして設計された複合的な生活文化空間

2 自然との調和を重点にした大事な文化遺産

3 時代の流れと思想を反映して連結する機能的な芸術作品

4 過去の記録と多様な分野の知的財産を管理する国家資産

55 筆者は図書館についてどう述べているか。

1 利益と損害に基づいていない構造に、図書館の存在価値がある。

2 身分の制限なく利用することができる空間が、現代社会では特別に作用される。

3 個人の空間の独占を目的とするのではなく、多様な人々との共有を考えなければならない。

4 差別のない情報の開放場所であり、本の温もりが感じられる空間でもある。

(3)

ロシアのヤクーツクという所は、地球で最も寒い都市である。　冬の平均気温が氷点下50度で、氷点下55度になるとすべての学校が休校になる。しかし、このような都市でも20万人を超える人々が生活していて、夏には32度まで気温が上がる。このような過酷な自然環境のもとでも、人間はその努力と技術によって「死」の領域から「生」の領域に変えることができるのである。<u>人間の環境適応能力は実に驚くほどである。</u>

　冬の気温が氷点下50度に落ちるとヒトを含めた哺乳類と鳥類を除いたほとんどの動物が冬眠に入る。しかし、哺乳類でも熊やハリネズミは冬眠するのだ。気温が氷点下20度まで下がると、ハリネズミは冬眠に入る。ハリネズミが冬眠に入るのは自然の法則に反するものではないが、ペットとして育てるハリネズミは例外だ。　野生のハリネズミは冬眠に備えて、餌を大量に摂取するが、人が育てているハリネズミは常に一定量の餌を摂取することに慣れているので、冬眠に入る前も十分な餌は摂取しない。冬眠に入ること自体は心配することではないが、冬眠から出る前に栄養不足で餓死する恐れがあるのである。　（中略）

　人も冬眠が可能である。　現代生命工学の発展は人間を冬眠させる領域にまで至らせている。人間の冬眠と解凍に制約がなくなるほどの技術力が百年、千年先には完成するのかもしれない。人間は自然からの影響を少なく受けることができる技術を継続して発展させてきた。　しかし、人間が自然の影響を少なく受けようとするほど、生態系の破壊と異常の自然現象が逆に増えつつあるというのが皮肉なものだ。

56 筆者が、人間の環境適応能力は実に驚くほどだと述べた理由は何か。

1　昼と夜の気温の差が激しい場所で生活するのは、動物には不可能なことだから

2　生命を脅かすほどの自然環境においても、生活を維持することが可能だから

3　自然を傷つけず、自然に順応しながら生きていくことが可能だから

4　人間の技術と自然環境の調和の中で、平穏な生活を享受することが可能だから

57 動物の冬眠に対する筆者の説明の中で、正しいものはどれか。

1　鳥類と哺乳類を除いたすべての動物は、気温が大きく下がると冬眠する。

2　ハリネズミが冬眠に入ることは自然の摂理だから、あまり心配することはない。

3　ペットのハリネズミも多くの餌を摂取すると、冬眠に入ることになる。

4　すべての生物の中、冬季に冬眠をしない種は人間だけである。

58 この文章で、筆者が一番言いたいことは何か。

1　人間の生存適応能力の発達が、自然破壊活動につながることを警戒しなければ
ならない。

2　治療のための目的のもとに、冬眠に対する技術研究は続けなければならない。

3　人体を解凍させる技術に対する発展には限界がある。

4　厳しい自然環境の中で、人類は生存のための研究を怠けてはいけない。

問題10　次の文章を読んで、後の問いに対する答えとして最もよいものを、１・２・３・４から一つ選んでください。

　希望や欲求を遂げることができなかった人々の中には、周りを非難する人が大勢いる。失敗の原因を自分から探そうとせず、他のことのせいにして、慰めを得ようとする。①失敗の原因はすべて自分にあると考える習慣を持った方がいい。自分の能力を正確に把握して判断をすることが、成功を収めた人の特徴といわれている。自分の周囲の状況と流れに対応できなかったのも結局、本人の責任というものである。しかし、過度な自責のせいで自我が崩壊する恐れもあるため、ある程度の保護装置も用意しておかなければならない。

　熾烈な競争が継続される現代社会に生き残るためには、自己肯定が必要である。切に望むと叶うという固い信念を持っていなければならないということである。揺るぎない強い信念は、意識していない状態においても、肉体を支配していく。1968年のハーバード大学の社会心理学科の教授であるローゼンタールは、小学校で面白い②実験を行った。成績如何にかかわらず、無作為に生徒を選別して担当教師に名簿を渡した。そして、その教師には知能が優れた生徒たちの名簿であると話しておいた。8ヵ月後、そのリスト上の生徒は他の生徒たちより学校の成績が大幅に向上した。教師の期待と激励に応えるための生徒たちの努力の結果だったのである。これを「ピグマリオン効果」という。強い精神と意志は肉体を支配し、肉体は目標に向かって進む。上記の実験からも分かるように、人は誰でも周りの期待と関心に応えようとする特性を持っている。人間というものは、周りの視線を意識し、自分に向けられた関心に敏感に反応するのだが、他人が何気なく投げかけた言葉に傷ついたり、慰められたりもするのである。一方、このようなピグマリオン効果に否定的な視線もある。周囲の関心と期待に耐えられない人もいるからである。その結果、自己嫌悪や罪悪感に陥る幼い子供たちも少なくないという。幼い子供であるほど、精神的にまだ未熟な面が多いということを忘れてはならない。子供には関心と期待も重要であるが、愛と激励が土台にならなければ、良い教育とは言い難い。

　（中略）

　我々は他人に激励と労わりを望んでいる。しかし、いつまでも他人に頼るのはよくないと思う。周囲に左右されない、揺るがぬ信念と意志とは、自分の内面から作られ、自分の激励と労わりによって完成となる。大変な状況であればあるほど、自分を肯定する声をかけるべきである。

59 ①失敗の原因はすべて自分にあると考える習慣を持った方がいいというのはどういう意味か。

1　失敗の理由を他人になすりつけるのは、円満な社会生活に大きな損失になるということ

2　他の人を非難するのは、自責感と共に精神的な混乱を引き起こしかねないということ

3　周りの状況によって被害を受けたとしても、それが認知できなかったのは自分の責任ということ

4　自分の能力を過信して起きた失敗に対する責任は自ら負わざるをえないということ

60 ②実験の結果から分かることは何か。

1　知能が優れた学生たちは、周りの期待に応えようとする欲求が強いということ

2　教師に適切な情報を伝達することで、より良い学習効果を出すことができるということ

3　他人の期待と激励が、目標に向かって動くことができる原動力になるということ

4　子供たちに向けた関心と期待が、必ずしもいい結果をもたらすわけではないということ

61 筆者はピグマリオン効果について、どう考えているか。

1 愛情に欠けた関心と期待は子供たちに否定的な影響を与えかねない。

2 人の言葉と行動に過度に反応するのはよい現象とは見ることができない。

3 辛い状況に置かれた人に対する関心と期待はよい効果を収めることができる。

4 精神的に未熟な人ほど、周りの人や環境に頼ろうとする傾向を示す。

62 この文章で筆者が一番言いたいことは何か。

1 何かを遂げるためには、自分を愛して激励する練習をしなければならない。

2 周辺の状況に動揺せず、主体的な行動をするためには強い信念を持つべきだ。

3 他の人の慰めよりも、自己激励を通じて、目標に向けて前進することが必要だ。

4 自分の内面を調節できるようになると、周辺の状況に揺れないようになる。

問題11 次のAとBはそれぞれ、遺伝子組み換え食品について書かれた文章である。二つの文章を読んで、後の問いに対する答えとして最もよいものを、１・２・３・４から一つ選びなさい。

A

人口増加による食糧不足の問題は非常に深刻である。2000年代から食糧の世界総生産量が総消費量より低い状態が続いているのである。最近、世界中から熱い関心を集めている遺伝子組み換え食品が食糧難を解決するカギになることもある。健康に有害であるという恐れがあるが、今までに遺伝子組み換え食品の摂取によって致命的な害を受けた人は一人もいない。既存の食品でも長い時間をかけて品種改良を続けてきたのである。品質の改良という聞こえのいい表現と遺伝子組み替えという聞きづらい表現の違いを除けば、両者の差はほとんどない。ただ、見解の差だけである。生産量や栄養バランスの改善、また収穫時期を短縮させたり、害虫などの被害からも防御できる技術開発が可能であるのだ。

B

遺伝子組み替え食品(GMO)の代表的な商品だと言える「ゴールデンライス」。食糧不足や飢餓問題が解決できるという穀物のことである。しかし、これらの遺伝子組み換え食品を擁護^(注)する主張とは異なる研究発表も、世界第１位のＧＭＯ豆の生産国であるアメリカでなされているのである。今の科学では遺伝子組み換え食品の悪影響も安全性も明確にできない状態である。深海魚の遺伝子が挿入された冷害に強いスーパーイチゴ、さらには人の遺伝子を含んだ米が食卓に並んだら、私は絶対に食べたくない。食糧不足の主な理由の一つは、肉類中心の食習慣のためである。肉を食べる楽しみを失いたくないが、自然の祝福ではなく人工的に作られたものを食べることよりはましだろう。

(注)擁護：侵害・危害から、かばい守ること。

63 AとBが共通して述べていることは何か。

1　完璧ではないが、遺伝子組み換え食品を通じて世界の食糧問題を解決できるかもしれない。

2　変形された遺伝子食品が、人体にどのような影響を及ぼすかについては引き続き観察する必要がある。

3　穀物において、遺伝子組み換え食品の生産量は飢餓問題に役に立つこともある。

4　世界的に食糧不足現象が現れている理由と解決策を提示している。

64 遺伝子組み換え食品について、Aの筆者とBの筆者はどのように述べているか。

1　AもBも、遺伝子組み換え食品の改善を通じて、食糧不足問題が解決できると述べている。

2　AもBも、遺伝子組み換え食品の限界性と問題点を認識していて、問題の解決に向けた対策を述べている。

3　Aは遺伝子組み換え食品に関する誤解に対して批判的に述べていて、Bは安全性について批判的に述べている。

4　Aは問題解決の原因と方法を中心に述べていて、Bは問題の原因に対する分析を中心に述べている。

問題12　次の文章を読んで、後の問いに対する答えとして最もよいものを、１・２・３・４から一つ選びなさい。

　本当に大変で、悲劇的な状況で行われる冗談がある。その冗談はその状況に対する打開の意志と希望を持ち、自分の苦痛を軽くし、自分に希望を与えるとともに、相手を配慮する行為となる。難しい状況におかれているならば、①冗談をよく言った方がいい。苦痛の中で出てくる冗談とは異なり、日常生活において他人に言う冗談にも意義はある。人間が行動で表現をすることには必ず理由と目的が存在する。苦痛を伴う状況ではない時の冗談は、社会的な関係性を構築するための行動となるだろう。相手に冗談を言うこと自体が、その人との関係構築の始まりになるからである。冗談による結果を予測することは難しいが、関係構築は始まったわけである。つまり、冗談の内容には意味がなくても、行為に意味があるわけなのだ。ただ、何の意味もなく言った冗談がもとで、殺人事件にまで発生する世の中である。責任を伴う冗談であるべきであり、②自信がなければ、冗談を言ってはならない。

（中略）

　追加説明をしなければならない冗談は冗談ではない。冗談は正確で簡潔に行わなければならない。このような条件を満たした冗談はユーモアとしてその形態を発展させかねない。基本的に、言葉の駆使にセンスがあり、ユーモアの能力を持っている人は冗談もうまくできる。そしてユーモアのある人は頭もいい。瞬発力と観察力が必要であるからだ。周辺の緊張した雰囲気を弛緩させ、人間関係の形成に役立つユーモアというものは、可能ならば無理にでも習得しておいた方がいい。性格とも密接な関係があるが、学習による習得も不可能なことではない。一方、冗談を言うのは頭の良し悪しに左右されることではない。環境によって形成された人格に基盤をおく行為と見なすのが妥当であるが、緊迫した状況で発生する自己保護の形でもある。

私は冗談を言う人を歓迎する。他人との円滑な人間関係の形成が容易でない社会において、私との関係のために、勇気をふるって冗談を言ってくれる行為に特別なものを感じるからである。もちろん、冗談を言う人と同様に冗談を受ける人にも責任はある。お互いの勇気が必要とされる冗談が、よい人間関係に発展するか、敵に発展してしまうかは判断できない。しかし何もないことから何かが生まれることはない。もしあなたが変化のない日常に退屈を感じるなら、自分に冗談を言ってくる知らない人を、徹底的に無視しないで軽い笑顔で応じてあげるのはどうだろうか。

65 筆者が、①冗談をよく言ったほうがいいと言う理由は何か。

1　他人との良い関係形成に役に立つため

2　冗談を言う行為が周辺の状況を変えることもできるため

3　困難な状況下でも自分に希望がでてくるため

4　冗談がきっかけになって、周りの人たちから助けを受けることができるため

66 筆者はなぜ、②自信がなければ、冗談を言ってはならないと言っているか。

1　自分の冗談が誤解に発展して、被害を受ける恐れがあるため

2　冗談はその意味と目的が存在していないため

3　他人との正しい関係形成に悪影響を及ぼすため

4　冗談には一方的な流れがあり、正しいコミュニケーションではないため

67 ユーモアと冗談に対する説明の中、正しいものはどれか。

1　冗談の上位概念にユーモアが存在して、ユーモアは円滑な対人関係のために欠かせない条件である。

2　冗談をよくする人は敏捷性が目立っており、これは性格とも関連がある。

3　ユーモアのある人は冗談も上手な傾向があり、冗談のうまい人は、頭の回転が速い。

4　ユーモアは周辺の張り詰めた空気の解消に役立ち、冗談は特定の条件において行われるべきである。

68 冗談と人間関係において、筆者が一番言いたいことは何か。

1　勇気を出して行動する人に、冷静な無視よりは些細な反応でも見せたほうがいい。

2　難しい状況で苦しんでいる他人のために冗談を言える勇気を持たなければならない。

3　冗談は時代の変化によって異なるため、大衆にアピールできる内容がいい。

4　冗談を言っている人に責任があり、冗談を受け入れる時も慎重でなければならない。

問題13　右のページは、桜市が主催するモニター募集の案内である。下の問いに対す
　　　　る答えとして最もよいものを、１・２・３・４から一つ選びなさい。

69　このモニター募集の活動について合っているのはどれか。

1　調査のための道具はあらかじめ貸出を申請しなければならない。

2　グループは３人以上だが、研修は一人だけ受ければよい。

3　事前に研修を受けなかった人は、11月までに再び研修を申請しなければなら
　　ない。

4　調査を担当した場合はお金をもらうことができる。

70　このモニター募集に参加することができるのは、次のうち誰か。

1　さくら市内の中学校の先生とその生徒３人

2　11月にさくら市に引っ越してくる予定の会社員４人

3　さくら市内にある学校に通っている小学生３人

4　3月に海外に引っ越し予定の高校生のいる４人家族

環境市民モニタリング　モニター募集

　水質環境目標値市民モニタリング　第3期市民モニターを募集します。

　桜市では、市民の皆さんに身近な環境に関心を持っていただき、水質の浄化、健全な水循環の回復などにつなげていきたいと考え、公募で集まった皆さん(モニター)による、水質のモニタリングを行っています。4月から10月までの調査を担当していただく、第3期モニターを募集します。みなさん奮ってご応募ください。

◼ 活動期間

　4月1日から10月30日まで

- 回数：春2回、秋2回

◼ 活動内容

- 担当の調査地点において、調査キットを使い、水質等を調査していただきます。

- 調査に必要な道具は貸出します。

- 調査結果については、11月の成果発表会でまとめを行います。

- 1回以上、希望者を対象に事前に研修を行います。（一週間の研修を受けない人は活動不可）

- 調査回数に応じて、謝礼をお支払いします。

◼ 応募方法

- 応募資格

　グループ代表者は、18才以上の桜市内に在住又は在勤(学)の方であること

　グループは、3人以上で構成すること

- 募集グループ数：12グループ

◼ 募集期間

　2月28日（火曜日）午後17時まで

◼ 問い合わせ

　電話番号：072-456-1357

　ファックス番号：072-789-2468

　電子メールアドレス：tanaka@kankyo.city.sakura.jp

N1

聴解

（60分）

受験番号 Examinee Registration Number	

名前 Name	

問題 1

問題1では、まず質問を聞いてください。それから話を聞いて、問題用紙の1から4の中から、最もよいものを一つ選んでください。

では練習しましょう。

例

1　取引先の担当者にファックスを送る

2　会議で使う資料をコピーする

3　アンケートの書類をまとめる

4　事務課に電話する

1番

1 工場長に連絡する

2 取引先の社長達に連絡する

3 報告書を作成する

4 社長に連絡する

2番

1 送別会の場所を予約する

2 送別会の人数を把握する

3 送別会の日にちを調べる

4 部長に報告する書類を作る

3番

1 成績証明書を提出する

2 外国人登録証を取りにいく

3 学生証をコピーする

4 申請書類を作成する

4番

1 休学届を作成する

2 登録金の払い戻しを申請する

3 延長の申請書を作成する

4 退寮の申請書を作成する

5番

1　ビール工場に問い合わせる

2　変更の内容について知らせに行く

3　皆に予定のキャンセルをメールする

4　メールアドレスを調べに行く

6番

1　八日の講演会のキャンセル待ちをする

2　15日の講演会の入場券を取りに行く

3　キャンセル待ちの講演会の参加費を払う

4　15日の講演会の参加費を振り込む

もんだい
問題2

　問題2では、まず質問を聞いてください。その後、問題用紙のせんたくしを読んでください。読む時間があります。それから、話を聞いて、問題用紙の1から4の中から、最もよいものを一つ選んでください。

れい
例

1　生活が厳しいこと

2　論文を書く時間がないこと

3　論文の内容が難しいこと

4　バイトが見つからないこと

1番

1　週末に別のスケジュールで疲れていたから

2　男の人が勧めてくれた映画ではなかったから

3　残酷な場面に嫌な気持ちになったから

4　映画の種類が自分の好みではなかったから

2番

1　将来的に会社にとって役立つ人材であるところ

2　すぐに会社の戦力として働いて行けるところ

3　海外勤務経験が豊富であるところ

4　性格が円満で顧客との会話スキルがあるところ

3番

1 ビジネスに関する業務を覚えること

2 資格試験の準備をしなければいけないこと

3 専門用語の習得と取引先との付き合い

4 業務で実戦的に使う言語を覚えること

4番

1 新商品のキャンペーンを行う

2 価格の割引で競争力を強化する

3 配送料を無料化する

4 取り付け料を無料化する

5番

1　肥料をたくさん使ってしまったこと

2　日差しをたっぷりやらなかったこと

3　水の量をうまく調節できなかったこと

4　害虫の薬を適切に使えなかったこと

6番

1　生活に慣れた自宅での介護を補助する

2　療養施設の質的、物的な発展を図る

3　療養施設での介護利用者を自宅に戻す

4　合理的な費用問題を考慮する

7 <ruby>番<rt>ばん</rt></ruby>

1　<ruby>視力低下<rt>しりょくていか</rt></ruby>の<ruby>子供<rt>こども</rt></ruby>の<ruby>増加<rt>ぞうか</rt></ruby>

2　<ruby>自転車利用者<rt>じてんしゃりようしゃ</rt></ruby>の<ruby>注意不足<rt>ちゅういぶそく</rt></ruby>

3　<ruby>自転車点検<rt>じてんしゃてんけん</rt></ruby>の<ruby>注意不足<rt>ちゅういぶそく</rt></ruby>

4　<ruby>交通安全教育<rt>こうつうあんぜんきょういく</rt></ruby>の<ruby>欠如<rt>けつじょ</rt></ruby>

실전 모의고사

N1

N1

言語知識（文字・語彙・文法）・読解

（110分）

受験番号　Examinee Registration Number	

名　前　Name	

問題 1 ＿＿＿＿＿の言葉の読み方として最もよいものを、1・2・3・4から一つ選びなさい。

1 賃金を上げるように会社と<u>交渉</u>している。

   1　こうしゃ　　　2　こうじょ　　　3　こうしゅう　　　4　こうしょう

2 彼は株の売買で<u>富豪</u>の仲間入りをした。

   1　ふくごう　　　2　ふうご　　　3　ふごう　　　4　ふこう

3 大型台風が、日本列島を<u>襲う</u>おそれがあるそうだ。

   1　おそう　　　2　さそう　　　3　きそう　　　4　あらそう

4 新しく開発された<u>繊維</u>は摩擦に非常に強い。

   1　さいい　　　2　かんい　　　3　せんい　　　4　たんい

5 事態を悪化させないためには、<u>軽率</u>な行動を避けるべきだ。

   1　けいりつな　　　2　けいそつな　　　3　かいりつな　　　4　かいそつな

6 ベテラン監督がこのチームを<u>率いる</u>ことになった。

   1　しいる　　　2　ひきいる　　　3　もちいる　　　4　みちいる

問題2 （　　　　）に入れるのに最もよいものを、1・2・3・4から一つ選びなさい。

7 最近、市町村同士の（　　　）が多くなった。

   1　合併   2　清掃   3　財政   4　誘導

8 事故で電車が止まって遅刻しそうになったが、バスに乗り換えたので、

（　　　）間に合った。

   1　かろうじて   2　ことごろく   3　やむをえず   4　おのずから

9 展示会には、有名な絵画の数々が（　　　）されていた。

   1　助言   2　出品   3　判断   4　閲覧

10 人を不快にさせるような言動は（　　　）方がいい。

   1　くやんだ   2　おしんだ   3　つつしんだ   4　いどんだ

11 欠席の際は、（　　　）お知らせくださいますようお願いいたします。

   1　あいにく   2　あらかじめ   3　あいかわらず   4　あたかも

12 中村君は自慢ばかりするので、みんな彼の態度に（　　　）している。

   1　侵害   2　応援   3　憤慨   4　感心

13 原則として、果物や花などは税関で（　　　）されることになっている。

   1　没収   2　募集   3　削除   4　廃止

問題3 ＿＿＿＿の言葉に意味が最も近いものを、1・2・3・4から一つ選びなさい。

14 両親は今まで私を支えてくれた。

1　クレームをつけて　　　　　　2　オーバーして

3　サポートして　　　　　　　　4　アポイントして

15 論理の矛盾を鋭く指摘されてあせった。

1　突かれて　　　2　補われて　　　3　買われて　　　4　失われて

16 父は私の海外留学を了承してくれた。

1　納得して　　　2　報告して　　　3　案内して　　　4　誘導して

17 運動会の練習を終えた息子はくたびれて帰ってきた。

1　いさましく　　　　　　　　　2　へとへとになって

3　やむをえず　　　　　　　　　4　いい気になって

18 他人の失敗を利用するとはいやらしいやり方だ。

1　いちじるしい　　2　きたない　　　3　なれなれしい　　4　みすぼらしい

19 冷凍食材を使って、仕上がりまでかかる時間を短縮する。

1　征服　　　　2　完成　　　　3　結末　　　　4　習得

問題４　次の言葉の使い方として最もよいものを、１・２・３・４から一つ選びなさい。

20 一見

1　一見誰がこんなことをしたのだろうか。

2　彼が普通の人でないことは一見だ。

3　オフィスに人がいるかどうか一見してください。

4　彼女は一見おとなしそうだが、実はそうでもない。

21 ジャンル

1　佐藤さんはどんなジャンルの音楽がすきですか。

2　試験には出題ジャンルを超える問題も出たりする。

3　この美術館はヨーロッパージャンル建物で、おしゃれな感じです。

4　両国は4日間にわたる調整作業の結果、貿易ジャンルで合意に達した。

22 ののしる

1　大きなミスをしてしまい、部長に大声でののしられた。

2　子どもがいいことをしたら、ののしってあげることも大切な教育だ。

3　A社では、現在、新規事業に必要な人材をののしっている。

4　代表チームの優勝をののしりながら、声を限りに応援した。

23 手際

1　彼女は手際よく料理を作った。

2　レポートを書くのは、手際のかかる作業である。

3　彼は、長い間逃亡していた犯人を捕まえるという手際をあげた。

4　これは研究上とても大切な資料なので、いつも手際に置いておく。

24 へりくだる

1 何度も頭をへりくだって謝った。

2 子どものころ、登った木からへりくだれなくて困ったことがある。

3 彼はだれに対してもへりくだった話し方をする。

4 川沿いをへりくだる道を歩いて行った。

25 交付

1 この電気自動車を購入すると国から補助金が交付される。

2 国民には国に税金を交付する義務がある。

3 今月の給料が交付されたら、新しい服を買うつもりだ。

4 家族や友達に旅行のお土産を交付した。

問題5 次の文の（　　　）に入れるのに最もよいものを、1・2・3・4から一つ選びなさい。

26 来月に大学の入試を控えており、1日（　　　）無駄にできない。

1　ばかりか　　　　2　たりとも　　　　3　よりも　　　　4　だけは

27 みんなを納得させるに（　　　）説明をするのは困難であろう。

1　かぎる　　　　2　かかわる　　　　3　たる　　　　4　あたる

28 海外旅行や海外留学は、不景気にもかかわらず、増える（　　　）。

1　一方だ　　　　2　以上だ　　　　3　気味だ　　　　4　末だ

29 考えてばかりいた（　　　）、一歩も前には進まない。

1　かぎりで　　　　2　ものを　　　　3　ところで　　　　4　ようで

30 学校を休んで遊びに行くなんて、学生に（　　　）行為だ。

1　ないまじき　　　2　ありまじき　　　3　しないまじき　　4　あるまじき

31 社員旅行から（　　　）からというもの、社内全体が良い雰囲気になってきた。

1　帰ってくる　　　2　帰ってきて　　　3　帰ってきた　　　4　帰ってこない

32 道路工事中につき、ご不便をおかけ致しますが、どうかご理解（　　　）、よろしくお願い申し上げます。

1　いたしたく　　　2　いただきたく　　　3　差し上げたく　　　4　申しあげたく

33 長年続いた少子化の影響を受け、若者向けの市場が縮小傾向にある（　　　　）。

1　わけではない　　　　　　　　2　とおりだった

3　ことは否めない　　　　　　　4　に越したことはない

34 お金を使って（　　　　　）リサイクルするのはなぜか。それは限りある資源を有効に利用することで地球環境の保護につながるからである。

1　やら　　　　2　から　　　　3　いらい　　　4　まで

35 あまり無理をすると病気になり（　　　　）から、気をつけたほうがいい。

1　かねる　　　　2　すぎる　　　　3　かねない　　　4　すぎない

問題6　次の文の＿＿＿＿★＿＿＿＿に入る最もよいものを、１・２・３・４から一つ選びなさい。

（問題例）

あそこで ＿＿＿＿ ＿＿＿＿ ＿★＿ ＿＿＿＿ は山田さんです。

　１　テレビ　　　２　見ている　　　３　を　　　４　人

（解答の仕方）

１．正しい文はこうです。

あそこで ＿＿＿＿ ＿＿＿＿ ＿＿★＿＿ ＿＿＿＿ は山田さんです。
　　　　　　１ テレビ　　３ を　　２ 見ている　　４ 人

２．＿★＿に入る番号を解答用紙にマークします。

（解答用紙）　（例）　①●③④

---

36 優秀な田中君のことだから、論文を一週間で ＿＿＿＿＿ ＿＿＿＿＿ ＿＿★＿＿ ＿＿＿＿＿ あたらない。

　１　驚く　　　　　２　仕上げた　　　　３　と聞いても　　４　には

37 彼女は若いときに両親を亡くし、父親の工場を継いで、

＿＿＿＿＿ ＿＿＿＿＿ ＿＿★＿＿ ＿＿＿＿＿ 知りつくしている。

　１　経験した　　　　　　　　２　工場経営の厳しさを

　３　倒産の危機を　　　　　　４　がゆえに

38 友人の一人娘が結婚することになった。

＿＿＿＿＿ ＿＿＿＿＿ ＿＿★＿＿ ＿＿＿＿＿ さびしさに、ため息ばかりついて

いるそうだ。

1　娘がいなくなる　　　　　　　　2　だろう

3　と思いきや　　　　　　　　　　4　さぞ喜んでいる

39 コンサートのチケットを買おうとしたが、

友だちが ＿＿＿＿＿ ＿＿＿＿＿ ＿＿★＿＿ ＿＿＿＿＿すんだ。

1　チケットを　　　2　買わずに　　　3　一枚くれて　　　4　余っていた

40 息子は ＿＿＿＿＿ ＿＿＿＿＿ ＿＿★＿＿ ＿＿＿＿＿ 言って、冷蔵庫をのぞき

こんだ。

1　と　　　　　　　2　やいなや　　　3　家へ帰る　　　4　おなかがへった

問題7 次の文章を読んで、文章全体の趣旨を踏まえて、 41 から 45 の中に入る最もよいものを1・2・3・4から一つ選びなさい。

　家庭用ボードゲームの定番(注1)商品「人生ゲーム」は、ルーレットを回し、盤(注2)上のマス目に記されたイベントをこなして、ゴールを目指す。家族やお金に恵まれたばら色の人生、そうでない人生もルーレット次第。誰もが知っているあのゲームだ。この「人生ゲーム」の遊び方を、 41 を舞台に展開し、地域活性化につなげる試みが登場している。このゲームが始まったのは2013年で、イベントを通じて、たくさんの人にこの商店街に足を運んでもらうと島根県出雲市の職員が考えた画期的なイベントである。

　商店街を舞台にした「リアル人生ゲーム」のルールはこうだ。参加者はゲーム内で通用する仮想通貨を持って商店街を回り、それぞれの店でさまざまな体験やイベントを積み重ねる。どの店に行くかは参加者がルーレットを回して決める。参加者を迎えた店主は試供品を配ったり、品ぞろえを紹介したり、 42 ゲームを行い紙幣のやりとりをする。最終的にゴール地点でどれだけの通貨を持っているかで賞品をもらえたり商品券と交換したりできる。

　いつの日からか、大型店ばかりに足が向き、接客するのは馴染みの客ばかりだ。地元の商店は 43 ことになる。家電屋とはわかっていても、どんな商品が並ぶのかはわからない。入店すれば、何か買わないと申し訳ない。だったら行かないほうがいい。これが 44 商店街に抱く消費者の気持ちだ。

　リアル人生ゲームはこうした心理的な障壁を乗り越える。強制的に店舗に立ち寄り、中を見る。何も買わなくても、どんな商品が店舗に揃っているのかが分かるようになる。

　不景気の波で営業ができなくなる店が増える中で、試行錯誤を重ねながらも、今では企業からの援助を受けることができるまでになった。 45 町おこしは、地方から全国へと広がりつつある。

（注1）定番：常に一定の売上げが期待できる基本的な商品。
（注2）盤：将棋・囲碁などで使う、表面の平らな台。

41

1　ゲーム機の中の商店街　　　　　2　ボードゲームの商店街

3　仮想の商店街　　　　　　　　　4　リアルな商店街

42

1　店にしては　　　2　店によっては　　　3　店からすると　4　店といっても

43

1　見過ごしてしまう　　　　　　　2　見入ってしまう

3　見上げてしまう　　　　　　　　4　見極めてしまう

44

1　成長しつつある　　　　　　　　2　魅力あふれる

3　活気を失った　　　　　　　　　4　エネルギーに満ちた

45

1　あらゆる　　　　2　どのような　　　3　こういった　　4　いつか

問題8 次の(1)~(4)の文章を読んで、後の問いに対する答えとして最もよいものを、
　　　　1・2・3・4から一つ選びなさい。

(1)

物をうまく整理する人は要らないものを捨てることをためらわない。家の不用品を処分したら、新しい空間ができ、心に余裕がでてきたりする。何かを新たに満たすためには、空間が必要になる。こうした空にする行動を自分の人生にも適用させることができる。長年の歳月と数多くの経験から出来上がった価値観を変えるのは容易ではないし、変える必要を感じないかもしれない。しかし、長年にわたって溜まった水は腐るし、その中では、どんなものも成長できないし、生まれてこない。性格や価値観は人が気づかないうちに変わってゆくものである。日常は毎日変わっていき、今日の自分の姿は昨日の自分とは違う。自分の中に存在する溜まっているものを空けてみよう。

46 この文章で筆者が最も伝えたいことは何か。

1　物を整理する際には、その物の価値と使用目的を把握するべきだ。

2　変化の為には自分の価値観を果敢に捨てることも重要だ。

3　あるものを得るためには、必ず何かを変えなければならない。

4　心の余裕を得るためには、価値観の変化が必要だ。

(2)

　カナダをはじめ、世界の色々な国で、育児における父親の介入を積極的に推奨している。父親が育児にかかわっているか否かが、子どもの成長に大きく影響しているという研究結果が出ているからである。父親との対話不足は、子供の精神的な発達障害をもたらすことは言うまでもなく、子供の身体的な成長にも悪影響を及ぼす。幼児期の子供にとって父という存在は、遊びの対象でもあり、社会性を教える先生でもあるのだ。今や育児の共同負担は当然な時代である。父親の育児のおかげで、学業成績の向上、社会性と問題解決能力、忍耐心と仲間意識の発達など、子どもは多くの恩恵を受けることができるのである。子供は父親という存在が常に必要である。

47 この文章で、筆者が最も伝えたいものは何か。

1　幼児がいる家庭における父親の育児は、お母さんの役割よりも重要である。

2　子供にとって母の子育てには限界があり、感情の欠乏にもつながりかねない。

3　父は子供たちとの対話に多くの時間を提供し、一緒に旅行するのが重要である。

4　現代社会の家庭において、父親の育児は選択ではなく必須である。

(3)

どんな社会であれ、構成員の統制と安全を維持するためのルールを持っている。小さい枠内から見た場合の家庭しつけから上位概念の社会である国家の憲法を含む法律に至るまで、大小の規則が存在する。このような規則や規範に逆らう行動を指して「逸脱」という。逸脱というと、否定的な概念で用いられる傾向がある。しかし、人類の歴史は誰かの逸脱行為によって発展してきた。例えば、過酷な統制からの逸脱を夢見た人々のおかげで、奴隷（どれい）制度が廃止され、独裁（どくさい）が崩れるようになったのである。宗教の発展と衰退、芸術と文明の発達も逸脱の過程から発生した結果である。特に、文化、芸術的な分野における逸脱行動は、数多くの新しい文化を創り出した。

48 この文章で筆者が最も伝えたいことは何か。

1　社会的に定められた規範の中での逸脱は、創造的な結果を生む。

2　逸脱は新しい文化を作り、社会を肯定的な方向に発展させることもある。

3　過酷な統制と規範に対する反発意識が、逸脱文化を助長する。

4　衝動を排除した逸脱を認めて受け入れると、新しい文化が創られる。

（4）

以下は、ある会社が出した社内メールである。

社員各位

　お疲れ様です。総務部の橋本です。

　本年４月21日をもちまして、当社は設立20周年を迎えます。

　つきましては、当社の創立20周年を社員全員でお祝いしたく、下記の日程で祝賀会を開催します。　繁忙期ではありますが、社員の皆様およびご家族様には万障お繰り合わせの上、ご参加いただくようにお願い致します。

　なお、祝賀会欠席の方は、３月30日までに総務部宛、ご連絡ください。

記

日時：４月21日（金）　午後６時～９時（午後５時30分開場）

会場：日本平ホテル　3階　宴会場

総務部　橋本　愛（内線188）

49 このメールに対する説明として合っていないものはどれか。

1　社内メールを送った目的と理由が正確に書かれている。

2　パーティーに参加できない人は決まった期日内に連絡をしなければならない。

3　社員の家族がパーティーに参加する場合、3月末までに知らせなければならない。

4　宴会場に入ることができる時間は、パーティーが始まる時間の30分前からだ。

問題9　次の(1)～(3)の文章を読んで、後の問いに対する答えとして最もよいものを、1・2・3・4から一つ選びなさい。

(1)

最近は、伴侶動物を飼っている人が急激に増加している。日本では三分の一以上の家庭で、伴侶動物とともに生活しているという統計局の調査もあった。その調査によると、伴侶動物にかかる費用は月に一万円ほどで、伴侶動物を飼うことになったきっかけは、「家族が欲しがっているために」が一位、「家族の一員として」が二位であった。つまり、「愛玩動物」としてペットを飼う時代が暮れて、家族として共に生きる「伴侶動物」の時代になったのである。　（中略）

アメリカの伴侶動物に関する市場規模は七兆円を超えて、日本も一兆五千万円という大規模の市場が形成されている。世界中の様々な国で、温泉を楽しむ犬、犬翻訳機などの奇抜なアイデア商品と伴侶動物のための画期的な商品も登場している。商業的に偏る傾向に懸念の声も出ているが、これも家族の構成員に対する愛情のこもった視線という側面では、否定的な現象として見ることはできない。

家族と違って、伴侶動物の具合が悪くなった場合に、病院に連れて行かない人が多いという。健康保険のきかない病院も多いし、費用がかかるからである。また、日本の伴侶動物の流通市場では、競売場を経由する比率が60%を超えている。競売場からの普及は、伴侶動物の大量生産と大量廃棄という恐れを持っている。日本では、容易に販売業者になれることもあって、その数も繁殖場も増え続けており、インターネットによる取引も増加している。大量に生産された動物による供給過剰が、需要をはるかに超える際に発生する残酷な想像が、現実にならないよう願うだけである。

50 統計局の調査から分かることは何か。

1　伴侶動物を飼っている人の統計と伴侶動物に伴う費用

2　伴侶動物を飼うことになったきっかけと伴侶動物の長所

3　動物を育てる行為に対する時代的な変遷過程

4　共同体の一員として、愛玩動物を育てる理由と目的

51 伴侶動物の市場について正しいものはどれか。

1　世界中に、市場規模の拡大による副作用が懸念される現象が現われている。

2　伴侶動物のための文化施設と流通に対する投資が大幅に増加している。

3　商業的な商品の増加と愛情のこもったアイデア商品の増加が同時に進められて
いる。

4　犬の市場の活性化とともに猫産業の発展も著しい増加を示している。

52 この文章を通じて、筆者が一番言いたいことは何か。

1　伴侶動物に対する保険制度、病院治療などの費用負担を考慮するべきだ。

2　競売場、ネット販売などの不法な流通市場の撤廃が急がれる。

3　伴侶動物に対する正しい認識とともに安定的な供給のための規制が必要だ。

4　伴侶動物に対する政府の支援と供給の安定性を確保しなければならない。

(2)

　人類は哺乳類の中で最も毛の少ない動物だといえる。初期の人類は、動物と同じく、体の表面が多くの毛で覆われていたのに、なぜ体毛が退化したのだろうか。狩猟の時、体の過熱を防ぐために毛がなくなったという説や、人類が衣服を製作し始めた結果、保温機能の必要性がなくなったので、人間の体毛が消えたという仮説もある。様々な主張があるのだが、毛が短くなったり、消え始めた正確な理由は、まだ明らかになっていない。　（中略）

　人間にも動物にも毛は非常に重要な役割を担っている。特に、動物にとって、毛は生存のための不可欠なものであり、その中で一番重要な機能は保温である。例えば、ホッキョクグマの毛は二重構造になっていて、氷点下50度以下でも毛が凍らないようになっている。これに比べて人間の体毛は非常に短いために、卓越した保温効果を期待できないが、外部の刺激から身を保護する機能がある。特に、鼻毛と眉毛は外部からの埃や微生物を防ぐ役割も果たしている。そして、毛のある所には汗腺[注]も存在するが、これが人間の体温を調節しているのである。

　毛は、体内の老廃物を排出し、微細な刺激にも反応でき、暗い状況でも身体に脅威になるものを感知してくれる安全装置でもある。人間の体毛が、段々短くなるのは、進化なのか退化なのか。いずれにせよ、毛が持っている機能を代替できる手段がない限り、体毛を失っていく人類は、必ずその対策を整えなければならない。

（注）汗腺：汗を分泌する皮膚腺の一種。

53 人間の体毛が消え始めた理由は何か。

1 獲物を追いかける時、体温が上がりすぎるため

2 服の発明とともに、長い体毛の必要性がなくなったため

3 家を建て、部屋を暖めることができるようになったため

4 いくつかの主張らがあるが、明らかになっていない。

54 毛の役割に対する説明のうち、正しいものはどれか。

1 動物にとって、毛は微生物や細菌の侵入を防ぐ保護装置である。

2 人間の体毛は身を保護して体温を維持する役割を果たしている。

3 厳しい環境におけるホッキョクグマの毛は、体温を調節する機能を持っている。

4 人間の体毛は、寒さから身を守ってくれる保温作用を助ける。

55 人間の体毛について、筆者が最も伝えたいものは何か。

1 体毛の退化による変化を認知し、対応できる方法を考えなければならない。

2 無分別な除毛は、人間の感覚に影響を与えかねないということを心掛けるべきである。

3 体毛のおかげで人間は、暗い空間でもバランスを維持しながら生活をすることができる。

4 人間の体毛が次第に退化していくのは、人類の進化による結果にすぎない。

(3)

　指輪が初めて現れた時期は先史時代であり、今とは違って、呪術的な意味を込めて使用していたそうである。そして、結婚指輪が使われ始めたのは古代ローマ時代である。教皇（きょうこう）の主導のもとで、誓いの証として鉄の結婚指輪が登場したのである。古代ギリシャやエジプトでは、薬指が心臓と魂をつなぐ魂の通路で、薬指に流れる静脈が心臓と連結されていると思われていたのである。フランス人の中では、心臓と繋がっている血管が中指にあると信じて、そこにはめる人もいる。また、17世紀のイギリスの新婦たちは、宗教的に聖母マリアの純潔さを称（たた）える意味で、親指に指輪をはめることもあった。（中略）

　指輪をはめる指にもそれぞれの意味がある。目標や夢の実現のためには左手親指に、よい人間関係を構築したいなら、左手中指に指輪をはめればいいという。また、新しい恋や事業の成功を望むなら、小指にはめたらよいそうだ。これらのことは、客観的な資料や科学的な検証が基礎になっているわけではない。しかし、あることを切望（せつぼう）したり、信頼に対する証として指輪を身につける女性が多い。男たちには、指輪と言ったら結婚しか浮かばない。

　現実的で、理性的な面が先行している男たちは、身体の装いに関心がなかったり、迷信を信じない傾向が強い。しかし、大変な状況になり、その理性的な判断に誤りが生じれば、頼るものがなくなったりもする。指輪でなくてもいい。自分を守ることができる誓い、希望を抱くことのできる証を一つぐらい作っておくことも必要であると思う。

56 指輪の由来に関する説明のうち、正しいのはどれか。

1 結婚指輪が初めて発見されたのは、先史時代である。

2 結婚指輪は誓約の証拠として、古代ローマ時代に登場した。

3 古代ギリシャ時代には鉄で作られた結婚指輪があった。

4 結婚指輪が今の姿を整えたのは、古代エジプト時代である。

57 指輪をはめる指の位置と意味に関する説明のうち、正しくないのはどれか。

1 古代ギリシャ時代には配偶者の霊との交流のために、指輪を薬指に着用した。

2 英国においては、宗教的な影響によって親指に指輪をはめた時代もあった。

3 仕事で成功するためには、小指に指輪をはめた方が良いという噂がある。

4 指輪をはめる位置に関する話は、客観性をもとに作られたわけではない。

58 この文章で筆者が最も伝えたいものは何か。

1 男もファッションと自信のために、指輪を着用した方がいい。

2 理性的な判断を増幅させることに、装身具の着用が助けになる。

3 精神的な平穏状態の維持に役立つものを作った方がいい。

4 科学的に証明されてない迷信を、過信しない方がいい。

問題10　次の文章を読んで、後の問いに対する答えとして最もよいものを、１・２・３・４から一つ選んでください。

　私の妻は塩の使用量に気を使っている。妻の話によると、調味料の中で最も重要で、慎重に扱わなければならないのが塩だという。高血圧をはじめ各種の生活習慣病の原因となる可能性もあるからだ。成人の一日のナトリウム摂取推奨量は2000mgという。塩について考える時、一番先に思い浮かぶのが、十分に①健康を脅かしかねない、慎重に扱わなければならない物質という考えだ。

　私たちの時代で塩は、簡単に購買することができ、値段も安いために、②塩の価値についても特別に考えなくなった。しかし、以前、塩はとても重要な財産で、富の象徴だった時期もあった。1482年に起きたフェラーラ・戦争は塩貿易を背景に、なんと３年間の戦争が続いたのだ。その時代の塩は、食べ物を保存するための不可欠なものとして、また、16世紀のヨーロッパの絶対王政時代には、戦争をする前に、まず塩から用意したほど貴重であった。負傷した兵士の治療のために塩水を使用することもあった。中国の秦（しん）という国では、国家だけが塩を販売することができており、エジプトではミイラを作るために遺体を塩水に一週間程度浸しておいたものだ。（中略）

　止血（しけつ）、解熱、解毒と殺菌作用、老廃物除去、新陳代謝の促進、動脈硬化の防止、消化促進など、塩は多くの役割を担っている。塩は代替不可能な大切な資源でもある。塩の機能のうち、僕が最も気に入っているのは③浄化作用だ。私たちの体の血液をきれいに浄化させる塩の力は本当に魅力的だ。自分の力が及ばない血液を助ける塩という存在に感謝の気持ちを伝えたい。塩は不正な存在を追う悪魔払い（あくまばらい）(注)にも使われたという。カトリック文化で使用する聖水にも若干の塩を入れたそうである。

452

　忌避（きひ）の対象とばかり思われていた塩だが、それが持っている様々な機能と役割について考えてみたら、塩の重要性について改めて考えさせられるしかないだろう。人の体を清めさせてくれる塩が、人の心をも浄化させることが可能であればどうだろうか。体の浄化にも相当な時間と手間がかかるが、心の浄化はそれより何倍の時間を耐えなければならないからだ。人間らしく生きるためには誰でも必ずやらなければならないことが必死の浄化なのだ。人類の技術で、心を浄化して精神を100%治療できる装置が作れることはないだろう。自分を大切に思い、不正の全てのものから自分を守ることができる浄化の時間を持つことが重要だ。

(注)悪魔払い（あくまばらい）：宗教、民俗信仰において、祈祷・儀式などによって悪魔・悪霊、悪神、魔神、偽りの神を追い払うこと、またその祈祷・儀式・行事である。

59　筆者が、①健康を脅かしかねない、慎重に扱わなければならない物質と言った理由は何か。

1　塩を精製するとき作られる毒性物質が人体に良くない影響を与えかねないため

2　塩の使用量によって健康に役立つこともあり、脅威になることもあるため

3　一日の平均所要量以上のナトリウムを摂取することになると、その他に塩を摂取する必要がないため

4　生活習慣病の原因を塩だと思う人が多いため

60　筆者が言う②塩の価値に関する内容で、正しくないものは何か。

1　重要な資産である塩貿易をめぐって争いが起きた時代もあった。

2　食べ物の腐敗防止の目的で塩を使用したりした。

3　遺体を長く保存するために、塩水を活用する国もあった。

4　塩が一般的な貨幣単位として使用された時代もあった。

61 この文章で、③浄化作用が指しているものは何か。

1　宗教的な儀式において塩を使用することにより、良くないものを浄化させること

2　塩が持っている食べ物に対する解毒と殺菌作用を通じて、体をきれいに維持させること

3　身体の中の血管の老廃物除去のための機能として塩を使用すること

4　塩の機能と意味をもとに、肉体と精神ともきれいにすること

62 この文章で、筆者が一番言いたいことは何か。

1　塩に対して否定的に考えることより、感謝の気持ちを持たなければならない。

2　肉体的な浄化作用以上に、精神的な浄化作用の必要性を認識するべきである。

3　人間の心理と精神的なストレスを治療できる機械の発明が急がれる。

4　精神的な疾患は肉体の疾患よりさらに多くの時間と忍耐が必要である。

問題11　次のAとBはそれぞれ、電子ペーパーについて書かれた文章である。二つの文章を読んで、後の問いに対する答えとして最もよいものを、1・2・3・4から一つ選びなさい。

A

　多くの量の情報と知識の携帯性という側面から、電子ペーパーの発明は革新的なものである。電子ペーパーは、平面化されたディスプレイとは異なり、本物の紙のように折ったり曲げたりすることが可能である。外部の衝撃にも割れる恐れがなく、わずか0.7mmの厚さと約15gの重さは、携帯性と安全性を飛躍的に引き上げた結果であると言える。外部の光源を利用する電子ペーパーの電力の消耗は、LCDの千分の1に過ぎない。また、一般のディスプレイでは見られない角度でも文字を認識できることが長所として挙げられている。また、携帯電話やパソコンのように長時間画面を持続的に見る場合に生じる目の疲労がほとんどないというのも電子ペーパーの特徴である。

B

　電子ペーパーの発明は少なくとも、人の知的欲求を満たすために消えていく木を救うことができる可能性を持っている。携帯性の発展は人間の怠惰（たいだ）を誘発するというなど、電子ペーパーを否定している人も多い。しかし、地球温暖化と大気汚染の深刻さが、人の命を脅かす時代に至った今の状況を直視するべきである。木を守ると、森を守ることができるようになり、人を含めた数多くの生命体の命を守れるのである。だが実際に、多くの人々は、紙のリサイクル工程で発生する費用や公害を考慮せずに、紙は再生資源であり環境に大きな影響を与えていないと考えている。紙のリサイクル率を増やすよりは紙の使用量自体を減らすことが賢明である。

63 AとBの両方の文章に触れられている点は何か。

1 電子ペーパーが環境保護に貢献する現象と動作原理

2 電子ペーパーが持っている長所とこれから改善されるべき点

3 既存の問題が補完できる電子ペーパーの役割

4 一般の紙と電子ペーパーの違いや環境問題との関係性

64 電子ペーパーについてAとBはどう言っているのか。

1 AもBも電子ペーパーは優れた長所があるが、限界性も明らかであると述べている。

2 AもBも電子ペーパーの発展と活用、今後の活躍について肯定的に述べている。

3 Aは、電子ペーパーの作動原理や特徴について述べ、Bは電子ペーパーが環境に及ぼす悪影響について述べている。

4 Aは、電子ペーパーの長所と短所を同時に述べ、Bは一般の紙と電子ペーパーの違いを中心に述べている。

問題12　次の文章を読んで、後の問いに対する答えとして最もよいものを、１・２・３・４から一つ選びなさい。

　最近はソーシャルネットワークサービスを通じて自分の撮った写真を、他人と共有したりしている人も多い。ほとんどの人の写真を撮る理由は思い出の保管のためであろう。旅行先でのことや、家族とのことなどの特別な瞬間を大事にしたいために写真を撮る人が多い。写真というのは、後で見てもその時の感情と思い出を蘇らせることができる媒介体としての①機能を遂行しているのである。写真は時間と空間の保管及び保存媒体としての圧倒的な能力を持っている。

　絵と写真は両方とも、目に見えるあるものを紙に移したものであるにもかかわらず、この二つに対する我々の反応は全く違う。創造された絵と違って、写真は現実そのもので、事実を代弁する象徴となっているのである。なんともおかしいのは、写真もまた絵と同様に本物ではないし、事実ではないということである。つまり絵や写真は、一様にあることを紙に引き写して表現したものである。　（中略）

　写真は芸術作品とも分類されている。芸術は誰かによって作られた結果物、すなわち創造性が最も重要視される分野でもある。写真は現在を写したもので、事実だけを持っている媒体であるにもかかわらず、その中に創造性を発見できるということである。このような写真芸術において、もっとも重要な核心的道具は、まさにレンズである。カメラのレンズを利用して、光の屈折と角度、遠近法を基に、自分が表現したいものを創造することが写真芸術というものである。写真は純粋芸術ではなく、ただ技術であると貶す人も多いのであるが。　（中略）

> 　事実性と創造性は共存しにくいが、写真は絶対的に違う概念として認識されているこの二つの領域を行き来している。事実を事実らしく描写することに最も近接した技術の産物である写真機。そして、作家の意図と創作目的を忠実に反映するために、技術の進化を繰り返しているレンズ。このふたつの物以外で、作品を修正することは望ましくないと思う。もちろん、補正された作品は技術的に原本よりも優越しているが、優れた補正技術により、写真の最大の魅力とされる事実性の喪失につながるのは残念なことである。

65　ここでいう①機能というのは何か。

1　思い出と感情を保管するだけでなく、蘇生させることができるもの

2　趣向が似ている多数の人々とともに、あることを共有するためのもの

3　時間の流れにつれて忘れられやすい事件や思い出を保存するためのもの

4　自分の趣味を共有して、見知らぬことについての記憶を保管するもの

66　絵と写真について、筆者はどう考えているか。

1　絵と写真はいずれも、事実とは関係のない捏造された結果である。

2　写真は事実性を重要視して、絵は芸術的な創造性を強調する。

3　絵の創造性と写真の現実性が歪曲される結果になることもある。

4　いずれも本物ではなく、人間によって作り出されたものである。

67 筆者は、写真の芸術性についてどう言っているか。

1　技術的な進歩によって作られた写真は、芸術性が薄い。

2　写真は技術的な補完によって、その中に芸術性を持っていることもある。

3　創造の原則を直接的に違反している写真は、純粋芸術と見ることはできない。

4　時代の変化と共に芸術作品に分類されているが、創意的な作品とは言えない。

68 芸術作品として写真が進む方向について、筆者が一番言いたいことは何か。

1　あまりにも技術的な面を強調した写真は、事実性を実現させがたい。

2　創造性と事実性の共有が可能な革新的なレンズの発明が必要である。

3　写真作家は、写真の補正と修正による創意性を示さなければならない。。

4　カメラの角度とレンズの屈折を利用した写真の操作は望ましくない。

問題13　右のページは、桜市文化博物館の会員登録の案内である。下の問いに対する
　　　　答えとして最もよいものを、1・2・3・4から一つ選びなさい。

69　この博物館の会員制の説明と合っているものはどれか。

　1　グループ会員の団体加入の場合、年会費の割引を受けることができる。

　2　どんな会員であれ、特別展はいつでも無料で入場することができる。

　3　博物館の会員になる場合、博物館が主催する行事も割引を受けることができる。

　4　博物館が発行する本を購入する場合、割引を受けることができる。

70　この博物館の会員申請方法及び注意事項について合っているものはどれか。

　1　会員申請をするとき、指定された口座に振り込まなくてもいい。

　2　新規会員申請の場合は、1回に限り、手数料を支払わなければならない。

　3　会員証を提示しなければ、特別展の入場の際の割引を受けることができない。

　4　会員の有効期間内に、会員を変更することができる時期がある。

桜市文化博物館 会員登録のご案内

　桜市文化博物館はさくら市の文化と歴史を愛して、会員相互の交流および親睦を図るという方達のために会員制で運営しています。次のようなサービスを用意しておりますので、皆様の沢山のご関心お願いします。

◨ 会員の種類と特典

	秋会員	春会員	グループ会員
入会条件	どなたでも	どなたでも	2名様以上で
年会費	4,000円	6,000円	5,000円/お1人
特別展入場	2回(3回目から団体料金を適用)	何回でもご入場可能	何回でもご入場可能
総合展示室入場	何回でもご入場可能	何回でもご入場可能	何回でもご入場可能
同伴者割引（団体料金扱い）	1名まで	5名まで	5名まで

（1）会員証で総合展示場・特別展（秋会員は年間2回まで）ともに無料でご覧になれます。ただし、館主催以外の展覧会は有料となります。
（2）当博物館発行の出版物を割引価格にてご購入いただけます。
（3）当博物館が主催・後援する行事のご案内をいたします。
（4）催事情報や各種行事案内等を毎月ご送付いたします。

◨ 申込方法

- 受付でのお申し込み
桜市文化博物館1階の窓口にて受け付けております。
- 郵便でのお申し込み
申込書に必要事項をご記入のうえ、下記口座にお支払い下さい。ご入金が確認でき次第、会員証をお送りいたします。
振込先：ＸＸゆうちょ銀行
宛先：桜市文化博物館
口座番号：01250-4-13405
※ 恐れ入りますが、初回のみ、振込手数料をご負担いただくこととなります。また、手続きには1週間ほどかかります。あらかじめご了承下さい。

◨ ご注意

（1）会員証は受付にて必ずご提示ください。
（2）会員証のご提示がない場合は、会員特典をご利用いただけません。
（3）会員証を他の人に貸与することは出来ません。
（4）有効期限内（一年）での秋会員・春会員・グループ会員の会員区分の変更はできません。

Ｎ１

聴解

（60分）

受験番号 Examinee Registration Number	

名前　Name	

^{3E} 問題 1

問題1では、まず質問を聞いてください。それから話を聞いて、問題用紙の1から4の中から、最もよいものを一つ選んでください。

⁶ 例

1　取引先の担当者にファックスを送る
2　会議で使う資料をコピーする
3　アンケートの書類をまとめる
4　事務課に電話する

1番

1　アンケートの報告書を仕上げる

2　予算の報告書を作成する

3　もっと狭い会場を探す

4　バスで行ける場所を探す

2番

1　企画書の内容を分かりやすく直す

2　企画書のグラフのサイズと数字を修正する

3　企画書の全般的な内容をチェックする

4　企画書の写真を変更して追加する

3番

1　リサーチ結果を確認しに行く

2　内容を知らせに広報部へ行く

3　サンプルを取りに工場へ行く

4　同僚に連絡する

4番

1　参加費を払う

2　入場券をもらう

3　セミナーの資料代を払う

4　駐車料金を追加精算する

5番

1 ２階の展示会に行く

2 アンケートを作成する

3 飲み物を買いに行く

4 ロッカーの申し込みをする

6番

1 パーティールームの予約をキャンセルする

2 パーティールームの予約の日を変更する

3 当日の一般客室に変更する

4 他の日に一般客室を予約する

^{3 E}問題2

　問題2では、まず質問を聞いてください。その後、問題用紙のせんたくしを読んでください。読む時間があります。それから、話を聞いて、問題用紙の1から4の中から、最もよいものを一つ選んでください。

⁶例

1　生活が厳しいこと

2　論文を書く時間がないこと

3　論文の内容が難しいこと

4　バイトが見つからないこと

1番

1 やりたい仕事ではないから

2 残業が多すぎて病気になったから

3 家族の世話をしなければならないから

4 将来に対する計画を立ててみたいから

2番

1 性能に比べて安いこと

2 保存スペースが十分なこと

3 モニターの画面サイズ

4 モニターの様々な機能

3番

1　製品を購入してくれた際に、粗品を進呈する

2　広告や宣伝を今より華やかに展開する

3　会社の全製品を少し割引して販売する

4　特定製品をイベントの対象として割引を行う

4番

1　外国の歌より日本の大衆音楽を紹介すること

2　多様性を追求してアマチュア歌手の曲も流すこと

3　特定した世代を対象としてはいけないこと

4　ヒーリングのための音楽を扱うこと

5番

1 運転者に快適さを与える車体のデザイン

2 より効率的に燃料を使えるようになったこと

3 他の会社との競争を考えた価格

4 環境汚染の改善のための燃料選択

6番

1 家を建てる方法と起源

2 地域による家の構造の違い

3 時代に応じた建築の特徴

4 家の造りと生活の関連性

7 番

1　子供の集中力を向上させるため

2　子供の情緒的な発達に役立つため

3　経済的に負担にならないため

4　子供と一緒に楽しく遊べるため

問題3
^{3 E}

問題3では、問題用紙に何も印刷されていません。この問題は、全体としてどんな内容かを聞く問題です。話の前に質問はありません。まず話を聞いてください。それから、質問とせんたくしを聞いて、1から4の中から、最もよいものを一つ選んでください。

― メモ ―

^{3E}
問題4

　問題4では、問題用紙に何も印刷されていません。まず文を聞いてください。それから、それに対する返事を聞いて、1から3の中から、最もよいものを一つ選んでください。

― メモ ―

問題5
^{3 E}

問題5では、長めの話を聞きます。この問題には練習はありません。問題用紙にメモをとってもかまいません。

1番、2番

問題用紙に何も印刷されていません。まず話を聞いてください。それから、質問とせんたくしを聞いて、1から4の中から、最もよいものを一つ選んでください。

― メモ ―

3番

まず話を聞いてください。それから、二つの質問を聞いて、それぞれ問題用紙の1から4の中から、最もよいものを一つ選んでください。

質問1

1　「無人運転システム」
2　「代替燃料の登場」
3　「車輪の変化」
4　「車体の変化」

質問2

1　「無人運転システム」
2　「代替燃料の登場」
3　「車輪の変化」
4　「車体の変化」

日本語能力試験 解答用紙

N1

言語知識(文字・語彙・文法)・読解

受 験 番 号 Examinee Registration Number		名 前 Name	

問 題 1

1	①	②	③	④
2	①	②	③	④
3	①	②	③	④
4	①	②	③	④
5	①	②	③	④
6	①	②	③	④

問 題 2

7	①	②	③	④
8	①	②	③	④
9	①	②	③	④
10	①	②	③	④
11	①	②	③	④
12	①	②	③	④
13	①	②	③	④

問 題 3

14	①	②	③	④
15	①	②	③	④
16	①	②	③	④
17	①	②	③	④
18	①	②	③	④
19	①	②	③	④

問 題 4

20	①	②	③	④
21	①	②	③	④
22	①	②	③	④
23	①	②	③	④
24	①	②	③	④
25	①	②	③	④

問 題 5

26	①	②	③	④
27	①	②	③	④
28	①	②	③	④
29	①	②	③	④
30	①	②	③	④
31	①	②	③	④
32	①	②	③	④
33	①	②	③	④
34	①	②	③	④
35	①	②	③	④

問 題 6

36	①	②	③	④
37	①	②	③	④
38	①	②	③	④
39	①	②	③	④
40	①	②	③	④

問 題 7

41	①	②	③	④
42	①	②	③	④
43	①	②	③	④
44	①	②	③	④
45	①	②	③	④

問 題 8

46	①	②	③	④
47	①	②	③	④
48	①	②	③	④
49	①	②	③	④

問 題 9

50	①	②	③	④
51	①	②	③	④
52	①	②	③	④
53	①	②	③	④
54	①	②	③	④
55	①	②	③	④
56	①	②	③	④
57	①	②	③	④
58	①	②	③	④

問 題 10

59	①	②	③	④
60	①	②	③	④
61	①	②	③	④
62	①	②	③	④

問 題 11

63	①	②	③	④
64	①	②	③	④

問 題 12

65	①	②	③	④
66	①	②	③	④
67	①	②	③	④
68	①	②	③	④

問 題 13

69	①	②	③	④
70	①	②	③	④

日本語能力試験 解答用紙

N1
聴 解

受 験 番 号 Examinee Registration Number	

名 前 Name	

〈ちゅうい Notes〉

1. くろいえんぴつ (HB、№2) でかいてください。
   （ペンやボールペンではかかないでください。）
   Use a black medium soft (HB or No.2) pencil.
   (Do not use any kind of pen.)
2. かきなおすときは、けしゴムできれいにけして
   ください。
   Erase any unintended marks completely.
3. きたなくしたり、おったりしないでください。
   Do not soil or bend this sheet.
4. マークれい Marking examples

よいれい Correct Example	わるいれい Incorrect Examples
●	⊗ ◯ ◯ ◑ ⊜ ◖ ◗

もんだい 問 題 1

例	①	②	●	④
1	①	②	③	④
2	①	②	③	④
3	①	②	③	④
4	①	②	③	④
5	①	②	③	④
6	①	②	③	④

もんだい 問 題 2

例	①	●	③	④
1	①	②	③	④
2	①	②	③	④
3	①	②	③	④
4	①	②	③	④
5	①	②	③	④
6	①	②	③	④
7	①	②	③	④

もんだい 問 題 3

例	①	②	●	④
1	①	②	③	④
2	①	②	③	④
3	①	②	③	④
4	①	②	③	④
5	①	②	③	④
6	①	②	③	④

もんだい 問 題 4

例	●	②	③	
1	①	②	③	
2	①	②	③	
3	①	②	③	
4	①	②	③	
5	①	②	③	
6	①	②	③	
7	①	②	③	
8	①	②	③	
9	①	②	③	
10	①	②	③	
11	①	②	③	
12	①	②	③	
13	①	②	③	
14	①	②	③	

もんだい 問 題 5

1		①	②	③	④
2		①	②	③	④
3	(1)	①	②	③	④
	(2)	①	②	③	④

日本語能力試験 解答用紙

N1

言語知識(文字・語彙・文法)・読解

受　験　番　号 Examinee Registration Number	名　前 Name

〈ちゅうい Notes〉
1. くろいえんぴつ (HB、No.2) でかいてください。
   (ペンやボールペンではかかないでください。)
   Use a black medium soft (HB or No.2) pencil.
   (Do not use any kind of pen.)
2. かきなおすときは、けしゴムできれいにけしてください。
   Erase any unintended marks completely.
3. きたなくしたり、おったりしないでください。
   Do not soil or bend this sheet.
4. マークれい Marking examples

よいれい Correct Example	わるいれい Incorrect Examples
●	⊗ ◌ ◯ ◑ ⊖ ◉ ◐

問題 1

1	① ② ③ ④
2	① ② ③ ④
3	① ② ③ ④
4	① ② ③ ④
5	① ② ③ ④
6	① ② ③ ④

問題 2

7	① ② ③ ④
8	① ② ③ ④
9	① ② ③ ④
10	① ② ③ ④
11	① ② ③ ④
12	① ② ③ ④
13	① ② ③ ④

問題 3

14	① ② ③ ④
15	① ② ③ ④
16	① ② ③ ④
17	① ② ③ ④
18	① ② ③ ④
19	① ② ③ ④

問題 4

20	① ② ③ ④
21	① ② ③ ④
22	① ② ③ ④
23	① ② ③ ④
24	① ② ③ ④
25	① ② ③ ④

問題 5

26	① ② ③ ④
27	① ② ③ ④
28	① ② ③ ④
29	① ② ③ ④
30	① ② ③ ④
31	① ② ③ ④
32	① ② ③ ④
33	① ② ③ ④
34	① ② ③ ④
35	① ② ③ ④

問題 6

36	① ② ③ ④
37	① ② ③ ④
38	① ② ③ ④
39	① ② ③ ④
40	① ② ③ ④

問題 7

41	① ② ③ ④
42	① ② ③ ④
43	① ② ③ ④
44	① ② ③ ④
45	① ② ③ ④

問題 8

46	① ② ③ ④
47	① ② ③ ④
48	① ② ③ ④
49	① ② ③ ④

問題 9

50	① ② ③ ④
51	① ② ③ ④
52	① ② ③ ④
53	① ② ③ ④
54	① ② ③ ④
55	① ② ③ ④
56	① ② ③ ④
57	① ② ③ ④
58	① ② ③ ④

問題 10

59	① ② ③ ④
60	① ② ③ ④
61	① ② ③ ④
62	① ② ③ ④

問題 11

| 63 | ① ② ③ ④ |
| 64 | ① ② ③ ④ |

問題 12

65	① ② ③ ④
66	① ② ③ ④
67	① ② ③ ④
68	① ② ③ ④

問題 13

| 69 | ① ② ③ ④ |
| 70 | ① ② ③ ④ |

日本語能力試験　解答用紙

N1
聴　解

受　験　番　号 Examinee Registration Number		名　前 Name	

もんだい　問　題　1

れい 例	①	②	●	④
1	①	②	③	④
2	①	②	③	④
3	①	②	③	④
4	①	②	③	④
5	①	②	③	④
6	①	②	③	④

もんだい　問　題　2

れい 例	①	●	③	④
1	①	②	③	④
2	①	②	③	④
3	①	②	③	④
4	①	②	③	④
5	①	②	③	④
6	①	②	③	④
7	①	②	③	④

もんだい　問　題　3

れい 例	①	②	●	④
1	①	②	③	④
2	①	②	③	④
3	①	②	③	④
4	①	②	③	④
5	①	②	③	④
6	①	②	③	④

もんだい　問　題　4

れい 例	●	②	③
1	①	②	③
2	①	②	③
3	①	②	③
4	①	②	③
5	①	②	③
6	①	②	③
7	①	②	③
8	①	②	③
9	①	②	③
10	①	②	③
11	①	②	③
12	①	②	③
13	①	②	③
14	①	②	③

もんだい　問　題　5

1		①	②	③	④
2		①	②	③	④
3	(1)	①	②	③	④
	(2)	①	②	③	④

일단 합격하고 오겠습니다

JLPT

일본어 능력시험

연종현, 김상효 공저

정답 & 해설집

N1

동양북스

PART 2 유형별 집중 공략

問題 1

한자 읽기 실전 연습 ❶ p.82

1	2	3	4	5
②	①	①	③	④
6	7	8	9	10
④	②	③	②	②

문제 1 _____ 의 단어 읽기로 가장 알맞은 것을 1·2·3·4에서 하나 고르시오.

1 계약 내용에 대해서는 건네 드린 서류를 보십시오.
2 이 공원은 시민의 휴식처로서 사랑 받고 있다.
3 정부의 방침에 이의를 제기하다.
4 모든 아이들이 건강하게 자라는 환경을 만들어야 한다.
5 훌륭한 상대와의 대전(경기)으로 팀의 현 상황을 파악할 수 있었다.
6 신청서에는 다음 서류를 첨부해 주십시오.
7 평생에 걸쳐 한 가지 일에 몰두하다.
8 관내의 자료는 모두 자유롭게 열람하실 수 있습니다.
9 이 케이크는 일반적인 것보다 설탕의 양이 적게 들어 있습니다.
10 그 가수는 봉사단체에 콘서트 수익을 흔쾌히 기부했다.

한자 읽기 실전 연습 ❷ p.83

1	2	3	4	5
③	②	③	②	③
6	7	8	9	10
④	①	③	③	④

1 기후 변동 문제에 대처하려면 국경의 테두리를 넘어선 대책이 필요하다.
2 현대 사회에서는 막연한 불안을 안고 있는 사람이 많다.
3 장관의 무책임한 발언에 분노를 느꼈다.
4 가까운 야채 가게는 물건도 잘 갖추어져 있어 번성하고 있다.
5 이 나라는 이민이나 난민의 수용을 거부하고 있다.
6 이 제품에는 많은 기술이 응축되어 있다.
7 버스는 10분 간격으로 운전(운행)되고 있다.

8 그는 어떤 문제가 발생하더라도 신속하게 일을 수습하기 때문에 그를 숭배하는 부하도 많다.
9 불리한 상황이 되기 시작했지만, 태세를 정비하여 상대방과의 협상에 임하고 싶다.
10 맹렬한 더위로 무슨 일을 하든 귀찮다.

한자 읽기 실전 연습 ❸ p.84

1	2	3	4	5
①	①	④	③	④
6	7	8	9	10
①	②	①	③	③

1 질문의 취지를 전혀 모르겠다.
2 그는 자신의 의지를 끝까지 관철시켰다.
3 같은 실수를 하다니 정말 어리석은 일이다.
4 올해의 활동 계획의 개략을 설명하겠습니다.
5 환자 또는 가족의 승낙을 얻고 나서 수술하는 것이 보통이다.
6 주가가 향후 어떻게 변동할 것인지를 예측하는 것은 지극히 어렵다.
7 그가 넣은 1점이 시합의 균형을 깨뜨렸다.
8 기록적인 장마는 농작물의 수확에 큰 영향을 주었다.
9 다른 사람을 모욕하는 행위는 피해야 한다.
10 자연이 멸망해 가는 것을 방지하려면 한탄하는 것만으로는 안 된다.

한자 읽기 실전 연습 ❹ p.85

1	2	3	4	5
②	②	③	③	①
6	7	8	9	10
②	②	②	②	①

1 드디어 경기 회복의 조짐이 보이기 시작했다.
2 이 커튼을 사용하면 외부로부터의 빛을 차단할 수 있다.
3 A사와의 합병을 계기로 사명 변경이 이루어졌다.
4 인생에는 돈이나 명예보다도 소중한 것이 있다고 생각한다.
5 같은 상품이라도 업자에 따라 가격에 차이가 있다는 것은 부정할 수 없다.
6 건축에 관한 고객 상담은 수시로 접수하고 있습니다.

7 그는 타인에 대한 관용과 겸손을 지니고 있다.

8 친구는 홋카이도에서 낙농에 종사하고 있다.

9 팀원 모두가 결속하여 문제 해결에 임하고 있다.

10 다나카 선생님은 학생들에게 존경 받고 있다.

한자 읽기 실전 연습 ❺ p.86

1	2	3	4	5
②	③	④	③	③
6	7	8	9	10
④	①	③	②	③

1 맥주 공장 철거 부지가 주택지가 된다는 것 같다.

2 창문을 통해 희미한 빛이 들어오고 있다.

3 어학에는 복습이 중요하다.

4 7월이라도 되면 이 근처에는 장미의 달콤한 향기가 감돈다.

5 그 설(주장)에는 아무런 근거도 없다.

6 그는 주어진 일을 솜씨 좋게 추진해 갔다.

7 그는 부모의 뒤를 이어 전통을 계속해서 지키고 싶다는 사명감에 불타고 있다.

8 젊었을 때는 가정을 돌보는 일 없이 일했다.

9 꼭 끼는 신발을 신으면 몸에도 나쁜 영향이 미친다고 한다.

10 새로운 잡지의 이름을 일반으로부터 모집하기로 했다.

한자 읽기 실전 연습 ❻ p.87

1	2	3	4	5
①	②	①	②	④
6	7	8	9	10
③	④	④	③	②

1 그는 냉담한 남자라서, 아무리 다른 사람이 곤란해하고 있어도 도우려고 하지 않는다.

2 선거가 가까워서, 가두에서 연설을 하고 있다.

3 옛날 이곳은 항구 도시로 번영하고 있었다.

4 사원이 열심히 일해 주었기 때문에 회사의 경영은 궤도에 올랐다.

5 TV 등의 보도를 통해서 지진의 비참한 상황을 알게 되었다.

6 야마다 씨는 호텔에서 피아노를 연주하여 돈을 벌고 있다.

7 소리에 민감해서, 자동차의 소음이 신경이 쓰여 잘 수 없다는 사람이 상당히 많다.

8 자신의 처지에 만족하고 있다.

9 야마다 군은 무엇이든 자랑만 하기 때문에, 나는 그의 태도에 분개하고 있다.

10 스즈키 씨는 강연회에서 삼림 보전의 중요성을 설명했다.

問題 2

문맥 규정 실전 연습 ❶ p.88

1	2	3	4	5
③	②	①	①	③
6	7	8	9	10
③	②	②	④	②

문제 2 ＿＿의 단어를 한자로 쓸 때, 가장 알맞은 것을 1·2·3·4에서 하나 고르시오.

1 외국어를 공부함에 있어서 그 섬세한 뉘앙스를 구별하여 사용하는 것은 어려운 법이다.

2 시립미술관에서는 저명한 예술가의 작품을 전시하는 조각 전시회가 개최되고 있다.

3 나는 소극적인 성격이라 사소한 일에도 깊게(끙끙) 고민해 버리기 일쑤다.

4 상대는 자사의 방침을 강경하게 주장하고 있어서 교섭은 조금도 진행되지 못하는 상태다.

5 가족끼리 해외여행을 가고 싶다고 말하기 때문에 찬성했지만, 본심을 말하자면 국내여행 쪽이 좋다고 생각한다.

6 지구 온난화를 막기 위해 온실가스 감축에 기여하는 제품에 대한 요구가 높아지고 있다.

7 이렇다 할 취미는 없습니다만, 굳이 말하자면 음악 감상이라고나 할까요?

8 예약 없이도 진료를 실시합니다. 다만, 긴급한 경우를 제외하고, 예약되어 있는 분을 우선하겠습니다.

9 문제가 악화되어 버리기 전에 대책을 세워야 했는데, 이제 와서는 어쩔 수도 없다.

10 약속 시간이 되어도 아무도 오지 않아서, 분명 장소를 착각한 것은 아닐까 하고 생각했다.

문맥 규정 실전 연습 ❷ p.89

1	2	3	4	5
①	③	②	③	④
6	7	8	9	10
②	④	②	③	③

1 회사의 미래를 짊어질 인재 육성에는 전략과 투자가 필요하다.

2 '被る'라는 한자는 읽는 법이 혼란스러워서, 상황에 따라서 'かぶる'라고도 'こうむる'라고도 읽는다.

3 입력 내용에 미비한 점이 있는 경우에는 당사에서 개별적으로 연락 드리겠습니다.

4 사전에 상대방의 관심사에 대해서 알아 두면 교섭이 원활

하게 진행되는 경우가 있다.

5 일본 최대라 불리는 이 불꽃놀이 대회는 매년 100만 명 가까운 인파가 전망되고 있다.

6 그 가수는 폭넓은 연령층에서 인기를 모으고 있다.

7 본 자료는 정부의 통계 조사를 일부 발췌한 것이다.

8 모두가 줄 서 있는데, 나중에 와서 끼어들다니 얼마나 뻔뻔한 사람인가?

9 오늘은 뉴욕 시장에서 주가가 일제히 하락하고 있어서 경기의 향방이 염려되고 있습니다.

10 그 아이는 어리지만, 부모의 힘든 상황을 헤아리고 있었다.

문맥 규정 실전 연습 ❸ p.90

1	2	3	4	5
②	①	①	④	②
6	**7**	**8**	**9**	**10**
①	②	③	②	②

1 커뮤니케이션을 통해 직원 간의 결속을 꾀한다.

2 병이나 스트레스 등이 원인으로 감정의 기복이 심해지는 사람이 증가하고 있다고 한다.

3 이 영화는 최신 영상 기술을 구사하여 만들어졌다.

4 신종 인플루엔자의 발생은 여전히 예단을 허락하지 않는 상황이 계속되고 있다.

5 뭔가 마음에 드시지 않는 듯한 일이 있다면 용서해 주십시오.

6 모집 조건에 해당하는 사람은 좀처럼 발견되지 않았다.

7 커피 콩의 스톡(비축 분량)이 없어져 버렸기 때문에, 주문해 두었다.

8 저 감독은 언제나 이번 시즌은 우승한다고 단언하지만, 나는 별로 신용하지 않는다.

9 내 현재의 관심은 아이들의 진학에 있다.

10 그도 제멋대로 하고 싶은 말만 하고 있으면, 아무도 응원하는 사람이 없어서 고립되어 버릴 것이다.

문맥 규정 실전 연습 ❹ p.91

1	2	3	4	5
②	①	②	④	①
6	**7**	**8**	**9**	**10**
②	③	④	①	③

1 디자인이 좋은 가방이 발견됐지만, 비싸서 구입을 주저하고 있는 사이에 매진되어 버렸다.

2 어떤 일이든 여유를 갖고 대응할 수 있는 여유로운 마음은 중요하다고 생각한다.

3 비즈니스에 있어서 면밀한 계획 없이 성공하는 것은 어렵다.

4 내년도 예산안은 찬성 다수로 가결되었다.

5 새롭게 출시된 식품은 소비자의 건강을 염두에 두고 개발된 것입니다.

6 폭염이 계속되는 가운데 에어컨의 수요가 증가하여 제조업체들은 공장을 풀가동시키고 있다.

7 지갑을 잊고 출근해 버렸기 때문에, 선배가 식사비를 대신 내어주었다.

8 자신의 경험만으로 모든 것을 판단하려고 하는 것은 어리석은 일이다.

9 인근에서 도난 사건이 연달아 발생하고 있어서, 때를 놓치기 전에 방범 대책을 강구할 필요가 있다.

10 병이 악화되어, 제대로 음식도 먹을 수 없게 되었다.

문맥 규정 실전 연습 ❺ p.92

1	2	3	4	5
④	③	②	①	③
6	**7**	**8**	**9**	**10**
④	②	③	③	②

1 조깅을 막 시작한 참인데, 갑자기 마라톤에 참가하다니 무모한 일을 하지 말아 주세요.

2 스마트폰용인 이 게임의 이용자는 굉장한 기세로 늘고 있다.

3 나는 스포츠라면 뭐든지 좋아하지만, 특히 야구를 좋아한다.

4 5년에 걸친 협상은 대략적으로 합의에 도달했다.

5 각 신문사가 어제 치러진 선거의 결과를 보도했다.

6 그녀는 패션업계에서 15년 이상의 커리어(경력)를 쌓아왔다.

7 교섭을 매듭짓기 위해서는 타협할 수밖에 없을 것이다.

8 그는 자신을 천재 예술가라고 자만하고 있다.

9 그는 완고해서 한 번 말을 꺼내면, 남이 하는 말 같은 것은 듣지 않는다.

10 재판고는 증거불충분이라고 하며, 원심의 판결을 파기하고 그에게 무죄를 선고했다.

문맥 규정 실전 연습 ❻ p.93

1	2	3	4	5
③	③	②	③	③
6	**7**	**8**	**9**	**10**
②	③	④	②	③

1 전직 이야기가 있지만, 지금의 직장에 미련이 있어서 결정하지 못하고 있다.

2 어떤 장르의 음악을 좋아합니까?

3 창립 5주년 기념으로 오늘부터 내점하는 손님에게 기념품을 <u>증정</u>하고 있습니다.

4 다카하시 씨의 기백에 압도되어 무심코 동의해 버렸다.

5 이 잡지는 일본에서 가장 <u>권위</u> 있는 자동차 잡지이다.

6 이 부근은 지금도 옛 <u>정취</u>를 남기고 있기 때문에 관광객이 많다.

7 이 학부에서는 국제 사회에서 통용되는 전문 지식과 문제 해결 능력을 갖춘 인재 <u>양성</u>에 힘을 쏟고 있다.

8 양자간 협의는 <u>원만하게</u> 끝났다.

9 이번 여행의 <u>대략적인</u> 예정을 설명하겠습니다.

10 다른 사람에게 전화를 <u>연결할</u> 때는 전화를 걸어 온 사람의 이름이나 용건 등의 정보를 분명하게 전달하는 것이 중요합니다.

問題 3

유의어 실전 연습 ❶ p.94

1	2	3	4	5
④	①	④	①	④
6	**7**	**8**	**9**	**10**
③	③	③	②	③

문제 3 (   )에 넣기에 가장 적당한 것을 1·2·3·4에서 하나 고르시오.

1 회원 등록하신 손님은 다음의 서비스를 <u>무상으로</u> 받을 수 있습니다.

2 이번 실패는 제 탓입니다. <u>변명</u>의 여지가 없습니다.

3 야마다 선생님의 연구는 <u>획기적인</u> 연구로서 토목 분야에서 높이 평가되고 있다.

4 그의 사업은 <u>모조리</u> 실패했다.

5 두 제품의 품질의 차이는 <u>확연하다</u>.

6 최근 하루 12시간 가까이 논문에 <u>몰두하고</u> 있다.

7 재판의 경위를 보고 있으면, 양자에게 <u>양보하는</u> 자세는 전혀 없다.

8 주장에게는 팀을 잘 <u>리드해</u> 주기를 바란다.

9 사원의 일에 대한 <u>의욕</u>을 높이기 위해서는 어떻게 하면 좋을까?

10 자원 봉사자를 <u>모집하여</u> 인원을 보충하는 조치가 취해졌다.

유의어 실전 연습 ❷ p.95

1	2	3	4	5
①	②	①	④	④
6	**7**	**8**	**9**	**10**
④	②	②	①	②

1 저 회사는 현재 해외 진출을 <u>노리고</u> 있다.

2 A사는 위험하다고 생각하고 있었는데, <u>아니나 다를까</u> 도산했다.

3 강연의 내용은 특별히 드물지도 않은 <u>흔한</u> 이야기였다.

4 예약 완료 후의 취소는 취소수수료가 발생하므로 <u>미리</u> 양해해 주시기 바랍니다.

5 그 사건의 범인에 대한 <u>단서</u>가 적어, 수사는 난관에 부딪혔다.

6 야마모토 씨는 <u>뛰어난</u> 성적으로 대학을 졸업했다.

7 능력은 있지만 아직 경험이 <u>부족하기</u> 때문에, 잘 되지 않는 경우가 많다.

8 두 세력은 <u>균형</u>을 유지하고 있다.

9 우리 집 차고는 입구가 좁아서 차를 넣기 힘들다.

10 그는 <u>악랄한</u> 방법으로 돈을 벌어 왔다.

유의어 실전 연습 ❸ p.96

1	2	3	4	5
④	②	②	④	①
6	**7**	**8**	**9**	**10**
②	②	①	③	④

1 <u>조심성 없는</u> 발언으로 직장 내 인간 관계가 악화되고 마는 경우가 있다.

2 갑자기 발생하는 고객으로부터의 <u>불만</u>에 대응하는 것은 힘든 일이다.

3 우치다 선생님은 내 연구의 문제점을 구체적으로 지적하고, <u>조언</u>을 아끼지 않았다.

4 A사와 B사가 합병을 <u>은밀하게</u> 진행하고 있다.

5 자신의 의도가 정확하게 <u>상대방</u>에게 전달되었는지 어떤지 걱정하고 있다.

6 다나카 선배는 회사의 <u>백업(지원)</u>을 받아 새로운 프로젝트를 시작했다.

7 이 일에 대해서 <u>일체</u>의 책임을 진다.

8 그녀의 패션은 항상 <u>세련</u>되어 있다.

9 이 게임은 출시된 지 한참 지났지만, <u>여전히</u> 인기가 높다.

10 이들 두 상품은 이름이 유사하여 혼란스럽기 때문에, 당국은 제조업체에 변경을 <u>촉구했다</u>.

유의어 실전 연습 ❹ p.97

1	2	3	4	5
①	③	①	①	③
6	**7**	**8**	**9**	**10**
②	②	③	①	③

1 이 기계의 구조는 복잡하기 때문에 수리가 <u>번거롭다</u>.

2 비가 내리기 시작했으므로, 어쩔 수 없이 등산을 <u>단념했다</u>.

3 <u>갑자기</u> 아이가 뛰쳐나와 당황해서 급브레이크를 밟았다.

4 그의 이야기를 듣고 모두 <u>깜짝</u> 놀랐다.

5 지금은 제품의 품질은 물론 안전성에 대해서도 <u>엄격한</u> 시대이다.

6 편의점에서 산 저렴한 볼펜이지만, <u>애용하고</u> 있다.

7 교통사고를 줄이기 위한 <u>슬로건</u>을 생각해 주세요.

8 저 팀, 상당히 <u>끈질기네</u>. 아직 포기하지 않고 분발하고 있어.

9 야마다 씨는 올림픽 선수를 <u>목표로</u>, 어릴 적부터 기술을 연마해 왔다.

10 장애를 <u>극복하고</u> 사회에 공헌한 사람의 전기를 읽고 매우 큰 힘을 얻었다.

유의어 실전 연습 ❺ p.98

1	2	3	4	5
③	②	①	④	④
6	**7**	**8**	**9**	**10**
②	④	②	②	①

1 저 상사는 항상 부하를 <u>헐뜯기만</u> 한다.

2 오늘 강연의 내용은 <u>대체로</u> 이해할 수 있었다고 생각한다.

3 이 상품의 관리 및 사용법은 매우 <u>간단합니다</u>.

4 모두 <u>분담하여</u> 회의 준비를 했다.

5 불안정한 시장 상황에 의해 신제품 투입은 <u>보류하게</u> 되었다.

6 폭우 때문에 <u>어쩔 수 없이</u> 시합은 연기하게 되었다.

7 지진으로 철도가 불통이 되어, 복구될 <u>전망</u>은 아직 명확하지 않다.

8 이 영화는 <u>모든 사람</u>이 대상이라고 말할 수 있다.

9 당점에서는 소재를 <u>엄선한</u> 요리와 세계 각국의 와인을 즐기실 수 있습니다.

10 이 만화는 <u>터무니없다는</u> 점이 재미있다.

유의어 실전 연습 ❻ p.99

1	2	3	4	5
①	②	②	③	②
6	**7**	**8**	**9**	**10**
③	②	①	④	③

1 무리라고 생각하고 있었지만, <u>어쩌면</u> 우승할 수 있을지도 모르겠어.

2 근거 없는 말을 퍼뜨려서, 남을 <u>중상해서는</u> 안 된다.

3 공원 벤치에 앉아 어둠이 <u>다가오는</u> 거리를 잠시 바라보고 있었다.

4 이번 조사는 당초의 목적을 거의 <u>완수했다</u>.

5 친구는 홋카이도에서 낙농에 <u>종사하고</u> 있다.

6 아르바이트를 하는 그는 <u>직원에 준하는</u> 급료를 받고 있다.

7 모처럼 "같이 가자"고 말했는데, <u>퉁명스럽게</u> 거절당했다.

8 수확을 늘리려고 하여 비료를 <u>남용했기</u> 때문에 곤충이 줄어들어 버렸다.

9 시미즈 씨는 호텔 예약이 어렵다고 들은 것만으로, <u>깨끗하게</u> 여행을 포기했다.

10 최근의 청소년은 언뜻 보기에 <u>야무진</u> 것 같지만, 정신적으로 연약한 측면이 있다.

問題 4

용법 실전 연습 ❶ p.100

1	2	3	4	5
②	④	②	①	②
6	**7**	**8**	**9**	**10**
①	②	④	④	④

문제 4 (　　　)에 넣기에 가장 적당한 것을 1 · 2 · 3 · 4에서 하나 고르시오.

1 야마다 씨라면 <u>벌써</u> 돌아갔습니다.

2 모든 경비를 <u>일률적으로</u> 삭감하지 않고, 불필요한 것부터 줄이면 된다.

3 의심받는 친구를 <u>감싸는</u> 거짓 증언을 했다.

4 긴 <u>공백</u>이 있어서 걱정이 되었지만, 지난달부터 직장에 복귀했다.

5 순서를 개선했더니, 업무가 <u>원활하게</u> 진행되게 되었다.

6 당사의 오오사카에 있는 두 지점은 이번에 사정에 의해 <u>통합하게</u> 되었습니다.

7 양국의 교류를 <u>도모하기</u> 위해 문화사절을 보냈다.

8 이 작가의 경우 새로운 작품보다 젊었을 때의 작품 쪽이 <u>상당히</u> 재미있다.

9 이것은 사실을 <u>충실하게</u> 재현한 드라마입니다.

10 그는 부모로서의 자각이 <u>결여</u>되어 있다.

용법 실전 연습 ❷ p.102

1	2	3	4	5
②	①	②	②	④
6	**7**	**8**	**9**	**10**
④	④	④	①	①

1 깨지기 쉬운 물건이라서 운반할 때는 <u>세심한</u> 주의를 기울일 필요가 있다.

2 아이들은 잠재적으로 훌륭한 능력을 간직하고 있다.

3 우리 회사는 기술력에 있어서 경쟁업체보다 우위에 서 있다.

4 눈앞의 이익에 집착하고 있으면, 고객으로부터의 신뢰를 얻는 일은 불가능하다.

5 이 단체는 지난달에 막 발족했다.

6 당신의 주장은 시대착오도 너무 심하다고 생각합니다.

7 노골적으로 싫은 얼굴을 해서는 안 된다.

8 각자가 진행해 온 업무를 일괄적으로 처리하기로 했다.

9 국가에서 각 대학에 보조금이 교부되었다.

10 날씨가 불순해서 야채 가격이 비싸다.

용법 실전 연습 ❸ p.104

1	2	3	4	5
④	②	①	①	④
6	**7**	**8**	**9**	**10**
①	②	②	②	④

1 스킨케어 제품의 무료 샘플을 배포하고 있는 화장품 제조 업체들이 많다.

2 자신의 집을 짓는다는 꿈이 마침내 이루어졌다.

3 우리 집 정원에 빈 깡통을 던져 버린 것은 옆집 아이의 소행임에 틀림 없다.

4 그녀가 일본을 대표하는 여배우가 된 것은 남달리 노력해 왔기 때문이다.

5 아무리 바쁘다고 해도 건강 관리를 소홀히 해서는 안 된다.

6 새로운 사업을 위해 자금을 조달해야 한다.

7 날개를 다친 새를 치료하여, 둥지로 돌려 보내 주었다.

8 우리 집 칼은 갈아 두었기 때문에 잘 잘린다.

9 바이올린은 고상한 취미로군요.

10 사진과 응시자를 대조 확인하여, 본인인지 아닌지를 확인해 주세요.

용법 실전 연습 ❹ p.106

1	2	3	4	5
③	①	③	②	②
6	**7**	**8**	**9**	**10**
③	①	①	③	④

1 할아버지는 다음 주에 퇴원할 예정입니다.

2 그 사람은 수술한 직후라서, 안정이 필요한데도 돌아다니고 있다

3 대학원 시절에는 자는 시간도 아껴가며 전문 분야의 연구에 몰두하고 있었다.

4 보도에 종사하는 사람은 편견이나 차별에 민감해야 한다.

5 방안을 샅샅이 찾았지만, 결국 지갑은 발견되지 않았다.

6 리조트에 가서 오랜만의 휴가를 만끽했다.

7 극단적인 다이어트는 몸에 좋지 않다.

8 넘어질 뻔해서, 순간적으로 난간을 잡았다.

9 자신이 있어도 방심은 금물입니다.

10 누구이든 다른 사람에게 이것저것 지시 받는 것은 싫을 것이다.

용법 실전 연습 ❺ p.108

1	2	3	4	5
①	④	②	③	①
6	**7**	**8**	**9**	**10**
①	④	④	①	②

1 은행에서 대출을 받아 자금을 마련하여, 어떻게든 집을 지을 수 있었다.

2 업무상의 이메일이 너무 많아서, 중요한 연락을 못보고 지나치고 있었다.

3 난관에 부딪힌 교섭을 타개하기 위해, 새롭게 대표단을 파견하기로 했다.

4 실험 결과는 이론적인 예측과 완전히 일치하고 있었다.

5 우리 회사의 주력 제품의 매출은 대체로 증가하고 있다.

6 학교는 지역과 연계하여 교통안전에 힘쓰고 있다.

7 길을 걷고 있을 때, 갑자기 훌륭한 아이디어가 떠올랐다.

8 이 신발은 헐렁헐렁해서 걸으면 벗겨져 버린다.

9 이 역은 하루 종일 금연으로 되어 있다.

10 그는 승패에 집착하는 유형이다.

용법 실전 연습 ❻ p.110

1	2	3	4	5
②	③	④	③	①
6	**7**	**8**	**9**	**10**
④	③	④	③	②

1 다나카 씨는 지난달 과장으로 승진했다.

2 그는 불만스럽다는 듯이 무언가 투덜거리며 걷고 있었다.

3 물에 젖어 글씨가 번져 버렸다.

4 모처럼의 아이디어를 모조리 다른 사람이 써 버렸다.

5 그녀는 솜씨 좋게 요리를 만들었다.

6 그는 상황이 불리해지면, 언제나 화제를 돌린다.

7 회사에 공헌한 사람에게는 상응하는 대우를 생각해야 한다.

8 회사에서 큰 실수를 해 버려, 큰 소리로 욕설을 들었다.

9 유로는 유럽연합의 단일 통화이다.

10 아침 일찍 일어나 일을 시작했기 때문에 상당히 진척되었다.

1교시 문법 해석과 해설

PART 1 워밍업

합격 문법 확인 문제 ❶ p.150

1	2	3	4	5	6
b	b	a	a	a	b
7	**8**	**9**	**10**	**11**	**12**
a	b	a	a	a	b
13	**14**	**15**	**16**		
a	a	b	a		

1 그는 악기라면 무엇이든 능숙하게 연주할 수 있다.

2 이 장학금은 출신국 여하에 관계없이 응모할 수 있습니다.

3 그와 같은 우수한 사람이라도 실패하는 경우가 있군요.

4 처음 일본에 왔을 때는 한자는커녕 히라가나조차 제대로 읽을 수 없었다.

5 요즘은 나이 탓인지, 공부해도 외우는 족족 잊어버린다.

6 스즈키 선생님의 강의는 예상했던 것처럼 충분히 준비된 것이었다.

7 실컷 다른 사람에게 폐를 끼친 끝에, 결국은 저 지경이다.

8 인터넷에 글을 쓰면 누군가 가르쳐 줄 것이다.

9 그는 냉정하고 책임감이 강한 성격이지만, 너무 고지식한 경향이 있다.

10 전철 안에서 큰소리도 전화하다니 너무나도 민폐다.

11 주가 하락에 의해 사장의 경영 책임은 추궁 받아야만 할 것이다.

12 이 기회를 놓쳤다 하면, 두 번 다시 찾아오지 않을지도 모른다.

13 이제 와서 아무리 후회한들, 끝나 버린 것은 어쩔 수가 없다.

14 그의 성공은 매일 노력이 있어서의 결과이다(노력이 있었기에 성공한 것이다).

15 이번 여행은 날씨 여하에 따라서는 취소될지도 모릅니다.

16 아이도 아닐 테고, 사람을 만나면 인사하는 정도는 다른 사람이 말하지 않더라도 하렴.

합격 문법 확인 문제 ❷ p.151

1	2	3	4	5	6
b	b	b	b	b	a
7	**8**	**9**	**10**	**11**	**12**
a	a	b	a	b	b
13	**14**	**15**	**16**		
b	a	b	a		

1 이곳은 고원만이 가진 상쾌한 공기와 멋진 경관을 즐길 수 있다.

2 이 성적이라면 합격 라인에 아슬아슬한 정도일 것이다.

3 여기서 당신을 만나리라고는 생각도 못했다.

4 감기가 나았다고 생각했는데, 또 몸저누워 버렸다.

5 현대 사회는 PC나 휴대폰 없이는 생활할 수 없다고 해도 과언이 아니다.

6 100엔이라고는 하지 않더라도 조금이라도 시급을 올려 주었으면 좋겠다.

7 환경 파괴를 하면서까지 관광 개발을 추진해 가는 데는 의문이 든다.

8 새로운 사장의 취임은 위법이라고 하여, 주주들은 기자회견을 열었다.

9 고난에 찬 그녀의 삶은 눈물 없이는 말할 수 없다.

10 수험에 실패했다. 언제까지나 낙심하고 있어도 어쩔 수 없으니, 더 노력하기로 했다.

11 올해는 더 연습해서 꼭 우승하고야 말겠다.

12 봄이 되었다고는 해도, 아침 저녁은 꽤 쌀쌀하다.

13 프로 선수라도 될라치면 과연 실력이 다른 것 같다.

14 감기가 저절로 좋아졌기 때문에 의사에게 가지 않아도 되었다.

15 사람들 앞에서 연설을 하는 것은 처음 하는 경험이라서, 그는 몹시 긴장하고 있다.

16 1엔이라 할지라도 헛되게 할 수 없다.

1	2	3	4	5	6
a	b	a	a	a	b
7	8	9	10	11	12
a	a	b	b	a	b
13	14	15	16		
a	b	b	a		

1 비록 당일치기 여행을 간다고 할지라도 준비는 필요하다.
2 현대 기술로 문화재를 훌륭할 정도로 복원하다.
3 최근 조사에 따르면, 스트레스와 강한 불안 등을 가진 사람의 비율은 60%에 이른다고 한다.
4 농담에도 정도가 있습니다. 말투에 주의해 주세요.
5 그의 성공은 주변 사람들의 협력에 힘입은 바가 크다.
6 상사의 지시를 받고, 다음 주에 열리는 회의의 자료를 작성하고 있다.
7 증거가 되는 서류가 발견되기에 이르러, 그는 마침내 자신의 죄를 인정했다.
8 다나카 씨는 이달 말을 끝으로 퇴직한다.
9 유능한 그도 못했으니, 내가 할 수 있을 리가 없다.
10 평일 낮이라서 전철 차내는 상당히 한산했다.
11 시미즈 씨 입장에서 보자면, 이번 결정에는 불만이 있을 것이다.
12 이곳은 봄의 벚꽃도 그러하지만 가을의 단풍도 훌륭하다.
13 아이는 어머니의 모습을 보자 마자 울기 시작했다.
14 모르는 단어는 사전을 찾든지 누군가에게 묻든지 하여 조사해 놓으렴.
15 유감스러운 결과였지만, 그 사람 나름대로 노력해 왔으니 비난할 필요는 없다.
16 그 가수는 다섯 번째로써 마지막 앨범을 발매했다.

1	2	3	4	5	6
a	a	a	b	b	a
7	8	9	10	11	12
a	b	a	a	b	b
13	14	15	16		
a	b	a	a		

1 감기에 걸렸을 때는 자는 것이 최고다.
2 그의 그림이 개성이 부족하다는 것은 부정할 수 없다.
3 갑자기 컴퓨터의 전원을 끄지 말 것.
4 회사는 좋은 직원이 있기에 발전하는 것이다.
5 이곳에는 초대받았기에 왔을 뿐이다.
6 이 야채는 소비자가 신뢰할 만한 농가에서 생산된 것입니다.

7 다른 사람의 말을 들을 필요도 없이, 이 사건의 책임은 나에게 있습니다.
8 어른들의 의견으로는 내 고민 같은 것은 하찮은 것이겠지.
9 그게 말이야, 시간이 없었다니까.
10 지각이라도 하게 되면, 그 무서운 선생님에게 꾸중을 듣게 될 것이다.
11 10분 더 일찍 회사를 나왔더라면, 막차에 늦지 않았을 텐데.
12 신호가 녹색으로 바뀌자마자 차들은 일제히 달리기 시작했다.
13 가난하기에 충분한 교육을 받지 못하는 아이들이 있다.
14 지망 학교에 합격할 수 있도록 노력하고 있습니다.
15 이번의 실패는 슬퍼할 정도의 일이 아니다.
16 자동차가 안 되면, 걸어가면 된다.

1	2	3	4	5	6
b	a	b	a	b	a
7	8	9	10	11	12
b	b	b	b	a	b
13	14	15	16		
a	a	a	a		

1 공부하든 하지 않든, 그 결과에 대한 책임은 자신에게 있다.
2 지진에 의한 건물의 파손이 심해서, 주민들은 어쩔 수 없이 텐트 생활을 해야만 했다.
3 그는 의사의 충고를 뒷전으로, 음주를 계속하고 있다.
4 휴대 전화는 현대 사회에서 이미 필수품이 되어 있다.
5 무라야마 선수는 오늘 경기를 끝으로 은퇴한다.
6 여행의 짐은 적은 것이 최고다.
7 전형(심사) 결과는 서면으로 통지하겠습니다.
8 오늘은 8시에 영업을 종료합니다.
9 그는 넘칠 듯이 맥주를 부었다.
10 대통령의 방일을 계기로 양국의 상호 이해가 깊어질 것이다.
11 휴대폰은 누가 뭐라고 해도, 자신이 사용하기 쉽다고 생각하는 것이 제일이다.
12 일본 식당에 들어가면 왠지 좁다는 느낌이 든다.
13 전원이 모이든 안 모이든 심의를 시작해야 한다.
14 시민 홀에서는 시장의 강연을 시작으로, 콘서트나 발표회 등이 예정되어 있다.
15 부디 합격할 수 있기를.
16 원하는 물것이 매진이라서, 사려고 해도 살 수 없다.

1	2	3	4	5	6
a	b	a	a	a	b
7	8	9	10	11	12
b	a	a	b	b	a
13	14	15	16		
a	a	b	b		

1 그는 50 킬로나 되는 짐을 한 손으로 들어올렸다.

2 여동생은 부모님의 반대를 뿌리치고 결혼했다.

3 이렇게 바쁜 시기에 직원이 결근하여 큰일이다.

4 지진으로 가족을 잃은 그녀의 이야기를 듣고 눈물을 금할 수가 없었다.

5 오랜만의 여행이라 1분일지라도 낭비할 수 없다.

6 도중에 그만둘 정도라면, 하지 않는 편이 낫다.

7 입원한 것을 계기로 술도 담배도 끊기로 했다.

8 아직 어린아이라서 너무나 손이 많이 간다.

9 처음 가는 해외 여행은 불안하기 그지없었다.

10 올해 들어서부터 가게의 매출이 떨어지고 있다.

11 전화 요금은 더 저렴해져야 마땅하다.

12 선생님의 가르침을 결코 잊지는 않겠습니다.

13 바빠서 점심도 먹지 못하고 말았다.

14 이번에야말로 그에게 사과시키고야 말겠다.

15 긴장한 나머지 전화 상대의 이름을 듣지 못했다.

16 여행 중 지갑을 소매치기 당했지만. 주머니에 넣어 둔 여권이 무사했던 것만으로도 다행이다.

1	2	3	4	5	6
a	b	b	b	a	a
7	8	9	10	11	12
a	a	a	b	a	b
13	14	15	16		
a	a	b	a		

1 살아보고 나서야 비로소 이 아파트의 쾌적함을 알았다.

2 이 건에 찬성인지 아닌지 자신의 의견을 분명하게 말해 주세요.

3 의료 사고는 인명과 직결된 문제이니. 절대로 있어서는 안 된다.

4 산책 겸 가까운 친구의 집을 방문했다.

5 부모의 병을 핑계로 그는 학교를 결석했다.

6 교사된 자는 학생들에게 모범을 보여야 한다.

7 일도 끝났으니 다 함께 한잔하지 않겠습니까?

8 그 선수는 우승하고야 말겠다고 단언하기를 주저하지 않는다.

9 시험은 끝났다. 남은 것은 오직 결과를 기다릴 뿐이다.

10 결혼이 결정되었을 때의 그의 기뻐하는 모습은 정말이지 대단한 것이었다.

11 여기서 담배를 피워도 괜찮겠습니까?

12 여러분의 활약을 기대해 마지않겠습니다.

13 어려운 경제 상황과 맞물려 취직은 매우 곤란했다.

14 담배는 몸에 해롭다고 알면서도, 그만 피워버린다.

15 욕조의 물을 틀어놓은 채로 외출해 버렸다.

16 전화로 해결된다면 일부러 갈 필요는 없겠지요.

1	2	3	4	5	6
a	b	b	a	a	b
7	8	9	10	11	12
b	a	a	a	a	a
13	14	15	16		
b	b	a	b		

1 아이라면 몰라도 어른이 그런 것도 모르다니.

2 전쟁으로 많은 사람들이 살해되고 있다니 이것이 비극이 아니고 무엇이란 말인가?

3 결함을 방치하고 있었기 때문에, 이번 사건은 일어날 만해서 일어났다고 말할 수 있다.

4 이런 사태가 되리라고는 예상조차 못했다.

5 그의 아니꼬운 모습은 정말이지 눈뜨고 볼 수가 없다.

6 아이는 손이며 발이며 할 것 없이 진흙투성이였다.

7 더 시간이 있으면, 많은 책을 읽을 수 있을 텐데.

8 쉬시는데 찾아와서 죄송합니다.

9 그 레스토랑은 가게의 분위기도 맛도 최고다.

10 올해는 지난해보다 더 태풍이 많다.

11 어느 쪽이라고 한들, 그렇게 큰 차이가 있다고는 생각되지 않는다.

12 검정 일색인 남자가 집 앞을 서성대고 있다.

13 오래된 책이라서 쉽게는 입수할 수 없지만, 구할 수 없는 것도 아니다.

14 점원은 빨리 돌아가라는 듯이 접시를 치우기 시작했다.

15 그는 자동차를 갖고 싶은 것인지, 자동차 카탈로그를 모으고 있다.

16 화산 분화에 의한 피난 생활의 어려움은 헤아리고도 남는다.

1	2	3	4	5	6
b	b	b	a	b	b
7	8	9	10	11	12
b	a	a	a	a	b
13	14	15	16		
b	a	b	b		

1 우수한 제품이 만들어진들 팔리지 않으면 그걸로 끝이다.
2 해외 여행 중 지갑뿐이라면 몰라도 여권까지 도난 당해 버렸다.
3 서류심사 및 면접을 거쳐, 마침내 입사가 인정되었다.
4 경어를 제대로 사용 못하는 것은 젊은이에게 국한된 것은 아니다.
5 작년 말을 경계로 경기는 회복되는 중이다.
6 괴롭힘, 등교 거부 등의 교육과 직결된 문제는 학교에 그치지 않고 사회 전체의 문제로서 대응해야 한다.
7 이 프린터로 말할 것 같으면, 고장만 나서 정말 짜증이 난다.
8 아이에게 얽매여 TV를 볼 시간도 없다.
9 경제나 금융의 변화에 맞추어, 현행 제도를 재검토해야 한다.
10 차기 사장은 그를 놓아두고서, 후보자는 눈에 띄지 않는다.
11 농담은 제쳐두고, 본론으로 들어갑시다.
12 그녀는 TV를 무심코 보고 있었다.
13 해외 출장으로 심신이 극도의 피로 상태에 달해 있다.
14 이 안주 맥주는 말할 것도 없고 와인에도 잘 어울립니다.
15 해외 여행은커녕 국내조차도 거의 돌아 본 적이 없다.
16 여행 참가자가 전원 집합하여, 출발하기만 하면 된다.

1	2	3	4	5	6
b	a	b	a	a	b
7	8	9	10	11	12
b	a	a	b	b	a
13	14	15	16		
a	b	a	b		

1 그의 언동은 사회인으로서 있어서는 안 될 일이다.
2 인간에게 있어서 교육은 필수불가결한 것이다.
3 그는 관공서에서 일하는 한편으로, 자원봉사로 외국인에게 일본어를 가르치고 있다.
4 이 정도로 증거가 갖추어지면, 그가 범인이라는 것은 의심할 여지도 없다.
5 집에 돌아오자마자 동생은 놀러 나가버렸다.
6 오빠는 작은 공장에서 아침부터 저녁까지 기름 범벅이 되어 일하고 있다.

7 항상 냉정하고 착실한 형과는 대조적으로 동생 쪽은 차분하지 못하다.
8 현재 상황을 토대로, 보다 좋은 정책을 세워야 할 것이다.
9 지난 며칠 동안 따뜻해져서, 마침내 봄다워지기 시작했다.
10 감사도 드릴 겸 신년 인사하러 찾아 뵈었습니다.
11 악천후에도 아랑곳하지 않고 구조대는 조난자를 수색하러 향했다.
12 논문을 완성시키기 위해, 그는 주야를 불문하고 연구에 몰두하고 있다.
13 오늘 오후는 조금 일찍 돌아가고 싶습니다만.
14 상품 사용 후의 반품 대응은 해 드리기 어렵습니다.
15 저쪽의 나이를 드신 분이 사장님의 부인이십니다.
16 이 건에 대하여, 계속 검토해 주시면 좋겠다고 생각합니다.

PART 2 유형별 집중 공략

問題 5

1	2	3	4
4	2	1	3
5	6	7	8
4	1	4	3

문제 5 다음 문장의 (   )에 들어갈 가장 알맞은 것을 1·2·3·4에서 하나 고르시오.

1 이용객의 감소가 이어지고 있던 특급 '스피드 마리너' 가 이달 말로 폐지되게 되었다.
2 아버지는 30년 이상 공장을 경영하여, 몇 번이나 도산 위기를 경험했기 때문에 공장 경영의 어려움을 속속들이 알고 있다.
3 경차의 자동차세 인상의 영향을 받아 경차 판매 대수가 지난해보다 약15% 가까이 떨어졌다.
4 Q : 영어 등의 어학 실력이 필요합니까?
   A : 물론 잘하는 게 최고입니다만, 필요하다고 느낄 때에는 입사 후에 공부할 수 있습니다.
5 당점에서는 다른 곳에서는 먹을 수 없는 이 지방만의 향토 요리를 즐길 수 있습니다.
6 식사를 하고 있을 때까지 다른 사람의 담배 연기를 들이마시게 되는 것은, 폐가 되기 짝이 없는 일이다.
7 대학 교수라도 되면 자신의 연구뿐만 아니라 학생들의 지도도 해야 한다.
8 창문이 있는 곳에 이 짐을 놓아도 될까요?

1	2	3	4
3	2	1	2
5	**6**	**7**	**8**
1	3	1	4

1 노동조합은 조합원 A씨의 해고를 부당하다고 하여 해고 철회를 요구하며 단체 교섭을 제의하고 있다.

2 아무리 고성능 제품이라도 디자인이 좋지 않으면, 소비자에게 받아들여지지 않을 것이다.

3 드디어 내일 시험이네요. 부디 좋은 점수를 취득하기를.

4 영화를 좋아하지만, 바빠서 볼 수 있는 것은 한 달에 한두 편 정도이다.

5 이번 공연을 마지막으로 우리의 그룹은 해산하게 되었다.

6 누군가에게 상담하면 해결할 수 있었을 텐데, 어째서 혼자 고민하고 있었던 것일까?

7 또 하기 싫은 일이 돌아왔다. 너무나 화가 난다.

8 일부러 여기까지 배웅 나와 주셔서 감사합니다.

1	2	3	4
1	4	3	4
5	**6**	**7**	**8**
3	3	4	1

1 새로운 도로 건설은 주민들의 반대도 크다. 정부는 계획을 중단하는 일은 없다 해도 다시 한 번 재검토하지 않을 수 없을 것이다.

2 인터넷 없이는 현대 사회는 성립되지 않는다고 해도 과언이 아닐 것이다.

3 그는 미국에 5년 동안 살았다고 들었기 때문에 영어를 잘 할 것이라고 생각했는데 별것 아니었다.

4 히라노공업은 올해로 창업 50주년을 맞이하는 것을 계기로 오랜 동안 사랑 받아온 회사명을 바꾸기로 결단했다.

5 세 달이나 운동했는데 체중이 줄지 않는다. 친구 이야기로는 단순한 운동 부족에 지나지 않는다고 한다.

6 그는 주위 사람들에게 아무리 비난 받을지라도 자신의 의사를 관철시키는 완고한 사람이다.

7 그녀의 이번 작품은 훌륭하다. 부모 모두 예술가라서 그녀의 감각은 매우 뛰어나다.

8 상품을 이용하신 후의 반품에 대해서는 대응해 드릴 수 없으니 양해해 주십시오.

1	2	3	4
4	3	2	1
5	**6**	**7**	**8**
1	4	4	1

1 자신의 실수로 실험에 실패해 버렸다. 후회해도 어쩔 수 없으니, 오늘부터 착실하게 몰두해야겠다.

2 같은 물건을 또 사다니. 낭비에도 정도가 있다(낭비도 정도껏 해야 한다).

3 의사의 충고를 뒷전으로 하고, 그는 매일 밤 술에 빠져드는 생활을 보내고 있었다.

4 해외여행을 가는 것도 아닐 테고, 그런 큰 가방은 가지고 가지 않아도 되잖아?

5 나카노: 왜 아침 수업에 오지 않았어?
기무라: 그게 말이야. 못 일어났다니까.

6 지난해 입시에서는 그렇게나 공부했는데 원하는 대학에 들어갈 수 없었다. 올해는 더 연습해서 절대로 합격하고야 말겠다.

7 나중에 상환하는 것이 힘들어지니까, 장학금에 의지하지 않아도 될 것 같으면, 빌리지 않는 것이 좋을 것임에 틀림없다.

8 A: 주문하신 제품을 배송하러 방문하고 싶습니다만, 내일 일정은 어떠십니까?
B: 글쎄요. 4시 이후라면 집에 있습니다만.

1	2	3	4
3	1	1	1
5	**6**	**7**	**8**
3	1	3	3

1 은행 입장에서는 상환이 위태로운 회사에 고리로 대출하는 것보다는, 저리일지라도 확실하게 상환해 주는 회사에 융자해 주고 싶을 것이다.

2 포기하지 않고 치료를 견디며 병을 극복할 수 있었던 것은 가족의 격려가 있어서이다.

3 그녀는 배우로 활동하는 한편으로, 소설가로서도 활약하고 있다.

4 정부의 새로운 고용 대책이 유효한지 어떤지 결과가 나오는 것은 아직 나중 일이다.

5 근처에 볼일이 있었기 때문에, 지난 일의 감사도 드릴 겸 찾아 뵈었습니다.

6 학업 성적 여하에 따라서는 장학금 지급을 정지하는 일도 있을 수 있다.

7 그의 무책임한 행동은 사회인으로서 있어서는 안 될 일로, 도저히 용서할 수 없다.

8 본 서비스를 이용하시는 분은 이용 약관을 보신 후에 신청해 주십시오.

문법 형식 판단 실전 연습 ❻ p.209

1	2	3	4
4	4	1	2
5	6	7	8
3	4	4	3

1 100킬로그램이나 되는 짐을 둘이서 5층까지 운반하는 것은 힘든 일이다.

2 A사는 지난 주에 발표한 휴대폰을 시작으로, 계속해서 새로운 모델을 발표한다고 한다.

3 오빠는(형은) 부모님의 반대를 무릅쓰고 결혼했다.

4 부정한 거래가 드러나 관련된 회사 임원은 사임을 해야만 했다.

5 연휴 중 유원지는 말할 것도 없고, 공원과 미술관까지 많은 사람들로 넘쳐났다.

6 현재의 판매 시스템의 문제점을 제 나름대로 생각해 보았습니다.

7 우치다 씨는 의견을 요구 받자, 기다렸다는 듯이 자신의 생각을 이야기하기 시작했다.

8 앙케트를 통해 고객 분들로부터 받은 의견과 요망은 앞으로의 상품 개발이나 서비스 개선에 활용해 가겠습니다.

문법 형식 판단 실전 연습 ❼ p.210

1	2	3	4
4	1	3	1
5	6	7	8
1	4	1	4

1 재미도 없는 시시한 농담을 몇 번이나 듣게 되는 것은 견딜 수가 없다.

2 바쁘신데 죄송합니다만, 아무쪼록 잘 부탁 드립니다.

3 회사 앞의 새로운 레스토랑은 내일 개점을 앞두고 완전히 준비가 갖추어져, 앞으로는 손님을 기다리기만 하면 된다.

4 그녀는 멍하니 텔레비전을 무심코 보고 있었다.

5 그의 협력이 있기에 계획이 순조롭게 진행되고 있는 것이다.

6 그로부터 솔직하게 사과해 온다면, 용서해주지 못할 것도 없다.

7 그는 열심히 노력해 왔으니, 좋은 결과를 내지 못했다 할지라도 비난할 필요는 없다.

8 이번에 저희의 상품 발송 실수로 인해, 고객께 키디란 불편을 끼쳐드린 점을 깊이 사죄 드립니다.

문법 형식 판단 실전 연습 ❽ p.211

1	2	3	4
1	1	2	3
5	6	7	8
3	2	1	1

1 작년 조사에 따르면, 스마트폰에 의한 고등학생의 평일 평균 인터넷 이용 시간은 약 3시간에 달한다고 한다.

2 결론을 서두르고 있기 때문에, 전원 모이든 모이지 않든, 예정대로 심의를 시작하지 않으면 안 된다.

3 공사 중이므로 출입하지 말 것.

4 국민이 안심하고 행복하게 살 수 있도록 하는 것. 그것이 정치가 된 자의 사명이라고 생각합니다.

5 이 영화는 정말 훌륭하다. 보는 사람을 감동시키고야 말 것이다.

6 이 중대한 프로젝트를 추진할 수 있는 것은 그를 제외하고는 달리 없을 것이다.

7 이 핸드백은 섬세한 디자인이 화려한 색채와 맞물려 훌륭한 제품으로 완성되었다.

8 이 비참한 사건의 범인에게는 강한 분노를 금할 길이 없다.

문법 형식 판단 실전 연습 ❾ p.212

1	2	3	4
4	4	4	3
5	6	7	8
2	2	4	2

1 쓰레기를 줄이기 위해서는 시의 진지한 노력도 그러하지만 개개인의 마음가짐도 역시 중요하다.

2 이번 여행에서 묵은 호텔은 전망도 서비스도 정말로 만족스러운 것이었다.

3 추위도 일단락되고, 벚꽃의 봉오리도 부풀어 올라, 마침내 봄다워지기 시작했습니다.

4 자신의 꿈을 이루기 위해 매일 노력을 거듭하고 있다.

5 사장이 누가 될 것인가는 이 회사의 장래와 직결된 일이다.

6 장애인에 대한 폭력은 어떤 이유라 할지라도 용납되지 않는다.

7 초등학생이라면 몰라도 대학생이 이런 간단한 문제도 못 풀다니 믿을 수가 없다.

8 수업 종료를 알리는 벨 소리가 울리자마자 학생들은 교실을 뛰쳐나갔다.

1	2	3	4
2	1	2	2
5	6	7	8
3	2	3	3

1 소득이 낮은 사람에게는 세금 부담을 가볍게 하는 등의 조치가 취해져야 마땅하다.

2 더운 날에 사이클링을 했더니 땀이 폭포처럼 흐르기 시작했다.

3 지난 번에 제출된 조사 보고서는 신뢰할 만한 것이 아니었다.

4 많은 어려움에도 굴하지 않고 계속 노력하고 있는 그녀는 훌륭하다. 그런 그녀의 성공을 바라 마지않는다.

5 퇴직 전의 매일 바쁜 생활과는 대조적으로 지금의 생활은 여유로워서 좋다.

6 기차가 역에 멈추고 문이 열리자마자 그는 뛰쳐나갔다.

7 갑작스런 사고로 나는 무엇을 해야 좋을지 몰라 그저 떨고 있을 뿐이었다.

8 요즘은 전철 같은 곳에서 소란을 피우는 아이를 꾸짖기라도 하면, 거꾸로 이쪽이 그 부모에게 불평을 듣게 되고 만다.

問題 6

1	2	3	4
1	1	1	4
5	6	7	8
4	1	1	3

문제 6 다음 문장의 ★ 에 들어갈 가장 알맞은 것을 1·2·3·4에서 하나 고르시오.

1 이번에 발표된 작품은 예술적인 재능이 있는 다카하시 씨다운 훌륭한 작품이라고 생각합니다. (3–4–1–2)

2 아내와 쇼핑을 함께하는 것은 힘들다. 스커트 하나를 고르는 것뿐인데도 한 시간이나 걸리다니 완전히 질려버렸다. (3–2–1–4)

3 이 영화의 인기는 스토리가 좋다는 것도 그러하지만 배우의 연기력에 힘입은 바가 크다고 할 수 있다. (2–3–1–4)

4 인터넷 상의 데이터를 사용할 때는 정보가 올바른지 여부뿐만 아니라 언제 적 데이터인지를 확인하는 것도 중요하다. (1–3–4–2)

5 회사의 노동 조건이 악화되고 있다. 노동 조건의 개선 없이 무엇이 실적 향상인가? (2–3–4–1)

6 경기가 회복되고 있다고는 해도, 실감할 수 있기까지에 이르지 않은 기업도 아직 많다는 것이 현재 상황이다. (2–4–1–3)

7 이번 학부 졸업생의 작품은 훌륭하다. 아직 경험이 풍부한 전문 화가의 작품에는 한참 뒤떨어진다고는 해도 나름대로 재능을 발휘하고 있다고 생각한다. (3–2–1–4)

8 도심의 땅값이 오르고 있다. 돈이 없는 일반인에게 있어서는 오르든 내리든 아무래도 좋은 일이다. (4–1–3–2)

1	2	3	4
4	4	4	2
5	6	7	8
1	2	3	2

1 집 근처에 커다란 슈퍼마켓이 있어서, 혼자서 가도 누군가 이웃사람을 만나기 때문에 그것도 즐거운 일 중의 하나로 되어 있다. (1–2–4–3)

2 신작 애니메이션에 대해서 야마다 감독은 "어른들이 감상할 만한 애니메이션 영화를…'이라고 생각하여 만든 작품이다."라고 말했다. (3–1–4–2)

3 상사라는 사람은 설령 자신에게는 책임이 없어도 자신의 책임이라고 하여 부하의 실수도 수용할 정도의 각오가 필요하다. (3–2–4–1)

4 가와모토 선생님은 나의 은사입니다. 지금의 내가 있는 것도 선생님이 있기에 가능한 것입니다. (1–4–2–3)

5 국제화가 진행되어 세계 각지의 문화 교류가 더욱 활발해지고 있는 현대 사회에서는 문화적 차이로 인한 차별이나 분쟁이 끊이지 않고 있다. (2–3–1–4)

6 어떤 악인이라 할지라도 마음속 어딘가에 양심은 남아 있을 것이다. (1–3–2–4)

7 정부는 증세는 피할 수 없는 것이라 하여, 소비세의 추가 인상을 주장하고 있다. (2–4–3–1)

8 전기, 가스, 수도 등은 안전하며 확실하게 공급되는 것이 당연한 것처럼 사람들은 생각하고 있다. 그 '당연함'을 위해서 얼마나 많은 사람들이 노력하고 있는가! (1–3–2–4)

1	2	3	4
3	1	2	1
5	6	7	8
1	1	4	3

1 시내를 달리는 버스 노선의 일부가 폐지되는 문제로, 시에서 지역주민을 상대로 시내순환버스를 폐지하기에 이르게 된 경위 및 향후 대응에 대하여 설명회가 열렸다. (4–1–3–2)

2 사장은 "매력 있는 상품의 개발 없이는 회사의 성장 같은 것은 바랄 수도 없다"고 말했다. (2-4-1-3)

3 여행을 하는 것은 좋은 일이라고 생각하지만, 빚을 내면서까지 여행하게 된다면 그것은 좀 문제라고 생각한다. (1-4-2-3)

4 취미도 공부도 좋아한다는 기분이 중요하며, 좋아하기에 숙달되는 법이다. (3-4-1-2)

5 신입사원은 실무 현장에서 직접 지도하는 것이 좋다. 예를 들어, 전화 응대 하나만 보더라도 그래서 다양한 상황에 대응하는 능력이 향상되기 때문에 성장도 빠르다. (2-3-1-4)

6 150엔짜리 저렴한 케이크였기 때문에 맛도 그저 그럴 것이라고 생각했는데, 촉촉하고 단맛도 딱 좋아서, 충분히 만족스런 상품이었다. (4-2-1-3)

7 니시야마 축구 감독은 시합을 앞두고 "오늘 시합은 상대가 어떤 싸움을 하든 자신의 공격적인 축구를 관철시키고 싶습니다."라고 말했다 . (1-3-4-2)

8 그녀는 이 영화에서 깊은 슬픔을 간직한 주인공을 그 개성 있는 표현력으로 멋질 정도로 완벽하게 연기했다.(1-4-3-2)

문장 완성 실전 연습 ❹ p.217

1	2	3	4
1	3	1	1
5	**6**	**7**	**8**
4	3	4	3

1 공부에 전념하기 위해 아르바이트를 당장이라도 그만두고 싶지만 학비가 부족하여 그만두려고 해도 그만둘 수 없어서 곤란하다. (4-3-1-2)

2 할머니는 지난번 계단에서 넘어져 다리를 다쳐버렸다. 걷는 것이 불편해졌다고는 해도, 전혀 걸을 수 없는 것은 아니기 때문에 집안일을 하는 데는 문제가 없다고 한다. (4-2-3-1)

3 휴대전화로 라인(메신저 소프트)을 사용하게 되고 나서부터 E메일을 거의 사용하지 않게 되었다. (2-3-1-4)

4 신형 독감이 유행하고 있다. 보건 당국은 바이러스의 감염 경로를 밝혀내기 위하여 조사를 한창 실시하고 있다. (3-2-1-4)

5 손님에게 제대로 인사하는 정도는 아이도 아닐 테고 지적을 받지 않아도 하렴. (2-3-4-1)

6 주식 거래도 부호인 그녀에게 있어서는 단순한 놀이와도 같은 것이다. (1-4-3-2)

7 이렇게까지 실적이 악화되기에 이르러서는 공장 폐쇄도 어쩔 수 없다고 판단했다. (3-1-4-2)

8 이 컴퓨터는 가격과 성능도 그러하지만 디자인이 좋기 때문에 인기가 있다. (2-4-3-1)

문장 완성 실전 연습 ❺ p.218

1	2	3	4
2	3	2	1
5	**6**	**7**	**8**
4	3	4	4

1 이 문제에 대해서는 당신 나름의 생각이 있으시겠지만, 이 일은 내가 말하는 대로 해 주세요. (1-4-2-3)

2 막내인 남동생은 형제 중에서 가장 제멋대로이다. 마음에 들지 않는 일을 조금이라도 당하게 되면 바로 큰 소리로 울부짖는다. (4-2-3-1)

3 원유가격 급등에 의해, A사의 업적은 급속하게 악화되었지만, 손실이 나지 않은 것만으로 다행이라는 평가도 들린다. (4-3-2-1)

4 전철 창문으로 밖을 무심코 보고 있었더니, 축제 행렬이 눈에 들어왔다. (2-4-1-3)

5 아무리 안전한 지역이라도 문의 자물쇠로 두 개 설치하는 등으로 조심하는 것이 최고일 것이다. (1-3-4-2)

6 조금 더 일찍 병원에 갔으면 살 수 있었을 텐데 내버려 두었기 때문에 때를 놓쳐버렸다. (4-1-3-2)

7 손님이 오기 때문에 집 청소를 시작했지만, 치우는 족족 어지럽히는 아이들에게 무심코 큰소리를 질러 버렸다. (1-3-4-2)

8 유학생인 에리카 씨는 지진 재해가 발생하여 가까운 공원으로 도망쳤을 때, 그곳에는 아무는 아는 사람이 없어서 매우 불안한 생각이 들었다고 말하고 있었다. (1-3-4-2)

문장 완성 실전 연습 ❻ p.219

1	2	3	4
1	4	1	4
5	**6**	**7**	**8**
4	4	1	4

1 영화를 보고 난 후, 주인공의 삶과는 대조적으로 자신의 삶이 얼마나 엉망이었는지 강하게 반성했다. (2-3-1-4)

2 공원 벤치에 가방을 두고 왔다는 것을 지금 알아차렸다. 벌써 5시간이나 지났기 때문에, 돌아가서 찾아본다 한들 아마도 찾을 수 없을 것이다. (2-1-4-3)

3 오늘은 더워질 것이라고 생각했는데 오히려 추울 정도였다. (3-4-1-2)

4 올해 인하된 세율이 내년부터 오른다고 한다. 단기간에 이렇게 몇 번이나 바뀌어서는 매우 곤란하다. (2-1-4-3)

5 어제의 연주는 최고의 완성도라고는 말할 수 없더라도 상당히 좋았다고 생각한다. (1-3-4-2)

6 시험까지 앞으로 일주일밖에 없어서 하루라 할지라도 헛되게 할 수 없다. (1-3-4-2)

7 다음 교섭에서는 상대방의 태도 여하에 관계없이, 우리 쪽은 우리의 주장을 관철시킬 생각이다. (3-2-1-4)

8 고층 호텔 건설에 대한 주민의 반대 운동이 고조되는 것도 아랑곳하지 않고, 공사는 척척 진행되었다. (3-2-4-1)

問題 7

문맥 이해 실전 연습 ❶ p.220

1	2	3	4	5
1	3	2	3	4

문제 9 다음 문장을 읽고, 문장 전체의 취지에 입각해서 1 부터 5 에 들어갈 가장 알맞은 것을 1·2·3·4에서 하나 고르시오.

시간이라는 것은 실로 경이로운 것입니다. 아무리 엄청난 분노와 깊은 슬픔조차도 시간이 지나면 희미해져 가기 때문입니다. 대부분의 일은 시간이 해결해 주는 것입니다.

이 시간의 효과를 잘 활용하여 시간을 자신의 편으로 만들면, 행운을 끌어들이게 될지도 모릅니다. 예를 들어, 회사에서 상사나 동료와 좀처럼 의견 교환이 잘 되지 않을 때, 부부싸움으로 화가 났을 때 등을 들 수 있습니다. 이것은 매우 도움이 됩니다. 우선 '시간을 갖자'고 말해 보면 어떨까요? 쌍방이 그대로 화가 나서 이성을 잃으면 돌이킬 수 없는 결과가 되지 않는다고도 단정할 수 없습니다.

어지간한 일이 아닌 이상, 사람은 격한 감정이 오래 지속되는 일 같은 것은 없습니다. 조금 시간을 두면 진정되는 법입니다. 발끈했을 때, 안절부절못할 때, 냉정해질 수 없을 때, 실패를 했다고 생각했을 때, 예상치 않은 장애에 부딪쳤을 때는 아무것도 하지 않고 '시간을 갖자'고 자신에게 한 마디 던져 봅시다.

입으로 말함으로써 조금 여유가 생겨날 것입니다. 그리고 그 상황에서 다소 거리를 둠으로써 일시적인 감정은 사라지고, 예상치도 못한 듯한 해결책이 떠오르는 경우도 있을 것입니다. '시간을 갖자'는 행운의 말인지도 모릅니다.

㈜ 味方につける: 자신에게 도움이 되도록 이용하다.

문맥 이해 실전 연습 ❷ p.222

1	2	3	4	5
4	1	3	2	2

"어째서 이렇게 불만이 쇄도하는 것일까?"라고 생각하는 일이 늘고 있다. 최근에는 틈만 나면 클레임을 걸어오는 시청자가 있다.

어느 인기 요리 프로그램에 출연하여, 올리브오일을 사용한 요리를 선보인 요리사에게 이런 클레임이 전해졌다. 오일을 "너무 많이 사용한다", "저렇게 사용하면 건강을 해친다", "시청자의 가계를 배려하라", "비싼 브랜드를 사용하고 있다" 등등의 내용이었다. 불만의 내용은 다양하지만, 아무리 생각해도 건강이나 가정 등을 구실로 삼아, 트집을 잡고 있는 것으로밖에 생각되지 않는다.

그들은 자신이 옳다고 느끼고, 방송국 측에 잘못이 있다고 느끼면, 즉시 클레임을 보내온다. 실제로 자신이 대량으로 사용하지 않는다고 생각하고 있어도, 이것을 '찬스'라는 듯이 느끼는 것이다. 그 기회를 결코 놓치거나 하지는 않는다.

만일 미디어가 이러한 클레임에 대하여 사죄를 하면 그들에게는 성공 체험으로 되는 것이다. 그리고 또다시 성공하고 싶은 마음에, 또 클레임을 보내는 것이다. 물론 그들의 편을 드는 의견도 존재했지만, 이것은 각 미디어에서 거론되어 그들은 커다란 성공을 거두었다고 쾌재를 불렀을지도 모른다. 미디어는 클레임에 굴하지 말고 정당하지 않은 클레임을 방치해야 한다. 정당하지 않은 것을 제외하면 제대로 된 것들이 보인다. 그리고 그들의 실패는 늘어갈 것이다.

문맥 이해 실전 연습 ❸ p.224

1	2	3	4	5
1	3	4	4	3

인간은 어째서 버리는 것이 서툰 것일까? 가장 알기 쉬운 예는 이사 때일 것이다. 몇 년 동안 사용하지 않는 물건을 보고 '언젠가 쓸지도 모른다', '버리면 후회할지도 모른다', '애착이 있어서 등등 ……'. 언뜻 보기에는 쓰레기처럼 보이는 것도 여러 가지 이유를 붙여가며 점점 늘어간다. 결국 대부분의 물건은 사용하지 않고 단지 장소를 점령하게 될 텐데. 본인도 마음 속으로는 분명 알고 있을 것이다. 이사 가는 곳에서도 빈번하게 사용되지 않고, 방해가 되어 버린다는 것을.

한 번 손에 넣은 것을 손에서 놓는 것에 대해 불안한 감정이 앞서서 버릴 수 없는 것이다. 물건에 대한 집착과 의존심이 싹트고 있어서, 버리는 일이 자신의 존재 의의를 버리는 것이라고 느끼고 있기 때문이다.

이처럼 버릴 수 없는 사람은 많이 존재하지만, 이러한 경우의 사람은 물건뿐만 아니라 과거의 필요 없는 추억이나 경험도 머리에서 떼어놓을 수 없는 경우가 많다. 바로 잊어버릴 듯한, 바로 잊어도 좋을 듯한 과거의 실패나 영광을 몇 년이나 질질 끌어 미래를 향한 구축이 불가능한 채 나이 들어 가는 것이다.

물건을 버리는 행위는 새로운 무언가를 얻기 위해, 새로운 무언가를 시작하기 위해 행하는 행위라고 생각하면 좋다. 아니, 실제로 버리는 행위를 실천하면 거기서 필요한 것이 보이기 시작할 것이다.

문맥 이해 실전 연습 ❹ p.226

1	2	3	4	5
2	2	3	1	4

일본에서는 최근 몇 년 간 한자가 유행하고 있습니다. 연일 TV에서 한자 퀴즈 프로그램이 방송되고 출연자들이 한자의 읽기 및 쓰기 능력을 겨루고 있습니다. 그뿐 아니라 간편하게 퀴즈를 풀 수 있는 휴대전화용 응용프로그램, 쓰는 순서와 음독, 훈독을 익히기 위한 신기한 한자 훈련, 한자와 관련된 농담까지도 붐이 일고 있습니다. 어린 시절부터 한자에 관심을 지녀왔던 나에게 있어서 사람들의 한자에 대한 관심은 기쁜 반면, 마음에 걸리는 일이기도 합니다.

그 이유는 최근의 한자 붐에 대해 아쉬운 마음을 품고 있다는 점입니다. 사전에 실려 있는 듯한 한자의 표면적인 지식을 암기하여, 그것을 공개할 뿐인 표면적인 유행으로 느끼고 있기 때문입니다. 많은 사람들이 한자에 관심을 갖고 있음에도 불구하고, 그 관심은 사전이 가르쳐 주는 것, 그리고 표면적인 지식을 기억하는 것에 머물고 있습니다. 그것이 아깝다고 생각하는 것입니다. 사전을 통해 알 수 있는 것은 한자에 대한 복잡한 사실 중 극히 부분적인 것에 지나지 않기 때문입니다.

내가 가장 말하고 싶은 것은 한자는 고대 중국에서 현재에 이르기까지 형태를 바꾸어 왔다는 사실입니다. 그리고 지금도 또한 변화를 그치지 않고 있습니다. 한자의 변화의 배경에는 그것을 일으키는 다양한 역사적, 사회적, 민족적 요인이 존재합니다. 하지만 실제로는 부분적인 것만이 주목을 받아, 한자 특유의 특징이 그다지 주목 받고 있지 않은 것입니다. 어떻게 변화를 이루어 왔는지 이러한 재미있는 요소를 무시하는 것은 실로 유감스러운 일입니다.

사전에 실려 있는 한자를 기억하는 것은 물론 중요하고 즐거운 일입니다만, 그것과 같은 비중으로 한자에는 중요하며 즐거운 것이 있습니다.

문맥 이해 실전 연습 ❺ p.228

1	2	3	4	5
1	3	2	4	3

올 여름, 우리 집의 가장 큰 이벤트는 10년 만의 이사였다. 결혼하고서 세 번째 집이 되는 것인데, 주거 환경이 새로워지면 자신도 모르는 사이에 함께 사는 사람까지 변화한다는 것에 놀라고 있다.

먼저 최대의 변모는 남편이었다. 지금까지 청소기 같은 것을 만진 일도 없는 그런 남편이 말이다. 새 집은 조금 지저분한 것이라도 눈에 잘 보이는 것인지, 갑자기 청결한 것을 좋아하는 꼼꼼한 청소광으로 변해 버린 것이다.

실은 나는 저녁 식사 후에 일단 짧게 수면을 취하고, 매일 밤중에 바스락거리며 일어나서는, 아침까지 일을 하는 완전한 야행성 작가이다. 이사 직후의 아침, 비틀거리는 채로 작업하는 방을 나서자, 놀랍게도 청소기 소리가 들리는 것이 아닌가. 깜짝 놀라 거실에 가 보았더니, 바지런하게 청소기로 청소하는 남편이 있었다. 내가 최대한의 찬사와 박수를 선사한 것은 말할 것도 없다.

그런데 우리 집에는 타로라는 개가 있다. 올해 7살이 되는 개인데, 타로도 이사를 계기로 대변신을 이루어 냈다. 전에는 산책을 싫어하고, 계단도 싫어해서, 아무리 운동을 시키려고 해도 무리이며, '먹고 잠만 자는' 게으른 생활에서 완전히 빠져나오지 못한 게으름뱅이였다.

그런데 새 집이 지상 2층이라는 구조라서, 이사 당일 어디를 가든지 내 뒤를 따라다니며 계단을 아랑곳하지 않는다. 나는 그런 타로를 칭찬해 준 것이다.

이후 한 달 남짓, 남편도 타로도 즐겁게 청소와 계단 운동을 즐기고 있다.

그래서 나는 문득 깨달았다. 이사는 정말로 우리 집의 구조개혁이라고. 움직이지 않는 개도 비협조적인 남편도 집이라는 구조를 바꾸는 것만으로 어이없이 개선되어 버린 것이다. 물론 개혁 성공의 키워드는 칭찬하는 일인 것이다.

(주 1) ごそごそ: 바스락 바스락. 굳어진 물체, 마른 물체가 서로 부딪혀 나는 소리
(주 2) かいがいしい: 바지런하다, 척척 처리하다
(주 3) 食っちゃ寝: 먹고 자기. 아무것도 하지 않고 빈둥거리며 지내는 것.

PART 2 유형별 집중 공략

問題 8

내용 이해(단문) 실전 연습 – 설명문·지시문·수필(가로 글 유형) ❶ p.276 해석과 문제 해설

1	2	3	4
②	②	③	④

次の（１）から（５）の文章を読んで、後の問いに対する答えとして最もよいものを、１・２・３・４から一つ選びなさい。

(1)

　　変化の早い時代においては、企業の生存も容易なことではない。企業の競争力と生存は最高経営責任者(CEO)にかかっている。優れた部下や職員の革新的な企画、中間管理職の抜群の問題解決能力も社長の許可なしには前に進んではいかないからである。@社長を始め、会社の中枢メンバーの意識改革のない会社はもう、今後もずっと変化していく社会で生き残ることは出来ないだろう。また優秀な人材と一緒に仕事をする際には、縦の関係から横の関係に会社構造を変化させることによって、創造や革新、改革が誕生するのである。部下に良い上司になるよりは、目標に向かって一緒に働く仲間という意識を忘れてはならない。

1 筆者が最も伝えたいことは何か。

1　最高経営責任者は立派な人材を見抜く力が必須である。
2　上からの改革に欠ける会社は競争力と創意力をつけることができない。
3　会社役員たちは、会社内部と同様に関連会社にも関心をもつべきである。
4　企業の創意力は、上司と部下という水平的な構造の撤廃から現われ始める。

다음 (1)에서 (5)의 글을 읽고, 다음 질문에 대한 답으로 가장 알맞은 것을 1·2·3·4에서 하나 고르시오.

　　변화가 빠른 시대에서는 기업의 생존도 간단한 일이 아니다. 기업의 경쟁력과 생존은 최고경영책임자(CEO)에게 달려 있다. 뛰어난 부하나 직원의 혁신적인 기획, 중간관리직들의 발군의 문제 해결 능력도 사장의 허가 없이는 앞으로 나아가지 않기 때문이다. @사장을 비롯해, 회사 중추 멤버들의 의식 개혁이 없는 회사는 이제, 앞으로도 계속 변화해가는 사회에서 살아남지 못할 것이다. 또한 우수한 인재와 함께 일을 할 때는 종적인 관계에서 횡적인 관계로 회사 구조를 변화시키는 것에 의해서 창조나 혁신, 개혁이 탄생하는 것이다. 부하에게 좋은 상사가 되는 것보다는 목표를 향해서 함께 일하는 동료라는 의식을 잊어서는 안 된다.

1. 필자가 가장 전하고 싶은 것은 무엇인가?

1 최고경영책임자는 훌륭한 인재를 통찰하는 힘이 필수이다.

2 **위로부터의 개혁이 없는 회사는 경쟁력과 창의력을 갖출 수 없다.**

3 회사의 중역들은 회사 내부와 마찬가지로 관련 회사에게도 관심을 가져야 한다.

4 기업의 창의력은 상사와 부하라는 수평적인 구조의 철폐에서 나타나기 시작한다.

[풀이]

ⓐ사장을 비롯해 지위가 높은 사람들의 변화가 없는 회사는 살아남지 못한다고 했으므로, 정답은 선택지 2번이다. 최고 경영자는 훌륭한 인재를 보는 눈이 있어야 한다는 내용이 없으므로 1번은 정답이 아니다. 관련 회사에 대한 내용도 없으므로, 선택지 3번도 정답이 아니다. 기업의 혁신과 개혁을 위해서는 수직적인 구조의 철폐가 중요하다고 말하고 있기 때문에, 4번도 정답이 아니다.

[단어]

～において ～에 있어서, ～에서 | 生存 생존 | 容易 용이(쉬움) | 競争力 경쟁력 | 経営 경영 | 責任者 책임자 | 優れる 우수하다, 뛰어나다 | 革新 혁신 | 抜群 발군 | ～なしには ～없이는 | 中枢 중추 | 生き残る 살아남다 | 優秀 우수 | 縦 세로, 종 | 横 가로, 횡 | 構造 구조 | 創造 창조 | 見抜く 통찰하다, 간파하다 | 必須 필수 | ～べきだ ～해야 한다 | 撤廃 철폐

(2)

　文を書くことを職業としている人ならば、誰もが一度は文章を全く書けない地獄のような状況に陥る時がある。新しいアイデアが浮かばない、どんなものを書くべきかも分からない状態に陥った作家やアーティストの苦痛を、一般の人々は想像できないだろう。このような時期が長くなるほど、成果を出すための創作に執着することになる。残念ながら、この状態から抜け出せる効果的な方法はないだろう。ただ全てのことを止める無創作の状態にさせることだけである。また、ⓐ創作は子供の遊びと同じようなものである。遊ぶことに熱中した子供は、決して疲れることなく、遊びだけに熱中する。ただそれが好なだけである。作家や芸術家は子供にならなければならない。

2. 筆者が最も伝えたいことは何か。

1 厳しい時期が訪れても、責任を持って任務を果たそうとする姿勢が必要だ。

2 **創造的な仕事に携わる人は、純粋な情熱を持っていなければならない。**

3 創作に困難を感じる時期には、他のことを楽しむ気分転換が必要だ。

4 精神的な恐慌状態に陥るときは、創作活動を止めるのが唯一の解決策だ。

　글을 쓰는 것을 직업으로 하고 있는 사람이라면, 누구나 한 번은 글을 전혀 쓰지 못하는 지옥 같은 상황에 빠질 때가 있다. 새로운 아이디어가 떠오르지 않고, 어떤 것을 써야 할지도 모르는 상태에 빠진 작가나 아티스트의 고통을 일반인들은 상상할 수 없을 것이다. 이런 시기가 길어질수록, 성과를 내기 위한 창작에 집착하게 된다. 아쉽게도, 이 상태에서 빠져 나올 수 있는 효과적인 방법은 없을 것이다. 단지 모든 것을 멈추는 무창작의 상태로 만드는 것뿐이다. 또한 ⓐ창작은 어린 아이의 놀이와 같은 것이다. 노는 것에 열중한 아이는 결코 지치는 일이 없고, 놀이에만 열중한다. 단지 그것을 좋아하기 때문이다. 작가나 예술가는 어린 아이가 되어야 한다.

2 필자가 가장 전하고 싶은 것은 무엇인가?

1 어려운 시기가 오더라도 책임감을 가지고 임무를 완수하려고 하는 자세가 필요하다.

2 창의적인 일에 종사하는 사람은 순수한 열정을 가지고 있어야 한다.

3 창작에 어려움을 느끼는 시기에는 다른 것을 즐기는 기분 전환이 필요하다.

4 정신적인 공황 상태에 빠질 때는 창작 활동을 그만두는 것이 유일한 해결책이다.

[풀이]

ⓐ작가나 예술가는 어린 아이처럼 순수한 열정을 가져야 한다고 말하고 있다. 따라서 정답은 선택지 2번이다.

[Tip] 필자의 주장은 마지막에 나오는 경우가 많다.

[단어]

職業 직업 | **地獄** 지옥 | **状況** 상황 | **陥る** 빠지다 | **浮かぶ** 뜨다, 떠오르다 | **創作** 창작 | **執着** 집착 | **状態** 상태 | **責任** 책임 | **果たす** 다하다, 달성하다 | **姿勢** 자세 | **携わる** 종사하다 | **純粋** 순수 | **情熱** 열정 | **気分転換** 기분전환 | **恐慌** 공황 | **解決策** 해결책

(3)

　目標を達成するための行為としては、能動的行為と受動的行為がある。後者の行為は、前者の二倍の疲労を感じるという。つまり、他人からさせられる行動なので、疲れとストレスを感じやすく、満足感や達成感は感じ難い。知能と知恵が人間の特質であるにもかかわらず、人は感情に多大な影響を受けてしまうのである。このような状況において必要なのが、発想の転換である。ⓐ受動的な目標に自分の意思を入れる、すなわち動機付けをすれば、感情によるストレスや疲労を減らすことが可能となるだろう。いくら大変な状況でも、自分の意志を貫くことができれば、最後までやり抜くことが可能になる。ⓑいくら簡単なことだとしても、モチベーションがあるか無いかは重要なことである。

3 筆者の主張に合うものは何か。

1 感情の影響を一切排除した後、目標を立てることが重要である。

2 目標を成して満足感を得るためには、自由なやり方が必要である。

3 自分が計画した目標でなくても、自発的な行動をするための努力が必要である。

4 モチベーションのある目標は、そうでない目標より満足すべき結果を得やすい。

　목표를 달성하기 위한 행위로는 능동적 행위와 수동적 행위가 있다. 후자의 행위는 전자의 두 배의 피로를 느낀다고 한다. 즉 다른 사람이 시키는 행동이기 때문에 피로와 스트레스를 느끼기 쉽고, 만족감이나 달성감을 느끼기 어렵다. 지능과 지혜가 인간의 특성임에도 불구하고 사람은 감정에 엄청난 영향을 받게 되는 것이다. 이런 상황에서 필요한 것이 발상의 전환이다. ⓐ수동적인 목표에 자신의 의사를 넣는, 즉 동기부여를 한다면, 감정에 의한 스트레스와 피로를 줄이는 것이 가능해질 것이다. 아무리 힘든 상황에서도 자신의 의지를 관철시킬 수 있다면 끝까지 해내는 것이 가능해진다. ⓑ아무리 쉬운 일이라 해도 동기부여가 있는지 없는지는 중요한 것이다.

3 필자의 주장에 맞는 것은 무엇인가?

1 감정의 영향을 일체 배제한 후에, 목표를 세우는 것이 중요하다.

2 목표를 이루고 만족감을 얻기 위해서는 자유로운 방식이 필요하다.

3 자신이 계획한 목표가 아니더라도 자발적인 행동을 하기 위한 노력이 필요하다.

4 동기 부여가 있는 목표는 그렇지 않은 목표보다 만족스러운 결과를 얻기 쉽다.

[풀이]

ⓐ다른 사람이 시키는 행동인 수동적인 행위에 동기부여가 중요하다고 말하고, ⓑ아무리 쉬운 일도 동기부여가 중요하다고 말하고 있다. 따라서 정답은 선택지 3번이다.

[단어]

達成 달성 | 能動 능동 | 受動 수동 | 満足 만족 | 知能 지능 | 知恵 지혜 | 特質 특질, 특성 | ～にもかかわらず ～에도 불구하고 | 感情 감정 | 影響 영향 | 状況 상황 | ～において ～에 있어서, ～에서 | 発想 발상 | 転換 전환 | すなわち 즉 | 動機づけ 동기부여 | いくら ～ても 아무리 ～해도 | 貫く 관철하다 | 排除 배제 | 努力 노력 | ～べき ～해야 할

(4)

言語を記憶するために文字が作られ、音を記憶するために楽譜が作られた。楽譜の進化と発展により、音程を整理することができるようになり、数多くの名曲の誕生につながった。20世紀以降、新しい楽器と奏法の登場で、楽譜は一層華やかな形を持つようになった。音を記録し、記憶するための楽譜の存在が、音楽の多様性に大きく貢献するようになったのである。しかし、華やかさにとらわれた楽譜は、流行に敏感な音楽を作る道具に転落してしまった。楽譜は作曲者のノートのようなものである。ⓐ大衆に必ず伝えておきたい作曲者の心が、きれいに整理されたノートを通じて演奏される、そういう音楽が聴きたい。

4 この文章で、そういう音楽が指しているものは何か。

1 体系化された楽譜によって、一定のリズムと旋律を維持している音楽

2 楽譜という媒体なしに、作曲者の心を表現している音楽

3 華麗な技巧と複雑な音の変化が、一切入っていない音楽

4 作曲者の意図が、端正に整理された楽譜を通じて演奏される音楽

언어를 기억하기 위해서 문자가 만들어졌고, 음을 기억하기 위해서 악보가 만들어졌다. 악보의 진화와 발전에 따라 음정을 정리할 수 있게 되고, 수많은 명곡의 탄생으로 이어졌다. 20세기 이후, 새로운 악기와 주법의 등장으로, 악보는 한층 화려한 형태를 가지게 되었다. 음을 기록하고 기억하기 위한 악보라는 존재가 음악의 다양성에 크게 공헌을 하게 된 것이다. 하지만 화려함에 치우친 악보는 유행에 민감한 음악을 만드는 도구로 전락해버렸다. 악보는 작곡자의 노트와 같은 것이다. ⓐ대중들에게 꼭 전하고 싶은 작곡자의 마음이, 예쁘게 정리된 노트를 통해서 연주되는, 그런 음악을 듣고 싶다.

4 이 문장에서 그런 음악이 가리키고 있는 것은 무엇인가?

1 체계화된 악보에 의해서, 일정한 리듬과 선율을 유지하고 있는 음악

2 악보라는 매개체 없이 작곡자의 마음을 표현하고 있는 음악

3 화려한 기교와 복잡한 음의 변화가 일체 들어 있지 않은 음악

4 작곡자의 의도가 단정하게 정리된 악보를 통해서 연주되는 음악

[풀이]

ⓐ필자는 깨끗하게 정리된 악보를 통해서 연주되는 음악을 듣고 싶다고 말하고 있다. 따라서 정답은 선택지 4번이다.

[단어]

記憶 기억 ┃ ～ために ～때문에, ～위해서 ┃ 楽譜 악보 ┃ 進化 진화 ┃ 発展 발전 ┃ ～により ～에 의해, ～에 따라 ┃ 楽器 악기 ┃
奏法 주법 ┃ 一層 한층, 더욱 ┃ 華やか 화려함, 화사함 ┃ 貢献 공헌 ┃ 敏感 민감 ┃ 転落 전락 ┃ ～を通じて ～을 통해 ┃ 演奏 연주 ┃
旋律 선율 ┃ 維持 유지 ┃ 媒体 매체 ┃ 技巧 기교 ┃ 意図 의도

1	2	3	4
③	②	③	②

(1)

建築様式とインテリアの発達により、家さえも一つの芸術的な空間としてみなされる時代である。しかし、私はそんな家には住みたくない。ⓐ私にとって家というのは、心身の疲れをとってくれる休息空間であり、厳しい競争社会に生きている不安や萎縮を癒す安心区域でもある。適当に散らかっている空間で余裕を感じ、何でもやりたいことができる満足感も得られる。綺麗な空間で暮すのは、健康上からも勿論、重要であるが、家事を完璧にこなすことほど疲れることもない。ⓑ愛する家族とともに食卓に着いて、あれこれ様々な話ができる場所。私はテレビに出てくる成功した事業家の広くて洒落た家より、母の小言と父がテレビを見る音が響く家がもっと好きである。

1 家について、筆者が最も言いたいこと何か。
1 自分の個性に合わせた構造と雰囲気よりは、生活の機能性が強調された空間が重要である。
2 最も私的で安らかな空間であると同時に、家族との協力が必要な空間にならなければならない。
3 自分だけの空間が存在するとともに、家族と共有できる空間も備えなければならない。
4 実用性をもとに行われた配置と、気楽な雰囲気を醸成することができる空間が重要である。

건축 양식과 인테리어의 발달로, 집조차도 하나의 예술적인 공간으로 간주되는 시대이다. 하지만 나는 그런 집에서는 살고 싶지 않다. ⓐ나에게 있어서 집이라는 것은 심신의 피로를 풀어 주는 휴식 공간이고, 혹독한 경쟁 사회에 살고 있는 불안과 위축을 치유하는 안심구역이기도 하다. 적당히 어질러져 있는 공간에서 여유를 느끼고, 무엇이든 하고 싶은 것을 할 수 있는 만족감도 얻을 수 있다. 깨끗한 공간에서 사는 것은 건강상에서도 물론 중요하지만, 집안 일을 완벽하게 하는 것만큼 피곤한 일도 없다. ⓑ사랑하는 가족과 함께 식탁에 앉아서 이런저런 이야기를 할 수 있는 장소. 나는 TV에 나오는 성공한 사업가의 넓고 세련된 집보다, 엄마의 잔소리와 아빠가 TV 보는 소리가 울리는 집이 더 좋다.

1 집에 대해서, 필자가 가장 말하고 싶은 것은 무엇인가?
1 자신의 개성에 맞는 구조와 분위기보다는 생활의 기능성이 강조된 공간이 중요하다.
2 가장 사적이고 편안한 공간인 동시에 가족과의 협력이 필요한 공간이 되어야 한다.
3 나만의 공간이 존재하는 동시에 가족과 공유할 수 있는 공간도 갖추어야 한다.
4 실용성을 토대로 이루어진 배치와 편안한 분위기를 조성할 수 있는 공간이 중요하다.

[풀이]

ⓐ혹독한 경쟁사회에서의 개인적인 안심구역이기도 하고, ⓑ사랑하는 가족과 함께할 수 있는 공간이라고 말하고 있다. 따라서 정답은 선택지 3번이다.

[단어]

建築 건축 | みなす 간주하다, 보다 | ～にとって ～에게 있어서 | 厳しい 엄하다, 혹독하다 | 競争 경쟁 | 萎縮 위축 | 癒す 고치다, 치유하다 | 散らかる 흩어지다, 어질러지다 | 余裕 여유 | 完璧 완벽 | ～とともに ～와 함께 | 洒落る 세련되다, 멋지다 | 小言 잔소리 | 強調 강조 | 協力 협력 | 備える 갖추다, 구비하다 | ～をもとに ～을 토대로 | 醸成 조성

(2)

　営業で成功するということは、決して簡単なことではない。市場の需要調査、消費者の年齢と対象、広報と広告、ブランドのイメージづくり、効率的な販売ルートの開拓等々、考慮して準備する必要のある部分があまりにも多い。これらを完璧に備えていない商品は、消費者に受け入れられず、この条件をすべて備えていたとしても販売の成功につながるわけではない。ⓐ長期不況で、家庭経済の縮小が続いている。希少性の価値を唱えた供給者たちは、もはや需要者に見放されてしまった。つまり、販売戦略を消費者志向にしていかなければならない時代になったということである。ⓑ誰もが所有する必要があるものを、手頃な価格で購入できるようにする努力が必要である。

2　筆者は、営業で成功するために、どのような姿勢を整えなければならないと言っているか。
1　ブランドの商品化の過程の効率性と、消費者の要求を反映させる商品の細分化
2　需要者の経済状況の理解と、大衆性を基盤とした商品化の過程
3　不景気に影響を受ける庶民の消費パターンの把握と需要調査
4　製品価格の引き下げのための生産工程と、販売ルートの簡素化

　영업으로 성공한다는 것은 결코 쉬운 일이 아니다. 시장의 수요 조사, 소비자의 연령과 대상, 홍보와 광고, 브랜드의 이미지 만들기, 효율적인 판매 루트의 개척 등등, 고려하여 준비할 필요가 있는 부분이 너무나도 많다. 이런 것들을 완벽하게 갖추고 있지 않은 상품은 소비자에게 받아들여지지 않고, 이 조건을 모두 갖추고 있다고 해도 판매의 성공으로 이어지는 것은 아니다. ⓐ장기불황으로 가정 경제의 축소가 이어지고 있다. 희소성의 가치를 외치던 공급자들은 이제 수요자에게 버림받게 되었다. 즉 판매 전략을 소비자 지향으로 해 나가야 하는 시대가 되었다는 것이다. ⓑ누구나 소유할 필요가 있는 것을 알맞은 가격으로 구입할 수 있게 하는 노력이 필요하다.

2　필자는 성공적인 영업을 위해서 어떠한 자세를 갖추어야 한다고 말하고 있는가?
1　브랜드의 상품화 과정의 효율성과 소비자의 요구를 반영시키는 상품의 세분화
2　수요자의 경제 상황의 이해와 대중성에 기반한 상품화 과정
3　불경기에 영향을 받는 서민 수요자들의 소비 패턴 파악과 수요 조사
4　제품 가격의 인하를 위한 생산공정과 판매 루트의 간소화

[풀이]

ⓐ장기 불황으로 가정 경제가 축소되어 있는 상황과 ⓑ누구에게나 필요한 물건을 적당한 가격에 구입할 수 있어야 한다고 말하고 있다. 따라서 정답은 선택지 2번이다.

[단어]

営業 영업 ┃決して 결코 ┃需要 수요 ┃調査 조사 ┃年齢 연령 ┃対象 대상 ┃効率 효율 ┃販売 판매 ┃開拓 개척 ┃考慮 고려 ┃完璧 완벽 ┃備える 갖추다, 구비하다 ┃条件 조건 ┃不況 불황 ┃縮小 축소 ┃希少性 희소성 ┃唱える 외치다, 주장하다 ┃供給 공급 ┃見放す 단념하다, 포기하다 ┃戦略 전략 ┃把握 파악

(3)

　現代社会は速度の社会とも言える。時間を効率的に使用するための最も重要な要素は集中力である。最近では、集中力を高めるための様々な方法に関心が高まっている。その中でも@食べ物の摂取を通じた集中力の向上が注目されている。ある会社の研究結果によると、脳が必要とするエネルギー源はブドウ糖という。夜にも休まず、活動を続けている脳の作用により、人間の体内に蓄積されたブドウ糖は朝になるとほとんど消耗されてしまう。⑥ブドウ糖が豊富に含まれている食べ物を摂取することにより、持続的に変わっていく現代社会の速度に引けを取らない敏捷(主)性を維持できるようになる。

（主）敏捷：理解や判断が早いこと。また、そのさま。

3　この文章で筆者が一番言いたいことは何か。

1　忙しい日常でも必須ビタミンを十分に摂取できる食事を疎かにしてはならない。

2　ブドウ糖が作り出す成分を通じ、脳の活性化を促進させることができる。

3　食べ物の摂取が脳の活性化による集中力の向上に役に立つ。

4　集中力を維持するためには、体内に蓄積されたブドウ糖の消耗を抑えなければならない。

　현대 사회는 속도의 사회라고도 말할 수 있다. 시간을 효율적으로 사용하기 위한 가장 중요한 요소는 집중력이다. 최근에는 집중력을 높이기 위한 여러 가지 방법에 관심이 높아지고 있다. 그 중에서도 @음식의 섭취를 통한 집중력 향상이 주목받고 있다. 어떤 회사의 연구 결과에 의하면, 뇌가 필요로 하는 에너지원은 포도당이라고 한다. 밤에도 쉬지 않고, 활동을 계속하는 뇌의 작용으로 인해, 인간의 체내에 축적된 포도당은 아침이 되면 대부분 소모되어 버린다. ⑥포도당이 풍부하게 포함된 음식을 섭취하는 것에 의해, 지속적으로 변해가는 현대 사회의 속도에 뒤처지지 않는 민첩(주)성을 유지할 수 있게 된다.

(주)敏捷 : 민첩. 이해나 판단이 빠른 것. 또는 그런 모양.

3　이 문장에서 필자가 가장 말하고 싶은 것은 무엇인가?

1　바쁜 일상에서도 필수 비타민을 충분히 섭취할 수 있는 식사를 소홀히 해서는 안 된다.

2　포도당이 만들어내는 성분을 통해, 뇌의 활성화를 촉진시킬 수 있다.

3　음식의 섭취가 뇌의 활성화에 의한 집중력 향상에 도움이 된다.

4　집중력을 유지하기 위해서는 체내에 축적된 포도당의 소모를 억제시켜야 한다.

[풀이]

@음식을 통한 집중력 향상과 ⑥특히 포도당이 포함되어 있는 음식의 섭취를 강조하고 있다. 비타민의 섭취가 아닌 포도당의 섭취가 중요하다고 말하고 있기 때문에, 선택지 1번은 정답이 될 수 없고, 선택지 3번이 정답이다. 선택지 2번은 음식에 관한 내용이 없기 때문에 정답이 아니고, 선택지 4번에 관한 언급은 없었다.

[단어]

効率的 효율적 | 最も 가장 | 集中力 집중력 | 摂取 섭취 | 向上 향상 | 研究 연구 | ～によると ～에 의하면 | 脳 뇌 | ブドウ糖 포도당 | 蓄積 축적 | 消耗 소모 | 豊富 풍부 | 含む 포함하다 | 引けを取る 뒤처지다 | 敏捷性 민첩성 | 維持 유지 | 疎か 소홀함 | 活性化 활성화 | 促進 촉진 | 役に立つ 도움이 되다 | 抑える 억누르다, 억제하다

(4)

　内向的な人々の思考のメカニズムは、外向的な人々とは大きく異なる。内向的な人々は自分を代弁することに慣れていないから、外向的な人々に誤解される場合もしばしばある。また、自分だけの空間を大切に思い、その空間に侵入する人に恐怖を感じ、自分を理解してくれない人を恨む場合も多い。このような内向的な性格を改善しようとする人には、他の人に自分からあいさつをする行動が、良い解決策に繋がることもある。しかし、その場合＠重要なことは、あいさつをする行為自体に意味があるのであり、相手の反応を期待してはならないということである。他人の視線に萎縮されず、もう少し自分が思うように行動してもよい。あなたが考えているよりもはるかに、あなたに関心がない人が多い。

4 本文の内容に合っているものはどれか。
1 消極的な性格を改善するための最も良い方法は、挨拶する仕方を変えることだ。
2 他の人の視線と反応に、あまりにも敏感に反応をする必要はない。
3 内向的な人々の行動を非難して、厳しい評価をすることは正しくない。
4 他人を配慮しながら、本人の幸せを追求する方法を探すことが重要だ。

　내향적인 사람들의 사고 메커니즘은 외향적인 사람들과는 크게 다르다. 내향적인 사람들은 자신을 대변하는 것에 익숙하지 않기 때문에, 외향적인 사람들에게 오해를 받는 경우도 자주 있다. 또한, 자신만의 공간을 소중하게 생각하고, 그 공간을 침입하는 사람에게 두려움을 느끼며 자신을 이해해 주지 못하는 사람을 원망하는 경우도 많다. 이런 내향적인 성격을 개선하려고 하는 사람에게는 다른 사람에게 먼저 인사를 건네는 행동이 좋은 해결책으로 이어질 수도 있다. 하지만 그런 경우에 ＠중요한 것은 인사를 건네는 행위 자체에 의미가 있는 것이고, 상대방의 반응을 기대해서는 안 된다는 것이다. 다른 사람의 시선에 위축되지 않고, 조금 더 자신의 생각대로 행동해도 좋다. 당신이 생각하는 것보다 훨씬 더 당신에게 관심이 없는 사람들이 많다.

4 본문의 내용과 맞는 것은 어느 것인가?
1 소극적인 성격을 개선하기 위한 가장 좋은 방법은 인사하는 방식을 바꾸는 것이다.
2 다른 사람의 시선과 반응에 너무 민감하게 반응을 할 필요는 없다.
3 내향적인 사람들의 행동을 비난하고 혹독한 평가를 하는 것은 옳지 않다.
4 타인을 배려하면서 본인의 행복을 추구하는 방법을 찾는 것이 중요하다.

[풀이]

＠내향적인 성격을 개선하기 위해서 먼저 인사를 건넬 때, 상대방의 시선과 반응을 기대하지 말라고 말하고 있다. 따라서, 정답은 선택지 2번이다. 소극적인 성격의 개선 방법은 인사하는 방식을 바꾸는 것이 아니라, 먼저 인사를 건네는 것이다. 따라서 선택지 1번은 정답이 될 수 없다. 선택지 3번과 4번에 관한 언급은 없었다.

[단어]

内向的 내향적 | 外向的 외향적 | 異なる 다르다 | 代弁 대변 | 誤解 오해 | しばしば 자주, 종종 | 侵入 침입 | 恐怖 공포 | 恨む 원망하다 | 改善 개선 | 解決策 해결책 | 繋がる 이어지다, 연결되다 | 反応 반응 | 視線 시선 | 萎縮 위축 | 敏感 민감 | 非難 비난 | 配慮 배려 | 追求 추구

기

- 공 개 일: 11월 21일(화)·22일(수)
- 공개 시간: 8시 50분부터 16시 00분까지

  ※시작 시간 20분 전에 3층 연습실에 모이세요.
- 공개 장소: 도쿄사쿠라고등전문학교

  학교 교실, 체육관, 운동장 등(안내 자료는 접수에서 배포 예정).
- 신   청: ⓐ불필요. 내교하시면 접수처에 들러 주세요.

  ※접수처는 1층 학생과 앞에 있습니다.

3 이 안내문의 내용에 맞지 않은 것은 어느 것인가?

1 이틀에 걸쳐서 실시되는 공개 수업 참관 안내문으로, 대상이 한정되어 있다.

2 공개 수업 참관에 관한 날짜와 시간이 분명하게 기재되어 있다.

3 수업 시작 20분 전에는 공개 수업 참관 신청을 해야 한다.

4 학교 시설을 견학할 수 있고, 학교에 관한 자료가 무료로 제공된다.

[풀이]

ⓐ공개 수업 참관 신청은 하지 않아도 되기 때문에, 정답은 선택지 3번이다.

[단어]

公開 공개 | 授業 수업 | 参観 참관 | 日ごろ 평소, 평상시 | 教育 교육 | 活動 활동 | 協力 협력 | 賜る 내려주시다, (윗사람에게서) 받다 | 厚い 두껍다, (이익이) 많다 | ～において ～에, ～에 있어서 | ～とおり ～대로 | 実施 실시 | 受験 수험 | 保護者 보호자 | 存じる 알다(知る의 겸사말), 생각하다(思う의 겸사말) | 多用 볼일이 많음 | 演習室 연습실 | 体育館 체육관 | 資料 자료 | 受付 접수(처) | ～にて ～로, ～에서 | 配布 배포 | 寄る 들르다 | 対象 대상 | 限る 제한하다, 한정하다 | 日付 날짜 | 記載 기재 | 申請 신청 | ～に関する ～에 관한 | 提供 제공

(4)

以下は、ある会社の社内メールの内容である。

社員各位

お疲れ様です。経理部の吉岡です。出張費精算について、経理部からお願いです。最近ⓐ精算表を提出の際、領収書の貼り忘れ等の不備が目立ちます。提出される前に、改めて確認するよう、お願い致します。

尚、今月分の出張費精算書の提出期限は、５月２９日（火曜）までとなっておりますが、ⓑ営業Bチームはまだ提出されていないようです。経理事務の都合上、至急提出をお願い致します。

より効率的な業務処理のためにⓒ経費請求システムの点検を6月12日から3日にわたって行いますので、精算書の提出に支障が予想されます。ご不明な点がありましたら、経理部の吉岡（内線203）まで、お問い合わせください。

以上、よろしくお願い致します。

4 この文書の目的は何か。

1 営業部の出張費領収書の添付に関する催促と、経理部のシステム点検の案内

2 出張費精算書の提出期間の厳守に対するお願いと、経費請求システムの点検案内

3 経理部の業務処理のためのお願いと、経費請求システム点検の案内

4 経理部システムの再編成のためのお知らせと担当者の変更に対する案内

다음은 어느 회사의 사내 메일의 내용이다.

> 사원 여러분
>
> 수고하십니다. 경리부의 요시오카입니다. 출장비 정산에 대해서 경리부에서 부탁 드립니다. 최근에 ⓐ정산표를 제출할 때, 영수증 첨부를 잊어버리는 등의 미비한 점이 두드러지고 있습니다. 제출하시기 전에 다시 한 번 확인하시도록 부탁 드립니다.
>
> 또한, 이번 달의 출장비 정산서의 제출 기한은 5월 29일(화요일)까지로 되어 있는데, ⓑ영업 B팀은 아직 제출되지 않은 것 같습니다. 경리사무의 사정상 바로 제출 부탁 드립니다.
>
> 보다 효율적인 업무 처리를 위해서 ⓒ경비 청구 시스템의 점검을 6월 12일부터 3일에 걸쳐서 실시하오니, 정산서 제출에 지장이 예상됩니다. 궁금하신 점이 있으시다면, 경리부의 요시오카(내선203)에게 문의해 주시길 바랍니다.
>
> 이상, 잘 부탁 드립니다.

4 이 문서의 목적은 무엇인가?

1 영업부의 출장비 영수증 첨부에 관한 재촉과 경리부의 시스템 점검 안내

2 출장비 정산서 제출 기간 엄수에 대한 부탁과 경비 청구 시스템 점검 안내

3 경리부의 업무 처리를 위한 부탁과 경비 청구 시스템 점검 안내

4 경리부 시스템의 재편성을 위한 공지와 담당자 변경에 대한 안내

[풀이]

ⓐ정산표 제출 시, 영수증 첨부 확인에 관한 부탁과 ⓑ영업 B팀의 출장비 정산서 제출 촉구, ⓒ경비 시스템 점검에 관한 안내를 하고 있다. 따라서 정답은 선택지 3번이다. 영업부는 출장비 정산이 이루어지지 않은 것이기 때문에 선택지 1번은 정답이 될 수 없고, 제출 기간을 지켜달라는 내용과는 조금 다르기 때문에, 선택지 2번도 정답이 아니다. 선택지 4번에 관한 언급은 없었다.

[단어]

各位 각위, 여러분 | 経理部 경리부 | 出張費 출장비 | 精算 정산 | 際 때, 시기 | 領収書 영수증 | 貼る 붙이다 | 不備 불비, 미비 | 目立つ 눈에 띄다 | 改めて 다시 | 確認 확인 | 至急 시급, 급히 | 効率的 효율적 | 点検 점검 | 〜にわたって 〜에 걸쳐서 | 支障 지장 | 予想 예상 | 問い合わせる 문의하다, 조회하다 | 添付 첨부 | 催促 재촉 | 厳守 엄수 | 再編成 재편성 | 変更 변경

내용 이해(중문) 실전 연습 ❶ – 설명문, 지시문 p.288 해석과 문제 해설

1	2	3	4	5	6	7	8	9
④	①	③	③	②	④	③	④	①

次の（1）から（3）の文章を読んで、後の問いに対する答えとして最もよいものを、1・2・3・4から一つ選びなさい。

(1)

他の文化を受け入れることを厭わない日本は、食器においても和食器よりも重さのある洋食器文化が主流を成し始めた。ⓐ洒落ていて華やかな西洋式のライフスタイルに憧れる若い夫婦の増加により、和食器の販売不振につながってしまったのである。またそれに伴って居間で一緒に食事をするスタイルから、台所という空間で食事をするスタイルに変わっている。（中略）

日本は良質の土を焼いた陶器の食器文化を持っている。自分の器を手で持って食べる日本の食文化により、軽くて質感のいい器を好むようになったと見ることができる。西洋では石を砕いてできた石の粉が主な材料になる磁器が、食器の大半をなしている。また、ⓑ器を置いてフォークとナイフで食べるので、食器が傷つかないように硬度が優れている。一方、主に木で作られた箸を食事の道具に使用している日本は、食器の硬度を考える必要がなかったのである。陶器に慣れている日本人は、洋食器を持ってご飯を食べる場合、思ったより重さを感じることもあると思う。（中略）

日本は四季があり、自然や食べ物や和食器からも季節感を感じることができる。季節にふさわしい色合いの食器を使うことにより、口先だけで食事を楽しむのではなく、目を通して料理の味を一層豊かにすることが、日本の食文化である。一方、用途に応じた容器の種類が多いため、一回の食事には多くの食器が必要になり、その後の食器洗いも大変である。しかし、ⓒ余裕ある食事を楽しむことができる環境作りが簡単ではない現代社会の流れが、その国の固有のものを押し出す環境が、残念でならない。

1 筆者が、和食器の販売不振につながってしまったのであると言う理由は何か。

1 日本食器の重さにより、消費者たちにそっぽを向かれようになったため
2 リビングではなく、台所での食事には、軽い洋食器が便利なため
3 割れやすい和食器に比べ、洋食器は、耐久性が優れているため
4 生活パターンの変化により、洋食器がよく売れているため

2 日本の食文化と西洋の食文化に対する説明のうち、正しいものはどれか。

1 西洋ではフォークとナイフの使用によって、硬い食器を使うようになった。
2 日本では良質の土を利用することにより、質感と耐久性の優れた食器を使用してきた。
3 西洋におけるほとんどの食器は磁器で、軽くて丈夫な食器の使用を好んでいる。
4 日本の食事道具の箸は主に木で出来ているため、質感を強調したものが多い。

3 この文章で、筆者が一番言いたいことは何か。

1 季節ごとに温度と環境に合った食器を使用することで、食べ物の味をもっと豊かにすることができる。
2 季節ごとに味わうことができる食べ物は制限されているため、時期に合う材料の選択が優先されるべきだ。
3 現代社会は変化が必要な時期であるが、固有の文化を守るための努力も必要だ。
4 料理の種類に合う多様な食器を備え、食器の色についても考慮した方がいい。

다음 (1)에서 (3)의 글을 읽고, 다음 질문에 대한 답으로 가장 알맞은 것을 1·2·3·4에서 하나 고르시오.

다른 문화를 받아들이는 것을 싫어하지 않은 일본은 식기에서도 일본 식기보다 무게가 있는 서양식 식기 문화가 주류를 이루기 시작했다. ⓐ세련되고 화려한 서양식 라이프 스타일을 동경하는 젊은 부부들의 증가로 인해, 일본식 식기의 판매 부진으로 이어지게 된 것이다. 또한 그에 따라서, 거실에서 함께 식사를 하는 스타일에서, 주방이라는 공간에서 식사를 하는 스타일로 바뀌고 있다.(중략)

일본은 양질의 흙을 불에 구운 도기 식기 문화를 가지고 있다. 자신의 그릇을 손으로 들고 먹는 일본의 식문화로 인해, 가볍고 질감이 좋은 그릇을 선호하게 되었다고 볼 수 있다. 서양에서는 돌을 부수어 만든 가루가 주재료가 되는 자기가 식기의 대부분을 이루고 있다. 또한, ⓑ그릇을 두고 포크와 나이프로 먹기 때문에, 식기가 상하지 않게 경도가 뛰어나다. 한편, 주로 나무로 만들어진 젓가락을 식사 도구로 사용하는 일본은 식기의 경도를 생각할 필요가 없었던 것이다. 도기에 익숙해져 있는 일본인은 서양식 식기를 들고 밥을 먹을 경우에, 생각보다 더 무게를 느끼는 경우도 있을 것이다. (중략)

일본은 사계절이 있어서, 자연이나 음식이나 식기에서도 계절감을 느낄 수 있다. 계절에 맞는 색상의 식기를 사용하는 것으로, 입으로만 식사를 즐기는 것이 아니라, 눈을 통해서 음식의 맛을 한층 풍요롭게 하는 것이 일본의 식문화인 것이다. 한편, 용도에 따른 그릇의 종류가 많기 때문에, 한 번의 식사에는 많은 식기가 필요하게 되고, 그 후의 설거지도 힘들다. 하지만 ⓒ여유 있는 식사를 즐길 수 있는 환경을 만드는 것이 쉽지 않은 현대사회의 흐름이, 그 나라의 고유의 것을 밀어내는 현상이 너무나도 안타깝다.

1 필자가 일본식 식기의 판매 부진으로 이어지게 된 것이다라고 말하는 이유는 무엇인가?

1 일본 식기의 무게로 인해서 소비자들에게 외면을 받게 되었기 때문에

2 거실이 아닌 주방에서의 식사에는 가벼운 서양식 식기가 편리하기 때문에

3 깨지기 쉬운 일본 식기에 비해서, 서양식 식기는 내구성이 뛰어나기 때문에

4 생활 패턴의 변화로 인해, 서양식 식기가 잘 팔리고 있기 때문에

2 일본의 식문화와 서양의 식문화에 대한 설명 중 옳은 것은 어느 것인가?

1 서양에서는 포크와 나이프의 사용으로 인해, 단단한 식기를 사용하게 되었다.

2 일본에서는 양질의 흙을 이용함으로써, 질감과 내구성이 우수한 식기를 사용해 왔다.

3 서양에서의 대부분의 식기는 자기이고, 가볍고 튼튼한 식기의 사용을 선호하고 있다.

4 일본의 식사 도구인 젓가락은 주로 나무로 이루어져 있기 때문에, 질감을 강조한 것이 많다.

3 이 문장에서 필자가 가장 말하고 싶은 것은 무엇인가?

1 계절마다 온도와 환경에 맞는 식기를 사용하는 것으로, 음식의 맛을 더욱 풍부하게 할 수 있다.

2 계절마다 맛볼 수 있는 음식은 제한되어 있기 때문에, 시기에 맞는 재료의 선택이 우선되어야 한다.

3 현대사회는 변화가 필요한 시기이지만, 고유의 문화를 지키기 위한 노력도 필요하다.

4 음식의 종류에 맞는 다양한 식기를 준비하고, 식기의 색상에 대해서도 고려하는 것이 좋다.

[풀이]

1 ⓐ젊은 부부들이 서양식 라이프 스타일을 동경하는 것에 의해서, 일본식 식기의 판매 부진으로 이어진다고 언급하고 있다. 따라서 정답은 선택지 4번이다.

Tip) 밑줄 친 문제는 앞뒤의 문장을 잘 살펴보면, 정답에 관한 힌트를 찾을 수 있는 경우가 많다.

2 ⓑ포크와 나이프의 사용으로 식기가 상하지 않도록 단단하게 만들었다는 것을 확인할 수 있다. 따라서 정답은 선택지 1번이다. 일본의 식기는 내구성에 영향을 받지 않기 때문에, 선택지 2번은 정답이 될 수 없다. 자기는 가볍지 않고, 질감을 강조한 것은 도기로 된 그릇이지 나무 젓가락이 아니다. 따라서 선택지 3번과 4번도 정답이 아니다.

[단어]

受け入れる 받아들이다 ▌厭う 싫어하다, 아끼다 ▌～において ～에 있어서, ～에서 ▌洒落る 세련되다, 멋을 내다 ▌華やかな 화려한 ▌憧れる 동경하다 ▌～に伴って ～에 따라서 ▌焼く 굽다, 태우다 ▌陶器 도기 ▌質感 질감 ▌砕く 부수다 ▌磁器 자기 ▌大半 태반, 대부분 ▌傷つく 상하다, 깨지다 ▌硬度 경도(물체의 단단한 정도) ▌優れる 우수하다, 뛰어나다 ▌箸 젓가락 ▌慣れる 익숙해지다 ▌色合い 색조, 색상 ▌～を通して ～를 통해서 ▌容器 용기 ▌余裕 여유 ▌環境 환경 ▌押し出す 밀어내다 ▌現象 현상 ▌～てならない ～해서 견딜 수 없다 ▌そっぽを向かれる 외면당하다 ▌耐久性 내구성 ▌～における ～에서(의) ▌好む 좋아하다, 즐기다 ▌強調 강조 ▌～ごとに ～마다 ▌制限 제한 ▌優先 우선 ▌～べきだ ～해야 한다 ▌備える 준비하다, 갖추다 ▌考慮 고려

(2)

握手はビジネスマナーの基本であり、初めて会う人に自分を見せる行為でもある。握手という行動が初めて現れたのは、中世ヨーロッパ時代である。ⓐ戦時中に自分には武器がないということを証明し、相手の警戒心を緩和させるための行為として作られたものである。互いの信頼があってこそ行われる行動である握手は、今の時代では相手に好意を持っているという意識を前提に行われている。

アメリカやカナダ、ブラジルでは、ちょっと力を入れて握手するし、中国や韓国では、日本と同様に力を抜いて握手をする。また、オーストラリアでは、女性の間では握手をしない傾向もあり、ノルウェーでは男性は必ず立ち上がって握手するのが礼儀とされている。このように、国によって握手する方法に、少しの差はあるが、大抵の国で、握手は右手で行われる行為ということが分かる。一方、ⓑインドなどでは、左手でする握手は相手を尊重していないという非難を受けるようである。

握手をはじめとして手を握るという行為は、愛情と関心ということが含まれている。子供の手を握っている親の姿から愛情と保護の心を感じることができ、夫婦や恋人の間では、二人の互いへの愛と関心を発見することができる。さらに植物や動物との交感も手で行われる行動が多い。このように手は、時には言葉よりも自分の心をうまく伝える手段でもある。握手というのは、自分を知らない人に自分を見せる最も普遍的なやり方である。握手をすることに自信のない人が意外と多いという。ⓒ自分を表すことや知らせることにためらうことはない。相手を尊重する心さえあれば、それが握手を通じて相手に伝えられるはずである。

4 　筆者はなぜ握手を、互いの信頼があってこそ行われる行動だと述べているか。
　1 　相手の好意に反応しないと、握手の行為は行われないから
　2 　初めて会う人と円滑な意思疎通をするのに役に立つから
　3 　敵意を持っていないということを証明する手段であるから
　4 　相手の文化と思想を配慮する心によって現れる結果であるから

5 　握手をする仕方に対する説明のうち、正しくないものはどれか。
　1 　東アジアに属した国における握手は、主に力を抜いて行われる場合が多い。
　2 　インドでは、左手で握手をする行為が法律で禁止されている。
　3 　握手をする時、女性と男性のルールが決まっている国もある。
　4 　握手する仕方に少しの違いはあるが、ほとんどの国において右手で行われている。

　この文章で、筆者が一番言いたいことは何か。

1　文化によって握手する方法が異なるため、事前に知っておく必要がある。

2　手で行われる意思疎通には、相手を配慮する心が重要である。

3　感情を最もよく伝達できるコミュニケーション手段は、手を用いる行為である。

4　相手を配慮する心さえあれば、握手について難しく考える必要はない。

　악수는 비즈니스 매너의 기본이자 처음 만나는 사람에게 자신을 보여 주는 행위이기도 하다. 악수라는 행동이 처음 나타난 것은 중세 유럽 시대이다. ⓐ전시 중에 자신에게는 무기가 없다는 것을 증명하여 상대의 경계심을 완화시키기 위한 행위로 만들어진 것이다. 서로의 신뢰가 있어야만 이루어질 수 있는 행동인 악수는 지금의 시대에서는 상대에게 호의를 가지고 있다는 의식을 전제로 이루어진다.

　미국이나 캐나다, 브라질에서는 조금 힘을 주어 악수를 하고, 중국이나 한국에서는 일본과 마찬가지로 힘을 빼고 악수를 한다. 또한 호주에서는 여성 간에는 악수를 하지 않는 경향도 있고, 노르웨이에서는 남성은 반드시 일어서서 악수를 하는 것이 예의로 여겨지고 있기도 하다. 이처럼 나라마다 악수하는 방법에 약간의 차이는 있지만, 대부분의 나라에서 악수는 오른손으로 이루어지는 행위라는 것을 알 수 있다. 한편, ⓑ인도에서는 왼손으로 하는 악수는 상대를 존중하지 않는다는 비난을 받는 것 같다.

　악수를 비롯해서 손을 잡는다는 행위는 애정과 관심이라는 것이 포함되어 있다. 아이의 손을 잡고 있는 부모의 모습에서 애정과 보호의 마음을 느낄 수 있고, 부부나 연인 사이에서는 두 사람의 서로에 대한 사랑과 관심을 발견할 수 있다. 심지어 식물이나 동물과의 교감도 손으로 이루어지는 행동이 많다. 이처럼 손은 때로는 말보다도 자신의 마음을 잘 전달하는 수단이기도 하다. 악수라고 하는 것은 나를 모르는 사람에게 나를 보여 주는 가장 보편적인 방식이다. 악수를 하는 행동에 자신감이 없는 사람이 의외로 많다고 한다. ⓒ자신을 드러내는 것과 알리는 것에 망설일 필요는 없다. 상대방을 존중하는 마음만 있다면, 그것이 악수를 통해서 상대에게 전달될 것이다.

4　필자는 왜 악수를 상호 간의 신뢰가 있어야만 이루어질 수 있는 행동이라고 말하고 있는가?

1 상대방의 호의에 반응하지 않으면, 악수 행위는 이루어지지 않기 때문에

2 처음 만나는 사람과 원활한 의사소통을 하는 데 도움이 되기 때문에

3 적의를 가지고 있지 않다는 것을 증명하는 수단이기 때문에

4 상대의 문화와 사상을 배려하는 마음에 의해서 나타나는 결과이기 때문에

5　악수를 하는 방식에 대한 설명 중 옳지 않은 것은 어느 것인가?

1　동아시아에 속한 나라에서의 악수는 주로 힘을 빼고 이루어지는 경우가 많다.

2　인도에서는 왼손으로 악수를 하는 행위가 법으로 금지되어 있다.

3　악수를 할 때 여성과 남성의 규칙이 정해진 나라도 있다.

4　악수하는 방법에 약간의 차이는 있지만 대부분 국가에서 오른손으로 이루어지고 있다.

6　이 문장에서 필자가 가장 말하고 싶은 것은 무엇인가?

1　문화에 따라서 악수하는 방법이 다르기 때문에 미리 알아 둘 필요가 있다.

2　손으로 이루어지는 의사소통에는 상대방을 배려하는 마음이 중요하다.

3　감정을 가장 잘 전달할 수 있는 커뮤니케이션 수단은 손을 사용하는 행위이다.

4　상대를 배려하는 마음만 있다면, 악수에 대해서 어렵게 생각할 필요는 없다.

<u>4</u> ⓐ전쟁 중, 악수를 통해서 무기가 없다는 것을 증명했다는 내용에서, 정답은 선택지 3번임을 알 수 있다.

Tip) 밑줄 친 문제는 앞뒤의 문장을 잘 살펴보면, 정답에 관한 힌트를 찾을 수 있는 경우가 많다.

<u>5</u> ⓑ인도에서 왼손으로 하는 악수는 법으로 금지되어 있는 것이 아니라, 비난의 대상이 된다고 했으므로 정답은 2번이다.

<u>6</u> ⓒ상대를 배려하는 마음만 있다면, 악수는 어려운 것으로 생각할 필요가 없다고 말하고 있다. 따라서 정답은 4번이다.

Tip) 필자의 주장을 묻는 문제는 마지막 부분에 정답에 관한 힌트가 나오는 경우가 많다.

[단어]

現れる 나타나다 | 警戒 경계 | 緩和 완화 | ～をはじめとして ～을 비롯해서 | 握る 쥐다, 잡다 | 含まれる 포함되다 | 保護 보호 | 普遍的 보편적 | 自信 자신(감) | ためらう 주저하다 | ～さえ～ば ～만 ～하면 | ～はずだ ～일 것이다 | 反応 반응 | 円滑 원활 | 配慮 배려 | ～における ～에서의, ～의 경우의 | 法律 법률 | 禁止 금지 | 役割 역할 | ～において ～에 있어서, ～에서

(3)

　日本も、西欧化の影響により、肉食中心になりつつあるが、タンパク質が豊富に含まれた肉に対する消費促進が、地球環境に良くないということを認知している人は多くないだろう。ある国の研究によると、ⓐ牛からタンパク質1ポンドを得るためには、21ポンドに当たるタンパク質が必要であるということが分かったという。天然資源の量が限定されているということを考慮すると、とても<u>非効率的なメカニズム</u>であることに違いない。飼育されている牛は一日に15キロ以上の草を食べたり、10キロ以上の穀物飼料を食べる。中央アメリカでは、牛を育てる牧草地を作るために森を燃やしている。

　地球温暖化の主原因である温室効果ガスの比重を最も多く占めているのは水蒸気、二酸化炭素、メタンガスの順である。牛一頭が排出するメタンガスの量は、年間50キロで、これは、全世界メタンガスの排出量の約20%に迫っている。ⓑアメリカのカリフォルニア州では、牛を飼う牧場にメタンガス処理施設の設置を求める法案を通過させた。多くの酪農業者たちの反発を招いたが、地球温暖化防止に大きな役割を果たすことは否定できない。また、牛によって排出されるメタンガスを、効果的なエネルギー源として使用する研究も行われている。（中略）

　海水面と水温の上昇で、地球の生態系においては激しい変化が起きている。ⓒ地球環境の危機と温暖化現象に、我々の食習慣の変化も大きな役割を果たしている。食べたい肉を思い切り食べることの代わりに、環境に優しい食習慣を持ったほうがいいと思われる。

<u>7</u> 非効率的なメカニズムが指すものは何か。
1　肉類から得られるタンパク質の量は、魚に比べて効率的ではないということ
2　牛の飼育のためには、多くの量の水と飼料が必要であるということ
3　牛から得られるタンパク質の量に比べ、飼育に必要なタンパク質の量がはるかに多いということ
4　牛が生息できる環境を作るために、多くの労働力が求められるということ

<u>8</u> 地球温暖化の原因に対する説明のうち、正しいものはどれか。
1　牛によって発生されるメタンガスは、すでに他の分野のエネルギー源として使用されている。
2　動物の飼育などによる二酸化炭素の発生が、地球温暖化に影響を与える可能性もある。
3　地球温暖化の防止のためには、二酸化炭素とメタンガスを減らすための議論が必要である。
4　メタンガスを減らすために、政府レベルでの規制が実施されている地域もある。

9 この文章で、筆者が最も伝えたいことは何か。

1 偏向的な食習慣の変化により、地球が脅かされかねないということを警戒するべきだ。

2 肉類のほかに、たんぱく質を得ることができる食材料に関する考察が必要だ。

3 海水面と水温の上昇を予防することが、地球温暖化の対策となりうる。

4 地球温暖化により、動物だけでなく、植物の絶滅も行われている。

　일본도 서구화의 영향으로 인해 육식 중심이 되고 있지만, 단백질이 풍부하게 함유된 고기에 대한 소비 촉진이 지구 환경에 좋지 않다는 것을 인지하고 있는 사람은 많지 않을 것이다. 어느 나라의 연구에 의하면, ⓐ소에게서 단백질 1 파운드를 얻기 위해서는 21파운드에 해당하는 단백질이 필요하다는 사실이 밝혀졌다고 한다. 천연 자원의 양이 한정되어 있다는 것을 고려한다면, 굉장히 비효율적인 메커니즘임에 틀림없다. 사육되고 있는 소는 하루에 15킬로 이상 되는 풀을 먹거나 10킬로 이상의 곡물 사료를 먹는다. 중앙아메리카에서는 소를 키울 목초지를 만들기 위해서 숲을 태우고 있다.

　지구 온난화의 주범인 온실 가스의 비중을 가장 많이 차지하고 있는 것은 수증기, 이산화탄소, 메탄가스 순이다. 소 한 마리가 배출하는 메탄가스의 양은 연간 50킬로이고, 이것은 전 세계 메탄가스 배출량의 약 20%에 육박한다. ⓑ미국의 캘리포니아 주에서는 소를 키우는 목장에 메탄가스 처리 시설의 설치를 요구하는 법안을 통과시켰다. 많은 낙농업자들의 반발을 사기도 했지만, 지구 온난화 방지에 큰 역할을 하는 것은 부정할 수 없다. 또한 소에 의해서 배출되는 메탄가스를 효과적인 에너지원으로 사용하는 연구도 진행되고 있다. (중략)

　해수면과 수온의 상승으로 지구의 생태계에는 심한 변화가 일어나고 있다. ⓒ지구 환경의 위기와 온난화 현상에 우리의 식습관의 변화도 큰 몫을 하고 있다. 먹고 싶은 고기를 마음껏 먹는 대신, 환경에 좋은 식습관을 가지는 것이 좋다고 생각된다.

---

7 비효율적인 메커니즘이 가리키는 것은 무엇인가?

1 육류로부터 얻을 수 있는 단백질의 양은 생선에 비해 효율적이지 않다는 것

2 소의 사육을 위해서는 많은 양의 물과 사료가 필요하다는 것

3 소에게서 얻을 수 있는 단백질의 양에 비해, 사육에 필요한 단백질의 양이 훨씬 많다는 것

4 소가 서식할 수 있는 환경을 만들기 위해서 많은 노동력이 요구된다는 것

8 지구 온난화의 원인에 대한 설명 중 올바른 것은 어느 것인가?

1 소에 의해서 발생되는 메탄가스는 이미 다른 분야의 에너지원으로서 사용되고 있다.

2 동물의 사육 등에 의한 이산화탄소의 발생이 지구 온난화에 영향을 줄 수도 있다.

3 지구 온난화의 방지를 위해서는 이산화탄소와 메탄가스를 줄이기 위한 논의가 필요하다.

4 메탄가스를 줄이기 위해서 정부 차원의 규제가 실시되고 있는 지역도 있다.

9 이 문장에서 필자가 가장 전하고 싶은 것은 무엇인가?

1 편향적인 식습관의 변화에 의해, 지구가 위협 받을 수 있다는 사실을 경계해야 한다.

2 육류 외에 단백질을 얻을 수 있는 식재료에 관한 고찰이 필요하다.

3 해수면과 수온의 상승을 예방하는 것이 지구 온난화의 대책이 될 수 있다.

4 지구 온난화에 의해, 동물뿐만 아니라 식물의 멸종도 일어나고 있다.

[풀이]

7 ⓐ소에게서 1파운드의 단백질을 얻기 위해서는 21파운드의 단백질이 필요하다고 하고 있다. 따라서 정답은 선택지 3번이다.

8 ⓑ캘리포니아에서는 소를 키우는 목장에 메탄가스 처리 시설을 짓게 하고 있다는 것을 보면, 정답은 선택지 4번이라는 것을 알 수 있다. 소에 의한 메탄가스를 다른 에너지원으로 사용하는 연구가 진행 중이고, 아직 사용되는 것은 아니기 때문에, 선택

지 1번은 정답이 될 수 없다. 동물의 사육에서 발생하는 것은 이산화탄소가 아닌 메탄가스이다. 따라서 선택지 2번도 정답이 아니다. 선택지 3번에 관한 언급은 없었다.

9 ⓒ사람들의 식습관의 변화도 온난화 현상에 기여하고 있다고 말하고 있다. 따라서 정답은 선택지 1번이다.

[단어]

西欧化 서구화 | ～つつある ～하고 있다, ～하는 중이다 | タンパク質 단백질 | 牧草地 목초지 | 燃やす (불)태우다 | 温暖化 온난화 | 温室効果ガス 온실가스 | 二酸化炭素 이산화탄소 | 排出 배출 | 迫る 다가오다, 육박하다 | 飼う 기르다 | 牧場 목장 | 酪農業 낙농업 | 反発 반발 | 招く 불러오다, 초래하다 | 役割を果たす 역할을 다하다 | 海水面 해수면 | 上昇 상승 | ～において ～에 있어서, ～에서 | 危機 위기 | 生息 생식 | 与える 주다 | 偏向的 편향적 | 脅かす 위협하다, 협박하다 | ～かねない ～할 지도 모른다, ～할 듯하다 | 警戒 경계 | ～べきだ ～해야 한다 | ～うる ～할 수 있다 | 行う 행하다, 실시하다

내용 이해(중문) 실전 연습 ❷ – 수필 p.294 해석과 문제 해설

1	2	3	4	5	6	7	8	9
③	③	④	②	③	②	③	①	③

(1)

昼寝は幼児期の子供には必須なものだ。子供の成長を助け、特に、免疫力強化に良い。大人たちの昼寝は、血液循環の助けになり、ストレスを解消させる卓越した効果がある。ⓐ夜の眠りに影響を与えない昼寝の時間は、最大2時間を越えないものが良くて、夜眠るまで4時間の時間をあけなければならないという<u>条件</u>を伴う。

40分から1時間の昼寝をすることで、記憶力向上に役に立つという研究結果もある。また、ⓑギリシャでは、昼寝をする人が、心臓疾患で死亡する確率が、実に37%も低いという実験結果もある。ⓒNASAの研究結果でも、26分の昼寝で、注意力を54%も引き上げることを突き止めたという。ⓓ日本でも、昼寝は、アルツハイマーの予防に役立つという研究結果がある。ⓔカリフォルニア大学では、昼寝の睡眠の質を、夜の睡眠の質より、最大8倍高く評価している。昼寝を導入している一流企業もあるほどである。 （中略）

会社での昼寝は椅子の上なので、ベッドが与えるほどの安らぎを得ることはできない。それに、勤務時間外でも昼寝という行為は会社に対する反抗心や怠惰な人であるという評価につながりがちなのだ。偉大な指導者であるウィンストン・チャーチルや、アインシュタインやレオナルド・ダ・ヴィンチなどの天才、希代の英雄のナポレオンなども共通して昼寝を楽しんでいたそうである。ⓕ昼寝が与える効果は決して無視できず、昼寝をするからといって、業務を疎かにするわけでもないのである。むしろ業務に役立っていることを認めなければならない。ストレスと慢性疲労を抱えている現代人は昼寝をしなければならないのだ。

1 この文章で、<u>条件</u>が指すことは何か。

1 昼寝る時間が夜寝る時間より長くなってはならないということ

2 成長のために昼寝をするには、4時間以上の睡眠が必要であるということ

3 効果的な昼寝のためには、時間の制約が必要であるということ

4 免疫力を高めるための昼寝は、短いほど効果的であるということ

2 各国の研究結果から分かることは何か。

1 記憶力の向上と心臓疾患の関係

2　心臓疾患を予防するための睡眠時間の配分

3　昼寝が人間に与える影響や効果

4　昼寝の睡眠の質を向上させるための方法

3　昼寝について、筆者はどのように述べているか。

1　昼寝の効果を得るには、不便な姿勢を改善するための努力をするべきである。

2　業務時間のほかに昼寝をすることについて、制度的な改善が求められる。

3　周辺の人々の配慮のために、昼寝が行われる空間を確保しなければならない。

4　安定的な生活と業務的な効果のためにも、昼寝は必ず必要なものである。

낮잠은 유아기의 아이에게는 필수적인 것이다. 아이의 성장을 돕고, 특히 면역력 강화에 좋다. 어른들의 낮잠은 혈액순환에 도움이 되고 스트레스를 해소시키는 탁월한 효과가 있다. ⓐ밤에 잠드는 것에 영향을 주지 않는 낮잠 시간은 최대 2시간을 넘기지 않는 것이 좋고, 밤에 잠들기 전까지 4시간의 시간을 비워 두어야 한다는 조건이 따른다.

40분에서 1시간의 낮잠을 자는 것으로 기억력 향상에 도움이 된다는 연구 결과도 있다. 또한 ⓑ그리스에서는 낮잠을 자는 사람이 심장 질환으로 사망할 확률이 무려 37%나 낮다는 실험 결과도 있다. ⓒNASA의 연구 결과에서도 26분의 낮잠으로 주의력을 54%나 끌어올리게 된다는 사실을 밝혀냈다고 한다. ⓓ일본에서도 낮잠은 알츠하이머의 예방에 도움을 준다는 연구 결과가 있다. ⓔ캘리포니아대학에서는 낮잠의 수면의 질을 밤의 수면의 질보다 최대 8배 높게 평가하고 있다. 낮잠을 도입하고 있는 일류기업도 있을 정도이다. (중략)

회사에서의 수면은 의자 위에서 이루어지기 때문에, 침대가 주는 만큼의 편안함을 얻을 수 없다. 게다가 근무 시간이 아니더라도 낮잠이라는 행위는 회사에 대한 반항심이나 게으른 사람이라는 평가로 이어지기 쉬운 것이다. 위대한 지도자 윈스턴 처칠이나 아인슈타인, 레오나르도 다빈치 등의 천재, 희대의 영웅 나폴레옹도 공통적으로 낮잠을 즐겼다고 한다. ⓕ낮잠이 주는 효과는 결코 무시할 수 없고, 낮잠을 잔다고 해서 업무를 소홀히 하는 것도 아니다. 오히려 업무에 도움이 된다는 것을 인정해야 한다. 스트레스와 만성피로를 떠안고 있는 현대인들은 낮잠을 자야 한다.

1　이 문장에서 조건이 가리키는 것은 무엇인가?

1　낮에 자는 시간이 밤에 자는 시간보다 길어져서는 안 된다는 것

2　성장을 위해서 낮잠을 자려면 4시간 이상의 수면이 필요하다는 것

3　효과적인 낮잠을 위해서는 시간의 제약이 필요하다는 것

4　면역력을 높이기 위한 낮잠은 짧을수록 효과적이라는 것

2　각 나라의 연구 결과에서 알 수 있는 것은 무엇인가?

1　기억력의 향상과 심장질환의 관계

2　심장질환을 예방하기 위한 수면 시간의 배분

3　낮잠이 인간에게 미치는 영향과 효과

4　낮잠의 수면의 질을 향상시키기 위한 방법

3　낮잠에 대해서 필자는 어떻게 말하고 있는가?

1　낮잠의 효과를 얻기 위해서는 불편한 자세를 개선하기 위한 노력을 해야 한다.

2　업무 시간 외에 낮잠을 자는 것에 대해서 제도적인 개선이 요구된다.

3   주변 사람들의 배려를 위해서 낮잠이 이루어지는 공간을 확보해야 한다.

4   안정적인 생활과 업무적인 효과를 위해서도 낮잠은 꼭 필요한 것이다.

[풀이]

[1] ⓐ밤의 수면에 영향을 주지 않는 효과적인 수면을 위해서는 시간의 제약이 있다고 언급하고 있다. 따라서 정답은 선택지 3번
이다. Tip) 밑줄 친 문제는 앞뒤의 문장을 잘 살펴보면, 정답에 관한 힌트를 찾을 수 있는 경우가 많다.

[2] ⓑ그리스의 실험 결과, ⓒNASA의 연구 결과, ⓓ일본의 연구 결과, ⓔ미국의 낮잠에 관한 평가로부터 낮잠이 인체에 미치는
영향을 확인할 수 있다. 따라서 정답은 선택지 3번이다.

[3] ①필자는 낮잠이 업무에 도움이 되고 스트레스와 피로 회복을 위해서 낮잠이 필요하다고 주장하고 있다. 따라서 정답은 선택
지 4번이다. Tip) 필자의 주장을 묻는 문제는 마지막 부분에 정답에 관한 힌트가 나오는 경우가 많다.

[단어]

必須 필수 | 免疫力 면역력 | 循環 순환 | 解消 해소 | 卓越 탁월 | 役立つ 도움이 되다 | 心臓 심장 | 疾患 질환 | 突き止める
밝혀내다, 알아내다 | 睡眠 수면 | 反抗心 반항심 | 怠惰 나태, 태만 | 〜がちだ 〜하기 쉽다, 〜하는 경향이 강하다 | 偉大 위대 |
〜からといって 〜わけではない 〜라고 해서 (반드시) 그런 것은 아니다 | 業務 업무 | 認める 인정하다 | 慢性疲労 만성피로
| 制約 제약 | 姿勢 자세 | 改善 개선 | 〜べきだ 〜해야 한다 | 確保 확보

(2)

　もう長いこと教壇に立っているが、教えている最中にぎくりとすることがある。ある分野の専門的な知識を長く積んできたとしても、その知識を展開する過程で発生しやすい過ちが多いからだ。僕の考えと主張がところどころ混じって出てくるのだ。僕の主張が、生徒たちの主張になってはならない。①教育は、ある面においては一種の催眠のようなものだという思いがする。ⓐ生徒たちは先生の言うことを盲信する傾向があり、誤った知識と思考の伝達によって、真実とは全く違う真実の姿で彼らにつくこともありうるからだ。

　僕は授業中に一方的な授業展開による生徒たちの退屈さを紛らわすためや熱中しすぎることを防止する目的で、冗談をよく言う。しかし、そんな冗談までメモする生徒もいる。そういう姿を見たら、先生という職業にさらに使命感を持つと同時に言葉と行動は慎重になる。ⓑ喫煙場所であるにもかかわらず、周囲を見回し、はらはらしながらタバコをくわえたことがある。②僕の行動は犯罪に当たるものでもなく、生徒たちから自分の姿を隠すための行動でもなかった。ただ、ⓒタバコを吸っている人に対する偏見によって、彼らと僕の間の信頼感が消失することの心配からだった。

　人を教えるということは、とても大変で重要なことだ。教える者も教えられる者もそれぞれ違った人格を持った独立した個体であるからだ。完璧な考えや教えなどはないのだ。授業に集中し、熱心にメモして、熱情に満ちた眼で僕を見つめている生徒を見ると、殊勝(注)と応援の心も生じるが、心配になることも多い。ⓓ先生の考えや意見を批判と洞察なしで学習してしまうのは、良くない学習につながりかねないためだ。

(注) 殊勝：心がけや行動などが感心なさま。けなげであるさま。

[4] 筆者はなぜ、①教育は、ある面においては一種の催眠のようなものだという思いがすると述べているか。
　1   一方的な知識伝達の教育によって、催眠にかかることもありうるため
　2   指導を受けている人は、教える人を無条件的に信頼する恐れがあるため
　3   真実を隠して偽りで教える行為は、教育を受ける人に良くない影響を与えやすいため
　4   人の口から出てくる知識は、伝える過程で多様な過ちが発生しやすいため

5 この文章で、②僕の行動が指しているものはどれか。

1　授業の注意換気と生徒たちの姿を観察するために冗談を言っている行動
2　学校側と生徒たちに信頼を得るために努力する行動
3　認識の違いにより、よくない行動とみられかねない行動
4　生徒たちががっかりしないように、普段にも善良な行動を実践しようとする行動

6　筆者は、教えることについてどう述べているか。

1　すべての先生が、同じパターンと考えを持っていることはありえないことだ。
2　情報の正確性だけでなく、受容の過程にも注意を払わなければならない。
3　生徒たちは、それぞれの個性と人格を持っているということを認識しているべきだ。
4　生徒に間違った知識を伝達しないために、常に努力しなければならない。

　벌써 오랫동안 교단에 서 있지만, 한창 가르치다가 움찔 하는 경우가 있다. 어느 분야의 전문적인 지식을 오랫동안 쌓아왔다고 해도, 그 지식을 전개하는 과정에서 발생하기 쉬운 오류가 많기 때문이다. 나의 생각과 주장이 군데군데 섞여 나오는 것이다. 나의 주장이 학생들의 주장이 되어서는 안 된다. ①교육은 어떤 면에서는 일종의 최면과도 같은 것이라는 생각이 든다. ⓐ학생들은 선생님이 말하는 것을 맹신하는 경향이 있고, 잘못된 지식과 생각의 전달로 인해서 진실과는 전혀 다른 진실의 모습으로 그들에게 자리를 잡을 수도 있기 때문이다.

　나는 수업 중에 일방적인 수업 전개에 의한 학생들의 지루함을 달래기 위해서나 지나치게 열중하는 것을 방지할 목적으로, 농담을 자주 한다. 그런데 그런 농담까지 메모하는 학생도 있다. 그런 모습을 보게 되면, 선생님이라는 직업에 더욱 사명감을 가지게 되는 것과 함께, 말과 행동은 신중해진다. ⓑ흡연 장소임에도 불구하고 주위를 둘러보고, 조마조마 하면서 담배를 문 일이 있다. ②나의 행동은 범죄에 해당하는 것도 아니고, 학생들로부터 자신의 모습을 감추기 위한 행동도 아니었다. 단지 ⓒ담배를 피우는 사람에 대한 편견에 의해서 그들과 나 사이의 신뢰감이 사라지는 것에 대한 걱정에서였다.

　사람을 가르친다는 것은 굉장히 힘들고 중요한 일이다. 가르치는 사람도 배우는 사람도 각각 다른 인격을 가진 독립된 개체이기 때문이다. 완벽한 생각이나 가르침 따위는 없는 것이다. 수업에 집중하고, 열심히 메모하고, 열정으로 가득 찬 눈으로 나를 바라보는 학생들을 보면, 기특함(주)과 응원의 마음도 생기지만, 걱정이 되는 일도 많다. ⓓ선생님의 생각과 의견을 비판과 통찰 없이 학습하는 것은 좋지 않은 학습으로 이어질 수도 있기 때문이다.

(주)殊勝 : 마음가짐이나 행동 등이 기특한 모양. 장한 모양

4　필자는 왜 ①교육은 어떤 면에서는 일종의 최면과도 같은 것이라는 생각이 든다고 말하고 있는가?

1　일방적인 지식 전달의 교육에 의해서 최면에 걸리는 일도 있을 수 있기 때문에
2　수업을 듣고 있는 사람은 가르치는 사람을 무조건적으로 신뢰할 우려가 있기 때문에
3　진실을 숨기고 거짓으로 가르치는 행위는 교육을 받는 사람에게 좋지 않은 영향을 주기 쉽기 때문에
4　사람의 입에서 나오는 지식은 전달 과정에서 다양한 오류가 발생되기 쉽기 때문에

5　이 문장에서 ②나의 행동이 가리키는 것은 어느 것인가?

1　수업의 주의 환기와 학생들의 모습을 관찰하기 위해서 농담을 하는 행동
2　학교 측과 학생들에게 신뢰를 얻기 위해서 노력하는 행동
3　인식의 차이에 의해 좋지 않은 행동으로 보여질 수도 있는 행동
4　학생들이 실망하지 않도록 평소에도 착한 행동을 실천하려고 하는 행동

6 필자는 가르치는 것에 대해서 어떻게 말하고 있는가?

1 모든 선생님이 같은 패턴과 생각을 가지고 있는 것은 있을 수 없는 일이다.

2 정보의 정확성뿐만 아니라, 수용 과정에도 주의를 기울여야 한다.

3 학생들은 각각의 개성과 인격을 가지고 있다는 것을 인식하고 있어야 한다.

4 학생들에게 잘못된 지식을 전달하지 않기 위해서 항상 노력해야 한다.

[풀이]

4 ⓐ학생들이 선생님을 지나치게 신뢰하는 경향이 있다고 언급하고 있기 때문에, 정답은 선택지 2번이다.

5 ⓑ학생들의 눈에 띄지 않게 담배를 피우고 있는 행동의 이유는 ⓒ흡연자에 대한 편견에 의한 신뢰감 상실을 걱정하기 때문이라고 말하고 있다. 따라서 정답은 선택지 3번이다.

6 ⓓ수업에 집중하고 열정적인 학생들이 어떠한 비판과 통찰 없이 교사의 말을 받아들이는 것은 좋지 않다고 말하고 있다. 따라서 정답은 선택지 2번이다.

[단어]

教壇 교단 ┃ ぎくりとする 움찔하다, 뜨끔하다 ┃ 過ち 실수, 오류 ┃ 混じる 섞이다 ┃ 催眠 최면 ┃ 誤る 잘못하다, 실수하다 ┃ 紛らわす 달래다 ┃ 慎重 신중 ┃ 喫煙 흡연 ┃ 見回す 둘러보다 ┃ はらはら 조마조마 ┃ 消失 상실 ┃ 見つめる 바라보다, 응시하다 ┃ 殊勝 기특함 ┃ 洞察 통찰 ┃ ～かねない ～할지도 모른다 ┃ ～うる ～할 수 있다 ┃ 偽り 거짓 ┃ 受容 수용 ┃ ～べきだ ～해야 한다

(3)

7 筆者はなぜ、否定的な表現は控えて、肯定的な表現を多く発するのがいいと述べているか。

1 肯定的な表現を使用することが、自分の内的状態をもっとうまく表現できるため

2 否定的な表現の使用は、他の人にも良くない影響を及ぼすことになるため

3 否定的な表現の使用によって、良くない影響を受ける恐れがあるため

4 肯定的な表現の使用によって、自分の平穏な内面状態を維持できるため

8　筆者が考えている多様性と個性というのは、どのようなことか。
　　1　一般的な考え方が通じないこと
　　2　文明の発達によって新たに作られたこと
　　3　相対的な誤解が解消できること
　　4　肯定や不正の評価を下しにくいこと

9　この文章で、筆者が一番言いたいことは何か。
　　1　相手に誤解を与える恐れがある単語は、使わないほうがいい。
　　2　相手を配慮しすぎることは、他の誤解を招く恐れもある。
　　3　現実と妥協して生活することについて、もう一度考えてみた方がいい。
　　4　円満な人間関係の形成のためには、ある程度の妥協は、必ず必要なことだ。

　　인간의 언어에는 '희망', '기쁨', '즐거움' 등의 긍정적인 의미의 단어도 있고, '괴로움', '슬픔' 등의 무거운 의미를 가지는 부정적인 단어도 있다. 말에는 힘이 있다고 하는데, ⓐ긍정적인 단어들로 구성된 문장을 발설함으로써, 위로와 힘을 얻는 경우도 많다. 한편, 부정적인 말에도 강한 힘이 존재한다. 인간은 심리적인 영향을 받기 쉬운 존재인 만큼, 어려운 환경에 처한 사람일수록 부정적인 표현은 삼가고 긍정적인 표현을 많이 발설하는 것이 좋다. (중략)

　　이상한 단어가 있다. 긍정적인 의미로도 사용되고, 부정적인 의미도 가지고 있는 단어가 바로 '적당히'이다. 적당한 온도, 적당한 수면 등의 기준은 어디에 있는 것일까? 도대체 누구의 기준에 맞추면 좋은 것일까? 보편적으로 사용되는 '적당히'라는 것은 누구에게나 어느 정도 공평하게 적용되어야 하는 것이라고 생각한다. 하지만 인류와 문명의 발달과 시간의 흐름은 너무나도 많은 다양성과 개성을 만들어내고 말았다. 다양성과 ⓑ개성이라는 것은 보편성의 원리가 적용되지 않는 것이다. '적당히'라는 말이 누구에게나 비슷한 의미로 적용될 수 있다면, 세상에서 발생되고 있는 오해와 다툼을 크게 줄일 수 있을 것이다. (중략)

　　중의적인 의미를 가지는 모호한 단어의 사용은 자제하는 것이 좋다. 내가 생각하는 '적당히'라는 말은 타협에 가까운 것이다. 적당하게 타협하는 것. ⓒ모든 것을 적당히 타협하며 살아가는 것을 요구하는 시대에 맞춰서, 적당히 즐기며 살아가는 것이 좋은 것인지 아직 확실하게는 모르겠다. 적당히 생각하고 적당히 마음을 정리할 생각이다. 언젠가는 적당한 대답을 얻을 수 있겠지.

7　필자는 왜 부정적인 표현은 삼가고 긍정적인 표현을 많이 발설하는 것이 좋다고 말하고 있는가?

　　1　긍정적인 표현을 사용하는 것이 자신의 내적 상태를 더 잘 표현할 수 있기 때문에

　　2　부정적인 표현의 사용은 다른 사람에게도 좋지 않은 영향을 끼치게 되기 때문에

　　3　부정적인 표현의 사용으로 인해 좋지 않은 영향을 받을 우려가 있기 때문에

　　4　긍정적인 표현의 사용에 의해, 자신의 평온한 내면 상태를 유지할 수 있기 때문에

8　필자가 생각하는 다양성과 개성이라는 것은 어떤 것인가?

　　1　일반적인 사고방식이 통하지 않는 것

　　2　문명의 발달에 따라 새롭게 만들어진 것

　　3　상대적인 오해를 해소할 수 있는 것

　　4　긍정이나 부정의 평가를 내리기 어려운 것

9 이 문장에서 필자가 가장 말하고 싶은 것은 무엇인가?

1 상대에게 오해를 줄 수 있는 단어는 사용하지 않는 편이 좋다.

2 지나치게 상대를 배려하는 것은 또 다른 오해를 초래할 수도 있다.

3 현실과 타협하며 생활하는 것에 대해서 다시 한 번 생각해 보는 것이 좋다.

4 원만한 인간관계의 형성을 위해서는 어느 정도의 타협은 반드시 필요한 것이다.

[풀이]

7 ⓐ긍정적인 말을 함으로써 위로와 힘을 얻을 수 있는 것처럼, 부정적인 말을 하는 것으로 좋지 않은 현상을 초래할 수 있다고 말하고 있다. 따라서 정답은 선택지 3번이다.

8 ⓑ개성이라는 것은 보편적이지 않다고 말하고 있기 때문에, 정답은 선택지 1번이다.

9 ⓒ필자는 적당히 타협하며 사는 것에 대해서 확신을 가지고 있지 않다는 것을 알 수 있다. 따라서 정답은 선택지 3번이다.

[단어]

言語 언어 | 希望 희망 | 肯定 긍정 | 発する 발하다 | 慰労 위로 | 一方 한편 | ~だけに ~ 만큼 | 瀕する 직면하다, 절박한 상황에 처하다 | 控える 삼가다 | 適当 적당 | 普遍的 보편적 | あまりにも 너무나도 | 多様性 다양성 | 個性 개성 | 作り出す 만들어내다 | 適用 적용 | 誤解 오해 | 争い 다툼, 싸움 | 重儀的 중의적 | 曖昧 애매 | 自制자제 | 妥協 타협 | 要求 요구

問題 10

내용 이해(장문) 실전 연습 ❶ p.300 해석과 문제 해설

1	2	3	4
②	④	④	③

次の文章を読んで、後の問いに対する答えとして最もよいものを、1・2・3・4から一つ選んでください。

　　人類の最大の発明品の一つであるコンピューターは、複雑な計算をはじめ、楽で迅速な情報の習得と共有はもちろん、効率的な業務処理に卓越した貢献をしている。しかし、コンピューターが発達するほど、人間の能力は少しずつ退化しているということも否定できない。コンピューターの影響により、最も退化している能力は演算ⓑ能力であるというが、心配になるのは、現代人の手書き能力の退化である。ⓐコンピューターの普及と大衆化により、文書作成はもはや人間の手で作り出す過程ではないようになってしまった。①こういう現象が全ての人々を対象に現れているというのは、非常に危険なことである。学校、会社、役所、病院、さまざまな個人の店舗まで、直接ペンを取って字を書きながら意思疎通をする時代はすでに終わってしまった。
　　書く能力の退化が最も心配なのは、漢字を使用する文化圏である。日本や韓国のみならず、漢字が誕生した中国においても、漢字を鉛筆で書けない人々がとんでもないスピードで増えている。このような現象は、漢字の文化圏である東アジアと東南アジア地域に限ったことではない。ⓑ英語圏の国々や他の先進国などでも、このような現象を見せ始めている。コンピューターが大衆化されてしまった国では共通した②問題になってしまったのである。比較的に貧困層が密集しているアフリカのほとんどの国、アジアの一部の国では起こらない現象だということが目立つ。（中略）

ⓒ手書きの文字には個性が込められている。百の人が同じ内容の文章を書くなら、百の違った文章になるだろう。そして、紙と鉛筆とが相まって現れる、その人だけの感性というのは、親しい人からの手紙をもらった人なら、コンピューターのタイピングでは現れない温もりを感じさせてくれることがわかるであろう。そして大切な思い出として残ることになるだろう。

　自分の国の言葉が書けない国民が多いと考えてみよう。どことなく不気味な感じで、ⓓ時間の経過と共にその民族の言語が消えそうな危機さえ感じられる。その民族の言葉を口を通じて発することはできるが、形に具現化させることができない言語というのは、もはや言語として認めることができない。字がきれいに書けない人は、自分の文章を他人に見せるのが嫌かもしれないが、その中にこもっている暖かい心はコンピューターによる画一化された文章には比べようもないし、決して不細工なものではない。

（注）演算：計算すること。

[1] ①こういう現象とは何を指すか。
1　パソコンの普及によって、知識的な貧富の格差が深刻化している現象
2　紙と筆記用具を利用した文書作成能力が退化していく現象
3　業務のための文書作成能力が顕著に落ち始めてしまう現象
4　コンピューターによる意思疎通の独占化が、社会全般に広がっている現象

[2] 筆者が考える②問題とは何か。
1　英語以外の言語を使用する国々から見られる手書きの退化現象
2　漢字文化圏に属している国々から見える言語退化現象
3　経済的に貧困国家が多数属しているアフリカ諸国の言語退化現象
4　ある程度の豊かな国から見える手書きの退化現象

[3] 筆者は、手書きの文字についてどう考えているか。
1　手書きは身近な間柄の中で形成されている感情のコミュニケーションである。
2　自分の思い出や幸せな記憶が保管できる特別な保存手段である。
3　コンピューターを利用した文書よりも私的な内容が簡潔に表現できる。
4　他の媒体に比べて、自分の個性を示すことができる表現手段である。

[4] この文章で筆者が一番言いたいことは何か。
1　字をきれいに書いていないことで、人格まで判断してはならない。
2　自分の率直な感情を伝えるときは、手書きの文字を活用した方が良い。
3　手書きの文字の退化が、言語の消滅につながる可能性もある。
4　個性が込められた言語駆使とともに、誤りがない文章を書くことが重要である。

인류의 최대 발명품 중 하나인 컴퓨터는 복잡한 계산을 비롯해, 편하고 신속한 정보의 습득과 공유는 물론, 효율적인 업무 처리에 탁월한 공헌을 하고 있다. 하지만 컴퓨터가 발달할수록 인간의 능력은 조금씩 퇴화되고 있다는 것도 부정할 수 없다. 컴퓨터의 영향에 의해 가장 퇴화되고 있는 능력은 연산 능력[주]이라고 하지만, 걱정이 되는 것은 현대인의 손글씨 능력의 퇴화이다. ⓐ컴퓨터의 보급과 대중화에 의해, 문서 작성은 이제 인간의 손으로 만들어내는 과정이 아닌 것처럼 되어 버렸다. ①이러한 현상이 모든 사람들을 대상으로 나타나고 있다는 것은 매우 위험한 일이다. 학교, 회사, 관청, 병원, 각종 개인 점포까지, 직접 펜을 들고 글씨를 쓰면서 의사소통을 하는 시대는 이미 끝나고 말았다.

글을 쓰는 능력의 퇴화가 가장 걱정되는 것은 한자를 사용하는 문화권이다. 일본이나 한국뿐만 아니라, 한자가 탄생된 중국에서도 한자를 연필로 쓰지 못하는 사람들이 터무니없는 속도로 늘어나고 있다. 이러한 현상은 한자 문화권인 동아시아와 동남아시아 지역에 국한된 것은 아니다. ⓑ영어권의 나라들이나 다른 선진국 등에서도 이러한 현상을 보이기 시작하고 있다. 컴퓨터가 대중화되어 버린 나라에서는 공통된 ②문제가 되어 버린 것이다. 상대적으로 빈곤층이 밀집되어 있는 아프리카 대부분의 국가, 아시아의 일부 나라에서는 일어나지 않는 현상이라는 것이 두드러진다. (중략)

ⓒ손글씨에는 개성이 담겨 있다. 100명의 사람이 같은 문장을 적는다면, 100개의 다른 문장이 될 것이다. 그리고 종이와 연필이 어우러져 나타나는 그 사람만의 감성이라고 하는 것은 친한 사람에게서 편지를 받아 본 사람이라면, 컴퓨터의 타이핑으로는 표현되지 않는 온기를 느끼게 해 주는 것을 알 수 있을 것이다. 그리고 소중한 추억으로 남게 될 것이다.

자기 나라의 말을 쓸 수 없는 국민이 많다고 생각해 보자. 어딘지 모르게 섬뜩한 느낌이고, ⓓ시간의 경과와 함께 그 민족의 언어가 사라질 것 같은 위기감마저 느껴진다. 그 민족의 말을 입을 통해서 발할 수는 있지만, 형상으로 구현화시킬 수 없는 언어라는 것은 더 이상 언어로 인정할 수 없다. 글씨를 예쁘게 쓰지 못하는 사람은 자신의 글을 남에게 보여 주는 것을 싫어할지도 모르지만, 그 안에 담겨 있는 따뜻한 마음은 컴퓨터에 의한 획일화된 문장과는 비교할 수도 없고, 결코 못생긴 것이 아니다.

(주)演算 : 계산하는 것. 연산

1　①이러한 현상이라는 것은 무엇을 가리키는가?

1　컴퓨터의 보급으로 인해서, 지식적인 빈부격차가 심각화되고 있는 현상

2　종이와 필기 용구를 이용한 문서 작성 능력이 퇴화되어 가는 현상

3　업무를 위한 문서 작성 능력이 현저하게 떨어지기 시작하는 현상

4　컴퓨터에 의한 의사소통의 독점화가 사회 전반에 퍼져가는 현상

2　필자가 생각하는 ②문제라는 것은 무엇인가?

1　영어 이외의 언어를 사용하는 나라들에서 볼 수 있는 글쓰기의 퇴화 현상

2　한자 문화권에 속해 있는 나라들에서 보이는 언어 퇴화 현상

3　경제적으로 빈곤 국가가 다수 속해 있는 아프리카 나라들의 언어 퇴화 현상

4　어느 정도의 부유한 나라에서 보이고 있는 글쓰기의 퇴화 현상

3　필자는 손글씨에 대해서 어떻게 생각하고 있는가?

1　손글씨는 가까운 관계 속에서 형성되고 있는 감정의 커뮤니케이션이다.

2　자신의 추억이나 행복한 기억을 보관할 수 있는 특별한 보존 수단이다.

3　컴퓨터를 이용한 문서보다 사적인 내용을 간결하게 표현할 수 있다.

4　다른 매체에 비해서 자신의 개성을 보일 수 있는 표현 수단이다.

4 이 문장에서 필자가 가장 말하고 싶은 것은 무엇인가?

1　글씨를 예쁘게 쓰지 못하는 것으로, 인격까지 판단해서는 안 된다.

2　자신의 솔직한 감정을 전달할 때는 손글씨를 활용하는 편이 좋다.

3　손글씨의 퇴화가 언어의 소멸로 이어질 가능성도 있다.

4　개성이 담긴 언어 구사와 함께, 오류가 없는 문장을 쓰는 것이 중요하다.

[풀이]

1　컴퓨터의 보급과 대중화로, 사람이 직접 글씨를 쓰면서 문서 작성을 하지 않게 되었다고 말하고 있다. 따라서 정답은 선택지 2번이다.

2　ⓑ컴퓨터의 보급이 대중화된 선진국에서 보이는 글쓰기 퇴화 문제라는 것을 알 수 있다. 따라서 정답은 선택지 4번이다.

3　ⓒ손글씨는 개성이 담겨 있다고 말하고 있기 때문에, 정답은 선택지 4번이다. 선택지 1번과 3번에 관한 언급은 없고, 손글씨로 쓰인 편지가 특별한 보관 수단이라는 내용은 본문의 내용과 조금 다르기 때문에, 선택지 2번도 정답이 될 수 없다.

4　그 나라의 언어를 글로 표현할 수 없다는 것은 언어가 아니고, 시간이 지나면 소멸될 수도 있다고 말하고 있기 때문에, 정답은 선택지 3번이다.

Tip) 필자의 주장을 묻는 문제는, 마지막 부분에 정답에 관한 힌트가 나오는 경우가 많다.

[단어]

複雑 복잡 | ～をはじめ ～를 비롯해 | 迅速 신속 | 情報 정보 | 共有 공유 | 効率的 효율적 | 業務 업무 | 処理 처리 | 卓越 탁월 | 貢献 공헌 | 退化 퇴화 | 影響 영향 | ～により ～에 의해, ～에 따라 | 演算 연산 | 普及 보급 | 現象 현상 | 現れる 나타나다 | 疎通 소통 | 圏 권 | ～のみならず ～뿐만 아니라 | ～において ～에있어서, ～에서 | 比較 비교 | 貧困層 빈곤층 | 密集 밀집 | 目立つ 눈에 띄다 | 込める 넣다, 담다 | 温もり 온기 | 思い出 추억 | 不気味な 섬뜩한, 기분 나쁜 | 経過 경과 | ～と共に ～와 함께 | 消える 사라지다 | 危機 위기 | ～を通じて ～를 통해서 | 具現 구현 | 画一化 획일화 | 不細工 못생김 | 貧富 빈부 | 深刻 심각 | 顕著 현저 | 独占 독점 | ～にわたって ～에 걸쳐서 | 属する 속하다 | 間柄 관계, 사이 | 簡潔 간결 | 消滅 소멸

1	2	3	4
③	②	③	②

ⓐすでに作られた固定的な概念が自由な思考を妨害するという意味を持つ先入観。先入観に対する辞書的な意味は、多少否定的であると言える。また、正しい主張のためには、先入観を抜きにして対象を見なければならない、先入観を持ってはならないという言葉を、誰もが一度は聞いたことがあるだろう。つまり、先入観とは、①辞書的な意味だけでなく、ほとんどの人々にも否定的な認識が強いということである。

先入観を入れずに自己主張をするためにはどうしたらよいのだろうか。先入観は一種の情報と同じようなものであり、ほとんどの人が、十分に共感できるような事実といえる。問題になるのは、②自由意思のためには先入観というものを排除させなければならないという主張である。つまり、ⓑほとんどの人々の共感の枠組みで作られた情報を警戒し、自分の考えはこれとは異なるということを証明してはじめて、先入観の枠から脱した自由な思考を展開することができるということである。

ある話題について自分の主張を言う時に、必ず必要なものが情報である。いくらでも収集可能な多くのⓒ情報には、大勢の人の共通意見、又は共感の内容が必ずといって良いほど、含まれている。これがなければ、その情報を信用すること自体が問題になるからである。だが、こういう情報を集めるとき、また再び先入観による問題が発生する。自分に必要な、自分の望む情報のみを得ることは不可能なのだ。ⓓ情報というのは、主に文章から収集されるが、そこには情報だけでなく、この文を書いた人の主張も共に入っているためである。その思想や主張を受け入れるか、批判するかは完全に本人にかかっているにもかかわらず、影響を一切受けないとは言えないのである。

先入観を否定する人々の論理から言えば、自分の考えを、先入観の影響を排除して語るには、自ら体験するしかないのである。自分の体験を除き、それに対する事前の知識が全く無い時、すなわち、他人の意見に一切接していない時に出るのが純粋な自分の主張というわけである。先入観というのは、必ずしも悪いことばかりではない。先入観とは、言い換えれば、常識または知恵でもある。常識や先祖たちの知恵のおかげで、経験したことがない良くない現象に、十分対応ができるようになった。ⓔ先入観なしに本人の考えを語れと教えるのではなく、先入観まで十分に考慮して考えた後、自分なりの主張を語るように指導することが必要である。

---

1 ここでいう①辞書的な意味が指すのは何か。

1　先入観に対して否定的な見方を持っている人々の意識

2　正しい主張をするために先入観の定義を下すことが求められること

3　自由な思考を妨害し、固定的な概念を意味するという先入観の意味

4　人たちに否定的な意識を持たせる先入観に対する偏見

2 自由意思のためには先入観というものを排除させなければならないとあるが、なぜか。

1　他の人たちの共感を得られない意思は正しい意思ではないため

2　自分の主張は、他の人の考えに影響を受けていてはならないため

3　一般的な常識として認識されていることとは異なる主張をしなければならないため

4　先入観に対する批判なしには、自己主張と言えないため

3 この文で、筆者が考える情報に最も近いものは何か。

1 多様なメディアを通して得られるもので、自分の共感と同意が成立しているもの

2 他人の思想に影響されていないもので、体験の客観性だけを維持しているもの

3 信用性に問題がないもので、文を作成する筆者の主張と意見があるもの

4 印刷媒体やインターネットを通して収集可能で、検証された内容が含まれているもの

4 この文章で、筆者が一番言いたいことは何か。

1 他人の意見に頼らず、素直な自分の感情を十分に表現しなければならない。

2 先入観に対する否定的な思考を持たせる教育はやめるべきである。

3 先入観の概念の中に、一般常識と知恵まで含まれていることを知っておくべきである。

4 自分の考えを表現する時は、十分な情報収集が必要である。

ⓐ이미 만들어진 고정적인 개념이 자유로운 사고를 방해한다는 뜻을 가지고 있는 선입관. 선입관에 대한 사전적인 의미는 다소 부정적이라고 말할 수 있다. 또한 올바른 주장을 하기 위해서는 선입관이 없이 대상을 바라보아야 한다, 선입관을 가져서는 안 된다는 말을 누구나 한 번은 들어본 적이 있을 것이다. 즉 선입관이란, ①사전적인 의미뿐만 아니라, 대부분의 사람들에게도 부정적인 인식이 강하다는 것이다.

선입관을 개입시키지 않고 자기 주장을 하기 위해서는 어떻게 하면 좋을까? 선입관은 일종의 정보와 같은 것이고, 대부분의 사람들이 충분히 공감할 수 있는 사실이라고 말할 수 있다. 문제가 되는 것은 ②자유 의사를 위해서는 선입관이라는 것을 배제시켜야 한다는 주장이다. 즉 ⓑ대부분의 사람들의 공감의 틀에서 만들어진 정보를 경계하고, 자신의 생각은 이것과는 다르다는 것을 증명하고 나서야 비로소 선입관의 틀에서 벗어난 자유로운 사고를 펼칠 수 있다는 것이다.

어떤 화제에 대해서 자신의 주장을 말할 때 반드시 필요한 것이 정보이다. 얼마든지 수집 가능한 많은 ⓒ정보에는 많은 사람들의 공통 의견 또는 공감의 내용이 반드시라고 해도 좋을 만큼 포함되어 있다. 이것이 없다면, 그 정보를 신용하는 것 자체가 문제가 되기 때문이다. 하지만 이러한 정보를 모을 때, 또 다시 선입관에 의한 문제가 발생된다. 자신에게 필요한, 자신이 원하는 정보만을 얻는 것은 불가능한 일이다. ⓓ정보라는 것은 주로 글에서 수집되는데, 거기에는 정보뿐만 아니라 이 글을 쓴 사람의 주장도 함께 들어 있기 때문이다. 그 사상이나 주장을 받아들일지 비판할지는 온전히 자신에게 달려있음에도 불구하고, 영향을 일절 받지 않는다고는 말할 수 없는 것이다.

선입관을 부정하는 사람들의 논리로 말하자면, 자신의 생각을 선입관의 영향을 배제하며 말하기 위해서는 스스로 체험할 수밖에 없는 것이다. 자신의 체험을 제외하고, 그것에 대한 사전 지식이 전혀 없을 때, 즉 다른 사람의 의견에 일체 접하지 않았을 때에 나오는 것이 순수한 자신의 주장이라는 셈이다. 선입관이라는 것은 반드시 나쁜 것만은 아니다. 선입관이라는 것은, 바꿔 말하자면 상식 또는 지혜이기도 하다. 상식이나 선조들의 지혜 덕분에 경험한 적이 없는 좋지 않은 현상에 충분히 대응할 수 있게 되었다. ⓔ선입관 없이 본인의 생각을 말하라고 가르치는 것이 아니라, 선입관까지 충분히 고려해서 생각한 후에 자기 나름의 주장을 말하도록 지도하는 것이 필요하다.

---

1 여기에서 말하는 ①사전적인 의미가 가리키는 것은 무엇인가?

1 선입관에 대해서 부정적인 시각을 가지고 있는 사람들의 의식

2 올바른 주장을 하기 위해서 선입관의 정의를 내리는 것이 요구되는 것

3 자유로운 사고를 방해하고 고정적인 개념을 의미하는 선입관의 의미

4 사람들에게 부정적인 의식을 갖게 하는 선입관에 대한 편견

2 ②자유 의사를 위해서는 선입관이라는 것을 배제시켜야 한다고 하는데, 왜인가?

  1   다른 사람들의 공감을 얻을 수 없는 의사는 올바른 의사가 아니기 때문에

  2   자신의 주장은 다른 사람의 생각에 영향을 받아서는 안 되기 때문에

  3   일반적인 상식으로 인식되어 있는 것과는 다른 주장을 해야 하기 때문에

  4   선입관에 대한 비판 없이는 자기 주장이라고 말할 수 없기 때문에

3 이 글에서 필자가 생각하는 정보에 가장 가까운 것은 무엇인가?

  1   다양한 미디어를 통해서 얻을 수 있는 것으로, 자신의 공감과 동의가 이루어진 것

  2   다른 사람의 사상에 영향을 받지 않은 것으로, 체험의 객관성만을 유지하고 있는 것

  3   신용성에 문제가 없는 것으로, 글을 작성한 필자의 주장과 의견이 있는 것

  4   인쇄 매체나 인터넷을 통해서 수집 가능하고, 검증된 내용이 포함되어 있는 것

4 이 문장에서 필자가 가장 말하고 싶은 것은 무엇인가?

  1   다른 사람의 의견에 의지하지 말고, 솔직한 자신의 감정을 충분히 표현해야 한다.

  2   선입관에 대한 부정적인 사고를 심어 주는 교육은 그만두어야 한다.

  3   선입관의 개념 속에 일반 상식과 지혜까지 포함되어 있다는 사실을 알아야 한다.

  4   자신의 생각을 표현할 때에는 충분한 정보 수집이 필요하다.

[풀이]

1 ⓐ선입관의 사전적인 뜻을 언급하는 것을 알 수 있다. 이것을 가장 잘 표현하고 있는 것은 선택지 3번이다.

2 ⓑ대다수의 사람들의 정보와 의견의 영향을 받는 것은 선입관의 틀에서 벗어날 수 없는 것이라고 언급하고 있다. 따라서 정답은 선택지 2번이다.

   Tip) 밑줄 친 문제는 앞뒤의 문장을 잘 살펴보면 정답에 관한 힌트를 찾을 수 있는 경우가 많다.

3 ⓒ정보에는 신용이 있어야 하고, ⓓ정보는 다른 사람의 주장도 함께 들어 있는 것이라고 말하고 있다. 따라서 정답은 선택지 3번이다.

4 ⓔ선입관을 배제한 주장보다 선입관까지 고려한 주장을 가르치는 교육이 되어야 한다고 말하고 있다. 따라서 정답은 선택지 2번이다.

   Tip) 필자의 주장을 묻는 문제는 마지막 부분에 정답에 관한 힌트가 나오는 경우가 많다.

[단어]

すでに 이미, 벌써 | 固定 고정 | 概念 개념 | 妨害 방해 | 先入観 선입관 | 否定 부정 | ～を抜きにして ～를 제외하고 | 対象 대상 | 情報 정보 | 共感 공감 | 排除 배제 | つまり 즉 | 枠組み 틀 | 警戒 경계 | 異なる 다르다 | 証明 증명 | 脱する 벗어나다, 탈출하다 | 展開 전개 | ～について ～에 대해서 | 収集 수집 | 含む 포함하다, 머금다 | 信用 신용 | 受け入れる 받아들이다 | 批判 비판 | ～にかかっている ～에 달려 있다 | ～にもかかわらず ～에도 불구하고 | 一切 전혀, 일체 | 除く 제거하다, 제외하다 | 接する 접하다 | 純粋 순수 | 必ずしも～ない 반드시 ～인 것은 아니다 | 常識 상식 | 知恵 지혜 | ～おかげで ～덕분에 | 対応 대응 | 考慮 고려 | ～なりの ～나름의 | 指導 지도 | 定義 정의 | 下す 내리다 | ～に対する ～에 대한 | 偏見 편견 | 影響 영향 | ～なしに ～없이 | ～を通して ～를 통해서 | 客観 객관 | 印刷 인쇄 | 検証 검증 | 頼る 의지하다, 기대다 | 素直 순수함, 솔직함 | ～べきだ ～해야 한다

1	2	3	4
①	①	③	④

　人生の成功のために、実現の可能性もない目標を立てる人が多いが、目標は、ある程度実現可能なものでなければならない。そして、自分の価値観からはずれる目標も、やはり正しい目標とは言えない。①このような種類の目標は、ある事件やきっかけによって@それまでの自分の人生を否定するためのものであったり、一種の報復行為のために建てられる目標だったりする可能性が高い。しかし、自分の過ちを悟り、反省する過程を経て、生活を改善するためのことなら、歓迎すべきことである。このように⑥今までの人生を完全に覆すことではない目標を立てるのであれば、先に自分の性格と能力を把握しておかなければならない。最終目標を立てることも重要だが、その目標に到達するための中間目標や段階目標も共に立てた方が良い。（中略）

　新しい年が始まると、目標を立てる人は多いが、それを実現するための期限のことまで考える人は少ない。仮に運動に対する目標を立てるのであれば、前もって運動の目標と期限を決めておくのである。そうすれば、そのための中間目標とその下位概念である段階目標も立てやすくなる。©期限を確実に決めておくことにより、達成感も得やすくなる。このような達成感を通して次の目標に行ける力を得ることができ、最終目標にも到達できるようになるのである。ここで留意すべきことは、最終目標を忘れて目の前の目標にのみとらわれてしまう行為である。（中略）

　目標の達成よりも過程の方を重要と考える人もいるが、失敗した目標は良くない影響を与える可能性が非常に高い。⑥目標に向かって疾走していたすべてのエネルギーや力は、その間の苦労に対する補償を求めるようになり、それが誤った方向に変質する場合が多いからである。事業に失敗した人が、自殺を選択したり、犯罪に踏み込んだりする行為も、このような②補償心理から始まったのである。

　目標を達成するために必要な過程も重要だが、最も大切なことはやはり正しい目標を立てることである。正しい目標というのは、自分を成長させるとともに、家族や地域共同体に利益を与える目標であるといえる。©自分の欲求実現のための目標をたてることが、社会に害を与える結果をもたらしてはならない。目標を立て、それに向けて努力する全ての人を応援したいが、社会に否定的な影響を与えながら、ただ自分だけのために努力して精進する人は応援したくない。

1　①このような種類の目標とはどのような目標なのか。

　1　これから先の人生に大幅な変化が予想される目標
　2　実現可能性がある程度予想される目標
　3　自己反省を通じて再誕生した最終目標
　4　最終目標に到達するための中間段階の目標

2　筆者は、目標に期限をおく行動についてどう言っているか。

　1　決まった期間内に目標を達成することが、達成感の獲得に繋がる。
　2　期限を意識したあまり、それを成す過程が疎かになる恐れもある。
　3　目標を細分化する過程のために期間を定めておくことは非常に重要である。
　4　目標した期間が短いほど、達成する時間を短縮させることができる。

3 ②補償心理について、筆者はどのように考えているか。
1 自ら定めた期限内に目標を達成することによって得られる満足感
2 達成できなかった目標の失敗の原因を合理化しようとする努力
3 目標の失敗による損失を他の目標から復旧しようとする心
4 目標の達成と失敗をすべて考慮して、過程と時間を最小化するための努力

4 筆者の意見と合っているのはどれか。
1 目標というのは、他人の助けになることができるものでなければならない。
2 成功的な目標達成も重要だが、そのための過程も非常に重要である。
3 失敗に対する危険性を認知して、目標達成のための段階を作ることが重要である。
4 自分の目標のために、他の人に被害を与える行動をしてはならない。

인생의 성공을 위해서 실현 가능성도 없는 목표를 세우는 사람이 많은데, 목표는 어느 정도 실현 가능한 것이어야 한다. 그리고 자신의 가치관에서 벗어나는 목표도 역시 올바른 목표라고는 할 수 없다. ①이런 종류의 목표는 어떤 사건이나 계기에 의해서 ⓐ그동안의 자신의 삶을 부정하기 위한 것이거나, 일종의 보복 행위를 위해서 세워지는 목표일 가능성이 높다. 하지만 자신의 잘못을 깨닫고 반성하는 과정을 거쳐 삶을 개선하기 위한 것이라면 환영할 만한 일이다. 이렇게 ⓑ지금까지의 인생을 완전히 뒤집는 것이 아닌 목표를 세우는 것이라면, 먼저 자신의 성격과 능력을 파악해 두어야 한다. 최종 목표를 세우는 것도 중요하지만, 그 목표에 도달하기 위한 중간 목표나 단계 목표도 함께 세우는 것이 좋다. (중략)

새로운 한 해가 시작되면 목표를 세우는 사람이 많은데, 그것을 실현하기 위한 기한까지 생각하는 사람은 적다. 만약 운동에 대한 목표를 세우는 것이라면, 미리 운동의 목표와 기한을 정해 두는 것이다. 그렇게 하면, 그것을 위한 중간 목표와 그 하위 개념인 단계 목표도 세우기 쉬워진다. ⓒ기한을 확실하게 정해 둠으로써 성취감도 얻기 쉬워진다. 이러한 성취감을 통해서 다음 목표로 이어지는 힘을 얻을 수 있고, 최종 목표에도 도달할 수 있게 되는 것이다. 여기서 유의해야 할 것은 최종 목표를 잊어버리고 눈앞의 목표에만 사로잡히는 행위이다. (중략)

목표의 달성보다도 과정을 중요하게 생각하는 사람도 있는데, 실패한 목표는 좋지 않은 영향을 줄 가능성이 매우 높다. ⓓ목표를 향해 질주하고 있던 모든 에너지와 힘은 그 동안의 고생에 대한 보상을 원하게 되고, 그것이 잘못된 방향으로 변질되는 경우가 많기 때문이다. 사업에 실패한 사람이 자살을 선택하거나 범죄에 발을 들이는 행위도 이러한 ②보상심리에서 비롯된 것이다.

목표를 이루기 위해서 필요한 과정도 중요하지만, 가장 중요한 것은 역시 올바른 목표를 세우는 것이다. 올바른 목표라는 것은 자신을 성장시키는 것과 함께, 가족이나 지역 공동체에 이익을 주는 목표라고 말할 수 있다. ⓔ자신의 욕구 실현을 위한 목표를 만드는 것이 사회에 해를 가하는 결과를 가져와서는 안 된다. 목표를 세우고 그것을 위해서 노력하는 모든 사람을 응원하고 싶지만, 사회에 부정적인 영향을 주면서, 단지 자신만을 위해서 노력하고 정진하는 사람은 응원하고 싶지 않다.

1 ①이런 종류의 목표라는 것은 어떠한 목표인가?

1 앞으로의 삶에 대폭적인 변화가 예상되는 목표

2 실현 가능성이 어느 정도 예상되는 목표

3 자기 반성을 통해서 재탄생된 최종 목표

4 최종 목표에 도달하기 위한 중간 단계의 목표

2 필자는 목표에 기한을 두는 행동에 대해서 어떻게 말하고 있는가?

  1 **정해진 기간 내에 목표를 달성하는 것이 성취감의 획득으로 이어진다.**

  2 기한을 의식한 나머지 그것을 이루는 과정이 소홀해질 수도 있다.

  3 목표를 세분화하는 과정을 위해서 기간을 정해 두는 것은 매우 중요하다.

  4 목표한 기간이 짧을수록 달성하는 시간을 단축시킬 수 있다.

3 ②보상심리에 대해서 필자는 어떻게 생각하고 있는가?

  1 스스로 정한 기한 안에 목표를 달성함으로써 얻을 수 있는 만족감

  2 이루지 못한 목표의 실패 원인을 합리화하려는 노력

  3 **목표의 실패에 의한 손실을 다른 목표에서 복구하려는 마음**

  4 목표의 달성과 실패를 모두 고려해서, 과정과 시간을 최소화하기 위한 노력

4 필자의 의견과 맞는 것은 어느 것인가?

  1 목표라는 것은 다른 사람에게 도움을 줄 수 있는 것이어야 한다.

  2 성공적인 목표 달성도 중요하지만, 그것을 위한 과정도 매우 중요하다.

  3 실패에 대한 위험성을 인지하고, 목표 달성을 위한 단계를 만드는 것이 중요하다.

  4 **자신의 목표를 위해서 다른 사람에게 피해를 주는 행동을 해서는 안 된다.**

[풀이]

1 ⓐ자신의 삶을 부정하거나 보복 행위와 같은 목표는 ⓑ자신의 삶에 큰 변화를 주는 목표로 이어질 수 있다고 말하고 있다. 따라서 정답은 선택지 1번이다.

2 ⓒ목표에 기한을 두는 것으로, 성취감을 얻기 쉬워진다고 말하고 있다. 따라서 정답은 선택지 1번이다.

3 ⓓ목표를 이루지 못할 때에, 그 동안의 노력과 고생을 다른 곳에서 얻으려고 한다고 말하고 있다. 따라서 정답은 선택지 3번이다.

4 ⓔ필자는 자신을 위한 목표가 사회에 피해를 주어서는 안 된다고 주장하고 있다. 따라서 정답은 선택지 4번이다.

[단어]

可能性 가능성 | 目標を立てる 목표를 세우다 | 実現 실현 | 価値観 가치관 | ～によって ～에 의해, ～에 따라 | 否定 부정 | 報復 보복 | 過ち 잘못, 실수 | 悟る 깨닫다 | 反省 반성 | 改善 개선 | 歓迎 환영 | ～べき ～해야 할 | 覆す 뒤집다, 뒤엎다 | 把握 파악 | 到達 도달 | 期限 기한 | 仮に 만약, 만일 | ～に対する ～에 대한 | 概念 개념 | 確実 확실 | ～を通して ～를 통해서 | 留意 유의 | 非常に 매우, 상당히 | 疾走 질주 | 補償 보상 | 求める 요구하다, 요청하다 | 誤る 실수하다, 틀리다 | 変質 변질 | 自殺 자살 | 犯罪 범죄 | 踏み込む 발을 들이다 | 利益 이익 | 与える 주다 | 欲求 욕구 | 努力 노력 | 応援 응원 | 精進 정진 | 大幅 대폭 | 獲得 획득 | 繋がる 이어지다 | 疎かだ 소홀하다 | 定める 정하다, 결정하다 | 短縮 단축 | 合理化 합리화 | 努力 노력 | 復旧 복구 | 考慮 고려 | 被害 피해 | 与える 주다

1	2	3	4
①	③	④	①

　非営利を目的とする会社を除いて、大半の会社は、利益追求を会社の一番重要な運営目標として規定している。複雑で様々な会社の運営の指針を簡単に要約すると、製品を売って利益を残すことが目的だということである。製品を売るために、消費者が欲しがる製品を作るための開発部と、その製品を人々に売るための営業部が会社の中枢であると言える。@どんな企業であれ共通の悩みは製品の売り上げを増やすことである。会社の規模にかかわらず、①この問題から解放される会社は皆無である。

　自分の会社だけが良い製品を販売しているのであれば、申し分ないが、惜しくも、どの会社も競争の仕組みから脱することはできない。他社と競争して製品の売上の増加を達成するためには、効果的な営業が欠かせないのである。会社のすべての部署のうち、最も大変な部署は営業部だと断言できる。厳しい自然環境の中でも、外を歩き回らねばならず、競争会社の営業と、最後には自分自身と戦わなければならないのである。離職と退社率が最も高いという営業マンになるためには②特別な何かを持っていなければならない。そうでなければ、食物連鎖(注1)のような苛酷な環境で生き残ることは不可能であるから。ⓑ自分だけの営業技術を持っていない人を決して許容しない世界がまさに営業の世界である。

　ⓒ脳性麻痺(注2)という致命的な欠陥を持っていたにもかかわらず伝説の販売王になったビル・ポッターという人がいる。右手に障害を持っていた彼は、左手でかばんを持ち、左手で製品を取り出した。数多くの困難な条件を克服して、年間売上４万３千ドル（約一千万円）を達成した彼の記録は、今もその会社の最高記録として残っている。55年という間、営業の世界で過ごしてきたその男が言った有名な言葉がある。ⓓ「忍耐して、忍耐して、最後まで忍耐せよ」。私はこれこそ営業の技術であり、精神であると言いたい。

　ⓔ営業の世界で断りと無視はつきものである。自社の作り出した製品が、ライバル企業のものに比べて劣るという考えを持ってはならない。その場で成果を実現できず、契約できなかったのは、ただその人にもっと必要な製品を持って来られなかっただけであり、その代わりに改善が必要な製品のアイデアも得ることができる。ⓕ焦りを捨て、忍耐の営業ということを忘れなければ、あなたも伝説の営業マンになることができる。

(注１) 食物連鎖：自然界における食うものと食われるものとの一連の関係。

(注２) 脳性麻痺：筋肉の動きや運動機能の障害を症状とする疾患

---

1 この文章で言う、①この問題が指すものは何か。

　1　会社の利益を増やすために、成功的な販売を収めなければならない問題

　2　多くの製品を売るために、定期的に部署を再編しなければならない問題

　3　消費者の希望する商品を作るための制度改善が行われなければならない問題

　4　会社の営業方針を設定して、下位部署の仕組みを整備する問題

2 ②特別な何かを持っていなければならないというのはどういう意味か。

　1　会社内部の競争で淘汰されないためには絶え間ない自己開発が求められるという

　2　業務の特性を完全に理解して、外勤の厳しい環境に耐えられる精神力が求められるということ

　3　競争で生き残るために、自分の長所になることができる能力を養わなければならないということ

　4　肉体的にきつい営業の仕事を耐えられる体力を育てなければならないということ

3 筆者が、例を通じて伝えたいものは何か。
1 慢心と怠惰に陥っている人は、営業でよい成果をあげることができないということ
2 よい営業社員になるためには、勤務環境や周辺の評価にとらわれてはいけないということ
3 成功を収めるためには、失敗を通じて何かを悟らなければならないということ
4 失敗と難関を耐え、持続できる力が、営業の仕事をする人に必要ということ

4 営業について、筆者が一番言いたいことは何か。
1 目の前の成功にだけ執着しないで、消費者に無視されるのを恐れてはならない。
2 成功のためには、消費者の要求と市場の需要を調べられる洞察力が必要である。
3 営業の競争で勝ち残るためには、失敗を通じた分析と改善が必ず必要である。
4 自分が勤務している会社の製品性能について疑ってはいけない。

비영리를 목적으로 하는 회사를 제외하고 대부분의 회사들은 이익 추구를 회사의 가장 중요한 운영 목표로 규정하고 있다. 복잡하고도 다양한 회사의 운영 지침들을 간단하게 요약하면, 제품을 팔아서 이익을 남기는 것이 목적이라는 것이다. 제품을 잘 팔기 위해서 소비자가 가지고 싶어하는 제품을 만들기 위한 개발부와 그 제품을 사람들에게 팔기 위한 영업부가 회사의 중추라고 할 수 있다. ⓐ어떤 기업이든 공통의 고민은 제품의 매출을 늘리는 것이다. 회사의 규모에 관계없이, ①이 문제로부터 해방되는 회사는 전무하다.

자신의 회사만이 좋은 제품을 판매하고 있다면 더할 나위 없지만, 아쉽게도 어느 회사도 경쟁의 구조로부터 벗어날 수 없다. 다른 회사와 경쟁해서 제품의 매출 증가를 달성하기 위해서는 효과적인 영업을 빼놓을 수 없는 것이다. 회사의 모든 부서 중 가장 힘든 부서는 영업부라고 단언할 수 있다. 혹독한 자연 환경 속에서도 여기저기 밖을 돌아다니지 않으면 안 되고, 경쟁 회사의 영업과 마지막에는 자기 자신과 싸우지 않으면 안 되는 것이다. 이직률과 퇴사율이 가장 높다는 영업맨이 되기 위해서는 ②특별한 무언가를 가지고 있어야만 한다. 그렇지 않으면, 먹이사슬(주1) 같은 가혹한 환경에서 살아남는 것은 불가능하기 때문이다. ⓑ자신만의 영업 기술을 지니고 있지 않은 사람을 결코 허용하지 않는 세계가 바로 영업의 세계이다.

ⓒ뇌성마비(주2)라는 치명적인 결함을 가지고 있음에도 불구하고, 전설의 판매왕이 된 빌 포터라는 사람이 있다. 오른손에 장애를 가진 그는 왼손으로 가방을 들고, 왼손으로 제품을 꺼냈다. 수많은 어려운 조건을 극복하고 연매출 사만삼천 달러(약 천만 엔)를 달성한 그의 기록은 지금도 그 회사의 최고 기록으로 남아 있다. 55년이라는 시간 동안, 영업의 세계에서 지낸온 그 남자가 한 유명한 말이 있다. ⓓ'인내하고, 인내하고, 끝까지 인내하라'. 나는 이것이야말로 영업의 기술이자 정신이라고 말하고 싶다.

ⓔ영업의 세계에서 거절과 무시는 항상 따라다니는 것이다. 자신의 회사가 만들어낸 제품이 라이벌 기업의 제품에 비해서 뒤떨어진다는 생각을 가져서는 안 된다. 그 자리에서 성과를 이루지 못하고, 계약을 할 수 없었던 것은 단지 그 사람에게 더 필요한 제품을 가지고 오지 못한 것뿐이고, 그 대신에 개선이 필요한 제품의 아이디어도 얻을 수 있다. ⓕ조급함을 버리고 인내의 영업이라는 사실을 잊지 않는다면, 당신도 전설의 영업맨이 될 수 있다.

(주1)食物連鎖 : 먹이사슬. 자연계에서의 먹는 것과 먹히는 것과의 일련의 관계.
(주2)脳性麻痺 : 뇌성마비. 근육의 움직임이나 운동 기능의 장애를 증상으로 하는 질환

1 이 문장에서 말하는 ①이 문제가 가리키는 것은 무엇인가?

   1   **회사의 이익을 늘리기 위해서 성공적인 판매를 거두어야 하는 문제**

   2   많은 제품을 팔기 위해서 정기적으로 부서를 재편성해야 해야 하는 문제

   3   소비자가 원하는 상품을 만들기 위한 제도 개선이 이루어져야 하는 문제

   4   회사의 영업 방침을 설정하고 하위 부서의 구조를 정비하는 문제

2 ②특별한 무언가를 가져야만 한다는 것은 어떤 의미인가?

   1   회사 내부의 경쟁에서 도태되지 않기 위해서는 끊임없는 자기개발이 요구된다는 것

   2   업무의 특성을 완전히 이해하고, 외근의 혹독한 환경에 견딜 수 있는 정신력이 요구된다는 것

   3   **경쟁에서 살아 남기 위해서 자신의 장점이 될 수 있는 능력을 길러야 한다는 것**

   4   육체적으로 힘든 영업의 일을 견딜 수 있는 체력을 길러야 한다는 것

3 필자가 예를 통해서 전하고 싶은 것은 무엇인가?

   1   자만심과 나태함에 빠진 사람은 영업으로 좋은 성과를 거둘 수 없다는 것

   2   좋은 영업사원이 되기 위해서는 근무 환경이나 주변의 평가에 얽매여서는 안 된다는 것

   3   성공을 거두기 위해서는 실패를 통해서 무언가를 깨닫지 않으면 안 된다는 것

   4   **실패와 난관을 견디고 지속할 수 있는 힘이 영업 일을 하는 사람에게 필요하다는 것**

4 영업에 대해서 필자가 가장 말하고 싶은 것은 무엇인가?

   1   **눈앞의 성공에만 집착하지 않고 소비자에게 외면당하는 것을 두려워해서는 안 된다.**

   2   성공을 위해서는 소비자의 요구와 시장 수요를 살필 수 있는 통찰력이 필요하다.

   3   영업의 경쟁에서 이기기 위해서는 실패를 통한 분석과 개선이 반드시 필요하다.

   4   자신이 근무하고 있는 회사의 제품 성능에 대해서 의심해서는 안 된다.

[풀이]

1 ⓐ어떤 회사든 제품의 판매를 늘려서 이익을 거두어야 한다고 언급하고 있다. 따라서 정답은 선택지 1번이다.

2 ⓑ영업의 세계는 자신만의 장점이 없는 사람을 허용하지 않는다고 말하고 있다. 따라서 정답은 선택지 3번이다.

3 ⓒ치명적인 결함을 가졌음에도 ⓓ끝까지 인내하고 인내해서 전설적인 판매왕이 된 사람이 있다고 주장하고 있다. 이 내용을 가장 잘 표현하고 있는 선택지 4번이정답이다.

4 ⓔ거절과 무시를 두려워하지 말고, ⓕ조급함을 버리는 것이 중요하다고 말하고 있다. 따라서 정답은 선택지 1번이다.

[단어]

非営利 비영리 | 除く 제외하다, 제거하다 | 大半 태반, 대부분 | 運営 운영 | 規定 규정 | 指針 지침 | 製品 제품 | 残す 남기다 | 中枢 중추 | 悩み 고민 | 売り上げ 매상 | 規模 규모 | ～にかかわらず ～에 관계없이 | 解放 해방 | 皆無 전무 | 申し分ない 더할 나위 없다 | 競争 경쟁 | 仕組み 구조 | 脱する 벗어나다, 탈출하다 | 達成 달성 | 欠かす 빠뜨리다 | 歩き回る 돌아다니다 | 戦う 싸우다 | 離職 이직 | 食物連鎖 먹이사슬 | 苛酷 가혹 | 生き残る 살아남다 | 許容 허용 | 脳性麻痺 뇌성마비 | 致命的 치명적 | 欠陥 결함 | 障害 장애 | 取り出す 꺼내다, 끄집어내다 | 克服 극복 | 忍耐 인내 | 精神 정신 | 無視 무시 | ～に比べて ～에 비해서 | 劣る 뒤떨어지다 | 改善 개선 | 増やす 늘리다 | 収める 거두다 | 希望 희망 | 整備 정비 | 淘汰 도태 | 耐える 견디다 | 養う 기르다 | ～を通じて ～을 통해서 | 慢心 자만심 | 怠惰 나태 | 陥る 빠지다 | 評価 평가 | 悟る 깨닫다 | 持続 지속 | 執着 집착 | 恐れる 두려워하다, 무서워하다 | 要求 요구 | 需要 수요 | 洞察力 통찰력 | 分析 분석 | 疑う 의심하다

종합 이해 실전 연습 ❶ p.312 해석과 문제 해설

1	2
①	②

次のＡとＢはそれぞれ、ネット実名制の導入について書かれた文章である。二つの文章を読んで、後の問いに対する答えとして最もよいものを、１・２・３・４から一つ選びなさい。

A

　ネット上で行われる話し合いを見ていると、たまに怖い思いがする。ⓐ匿名ということを巧妙に活用して、相手に対して暴言をためらわずに放っているためだ。目に見えない壁の裏に隠れて、誰かを攻撃して傷つける行為があってはならない。実名制の導入は、犯罪の予防にもなりうるのではないだろうか。犯罪者に対する情報も以前に比べて簡単に得られるだろうし、ⓑ不特定人物を誹謗中傷する行動も減ると予想されるので、健全なネット利用文化にも大きく役立つことに違いない。　もちろん、ユーザーのモラルの回復とマナーに対する認識の変化が前提となるのだが。これがなされなければ、制度的な規制だけで改善できる問題ではなさそうだ。

B

　ネット実名制の導入は強者の論理に過ぎないと思う。ネット上で行われる悪辣な誹謗の対象はほとんど人気のある有名人たちである。彼らは、この制度の導入を歓迎するであろう。ⓒたまに、匿名がもたらす恐ろしい行為も起こっているが、匿名もそれなりの長所を持っている。ある事件について自分の名前を書いて堂々と行動できる人は多くないだろう。ⓓ人は誰もが自分の意見を言うことのできる権利を持っている。匿名は、強力な力を持つ特定の団体、または特定の人物に対する批判を可能にしてくれるのだ。言論が統制されている国では、情報についての事実の如何が確認できない。真実と嘘が区別できないところで、自分の声を出すことができるはずがない。

1　AとBが共通して述べていることはどれか。

　1　匿名ということによって、ネット上における良くない事件が起こることもある。
　2　実名によって行われる行動は、ネット犯罪の予防に大いに役立つ。
　3　社会の有名人たちは、ネットの実名使用について賛成している。
　4　インターネットを利用する人たちの道徳の回復なしには、根本的な問題は解決できない。

2　ネット実名制について、AとBはどう考えているか。

　1　Aは犯罪の予防に直接的な影響を期待できないと考え、Bは犯罪予防に期待できると考えている。
　2　Aは健全なネット文化の形成に役立つと考え、Bは表現の自由を邪魔すると考えている。
　3　AもBも、犯罪予防において、根本的な解決策ではないと考えている。
　4　AもBも、インターネットマナーを改善することには役立つと考えている。

다음 A와 B는각각 인터넷 실명제에 대해서 쓰인 글이다. 두 개의 문장을 읽고, 뒤의 물음에 대한 답으로 가장 알맞은 것을 1·2·3·4에서 하나 고르시오.

A

인터넷상에서 이루어지는 대화를 보고 있으면 가끔씩 무서운 기분이 든다. ⓐ익명이라는 것을 교묘하게 활용해서 상대방에 대해 폭언을 주저 없이 던지고 있기 때문이다. 눈에 보이지 않는 벽 뒤에 숨어서 누군가를 공격하고 상처를 주는 행위가 있어서는 안 된다. 실명제의 도입은 범죄 예방으로도 이어질 수 있는 것이 아닐까? 범죄자에 대한 정보도 이전에 비해서 쉽게 얻을 수 있을 것이고, ⓑ불특정 인물을 비방 중상하는 행동도 줄어들 것이라고 예상되기 때문에, 건전한 인터넷 이용 문화에도 큰 도움이 될 것임에 틀림없다. 물론 유저들의 도덕의 회복과 매너에 대한 인식의 변화가 전제가 되는 것이지만, 이것이 이루어지지 않으면, 제도적인 규제만으로 개선할 수 있는 문제가 아닐 것이다.

B

인터넷 실명제의 도입은 강자의 논리에 지나지 않는다고 생각한다. 인터넷상에서 이루어지는 악랄한 비방의 대상은 대부분 유명인들이다. 그들은 이 제도의 도입을 환영할 것이다. ⓒ가끔씩 익명이 초래하는 끔찍한 행위도 일어나고 있지만, 익명도 그 나름의 장점을 가지고 있다. 어떤 사건에 대해서 자신의 이름을 쓰고, 당당하게 행동할 수 있는 사람은 많지 않을 것이다. ⓓ사람은 누구나 자신의 의견을 말할 수 있는 권리를 가지고 있다. 익명은 강력한 힘을 가진 특정 단체 또는 특정 인물에 대한 비판을 가능하게 해 주는 것이다. 언론이 통제되는 나라에서는 정보에 대한 사실 여부를 확인할 수 없다. 진실과 거짓을 구분할 수 없는 곳에서 자신의 목소리를 낼 수 있을 리가 없다.

1 A와 B가 공통적으로 말하고 있는 것은 어느 것인가?

1 익명이라는 것에 의해서 인터넷상에서의 좋지 않은 사건이 일어나기도 한다.

2 실명에 의해서 이루어지는 행동은 인터넷 범죄의 예방에 큰 도움이 된다.

3 사회 유명 인사들은 인터넷의 실명 사용에 대해서 찬성하고 있다.

4 인터넷을 이용하는 사람들의 도덕의 회복 없이는 근본적인 문제는 해결할 수 없다.

2 인터넷 실명제에 대해서, A와 B는 어떻게 생각하고 있는가?

1 A는 범죄의 예방에 직접적인 영향을 기대할 수 없을 것이라고 생각하고, B는 범죄 예방을 기대할 수 있다고 생각하고 있다.

2 A는 건전한 인터넷 문화 형성에 도움이 된다고 생각하고, B는 표현의 자유를 방해한다고 생각하고 있다.

3 A도 B도, 범죄 예방에 있어서 근본적인 해결 방안은 아니라고 생각하고 있다.

4 A도 B도, 인터넷 매너를 개선하는 것에는 도움이 된다고 생각하고 있다.

[풀이]

1 ⓐA는 익명을 이용해서 상대방에게 폭언을 하고 있다고 말하고 있고, ⓒB는 가끔씩 익명이 끔찍한 행위도 유발하고 있다고 말하고 있다. 따라서 정답은 선택지 1번이다. 선택지 2번과 4번은 A만의 주장이고, 선택지 3번은 B만의 주장이기 때문에 정답이 될 수 없다.

2 ⓑA는 인터넷 실명제가 건전한 인터넷 문화에 도움이 된다고 생각하고 있고, ⓓB는 언론의 자유가 통제될 것이라고 생각하고 있다. 따라서 정답은 선택지 2번이다. B는 인터넷 실명제와 범죄와의 관계에 대해서 명확하게 말하고 있지 않기 때문에 선택지 1번과 3번은 정답이 될 수 없다. B는 또한 인터넷 매너에 관한 언급이 없기 때문에 선택지 4번도 정답이 아니다.

[단어]

行う 행하다, 실시하다 | 匿名 익명 | 巧妙 교묘 | 暴言 폭언 | ためらう 주저하다, 망설이다 | 隠れる 숨다 | 攻撃 공격 | 導入 도입 | ～うる ～할 수도 있다 | 誹謗中傷 비방중상(근거 없는 말로 남을 헐뜯어 명예나 지위를 손상시키는 것) | モラル 도덕, 윤리 | 認識 인식 | 規制 규제 | 悪辣 악랄 | 歓迎 환영 | ～なりの ～나름의 | 堂々と 당당하게 | 権利 권리 | 如何 여하, 여부

1	2
③	③

次のＡとＢはそれぞれ、貿易について書かれた文章である。二つの文章を読んで、後の問いに対する答えとして最もよいものを、１・２・３・４から一つ選びなさい。

A

　貿易において重要なのは、その国の事情を十分に考慮してから、輸入する品目と輸出する品目を定めることである。このような貿易の分野において、ⓐ自分の国だけのための保護貿易は、国家間の葛藤や世界市民意識を妨害する大きな要因となっている。また、保護貿易の高い関税の賦課（注1）を避けるために、密輸などの不法行為が後を絶たない。一方、ⓑ他の国と貿易することで得られる利益で、それらの国に対する援護活動を行うことも可能になりうるのである。消費者は一つの品物を購買する行為が、企業や社会、国家にいかなる影響を及ぼしているかについて自覚しなければならない。賢明な消費は、国家間の紛争を和らげ、世界平和に貢献することができる。

（注1）賦課：租税などを割り当てて負担させること。

B

　今日の貿易は、国の経済、技術、資源の差によって、比較優位（注2）が発生する。このような比較優位が発生している国のほとんどは、いわゆる先進国である。一方、ⓒあらゆる国の政策の基本は、自国民のためのものでなければならない。貿易においても同様であるが、現代社会の経済メカニズムは、富裕な人が、さらに富を蓄積できるシステムである。したがって、ⓓ豊かな国は相対的に貧しい国を保護していかなければならないのである。保護貿易によって、貧しい国が富裕になれる資本を提供し、最終的にそれらの国が経済的に豊かになれば、それらの国に役立ったことになるのである。人間は一人では生きていくことができないが、国も同様である。

（注2）比較優位：相対的に優越した位置にあること。

1 保護貿易について、AとBはどのような考え方を持っているか。
　1　Aは国家間の競争に不要なことだと考え、Bは撤廃されなければならないことだと考えている。
　2　Aは効率的な貿易のためには必要なことだと考え、Bは不要な紛争を招くことだと考えている。
　3　Aは国家間の摩擦を引き起こすことだと考え、Bは国民を保護するために必要なことだと考えている。
　4　Aは貧しい国の経済に役立つことだと考え、Bは先進国の経済に役立つことだと考えている。

2 AとBは、貿易の方向性についてどう述べているか。
　1　Aは消費者の意識の変化が必要だと述べ、Bは比較優位を得るために、さらに力を入れるべきだと述べている。
　2　Aは相対的に貧しい貿易協力国家の支援につながるべきだと述べ、Bは自由貿易強化で、国民を保護するべきだと述べている。
　3　AもBも、相対的に貧しい国に対する支援が必要だと述べている。
　4　AもBも、公正な貿易を活性化させるためには、制度の改善が必要だと述べている。

다음 A와 B는 각각 무역에 대해서 쓰인 글이다. 두 개의 문장을 읽고, 뒤의 물음에 대한 답으로 가장 알맞은 것을 1·2·3·4에서 하나 고르시오.

A

무역에서 중요한 것은 그 나라의 사정을 충분히 고려하고 나서, 수입할 품목과 수출할 품목을 정하는 것이다. 이러한 무역의 분야에 있어서, ⓐ자신의 나라만을 위한 보호무역은 국가 간의 갈등이나 세계 시민 의식을 방해하는 큰 요인이 되고 있다. 또한, 보호무역의 높은 관세의 부과를 피하기 위해서 밀수출 등의 불법적인 행위들이 끊이지 않는다. 한편, ⓑ다른 나라와 무역하는 것으로 얻을 수 있는 이익으로 그 나라들에 대한 원호활동을 펼치는 것도 가능해질 수 있는 것이다. 소비자는 하나의 제품을 구매하는 행위가 기업이나 사회, 국가에 어떤 영향을 끼치고 있는지에 대해서 알아야 한다. 현명한 소비는 국가 간의 분쟁을 누그러뜨리고 세계 평화에 공헌할 수 있다.

(주1)賦課 : 부과. 조세 등을 할당하고 부담시키는 일.

B

오늘날의 무역은 나라의 경제, 기술, 자원의 차이에 의해 비교우위가 발생한다. 이러한 비교우위가 발생하고 있는 국가의 대부분은 이른바 선진국이다. 한편, ⓒ모든 나라의 정책의 기본은 자국민을 위한 것이어야 한다. 무역에서도 마찬가지이지만 현대사회의 경제 메커니즘은 부유한 사람이 더욱 부를 축적할 수 있는 시스템이다. 따라서 ⓓ부유한 나라는 상대적으로 빈곤한 나라를 보호해 나가야 하는 것이다. 보호무역에 의해 빈곤한 나라가 부유해질 수 있는 자본을 제공하고, 최종적으로 그 나라들이 경제적으로 풍요로워지면, 그 나라들에 도움이 되는 것이다. 인간은 혼자서는 살아갈 수 없는데, 국가도 마찬가지이다.

(주2)比較優位 : 비교우위. 상대적으로 우월한 위치에 있는 것.

---

1 보호무역에 대해서 A와 B는 어떠한 생각을 가지고 있는가?

1   A는 국가 간의 경쟁에 불필요한 것이라고 생각하고, B는 철폐되어야 하는 것이라고 생각하고 있다.

2   A는 효율적인 무역을 위해서는 필요한 것이라고 생각하고, B는 불필요한 분쟁을 초래하는 것이라고 생각하고 있다.

3   A는 국가 간의 마찰을 야기시키는 것이라고 생각하고, B는 국민을 보호하기 위해서 필요한 것이라고 생각하고 있다.

4   A는 가난한 나라의 경제에 도움이 되는 것이라고 생각하고, B는 선진국의 경제에 도움이 되는 것이라고 생각하고 있다.

2 A와 B는 무역의 방향성에 대해서 어떻게 말하고 있는가?

1   A는 소비자의 의식의 변화가 필요한 것이라고 말하고, B는 비교우위를 얻기 위해서 더욱 힘써야 한다고 말하고 있다.

2   A는 상대적으로 가난한 무역 협력 국가의 지원의 형태로 이어져야 한다고 말하고, B는 자유무역을 통한 경쟁력 강화로 국민의 보호에 힘써야 한다고 말하고 있다.

3   A도 B도 상대적으로 빈곤한 나라에 대한 지원이 필요하다고 말하고 있다.

4   A도 B도 공정한 무역을 활성화시키기 위해서는 제도의 개선이 필요하다고 말하고 있다.

[풀이]

1 ⓐA는 보호무역에 의해서 국가 간의 갈등이 생긴다고 생각하고 있고, ⓒB는 자국민을 위한 무역이 되어야 한다고 생각하고 있다. 따라서 정답은 선택지 3번이다. B의 의견에 보호무역 철폐에 관한 내용은 없기 때문에, 선택지 1번은 정답이 될 수 없다. 선택지 2번과 4번에 관한 언급은 없었다.

2 ⓒA는 보호무역으로 인한 수익으로 다른 나라의 원호가 가능하다고 말하고 있고, ⓓB도 부유한 나라가 상대적으로 빈곤한 나라를 도와야 한다고 말하고 있다. 따라서 정답은 선택지 3번이다. 선택지 1번과 2번은 B의 주장이 본문의 내용과 맞지 않고, 선택지 4번에 관한 언급은 없었기 때문에 정답이 아니다.

[단어]

貿易 무역 ┃~において ~에게 있어서, ~에서 ┃考慮 고려 ┃輸入 수입 ┃輸出 수출 ┃保護 보호 ┃葛藤 갈등 ┃妨害 방해 ┃要因 요인 ┃関税 관세 ┃賦課 부과 ┃避ける 피하다 ┃後を絶たない 끊이지 않는다 ┃援護 원호 ┃購買 구매 ┃いかなる 어떠한 ┃影響 영향 ┃及ぼす 미치다, 미치게 하다 ┃賢明 현명 ┃紛争 분쟁 ┃和らげる 누그러뜨리다 ┃優位 우위 ┃いわゆる 소위, 이른바 ┃富裕 부유 ┃蓄積 축적 ┃資本 자본 ┃提供 제공 ┃競争 경쟁 ┃撤廃 철폐 ┃紛争 분쟁 ┃招く 부르다, 초래하다 ┃摩擦 마찰 ┃引き起こす 일으키다 ┃述べる 말하다, 기술하다 ┃~べきだ ~해야 한다 ┃支援 지원 ┃活性化 활성화 ┃制度 제도 ┃改善 개선

종합 이해 실전 연습 ❸ p.316 해석과 문제 해설

1	2
①	③

次のＡとＢはそれぞれ、子どもの休みについて書かれた文章である。二つの文章を読んで、後の問いに対する答えとして最もよいものを、１・２・３・４から一つ選びなさい。

A

　夏休みや冬休みというのは、学業をしばらく中断して、休息のための目的で作られた。学業による疲れた心身を治癒し、肉体的、精神的に安静を与えるために作られた教育システムの一環でもある。そのような目的を持っている休みの期間にも、ⓐ多くの量の宿題によって子供達が学業にストレスを感じてしまうというのは、本末転倒(注)である。生徒たちにとっては、ⓑ家族との交流、友達との付き合い、自分の趣味生活を通じて何かを学ぶことができる唯一の時間が、学校の休み期間に与えられる。学校から出た読書感想文や自由研究などの宿題を有料で代わりにやってくれる業者まで登場している。学ぶためには休まなければならない。

B

　ⓒ夏休みや冬休みになると、子どもたちは学校での学業をしばらく中断し、十分な休息を取ることができる。家族とより多くの時間を共有し、子供の趣味活動を通じて何かを学び感じとる時間になるのである。しかし、休み中の子供たちの生活のパターンと行動に関する研究発表によると、学校に通う時に比べ、子供の生活リズムは大きく乱れてしまうそうだ。親が共働きで不在の場所で、子供たちが、一定の生活パターンを維持することは困難であろう。子供の休みの大部分は、ゲームを楽しむこととテレビを見ることだという。研究発表からみると、休みという存在に疑問がわいてきてしまう。ⓓ子供に何の課題も与えず、休みを送らせるのは、休み期間中に子供を放置すること同様である。

(注) 本末転倒：根本的で重要なこととささいでつまらないことを取り違えること。

1　休みについて、ＡとＢが共通して述べていることはどれか、

　1　子供の趣味生活と家族との時間のために、必ず必要だと述べている。

　2　子供の自律性を育てるよい機会だが、適当な規制が必要だと述べている。

　3　親の指導の下で、子供たちの休息と趣味活動のための時間が保障されるべきだと述べている。

　4　学校での学業によるストレスを解消して、他のことが学習できる時間だと述べている。

一人の旅行は、精神的に鍛錬させてくれたり、豊かに補ってくれたりすることもあるが、諦めということも教えてくれる。慣れた安全な場所を離れてはじめて、自分の中にいる自分を見つけることができる。⑨他の人との調和を考えて、その中での安定と平和を追求するためにも、隠された自分を発見することはとても重要なことだ。私の内面にいる姿から他人の姿も発見できる。これが他の人との繋がりの形成にも、不必要な摩擦を解決することにも大変役立つ。

1 筆者は一人で旅行をする理由は何だと説明しているか。

1 他のことを考えず、個人のニーズを充足することも重要だから
2 家族のための犠牲に対する、一種の報いとして考えているから
3 旅の場所を選ぶことに対して、何の制約もないから
4 家族と一緒に行く旅行では、自分を反省する余裕がないから

2 筆者が言う一人だけの旅行に当てはまらないものはどれか。

1 旅行先の選択には慎重にアプローチして、安全を最優先に考えること
2 現地で会う人との質疑応答を通じて、旅行の情報を得ること
3 観光地について詳しく記述された本は、一人だけの旅行にあまり役に立っていないこと
4 多くの人たちが共感をなしている旅行コースからは、特別さを発見しにくいということ

3 筆者が、これを通してはじめて、真の自分が発見できるためだと言った理由は何か。

1 自分も知らなかったところが発見されて、それを改善しながら、自分の性格を直していくことができるから
2 大変な状況で現れる自分の新たな姿が、本物の自分の姿に近いことだから
3 普段は感じられなかった愛国心ということについて、真剣に考えられる良い機会だから
4 他人の影響や干渉のない状況で、普段は認知できなかった自分の他の面を見ることができるから

4 この文章で、筆者が一番言いたいことは何か。

1 他人の姿を批判する前に、自分の姿を先に反省してみなければならない。
2 利己的な自分の目標を追求することで、他の人に迷惑をかけてはいけない。
3 地域社会の繋がりと問題解決のためにも、たまには自分の姿を省みたほうがよい。
4 普段とは違う自分の姿を発見することで、他の人を理解することに役立つことができる。

다음 글을 읽고 뒤의 질문에 대한 답으로 가장 옳은 것을 1·2·3·4에서 하나 고르시오.

나는 일 년에 한 번 이상은 가족 여행도 가지만, 나에게만 초점을 맞출 수 있는 1인 여행을 즐기고 있다. 1인 여행은 외롭고 불안하다고 생각할 수도 있지만, 다른 사람의 시선은 신경 쓰지 않고, 자신만의 세계에 들어갈 수 있는 시간을 갖는 것이 나에게 있어서는 굉장히 중요한 일이다. ⓐ가정의 엄마이자 한 남자의 아내로서의 의무도 중요하지만, 한 사람의 인간으로서의 행복의 포기를 강요할 수는 없다고 생각한다.

혼자 하는 여행이든 다른 사람과 함께 가는 여행이든, ⓑ가장 중요한 것은 역시 여행지의 선택이다. 1인 여행은 세심한 배려가 필요하다. 게다가 여성의 경우는 더욱 신중해야 한다. ⓒ역시 치안이 좋은 곳을 고르는 것이 가장 좋다. 또한 안전이나 편리함을 우선시한다면, 현지에서 가이드를 고용하는 것도 나쁘지 않다. 한편, 가이드북을 사서 ⓓ유명한 관광지를 찾아가고, 평판이 좋은 식당에서 식사를 하는 단골 관광 코스를 도는 듯한 것은 여행이 아니다. 자신만을 위한 1인 여행에는 ⓔ여행 가이드북만큼 의미 없는 책도 없을 것이다. (중략)

편하게 여행하고 싶다는 생각은 버려야 한다. 지금까지 1인 여행을 7번 경험했지만, 편하고 즐겁기만 했던 여행은 한 번도 없었다. 힘든 일정이 거듭될수록 여행을 포기하고 돌아가고 싶다는 생각을 하루에도 몇 번이나 하게 된다. 그럼에도 불구하고 이것을 포기할 수 없는 것은 이것을 통해서야 비로소 진정한 나를 발견할 수 있기 때문이다. ⓕ다른 사람에게 철저히 배제되고, 도움을 받을 수 없는 상황에서 만나는 '나'는 굉장히 생소하다. 어떤 때는 긍정적이고 쾌활한 모습을, 또 어떤 때는 냉정하고 무서운 면까지 볼 수 있다. 가족, 친구, 직장, 이웃, 그리고 국가. 이것들이 나에게 얼마나 소중한 존재이고, 지금까지 나를 보호하고 지켜주고 있었던 것을 통감하게 된다. 애국심이란 자신의 나라가 아닌 다른 나라에 있을 때에 조우하는 것일까?

(중략)

1인 여행은 정신적으로 단련시켜 주기도 하고, 풍요롭게 채워주기도 하지만, 포기라는 것도 가르쳐 준다. 익숙하고 안전한 곳을 떠나야만 내 안에 있는 나를 찾을 수 있다. ⓖ다른 사람과의 조화를 생각하고, 그 속에서 안정과 평화를 추구하기 위해서도 숨겨진 자신을 발견하는 것은 굉장히 중요한 일이다. 나의 내면에 있는 모습에서 타인의 모습도 발견할 수 있다. 이것이 다른 사람과의 유대감 형성에도, 불필요한 마찰을 해결하는 것에도 큰 도움이 된다.

1 필자는 혼자서 여행을 하는 이유는 무엇이라고 설명하고 있는가?

1 다른 것을 생각하지 않고, 개인의 욕구를 충족하는 것도 중요하기 때문에

2 가족을 위한 희생에 대한 일종의 보답으로서 생각하고 있기 때문에

3 여행 장소를 고르는 것에 대해서 아무런 제약도 없기 때문에

4 가족과 함께 하는 여행에서는 자신을 반성할 여유가 없기 때문에

2 필자가 말하는 혼자만의 여행에 적합하지 않은 것은 무엇인가?

1 여행지의 선택에는 신중하게 접근하고 안전을 최우선으로 생각하는 것

2 현지에서 만나는 사람들과의 질의응답을 통해서 여행의 정보를 얻는 것

3 관광지에 대해서 자세하게 기술된 책은 혼자만의 여행에 큰 도움이 되지 않는 것

4 많은 사람들이 공감대를 이루고 있는 여행 코스에서는 특별함을 발견하기 힘들다는 것

3 필자가 이것을 통해서야 비로소 진정한 나를 발견할 수 있기 때문이다라고 말한 이유는 무엇인가?

1 자기도 몰랐던 부분이 발견되고, 그것을 개선하면서 자신의 성격을 고쳐갈 수 있기 때문에

2 힘든 상황에서 나타나는 자신의 새로운 모습이 진짜 자신의 모습에 가깝기 때문에

3 평소에는 느낄 수 없었던 애국심이라는 것에 대해서 진지하게 생각할 수 있는 좋은 기회이기 때문에

4 다른 사람의 영향이나 간섭이 없는 상황에서 평소에는 인지하지 못했던 자신의 다른 면을 볼 수 있기 때문에

4 이 문장에서 필자가 가장 말하고 싶은 것은 무엇인가?

　1　타인의 모습을 비판하기 전에 자신의 모습을 먼저 반성해 보아야 한다.

　2　이기적인 자신의 목표를 추구하는 것으로, 다른 사람에게 폐를 끼쳐서는 안 된다.

　3　지역사회의 유대와 문제 해결을 위해서도 가끔씩은 자신의 모습을 돌아보는 것이 좋다.

　4　평소와는 다른 자신의 모습을 발견하는 것으로, 다른 사람을 이해하는 것에 도움이 될 수 있다.

[풀이]

1　ⓐ엄마나 아내가 아닌, 한 개인으로서의 행복 추구도 중요하다고 말하고 있다. 따라서 정답은 선택지 1번이다.

2　ⓑ여행지의 선택과 ⓒ치안의 중요성을 말하고 있다. 따라서 선택지 1번은 정답이 될 수 없다. ⓓ많은 사람들에게 알려져 있는 것을 보고 오는 것은 여행이 아니라고 하고, ⓔ가이드북은 의미가 없다고 말하고 있기 때문에, 선택지 3번과 4번도 정답이 아니다. 지문에 언급이 되지 않은 선택지 2번이 정답이다.

3　ⓕ다른 사람의 도움이나 영향을 받을 수 없을 때, 평소의 자신과는 다른 모습을 발견할 수 있다고 말하고 있다. 따라서 정답은 선택지 4번이다.

　Tip 밑줄 친 문제는 앞뒤의 문장을 잘 살펴보면 정답에 관한 힌트를 찾을 수 있는 경우가 많다.

4　ⓖ숨겨진 자신의 모습에서 다른 사람의 모습을 볼 수 있고, 그것을 통해서 불필요한 마찰을 피할 수 있다고 주장하고 있다. 따라서 정답은 선택지 4번이다.

　Tip 필자의 주장을 묻는 문제는 마지막 부분에 정답에 관한 힌트가 나오는 경우가 많다.

[단어]

焦点 초점 | 合わせる 맞추다 | 犠牲 희생 | 放棄 포기 | 強要 강요 | ～であれ ～であれ ～든 ～든 | 選択 선택 | 細心 세심 | 配慮 배려 | 慎重 신중 | 優先 우선 | 雇う 고용하다 | 評判 평판 | 定番 단골 | 廻る 돌다, 돌아다니다 | 諦める 포기하다 | ～にもかかわらず ～에도 불구하고 | ～てはじめて ～하고 나서야 비로소 | 排除 배제 | 不慣れ 익숙하지 않음, 서투름 | 快活 쾌활 | 痛感 통감 | 遭遇 조우 | 鍛錬 단련 | 補う 보충하다, 채우다 | 調和 조화 | 繋がり 연계, 유대 | 摩擦 마찰 | 充足 충족 | 報い 보답, 보수 | 制約 제약 | 余裕 여유 | 質疑応答 질의응답 | 批判 비판 | 迷惑をかける 폐를 끼치다 | 省みる 돌이켜보다, 반성하다

주장 이해(장문) 실전 연습 ❷ p.323 해석과 문제 해설

1	2	3	4
③	③	②	②

多くの人々がそれぞれの立場で文章を書いている。　学生はレポートや論文等の課題を、職場で働く人は報告や計画書、提案書などを、また趣味としてSNSに投稿したり、職業として専門的な文章を書く人も多い。文章を書くために資料を収集し、多くの本を読み、品詞の調整、文体の簡潔化や統一性のために努力する。

　文章を書くための最高の方法は、やはり①多読である。ⓐ多様な文をたくさん読むと、文を書くための文章の構成や長さ、単語の組み合わせ、文体の特徴と適切な例などの技術的なことを身に付けることができる。また、文の目的と対象を正確に把握していなければならない。例えば、ⓑ子供たちを対象にする文に、各種の図やグラフ、難しい用語の羅列が入った文章は難しい。また、客観的な事実を伝える内容を書くか、自分の意見を主張する文章を書くかによって、文体や文章の作成要領が一変する。情報を提供することを目的とする文は、信頼性のある資料収集が極めて重要である。それに比べて論文や評論、社説などの文章を書くときは、一貫した論調をもとに、自分の考えを明確に伝えるための文章と展開の仕方が必要である。文章を書くとき、目的と対象を確実に決めておくと、②文章の方向を定めることに大いに役立つ。

文章が完成すれば、3回ぐらい声を出して読んでみた方が良い。全体的な主題と内容の流れに合わない内容なら、思い切って捨てなければならない。ⓒ脱稿(主)する過程で音を出して読んでみると、文章のリズムと韻律も感じることができる。流れに合わないリズムや表現があれば、すぐに削除することが、よい文章を書けるポイントだと言える。作成された文を読み上げながら、完成度を害した表現を取り出すことが、筆者の欲も取り出すことができるようになるのである。　（中略）

　文をうまく書くことと良い文を書くのは明らかに異なる。うまく書かれた文章とは、技術的な面が優れた文章である。模倣と稽古を通じて誰でも十分に上手になる。しかし、良い文章というのは、それを読んだ対象に何かを伝えられなくてはならない。感動、悟り、思索を抱かせる文章こそ、良い文章であると思う。そのためには澄んだ精神を維持して、きれいな心の状態を作ることが重要である。澄んだ精神のためには十分に睡眠を取り、よい行いをして、罪を犯さないように努力しなければならない。ⓓ良い文章は良い人から誕生するものである。

（主）脱稿：原稿を書きおえること。

1　筆者はなぜ、①多読が重要だと述べているか。
1　職業として文字を書く人たちの職業意識を学ぶことができるから
2　よい成果を出すための資料が必要であるから
3　文を書くための多様な技術を学ぶことができるから
4　他人の文を通じて、対象を選定する方法を身につけることができるから

2　②文章の方向を定めることに大いに役立つというのはどういう意味か。
1　文章の対象によって、情報の種類は変わるということ
2　文章をたくさん読むと、読者の要求を把握しやすくなるということ
3　目的と対象によって、文章の構成と文体が変わるということ
4　目的を決めておけば、資料収集の量を推測することができるということ

3　筆者が文章を何回か声を出して読んでみた方がいいと述べている理由は何か。
1　不足した部分を詰めることによって、文章の完成度を高めることができるため
2　文章の流れや内容の加減を判断するための効果的な方法であるため
3　全体的なテーマに関した内容をさらに強調できるため
4　筆者の欲求を制限して、文章を読む読者の要求を把握することができるため

4　筆者は良い文章について、どう考えているか。
1　文章の精巧さと模倣を通じた創造こそ、良い文章の条件だと考えている。
2　良い人格を持っている人が文章を作成するとき、現れるものだと考えている。
3　周辺環境について考えさせる文章が、良い文章だと考えている。
4　善良な行動をするための動機づけを持たせる文章が、良い文章の条件だと考えている。

많은 사람들이 각자의 입장에서 글을 쓰고 있다. 학생은 리포트나 논문 등의 과제를, 직장에서 일하는 사람은 보고서나 계획서, 제안서 등을, 또한 취미로서 본인의 SNS에 투고를 하거나, 직업으로서 전문적인 글을 쓰는 사람도 많다. 글을 쓰기 위해서 자료를 수집하고 많은 책을 읽고, 품사의 조정, 문체의 간결화나 통일성을 위해서 노력한다.

글을 잘 쓰기 위한 최고의 방법은 역시 ①다독이다. @다양한 글을 많이 읽으면 글을 쓰기 위한 문장의 구성이나 길이, 단어의 조합, 문체의 특징과 적절한 예시 등의 기술적인 것을 익힐 수 있다. 또한 글의 목적과 대상을 정확하게 파악하고 있어야 한다. 예를 들면, ⓑ어린 아이들을 대상으로 하는 글에 각종 도표나 그래프, 어려운 용어들의 나열이 들어간 문장은 어렵다. 또한 객관적인 사실을 전하는 내용을 쓸 것인지, 자신의 의견을 주장하는 글을 쓸 것인지에 따라서, 문체나 문장의 작성 요령이 완전히 달라진다. 정보를 제공하는 것을 목적으로 하는 글은 신뢰성 있는 자료 수집이 매우 중요하다. 그에 비해 논문이나 평론, 사설 등의 글을 쓸 때는 일관된 논조를 바탕으로 자신의 생각을 명확하게 전달하기 위한 문장과 전개 방식이 필요하다. 글을 쓸 때 목적과 대상을 확실하게 정해 두면 ②글의 방향을 정하는 것에 큰 도움이 된다.

글이 완성되면 세 번 정도 소리 내어 읽어 보는 것이 좋다. 전체적인 주제와 내용의 흐름에 맞지 않는 내용이라면 과감하게 버려야 한다. ⓒ탈고하는 과정에서 소리를 내어 읽어 보면, 문장의 리듬과 운율도 느낄 수가 있다. 흐름에 맞지 않는 리듬이거나 표현이 있으면 바로 삭제하는 것이 좋은 글을 쓸 수 있는 포인트라고 말할 수 있다. 작성된 글을 읽어 내려가면서 완성도를 해치는 표현들을 덜어내는 것이 필자의 욕심도 덜어낼 수 있게 되는 것이다.

(중략)

글을 잘 쓰는 것과 좋은 글을 쓰는 것은 확연하게 다르다. 잘 쓰인 글이란 기술적인 면이 뛰어난 글이다. 모방과 배움을 통해서 누구나 충분히 잘하게 된다. 하지만 좋은 글이라는 것은 그것을 읽은 대상에게 무언가를 전해 줄 수 있어야 한다. 감동, 깨달음, 사색을 안기는 글이야말로 좋은 글이라고 생각한다. 그것을 위해서는 맑은 정신을 유지하고, 깨끗한 마음의 상태를 만드는 것이 중요하다. 맑은 정신을 위해서는 충분히 수면을 취하고, 착한 일을 하고, 죄를 짓지 않도록 노력해야 한다. ⓓ좋은 글은 좋은 사람에게서 탄생하는 것이다.

(주)脱稿 : 탈고. 원고를 끝마치는 것.

---

1 필자는 왜 ①다독이 중요하다고 말하고 있는가?

1 직업으로 글을 쓰는 사람들의 직업 의식을 배울 수 있기 때문에

2 좋은 성과를 내기 위한 자료가 필요하기 때문에

3 글을 쓰기 위한 다양한 기술을 배울 수 있기 때문에

4 타인의 글을 통해서 대상을 선정하는 방법을 익힐 수 있기 때문에

2 ②글의 방향을 정하는 것에 큰 도움이 된다는 것은 무슨 의미인가?

1 글의 대상에 따라서 정보의 종류가 달라진다는 것

2 글을 많이 읽으면 독자의 요구를 파악하기 쉬워진다는 것

3 목적과 대상에 따라서 글의 구성과 문체가 달라진다는 것

4 목적을 정해 두면 자료 수집의 양을 가늠할 수 있다는 것

3 필자가 글을 몇 번인가 소리를 내어서 읽어 보는 것이 좋다고 말하는 이유는 무엇인가?

1 부족한 부분을 채움으로써 문장의 완성도를 높일 수 있기 때문에

2 문장의 흐름이나 내용의 가감을 판단하기 위한 효과적인 방법이기 때문에

3 전체적인 주제에 관련된 내용을 더욱 강조할 수 있기 때문에

4 필자의 욕구를 제한하고 글을 읽는 독자의 요구를 파악할 수 있기 때문에

4 | 필자는 좋은 글에 대해서 어떻게 생각하고 있는가?

1   문장의 정교함과 모방을 통한 창조야말로 좋은 글의 조건이라고 생각하고 있다.

2   훌륭한 인격을 가지고 있는 사람이 글을 작성할 때 나타나는 것이라고 생각하고 있다.

3   주변 환경에 대해서 생각을 하게 하는 글이 좋은 글이라고 생각하고 있다.

4   착한 행동을 하기 위한 동기부여를 가지게 하는 글이 좋은 글의 조건이라고 생각하고 있다.

[풀이]

1   ⓐ글을 많이 읽으면 여러 가지 기술적인 것들을 배울 수 있다고 말하고 있다. 따라서 정답은 선택지 3번이다.

2   ⓑ어린 아이를 대상으로 한 글에 어려운 내용을 넣는 것은 좋지 않다고 말하고 있고, 사실 전달과 주장 전달의 목적에 따라 글을 쓰는 방법이 달라진다고 말하고 있다. 따라서 정답은 선택지 2번이다.

3   ⓒ소리를 내어 글을 읽음으로써 흐름에 맞지 않는 표현 등의 삭제를 통해 좋은 글로 이어질 수 있다고 말하고 있다. 따라서 정답은 선택지 2번이다.

4   ⓓ필자는 좋은 글은 좋은 사람에게서 만들어지는 것이라고 말하고 있다. 따라서 정답은 선택지 4번이다.

Tip 필자의 주장을 묻는 문제는 마지막 부분에 정답에 관한 힌트가 나오는 경우가 많다.

[단어]

投稿 투고 | 収集 수집 | 調整 조정 | 簡潔化 간결화 | 羅列 나열 | 一変 일변 | 信頼性 신뢰성 | 極めて 극히, 매우 | 論調 논조 | 脱稿 탈고 | 韻律 운율 | 削除 삭제 | 害する 해치다, 상하게 하다 | 模倣 모방 | 稽古 배움, 익힘 | 悟り 깨달음 | 思索 사색 | 抱く 안다, 품다 | 澄む 맑다, 맑아지다 | 推測 추측 | 詰める 채우다 | 加減 가감 | 精巧さ 정교함 | 動機づけ 동기 부여

주장 이해(장문) 실전 연습 ❸ p.326 해석과 문제 해설

1	2	3	4
②	①	④	①

人間が万物の首長になることができたのは、脳の活性化の成功のおかげである。ⓐ遠い昔、人類は生存のための道具を作るために努力した。数多くの失敗を記憶しながら、再び挑戦する過程が、何百年も繰り返された。一般的な成人の脳は、約1000億個のニューロンがあり、このニューロンは最大1000兆のシナプスを形成することが可能である。理論的には、この1000兆のシナプスを通して約5億冊の本を保存することができるほど、実に莫大な保存スペースを有しているが、まだ脳を完全に活用できないのが現実であり、今も絶えず研究が進みつつある。　（中略）

人間の記憶は短期記憶と長期記憶に分かれている。短期記憶はあっという間に消えていく。その保存のために、人類は記録の発見という偉大な結果を作り出した。記録が進化を重ねた結果、人間の生活を豊かにする数多くの物を発明するまでに至ったのである。ⓑ記録に助けてもらった短期記憶や、脳の選択によって濾過(主)されたものが長期記憶として脳の中に保存される。長期記憶は無限の容量を誇るが、反復的な刺激が必要である。つまり、時間の影響を受けるということである。人間は記憶によって、生活の質を向上させてきたが、その反面、比べようもない苦痛も味わわざるをえなくなっている。幼い頃には楽しく、幸せな思い出が長期記憶の大半を占めているが、時間の流れによる周囲の状況の変化、道徳、責任などによって、ⓒ喜ばしくない思い出や失敗や心の傷などの記憶が長期記憶と位置づけられる場合が多い。ⓓ視覚的、聴覚的による良くない記憶が、長期記憶に認識されてしまうと、忘れるのに相当な時間がかかってしまうのである。

記憶の裏面には、忘却が存在する。記憶が人類の物質的な発展を遂げたとすれば、ⓔ忘却は人類の精神的な発展を遂げた贈り物だとも言える。人間の行動は、精神的な影響に左右されている。同じ種類の良くないことであっても、機嫌のいい日は、大したことではないように思うが、機嫌の悪い日は挫折して絶望してしまう。人間にとって、忘却は必須的な存在になってしまった。特に、感情の処理が必要なサービス業などに従事している人なら、必ず備えなければならない。削除ボタンを押すだけで、すべての内容が消えてしまう機械のような忘却の力がさらに必要な時代になってしまったと思う。ⓕ新しいものを詰めるには、古いものを捨てなければならない。捨てる力が忘却であり、感情を制御できる力もまた、忘却というものである。

（主）濾過：液体や気体を多孔質の物質に通して固体粒を取り除くこと。

1 脳の活性化とあるが、ここではどういう意味か。
1 極限な状況で記憶力を引き上げるための効率的な方法
2 長年にわたって蓄積された記憶を通して、新しい物を発明すること
3 記憶の空間を増やすために、脳を研究する過程を活発に進めること
4 難しい問題の解決のために、脳から送るホルモンのこと

2 長期記憶と短期記憶についての説明として正しくないものは何か。
1 保存の限界を持っている短期記憶は、記録の選択を受けたものである。
2 記録による短期記憶は、長期記憶に発展する可能性がある。
3 感覚器官による情報は、記憶の保存時間が相対的に長い。
4 良い記憶だけが長期記憶に発展するわけではない。

3 次のうち、筆者が考えている忘却に最も近いものはどれか。
1 記憶に至らなかった情報を処理して取り除く過程
2 人類の革新的な発明に多大な影響を与えたもの
3 人間の道徳や良心に影響を受けているもの
4 人間の精神や感情を調節できる装置

4 この文章で、筆者が一番言いたいことは何か。
1 今後の人間の発展のためには、忘れることに関する見直しが必要である。
2 記憶力と忘却の調和による感情の調節が重要な時代になった。
3 新しいものを受け入れるためには、すべての古い知識を空けることが重要である。
4 記憶に依存せずに、不要な情報を選び出すことが必要な時代である。

인간이 만물의 수장이 될 수 있었던 것은 뇌의 활성화에 성공한 덕분이다. ⓐ먼 옛날 인류는 생존을 위한 도구를 만들기 위해서 노력했다. 수없이 많은 실패를 기억하면서 다시 도전하는 과정이 몇 백 년이나 되풀이되었다. 일반적인 성인의 뇌는 약 1000억 개의 뉴런에 있고, 그 뉴런은 최대 1000조 개의 시냅스를 형성할 수가 있다. 이론적으로는 이 1000억 개의 시냅스를 통해 약 5억 권의 책을 보존하는 것이 가능할 만큼, 실로 엄청난 저장 공간을 가지고 있지만, 아직 뇌를 완전하게 활용할 수 없는 것이 현실이고, 지금도 끊임없이 연구가 진행되고 있다. (중략)

인간의 기억은 단기기억과 장기기억으로 나뉘어 있다. 단기기억은 순식간에 사라져 간다. 그 보존을 위해서 인류는 기록의 발견이라는 위대한 결과를 만들어냈다. 기록이 진화를 거듭한 결과 인간의 삶을 풍요롭게 하는 수많은 물건을 발명하기까지 이르게 된 것이다. ⓑ기록의 도움을 받은 단기기억이나 뇌의 선택에 의해서 여과⁽ᵘ⁾된 것들이 장기기억으로 뇌 속에 보존된다. 장기기억은 무한한 용량을 자랑하지만, 반복적인 자극이 필요하다. 즉 시간의 영향을 받는다는 것이다. 인간은 기억으로 인해 생활의 질을 향상시켜 왔지만, 그 반면, 비할 수 없는 고통도 체험하지 않을 수 없게 되었다. 어린 시절에는 즐겁고 행복한 추억이 장기기억의 대부분을 차지하지만, 시간의 흐름에 의한 주변 상황의 변화, 도덕, 책임 등에 의해서 ⓒ즐겁지 않은 추억이나 실패, 마음의 상처 등의 기억이 장기기억으로 자리잡게 되는 경우가 많다. ⓓ시각적, 청각적에 의한 좋지 않은 기억이 장기기억으로 인식되어 버리면 잊는 것에 상당한 시간이 걸리고 마는 것이다.

기억의 뒷면에는 망각이 존재한다. 기억이 인류의 물질적인 발전을 이루었다고 한다면, ⓔ망각은 인류의 정신적인 발전을 이룬 선물이라고도 말할 수 있다. 인간의 행동은 정신적인 영향에 좌우되고 있다. 같은 종류의 좋지 않은 일이라도 기분이 좋은 날은 별일 아닌 듯이 생각하지만, 기분이 나쁜 날은 좌절하여 절망하고 만다. 인간에게 망각은 필수적인 존재가 되어버렸다. 특히 감정의 처리가 필요한 서비스업 등에 종사하고 있는 사람이라면 반드시 갖추어야 한다. 삭제 버튼을 누르기만 하는 것으로 모든 내용이 지워져 버리는 기계 같은 망각의 힘이 더욱 필요한 시대가 되었다고 생각한다. ⓕ새로운 것을 채우기 위해서는 낡은 것을 버려야 한다. 버리는 힘이 망각이고, 감정을 제어할 수 있는 힘도 역시 망각이라는 것이다.

(주)濾過 : 여과. 액체나 기체를 다공질 물질에 통과시켜서 고체 입자를 제거하는 것.

1　뇌의 활성화라고 하는데, 여기에서는 어떤 의미인가?

1　극한 상황에서 기억력을 끌어올리기 위한 효율적인 방법

2　오랜 시간에 걸쳐서 축적된 기억을 통해서 새로운 것을 발명하는 일

3　기억의 공간을 늘리기 위해서 뇌를 연구하는 과정을 활발하게 진행하는 것

4　어려운 문제의 해결을 위해서, 뇌에서 보내는 호르몬

2　장기기억과 단기기억에 대한 설명으로서 올바르지 않은 것은 무엇인가?

1　보존의 한계를 가지고 있는 단기기억은 기록의 선택을 받은 것이다.

2　기록에 의한 단기기억은 장기기억으로 발전할 가능성이 있다.

3　감각기관에 의한 정보는 기억의 보존 시간이 상대적으로 길다.

4　좋은 기억만이 장기기억으로 발전하는 것은 아니다.

3　다음 중 필자가 생각하는 망각에 가장 가까운 것은 어느 것인가?

1　기억에 이르지 못한 정보를 정리하고 세서하는 과정

2　인류의 혁신적인 발명에 다대한 영향을 준 것

3　인간의 도덕이나 양심에 영향을 받고 있는 것

4　인간의 정신이나 감정을 조절할 수 있는 장치

4　이 문장에서 필자가 가장 말하고 싶은 것은 무엇인가?

1　이후의 인간의 발전을 위해서는 잊는 것에 관한 재조명이 필요하다.

2　기억력과 망각의 조화에 의한 감정의 조절이 중요한 시대가 되었다.

3　새로운 것을 받아들이기 위해서는 모든 낡은 지식을 비우는 것이 중요하다.

4　기억에 의존하지 않고 불필요한 정보를 골라내는 것이 필요한 시대이다.

1 ⓐ수많은 실패를 기억하면서 생존을 위한 도구를 만드는 것에 성공한 인간이 만물의 수장이 되었다고 말하고 있다. 따라서 정답은 선택지 2번이다.

2 ⓑ기록의 도움을 받은 단기기억은 장기기억이 된다고 언급하고 있다. 따라서 선택지 2번은 정답이 될 수 없고, 선택지 1번이 정답이다. ⓒ장기기억에 좋은 기억만이 있는 것은 아니고, ⓓ감각기관에 의한 기억은 상당한 시간이 지나야 기억에서 사라진다고 말하고 있다. 따라서 선택지 3번과 4번도 정답이 아니다.

3 망각은 인류의 정신적인 발달을 가지고 왔다고 말했기 때문에, 정답은 선택지 4번이다.

4 필자는 새로운 것을 채우는 발전을 위해서는 망각이 필요하다고 주장하고 있다. 따라서 정답은 선택지 1번이다.

[단어]

挑戦 도전 | 濾過 여과 | ～として ～로서 | 誇る 자랑하다, 뽐내다 | 刺激 자극 | ～ざるをえない ～하지 않을 수 없다 | 忘却 망각 | 遂げる 이루다, 달성하다 | 従事 종사 | 備える 갖추다, 구비하다 | 削除 삭제 | 詰める 채우다 | ～には ～하기 위해서는, ～하려면 | 制御 제어 | 引き上げる 끌어올리다 | 効率 효율 | ～にわたって ～에 걸쳐서 | 蓄積 축적 | 取り除く 제거하다 | 革新 혁신 | 調節 조절 | 装置 장치 | 見直し 재검토, 다시 봄 | 調和 조화 | 受け入れる 받아들이다 | 選び出す 골라내다, 선출하다

주장 이해(장문) 실전 연습 ❹ p.329 해석과 문제 해설

1	2	3	4
②	④	②	①

　本を身近に置く子供は、同年代のほかの子供たちに比べて集中力と思考力、そして想像力の部分において優れているという研究結果がある。子供の個性というものは、ある程度の自我と人格が形成できている成人の個性とは大きく異なる。5歳から7歳までの子供の個性は、真っ白な画用紙と同じである。ⓐ何もないのではなく、あまりにも多様で複合的な個性を、成人の基準では判断できないというわけである。その紙に字を書き放題、絵を描き放題に個性が現れる。言語の発達と教育の統制を受けながら弱くなった個性は、徐々に消滅してその中で最も強いものが個性として現れる。すべてのことを受け入れることができるが、すべてのことを忘れることもできるのが、子供が持っている特別さである。　（中略）

　自分の子供を注意深く観察すると、特定のものや映像に反応することが発見できる。これと関連がある本を子供に渡すと子供は夢中になって、それを読み始める。文を読み始めたばかりの低年齢層の子供の集中力は信じられないほどであるため、子供に本を勧める時には注意が必要である。ⓑ本の内容が子供に及ぼす影響が少ないと言えず、本を読みながら知りたいことを質問する子供も多い。そういうわけで、親は子供より先に本を読んでおかなければならない。本を読み終わったら、子供をほめて、激励してあげるのがいい。本が好きな子供は、そうでない子供よりも道徳的な個性を持ちやすく、忍耐と適応力に優れている。ここで注意すべき点は、子供の結論が、自分の思った範囲から外れることもあるという点である。善と悪が完璧に判断できない存在が、子供であることを肝に銘じなければならない。　（中略）

　本を読み聞かせる時は、普段より、はるかに大げさに読むことが重要である。子供の想像力に大きく役立つためである。本を読んであげる父親の声は認知能力の発達のみならず、情緒的な安定感を高め、思考力と想像力を拡張させる。ⓒ母親より父親が読んであげるほうが、すべての面において子どもによい影響を与える。

　ⓓ本がいやな子供に本を強要するのは、子供の教育はもとより、情緒的な発達にもよくないし、強要の結果、本をずっと嫌がる子供へと成長する可能性もある。本を読まない権利を子供にもあげるのが良い。子供に本を読ませるのが親の権利ではない。子供は本を読むこともあれば、読まないこともある。また、休んでから読むこともあれば、最後まで読まないこともある。読者としての権利というのが親によって無視されてはならないことである。親はその本の読者ではない。

1 筆者は、子供の個性の特徴は何だと述べているか。
　1　子供の人格を決定する必須不可欠な要素
　2　大人の個性とは異なり、さまざまなものが混合されているもの
　3　最も発達した一つの個性が、他のものを吸収しながら現れるもの
　4　教育の影響を与えられなかったことによって、表には全く表れていないもの

2 親は子供より先に本を読んでおかなければならないとあるが、その理由は何か。
　1　子供の好みに合っていない本は、むしろ読書習慣に悪影響を与えるから
　2　本を読み終えた子供に、適切な質問をしたほうがいいから
　3　本を読むことに集中しすぎたあまり、周辺の変化が認知できなくなるから
　4　本の内容が子供に適合しているかについて、あらかじめ把握しておかなければならないから

3 本を読んであげる親に対する筆者の意見は何か。
　1　本をありのままに読んであげるのではなく、途中に質問も混ぜたほうがいい。
　2　子供に本を読んであげることは、なるべく父親が担当したほうがいい。
　3　子供を褒めながら本を読んであげることで、読書の楽しさを養わせることができる。
　4　本を読んであげる人の声に反応して、子供は独自の思考力を育てていく。

4 筆者は読者としての子供の権利についてどう述べているか。
　1　本を読むことを嫌がっている子供に、無理に本を読ませる必要はない。
　2　子供が読書の楽しさを知っていくように、本を選ぶ権利を与えなければならない。
　3　本を嫌がる子供に育たないように、本を読む時間を必ず提供しなければならない。
　4　両親は、子供が本を読みきれなくても、忍耐心を持って待ったほうがいい。

　책을 가까이하는 아이는 또래의 다른 아이들에 비해서 집중력과 사고력 그리고 상상력의 부분에서 우수하다는 연구 결과가 있다. 아이의 개성이라는 것은 어느 정도의 자아와 인격이 형성되어 있는 성인의 개성과는 크게 다르다. 5세부터 7세까지의 어린 아이의 개성은 새하얀 도화지와 같다. ⓐ아무것도 없는 것이 아니라, 너무나도 다양하고 복합적인 개성을 성인의 기준으로는 판단할 수 없다는 것이다. 그 종이에 글을 쓰는 대로 그림을 그리는 대로 개성이 나타난다. 언어의 발달과 교육의 통제를 받으면서 약해진 개성은 차츰 소멸되고, 그 중에 가장 강한 것이 개성으로 나타난다. 모든 것을 받아들일 수 있지만, 모든 것을 잊어버릴 수도 있는 것이 아이가 가지고 있는 특별함이다. (중략)

　자신의 아이를 유심히 관찰하면, 특정한 물건이나 영상에 반응하는 것을 발견할 수 있다. 이것과 관련이 있는 책을 아이에게 건네면, 아이는 몰두해서 그것을 읽기 시작한다. 막 글을 읽기 시작한 저연령층의 아이의 집중력은 믿기 힘들 정도이기 때문에, 아이에게 책을 권할 때에는 주의가 필요하다. ⓑ책의 내용이 아이에게 미치는 영향이 적다고 말할 수 없고, 책을 읽으면서 궁금한 것을 질문하는 아이도 많다. 그렇기 때문에 부모는 아이보다 먼저 책을 읽어 두어야 한다. 책을 다 읽으면 아이를 칭찬하고 격려해 주는 것이 좋다. 책을 좋아하는 아이는 그렇지 못한 아이보다 도덕적인 개성을 가지기 쉽고, 인내와 적응력이 뛰어나다. 여기서 주의할 점은 아이의 결론이 자신이 생각했던 범위에서 벗어날 수도 있다는 점이다. 선과 악을 완벽하게 판단할 수 없는 존재가 아이라는 것을 명심해야 한다. (중략)

책을 읽어 줄 때는 평소보다 훨씬 과장되게 읽는 것이 중요하다. 아이의 상상력에 큰 도움이 되기 때문이다. 책을 읽어주는 아빠의 목소리는 인지 능력의 발달은 물론, 정서적 안정감을 높여 주고 사고력과 상상력을 확장시킨다. ⓒ엄마보다 아빠가 책을 읽어 주는 것이 모든 면에서 아이에게 좋은 영향을 준다.

ⓓ책을 싫어하는 아이에게 책을 강요하는 것은 아이의 교육은 물론 정서적인 발달에도 좋지 않고, 강요의 결과 계속 책을 싫어하는 아이로 성장할 가능성도 있다. 책을 읽지 않을 권리를 아이에게도 주는 것이 좋다. 아이에게 책을 읽게 하는 것이 부모의 권리가 아니다. 아이는 책을 읽을 수도 있고 읽지 않을 수도 있다. 또한 쉬었다가 읽을 수도 있고 마지막까지 다 읽지 않을 수도 있다. 독자로서의 권리라는 것이 부모에 의해 무시되어서는 안 되는 것이다. 부모는 그 책의 독자가 아니다.

1 필자는 아이의 개성의 특징은 무엇이라고 말하고 있는가?

1 아이의 인격을 결정하는 필수불가결한 요소

2 어른의 개성과는 다르게, 여러 가지가 혼합되어 있는 것

3 가장 발달한 하나의 개성이 다른 것을 흡수하면서 나타나는 것

4 교육의 영향을 받지 못한 것으로 인해, 겉으로는 전혀 드러나지 않는 것

2 부모는 아이보다 먼저 책을 읽어 두어야 한다고 하는데, 그 이유는 무엇인가?

1 아이의 기호에 맞지 않는 책은 오히려 독서 습관에 악영향을 주기 때문에

2 책을 다 읽은 아이에게 적절한 질문을 하는 편이 좋기 때문에

3 책을 읽는 것에 지나치게 집중한 나머지, 주변의 변화를 인지하지 못하게 되기 때문에

4 책의 내용이 아이에게 적합한 것인지에 대해서 미리 파악해 두어야 하기 때문에

3 책을 읽어 주는 부모에 대한 필자의 의견은 무엇인가?

1 책을 있는 그대로 읽어 주는 것이 아니라, 중간에 질문도 섞는 편이 좋다.

2 아이에게 책을 읽어 주는 것은 되도록 아빠가 담당하는 편이 좋다.

3 아이를 칭찬하면서 책을 읽어 줌으로써 독서의 즐거움을 키워 줄 수 있다.

4 책을 읽어 주는 사람의 목소리에 반응해서 아이는 독자적인 사고력을 기른다.

4 필자는 독자로서의 아이의 권리에 대해서 어떻게 말하고 있는가?

1 책을 읽는 것을 싫어하는 아이에게 무리하게 책을 읽게 할 필요는 없다.

2 아이가 독서의 재미를 알아갈 수 있도록 책을 고를 수 있는 권리를 주어야 한다.

3 책을 싫어하는 아이로 자라지 않도록 책을 읽을 시간을 반드시 제공해야 한다.

4 부모는 아이가 책을 다 읽지 못하더라도 인내심을 가지고 기다리는 편이 좋다.

[풀이]

1 ⓐ아이의 개성은 다양하고 복합적인 것이라고 말하고 있기 때문에, 정답은 선택지 2번이다.

2 ⓑ아이에게 좋은 않은 영향을 줄 수도, 아이가 책을 읽다가 질문을 할 수도 있다는 내용이 있으므로, 정답은 선택지 4번이다.

3 ⓒ필자는 엄마보다 아빠가 책을 읽어 주는 것이 더 좋다고 말하고 있다. 따라서 정답은 선택지 2번이다.

4 ⓓ아이에게 책을 억지로 읽게 하는 것이 좋지 않은 영향을 줄 수도 있다고 말하고 있다. 따라서 정답은 선택지 1번이다.

[단어]

身近(みぢか) 자기 몸에 가까운 곳, 신변 | 画用紙(がようし) 도화지 | あまりにも 너무나도 | 複合的(ふくごうてき) 복합적 | ～放題(ほうだい) 마음대로(마음껏) ～하다 | 統制(とうせい) 통제 | 消滅(しょうめつ) 소멸 | 激励(げきれい) 격려 | 忍耐(にんたい) 인내 | 適応(てきおう) 적응 | ～べき ～해야 할 | 肝(きも)に銘(めい)じる 명심하다, 마음에 깊이 새기다 | 大(おお)げさ 과장, 허풍 | ～のみならず ～뿐만 아니라 | 情緒(じょうちょ) 정서 | 拡張(かくちょう) 확장 | 強要(きょうよう) 강요 | ～はもとより ～은 물론 |

정보 검색 실전 연습 ❶ p.332 해석과 문제 해설

1	2
②	③

右のページは、桜市の文化センターが主催する公開講座の案内である。下の問いに対する答えとして、最もよいものを、1・2・3・4から一つ選びなさい。

1 千堂さんは、今年32歳の独身男性である。平日午後や週末に文化センターの公開講座を受講しようとしているが、6月の出張の支度により、5月20日まで受講できる講座を調べている。千堂さんが受講できる講座はいくつか。

1　1つもない

2　1つ

3　2つ

4　3つ

2 この公開講座に関する説明のうち、合っているものはどれか。
1　公開講座に申請するためには、必ず3月28日までに利用申込書を提出しなければならない。
2　受付期間が過ぎても、文化センター支援課に必要書類を提出すれば受講可能である。
3　毎週月曜日は受講できる講座がなく、場合によっては休館になる日もありうる。
4　施設や備品を損傷させない限り、受講を継続することに支障はない。

さくら市文化センター公開講座案内

アクアロビック	日本茶道教室	生け花体験教室
ⓐ期間:4月10日~5月30日 時間:日曜日午後3時~5時 ※ⓑ女性のみ ※小学生以下の場合、安全上参加不可	期間:4月15日~5月18日 時間:土日午後7時~9時 ※2人以上参加可能 ※ⓒ外国人を対象にする ※土曜日は簡単な食べ物と一緒にお茶を楽しめる時間があり	ⓓ期間:4月23日~5月22日 時間:毎週火曜日午前10時、木曜日午後7時 ※誰でも参加可能 ※ⓔ2回とも参加できる方を対象にする
卓球会	バドミントン教室	音楽家教室
期間:4月~5月の初旬 時間:土曜日午前10時~11時半 ※10歳以上参加可能 　家族単位もOK!(先着順30人) ※土曜日は初級クラス 　日曜日は中級クラス	ⓕ期間:4月3日~5月28日 時間:毎週土曜日の午前11時から4時間程度 ※地域の大学の外国人留学生たちと文化交流を図る ※誰でも参加可能 ※1時間の昼休みがあること ※三回以上は参加すること	期間:4月2日~4月30日 時間:毎週日曜日午後1時~3時 ※7歳以上参加可能 ※ⓖ必ず子供と一緒に参加してください

◆ 申込方法
申し込みにあたっては、事前に電話等で「桜市文化センター支援課」にご相談ください。
「講座利用申込書」の提出をもって正式な受付となります。

◆ 受付期間
ⓗ受講希望日の10日前まで受付いたします。ただし、3月29日は受付を行いません。
※利用予定日の10日前を切っても受付できる場合がありますので、その場合はご相談ください。

◆ 注意事項
ⓘ施設設備の点検のためご利用できない日があります。詳細についてはお問い合せ下さい。
◆ ⓙ使用承認ができない場合
● 公の秩序を乱し、または善良な風俗を害すおそれがあると認めるとき。
● 施設、附帯設備、備品を毀損、または滅失するおそれがあると認めるとき。
● その他、桜市長が文化センターの管理上支障があると認めるとき。

오른쪽 페이지는 사쿠라시 문화센터가 주최하는 공개강좌의 안내이다. 아래 질문에 대한 대답으로서 가장 알맞은 것을 1·2·3·4에서 하나 고르시오.

1 센도 씨는 올해 32살의 독신 남성이다. 평일 오후나 주말에 문화센터의 공개강좌를 수강하려고 하는데, 6월의 출장 준비로 인해, 5월 20일까지 수강할 수 있는 강좌를 알아보고 있다. 센도 씨가 수강할 수 있는 강좌는 몇 개인가?

1 1개도 없다

2 1개

3 2개

4 3개

2 이 공개강좌에 관한 설명 중 맞는 것은 어느 것인가?

1 공개강좌에 신청하기 위해서는 반드시 3월 28일까지 이용 신청서를 제출해야 한다.

2 접수 기간이 지나도 문화센터 지원과에 필요 서류를 제출하면 수강 가능하다.

3 매주 월요일은 수강할 수 있는 강좌가 없고, 경우에 따라서는 휴관이 되는 날도 있을 수 있다.

4 시설이나 비품을 손상시키지 않는 한 수강을 계속하는 것에 지장은 없다.

사쿠라시 문화센터 공개강좌 안내

아쿠아 에어로빅	일본 다도 교실	꽃꽂이 체험 교실
ⓐ기간: 4월 10일~5월 30일	기간: 4월 15일~5월 18일	ⓓ기간: 4월 23일~5월 22일
시간: 일요일 오후 3시~5시	시간: 토·일요일 오후 7시~9시	시간: 매주 화요일 오전 10시, 목요일 오후 7시
※ⓑ여성만	※2인 이상 참가 가능	※누구라도 참가 가능
※초등학생 이하의 경우, 안전상 참가 불가	※ⓒ외국인을 대상으로 함	※ⓔ2회 모두 참가 가능하신 분을 대상으로 한다
	※토요일은 간단한 음식과 함께 차를 즐길 수 있는 시간이 있음	

탁구회	배드민턴 교실	음악가 교실
기간: 4월~5월 초순 시간: 토요일 오전 10시~11시 반 ※10세 이상 참가 가능 　가족 단위도 OK!(선착순 30명) ※토요일은 초급반 　일요일은 중급반	ⓕ기간: 4월 3일~5월 28일 시간: 매주 토요일 오전 11시부터 4시간 정도 ※지역 대학 외국인 유학생들과 문화교류를 도모함 ※누구라도 참가 가능 ※1시간의 점심 시간이 있음 ※3번 이상은 참가할 것.	기간: 4월 2일~4월 30일 시간: 매주 일요일 오후 1시~3시 ※7세 이상 참가 가능 ※ⓖ반드시 아이와 함께 참가해 주세요

◆ 신청 방법

신청 시에는 사전에 전화 등으로 '사쿠라시 문화센터 지원과'에 상담하시기 바랍니다.

'강좌 이용 신청서'의 제출로 정식 접수가 됩니다.

◆ 접수 기간

ⓗ수강 희망 날짜의 10일 전까지 접수합니다. 단, 3월 29일은 접수를 실시하지 않습니다. ※이용 예정일의 10일 전이 지나도 접수할 수 있는 경우가 있으므로, 그런 경우에는 상담하시기 바랍니다.

◆ 주의 사항

ⓘ시설 설비 점검을 위하여 이용하실 수 없는 날이 있습니다. 자세한 내용은 문의 주시기 바랍니다.

◆ ⓙ사용 승인을 할 수 없는 경우

• 공공질서를 어지럽히거나 또는 선량한 풍속을 해칠 우려가 있다고 간주할 때.

• 시설, 부대설비, 비품을 훼손 또는 멸실할 우려가 있다고 간주할 때.

• 그 외 사쿠라시장이 문화센터의 관리상 지장이 있다고 간주할 때.

[풀이]

1 센도 씨는 평일 오후나 주말, 5월 20일까지 수강이 가능한 강좌를 찾고 있다. ⓐ아쿠아 에어로빅은 5월 30일까지 ⓑ여성만 수강 가능하고, ⓒ다도 교실은 외국인 대상이기 때문에 신청할 수 없다. 그리고 ⓓ꽃꽂이 체험 교실은 5월 22일까지이고, ⓔ화요일 오전 10시 수강이 불가능하기 때문에 신청할 수 없다. ⓕ배드민턴 교실은 5월 28일까지 수강해야 하기 때문에 신청이 불가능하고, ⓖ음악가 교실은 아이와 함께 참가해야 하는데, 독신인 센도 씨는 신청할 수 없다. 따라서 선택 가능한 강좌는 탁구 모임뿐이라는 것을 알 수 있고, 정답은 선택지 2번이다.

2 ⓗ수강 희망 날짜 10일 전까지 신청서를 제출하면 되고, 10일 전이 지나더라도 접수가 가능할 경우도 있다고 언급하고 있기 때문에, 선택지 1번과 2번은 정답이 될 수 없다. ⓘ시설 점검 등으로, 강좌를 이용할 수 없는 날도 있다고 말하고 있기 때문에, 정답은 선택지 3번이다. ⓙ사용 승인이 제한되는 것은 시설이나 비품을 손상시키는 것만은 아니다. 따라서 선택지 4번도 정답이 아니다.

[단어]

主催 주최 | 講座 강좌 | 申請 신청 | 申込書 신청서 | 提出 제출 | 支援 지원 | ～うる ～할 수 있다 | 休館 휴관 | 施設 시설 | 備品 비품 | ～限り ～하는 한 | 継続 계속 | 支障 지장 | ～のみ ～뿐, 만 | 茶道 다도 | 生け花 꽃꽂이 | 卓球 탁구 | 先着順 선착순 | ～をもって ～으로, ～로써 | 設備 설비 | 点検 점검 | 詳細 상세 | 問い合せる 문의하다, 조회하다 | 承認 승인 | 秩序 질서 | 乱す 어지럽히다, 혼란시키다 | 風俗 풍속 | 害す 해치다, 상하게 하다 | ～おそれがある ～할 우려가 있다 | 認める 인정하다 | 附帯 부대 | 滅失 멸실

1	2
④	③

右のページは、あるフォトコンテスト募集要項である。下の問いに対する答えとして、最もよいものを、１・２・３・４から一つ選びなさい。

1 このフォトコンテストに応募できる人は次のうち、誰か。

1 日本の山に関した写真5枚を、ネットで応募しようとする女子高生

2 海外で撮った桜の写真を、ウェブを通して応募しようとする外国人

3 友達と一緒にバーベキューをした写真を応募しようとするプロのカメラマン

4 沖縄の夕日の写真1枚を、宅配で応募しようとする外国人留学生

2 この募集要項の注意事項について、正しいものはどれか。

1 応募のためには、個人情報の活用に対する同意をしなければならない。

2 応募した作品は、いかなる場合にも返却が行われない。

3 過去に他の団体に応募した作品は、入賞の如何にかかわらず応募できない。

4 写真に人が写った場合、応募後、その人の同意を受けなければならない。

第7回　フォトコンテスト募集要項

第7回フォトコンテストの作品募集を９月４日（月）より開始します。一般社団法人桜写真協会が主催する ⓐ 今回の写真コンテストは、「日本の四季」に関するテーマで、自分ならではの個性と感情が込められている写真を募集します。

テーマ	「写真で語る日本の四季」
応募期間	９月４日（月）〜１０月１３日（金）１８：００pm　必着
応募資格	日本国内に在住の方に限ります。 ※アマチュア、プロフェッショナル、国籍、年齢、性別不問。
応募方法	指定の送付先への郵送・宅配便、もしくは、桜写真協会の事務局へ直接持込、またウェブからの応募も可能です。 (1)ウェブによる応募の場合 ・応募ページへアクセスし、必要事項を登録してご応募ください。 (http://www.sakura-photo.or.jp) ・ⓑ 応募点数は３点までとします。 (2) 郵送・宅配便等による応募の場合 ・応募作品と応募作品の裏面に必要事項（作品名、撮影場所、氏名、住所、電話番号、e-mailアドレス）を記入したうえ、封筒に入れて応募票を貼ってください。応募票は応募作品一点につき一枚必要です。 ・ⓒ 応募点数は、５点までとします。

<table>
<tr><td rowspan="3">賞品
しょうひん</td><td>・最優秀賞（1名）：旅行券１０万円分</td></tr>
<tr><td>・優秀賞（季節ごとに５名の計２０名）：旅行券５万円分</td></tr>
<tr><td>・佳作（季節を問わず３０名）： 旅行券１万円分</td></tr>
</table>

▶ 注意事項

・画像処理（合成変形）及びそれに準じたものは不可とします。

・ⓓご記入頂きました個人情報については、上記の利用目的以外では、応募者の同意なく第三者に開示することはありません。

・応募作品は返却いたしません。ⓔ作品の返却をご希望の場合、必ず封筒に「返却希望」と書き、返信用封筒（切手添付・宛先明記）をご同封ください。

・作品は未発表の写真に限ります。ⓕ過去に他のコンテストに応募した作品、応募中または応募予定の作品は応募できません。

・ⓖ被写体に人物が含まれている場合は、事前にその方の承諾を得るなど、肖像権の侵害等が生じないように応募者本人がご確認ください。

▶ お問い合わせ先

桜写真協会お客さまセンター直通　　　Tel：1234-56-7890

오른쪽 페이지는 어떤 사진 콘테스트 모집 요강이다. 아래 질문에 대한 대답으로 가장 알맞은 것을 1·2·3·4에서 하나 고르시오.

1 이 사진 콘테스트에 응모할 수 있는 사람은 다음 중 누구인가?

1 일본의 산에 관련된 사진 5장을 인터넷으로 응모하려고 하는 여고생

2 해외에서 찍은 벚꽃 사진을 웹을 통해서 응모하려고 하는 외국인

3 친구들과 함께 바비큐를 한 사진을 응모하려는 프로 사진 작가

4 오키나와의 석양 사진 1장을 택배로 응모하려는 외국인 유학생

2 이 모집 요강의 주의사항에 대해 올바른 것은 어떤 것인가?

1 응모를 위해서는 개인 정보 활용에 대한 동의를 하지 않으면 안 된다.

2 응모된 작품은 어떠한 경우에도 반납이 이루어지지 않는다.

3 과거에 다른 단체에 응모한 작품은 입상 여부에 상관없이 응모할 수 없다.

4 사진에 사람이 찍혔을 경우, 응모 후 그 사람의 동의를 받아야 한다.

제7회 사진 콘테스트 모집 요강

제7회 사진 콘테스트의 작품 모집을 9월 4일(월)부터 시작합니다. 일반 사단법인 사쿠라사진협회가 주최하는 ⓐ이번 사진 콘테스트는 '일본의 사계절'에 관한 테마로 자신만의 개성과 감정을 담은 사진을 모집합니다.

테마	'사진으로 말하는 일본의 사계절'
응모 기간	9월 4일(월)~10월 13일(금) 18:00pm 필착
응모 자격	일본 국내에 거주하시는 분에 한합니다. ※아마추어, 프로, 국적, 연령, 성별 불문.
응모 방법	소정의 배송지에 대한 우송·택배 또는 사쿠라 사진협회 사무국에 직접 지참, 또한 웹에서의 응모도 가능합니다. (1)Web에 의한 응모의 경우 ·응모 페이지에 접속하여 필요 사항을 등록하고 응모해 주세요. 　(http://www.sakura-photo.or.jp) ·ⓑ응모작은 3점까지로 합니다. (2)우송·택배 등에 의한 응모의 경우 ·응모 작품과 응모 작품의 뒷면에 필요 사항(작품명, 촬영 장소, 이름, 주소, 전화번호, e-mail 주소)을 기입한 후에, 봉투에 넣어서 응모표를 붙여 주세요. 응모표는 응모 작품 한 점당 한 장 필요합니다. ·ⓒ응모작은 5점까지로 합니다.
상품	• 최우수상(1명): 여행권 10만 엔 상당 • 우수상(계절마다 5명, 총 20명): 여행권 5만 엔 상당 • 가작(계절을 불문하고 30명): 여행권 1만 엔 상당

▶ **주의 사항**
• 화상 처리(합성 변형) 및 그것에 준한 것은 불가합니다.
• ⓓ기입해 주신 개인정보에 대해서는 상기 이용 목적 이외에는 응모자의 동의 없이 제삼자에게 알리지 않습니다.
• 응모 작품은 반납하지 않습니다. ⓔ작품의 반납을 원하시는 경우, 반드시 봉투에 '반납 희망'이라고 쓰고, 회송용 봉투(우표 첨부, 수신지 명기)를 동봉해 주세요.
• 작품은 미발표 사진에 한합니다. ⓕ과거 다른 콘테스트에 응모한 작품, 응모 중 또는 응모 예정인 작품은 응모할 수 없습니다.
• ⓖ피사체에 인물이 포함된 경우는 사전에 그분의 승낙을 얻는 등, 초상권 침해 등이 생기지 않도록 응모자 본인이 확인하십시오.

▶ **문의처**
사쿠라사진협회 고객센터 직통　Tel: 1234-56-7890

[풀이]

1　ⓐ사진 콘테스트의 테마는 일본의 사계절이기 때문에, 선택지 2번과 3번은 정답이 될 수 없다. ⓑ인터넷으로 응모하는 경우에는 사진 3장까지 가능하기 때문에, 선택지 1번도 정답이 아니다. ⓒ오키나와의 석양 사진을 택배로 응모하는 경우는 5장까지 가능하고, 일본의 사계절에 관한 것이기 때문에 언제 찍었는지에 관한 내용이 없어도 조건에 부족한 것은 아니다. 따라서 정답은 선택지 4번이다.

2　ⓓ개인정보 활용에 동의를 해야 하는 것은 아니고, ⓔ응모한 사진의 반납을 원할 경우에 대해서도 언급하고 있기 때문에, 선택지 1번과 2번은 정답이 아니다. ⓕ과거에 다른 콘테스트에 응모한 작품은 응모할 수 없기 때문에, 정답은 선택지 3번이다. ⓖ응모하려는 사진에 다른 사람이 찍혔을 때는 응모 전에 동의를 얻어야 한다. 따라서 선택지 4번도 정답이 될 수 없다.

[단어]

募集 모집 ┃ 要項 요항 ┃ 応募 응모 ┃ 宅配 택배 ┃ 事項 사항 ┃ 返却 반납 ┃ 如何 여하, 여부 ┃ ～にかかわらず ～에 관계없이, ～에 상관없이 ┃ 主催 주최 ┃ もしくは 또는, 그렇지 않으면 ┃ 持込 지참 ┃ ～による ～에 의한, ～에 따른 ┃ 封筒 봉투 ┃ 優秀 우수 ┃ 開示 개시, 열어서 보임 ┃ 添付 첨부 ┃ 宛先 수신인, 수신지 ┃ 同封 동봉 ┃ 承諾 승낙 ┃ 肖像権 초상권 ┃ 侵害 침해 ┃ 生じる 발생하다, 일어나다 ┃ ～において ～에 있어서, ～에 관해서

정보 검색 **실전 연습 ❸** p.336 해석과 문제 해설

1	2
③	③

右のページは、ヒカリ市立図書館の案内である。下の問いに対する答えとして、最もよいものを、1・2・3・4から一つ選びなさい。

1 この図書館の予約サービス方法に対する説明のうち、合っているものはどれか。

1　図書を予約するためには、必ずカウンターで書類を作成しなければならない。

2　インターネットで本を予約する前に、図書館のカウンターに連絡しなければならない。

3　視聴覚資料を予約したいとき、利用者用検索機でも申請できる。

4　メールで図書予約に対する問い合わせをしてから、電話で図書予約を申請する。

2 予約上の注意事項について、正しいものはどれか。

1　予約準備の完了について、6日以内に図書館に問い合わせをしなければならない。

2　図書予約をキャンセルしたいときは、必ず図書館の担当者に電話するべきだ。

3　資料の貸出状況によって、サービスの提供が行われない場合もありうる。

4　新刊図書の場合、発行後、一ヶ月過ぎてから予約することが可能だ。

ヒカリ市立図書館の図書予約サービスのご案内

お探しの本が貸し出し中や図書館にない時は予約サービスをご利用ください。

◉予約方法
① ⓐ図書館ホームページ又は、館内利用者向けの検索機で直接インターネット予約が可能です。ⓑインターネット予約をご利用の場合には、事前にパスワードの登録が必要です。また、パスワードの加入には図書館カード番号、生年月日、電話番号が必要です。生年月日と電話番号の登録がされていない方は、ホームページのパスワード加入ができません。
② 図書館カウンターでも予約が可能です。図書貸出の予約に必要な書類をご記入した後、担当者に渡してください。
※ⓒメールでの申請はできませんので、気をつけてください。

◉予約可能な資料
図書、雑誌(最新号の雑誌は、発売日から受け付けております。)
ⓓ視聴覚資料(CD、カセット、レコード、ビデオ、DVD)

◉貸し出し件数と期間
• 図書及び雑誌は一人当たり、7冊まで予約の申し込み可能です。
• DVD、ビデオ、CDは、すべて3点まで予約の申し込み可能です。
• 聴覚資料は一人当たり、4点まで予約の申し込み可能です。

◉予約上の注意事項
• 予約資料が準備できたことを、選択された連絡方法にてご連絡します。(メール、電話など)
• ⓔ連絡の待機期間は6日です。
• ⓕ図書が不要になった場合は、当図書館にご連絡をお願いします。効率的な図書予約サービスを提供するため、協力をお願いします。※インターネット取り消し可。
• ⓖ新刊図書は発行の1ヵ月前から受付いたします。
• 予約の多い資料は順番待ちになりますので、お待ちいただくことになります。
• ⓗ長期延滞や事故などにより、資料提供の見込みがない場合、予約キャンセルのご連絡をいたす場合もございます。

오른쪽 페이지는 히카리시립도서관의 안내이다. 아래 질문에 대한 대답으로서 가장 알맞은 것을 1·2·3·4에서 하나 고르시오.

1 이 도서관의 예약 서비스 방법에 대한 설명 중 맞는 것은 어느 것인가?
　　1　도서를 예약하기 위해서는 반드시 카운터에서 서류를 작성해야 한다.
　　2　인터넷으로 책을 예약하기 전에 도서관 카운터에 연락해야 한다.
　　3　시청각 자료를 예약하고 싶을 때 이용자용 검색기로도 신청할 수 있다.
　　4　메일로 도서 예약에 대한 문의를 하고 나서, 전화로 도서 예약을 신청한다.

2 예약상의 주의 사항에 대해서 올바른 것은 어느 것인가?
　　1　예약 준비 완료에 대해서 6일 이내에 도서관에 문의를 해야 한다.
　　2　도서 예약을 취소하고 싶을 때는 반드시 도서관 담당자에게 전화해야 한다.
　　3　자료의 대출 상황에 따라 서비스의 제공이 이루어지지 않는 경우도 있을 수 있다.
　　4　신간 도서의 경우, 발행 후 한 달이 지나고부터 예약하는 것이 가능하다.

히카리시립도서관 도서 예약 서비스 안내

찾으시는 책이 대출 중이나 도서관에 없을 때는 예약 서비스를 이용해 주시기 바랍니다.

◉ **예약 방법**
- ⓐ도서관 홈페이지 또는 관내 이용자용 검색기에서 직접 인터넷 예약이 가능합니다. ⓑ인터넷 예약을 이용하시는 경우에는 사전에 패스워드의 등록이 필요합니다. 또한, 패스워드의 가입을 하려면 도서관 카드번호, 생년월일, 전화번호가 필요합니다. 생년월일과 전화번호의 등록이 되지 않은 분은 홈페이지의 패스워드 가입이 불가능합니다.
- 도서관 카운터에서도 예약이 가능합니다. 도서 대출 예약에 필요한 서류를 작성하신 후, 담당자에게 건네 주세요.

※ⓒ메일로 신청은 불가능하오니 주의하세요.

◉ **예약 가능한 자료**

도서, 잡지(최신호 잡지는 발매일부터 접수 받고 있습니다.)

ⓓ시청각 자료(CD, 카세트, 레코드, 비디오, DVD)

◉ **대출 건수와 기간**
- 도서 및 잡지는 1인당 7권까지 예약 신청 가능합니다.
- DVD, 비디오, CD는 모두 3점까지 예약 신청 가능합니다.
- 청각 자료는 1인당 4점까지 예약 신청 가능합니다.

◉ **예약상의 주의 사항**
- 예약 자료가 준비된 사실을 선택하신 연락 방법으로 연락합니다. (메일, 전화 등)
- ⓔ연락 대기 기간은 6일입니다.
- ⓕ도서가 불필요하게 된 경우에는 저희 도서관으로 연락 부탁 드립니다. 효율적인 도서 예약 서비스를 제공하기 위해서 협력 부탁 드립니다. ※인터넷 취소 가능.
- ⓖ신간 도서는 발행 1달 전부터 접수합니다.
- 예약이 많은 자료는 순서 대기가 되므로 기다리셔야 합니다.
- ⓗ장기연체나 사고 등에 의해 자료 제공의 가능성이 없을 경우, 예약 취소 연락을 드리는 경우도 있습니다.

[풀이]

1 ⓐ도서관 예약 서비스는 홈페이지나 관내 이용자용 검색기에서도 가능하기 때문에, 선택지 1번은 정답이 아니다. ⓑ인터넷으로 예약을 할 경우에는 먼저 패스워드 등록이 필요하고, 전화 연락에 대한 것은 언급이 없다. 따라서 선택지 2번도 정답이 아니다. ⓒ메일로 예약 서비스 신청은 불가능하기 때문에, 선택지 4번도 정답이 될 수 없다. ⓓ시청각 자료도 홈페이지, 관내 이용자용 검색기 또는 카운터에서 예약이 가능하다. 따라서 정답은 선택지 3번이다.

2 ⓔ연락 대기 기간이 6일, 그 전에 도서관에 연락을 할 필요는 없고, ⓕ예약 취소는 인터넷으로도 가능하기 때문에, 선택지 1번과 2번은 정답이 될 수 없다. ⓖ신간 도서는 발행 한 달 전부터 예약 가능하기 때문에, 선택지 4번도 정답이 아니다. ⓗ앞서 대여한 사람의 장기 연체나 사고 등의 이유로 예약 서비스를 이용할 수 없는 경우가 있기 때문에, 정답은 선택지 3번이다.

[단어]

～として ～로서 | 申請 신청 | 視聴覚 시청각 | 資料 자료 | 検索 검색 | 問い合わせ 문의, 조회 | 事項 사항 | ～べきだ ～해야 한다 | 提供 제공 | 行う 행하다, 실시하다 | ～うる ～할 수 있다 | 貸し出し 대출, 대여 | ～向けの ～를 대상으로 하는, ～용 | 受け付ける 접수하다 | ～当たり ～당 | 申し込み 신청 | ～にて ～로 | 順番 순번 | 待機 대기 | 期限 기한 | 返却 반납, 반환 | 確認 확인 | 延滞 연체 | 見込み 예정, 예상

청해 유형 확인 문제 ❶ – 과제 이해 p.360 스크립트와 문제 해설

大学で男の学生と女の学生が話しています。女の学生は、この後どうしますか。

M　レポートうまくいってる？

F　それがね、全然うまくいってないの。

M　なんで？　一昨日まで順調だって張り切ってたじゃない。

F　う～ん。それがね、内容が多すぎてうまくまとまらないのよ。どこも重要なのに、レポートの枚数が限られてて。古代の部分を飛ばすしかないかな。

M　ⓐ音楽の変遷をテーマとしているんだから、それはそのままでいいんじゃない？

F　ⓑでも、これ以上縮められない。最後に参考文献まで入れたらもっと長くなっちゃう。

M　図とか表もたくさん入っているんだね。これを字にすれば？

F　ⓒ字で全部書くと、分かりにくくなっちゃうでしょ。山田先生は、特に分かりやすさにこだわるしね。

M　それなら、伝統音楽の中で一つのことだけを特定するのはどう？　三味線とか尺八とか。

F　三味線？　ⓓそれも面白そうね。でも、三味線は有名すぎて、面白くないから琵琶にしようかな。

女の学生は、この後どうしますか。

1　内容を削る
2　テーマを変更する
3　図と表を増やす
4　テーマをしぼる

대학에서 남학생과 여학생이 이야기하고 있습니다. 여학생은 이후에 어떻게 합니까?

M　리포트 잘돼 가?

F　그게 말이지, 전혀 안 되고 있어.

M　왜? 그저께까지 순조롭다고 힘이 넘쳤잖아.

F　아니. 그게 말이지, 내용이 너무 많아서 잘 정리가 안 돼. 다 중요한데, 리포트 매수가 제한되어 있어서. 고대 부분을 건너뛰는 수밖에 없을까?

M　ⓐ음악의 변천을 테마로 하고 있으니까, 그건 그대로 괜찮지 않을까?

F　ⓑ그래도 이 이상 줄일 수 없어. 마지막에 참고 문헌까지 넣으면 더 길어져 버려.

M　그림이나 표도 많이 들어 있네. 이걸 글로 하면?

F　ⓒ글로 전부 쓰면 이해하기 어려워져 버려. 야마다 선생님은 특히 알기 쉬운 것을 중요하게 생각하고.

M　그렇다면 전통 음악 중에서 한 가지만을 특정하는 것은 어때? 샤미센(삼현금)이라든지 샤쿠하치(통소)라든지.

F　샤미센? ⓓ그것도 재미있을 것 같네. 그렇지만 샤미센은 너무 유명하니까 비와(비파)로 할까?

여학생은 이후에 어떻게 합니까?

1　내용을 줄인다
2　테마를 변경한다
3　도표를 늘린다
4　테마를 좁힌다

[풀이]

ⓐ테마를 변경하는 것은 아니고, ⓑ관련 내용을 줄일 수도 없다고 말하고 있기 때문에, 선택지 1번과 2번은 정답이 될 수 없다. ⓒ도표를 늘린다는 내용은 언급하고 있지 않기 때문에, 선택지 3번도 정답이 아니다. ⓓ여자는 테마의 범위를 좁히는 것에 대해서 동의하고 있다. 따라서 정답은 선택지 4번이다.

[단어]

順調 순조 | 張り切る 힘이 넘치다 | まとまる 정리되다 | 限る 제한하다. 한정하다 | 飛ばす 날리다. 건너뛰다 | 変遷 변천 | 縮める 줄이다 | 参考 참고 | 文献 문헌 | 拘る 구애되다, 트집을 잡다 | 伝統 전통 | 三味線 삼현금(일본의 전통 악기) | 尺八 퉁소 | 琵琶 비파

청해 유형 확인 문제 ❷ – 포인트 이해 p.360 스크립트와 문제 해설

男の人と女の人が話しています。男の人は、レストランが閉店した一番の理由は何だと言っていますか。

M もう聞いた？　あのレストラン来週で看板を下ろすんだって。

F あのレストランってどこのこと？

M この間山田と一緒に行った店。イチゴジュースがうまかったとこ。

F ああ、あそこ。ジュース最高だったのにね。なんでいきなり潰れちゃうの？　やっぱりお店の家賃が高いのかな？

M ⓐそれも一つの原因かもしれないけど、やっぱり消費者のニーズを把握できなかったんじゃない？レストランの目玉メニューよりジュースの方がおいしいって印象が強いから。

F ⓑそれはそうね。やっぱりメインのメニューのインパクトがちょっと弱いよね。ⓒ店の雰囲気もどうか暗いし、ランチの時間も他の店より遅いし。

M ⓓそれに値段もちょっと高かったよね。

남자와 여자가 이야기하고 있습니다. 남자는 레스토랑이 폐점한 가장 큰 이유는 무엇이라고 말하고 있습니까?

M 그거 들었어? 그 레스토랑, 다음 주로 문을 닫는대.

F 그 레스토랑이라니 어디?

M 지난 번에 야마다와 같이 갔던 가게. 딸기 주스가 맛있었던 곳.

F 아, 거기. 주스 최고였는데. 왜 갑자기 망하게 되었지? 역시 가게 월세가 비싸서일까?

M ⓐ그것도 한 가지 원인일지도 모르지만, 역시 소비자의 요구를 파악하지 못한 게 아닐까? 레스토랑의 주 메뉴보다 주스가 맛있다는 인상이 강하니까.

F ⓑ그건 그래. 역시 메인 메뉴의 임팩트가 조금 약하지. ⓒ가게 분위기도 어딘가 어둡고, 점심 시간도 다른 가게보다 늦고.

M ⓓ게다가 가격도 조금 비쌌지.

男の人は、レストランが閉店した一番の理由は何だと言っていますか。

남자는 레스토랑이 폐점한 가장 큰 이유는 무엇이라고 말하고 있습니까?

1 店の賃貸料が高かったから

2 メインメニューが良くなかったから

3 店の雰囲気が良くなかったから

4 ライバルの店より高かったから

1 가게의 임대료가 비쌌기 때문에

2 메인 메뉴가 좋지 않았기 때문에

3 가게 분위기가 좋지 않았기 때문에

4 라이벌 가게보다 비쌌기 때문에

[풀이]

레스토랑이 폐점한 이유는 ⓐ가게의 임대료가 비싸고 ⓑ메인 메뉴가 조금 부족하고 ⓒ가게 분위기도 어둡고 ⓓ비싸다는 4가지의 이유가 모두 언급되고 있다. 이 중에서 **やっぱり**라는 강조 표현을 사용하고 있는 선택지 2번이 정답이다.

Tip) 가장 큰 OO의 문제는 선택지가 모두 언급되는 경우가 많다. 강조의 표현을 찾는 것으로 쉽게 정답을 맞출 수도 있다.

[단어]

閉店 폐점 | **看板** 간판 | **下ろす** 내리다 | **潰れる** 망하다 | **原因** 원인 | **消費者** 소비자 | **把握** 파악 | **目玉** 가장 중심이 되는 것 (일) | **印象** 인상 | **雰囲気** 분위기 | **賃貸料** 임대료

청해 유형 확인 문제 ❸ − 개요 이해 p.360 스크립트와 문제 해설

大学で、男の学生と女の学生が話しています。

F 私、インターンで通っていた会社やめたんだ。

M え？ どうして？ ⓐ確か、ユカさんが就職を希望していた分野の会社だったんじゃない？

F うん。やりがいもあって、仕事も面白かったけど、ⓑ会社が人を減らすしかない状況になっちゃってね。正社員よりインターンの方が先に切られるから。

M それは残念だったね。今経済が大変な時期だから……。なんとかならないかな、今の状況～。

F そうね。それは私たちの力で解決できる問題ではないから仕方ないけどね。私ね、ⓒ会社で働いてみて、今より専門的な知識が必要だとつくづくわかったから。卒業したら大学院に進学しようと思っているのよ。

M そうなんだ……。

F うん。でも、ⓓ今は余裕がないから、しばらくは時給が高いアルバイトでも探してみようかと思ってるのよ。

女の学生は、どうして会社を辞めましたか。

1 専攻とは違った仕事だったから

2 会社の経営状態が悪化したから

3 大学院に進学するから

4 時給が高いアルバイトをするから

대학에서 남자와 여자가 이야기하고 있습니다.

F 나 인턴으로 다니던 회사 그만뒀어.

M 응? 왜? ⓐ분명 유카 씨가 취직을 희망하고 있었던 분야의 회사였잖아?

F 응. 보람도 있고 일도 재미있었는데, ⓑ회사가 사람을 줄일 수밖에 없는 상황이 되어 버려서. 정사원보다 인턴 쪽이 먼저 짤리니까.

M 그거 안됐네. 지금 경제적으로 힘든 시기니까……. 어떻게든 안 될까, 지금 상황～.

F 그러게. 그건 우리 힘으로 해결할 수 있는 문제가 아니라서 어쩔 수 없지. 나 말이지, ⓒ회사에서 일해 보고, 지금보다 전문적인 지식이 정말 필요하다는 것을 알게 되어서, 졸업하면 대학원에 진학하려고 생각하고 있어.

M 그렇구나…….

F 응. 근데, ⓓ지금은 여유가 없어서, 당분간은 시급이 높은 아르바이트라도 찾아 볼까 하고 생각하고 있어.

여자는 왜 회사를 그만두었습니까?

1 전공과는 다른 일이었기 때문에

2 회사의 경영 상태가 악화되었기 때문에

3 대학원에 진학하기 때문에

4 시급이 높은 아르바이트를 하기 때문에

[풀이]

ⓐ전공과의 관련성은 나와 있지 않고, 취직을 희망하던 분야의 일이라고 말하고 있기 때문에, 선택지 1번은 정답으로서 적절하지

않다는 것을 알 수 있다. ⓑ회사가 사람을 줄일 수밖에 없는 상황이라고 말했으므로, 정답은 선택지 2번이다. ⓒ대학원을 가기 위해서 회사를 그만둔 것은 아니고, ⓓ아르바이트를 하려고 그만둔 것도 아니기 때문에, 선택지 3번과 4번은 정답이 될 수 없다.

[단어]

就職 취직 | 希望 희망 | 減らす 줄이다 | 状況 상황 | 経済 경제 | 解決 해결 | 余裕 여유 | 専攻 전공 | 経営 경영 | 状態 상태

청해 유형 확인 문제 ❹ – 즉시 응답 p.361 스크립트와 문제 해설

M 頼まれた資料、まだ調べてないんだけど、悪いね。

F 1 う～ん、まだ余裕あるから、よろしくね。

　2 なに言ってるのよ。そんなに悪くはないようだ
　　けど。

　3 そんなに頼まれてはこまるけど、どうしよう。

M 부탁 받은 자료, 아직 알아보지 못했는데, 미안해.

F 1. 아니, 아직 여유 있으니까, 잘 부탁해.

　2. 무슨 소리 하는 거야? 그렇기 나쁘지 않은 것 같은데.

　3. 그렇게 부탁하면 곤란한데, 어떡하지.

[풀이]

여자가 부탁한 자료를 아직 조사하지 않아 미안해 하는 남자에게, 아직 시간적으로 여유가 있으니까 괜찮다고 말하는 선택지 1번이 정답이다.

[단어]

調べる 조사하다, 알아보다 | 悪い 나쁘다, 미안하다

청해 유형 확인 문제 ❺ – 종합 이해 p.361 스크립트와 문제 해설

ラジオを聞きながら、男の人と女の人が話しています。

F1 「お勧めの本コーナー」を始めましょう。今日は読書の秋にふさわしい４冊の本を皆さんにご紹介します。どれも興味深い内容です。まず、一番目の本は ⓐ「夢と出会った時間」。恋人を事故で失い、絶望の生活を送っていた彼女の前に現われた子犬。この子犬を拾ったことから、彼女の生活が変わっていきます。読んでいるといつの間にか心が暖かくなる、そんな本です。二番目の本は、ⓑ今話題になっているベストセラー「父の止まった時計」です。最年少でベストセラー作家になった谷田マイさんの最新作。ミステリー小説の天才と呼ばれる彼女の作品ならではの読み応えがある作品です。三番目の本は、ⓒ現在映画でも上映されている「東京の郵便局」です。とにかく笑える、楽しく読める作品です。

라디오를 들으면서 남자와 여자가 이야기하고 있습니다.

F1 '추천 책 코너'를 시작하겠습니다. 오늘은 독서의 가을에 어울리는 네 권의 책을 여러분께 소개합니다. 모두 흥미로운 내용입니다. 우선 첫 번째 책은 ⓐ〈꿈과 만난 시간〉. 연인을 사고로 잃고, 절망의 생활을 보내고 있던 그녀 앞에 나타난 강아지. 이 강아지를 주운 것에서, 그녀의 생활이 달라져 갑니다. 읽고 있으면 어느새 마음이 따뜻해지는 그런 책입니다. 두 번째 책은 ⓑ지금 이슈가 되고 있는 베스트셀러 〈아빠의 멈춘 시계〉입니다. 최연소로 베스트셀러 작가가 된 다니다 마이 씨의 최신작. 미스터리 소설의 천재로 불리는 그녀의 작품 특유의 읽는 맛이 있는 작품입니다. 세 번째 책은 ⓒ현재 영화로도 상영 중인 〈도쿄의 우체국〉입니다. 어쨌든 웃을 수 있고, 즐겁게 읽을 수 있는 작품입니다.

四冊目の本は@「人の生きる道」。一見、難しく感じられるかもしれませんが、洗練された文章で20代の女性たちに爆発的な支持を受けております。それでは皆さん、今年の秋はカフェーでコーヒーでも飲みながらゆったりと本を読んでみるのはいかがでしょうか。

M へえ、もう秋か。早いね。

F2 本当だね。ああ、あたしも本読んでみたくなっちゃった。

M 読書？ 僕は本読んでるとすぐ眠くなっちゃうんだ。疲れちゃう。

F2 あんたも本一冊ぐらいは読んだら？ ミステリー、好きなんじゃない？

M @ミステリーって、頭痛くなるからいいよ。もし読むんだったら面白いのがいいな。

F2 ①あたしはあの本。ベストセラー作家になった人の……。昔から好きだったのよ。

네 번째 책은 @〈사람이 살아가는 길〉. 언뜻 보면 어렵게 느껴질지도 모르지만, 세련된 문장으로 20대 여성들에게 폭발적인 지지를 받고 있습니다. 그럼 여러분, 올 가을은 카페에서 커피라도 마시면서 느긋하게 책을 읽어 보는 것은 어떨까요?

M 아, 벌써 가을인가? 빠르구나.

F2 정말이네. 아아, 나도 책 읽어 보고 싶어졌어.

M 독서? 나는 책 읽고 있으면 금방 잠이 와. 피곤해져.

F2 너도 책 한 권 정도는 읽어 보는 게 어때? 미스터리 좋아하지 않아?

M @미스터리는 머리 아프니까 됐어. 만약 읽는다면 재미있는 게 좋지.

F2 ①나는 그 책. 베스트셀러 작가가 된 사람의…… 옛날부터 좋아했어.

質問1) 男の人はどの本を読もうとしていますか。

1 「夢と出会った時間」

2 「父の止まった時計」

3 「東京の郵便局」

4 「人の生きる道」

질문1) 남자는 어떤 책을 읽으려고 합니까?

1 「꿈과 만난 시간」

2 「아빠의 멈춘 시계」

3 「도쿄의 우체국」

4 「사람이 살아가는 길」

質問2) 女の人はどの本を読もうとしていますか。

1 「夢と出会った時間」

2 「父の止まった時計」

3 「東京の郵便局」

4 「人の生きる道」

질문2) 여자는 어떤 책을 읽으려고 합니까?

1 「꿈이과 만난 시간」

2 「아빠의 멈춘 시계」

3 「도쿄의 우체국」

4 「사람이 살아가는 길」

[풀이]

질문1) @선택지 1번에 관한 내용으로, 따뜻한 내용이 담긴 책이라는 것을 알 수 있고, ⓑ선택지 2번에 관한 내용으로, 최연소 베스트셀러 작가의 미스터리 소설책이다. ⓒ선택지 3번에 관한 내용으로, 현재 영화로도 상영 중인 즐겁게 읽을 수 있는 책이라는 것을 알 수 있고, @선택지 4번에 관한 내용으로, 20대 여성들에게 인기 있는 세련된 문장이 특징인 책이라는 것을 알 수 있다. @남자는 재미있는 책을 본다고 말하고 있기 때문에, 정답은 선택지 3번이다.

질문2) ①여자는 베스트셀러 작가의 책을 읽는다고 말하고 있기 때문에, 정답은 선택지 2번이다.

[단어]

ふさわしい 어울리다 | 興味深い 흥미롭다 | 失う 잃다, 잃어버리다 | 絶望 절망 | 現われる 나타나다, 드러나다 | 小説 소설 | 天才 천재 | ～ならではの ～특유의, ～만의 | 読み応え 읽을 만함, 읽은 반응 | 上映 상영 | 一見 언뜻 보면 | 洗練 세련 | 爆発 폭발 | 支持 지지

PART 2 유형별 집중 공략

問題 1

과제 이해 **실전 연습 ❶** p.364 스크립트와 문제 해설

1番

会社で男の人と女の人が話しています。女の人は、このあと何をしなければなりませんか。

M 裕子さん、ちょっといい？

F はい、どんなことでしょう。

M ⓐこの前、うちのチームが出した来年の新商品の開発計画書なんだけど。部長からもっと具体的な資料を出せって言われて修正しないといけないことになったんだよ。

F あ、そうですか。やっぱりアンケート調査に参加した人数が少なかったのが気になりますね。

M うん、参加者も少なかったし、対象の幅も広くなくて。ⓑ20代、30代をターゲットにした前回と違って、今回は10代から50代にかけてより幅広い年齢層の需要調査ができるようにしないといけないね。

F はい、ⓒそれでは早速業務支援部に連絡して調査の修正のための準備をしておきます。

M うん、頼む。それから、ⓓ開発部から他にもらう資料があるか検討してほしいんだけど。アンケートの前に確認しといた方がいいだろう。

F はい、承知しました。

회사에서 남자와 여자가 이야기하고 있습니다. 여자는 이후에 무엇을 해야 합니까?

M 유코 씨, 잠깐 괜찮아?

F 네, 무슨 일인가요?

M ⓐ지난번에 우리 팀이 낸 내년 신상품 개발 계획서 말인데. 부장님이 좀 더 구체적인 자료를 내라고 해서 수정을 하지 않으면 안 되게 됐어.

F 아, 그런가요? 역시 앙케트 조사에 참가한 사람들의 수가 적었던 것이 마음에 걸리네요.

M 응, 참가자도 적었고, 대상의 폭도 넓지 않아서. ⓑ20대, 30대를 타깃으로 했던 지난번과는 달리, 이번에는 10대에서 50대에 걸쳐서 보다 폭넓은 연령층의 수요 조사가 가능하도록 하지 않으면 안 되겠네.

F 네, ⓒ그럼 즉시 업무 지원부에 연락해서 조사의 수정을 위한 준비를 해 두겠습니다.

M 응, 부탁해. 그리고 ⓓ개발부로부터 그 외에 받을 자료가 있는지 검토해 주었으면 좋겠는데. 앙케트 조사를 하기 전에 확인해 두는 편이 좋겠지.

F 네, 알겠습니다.

女の人は、このあと何をしなければなりませんか。

여자는 이후에 무엇을 해야 합니까?

1 アンケートの資料を修正する
2 **開発部に連絡する**
3 新商品の計画書を作成する
4 業務支援部に連絡する

1 앙케트 자료를 수정한다
2 **개발부에 연락한다**
3 신상품 계획서를 작성한다
4 업무 지원부에 연락한다

[풀이]

ⓐ신상품 개발 계획서는 작성을 하는 것이 아니라 수정을 하는 것이기 때문에, 선택지 3번은 정답이 될 수 없다. ⓑ앙케트 자료를 수정해야 하는데, ⓒ그 전에 업무 지원부에 연락을 해야 하기 때문에, 선택지 1번도 정답이 아니다. ⓓ앙케트 조사를 하기 전에, 개발부에서 받을 자료가 있는지 검토를 먼저 해야 하기 때문에, 정답은 선택지 2번이다.

[단어]

新商品 신상품 | 開発 개발 | 計画書 계획서 | 具体的 구체적 | 資料 자료 | 修正 수정 | 調査 조사 | 参加 참가 | 気になる 신경
이 쓰이다, 마음에 걸리다 | 幅 폭 | 年齢層 연령층 | 需要 수요 | 業務 업무 | 支援 지원 | 検討 검토 | 承知 알아들음, 승낙

2番

会社で男の人と女の人が話しています。女の人は、このあとすぐ何をしなければなりませんか。

F おはようございます。部長、お呼びですか。

M あ、山田さん、悪いね。明日の午後の社内視察の件なんだけどね。社長が喉を痛められたそうなんだよ。

F あ、そうなんですか。

M ⓐ視察を見合わせることはできないし。君が付きそいながら社長を補佐してくれないかな。

F はい、分かりました。

M ⓑ視察に必要な書類はもう準備してあるから、明日の午後までには読んでおいてくれ。ⓒ後で社長と簡単な打ち合わせをするかもしれないけど、午前中はお忙しいようでだめみたい。

女の人は、このあとすぐ何をしなければなりませんか。

회사에서 남자와 여자가 이야기하고 있습니다. 여자는 이후에 먼저 무엇을 해야 합니까?

F 안녕하세요. 부장님, 부르셨나요?

M 아, 야마다 씨, 미안하네. 내일 오후 사내 시찰 건 말인데. 사장님께서 목을 다치셨다고 해서 말이지.

F 아, 그렇습니까?

M ⓐ시찰을 보류하는 것은 불가능하고. 자네가 옆에서 시중을 들면서 사장님을 보좌해 주지 않겠나?

F 네, 알겠습니다.

M ⓑ시찰에 필요한 서류는 이미 준비되어 있으니까, 내일 오후까지는 읽어 둬 주게. ⓒ나중에 사장님과 간단한 상의를 할지도 모르지만, 오전 중에는 바쁘신 것 같아서 안 될 것 같아.

여자는 이후에 먼저 무엇을 해야 합니까?

1 視察の延期の手続きをする
2 資料の内容を把握する
3 資料を前もってコピーしておく
4 社長と打ち合わせをする

1 시찰 연기 수속을 한다
2 자료 내용을 파악한다
3 자료를 미리 복사해 둔다
4 사장님과 상의를 한다

[풀이]

ⓐ시찰을 보류할 수는 없다고 말하고 있기 때문에, 선택지 1번은 정답이 아니다. ⓑ자료를 미리 읽어 달라고 말하고 있기 때문에, 선택지 3번은 정답이 될 수 없고, 선택지 2번이 정답이다. ⓒ사장님과 상의를 하는 것에 대해서는 불투명하기 때문에, 선택지 4번도 정답이 아니다.

[단어]

視察 시찰 | 見合わせる 보류하다 | 付きそう 곁에 따르다, 곁에서 시중을 들다 | 補佐 보좌 | 打ち合わせ 협의, 상의, 회의 | 延期 연기 | 手続き 수속 | 把握 파악 | 前もって 미리

3番

大学で先生と女の学生が話しています。女の学生は、このあとすぐ何をしますか。

대학에서 선생님과 여학생이 이야기하고 있습니다. 여학생은 이후에 바로 무엇을 합니까?

F あのう、来週の研究発表のことでご相談がしたいのですが、少しお時間よろしいでしょうか。

M いいですよ。どんなことですか。

F 外国資本の流入と市場経済の活性化についてですが、テーマの内容が広すぎてどう書けばいいか迷っているんです。

M ふうん、新入生はこういう研究発表って初めてだから難しいでしょう。まずは、テーマを決めないといけないですが、興味があることとかありますか。国内の市場経済とか国際の方でも良さそうですが。

F 幼い頃、外国で生活したことがありまして、そちらの方なら興味があります。

M ⓐでは、そちらをテーマにして国内との比較や背景の紹介などもできますね。ⓑ参考資料とか文献は図書館でも探せると思います。もちろん、電子図書の閲覧もしてみてください。あぁ、図書館の利用カードも作っておかないと。

F ⓒええ、そうですね。まずは図書館に行った方がいいですね。学生証は持っていますから。

M ⓓそれから、資料をよくまとめて、視覚的にもアピールできるような内容が追加されるといいですね。読みやすくなるように、自分の意見や主張も入れた方がいいでしょう。事実をそのまま伝えるのが目的ではないから。

F はい、分かりました。どうもありがとうございました。

女の学生は、このあとすぐ何をしますか。

1 研究課題の範囲を決める
2 図書館のカードの発行を頼む
3 電子図書を利用しに行く
4 内容をアピールする方法を考える

F 저기, 다음 주 연구 발표에 관해서 상담 드리고 싶은데요, 조금 시간 괜찮으신가요?

M 좋아요, 어떤 건가요?

F 외국 자본 유입과 시장 경제 활성화에 대해서인데요, 테마 내용이 너무 넓어서 어떻게 쓰면 좋을지 갈피를 못 잡고 있어요.

M 흠, 신입생은 이런 연구 발표가 처음이라서 어렵죠. 우선은 테마를 정해야 하는데, 흥미가 있거나 하는 것이 있나요? 국내 시장 경제라든지, 국제 쪽으로도 괜찮을 것 같은데요.

F 어렸을 때 외국에서 생활한 적이 있어서, 그 쪽이라면 흥미가 있어요.

M ⓐ그럼, 그쪽을 테마로 해서 국내와의 비교나 배경 소개 등도 가능하겠네요. ⓑ참고 자료나 문헌은 도서관에서도 찾을 수 있을 거예요. 물론, 전자 도서 열람도 해 보세요. 아, 도서관 이용 카드도 만들어 두어야겠네요.

F ⓒ네, 그렇군요. 먼저 도서관에 가는 것이 좋겠네요. 학생증은 가지고 있으니까.

M ⓓ그리고 나서, 자료를 잘 정리해서 시각적으로도 어필할 수 있는 내용이 추가되면 좋겠네요. 보기 편해지도록 자신의 의견이나 주장도 들어가 있는 것이 좋겠죠. 사실을 그대로 전달하는 것이 목적이 아니니까요.

F 네, 알겠습니다. 정말 감사합니다.

여학생은 이후에 바로 무엇을 합니까?

1 연구 과제 범위를 정한다
2 도서관 카드의 발행을 부탁한다
3 전자 도서를 이용하러 간다
4 내용을 어필하기 위한 방법을 생각한다

[풀이]

ⓐ연구 과제의 범위는 정해졌기 때문에, 선택지 1번은 정답이 될 수 없다. ⓑ전자 도서의 열람은 도서관 이용 카드를 만들고 나서 가능한 것이기 때문에, 선택지 3번도 정답이 아니다. ⓒ여자는 먼저 도서관에 가기로 했고, 도서관 이용을 위해서 도서관 카드를 만들어야 하기 때문에, 정답은 선택지 2번이다. ⓓ내용을 어필하는 방법을 생각하는 것은 자료를 정리하고 난 이후에 할 일이다. 따라서 선택지 4번도 정답이 될 수 없다.

[단어]

研究 연구 | 資本 자본 | 流入 유입 | 経済 경제 | 活性化 활성화 | ～について ～에 대해서 | 迷う 갈피를 못 잡다, 헤매다 | 比較 비교 | 背景 배경 | 参考 참고 | 文献 문헌 | 閲覧 열람 | 視覚 시각 | 追加 추가 | 範囲 범위 | 発行 발행

4番

大学で男の留学生と女の留学生が話しています。女の留学生は、このあと何をしますか。	대학에서 남자 유학생과 여자 유학생이 이야기하고 있습니다. 여자 유학생은 이후에 무엇을 합니까?

M 今度、留学生の代表として発表することになったんだって？ おめでとう。

M 이번에 유학생 대표로 발표하게 되었다면서? 축하해.

F ありがとう。でも発表の日が近づいてくるほど不安で。

F 고마워. 그런데 날짜가 다가올수록 불안해서.

M うん？ どうした？ まだ準備が終わってないの？ 後三日しか残ってないよ。何か手伝おうか。

M 응? 왜? 아직 준비가 안 끝났어? 앞으로 3일밖에 안 남았는데. 뭔가 도와줄까?

F ううん。ⓐ原稿も書き終わったし、内容も全部覚えたよ。

F 아니, ⓐ원고도 다 썼고, 내용도 다 외웠어.

M さすが。で、何が心配？

M 역시. 그런데, 뭐가 걱정이야?

F 人前に立つと上がっちゃって。練習するだけでも震えるんだもん。

F 사람들 앞에 서면 긴장이 되거든. 연습하는 것만으로도 몸이 떨리는 걸.

M それは皆そうだよ。あ、プロジェクターの映り具合とかのチェックは全部終わった？

M 그건 누구나 그렇지. 참, 프로젝터 화면 상태 같은 거 체크는 다 끝났어?

F あ、そうだ。まだやってない。

F 아, 맞다. 아직 안 했어.

M これから練習はなるべくしない方がいいよ。原稿を見て読んでも構わないでしょ？ それより、ゆっくりした方が良さそう。緊張しすぎで、今もなんか硬いよ、行動も。

M 앞으로 연습은 되도록 하지 않는 게 좋겠어. 원고를 보고 읽어도 상관없잖아? 그것보다 편안하게 쉬는 게 좋을 것 같은데. 너무 긴장해서 지금도 왠지 딱딱해, 행동도.

F そう？ ⓑ取りあえず、会場に行ってみないと。改めてもう一度いろいろ確認してみなきゃ。

F 그래? ⓑ우선 발표 회장에 가 봐야겠어. 다시 한 번 이것 저것 확인해 봐야지.

M ⓒ今日は帰ってゆっくりしたらいいよ。でも会場に一回は行ってみないとまずいから、明日僕と一緒に行こうよ。

M ⓒ오늘은 집에 가서 푹 쉬는 게 좋아. 그래도 발표 회장에 한 번은 가 보지 않으면 안 되니까, 내일 나랑 같이 가자.

F うん、ありがとう。そうするわ。

F 응, 고마워. 그렇게 할게.

女の留学生は、このあと何をしますか。	여자 유학생은 이후에 무엇을 합니까?

1 原稿の修正のため家に帰る

1 원고 수정을 위해서 집으로 간다

2 施設の確認のため会場に行く

2 시설 확인을 위해서 발표회장으로 간다

3 何もせずに家で休む

3 아무것도 하지 않고 집에서 쉰다

4 男の人と一緒に準備に行く

4 남자와 함께 준비를 하러 간다

[풀이]

ⓐ원고는 이미 다 썼고, 수정에 관한 내용은 없기 때문에, 선택지 1번은 정답이 될 수 없다. ⓑ시설 확인을 위해서 발표회장에 가려고 하지만, ⓒ오늘은 집에서 쉬고, 내일 남자와 함께 가기로 했다. 따라서 선택지 2번과 4번은 정답이 될 수 없고, 선택지 3번이 정답이다.

[단어]

代表 대표 | ～として ～로서(자격) | 近づく 다가오다, 접근하다 | 上がる 긴장하다, 흥분하다 | 震える 떨리다 | 映る 비치다 | 具合 상태 | 構わない 상관없다 | 硬い 딱딱하다, 단단하다 | 改めて 다시 | 修正 수정 | 施設 시설

5番

<table>
<tr><td>

病院で男の人が受付の人と話しています。男の人は、まず何をしますか。

F 今日はどうなさいましたか。
M あの、診察を受けたいのですが。昨日から首がちょっと痛くて。
F そうですか。かしこまりました。こちらの病院は初めてでしょうか。
M はい、初めてです。
F ⓐでは、こちらの問診票にご記入いただきたいのですが。
M 分かりました。
F あ、あちらの椅子にすわってご記入ください。症状などを詳しく書いていただけますか。もし、ご不明な点などございましたら、いつでもおたずねください。
M わかりました。終わったら、こちらに持ってくればいいですか。
F はい、お願いいたします。そのあと、受付いたしますので。
M あ、そうですか。診察していただくのに、時間がかかりそうですか？
F そうですね。今日はそんなに混んでいませんので。ⓑ順番がまいりましたらお呼びいたします。それまで、そちらにお掛けになってお待ちください。ⓒ帰りに診察券をお渡しいたしますね。
M はい、よろしくお願いします。

男の人は、まず何をしますか。

</td><td>

병원에서 남자가 접수처 직원과 이야기하고 있습니다. 남자는 먼저 무엇을 합니까?

F 오늘은 무슨 일이신가요?
M 저어, 진찰을 받고 싶은데요. 어제부터 목이 좀 아파서.
F 그렇습니까? 알겠습니다. 저희 병원은 처음이신가요?
M 네, 처음입니다.
F ⓐ그럼, 이 쪽의 문진표에 기입해 주셨으면 하는데요.
M 알겠습니다.
F 아, 저쪽 의자에 앉아서 기입해 주세요. 증상 등을 자세하게 써 주시겠어요? 만약 잘 모르는 점이 있으시다면 언제라도 물어 보세요.
M 알겠습니다. 끝나면 이쪽으로 가지고 오면 될까요?
F 네, 부탁 드리겠습니다. 그 후에 접수를 해 드릴게요.
M 아, 그런가요? 진찰을 받는 데 시간이 걸릴 것 같나요?
F 글쎄요. 오늘은 그렇게 혼잡하지 않아서요. ⓑ차례가 오면 불러 드릴게요. 그때까지 그쪽에 앉으셔서 기다려 주세요. ⓒ가실 때에 진찰권을 건네 드릴게요.
M 네, 잘 부탁합니다.

남자는 먼저 무엇을 합니까?

</td></tr>
</table>

1 診察券を受け取る	1 진찰권을 받는다
2 問診票を作成する	**2 문진표를 작성한다**
3 診察を受けに行く	3 진찰을 받으러 간다
4 椅子に座って待つ	4 의자에 앉아서 기다린다

[풀이]

ⓐ병원에 처음 오는 사람은 문진표를 작성해야 한다고 말하고 있기 때문에, 정답은 선택지 2번이다. ⓑ진료를 받을 차례가 오면 불러준다고 말하고 있다. 따라서 선택지 3번과 4번은 정답이 아니다. ⓒ진찰권은 진료를 마치고 돌아갈 때 받는 것이기 때문에, 선택지 1번도 정답이 될 수 없다.

[단어]

診察 진찰 | 問診票 문진표 | 記入 기입 | 症状 증상 | 詳しい 상세하다, 자세하다 | 受付 접수(처) | 混む 붐비다, 혼잡하다 | 受け取る 받다, 수취하다 | 作成 작성

과제 이해 실전 연습 ❷ p.366 스크립트와 문제 해설

1番

会社で男の人と女の人が話しています。女の人は、これから何をしますか。

F 課長、昨日、山本デパートに納品ミスがあったそうです。新しいTシャツが200枚のところ、100枚しか納品されてないそうです。

M それは大変。デパートにお詫びの電話は入れておいた？ 会社の信用にかかわる問題だからね。

F ええ、電話してみたんですが、担当者が席を外していて、直接謝ることはできませんでした。後で掛け直します。

M ⓐああ、それはぼくからしておくからいいよ。倉庫のほうに、Tシャツの在庫は確認してみた？

F はい、でもあいにく、今在庫が切れてました。工場に連絡して追加の発送準備をしておきましたが、倉庫には明日届く予定です。

M そう？ あしたか……。こういうことは一刻も早く解決するのが大事だから、ⓑすまないけど、工場に取りに行ってくれないかな。

F はい、工場に連絡をしてから行くほうがいいでしょうね。

회사에서 남자와 여자가 이야기하고 있습니다. 여자는 앞으로 무엇을 합니까?

F 과장님, 어제 야마모토 백화점에 납품 실수가 있었다고 합니다. 새로운 티셔츠가 200장인데, 100장밖에 납품이 안 되었다고 합니다.

M 그거 큰일이군. 백화점에 사과 전화는 해 두었지? 회사의 신용이 걸린 문제니까.

F 네, 전화해 보았는데, 담당자가 자리를 비워서 직접 사과할 수는 없었습니다. 나중에 다시 전화하겠습니다.

M ⓐ아, 그건 내가 할 거니까 괜찮아. 창고에 티셔츠 재고는 확인해 봤어?

F 네, 그런데 공교롭게도 지금 재고가 없었습니다. 공장에 연락을 해서 추가 발송 준비를 해 두었지만, 창고에는 내일 도착할 예정입니다.

M 그래? 내일인가…… 이런 일은 한시라도 빨리 해결하는 것이 중요하니, ⓑ미안하지만 공장에 가지러 가 주지 않겠나?

F 네, 공장에 연락을 하고 가는 편이 좋겠죠?

M ⓒそれはぼくがやっとくから、できるだけ早く行って来て。ⓓ今日中にデパートに商品が送れるように。

女の人は、これから何をしますか。

1 工場に品物をもらいに行く
2 商品をデパートに送る
3 取引先に電話して謝る
4 工場に連絡する

M ⓒ그건 내가 해 둘 테니 가능한 한 빨리 다녀 오게. ⓓ오늘 중으로 백화점에 상품을 보낼 수 있도록.

여자는 이제부터 무엇을 합니까?

1 공장에 제품을 받으러 간다
2 상품을 백화점에 보낸다
3 거래처에 전화해서 사과한다
4 공장에 연락한다

[풀이]

ⓐ백화점에 사과 전화는 남자가 한다고 하기 때문에 선택지 3번은 정답이 아니다. ⓒ공장에 연락은 남자가 하고, ⓑ여자는 제품을 받으러 공장으로 가야 하기 때문에, 선택지 4번은 정답이 될 수 없고, 선택지 1번이 정답이다. ⓓ공장에서 제품을 받고 나서 백화점에 보내는 것이기 때문에, 선택지 2번도 정답이 아니다.

[단어]

納品 납품 | お詫び 사과, 사죄 | 信用 신용 | 担当者 담당자 | 席を外す 자리를 비우다 | 謝る 사과하다 | 倉庫 창고 | 在庫 재고 | 追加 추가 | 解決 해결 | 商品 상품 | 取引先 거래처

2番

会社で男の人と女の人が話しています。男の人は、まず何をしますか。

F 島田さん、今日の午後の会議資料まだ？
M あ、ちょうど課長の机の上に置いてきたところです。ⓐ会議の出席者10人分のコピーも取っておきました。
F そう？ お疲れ様。悪いけど、資料を一緒に持って行ってもらえないかな。
M はい、分かりました。会議室は３階でしたよね。305号室。
F え？ 中田さんに聞いてなかったの？ⓑ会議室は2階に変更になったのよ。
M えっ？ そうですか。中田さん、外出中で、まだ会ってなかったので。
F そうだったの。仕方ないわね。彼も忙しそうだし。ところで、会議室のセッティングもやり直さないといけないのよ。でも急げば今からでも間に合うでしょう。

회사에서 남자와 여자가 이야기하고 있습니다. 남자는 먼저 무엇을 합니까?

F 시마다 씨, 오늘 오후 회의 자료 아직이야?
M 아, 방금 과장님 책상에 올려 두었습니다. ⓐ회의 참석자 10명 분의 복사도 해 두었습니다.
F 그래? 수고했어. 미안하지만 자료를 같이 들고 가 줄 수 있을까?
M 네, 알겠습니다. 회의실은 3층이었죠? 305호실.
F 응? 나카타 씨에게 못 들었어? ⓑ회의실은 2층으로 변경되었어.
M 네? 그런가요? 나카타 씨는 외출 중이라, 아직 만나지 못했습니다.
F 그랬구나. 어쩔 수 없지. 나카타 씨도 바쁜 것 같고. 그런데, 회의실 세팅도 다시 하지 않으면 안 되겠네. 그래도 서두르면 지금부터라도 시간에 맞출 수 있을 거야.

M はい、分かりました。3階の会議室を片付けてから2階に持っていきます。

F ああ、ⓒ整理は他の人にお願いして、まず2階に行こう。あ、あと、会議室変更のお知らせを2階と3階の会議室のドアに貼っといてもらえる？3階に行く人もいるかもしれないから。会議資料運んでからでいいから。

M はい、分かりました。

男の人は、まず何をしますか。

1 3階の会議室へ行く
2 **2階の会議室へ行く**
3 会議の資料をコピーする
4 会議の場所を変更する

M 네, 알겠습니다. 3층 회의실을 정리하고 나서 2층으로 가져 가겠습니다.

F 아, ⓒ정리는 다른 사람에게 부탁하고, 우선 2층으로 가자. 아, 그리고 회의실 변경 공지를 2층과 3층 회의실 문에 붙여 주지 않을래? 3층으로 가는 사람도 있을지 모르니까. 회의 자료 옮기고 나서 해도 괜찮으니까.

M 네, 알겠습니다.

남자는 먼저 무엇을 합니까?

1 3층의 회의실로 간다
2 **2층의 회의실로 간다**
3 회의 자료를 복사한다
4 회의 장소를 변경한다

[풀이]

ⓐ회의 자료 복사는 다 끝났고, ⓑ회의 장소는 이미 변경되었음을 알 수 있다. 따라서 선택지 3번과 4번은 정답이 아니다. ⓒ3층 회의실 정리는 다른 사람에게 맡기고, 2층으로 가게 되었다. 따라서 정답은 선택지 2번이고, 선택지 1번은 정답이 될 수 없다.

[단어]

資料 자료 | 変更 변경 | ～直す 다시 ～하다 | 間に合う 시간에 맞추다, 충분하다 | 片付ける 치우다, 정리하다 | 貼る 붙이다

3番

大学で男の学生と女の学生が話しています。男の学生は、このあと何をしますか。

M 今度のゼミで使う資料のまとめは全部終わってる？今回は違う専攻の学生たちも来るから、とにかく内容の分かりやすさにこだわらないとね。

F うん、ⓐ難しい内容の資料は図やグラフを入れて分かりやすくしといたから、そこは心配しなくても大丈夫だと思うよ。

M さすが鈴木さん。すごいね。で、まだ完成してないところってある？

F うん、最初に書いたゼミに対する意義と方向性の文句が、なんか気に入らないところが多くて。

M そう？ゼミの内容の資料じゃなくて、紹介する文句がまとまらないってわけか。じゃ、取りあえず、内容の方が重要だから、前回のように人の目を引くような大きい文字にしちゃえば？

대학에서 남학생과 여학생이 이야기하고 있습니다. 남학생은 이후에 무엇을 합니까?

M 이번 세미나에서 쓸 자료 정리는 다 됐어? 이번에는 다른 전공 학생들도 오니까, 아무튼 내용을 알기 쉽게 하는 것에 신경을 써야겠지.

F 응, ⓐ어려운 내용의 자료는 도형이나 그래프를 넣어서 알기 쉽게 해 두었으니까, 그건 걱정하지 않아도 될 것 같아.

M 역시 스즈키 씨. 대단하네. 그런데 아직 완성되지 않은 부분이 있어?

F 응, 처음에 쓴 세미나에 대한 의의와 방향성의 문구가 왠지 마음에 들지 않는 부분이 많아서.

M 그래? 세미나 내용의 자료가 아니라, 소개하는 문구가 정리가 안 된 거구나. 그럼, 우선 세미나 내용이 더 중요하니까, 지난 번처럼 사람들의 시선을 끌 수 있는 큰 글씨로 하면 (어때)?

F うん、ⓑ今度は環境問題の認識の変化についてだから、たくさんの学生たちにきてもらうには、いい印象を与えられて、興味を引くような案内の文句にしないといけないわね。後、前回は用意した席がちょっと多すぎちゃったから、今度は席の数もよく考えて、準備しなきゃね。

M じゃあ、ⓒ会場を変えたらどう？ 少し小さいスペースで、もっと参加者と気楽に話し合えるような場所を選んだらどう。

F それもよさそうね。じゃ、そっちは頼んでもいい？ ⓓあたしはパンフレットに絵を追加してみるわ。

男の学生は、このあと何をしますか。

1 資料の文句を大きく書く
2 他の会場を探す
3 絵を追加する
4 図やグラフを修正する

F 응, ⓑ이번에는 환경 문제의 인식 변화에 대한 것이니까, 많은 학생들을 오게 하려면, 좋은 인상을 줄 수 있고, 흥미를 끌 수 있는 안내 문구가 아니면 안 될 것 같아. 그리고 지난 번에는 준비한 자리가 너무 많았으니까, 이번에는 자리 수도 잘 생각해서 준비해야지.

M 그럼, ⓒ세미나 회장을 바꾸는 건 어떨까? 조금 작은 공간으로, 좀더 참가자와 편안하게 서로 이야기를 나눌 수 있는 장소를 고르는 건 어때?

F 그것도 괜찮겠네. 그럼, 그 쪽은 부탁해도 될까? ⓓ난 팸플릿에 그림을 추가해 볼게.

남학생은 이후에 무엇을 합니까?

1 자료 문구를 크게 쓴다
2 다른 회장을 알아본다
3 그림을 추가한다
4 도형이나 그래프를 수정한다

[풀이]

ⓐ도형이나 그래프의 수정에 관한 언급은 없었고, ⓑ글씨를 크게 쓰는 것만으로는 부족하다고 말하고 있기 때문에, 선택지 1번과 4번은 정답이 될 수 없다. ⓒ세미나 장소를 작은 곳으로 바꾸려고 하고 있고, 남자는 장소를 알아봐야 한다. 따라서 정답은 선택지 2번이다. ⓓ 그림을 추가하는 것은 여자가 해야 하는 일이기 때문에, 선택지 3번도 정답이 아니다.

[단어]

ゼミ 세미나｜資料 자료｜専攻 전공｜こだわる 구애되다｜完成 완성｜～に対する ～에 대한｜意義 의의｜気に入る 마음에 들다｜目を引く 눈길을 끌다｜環境 환경｜認識 인식｜～について ～에 대해서｜印象 인상｜与える 주다｜参加 참가｜追加 추가｜会場 회장(무언가가 이루어지는 장소)｜修正 수정

4番

大学で男の学生と女の学生が話しています。男の学生は、このあと、何をしますか。

M 昨日の授業どうだった？ 何か重要なお知らせでもあった？

F あ、昨日も授業サボっちゃったんでしょ。知らないよ。すっごく重要な話があったんだから。

M えっ？ ほんと？ 何々？ 試験に関してのやつ？ それともレポートの？

대학에서 남학생과 여학생이 이야기하고 있습니다. 남학생은 이후에 무엇을 합니까?

M 어제 수업 어땠어? 뭔가 중요한 공지라도 있었어?

F 어제도 수업 땡땡이 쳤지? 몰라. 굉장히 중요한 이야기가 있었는데.

M 응? 정말? 뭔데? 시험에 관련된 거? 아니면 리포트?

F さーあ。

M 意地悪〜。後でおごるから教えてくれよ。頼むよ。

F そこまで頼まれたらしょうがないね。昨日の講義の内容が全て試験に出るって。

M よりによって、そんな日に抜けちゃったなんて。レポートのテーマは？

F ⓐ近代日本の道路の変化について。参考文献をもとに調べてくださいって。

M 今度のレポートも大変そうだなぁ。ⓑな、あのう、今日さ、ノート貸してもらえる？ すぐ返すから。

F いいよ。で、レポートのことは、前回欠席した学生が多すぎるから、今週中に教授がホームページに掲示するって。

M 本当？ やった！じゃあ、参考文献は？ 図書館で借りればいい？

F ⓒそれは来週の授業でまた教えるっておっしゃってた。

M よかった。それじゃ、今やるべきことはこれだね。ありがとう。

男の学生は、このあと、何をしますか。

1 レポートを書く

2 レポートのテーマを決める

3 参考文献を借りに行く

4 講義の内容を書き写す

F 글쎄~.

M 심술궂네. 나중에 밥 살 테니까 알려 줘. 부탁해~.

F 그렇게까지 부탁한다면 어쩔 수 없지. 어제 강의한 내용이 전부 시험에 나온대.

M 하필이면 그런 날 빠지다니. 리포트 테마는?

F ⓐ근대 일본 도로의 변화에 대해서. 참고 문헌을 토대로 조사하라고 했어.

M 이번 리포트도 힘들겠군. ⓑ저기, 오늘 말이지, 노트 빌릴 수 있을까? 금방 돌려줄게.

F 좋아. 그런데, 리포트에 관한 건, 지난번 결석한 학생들이 너무 많아서, 이번 주 중으로 교수님이 홈페이지에 게시한대.

M 정말? 잘 됐네! 그럼, 참고문헌은? 도서관에서 빌리면 되나?

F ⓒ그건 다음 주 수업에서 다시 알려 준다고 하셨어.

M 다행이네. 그럼, 지금 해야 할 일은 이거네. 고마워.

남학생은 이후에 무엇을 합니까?

1 리포트를 쓴다

2 리포트의 테마를 정한다

3 참고 문헌을 빌리러 간다

4 강의 내용을 옮겨 적는다

[풀이]

ⓐ리포트의 테마는 이미 정해져 있는 것이기 때문에, 선택지 2번은 정답이 될 수 없다. ⓑ남자는 여자의 노트를 빌려서 강의 내용을 옮겨 쓴다고 말하고 있다. 따라서 정답은 선택지 4번이다. ⓒ참고 문헌은 다음 주 수업 시간에 알 수 있다고 말하고 있고, 지금 당장 리포트를 쓸 수는 없기 때문에, 선택지 1번과 3번은 정답이 아니다.

[단어]

~に関して ~에 관해서 | 意地悪い 심술궂다, 짓궂다 | 講義 강의 | よりによって 하필이면 | 抜ける 빠지다 | 近代 근대 | 変化 변화 | ~について ~에 대해서 | 参考 참고 | 文献 문헌 | ~をもとに ~을 바탕으로, 토대로 | 貸す 빌려 주다 | 返す 돌려 주다 | 掲示 게시 | 借りる 빌리다 | 書き写す 베껴 쓰다

5番

女の人がテレビの修理センターに電話しています。女の人は、最初に何をしますか。

M はい、桜テレビの修理センターでございます。

F あの、すみません。テレビの映像がちゃんと映らないんですが。

M あ、そうですか。どのような製品を使用していらっしゃるんでしょうか。

F ああ、大きくて黒い……。ええと、それが……。

M テレビの背面部分の下のところをご覧になりますと、製品番号が書かれているはずです。今、確認していただけますか。

F ああ、なるほど。ちょっと待ってください。それが……。ああ、ありますね。ＡＢ００５です。

M ありがとうございます。2年の保証期間内でしたら、無料で修理させていただきます。@それでは、これから受付をさせていただきます。三日以内に、センターの者が伺う予定ですので、よろしくお願いいたします。

F あの、テレビをいつ買ったのか覚えてないんですが。

M 製品を購入された時に一緒に入っていた保証書をお持ちでしょうか。

F はい、たぶんあると思います。何かを捨てた覚えはないから。その保証書を送ればいいですか。

M ⓑまず、保証書に書かれている購入日をご確認ください。保証期間内の修理の場合には、保証書をコピーしてこちらの修理センターにお送りください。ⓒ保証書が確認されたら、こちらのセンターからご連絡差し上げます。その後、ホームページからの修理依頼書の作成をよろしくお願いいたします。ⓓもし2年経過された場合には、手数料として3,000円を支払っていただくことになっておりますので、指定された口座にお振り込みください。

F あ、そうですね。分かりました。

女の人は、最初に何をしますか。

여자가 텔레비전 수리 센터에 전화하고 있습니다. 여자는 제일 먼저 무엇을 합니까?

M 네, 사쿠라 텔레비전 수리 센터입니다.

F 저어, 실례합니다. 텔레비전 영상이 제대로 안 나와서요.

M 아, 그렇습니까? 어떤 제품을 사용하고 계신가요?

F 아, 크고 검은 색의……. 음, 그게…….

M 텔레비전 뒷부분 아래쪽을 보시면, 제품 번호가 적혀 있을 겁니다. 지금 확인해 주실 수 있을까요?

F 아, 그렇군요. 조금만 기다려 주세요. 그러니까……. 아, 있네요. AB005입니다.

M 감사합니다. 2년의 보증 기간 이내라면, 무료로 수리해 드립니다. @그럼 지금부터 접수를 해 드리겠습니다. 3일 이내에 센터의 직원이 방문할 예정이오니, 잘 부탁 드리겠습니다.

F 저어, 텔레비전을 언제 샀는지 기억이 안 나는데요.

M 제품을 구입하셨을 때 함께 들어 있던 보증서를 가지고 계신가요?

F 네, 아마 있을 거예요. 뭔가를 버린 기억은 없으니. 그 보증서를 보내면 되나요?

M ⓑ우선, 보증서에 적혀 있는 구입 날짜를 확인해 주세요. 보증 기간 내 수리인 경우에는 보증서를 복사해서 이쪽의 수리 센터로 보내 주세요. ⓒ보증서가 확인되면 저희 센터에서 연락을 드립니다. 그 후에 홈페이지에서 수리 의뢰서 작성을 잘 부탁 드립니다. ⓓ만약 2년이 지난 경우에는 수수료로 3,000엔을 지불하시게 되어 있으니, 지정된 계좌로 송금해 주세요.

F 아, 그렇군요. 알겠습니다.

여자는 먼저 무엇을 합니까?

1 修理の受付をする	1 수리 접수를 한다
2 保証書を確認する	2 보증서를 확인한다
3 修理依頼書を作成する	3 수리 의뢰서를 작성한다
4 手数料を振り込む	4 수수료를 송금한다

[풀이]

ⓐ접수는 이미 했기 때문에 선택지 1번은 정답이 아니다. ⓑ보증서의 날짜를 확인해야 한다고 말하고 있다. 따라서 정답은 선택지 2번이다. ⓒ보증서가 확인되고 나서, 홈페이지의 수리 의뢰서를 작성한다고 말하고 있고, ⓓ보증서가 2년이 지난 경우 수수료를 송금하는 것이기 때문에, 여자가 바로 해야 할 일은 아니다. 따라서 선택지 3번과 4번은 정답이 될 수 없다.

[단어]

修理 수리 | 映像 영상 | 背面 배면, 뒤쪽 | 製品 제품 | 保証 보증 | ～させていただく ～하다, ～해 드리다(する의 겸양 표현) | 伺う 방문하다 | 購入 구입 | 依頼書 의뢰서 | 手数料 수수료 | 口座 계좌 | 振り込む 납입하다, 송금하다

問題 2

포인트 이해 실전 연습 ❶ p.368 스크립트와 문제 해설

1番

茶道教室で男の人と先生が話しています。男の人は、どうして授業を休むと言っていますか。

다도 교실에서 남자와 선생님이 이야기하고 있습니다. 남자는 왜 수업을 쉬겠다고 말하고 있습니까?

M あの、明日からしばらく教室に来られないと思うんですが。

F あ、会社のお仕事がお忙しいんですか。この前の授業も残業で来られなかったんですよね。

M はい、でも、会社のほうは、やっと一息つけるようになりました。先週まではすごく忙しかったんですが。

F それはよかったですね。

M ⓐ仕事の方は少し余裕ができましたが、来月から中国に出張することになって。

F あ、そうなんですか。海外出張で当分日本を離れるわけなんですね。

M ⓑいえ、中国出張は2回なんです。短い日程なので授業に出られないほどではありませんが、実は中国語がまだ下手なので……。

F なるほど。お勉強のほうが、大切ですよね。それに、出張の準備もしなくちゃいけないだろうし、色々忙しいですね。健康には、十分注意してくださいね。

M 저어, 내일부터 당분간 교실에 못 올 것 같아요.

F 아, 회사 일이 바쁘시군요? 지난 수업에도 야근으로 못 나왔죠.

M 네, 그런데 회사 쪽은 겨우 한숨 돌릴 수 있게 되었습니다. 지난 주까지 굉장히 바빴지만.

F 그거 다행이네요.

M ⓐ일 쪽은 조금 여유가 생겼지만, 다음 달부터 중국으로 출장을 가게 되어서.

F 아, 그래요? 해외 출장으로 당분간 일본을 떠나는 거군요.

M ⓑ아니오, 중국 출장은 두 번입니다. 짧은 일정이라서 수업에 못 나올 정도는 아니지만, 실은 중국어가 아직 능숙하지 않아서…….

F 그렇군요. 공부가 더 중요하죠. 게다가 출장 준비도 하지 않으면 안 될 것 같고, 여러 가지로 바쁘겠네요. 건강은 충분히 주의해 주세요.

M はい。ⓒ朝、軽いジョギングもしています。まだ慣れてないので、少し疲れますが。

F そうですか。それでは、お気をつけていらっしゃって、暇になったらまたお教室にいらしてくださいね。

M はい、分かりました。ぜひ。

男の人は、どうして授業を休むと言っていますか。

1 会社の仕事が忙しくなったため
2 中国へ出張に行くため
3 中国語の勉強が必要なため
4 運動を始めて疲れているため

M 네, ⓒ아침에 가벼운 조깅도 하고 있어요. 아직 익숙해지지 않아서 조금 피곤하지만.

F 그래요? 그럼, 조심해서 다녀오시고, 한가해지면 다시 교실에 오세요.

M 네, 알겠습니다. 꼭.

남자는 왜 수업을 쉬겠다고 말하고 있습니까?

1 회사 일이 바빠졌기 때문에
2 중국으로 출장을 가기 때문에
3 중국어 공부가 필요하기 때문에
4 운동을 시작해서 피곤하기 때문에

[풀이]

ⓐ회사 일은 조금 여유가 생겼다고 하고, ⓑ중국 출장은 짧은 일정이라서 수업에 못 나올 정도는 아니라고 말하고 있다. 따라서 선택지 1번과 2번은 정답이 될 수 없다. ⓑ남자가 다도 교실을 쉬는 이유는 중국어 공부를 하기 위해서이다. 따라서 정답은 선택지 3번이다. ⓒ운동은 단지 건강을 위해서 하고 있는 것뿐이라서, 선택지 4번도 정답이 아니다.

[단어]

茶道 다도 | 残業 잔업, 야근 | 一息つける 한숨 돌리다 | 余裕 여유 | 日程 일정 | 健康 건강 | 気をつける 조심하다. 주의하다

2番

会社で女の人と部長が話しています。どうして女の人の企画書が承認されたと言っていますか。

F 部長、お呼びですか。

M ああ、山村さん。先日君が提出した企画書の件で話があってね。

F あ、はい。

M 君の企画書が認められて、来月から正式に推進されると思うよ。

F えっ？本当ですか？ありがとうございます。

M いや、僕の方が感謝してるよ。こんなに優秀な人材と一緒に仕事ができてね。ⓐ少し修正が必要な部分はあるけど、商品としての価値は十分にあると思う。

F あのう、どうして新入社員の私の企画書なんかが認められたか、お聞きしてもよろしいでしょうか。

회사에서 여자와 부장이 이야기하고 있습니다. 왜 여자의 기획서가 승인되었다고 말하고 있습니까?

F 부장님, 부르셨나요?

M 아, 야마무라 씨. 지난 번에 자네가 제출한 기획서 건으로 할 얘기가 있어서.

F 아, 네.

M 자네의 기획서가 인정되어서, 다음 달부터 정식으로 추진될 것 같아.

F 네? 정말입니까? 감사합니다.

M 아니, 내가 감사하지. 이렇게 우수한 인재와 함께 일할 수 있어서. ⓐ조금 수정이 필요한 부분은 있지만, 상품으로서의 가치는 충분히 있을 것 같아.

F 저어, 왜 신입 사원인 저의 기획서 같은 것이 인정되었는지 여쭤 봐도 될까요?

M ⓑ新人であれ部長であれ、そのようなことは重要じゃないんだ。会社としては、どうすれば良い商品を作ることができるのかが重要なんだから。ⓒ君の企画書は成功できる要素が備わっていると判断されたのだろう。

F ああ、そうなんですか。ありがとうございます。

M 新人だからこそ、このような発想ができたかもしれないよ。さらに、来年から若い女性の購買者を増やそうとする会社の方向性と一致したこともあったと思う。ⓓ来週から、若い女性達を対象にアンケート調査を実施する予定だから、これからもよろしく。

F はい、分かりました。

どうして女の人の企画書が承認されたと言っていますか。

1 修正が必要ではない企画だから
2 新入社員の企画を採用することにしたから
3 良い商品としての可能性があったから
4 女性社員が行ったアンケートがよかったから

M ⓑ신인이든 부장이든 그런 것은 중요하지 않아. 회사로서는 어떻게 하면 좋은 상품을 만들 수 있는지가 중요하니까. ⓒ자네의 기획서는 성공할 수 있는 요소가 갖춰져 있다고 판단된 것이겠지.

F 아, 그런가요? 감사합니다.

M 신인이기 때문에 이런 발상을 할 수 있었던 것일 수도 있지. 게다가 내년부터 젊은 여성 구매자를 늘리려는 회사의 방향성과 일치한 점도 있었던 것 같고. ⓓ다음 주부터 젊은 여성들을 대상으로 앙케트 조사를 실시할 예정이니, 앞으로도 잘 부탁해.

F 네, 알겠습니다.

왜 여자의 기획서가 승인되었다고 말하고 있습니까?

1 수정이 필요하지 않은 기획이기 때문에
2 신입 사원의 기획을 채용하기로 했기 때문에
3 좋은 상품으로서의 가능성이 있었기 때문에
4 여성 사원이 실시한 앙케트가 좋았기 때문에

[풀이]

ⓐ여자의 기획서는 약간의 수정이 필요하다고 말하고 있기 때문에, 선택지 1번은 정답이 될 수 없다. ⓑ신입 사원의 기획만을 채용하려는 의도는 없었다는 것을 알 수 있기 때문에, 선택지 2번도 정답이 아니다. ⓒ여자가 작성한 기획서가 성공할 수 있는 가능성이 있다고 말하고 있기 때문에, 정답은 선택지 3번이다. ⓓ 앙케트 조사는 다음 주부터 진행되는 것이기 때문에, 선택지 4번도 정답이 될 수 없다.

[단어]

企画書 기획서 | 承認 승인 | 提出 제출 | 認める 인정하다 | 正式 정식 | 推進 추진 | 感謝 감사 | 優秀 우수 | 〜であれ 〜であれ 〜(이)든 〜(이)든 | 〜として 〜로서 | 要素 요소 | 備わる 갖춰지다 | 発想 발상 | 対象 대상 | 実施 실시 | 採用 채용

3番

会社で女の人と男の人が話しています。女の人は、来月の会議でどんなプレゼンテーションをしますか。

M 夏美さん、取引先の評判もすごくいいし、信頼もされているんだね。

F いいえ、部長。とんでもないです。

회사에서 여자와 남자가 이야기하고 있습니다. 여자는 다음 달 회의에서 어떤 프레젠테이션을 합니까?

M 나쓰미 씨, 거래처의 평판도 굉장히 좋고, 신뢰도 받고 있네.

F 아니요, 부장님. 그렇지 않습니다.

M ところで、来月のプレゼンテーションの準備は上手く行ってる？ 社長もご参加の席だから慎重に進めなきゃね。

F はい、@お客様とのコミュニケーションの取り方について進めていこうと思っています。新商品の発売を一ヶ月後に控えていますので、ちょうどいいテーマだと思っています。

M そっか。今度の新商品の販売に先立って、営業部でも社員たちの教育に力を入れているようだけど。それよりは夏美さんの営業の秘訣についてのプレゼンテーションはどうだろう。

F そうですね。ⓑ信頼関係を築くのは相手によって違いが大きすぎるので限界がありますから……。そうしたら、ⓒ商品の陳列方法はいかがでしょうか。売り場で早速活用できることですし。実は、私が新人だった頃はこれが一番大変だったんです。

M ふう～ん、ⓓ営業の社員達からそれに関しての意見が出て、これからは新入社員の研修で十分教育しようとしているから、それはいいんじゃないかな。ⓔそれでは、やっぱり君の意見通りに進めてみようか。

女の人は、来月の会議でどんなプレゼンテーションをしますか。

M 그런데, 다음 달 프레젠테이션 준비는 잘 되고 있어? 사장님도 참가하시는 자리라서 신중하게 진행해야 해.

F 네, @고객과의 커뮤니케이션 방법에 대해서 진행해 가려고 해요. 신상품 발매를 한 달 앞두고 있어서, 딱 알맞은 테마라고 생각하고 있어요.

M 그래? 이번 신상품 판매에 앞서, 영업부에서도 사원들 교육에 힘을 쏟고 있는 것 같은데. 그것보다는 나쓰미 씨의 영업 비결에 대한 프레젠테이션은 어떨까?

F 글쎄요. ⓑ신뢰 관계를 쌓는 것은 상대방에 따라서 차이가 너무 크기 때문에 한계가 있으니까요……. 그러면, ⓒ상품의 진열 방법은 어떨까요? 매장에서 즉시 활용할 수 있는 것이고. 사실, 제가 신입이었을 때는 이게 가장 힘들었어요.

M 음～, ⓓ영업 사원들로부터 그것에 관한 의견이 나와서, 앞으로는 신입 사원 연수에서 충분히 교육을 하려고 하고 있으니, 그건 괜찮지 않을까? ⓔ그럼, 역시 자네의 의견대로 진행해 볼까?

여자는 다음 달 회의에서 어떤 프레젠테이션을 합니까?

1 お客さんとの意思疎通の方法
2 新商品を顧客に説明する方法
3 取引先と信頼関係を築く方法
4 販売店での品物の並べ方

1 고객과의 의사 소통 방법
2 신상품을 고객에게 설명하는 방법
3 거래처와 신뢰 관계를 쌓는 방법
4 판매장에시의 상품 진열 방법

[풀이]

@여자는 고객과의 커뮤니케이션 방법에 대해서 프레젠테이션을 하려고 하고 있다. ⓑ거래처와 신뢰 관계를 쌓는 방법은 한계가 있고, ⓒ상품 진열 방법에 대한 것은 ⓓ신입 사원 연수에서 교육을 하려고 한다고 말하고 있다. 따라서 선택지 3번과 4번은 정답이 될 수 없다. ⓔ여자의 의견대로 진행하기로 했기 때문에, 정답은 선택지 1번이다. 선택지 2번에 관한 언급은 없었다.

[단어]

取引先 거래처 | 評判 평판 | 信頼 신뢰 | 上手く行く 잘 되(어가)다 | 慎重 신중 | ～について ～에 대해서 | 発売 발매 | 控える 앞두다, 삼가다 | ～に先立って ～에 앞서 | 秘訣 비결 | 築く 쌓다 | ～によって ～에 의해서, ～에 따라서 | 限界 한계 | 陳列 진열 | ～に関して ～에 관해서 | 研修 연수 | ～通り ～대로 | 疎通 소통 | 並べる 늘어놓다, 나란히 하다

マートで男の人と女の人が話しています。女の人は、昨日は何を買いましたか。

M 裕子、久しぶり〜。

F うん、本当久しぶりね。

M 何だか疲れているみたいだけど、最近仕事忙しい？

F ううん、そうじゃなくて、昨日ちょっと大変なことがあってね。

M そう？ どんなこと？

F ⓐ昨日公演のチケットを買いに行って２時間も待たされちゃって。甥と一緒に見られる家族公演の。

M そうだったんだ。で、疲れてるってわけか。

F ⓑ実はね、その公演のチケットを買うと、甥が欲しがっているおもちゃがセットでもらえるのよ。来週甥の誕生日だから。

M 最近そういうキャンペーン多いね。

F そのチケットね、200名限定販売だったんだ。ところがね。ⓒあたしの三人前で販売終了になっちゃったのよ。

M えっ！ そりゃひどいね。それでこのマートに来てるわけ？

F うん、ⓓチケットよりおもちゃの方が大人気で。やっぱりここにもないね。ああ〜。

마트에서 남자와 여자가 이야기하고 있습니다. 여자는 어제 무엇을 샀습니까?

M 유코, 오랜만이야.

F 응, 정말 오랜만이네.

M 근데 피곤한 것 같은데, 요즘 일이 바빠?

F 아니, 그렇지는 않고, 어제 좀 피곤한 일이 있어서.

M 그래? 무슨 일?

F ⓐ어제 공연 티켓 사러 가서 2시간이나 기다렸거든. 조카와 함께 볼 수 있는 가족 공연.

M 그랬구나. 그래서 피곤한 거구나.

F ⓑ사실은 말이지, 그 공연 티켓을 사면 조카가 갖고 싶어 하는 장난감을 세트로 받을 수 있어. 다음 주 조카 생일이거든.

M 요즘 그런 캠페인 많네.

F 그 티켓 말이지, 200명 한정 판매였어. 근데 말이지, ⓒ내 차례 3명 앞에서 판매 종료되어 버렸어.

M 앗! 그건 심하네. 그래서 이 마트에 온 거야?

F 응, ⓓ티켓보다 장난감 쪽이 대인기라서. 역시 여기에도 없네. 아아〜.

女の人は、昨日は何を買いましたか。

1 玩具セット付の公演チケット
2 玩具付でない公演チケット
3 マートの商品券と公演チケット
4 何も買わなかった

여자는 어제 무엇을 샀습니까?

1 장난감 세트가 딸려 있는 공연 티켓
2 장난감이 딸려 있지 않은 공연 티켓
3 마트 상품권과 공연 티켓
4 아무것도 사지 않았다

[풀이]

ⓐ여자는 어제 조카와 함께 볼 가족 공연의 티켓을 사러 갔다. ⓑ공연 티켓을 구매하면 장난감을 세트로 받을 수 있다. ⓒ결국 여자는 한정 판매였던 티켓을 사지 못했다. 따라서 정답은 선택지 4번이다. ⓓ여자가 마트에 온 것은 조카가 원하는 장난감을 사기 위해서였지만, 마트에도 장난감은 없었다.

[단어]

公演 공연 | 甥 조카(남자 조카) | 限定 한정 | 販売 판매 | 終了 종료 | 玩具 완구, 장난감 | 商品券 상품권

講演会で女の人が話しています。女の人は、大学生活の中で最もよかったのは何だと言っていますか。

F こんにちは。この場に立って新入生の皆さんにお話することができて実に光栄です。卒業してから1年ぶりになりますが、ⓐ相変わらず静かできれいなこの学校の雰囲気が私はとても好きです。ⓑ親切で情熱的な先生たちの授業もとても素晴らしかったです。いざ社会人になって先生たちのアドバイスの一つ一つが役に立っていることを実感しています。ⓒ何よりもよかったのは、盛んなサークル活動でした。大学は勉強だけを目指すところではないと思います。サークル活動は、知識の追求だけでなく、自分自身を成長、発展させるきっかけとなります。友人との関係、先輩たちとの交流、先生たちや学校の職員の方々とのコミュニケーション。これらが私を心身ともに成長させ、より高い段階へと導いてくれたのだと確信しています。ⓓ学校で定期的に開かれている外国人留学生たちとの交流会もまた興味深い時間でした。多様な文化が共存していく現場。その場に参加してみることも楽しい勉強になると思います。

女の人は、大学生活の中で最もよかったのは何だと言っていますか。

강연회에서 여자가 이야기하고 있습니다. 여자는 대학 생활 중에서 가장 좋았던 것은 무엇이라고 이야기하고 있습니까?

F 안녕하세요. 이 자리에 서서 신입생 여러분에게 이야기를 할 수 있게 되어서 정말 영광입니다. 졸업하고 1년 만이지만, ⓐ변함없이 조용하고 깨끗한 이 학교가 저는 너무나 좋습니다. ⓑ친절하고 열정적인 선생님의 수업도 너무나 훌륭했습니다. 막상 사회인이 되니, 선생님들의 조언 하나하나가 도움이 되고 있다는 것을 실감하고 있습니다. ⓒ무엇보다 좋았던 것은 활발한 서클 활동이었습니다. 대학은 공부만을 목표로 하는 곳이 아니라고 생각합니다. 서클 활동은 지식의 추구뿐만 아니라, 자기 자신을 성장, 발전시키는 계기가 됩니다. 친구들과의 관계, 선배들과의 교류, 선생님들이나 학교 직원 분들과의 커뮤니케이션. 이것들이 저를 정신과 신체 모두 성장시키고, 보다 높은 단계로 이끌어 준 것이라고 확신하고 있습니다. ⓓ학교에서 정기적으로 열리고 있는 외국인 유학생들과의 교류회도 또한 흥미로운 시간이었습니다. 다양한 문화가 공존해 가는 현장. 그 자리에 참가해 보는 것도 즐거운 공부가 될 것이라고 생각합니다.

여자는 대학 생활 중에서 가장 좋았던 것은 무엇이라고 이야기하고 있습니까?

1 清潔で静かな環境
2 先生たちの授業や助言
3 活発なサークル活動
4 外国人留学生との交流

1 깨끗하고 조용한 환경
2 선생님들의 수업이나 조언
3 활발한 서클 활동
4 외국인 유학생들과의 교류

[풀이]

여자가 대학 생활에서 좋았다고 말하고 있는 것은 ⓐ학교가 조용하고 깨끗한 것, ⓑ선생님의 수업과 조언, ⓒ활발한 서클 활동, ⓓ외국인 유학생들과의 교류이다. 그 중에서 가장 좋았던 것이라고 강조하고 있는 것은 활발한 서클 활동이다. 따라서 정답은 선택지 3번이다.

Tip) '가장 큰 ㅇㅇ의 문제'는 선택지가 모두 언급되는 경우가 많다. 강조의 표현을 찾는 것으로 쉽게 정답을 맞출 수도 있다.

[단어]

光栄 영광 | 相変わらず 여전히, 변함없이 | 情熱 정열 | 役に立つ 도움이 되다 | 盛ん 번성함, 맹렬함 | 目指す 목표로 하다 | 追求 추구 | 交流 교류 | 段階 단계 | 導く 인도하다. 이끌다 | 確信 확신 | 共存 공존 | 清潔 청결 | 環境 환경 | 助言 조언

1番

男の人と女の人が話しています。男の人は、どうして昨日サッカー競技場に行ったと言っていますか。

F　村田君。顔少し焼けたんじゃない。どうしたの？

M　あ、昨日サッカースタジアムに行って来て少し焼けちゃった。昨日は本当に暑くてさ。

F　スタジアム？ そういえば、サッカー好きだもんね。

M　うん、子供の頃からずっとやってる。本当に面白いよ。どんどん黒くなっちゃうけどね。

F　こんなに暑い日に、よく体を動かすことができるね。私は何もしなくても暑いのに。

M　ⓐ暑いからこそ動かなきゃね。汗をかくことで気分転換にもなるし。

F　サッカーのスタジアムはほんと暑そう。陰もないし、夏でもサッカーの試合があるし。あまり無理しないでね。

M　あ、ⓑサッカークラブでは、こんなに暑い時には試合ないから。応援に行って来ただけ。

F　応援？ 暑い時は試合ないって言ったのに？ あ、昨日他の国との親善試合があったって聞いたけど。そこに行ってきたの？

M　ⓒいや。もうすぐ全国大会が始まるから、サポーターの皆と一緒に応援の練習をしてきたんだ。選手たちも一緒にやるのがうちのチームの方針だから。応援も面白いよ。

男の人は、どうして昨日サッカー競技場に行ったと言っていますか。

1　サッカーの試合があったため
2　親善試合を応援するため
3　気分転換をするため
4　**応援の練習をするため**

남자와 여자가 이야기하고 있습니다. 남자는 왜 어제 축구 경기장에 갔다고 말하고 있습니까?

F　무라타 군. 얼굴 조금 탄 거 아니야? 무슨 일이야?

M　아, 어제 축구 경기장에 다녀 와서 조금 탔어. 어제는 정말 더웠거든.

F　경기장? 그러고 보니, 축구 좋아하지.

M　응, 어렸을 때부터 계속 하고 있어. 정말 재미있어. 점점 까매져버리지만.

F　이렇게 더운 날에 잘도 몸을 움직일 수 있구나. 난 아무것도 하지 않아도 더운데.

M　더우니까 더욱 움직여야 해. ⓐ땀을 흘리는 것으로 기분 전환도 될 수 있고.

F　축구 경기장은 정말 더울 것 같아. 그늘도 없고, 여름에도 축구 시합이 있고. 너무 무리하지 마.

M　아, ⓑ축구 클럽에서는 이렇게 더울 때에는 시합이 없어. 응원을 하러 갔다 온 것뿐이야.

F　응원? 더울 때는 시합 없다고 했잖아? 아, 어제 다른 나라와 친선 시합이 있었다고 들었는데. 거기 다녀온 거야?

M　ⓒ아니. 이제 곧 전국 대회가 시작되어서, 서포터 모두와 함께 응원 연습을 하고 왔어. 선수들도 함께 하는 것이 우리 팀의 방침이라서. 응원도 재미있어.

남자는 왜 어제 축구 경기장에 갔다고 말하고 있습니까?

1　축구 시합이 있었기 때문에
2　친선 시합을 응원하기 위해서
3　기분 전환을 하기 위해서
4　**응원 연습을 하기 위해서**

[풀이]

ⓐ땀을 흘리는 것으로 기분 전환을 할 수 있다고 말하고 있지만, 남자가 어제 축구 경기장에 간 이유는 아니다. 따라서 선택지 3번은 정답이 될 수 없다. ⓑ축구 시합을 하러 간 것이 아니라, 응원 연습을 하러 갔다는 것을 알 수 있다. 따라서 선택지 4번이 정답이

다. ⓒ다른 나라와의 친선 경기를 응원하러 간 것은 아니기 때문에, 선택지 2번도 정답이 아니다.

[단어]

競技場 경기장 | 焼ける 타다 | 動かす 움직이게 하다 | 汗をかく 땀을 흘리다 | 転換 전환 | 陰 그늘 | 応援 응원 | 親善 친선 |
方針 방침

2番

女子学生と男子学生が話しています。男子学生は、どうして中国に行きますか。

F 吉田君。聞いたわよ。来年中国に行くんだって？
M 石原さん。おはよう。噂って本当に早いね。うん、来年の1月の半ばに行くつもり。
F どうして突然、中国へ行くの？ 卒業まであまり残ってないのに。やっぱり、就職のため？
M まあ、就職のことも考えなくちゃいけないんだけどね。これから厳しい就職競争が始まるんだし。
F そうね。皆いい会社に入りたがっているから。あ、そういえば中国語はうまいじゃない？ せっかく留学するなら、英語を習いに行くのがいいと思うけどね。
M 中国語もそこまでうまいわけじゃないよ。簡単な日常会話のレベルぐらいでね。この程度は誰でもできるから、あまりメリットにならないと思う。
F 私も留学しようかな。私だけ競争に遅れているような感じだね。はあ～。
M ⓐ別に留学ってほどじゃないよ。中国に親戚も住んでて。取りあえず、休みの間だけ行って来ようと思ってるだけなんだ。
F うん？ 本当？ 中国に親戚がいたなんて知らなかった。いいな。勉強もできて観光もできてね。羨ましい～。
M ⓑ実は父がもうすぐ、中国支店に転勤になるんだよ。ⓒ一緒に行くかどうかは、どんな所なのか直接見てから決めようと思ってるんだ。ⓓついでに、久しぶりにいとこたちにも会えるからね。

男子学生は、どうして中国に行きますか。

여학생과 남학생이 이야기하고 있습니다. 남학생은 왜 중국에 갑니까?

F 요시다 군. 들었어. 내년에 중국 간다면서?
M 이시하라 씨. 안녕. 소문 정말 빠르네. 응, 내년 1월 중순에 갈 거야.
F 왜 갑자기 중국에 가는 거야? 졸업까지 얼마 안 남았는데. 역시 취직 때문이야?
M 뭐, 취직에 관한 것도 생각하지 않을 수는 없지. 앞으로 혹독한 취업 경쟁이 시작되니까.
F 그렇지. 다들 좋은 회사에 들어가고 싶어 하니까. 아, 그러고 보니 중국어 잘하잖아? 이왕 유학을 가는 거라면, 영어를 배우러 가는 것이 좋을 것 같은데.
M 중국어도 그렇게 잘하는 건 아니야. 간단한 일상 회화 수준 정도지. 이 정도는 누구나 할 수 있으니까, 그다지 장점이 되지 않을 것 같아.
F 나도 유학 갈까. 나만 경쟁에 뒤쳐지고 있는 느낌이네. 하아～.
M ⓐ딱히 유학이라고 할 정도는 아니야. 중국에 친척도 살고 있고. 우선, 방학 동안만 다녀오려고 생각하는 것뿐이야.
F 응? 정말? 중국에 친척이 있었다니 몰랐네. 좋겠다. 공부도 할 수 있고 관광도 할 수 있고 부러워～
M ⓑ실은 아빠가 곧 중국 지점으로 전근을 가게 되거든. ⓒ함께 갈지 어떨지는 어떤 곳인지 직접 보고 나서 결정하려고 생각하고 있어. ⓓ가는 김에 오랜만에 사촌들도 만날 수 있으니까.

남학생은 왜 중국에 갑니까?

1 就職に必要な語学力をつけるため	1 취업에 필요한 어학력을 키우기 위해서
2 中国の親戚に会うため	2 중국에 있는 친척을 만나기 위해서
3 父が中国で仕事をしているため	3 아빠가 중국에서 일을 하고 있기 때문에
4 ある場所について調べるため	**4 어떤 장소에 대해서 알아보기 위해서**

[풀이]

ⓐ중국어 공부를 하기 위한 유학이 아니라는 것을 알 수 있고, ⓑ남자의 아빠가 중국에서 일을 하고 있는 것은 아니다. 따라서 선택지 1번과 3번은 정답이 될 수 없다. ⓒ자신이 생활할 가능성이 있는 곳을 직접 보기 위해서 중국에 가는 것이라고 말하고 있기 때문에 정답은 선택지 4번이다. ⓓ친척들을 만나러 가는 것은 직접적인 이유가 아니라는 것을 알 수 있다. 따라서 선택지 2번도 정답이 아니다.

[단어]

噂 소문 | 就職 취직 | 厳しい 엄하다, 혹독하다 | 競争 경쟁 | 日常 일상 | 親戚 친척 | 取りあえず 우선, 일단 | 羨ましい 부럽다 | 転勤 전근, 이직

3番

テレビで女のアナウンサーと男の俳優が話しています。男の俳優は、これからどんなことに挑戦しますか。	TV에서 여자 아나운서와 남자 배우가 이야기하고 있습니다. 남자 배우는 앞으로 어떤 것에 도전합니까?
F 今日は俳優の児玉さんと一緒に話をさせていただきます。最近上映された映画で引き籠もりの役で見事な演技力を見せてくださいましたね。	F 오늘은 배우 고다마 씨와 함께 이야기를 하겠습니다. 최근에 개봉한 영화에서 은둔형 외톨이 역할로 멋진 연기력을 보여 주셨네요.
M ありがとうございます。今回のような役は初めての挑戦だったので、最初はとても難しかったんです。それなのに、周りからたくさん褒めていただきまして、なんだか身の置き所がないですね。	M 감사합니다. 이번과 같은 역할은 첫 도전이었기 때문에 처음에는 무척 어려웠어요. 그런데 주변에서 칭찬을 많이 해 주셔서, 왠지 몸 둘 바를 모르겠네요.
F ⓐ今までの知的なイメージとまったく違っていたことも多くの話題になりましたが、こういう役にチャレンジしたきっかけは何でしょうか。	F ⓐ지금까지의 지적인 이미지와는 전혀 달랐던 것도 많은 화제가 된 것 같은데요, 이러한 역할에 도전한 계기는 무엇인가요?
M 実は前から是非やってみたいと思っていた役でした。ⓑ社会から疎外感を感じている階層の心理的な苦痛や悩みなどをどうしても伝えてみたかったんです。明るくて前向きな人々の陰で、苦労する者の心を素直に表そうと頑張りました。	M 실은 전부터 꼭 해 보고 싶다고 생각하던 역할이었어요. ⓑ사회로부터 소외감을 느끼고 있는 계층의 심리적인 고통이나 고민 같은 것을 어떻게든 전달해 보고 싶었어요. 밝고 긍정적인 사람들의 그늘에서, 고생하는 사람들의 마음을 솔직하게 표현하려고 노력했습니다.
F あ、そうでしたか。これからの活動にも期待できそうですね。次の作品ではどんな役を演じたいですか。	F 아, 그랬군요. 앞으로의 활동도 기대할 수 있을 것 같네요. 다음 작품에서는 어떤 역할을 연기하고 싶나요?

M ええと、ⓒしばらく演技活動は少し控えようと考えているんです。シナリオの勉強がしたくて。ⓓ俳優としての夢もありますが、監督としての夢も少しずつ叶えていきたいと思いまして。

F あぁ、そうなんですか。残念ながらとうぶん児玉さんの姿を見られなくなるんですね。

M 長い間の休みではありませんから。ゆっくりと次の作品も準備するつもりです。皆さんに前の作品とはまた違うところをお見せしたいと思っています。

男の俳優は、これからどんなことに挑戦しますか。

1 社会的弱者を演じてみること
2 監督として作品を作ること
3 シナリオの勉強をすること
4 イメージと違う役をやってみること

M 음, ⓒ당분간 연기 활동은 조금 보류하려고 생각하고 있어요. 시나리오 공부를 하고 싶어서. ⓓ배우로서의 꿈도 있지만, 감독으로서의 꿈도 조금씩 이루어 가고 싶다는 생각에.

F 아, 그렇군요. 아쉽지만 당분간 고다마 씨의 모습을 볼 수 없게 되겠군요.

M 오랜 기간의 휴식은 아니니까요. 천천히 다음 작품도 준비할 생각이에요. 여러분께 지난 작품과는 또 다른 모습을 보여 드리려고 합니다.

남자 배우는 앞으로 어떤 것에 도전합니까?

1 사회적 약자를 연기해 보는 것
2 감독으로서 작품을 만드는 것
3 시나리오 공부를 하는 것
4 이미지와 다른 역할을 해 보는 것

[풀이]

ⓐ최근에 개봉한 영화에서 이전의 이미지와는 다른 역할을 연기했고, ⓑ사회적인 약자의 입장에서 연기를 했다고 말하고 있기 때문에, 선택지 1번과 4번은 정답이 될 수 없다. ⓒ당분간 연기를 하지 않고 시나리오 공부를 하고 싶다고 말하고 있기 때문에, 정답은 선택지 3번이다. ⓓ감독으로서의 꿈에도 도전을 하고 싶다고 말하고 있지만, 영화를 만들 예정은 언급하지 않았기 때문에, 선택지 2번도 정답이 아니다.

[단어]

上映 상영 | 引き籠もり 은둔형 외톨이 | 褒める 칭찬하다 | 身の置き所がない 몸 둘 바를 모르다 | 疎外感 소외감 | 階層 계층 | 演じる 연기하다 | 控える 삼가다, 앞두다 | 叶える 이루다

4番

女の人が話しています。このサイトの目的は何だと言っていますか。

F イーストブルーは良いご縁を提供する会社です。ⓐ自分に適した結婚相手の紹介はもちろん、異性または同性のお友達を紹介するサービスもしております。当社は、単に出会いを目的とするサイトとは異なって、ⓑ趣味を共有することをはじめ、人と人とのご縁を大切にしている会社です。

여자가 이야기하고 있습니다. 이 사이트의 목적은 무엇이라고 말하고 있습니까?

F 이스트 블루는 좋은 인연을 제공하는 회사입니다. ⓐ자신에게 적합한 결혼 상대의 소개는 물론, 이성 또는 동성 친구를 소개하는 서비스도 하고 있습니다. 저희 회사는 단순히 만남을 목적으로 하는 사이트와 달리, ⓑ취미를 공유하는 것을 비롯해, 사람과 사람의 인연을 소중하게 생각하고 있는 회사입니다.

趣味が同じ方と映画を一緒に見たり、お食事を一緒に楽しんだりして、©画一化された日常から抜け出し、ちょっとした出来事を通して生活の質を向上させ、人生の楽しさを一緒に作っていくことが当社の狙いです。ご登録を希望される方は、簡単な履歴書を作成した上、Ｅメールで当社までお送りください。今日から２週間のキャンペーン期間中に登録された方は、会員費を免除させていただきます。現在3000人以上の会員が当サイトを介して貴重な出会いを続けています。私たちと一緒に大切な時間を作ってみるのはいかがでしょうか。

취미가 같은 분과 영화를 함께 보기도 하고, 식사를 함께 즐기기도 하며, ©획일화된 일상에서 벗어나, 사소한 일을 통해서 생활의 질을 향상시키고, 인생의 즐거움을 함께 만들어 가는 것이 저희 회사의 목표입니다. 등록을 희망하시는 분은 간단한 이력서를 작성한 후에, 이메일로 당사로 보내 주세요. 오늘부터 2주 간의 캠페인 기간 중에 등록하신 분은 회원비를 면제해 드립니다. 현재 3,000명 이상의 회원들이 저희 사이트를 통해 소중한 만남을 이어가고 있습니다. 저희와 함께 소중한 시간을 만들어 가는 것은 어떨까요?

このサイトの目的は何だと言っていますか。

이 사이트의 목적은 무엇이라고 말하고 있습니까?

1 結婚や恋愛のための出会いを提供すること
2 些細な出来事を通して生活の楽しさを求めること
3 同じ地域で趣味を共有できる会を作ること
4 会員に適当な会社を紹介すること

1 결혼이나 연애를 위한 만남을 제공하는 것
2 사소한 일을 통해서 생활의 즐거움을 추구하는 것
3 같은 지역에서 취미를 공유할 수 있는 모임을 만드는 것
4 회원에게 알맞은 회사를 소개하는 것

[풀이]

@결혼 상대의 소개는 물론, 친구를 소개하기도 하기 때문에, 선택지 1번은 정답이 될 수 없다. ⓑ취미를 공유하는 모임을 만드는 것만이 아니라고 말하고 있기 때문에, 선택지 3번도 정답이 아니다. ©사소한 일을 통해서 인생의 즐거움을 만들어 가는 것이 회사의 목적이라고 말하고 있다. 따라서 정답은 선택지 2번이고, 선택지 4번에 관한 언급은 없었다.

[단어]

縁 인연 | 提供 제공 | 異なる 다르다 | 共有 공유 | 趣向 취향 | 画一化 획일화 | 抜け出す 빠져나가다, 벗어나다 | 出来事 사건 | 狙い 목적, 목표 | 希望 희망 | 履歴書 이력서 | 掲示板 게시판 | 免除 면제 | ～を介して ～를 통해서

5番

テレビで温泉旅館の社長が話しています。この社長は、今後どうするべきだと言っていますか。

텔레비전에서 온천 여관 사장님이 이야기하고 있습니다. 이 사장님은 앞으로 어떻게 해야 한다고 말하고 있습니까?

M えーと、当温泉は、今後大きく変わってまいります。日本人だけでなく、外国人にとっても温泉は欠かせない日本の大切な文化だと言っても過言ではないでしょう。@温泉は日本のさまざまな文化を体験することができる最適の場所なのです。

M 음, 저희 온천은 앞으로 크게 변해 갈 것입니다. 일본인뿐만 아니라 외국인에게 있어서도 온천은 빼놓을 수 없는 일본의 소중한 문화라고 해도 과언이 아니겠죠. @온천은 일본의 다양한 문화를 경험할 수 있는 최적의 장소입니다.

浴衣の着方や、茶道の作法、日本の食べ物など、外国人にとってこれ以上に魅力的な場所はないでしょう。しかし、これからは温泉に限った文化ではなく、より広い視野を持って考えなければなりません。ⓑ温泉だけを商品化するのではなく、町の商店街などと連携して、複合的な観光コースに広げていく必要があると思います。毎年行われている地域の祭りへの参加や花火大会の参加、我々の町ならではの特産物を楽しむ行事など、魅力的な要素は十分だと思います。ⓒもちろん、コミュニケーションの問題などは、今後解決していくべき課題になると思いますが、明らかに地域社会を発展させる大きな力になるはずです。

이 사장님은 앞으로 어떻게 해야 한다고 말하고 있습니까?

この社長は、今後どうするべきだと言っていますか。

유카타를 입는 방법, 다도의 예절, 일본의 음식 등, 외국인에게 있어서 이 이상으로 매력적인 장소는 없을 것입니다. 그러나 이제부터는 온천에 한정된 문화가 아니라, 보다 넓은 시야를 가지고 생각해야 합니다. ⓑ온천만을 상품화하는 것이 아니라, 마을의 상점가 등과 제휴해서, 복합적인 관광 코스로 넓혀 갈 필요가 있다고 생각합니다. 매년 열리고 있는 지역 축제 참가나 불꽃 축제 참가, 우리 마을 고유의 특산물을 즐기는 행사 등, 매력적인 요소는 충분하다고 생각합니다. ⓒ물론, 커뮤니케이션 문제 등은 앞으로 해결해 나가야 하는 과제가 될 것이라고 생각하지만, 분명 지역 사회를 발전시키는 큰 힘이 될 것입니다.

1 温泉で様々な文化の授業を行う
2 温泉を楽しむイベントを企画する
3 地域社会と共にイベント案を練る
4 コミュニケーション教育を行う

1 온천에서 다양한 문화 수업을 실시한다
2 온천을 즐기는 이벤트를 기획한다
3 지역 사회와 함께 이벤트 안을 구상한다
4 커뮤니케이션 교육을 실시한다

[풀이]

ⓐ 온천에서 문화 수업을 하는 것이 아니라, 다양한 문화를 즐길 수 있다고 말하고 있다. 따라서 선택지 1번은 정답이 아니다. ⓑ온천만을 생각하지 않고, 지역 사회와 함께하는 제휴가 필요하다고 말하고 있다. 따라서 정답은 선택지 3번이고, 선택지 2번은 정답이 될 수 없다. ⓓ커뮤니케이션은 앞으로의 해결 과제라고 말하고 있기 때문에, 선택지 4번도 정답이 아니다.

[단어]

～にとって ～에(게) 있어서 | 欠かす 빠뜨리다, 빼다 | 過言 과언 | 体験 체험 | 作法 예의범절 | 魅力 매력 | 商店街 상점가 | 連携 연계, 제휴 | 複合 복합 | ～ならではの ～만의 | 特産物 특산물 | 解決 해결 | 企画 기획 | 練る 짜다

개요 이해 **실전 연습 ❶** p.372 스크립트와 문제 해설

1番

ラジオで、野球選手が話しています。

라디오에서 야구 선수가 이야기하고 있습니다.

M 今シーズンは負傷なしに全試合をこなすことができました。毎年大小の怪我をしてしまって、チームが大変な時期に役に立てず辛い想いをしましたが、今年は最後までチームの皆と共にプレイすることができて本当にうれしい限りです。ⓐ野球選手としてラストシーズンに受賞もできて、悔いはありません。チームの同僚たちとスタッフの全員が、自分のことのように喜んでくれて涙が出るほど感激しました。ⓑただ一つ心残りは、チームの優勝を成し遂げることができなかったことです。来年は監督とチームの全員が力を合わせて最後まで頑張ることができれば、きっと優勝できると思います。ⓒこれからは私も、スタッフの一員としてチームの優勝のために最善を尽くしていきたいと思っています。ⓓ最後にいつも応援してくださるファンの方々に感謝とお礼を申し上げたいと思います。

M 이번 시즌에는 부상 없이 전 경기를 소화할 수 있었습니다. 매년 크고 작은 부상을 당해, 팀이 힘든 시기에 도움이 될 수 없어서 괴로운 기분이 들었지만, 올해는 마지막까지 팀의 모두와 함께 플레이를 할 수 있어서 매우 기쁩니다. ⓐ야구 선수로서 마지막 시즌에 상도 받을 수 있어서 후회는 없습니다. 팀 동료들과 스태프들 전원이 자신의 일처럼 기뻐해 줘서 눈물이 날 만큼 감격했습니다. ⓑ단지 한 가지 미련이 남는 것은 팀의 우승을 이루지 못한 것입니다. 내년에는 감독님과 팀 전원이 힘을 합쳐서 마지막까지 힘을 낸다면, 분명 우승할 수 있을 거라고 생각합니다. ⓒ앞으로는 저도 스태프의 일원으로서 팀의 우승을 위해서 최선을 다해 가려고 합니다. ⓓ마지막으로 늘 응원해 주시는 팬 분들께 감사의 말씀을 드리고 싶습니다.

この野球選手は、何について話していますか。

이 야구 선수는 무엇에 대해서 이야기하고 있습니까?

1 同僚が賞を受けたこと
2 チームの優勝に関する感想
3 引退に関する感想
4 家族やファンへの助言

1 동료가 상을 받은 것
2 팀의 우승에 관한 소감
3 은퇴에 관한 소감
4 가족과 팬에 대한 조언

[풀이]

ⓐ남자는 마지막 시즌에 본인이 상을 받을 수 있어서 기쁘다고 말하고 있기 때문에, 선택지 1번은 정답이 아니다. ⓑ은퇴하기 전에 팀의 우승을 이루지 못했다고 말하고 있기 때문에, 선택지 2번도 정답이 될 수 없다. ⓒ앞으로는 팀의 스태프로서 최선을 다하겠다고 말하면서, 팬들에게 감사의 인사를 전하고 있다. 따라서 본문의 내용은 선수로서 은퇴하는 소감이라는 것을 알 수 있고, 정답은 선택지 3번이다. 선택지 4번에 관한 언급은 없었다.

[단어]

負傷 부상 | こなす 잘 해내다 | 役に立つ 도움이 되다 | ～限りだ 매우 ～하다 | 悔い 후회 | ～として ～로서 | 受賞 수상 | 優勝 우승 | 成し遂げる 이루다, 완수하다 | 最善を尽くす 최선을 다하다 | ～について ～에 대해서 | ～に関する ～에 관한 | 感想 감상, 소감 | 引退 은퇴 | 助言 조언

2番 (ばん)

テレビで、男の人が話しています。	텔레비전에서 남자가 이야기하고 있습니다.

M ⓐ犬は視覚的、聴覚的な面で人間より何倍も鋭いのです。ですから、ⓑ騒音により、激しいストレスを受けて病気になることもあります。特に、家で犬を飼っている場合は、人と違うという認識不足の結果、犬の行動に対して怒ったり叫んだりしている飼い主の姿がよく見うけられます。必要以上の騒音は、動物にとっては決して良いことではありません。ⓒ大勢の人がかわいらしくて忠誠心の高い犬を飼っている場合が多いようですが、ⓓ自分だけのために犬を飼っているのではなく、一つの生き物として犬と一緒に生活しているという意識を持つべきです。

M ⓐ개는 시각적, 청각적인 면에서 사람보다 몇 배나 예민합니다. 그래서 ⓑ소음으로 인해 심한 스트레스를 받아서 병에 걸리는 일도 있습니다. 특히 집에서 개를 기르고 있는 경우에는 사람과 다르다는 인식 부족의 결과, 개의 행동에 대해서 화를 내거나 소리를 지르는 주인의 모습이 자주 보입니다. 필요 이상의 소음은 동물들에게 있어서는 결코 좋지 않습니다. ⓒ많은 사람들이 사랑스럽고 충성심이 높은 개를 기르고 있는 경우가 많은 것 같은데, ⓓ자신만을 위해서 개를 기르고 있는 것이 아니라, 한 생명체로서 개와 함께 생활하고 있다는 의식을 가져야 합니다.

男の人は、何について話していますか。	남자는 무엇에 대해서 이야기하고 있습니까?

1 犬の聴覚的な優秀性	1 개의 청각적인 우수성
2 ペットの病気対策	2 애완 동물 질병 대책
3 犬の忠誠心に対する意見	3 개의 충성심에 대한 의견
4 ペットに対する考え方	4 애완 동물에 대한 사고방식

[풀이]

ⓐ개의 시각과 청각의 우수성을 말하는 것이 아니라, 사람보다 예민하기 때문에 병에 걸리는 경우가 있다고 언급하고 있다. 따라서 선택지 1번은 정답이 될 수 없다. ⓑ여기에서의 소음이라는 것은 주인이 개에게 소리를 지르는 것이라고 언급하고 있기 때문에, 선택지 2번도 정답이 아니다. ⓒ개를 키우는 이유에 관한 일반적인 추측일 뿐이고, 남자의 의견은 아니다. 따라서 선택지 3번도 정답이 될 수 없다. ⓓ남자가 전하고 싶은 것은 개를 대하는 의식 변화가 필요하다는 것을 알 수 있다. 따라서 정답은 선택지 4번이다.

[단어]

視覚 시가 | 聴覚 천가 | 鋭い 날카롭다, 예리하다 | 騒音 소음 | 飼う 기르다 사육하다 | 認識 인식 | ～に対して ～에 대해서 | 叫ぶ 외치다, 부르짖다 | ～にとって ～에(게) 있어서 | 忠誠 충성 | ～として ～로서 | ～べきだ ～해야 한다 | 優秀 우수 | 対策 대책

3番

ラジオで、女の人が話しています。 | 라디오에서 여자가 이야기하고 있습니다.

F　最近ニュースで紹介された着物の保存方法について、多くの人が驚くほどの興味を見せていますね。ⓐ雪がたくさん降る地域では、雪の上に着物を広げておくのですが、これが太陽の光による化学反応を起こして、着物の色が復活するというのです。このように自然の力を利用した物の保存方法が紹介されていることや世界各地で自然の力を用いた様々な出来事に関して人々の関心が高まっています。ⓑ石油、石炭などといった化石エネルギーの枯渇に対する代替資源の発見のため、世界的に努力していくべき時代が近づいている中で、こうした自然の力が再び脚光を浴びることは喜ばしいことです。ⓒ人に無害で、資源の涸れる危険もない自然エネルギーが未来の代替エネルギーとして無限の可能性を持っているからでしょう。

F　최근 뉴스에서 소개된 기모노의 보존 방법에 대해서 많은 사람들이 놀라운 만큼의 흥미를 보이고 있네요. ⓐ눈이 많이 오는 지역에서는 눈 위에 기모노를 펼쳐 놓는데, 이것이 태양 빛에 의한 화학 반응을 일으켜서 기모노의 색이 부활한다는 것입니다. 이와 같이 자연의 힘을 이용한 물건의 보존 방법이 소개되고 있거나 세계 각지에서 자연의 힘을 이용한 다양한 일에 관해서 사람들의 관심이 높아지고 있습니다. ⓑ석유, 석탄이라고 하는 화석 에너지 고갈에 대한 대체 자원의 발견을 위해서 전 세계적으로 노력해 나가야 할 시대가 다가오고 있는 중에, 이러한 자연의 힘이 다시 각광을 받는 것은 반가운 일입니다. ⓒ사람에게 무해하고, 자원 고갈 위험도 없는 자연 에너지가 미래의 대체 에너지로서 무한한 가능성을 가지고 있기 때문이겠죠.

女の人は、何について話していますか。 | 여자는 무엇에 대해서 이야기하고 있습니까?

1　着物の保存方法
2　太陽エネルギーの利用方法
3　化石エネルギーの代替の方法
4　自然エネルギーの枯渇対策

1　기모노의 보존 방법
2　태양 에너지의 이용 방법
3　화석 에너지의 대체 방법
4　자연 에너지의 고갈 대책

[풀이]

ⓐ태양 빛을 이용하여 기모노를 보존하는 것을 예시로 소개하고, ⓑ화석 에너지의 고갈에 대한 대체 자원으로서, ⓒ자연 에너지가 주목을 받고 있다는 것에 대해서 이야기를 하고 있다는 것을 알 수 있다. 따라서 정답은 선택지 3번이고, 선택지 4번에 관한 언급은 없었다.

[단어]

保存 보존 | 〜について 〜에 대해서 | 〜による 〜에 의한, 〜에 따른 | 反応 반응 | 再び 다시, 재차 | 用いる 이용하다, 사용하다 | 〜に関して 〜에 관해서 | 枯渇 고갈 | 代替 대체 | 資源 자원 | 努力 노력 | 脚光を浴びる 각광을 받다 | 涸れる 마르다, 고갈되다 | 対策 대책

4番

大学で、先生がある地域について話しています。	대학에서 선생님이 어떤 지역에 대해서 말하고 있습니다.

| M この地域は、温泉で有名なので以前から多くの観光客が訪れています。日本で温泉が有名なところはここだけではないですが、特に外国人の観光客の割合が60％を超えていることは驚くことですね。@ただ温泉を利用させるだけでは、人々から満足感が得られにくいという判断が成功のカギとなったのですね。ⓑ温泉の紹介についてのホームページも見事ですが、世界の色々な国の言語に変換可能というところも、外国人観光客の増大につながった大きな要因でしょう。これからは外貨収入の増大で貯まった資金をどのように使っていくかが課題として残っているようですね。 | M 이 지역은 온천으로 유명해서 예전부터 많은 관광객이 찾아오고 있습니다. 일본에서 온천이 유명한 곳은 이 곳만이 아니지만, 특히 외국인의 관광객 비율이 60%를 넘기고 있다는 것이 놀라운 일이죠. @단지 온천을 이용하게 하는 것만으로는 사람들에게서 만족감을 얻기 힘들다는 판단이 성공의 열쇠가 된 것이죠. ⓑ온천 소개에 대한 홈페이지도 훌륭하지만, 세계 여러 나라의 언어로 변환 가능하다는 부분도 외국인 관광객의 증대로 이어진 큰 요인이겠죠. 앞으로는 외화 수입 증대로 모인 자금을 어떻게 사용해 갈지가 과제로 남아 있는 것 같네요. |

先生は、この地域の何について話していますか。	선생님은 이 지역의 무엇에 대해서 이야기하고 있습니까?

1 今後の課題に対する解決	1 앞으로의 과제에 대한 해결
2 観光客の増加の背景	**2 관광객 증가 배경**
3 外国語に対する重要性	3 외국어에 대한 중요성
4 温泉以外の利用施設	4 온천 이외의 이용 시설

[풀이]

이 지역의 온천이 관광객들에게 인기 있는 이유에 대해서 설명하고 있다. @온천 이외의 요소를 활용한 것과 ⓑ잘 만들어진 홈페이지와 언어 변환도 외국인 관광객들에게 좋은 영향을 끼쳤다고 말하고 있다. 따라서 정답은 선택지 2번이다. 앞으로의 해결 과제에 대한 언급도 있지만, 이야기의 주제로 보기는 힘들기 때문에, 선택지 1번은 정답이 될 수 없다. 선택지 3번과 4번에 관한 언급은 없었다.

[단어]

地域 지역 | 訪れる 방문하다, 찾아오다 | 割合 비율 | 超える 넘다, 조월하다 | 判断 반난 | 変換 변환 | 増大 증내 | 外貨 외화 | 収入 수입 | 資金 자금 | 貯まる 모이다, 늘다 | 課題 과제 | 〜に対する 〜에 대한 | 背景 배경 | 施設 시설

5番

ラジオで男の人と女の人が話しています。	라디오에서 남자와 여자가 이야기하고 있습니다.

| M 最近、血液循環障害を訴える人がたくさんいますが、なぜこのような現象が起こるのですか。 | M 최근 혈액순환장애를 호소하는 사람이 많이 있는데요, 왜 이런 현상이 일어나는 건가요? |

F 血液循環がうまく行かないと、各種疾病の発生率が飛躍的に高くなるからです。血液が私たちの体を循環しながら、水や、酸素や、ビタミンなどといった栄養素を運んでくれます。もし、循環がうまくいかなかったら、体のいろんなところが栄養不足になり、病気になりやすい体になるのです。

M そうですね。それでは、血液の循環がよくなるためには、どんなことが必要でしょうか。

F まず、ⓐ血液循環に最も役に立つことは運動です。体を多く動かすほど、血液の循環にも役立つということです。ⓑ寝る前に軽いストレッチをすることも効果的です。そして、ⓒ食生活の改善も血液循環に大いに影響を与えます。油っこい食べ物をたくさん摂取すると、血液の循環を妨害する物質が血管にたまってしまうんです。

M やっぱり肉と一緒に野菜を食べることが重要ですね。

F ええ。そして、ⓓ冷たい水よりはお湯を飲むという簡単な方法も効果がありますね。私たちの体は、体温よりも低いものより、体温に近い温度のものをより簡単に受け入れるからです。

F 혈액순환이 잘 되지 않으면, 각종 질병의 발생률이 비약적으로 높아지기 때문입니다. 혈액이 우리 몸을 순환하면서 물이나 산소나 비타민 등의 영양소를 운반해 줍니다. 만약 순환이 잘 안 된다면, 몸의 여러 부분이 영양이 부족해져서 병에 걸리기 쉬운 몸이 되는 거죠.

M 그렇군요. 그럼 혈액순환이 잘 되기 위해서는 어떤 것이 필요할까요?

F 우선 ⓐ혈액순환에 가장 도움이 되는 것은 운동입니다. 몸을 많이 움직일수록, 혈액순환에도 도움이 된다는 것이죠. ⓑ자기 전에 가벼운 스트레칭을 하는 것도 효과적입니다. 그리고 ⓒ식생활 개선도 혈액순환에 큰 영향을 줍니다. 기름진 음식을 많이 섭취하면, 혈액순환을 방해하는 물질이 혈관에 쌓이고 맙니다.

M 역시 고기와 함께 야채를 먹는 것이 중요하군요.

F 네. 그리고 ⓓ차가운 물보다는 따뜻한 물을 마시는 간단한 방법으로도 효과가 있습니다. 우리 몸은 체온보다도 낮은 것보다 체온과 가까운 온도의 것을 보다 쉽게 받아들이기 때문입니다.

二人は、何について話していますか。

1 人体と血液の関係
2 ストレッチと運動の効果
3 食べ物と健康の関係
4 血の流れをよくする方法

두 사람은 무엇에 대해서 이야기하고 있습니까?

1 인체와 혈액의 관계
2 스트레칭과 운동의 효과
3 음식과 건강의 관계
4 피의 흐름을 좋게 하는 방법

[풀이]

혈액 순환을 위해서는 ⓐ운동이 가장 많이 도움이 되고, ⓑ스트레칭도 좋은 효과가 있으며, ⓒ음식을 조절하는 것과 ⓓ따뜻한 물을 마시는 것이 좋다고 말하고 있다. 따라서 정답은 선택지 4번이다.

[단어]

血液 혈액 | 循環 순환 | 障害 장애 | 訴える 호소하다, 소송하다 | 現象 현상 | 疾病 질병, 질환 | 飛躍 비약 | 栄養 영양 | 役に立つ 도움이 되다 | 効果 효과 | 与える 주다 | 調節 조절 | 油っこい 기름지다 | 摂取 섭취 | 妨害 방해 | 物質 물질

1番

ラジオで女の人が話しています。

F ある調査によると、空間に対する効率的な活用方法に対して、人々の関心が高まっているそうです。特に若い夫婦を中心に高い販売率を見せているある製品のことですが、去年の販売量が10万件を越えたそうです。ⓐその製品とは、折り畳み式の家具です。これらの製品は引越す際、より簡単に運ぶことができ、狭い住居空間をさらに効率的に活用できる、といった点が人気の理由と見られています。ⓑ色も豊富にあり、軽くて丈夫というのも長所だと言われています。撮影現場で使用される映画監督の椅子をまねて作ったものもあれば、上の板を折り畳むことができると同時に回転まで可能なテーブルもあるそうです。キッチンの家具からリビングの家具まで、ⓒ全て簡単に素早く組み立てられる点も、自分だけのスタイルにこだわる若い人たちの購買欲を刺激しています。ⓓそれに、価格も手頃なので、特に若い主婦の関心を集めているということです。

라디오에서 여자가 이야기하고 있습니다.

F 어떤 조사에 의하면, 공간에 대한 효율적인 활용 방법에 대해서 사람들의 관심이 높아지고 있다고 합니다. 특히 젊은 부부를 중심으로 높은 판매율을 보이고 있는 어떤 제품이 있는데, 작년의 판매량이 10만 건을 넘었다고 합니다. 그 제품은 접이식 가구입니다. ⓐ이 제품은 이사를 할 때, 보다 간단히 옮길 수 있고, 좁은 주거 공간을 더욱 효율적으로 활용할 수 있다는 점이 인기의 이유로 보입니다. ⓑ색상도 다양하고, 가볍고 튼튼하다는 것도 장점이라고 합니다. 촬영장에서 사용되는 영화 감독의 의자를 모방해서 만든 것도 있고, 상판을 접을 수 있는 동시에 회전까지 가능한 테이블도 있다고 합니다. 주방 가구에서 거실 가구까지, ⓒ모두 쉽고 빠르게 조립할 수 있는 점도 자신만의 스타일에 민감한 젊은 사람들의 구매력을 자극하고 있습니다. ⓓ게다가 가격도 적당하기 때문에, 특히 젊은 주부의 관심을 모으고 있다고 합니다.

女の人は、何について話していますか。

1 空間に対する人々の意識変化
2 ある家具製品の販売量の増加
3 **ある家具製品の人気の理由**
4 商品の人気度と価格の関係

여자는 무엇에 대해서 이야기하고 있습니까?

1 공간에 대한 사람들의 의식 변화
2 어떤 가구 제품의 판매량 증가
3 **어떤 가구 제품의 인기 이유**
4 상품의 인기도와 가격의 관계

[풀이]

ⓐ조립식 가구는 운반이 용이하고 효율적인 공간 이용이 가능하다. ⓑ색상이 다양하며 가볍고 튼튼하다. ⓒ쉽고 빠르게 조립할 수 있다. ⓓ가격도 적당하다. 즉 조립식 가구가 인기를 얻고 있는 이유에 대해서 설명하고 있는 것이다. 따라서 정답은 선택지 3번이다. 선택지 1번과 2번은 부분적으로만 언급하고 있어서 정답이 되기에는 부족하고, 선택지 4번은 언급하지 않았기 때문에 정답이 될 수 없다.

[단어]

調査 조사 | ～によると ～에 의하면(따르면) | 空間 공간 | ～に対する ～에 대한 | 効率的 효율적 | 販売 판매 | 折り畳み式 접이식 | 住居 주거 | 豊富 풍부 | 撮影 촬영 | 回転 회전 | 組み立て 조립 | 刺激 자극 | 手頃 알맞음, 적당한

ラジオで男の人が話しています。

M まもなく夏休みが始まりますね。夏のバカンスシーズンはいろいろな事故が起こりやすいので注意しましょう。特に、ⓐ山と海において落雷による事故が毎年後を絶ちませんが、命を落とす場合もあるので、気を付けなければなりません。たまに、雨が降っていない場合にも雷の音がすることがあります。雷の音がすると、まもなく雨が降る確率が高いんです。ⓑ山や海は都会より気候の変化が激しいことを覚えておきましょう。小さな音にも耳を傾ける姿勢が必要です。ⓒ落雷による被害を事前に防ぐ簡単な知識と方法をお伝えします。落雷を避けるためには、木のそばや高い場所に近づいてはいけません。避難するのが難しい状況では、できる限り体を丸めてじっとしていてください。では、今回の夏休みも安全のことを考えながら、楽しく健康にお過ごしください。

男の人は何について話していますか。

1 山と海で起こる事故の危険性
2 落雷を避けるための服装
3 山と海と都会の気候の違い
4 雷の音と山の動物の鳴き声の関係

라디오에서 남자가 이야기하고 있습니다.

M 이제 곧 여름 휴가가 시작되네요. 여름 휴가철은 다양한 사고가 발생하기 쉽기 때문에 주의합시다. 특히 ⓐ산과 바다에서 낙뢰에 의한 사고가 매년 끊이지 않고 있는데, 목숨을 잃는 경우도 있기 때문에 조심해야 합니다. 가끔 비가 내리고 있지 않은 경우에도 천둥 소리가 나는 일이 있습니다. 천둥 소리가 나면, 머지않아 비가 올 확률이 높습니다. ⓑ산이나 바다는 도시보다 기후 변화가 심하다는 것을 기억해 둡시다. 작은 소리에도 귀를 기울이는 자세가 필요합니다. ⓒ낙뢰에 의한 피해를 사전에 방지할 간단한 지식과 방법을 전해 드리겠습니다. 낙뢰를 피하기 위해서는 나무 근처나 높은 장소에 접근해서는 안 됩니다. 피난하기 어려운 상황에서는 가능한 한 몸을 웅크리고 가만히 있으세요. 그럼 이번 여름 휴가도 안전에 대한 것을 생각하면서, 즐겁고 건강하게 보내시길 바랍니다.

남자는 무엇에 대해서 이야기하고 있습니까?

1 산과 바다에서 일어나는 사고의 위험성
2 낙뢰를 피하기 위한 복장
3 산과 바다와 도시의 기후 차이
4 천둥 소리와 산 동물 울음 소리의 관계

[풀이]

ⓐ산과 바다에서 낙뢰에 의한 사고가 빈번하게 발생되고, ⓑ도시에 비해서 기후의 변화가 심하다고 말하고 있다. ⓒ낙뢰 피해 예방을 위한 방법을 소개하고 있다. 따라서 정답은 선택지 1번이다. 선택지 2번, 3번, 4번에 관한 언급은 없었다.

[단어]

〜において 〜에서 | 落雷 낙뢰 | 雷 천둥 | 音がする 소리가 나다 | 確率 확률 | 都会 도시 | 耳を傾ける 귀를 기울이다 | 姿勢 자세 | 〜による 〜에 의한, 〜에 따른 | 防ぐ 막다, 방지하다 | 避ける 피하다 | 状況 상황 | 丸める 둥글게 하다 | 服装 복장

3番

<table>
<tr><td>

大学の授業で先生が話しています。

M 皆さん、こんにちは。今日は初日の授業なので、@授業の全般的な進め方について話します。まず、試験は２回あります。ⓑ中間テストは、筆記試験ではなくレポートを３回提出することで点数をつけます。内容の充実さと事例をどれだけ積極的に活用して作成したかを評価の重要点とします。それから、ⓒ期末試験は、授業で行われた質疑応答の内容から出題します。従って、教科書の内容をそのまま暗記するだけでは、いい点数を取ることができません。ですから、積極的に授業に参加することが、いい成績の条件となるでしょう。あ、そして、ⓓ月に一回はグループごとの発表課題があります。これから配る紙に自分のグループが書かれていますから、確認しておいてください。

</td><td>

대학 수업에서 선생님이 이야기하고 있습니다.

M 여러분, 안녕하세요. 오늘은 첫날 수업이기 때문에 @수업의 전반적인 진행 방식에 대해서 이야기하겠습니다. 우선 시험은 2회 있습니다. ⓑ중간 시험은 필기 시험이 아니고, 리포트를 3회 제출하는 것으로 점수를 매깁니다. 내용의 충실함과 사례를 얼마만큼 적극적으로 활용해서 작성했는가를 평가의 중요점으로 하겠습니다. 그리고 ⓒ기말 시험은 수업에서 이루어진 질의응답의 내용에서 출제하겠습니다. 따라서 교과서 내용을 그대로 암기하는 것만으로는 좋은 점수를 얻을 수 없습니다. 그렇기 때문에 적극적으로 수업에 참가하는 것이 좋은 성적의 조건이 되겠죠. 아, 그리고 ⓓ한 달에 한 번은 그룹 별로 발표 과제가 있습니다. 지금부터 나누어 주는 종이에 자신의 그룹이 쓰여 있으니까, 확인해 두세요.

</td></tr>
</table>

男の人は、何について話していますか。

1 授業の概要
2 試験の種類
3 レポートの作成方法
4 発表で高得点を取る方法

남자는 무엇에 대해서 이야기하고 있습니까?

1 수업의 개요
2 시험의 종류
3 리포트 작성 방법
4 발표에서 고득점을 얻는 방법

[풀이]

@선생님이 말하고 있는 것은 수업의 전반적인 개요라는 것을 알 수 있기 때문에, 정답은 선택지 1번이다. ⓑ는 리포트 제출 횟수에 관한 언급이고, 작성 방법에 관한 언급은 없었다. 따라서 선택지 3번은 정답이 아니다. ⓒ중간 시험과 기말 시험에 대한 내용과 평가 방법을 말하는 것이지, 시험의 종류를 설명하는 것은 아니라는 것을 알 수 있다. 따라서 선택지 2번도 정답이 될 수 없다. ⓓ발표에서 고득점을 얻는 방법에 관한 언급은 없었기 때문에, 선택지 4번도 정답이 아니다.

[단어]

筆記 필기 ┃ 提出 제출 ┃ 積極的 적극적 ┃ 評価 평가 ┃ 質疑 질의 ┃ 応答 응답 ┃ 従って 따라서 ┃ 成績 성적 ┃ 条件 조건 ┃ 配る 나누어 주다 ┃ 概要 개요

テレビで男の人が話しています。	TV에서 남자가 이야기하고 있습니다.

M 父は小学校の先生で、母は銀行員でした。子供の時、三人でよく映画館に行ったものです。幼い頃から映画が好きだったし、特に宇宙や星に対する内容に興味がありました。その私がピアノをひくようになるとは夢にも思わなかったんです。映画と共に流れる曲を聴きながら、心が静かになり、落ち着いてくる感覚、これがたまらないほどよかったんですね。ⓐ自然に音楽に興味を持ち始め、特に交響曲に強烈な印象を受けて、その時からピアノを弾き始めたと思います。ⓑ気付いたら、いつもピアノに齧り付いている自分の姿がありました。

M 아버지는 초등학교 선생님이고, 어머니는 은행원이었습니다. 어렸을 때, 셋이서 자주 영화관에 가곤 했습니다. 어렸을 때부터 영화를 좋아했고, 특히 우주나 별에 대한 내용에 관심이 있었습니다. 그런 제가 피아노를 치게 될 줄은 꿈에도 생각하지 못했습니다. 영화와 함께 흘러나오는 곡을 들으면서, 마음이 평온해지고 차분해지는 감각, 이것이 견딜 수 없을 만큼 좋았습니다. ⓐ자연스럽게 음악에 흥미를 가지기 시작했고, 특히 교향곡에 강렬한 인상을 받아서, 그때부터 피아노를 치기 시작한 것 같습니다. ⓑ정신을 차려 보니, 항상 피아노에 매달려 있는 자신의 모습이 있었습니다.

男の人は、何について言っていますか。

남자는 무엇에 대해서 말하고 있습니까?

1　幼い頃の思い出	1　어린 시절의 추억
2　作曲家になった理由	2　작곡가가 된 이유
3　演奏家になったきっかけ	3　연주가가 된 계기
4　映画音楽の魅力	4　영화 음악의 매력

[풀이]

ⓐ음악에 흥미를 가지고, 피아노를 치게 된 계기에 대해서 이야기 하고 있다. ⓑ항상 피아노를 치고 있다고 말하고 있다. 따라서 정답은 선택지 3번이다.

[단어]

幼い 어리다, 미숙하다 | 頃 때, 무렵, 시절 | ～に対する ～에 대한 | 落ち着く 진정되다, 안정되다 | 交響曲 교향곡 | 強烈 강렬 | 齧り付く 매달리다, 열중하다 | 契機 계기 | 演奏 연주 | 魅力 매력

テレビでアナウンサーと専門家が話しています。	TV에서 아나운서와 전문가가 이야기하고 있습니다.

F 選挙を目前にして多くの立候補者たちが公約を掲げています。ⓐ候補者たちの奮闘とは対照的に、投票率はますます低下しつつある現在の状況についてどう思いますか。

F 선거를 눈앞에 두고 많은 입후보자들이 공약을 내세우고 있습니다. ⓐ후보자들의 분투와는 대조적으로 투표율은 점점 낮아지기만 하는 현재의 상황에 대해서 어떻게 생각하시나요?

M そうですね。日本の投票率は世界の平均をはるかに下回る53％を記録しています。やっと半分を超える投票では正しい投票と見ることはできませんね。驚いたことに、20代の有権者たちの投票率はわずか7％、30代は14％です。ⓑ投票に対する関心がないというのが一番大きい問題だと見られています。

F ⓒでは、投票の参加を高める方法にはどんなことがあるでしょうか。

M そうですね。オーストラリアなどのように、投票しない人に罰金を払わせるなどの強圧的な方法には限界があると思います。解決策を見出すことが容易ではないのですが、ⓓ投票の場所を限定させるのではなく、駅や学校、会社でも投票できるようにするのもいい方法だと思います。

F そうですね。わざわざ、投票所まで行かなくても、生活空間のあちこちに投票所を設置するということですね。

M そうです。もちろん、莫大な費用がかかるだろうと予想されますが、投票率は確実に上がるはずです。そして、有権者が自分一人ぐらい投票しないからといって状況が大きく変わることはないだろうという考え方が最も大きな問題なのです。ⓔ正しい市民意識を持って投票に参加するのが一番正しい解決策だと言えるでしょう。

M 글쎄요. 일본의 투표율은 세계 평균을 훨씬 밑도는 53%를 기록하고 있습니다. 겨우 절반을 넘는 투표로는 올바른 투표라고 볼 수는 없죠. 놀랍게도 20대 유권자들의 투표율은 불과 7%, 30대는 14%입니다. ⓑ투표에 대한 관심이 없다는 것이 가장 큰 문제로 보이고 있습니다.

F ⓒ그럼 투표 참가를 높이는 방법에는 어떤 것이 있을까요?

M 글쎄요. 호주처럼 투표를 하지 않는 사람에게 벌금을 내게 하는 등의 강압적인 방법은 한계가 있다고 생각합니다. 해결책을 찾기가 쉽지는 않겠지만, ⓓ투표 장소를 한정시키는 것이 아니라, 역이나 학교, 회사에서도 투표할 수 있도록 하는 것도 좋은 방법이라고 생각합니다.

F 그렇군요. 일부러 투표소까지 가지 않더라도, 생활 공간의 여기저기에 투표소를 설치하자는 것이네요.

M 그렇습니다. 물론 막대한 비용이 들어갈 것으로 예상되지만, 투표율은 확실하게 올라갈 것입니다. 그리고 유권자가 자기 한 명 정도 투표하지 않는다고 해서 상황이 크게 달라질 것은 없을 것이라는 사고방식이 가장 큰 문제입니다. ⓔ올바른 시민 의식을 가지고 투표에 참가하는 것이 가장 올바른 해결책이라 말할 수 있겠죠.

二人は、何について話していますか。

1 選挙の候補者たちの公約
2 日本の若者の投票方法
3 投票率を高めるための対策
4 投票所に対する批判

두 사람은 무엇에 대해서 이야기하고 있습니까?

1 선거 후보자들의 공약
2 일본의 젊은 사람들의 투표 방법
3 투표율을 높이기 위한 대책
4 투표소에 대한 비판

[풀이]

ⓐ투표율이 점점 낮아지는 현상에 대해서, ⓑ투표에 대해서 관심이 없다는 것이 문제라고 말하고 있다. ⓒ투표 참가를 높이기 위해서는 ⓓ투표 장소를 제한하지 않고, ⓔ유권자의 의식이 바뀌어야 하다고 주장하고 있다. 따라서 정답은 선택지 3번이다.

[단어]

立候補 입후보 | 掲げる 내걸다 | 奮闘 분투 | 対照 대조 | 投票 투표 | ～つつある ～하고 있다, ～중이다 | 状況 상황 | 下回る 밑돌다 | 有権者 유권자 | 参加 참가 | 罰金 벌금 | 強圧 강압 | 見出す 찾아내다, 발견하다 | 設置 설치 | 莫大 막대

즉시 응답 **실전 연습 ❶** p.374 스크립트와 문제 해설

1番

M 今月の売り上げ、いまいちだね。	M 이번 달 매출은 조금 부족하군.
F 1 はい、今月は順調ですね。	F 1 네, 이번 달은 순조롭네요.
2 そうですね。何か対策を立てなければならないですね。	2 그렇네요. 뭔가 대책을 세우지 않으면 안 되겠네요.
3 いいえ、来月の売り上げはまだです。	3 아니요, 다음 달 매출은 아직입니다.

[풀이] 조금 모자라는 매출에 대해서 대책을 세우자고 말하는 선택지 2번이 정답이다.

[단어] 売り上げ 매상, 매출 | いまいち 조금 모자람 | 順調 순조 | 対策 대책

2番

F こんな所で会うなんて、久しぶりだね。	F 이런 곳에서 만나다니, 오랜만이네.
M 1 久しぶりに会いに行ってみようか。	M 1 오랜만에 만나러 가 볼까?
2 こんな所で会えるかもしれない。	2 이런 곳에서 만날 수 있을지도 몰라.
3 本当だね、元気だった？	3 정말이네, 잘 지냈어?

[풀이] 뜻밖의 장소에서 만난 상황에서, 안부를 묻고 있는 선택지 3번이 정답이다.

[단어] ～なんて ～하다니

3番

M 最近の天気予報って、全然当たらないね。	M 최근 일기 예보는 전혀 맞지 않네.
F 1 うん。外れることが多いね。	F 1 응. 빗나가는 일이 많네.
2 うん。天気予報はよく当たるからね。	2 응. 일기 예보는 잘 맞으니까.
3 そう？ あたしは少し当たらないと思うけど。	3 그래? 난 조금 맞지 않는다고 생각하는데.

[풀이] 잘 맞지 않는 일기 예보에 대해서, 동의를 하고 있는 선택지 1번이 정답이다.

[단어] 天気予報 일기 예보 | 当たる 적중하다, 들어맞다 | 外れる 빗나가다

F 会議の延期は不可能かな。時間でも遅らせたらいいのに。	F 회의 연기는 불가능할까? 시간이라도 늦출 수 있다면 좋겠는데.
M 1 はい、会議の時間にはぎりぎり間に合いそうですね。 2 はい、会議は明日だからその時にしましょうか。 **3 じゃ、担当者に連絡してみます。**	M 1 네, 회의 시간에는 아슬아슬하게 맞을 것 같네요. 2 네, 회의는 내일이니까 그때로 할까요? **3 그럼, 담당자에게 연락해 보겠습니다.**

[풀이] 회의 시간을 늦췄으면 좋겠다는 여자의 말에, 문제 해결을 제시하는 선택지 3번이 정답이다.

[단어] 延期 연기 ┃ 間に合う 시간에 맞추다

M 今週のクラブの新入生歓迎パーティーは行けそうもないな。	M 이번 주, 클럽의 신입생 파티는 못 갈 것 같은데.
F 1 クラブ活動は来週からだよ。 **2 何で？ ちょっとだけでも顔出してよ。** 3 今回の新入生はかなり多いね。	F 1 클럽 활동은 다음 주부터야. **2 왜? 잠깐이라도 얼굴 비춰 줘.** 3 이번 신입생은 상당히 많네.

[풀이] 신입생 파티에 못 갈 것 같다는 남자의 말에, 잠깐이라도 오라고 말하고 있는 선택지 2번이 정답이다.

[단어] 歓迎 환영 ┃ 顔を出す 얼굴을 내밀다

F 先輩、今度の会議資料の整理、手伝ってくださって本当にありがとうございました。	F 선배님, 지난번 회의 자료 정리하는 거, 도와 주셔서 정말 감사했습니다.
M **1 何、水臭いこと言ってるんだよ。僕らの間柄で。** 2 会議資料のことはできてるから。 3 手伝ってくれて、こちらこそありがとう。	M **1 뭘 섭섭한 소리 하고 있어. 우리 사이에.** 2 회의 자료는 다 되어 있으니까. 3 도와 줘서, 나야말로 고마워.

[풀이] 일을 도와 준 것에 대해서, 그 정도는 당연하다는 듯이 말한 선택지 1번이 정답이다.

[단어] 資料 자료 ┃ 水臭い 서먹서먹하게 굴다 ┃ 間柄 사이, 관계

M　島田、今回のプロジェクト、なくなるところだったそうだね。	M　시마다, 이번 프로젝트 없어질 뻔했다면서.
F　1　今回のプロジェクト、もう少しで完成だったのに。 　　**2　うん、なくならなくて本当によかった。** 　　3　はい、そのうちなくなるわけです。	F　1　이번 프로젝트, 조금만 더 하면 완성이었는데. 　　**2　응, 없어지지 않아서 정말 다행이야.** 　　3　네, 곧 없어질 거예요.

[풀이]　프로젝트가 없어질 뻔한 상황에서, 안도하고 있는 선택지 2번이 정답이다.

[단어]　完成 완성 ┃ そのうち 머지않아, 조만간

즉시 응답 **실전 연습 ❷** p.375 스크립트와 문제 해설

1番

F　今日はお忙しいところ、私の話を最後まで聞いてくださって、本当にありがとうございました。	F　오늘은 바쁘신 중에, 제 이야기를 끝까지 들어 주셔서 정말로 감사합니다.
M　1　この辺でそろそろ、話を終わらせていただきます。 　　2　いいえ。私も、これから忙しくなりそうです。 　　**3　こちらこそ、遠いところから来てくださって、ありがとうございました。**	M　1　이쯤에서 슬슬 이야기를 끝내도록 하겠습니다. 　　2　아니요, 저도 이제부터 바빠질 것 같습니다. 　　**3　저야말로 먼 길 와 주셔서 감사합니다.**

[풀이]　이야기를 들어 준 것에 대해서 감사하는 여자에게 먼 곳까지 와 줘서 고맙다고 대답한 선택지 3번이 정답이다.

[단어]　そろそろ 슬슬

2番

M　部長、やっと今回の新商品が発売になりましたね。	M　부장님, 드디어 이번 신상품이 발매되었네요.
F　1　うん。今まで、ご苦労様でしたね。 　　2　まだ商品が実用化されるにはもう少し待たなくちゃ。 　　3　新商品が早く完成できなきゃだめなのに。	F　1　**응, 그 동안 수고 많았어요.** 　　2　아직 상품이 실용화되려면 좀 더 기다려야 해. 　　3　신상품이 빨리 완성되어야 하는데.

[풀이]　마침내 신상품이 발매되었다는 남자의 말에, 수고했다고 말하고 있는 선택지 1번이 정답이다.

[단어]　発売 발매 ┃ 苦労 수고, 노고 ┃ 実用 실용 ┃ 完成 완성

F 営業部の新入社員の山本、めちゃくちゃだよ。	F 영업부 신입사원 야마모토, 엉망진창이야.
M 1 そう？ 新入社員が頑張ってるね。 　　2 教育担当者の君も苦労が多いね。 　　3 よかったね。営業も上手だって。	M 1 그래? 신입 사원이 열심히 하네. 　　2 교육 담당자인 너도 고생이 많네. 　　3 잘됐네. 영업도 잘한다고 하던데.

[풀이] 신입사원이 형편없다는 여자의 말에, 담당자로서 고생한다고 위로하고 있는 선택지 2번이 정답이다.

[단어] 営業 영업 | めちゃくちゃ 엉망진창, 형편없음 | 担当者 담당자

M 今度の新商品に会社の未来がかかってるって。	M 이번 신상품에 회사의 미래가 달려 있다고 해.
F 1 そうなのよ。うまくいくといいけどね。 　　2 そう？ 新商品の売り上げはいいようね。 　　3 本当だよ。会社の未来は前向きに進んでるよ。	F 1 맞아. 잘 되면 좋겠는데. 　　2 그래? 신상품 매출은 좋은 것 같네. 　　3 정말이야. 회사의 미래는 긍정적으로 나아가고 있어.

[풀이] 이번 신상품의 반응이 정말 중요하다고 하는 남자의 말에, 잘 되면 좋겠다고 말하고 있는 선택지 1번이 정답이다.

[단어] 売り上げ 매상, 매출 | 前向き 긍정적, 적극적

F 今度の商品開発にそこまでお金をかけなきゃいけないのかな。	F 이번 상품 개발에 그렇게 돈을 들여야 하나?
M 1 うん、開発部からたくさんの予算を投資したようで。 　　2 さあ、お金を注ぎ込むだけの商品なんじゃないの。 　　3 そこまでしなきゃならない？ 困ったね。	M 1 응. 개발부에서 많은 예산을 투자한 것 같고. 　　2 글쎄, 돈을 쏟아 부을 만큼의 상품이지 않을까? 　　3 그렇게까지 해야 해? 난처하네.

[풀이] 상품 개발에 많은 돈을 쓰는 것을 이해하지 못하겠다는 남자의 말에, 그 정도의 가치가 있는 상품일 거라고 대답하는 선택지 2번이 정답이다.

[단어] 開発 개발 | 予算 예산 | 投資 투자 | 注ぎ込む 많은 비용을 들이다, 쏟아 넣다

6番

M 来週の試合には必ず出たいのに。	M 다음 주 시합에는 꼭 나가고 싶은데.
F 1 うん、必ず出なくても大丈夫だよ。	F 1 응, 꼭 나가지 않아도 괜찮아.
2 あまり無理しないでね。健康第一なんだから。	2 너무 무리하지 마. 건강이 가장 중요하니까.
3 うまくいくはずよ。心配しないでね。	3 잘될 거야. 걱정하지 마.

[풀이] 다음 주 시합 출전에 대해서 걱정하는 남자의 말에, 너무 무리하지 말라고 하는 선택지 2번이 정답이다.

[단어] 健康 건강

7番

F 今週末、雨が降るなら運動会はどうなるの。	F 이번 주말에 비가 오면 운동회는 어떻게 되는 거야?
M 1 雨が降ったら室内でやるはずだよ。	M 1 비가 오면 실내에서 할 거야.
2 雨が降っても運動会をしますか。	2 비가 와도 운동회를 할까요?
3 雨が降ったら運動会をしてはいけないよ。	3 비가 오면 운동회를 해서는 안 돼.

[풀이] 비가 와서 운동회를 못할 것 같다는 여자의 말에, 실내에서 할 거라고 대답하는 선택지 1번이 정답이다.

[단어] 運動会 운동회 | 室内 실내

종합 이해 **실전 연습 ❶** p.376 스크립트와 문제 해설

1番

大学の学生支援センターで男子学生と担当者が話しています。	**대학 학생지원센터에서 남학생과 담당자가 이야기하고 있습니다.**

M 来年からいろんなボランティアの募集をすると聞いたんですが、もう少し具体的に知りたくて来ました。

F ええ。学生たちの様々な体験のためのボランティアプログラムを準備しております。基本的には4つのコースで構成されています。

M あ、4つもあるんですね。なるべくいろんな体験がしたいんです。社会福祉を専攻してて、そちらに興味があって。

F いろんなコースに参加したいと思うなら、「体験タイプ」がよさそうですね。最大一ヵ月だけ運営されるコースとして一ヵ月後には、他の体験コースにも改めて参加することができます。多くの団体の人々に会いながら、活動内容もあまり難しくないので人気があります。ⓐボランティアが初めての学生さんならお勧めしたいタイプです。

M あ、ⓑ僕はボランティアの経験はあります。今度はもっと人に役立つ活動をしてみたくて。

F そうですか。それでは、お年寄りの世話をしたり、両親のいない子供たちの面倒を見たりする「実戦タイプ」はいかがですか。ただ、5年以上の経験がない人は参加することができないです。実際に活動をしているボランティア団体に参加申請をしなければならないため多少の時間がかかります。ⓒ一日に6時間以上活動ができる人に限って、資格が与えられます。一日に多くの時間を費やすことができないのなら「支援タイプ」もございます。今住んでいる住所から近いところに割り当てることになっていて、地域のボランティア団体に所属されます。

M 내년부터 여러 가지 봉사 활동 모집을 한다고 들었는데, 조금 더 구체적으로 알고 싶어서 왔어요.

F 네. 학생들의 여러 가지 체험을 위한 봉사 활동 프로그램을 준비하고 있습니다. 기본적으로는 네 가지 코스로 이루어져 있습니다.

M 아, 네 가지나 있군요. 되도록 여러 가지 체험을 하고 싶어요. 사회복지를 전공하고 있고, 그쪽에 관심이 있어서.

F 여러 가지 코스에 참가를 하고 싶다면 '체험 타입'이 좋을 것 같네요. 최대 한 달 동안만 운영되는 코스로 한 달이 지나면, 다른 체험 코스에도 다시 참가할 수 있습니다. 여러 단체의 사람들과 만나면서 활동 내용도 그다지 어렵지 않기 때문에 인기가 있습니다. ⓐ봉사 활동이 처음인 학생이라면 추천하고 싶은 타입입니다.

M 아, ⓑ저는 봉사 활동 경험은 있어요. 이번에는 조금 더 사람들에게 도움이 되는 활동을 해 보고 싶어서.

F 그래요? 그럼 노인들을 돌보거나 부모가 없는 아이들을 돌봐 주는 '실전 타입'은 어떠신가요? 단, 5년 이상의 경험이 없는 사람은 참가할 수 없습니다. 실제로 활동을 하고 있는 봉사 활동 단체에 참가 신청을 해야 하기 때문에 조금 시간이 걸립니다. ⓒ하루에 6시간 이상 활동할 수 있는 사람에 한해서 자격이 주어집니다. 하루에 많은 시간을 소비할 수 없다면 '지원 타입'도 있습니다. 지금 살고 있는 주소에서 가까운 곳으로 배정하게 되어 있고, 지역 봉사 활동 단체에 소속됩니다.

ⓓ一日に２、３時間ぐらい地域のボランティアの人々を支援します。三人一組となっているため、専門的な資格を持っていない学生さんでも参加できます。このタイプは３ヵ月以上できる方だけ選ばれるんですが。

M　あ、そうですか。

F　最後に海外に行って国際ボランティア活動を行う「海外タイプ」があります。ⓔ長期プロジェクトとして行われる予定なんです。しばらく学業を休まなければならないのですが、活動を終えた学生には奨学金が支給されます。そして、長い間学校で授業を受けることができなくて、卒業単位の取得に支障が生じる場合は代替単位申し込みをすることで、その期間に当たる単位も認められる形になっております。

M　そうですね。ⓕアルバイトもしてるし、就職も急いでいて長期のボランティアは無理ですね。ⓖ一日にたくさんの時間を費やすこともできないから。それじゃ、僕はこれに申請します。

ⓓ하루에 두세 시간 정도 지역 봉사 활동 사람들을 지원합니다. 3인 1조이기 때문에 전문적인 자격을 가지고 있지 않은 학생이라도 참가할 수 있습니다. 이 타입은 3개월 이상 할 수 있는 사람만 뽑힙니다.

M　아, 그런가요?

F　마지막으로 해외에 가서 국제 봉사 활동을 실시하는 '해외 타입'이 있습니다. ⓔ장기 프로젝트로서 진행될 예정입니다. 당분간 학업을 쉬어야 하지만, 활동을 마친 학생에게는 장학금이 지급되고 있습니다. 그리고 오랫동안 학교에서 수업을 들을 수 없고, 졸업 학점 취득에 지장이 생길 경우에는 대체 학점 신청을 하는 것으로, 그 기간에 해당하는 학점도 인정받을 수 있는 형식으로 되어 있습니다.

M　그렇군요. ⓕ아르바이트도 하고 있고, 취직도 서두르고 있어서 장기 봉사 활동은 무리네요. ⓖ하루에 많은 시간을 소비할 수도 없으니까. 그럼 저는 여기에 신청할게요.

男の学生はどんなタイプのボランティアに参加しますか。

1　体験タイプ
2　実戦タイプ
3　支援タイプ
4　海外タイプ

남자 학생은 어떤 타입의 봉사 활동에 참가합니까?

1　체험 타입
2　실전 타입
3　지원 타입
4　해외 타입

[풀이]

ⓐ'체험 타입'은 봉사 활동 경험이 없는 사람에게 추천하고 있지만, ⓑ남학생은 봉사 활동 경험도 있고, 다른 사람들에게 더 도움이 되는 것을 하고 싶다고 말하고 있으므로, 선택지 1번은 정답이 아니다. ⓒ'실전 타입'은 하루에 6시간 이상 활동해야 하고, ⓓ'지원 타입'은 하루에 두세 시간 활동. ⓔ'해외 타입'은 장기 프로젝트라고 설명하고 있다. ⓕ남학생은 장기 봉사 활동과 ⓖ하루에 많은 시간을 활애할 수 없다고 말하고 있기 때문에, 선택지 2번과 4번은 정답이 될 수 없다. 따라서 정답은 선택지 3번의 '지원 타입'이다.

[Tip] 청해의 Part5 종합 이해는 긴 대화를 들어야 하기 때문에, 반드시 메모가 필요하다. 종합 이해의 첫 번째 문제는 4개의 선택지에 관한 설명 문제가 주로 출제되므로, 선택지의 특징을 언급하는 부분을 메모해 두면, 충분히 정답을 맞출 수 있는 파트이다.

[단어]

支援 지원 | 担当者 담당자 | 募集 모집 | 体験 체험 | 構成 구성 | 福祉 복지 | 専攻 전공 | 運営 운영 | 改めて 다시 | 役立つ 도움이 되다 | 世話をする 돌보다, 보살피다 | 面倒を見る 돌보아 주다 | 実戦 실전 | 団体 단체 | 申請 신청 | 資格 자격 | 費やす 소비하다 | 割り当てる 할당하다, 분배하다 | 所属 소속 | 地域 지역 | 奨学金 장학금 | 支給 지급 | 単位 단위, 학점 | 取得 취득 | 支障 지장 | 代替 대체 | 申し込み 신청 | 認める 인정하다

高校の教師3人が夏休みの課題について話しています。

F1 今回の夏休みの課題についていい意見ありませんか。昨年に出した課題は父兄から適切ではない部分があるという意見もあったので、今度はもっと慎重に選びましょう。

M 最近の子どもたちはあまり本を読んでいないと思います。試験勉強に夢中になって、本を読む時間がなくても仕方ないと思いますが。夏休みだけでも本一冊ぐらいは読ませたいですね。

F2 本当ですね。国語担当の私から見たら、生徒たちが自分の意見を述べる作文を書く時に、正確な文法が使えないこともありますし、大学受験にもいい影響があると思います。

F1 ふうん。なるほど。いい意見ですね。それでは、どんな本がいいでしょうか。

M ⓐ時代小説はどうですか。歴史的な内容が含まれているし。映画になった本なら子供たちも喜ぶと思います。

F2 ⓑ時代小説は内容が多少固いという点がありますね。生徒たちの興味を引くには難しいと思いますが。ⓒ時事問題を扱った本はどうですか。反対意見を唱える時など、筋道を立てて話すのにも役に立つと思います。文部省から指定された本なら尚更いいのではないでしょうか。

M ⓓ指定の図書は、すでに読んだ生徒も多いし、僕も読んでみましたが、高校生にとっては難しい内容が多かったんです。

F2 そうですか。ⓔそれでは偉人伝はどうですか。有名な人々の伝記を読みながら受験勉強に疲れた生徒たちにとってはモチベーションにもなるかもしれませんし、生徒たちが自分の夢を持つこととか自分なりの目標を立てることのきっかけになるかもしれませんから。

고등학교 교사 3명이 여름방학 과제에 대해서 이야기하고 있습니다.

F1 이번 여름 방학 과제에 대해서 좋은 의견 없을까요? 작년에 내 준 과제는 부모님들로부터 적절하지 못한 부분도 있다는 의견도 있었으니, 이번에는 더욱 신중하게 선택합시다.

M 요즘 아이들은 별로 책을 읽지 않는 것 같아요. 시험 공부에만 열중해서 책을 읽을 시간이 없어도 어쩔 수 없을 것 같지만. 여름 방학만이라도 책 한 권 정도는 읽게 하고 싶네요.

F2 맞아요. 국어 담당인 제가 볼 때, 학생들이 자신의 의견을 기술하는 작문을 쓸 때, 정확한 문법을 사용하지 못하는 것도 있고, 대학 수험에도 좋은 영향이 있을 것 같아요.

F1 흐음. 정말 좋은 의견이네요. 그렇다면 어떤 책이 좋을까요?

M ⓐ시대소설은 어떨까요? 역사적인 내용이 담겨 있고. 영화로 제작된 책이라면 아이들도 좋아할 것 같아요.

F2 ⓑ시대소설은 내용이 다소 딱딱하다는 점이 있네요. 학생들의 흥미를 끌기는 어려울 것 같은데요. ⓒ시사 문제를 다룬 책은 어떨까요? 반대 의견을 주장할 때나 조리 있게 말하는 것에도 도움이 될 것 같아요. 문부성에서 지정한 책이라면 더욱 좋지 않을까요?

M ⓓ지정 도서는 이미 읽은 학생들도 많고, 저도 읽어 보았는데 고등학생에게는 어려운 내용이 많았어요.

F2 그런가요? ⓔ그럼 위인전은 어떨까요? 유명한 사람들의 전기를 읽으면서 수험 공부에 지친 학생늘에게는 동기 부여도 될 수 있고, 학생들이 자신의 꿈을 가지는 것이나 자기 나름의 목표를 세우는 계기가 될지도 모르니까요.

M それなら①冒険の本がいいと思います。モチベーションにもなるし、スリルもあって、何よりもさっと本が読めて読書の楽しさを植えつけられそうですね。

F1 もちろん本を簡単に読むことはできますが、⑨少し暴力的な内容も頻繁に出てくるので、問題になると思います。刺激的な話が生徒たちにいい影響を与えるかどうかは疑問ですね。父兄たちの反発も心配ですし。ⓗ今回の課題は父兄が心配なさらないような本がいいでしょう。さらに生徒たちが今後の人生についても考えることができる本で。

今回の夏休みの課題の本はどのようなものが選定されましたか。

1 時代小説
2 時事問題の本
3 偉人伝
4 冒険の本

M 그렇다면, ①모험 책이 좋을 것 같아요. 동기 부여도 되고 스릴도 있고, 무엇보다 쉽게 책을 읽을 수 있어서 독서의 즐거움을 심어 줄 수 있을 것 같네요.

F1 물론 책을 쉽게 있을 수 있겠지만, ⑨다소 폭력적인 내용도 자주 나오기 때문에, 문제가 될 것 같습니다. 자극적인 이야기가 학생들에게 좋은 영향을 줄지는 의문이네요. 부모님들의 반발도 걱정이고요. ⓗ이번 과제는 부모님들께서 걱정하지 않으실 것 같은 책이 좋겠네요. 게다가 학생들이 앞으로의 인생에 대해서도 생각할 수 있는 책으로.

이번 여름 방학 과제의 책은 어떤 것으로 선정되었습니까?

1 시대소설
2 시사 문제의 책
3 위인전
4 모험 책

[풀이]

ⓐ시대소설에 관한 책은 ⓑ내용이 딱딱해서 학생들의 흥미를 끌기 어려울 것 같다고 말하고 있기 때문에, 선택지 1번은 정답이 아니다. ⓒ시사 문제를 다룬 책은 ⓓ이미 읽은 학생도 있고, 어려운 내용도 많다고 말하고 있기 때문에, 선택지 2번도 정답이 될 수 없다. ⓔ학생들에게 동기 부여도 되고, 꿈이나 목표를 가지는 계기가 될 수도 있는 위인전을 추천하고 있다. ①모험 책은 ⑨폭력적인 내용도 있기 때문에 문제가 될 수도 있다고 언급하고 있다. 따라서 선택지 4번도 정답이 아니다. ⓗ 폭력적인 내용이 없고, 인생에 대해서 생각할 수 있는 위인전을 과제로 선정한 것을 알 수 있다. 따라서 정답은 선택지 3번이다.

[단어]

慎重 신중 | 夢中になる 열중하다, 몰두하다 | 述べる 말하다, 기술하다 | 影響 영향 | 固い 딱딱하다, 단단하다 | 時事 시사 | 扱う 다루다, 취급하다 | 唱える 주장하다, 소리 내어 읽다 | 筋道を立てる 조리 있게 하다 | 指定 지정 | ～にとって ～에게 있어서 | 偉人伝 위인전 | ～なりの ～나름의 | 冒険 모험 | 植えつける 심다, 이식하다 | 暴力 폭력 | 頻繁 빈번 | 刺激 자극

3番

テレビを見ながら、男の人と女の人が話しています。

F1 皆さん、今日は一人で聴く時に、お勧めのアルバム四つをご紹介いたします。まずⓐ一番目は「夢」です。ギターの旋律が大変美しく、聴いているだけでも心が癒されます。

TV를 보면서 남자와 여자가 이야기하고 있습니다.

F1 여러분, 오늘은 혼자 들을 때, 추천하는 앨범 4개를 소개해 드리겠습니다. 우선 ⓐ첫 번째는 '꿈'입니다. 기타 선율이 대단히 아름답고, 듣고 있는 것만으로도 마음이 치유됩니다.

国内トップのギタリスト、中井さんが直接作曲した曲も多く収録されているそうです。ⓑ二番目のアルバムは、明るくて朗らかな声の俳優の紫ユリさんが、歌手として参加したアルバムで「希望の声」です。このアルバムは、青少年のいじめ、自殺などの深刻な社会現象に対する対策プロジェクトが背景となって作られたそうです。販売収益はすべて苦しんでいる生徒さんの為に使われているそうです。ⓒ三番目は、2000年度以前に流行した曲を、今の若いミュージシャンたちがリメークしたアルバムの「時代の絆」です。特にバラードの曲が多く入っているこのアルバムは、10代から50代まで幅広い年齢層の人々から愛されています。ⓓ最後の四番目は、人気ドラマと映画に挿入された曲を集めてアルバムにした「プチ」です。それぞれの曲を聴いているうちに映画やドラマの名場面が思い出されたりします。親しみのある有名な曲が多いので、アルバムの売れ行きも順調だそうですね。

M 聴きたいアルバムがたくさん出てる。家に一人でいる時とか、たまに癒されたい時に聴けばよさそうだね。

F2 うん、どれもよさそう。最近会社で大変なことが多いせいか、音楽をよく聴くようになったの。

M そう？　だったら、あれ、一度聴いてみるのはどう？　プロジェクトのアルバム。

F2 それもいいと思うけど、ⓔ私バラードが大好きでね。これにする。そういえば、最近ギター教室に通ってるって言ってなかった？　日本一のギタリストが作った曲、聴いてみたら？

M うん。ⓕギター習っている人なら誰でも憧れている人だから。実は、もう買っちゃったよ、あれは。発売の初日にネットで購入したんだ。

F2 早いね。

M ⓖ去年、「東京の夜」という映画でギターの演奏シーンがあったけど。それがほんーと、よかったよ。今回聴きながら練習してみようかと。ぼくはこれだね。

국내 최고의 기타리스트, 나카이 씨가 직접 작곡한 곡도 많이 수록되어 있다고 합니다. ⓑ두 번째 앨범은 밝고 명랑한 목소리의 배우 무라사키 유리 씨가 가수로서 참가한 앨범인 '희망의 소리'입니다. 이 앨범은 청소년들의 집단 괴롭힘, 자살 등의 심각한 사회 현상에 대한 대책 프로젝트가 배경이 되어서 만들어졌다고 합니다. 판매 수익은 모두 어려운 학생들을 위해 쓰인다고 합니다. ⓒ세 번째는 2000년도 이전에 유행했던 곡을 지금의 젊은 뮤지션들이 리메이크한 앨범 '시대의 인연'입니다. 특히 발라드 곡이 많이 들어 있는 이 앨범은 10대부터 50대까지 폭 넓은 연령층의 사람들로부터 사랑을 받고 있습니다. ⓓ마지막 네 번째는, 인기 드라마와 영화에 삽입된 곡들을 모아서 앨범으로 만든 '쁘띠'입니다. 각각의 곡들을 듣고 있는 동안에 영화나 드라마의 명장면이 떠오르기도 합니다. 친숙함이 있는 유명한 곡이 많기 때문에, 앨범의 팔림새도 순조롭다고 하네요.

M 듣고 싶은 앨범이 많이 나왔네. 집에 혼자 있을 때나 가끔 치유 받고 싶을 때 들으면 좋을 것 같네.

F2 응, 다 좋을 것 같아. 요즘 회사에서 힘든 일이 많은 탓인지, 음악을 자주 듣게 돼.

M 그래? 그럼, 저거 한 번 들어 보는 건 어때? 프로젝트 앨범.

F2 그것도 좋을 것 같은데, ⓔ나 발라드를 워낙 좋아해서. 이걸로 할래. 그러고 보니, 요즘 기타 교실에 다닌다고 하지 않았어? 일본 제일의 기타리스트가 만든 곡, 들어 보는 게 어때?

M 응. ⓕ기타 배우는 사람이라면 누구나 동경하고 있는 사람이니까. 사실, 벌써 사 버렸어, 저것은. 발매 첫날에 인터넷으로 구입했지.

F2 빠르네.

M ⓖ작년에 '도쿄의 밤'이라는 영화에서 기타 연주 장면이 있었는데. 그게 너무 좋더라고. 이번에 들으면서 연습해 보려고. 난 이거네.

質問1）男の人はどのアルバムを買おうとしていますか。

1　「夢」

2　「希望の声」

3　「時代の絆」

4　「プチ」

質문1) 남자는 어느 앨범을 사려고 합니까?

1 꿈

2 희망의 소리

3 시대의 인연

4 쁘띠

質問2）女の人はどのアルバムを買おうとしていますか。

1　「夢」

2　「希望の声」

3　「時代の絆」

4　「プチ」

질문2) 여자는 어느 앨범을 사려고 합니까?

1 꿈

2 희망의 소리

3 시대의 인연

4 쁘띠

[풀이]

질문1) ⓐ선택지 1번의 '꿈'이라는 앨범의 소개이고, ⓑ선택지 2번의 '희망의 소리'라고 하는 앨범을 소개하고 있다. ⓒ선택지 3번의 '시대의 인연'의 소개, ⓓ선택지 4번의 '쁘띠'라는 앨범을 소개하고 있다. ⓕ일본 제일의 기타리스트가 만든 곡도 들어 있는 '꿈'은 남자가 이미 구매했다고 말하고 있고, ⓖ남자는 영화에서 나온 기타 연주가 마음에 들어서 산다고 하는데, 앨범의 소개 중에 '쁘띠'라는 앨범이 드라마나 영화에 삽입된 곡이 수록되어 있다고 한다. 따라서 정답은 선택지 4번이다.

질문2) ⓔ여자는 발라드를 좋아한다고 하고 있기 때문에, 특히 발라드 곡이 많이 들어 있는 '시대의 연인'이라는 앨범을 구매하려고 하는 것을 알 수 있다. 따라서 정답은 선택지 3번이다.

[단어]

旋律 선율 ┃ 癒す 고치다, 치유하다 ┃ 収録 수록 ┃ 朗らかな 명랑한 ┃ ～として ～로서 ┃ 参加 참가 ┃ 希望 희망 ┃ 自殺 자살 ┃ 深刻 심각 ┃ 現象 현상 ┃ ～に対する ～에 대한 ┃ 対策 대책 ┃ 背景 배경 ┃ 販売 판매 ┃ 収益 수익 ┃ ～によって ～에 의해, 따라 ┃ 幅広い 폭넓다 ┃ 年齢 연령 ┃ 挿入 삽입 ┃ 思い出す 생각나다, 회상하다 ┃ 親しみ 친숙, 친밀함 ┃ 憧れる 동경하다 ┃ 演奏 연주

종합 이해 실전 연습 ❷ p.378 스크립트와 문제 해설

1番

郵便局で、男の人と職員が話しています。	우체국에서 남자와 직원이 이야기하고 있습니다.
M すみません、オーストラリアに荷物を送りたいんですが。 F かしこまりました。どのような方法でお送りになりますか。 M ああ、それが……。詳しい方法は分からないので、教えていただけますか。	M 저기요, 호주에 짐을 보내고 싶은데요. F 알겠습니다. 어떤 방법으로 보내실 건가요? M 아, 그게……. 자세한 방법은 모르는데, 가르쳐 주시겠어요?

F はい。分かりました。航空便のご利用の場合は、まず、ⓐ国際スピード郵便のＥＭＳ便がございます。最も早く送る方法で、2、3日程度で荷物が届きます。そして、ⓑビジネス航空便で送る方法もございます。ＥＭＳの半分のお値段でご利用できまして、荷物が到着するまで約一週間から二週間かかります。最後に、ⓒ一般航空便ですが、ビジネスより20％安い料金で、一般的に二週間から三週間かかります。一般航空便で送る場合、まれに、現地の事情や飛行機運航状況により、少し遅れる場合もございます。

M そうですか。じゃ、この箱をＥＭＳでお願いします。できるだけ早く届く方がいいですから。

F あ、この箱ですね。それでは、宛名や箱の中身などをこの書類にご記入ください。この箱は、私がお預かりします。

M はい。お願いします。

F あのう、お客様。この箱、かなり重いですね。ⓓＥＭＳで送ると高くなりそうですが、よろしいでしょうか。

M あ、そうですか。では、もっと安い料金で送る方法がありますか。

F ⓔ一番安いのは船便です。船便で送りますと、およそ二ヶ月程度の時間がかかります。

M ⓕえ？ 二ヶ月はちょっと困ります。友人に頼まれた書類も一緒に入っているので。ⓖ三週間くらいなら大丈夫そうだけど、たまに遅延の場合もあるとしたら……。少し高くなるけど、きちんと届くほうがいいなぁ。すみません、これにします。

男の人はどんな方法で荷物を送りますか。

1 ＥＭＳ便

2 ビジネス航空便

3 一般航空便

4 船便

F 네. 알겠습니다. 항공편으로 이용하시는 경우에는, 우선 ⓐ국제 스피드 우편인 EMS편이 있습니다. 가장 빠르게 보내는 방법으로, 2, 3일 정도에 짐이 도착합니다. 그리고, ⓑ비즈니스 항공편으로 보내는 방법도 있습니다. EMS의 절반 가격으로 이용하실 수 있고, 짐이 도착하기까지 약 1주에서 2주 걸립니다. 마지막으로 ⓒ일반 항공편인데, 비즈니스보다 20% 싼 요금이고, 일반적으로 2주에서 3주 걸립니다. 일반 항공편으로 보낼 경우, 간혹 현지 사정이나 비행기 운항 상황에 의해 조금 지연되는 경우도 있습니다.

M 그런가요? 그럼, 이 상자를 EMS로 부탁합니다. 가능한 한 빨리 도착하는 것이 좋으니까.

F 아, 이 상자군요. 그럼, 받는 사람의 주소와 상자 안의 내용 등을 이 서류에 기입해 주세요. 이 상자는 제가 맡아 드리겠습니다.

M 네. 부탁합니다.

F 저기, 손님. 이 상자 상당히 무겁네요. ⓓEMS로 보내면 비싸질 것 같은데, 괜찮으신가요?

M 아, 그런가요? 그럼, 더 싼 요금으로 보내는 방법이 있나요?

F ⓔ가장 싼 것은 배편입니다. 배편으로 보내면, 대략 2개월 정도의 시간이 걸립니다.

M ⓕ네? 2개월은 좀 곤란한데요. 친구에게 부탁 받은 서류도 함께 들어 있어서. ⓖ3주 정도면 괜찮을 것 같지만, 가끔 지연되는 경우도 있다고 하면……. 조금 비싸지지만, 제대로 도착하는 쪽이 좋겠는걸. 죄송합니다, 이걸로 하겠습니다.

남자는 어떤 방법으로 짐을 보냅니까?

1 EMS편

2 비즈니스 항공편

3 일반 항공편

4 배편

[풀이]

ⓐ는 EMS편에 대한 내용이고, ⓑ는 비즈니스 항공편에 대한 내용, ⓒ는 일반 항공편에 관한 내용을 소개하고 있다. ⓓEMS로 보내면 너무 비싸진다고 말하고 있기 때문에, 선택지 1번은 정답이 아니다. ⓔ가장 싼 배 편은 2개월 걸린다고 하고, ⓕ2개월은 곤란하다

고 하기 때문에, 선택지 4번도 정답이 될 수 없다. ⓓ3주 정도 걸리는 일반 항공편도 괜찮을 것 같다고 하지만 지연이 걱정되고, 조금 더 비싼 걸로 보내겠다고 말하고 있다. 따라서 정답은 선택지 2번이고, 선택지 3번은 정답이 아니다.

[단어]

郵便 우편 | 詳しい 상세하다, 자세히 알고 있다 | 届く 도착하다 | 事情 사정 | 状況 상황 | ~により ~에 의해(따라) | 宛名 받는 사람의 성명 또는 주소 | 中身 (안에 들어 있는) 내용 | 記入 기입 | 預かる 맡다, 보관하다 | 遅延 지연

2番

<table>
<tr><td>

会社の食堂で3人が話しています。

M 今年の社員旅行は僕の担当だけど、どこへ行くのがいいかな。

F1 ⓐ社員旅行と言えば、やっぱり海がいいわ。

M 海か。それも考えてみないわけではないけど。人混みで混雑しているところはちょっと。去年は散々だったからね。

F2 海へ社員旅行に行った時、水遊びして事故があったそうだけど、会社の掲示板で見たら。でも、ずいぶん前の話じゃないの。

F1 事故はいつ、どこで起こるか分からないから心配したってしょうがないと思うけどね。人があまりいない場所なら大丈夫じゃない？

M うん。そりゃそうだな。海もいいかもね。でも人があまりいないところは、面白いもんがないんじゃないかな。二泊三日のスケジュールだからあまりにも退屈だったら、それもまずいしね。

F2 ⓑ温泉で有名なところもいいじゃない？ 宿泊の施設もきれいだし、夜も静かでよく眠れそうだし。卓球大会みたいなこともできそうだし。

M 温泉か。いいね。面白そうだね。

F1 夏に温泉？ 冬ならともかくね。

M 夏ならそこまで混まないだろうし、一つの所を丸ごと借りれたら面白そうじゃない？

F2 ⓒ料理も重要だよ。うちの部長をはじめ、味にうるさい社員たちが多いから。

F1 食品会社の社員旅行って、難しいわね。また、きっと食べ物について、何だかんだ評価をすると思うよ。去年も部長が店の人にあれこれ文句言っちゃって、雰囲気よくなかったじゃない。

</td><td>

회사 식당에서 3명이 이야기하고 있습니다.

M 올해 사원 여행은 내가 담당인데, 어디로 가는 것이 좋을까?

F1 ⓐ사원 여행이라고 하면, 역시 바다가 좋지.

M 바다? 그것도 생각해 보지 않은 것은 아니지만. 인파로 복잡한 곳은 좀. 작년에는 정말 심했으니까.

F2 바다로 사원 여행을 갔을 때, 물놀이 사고가 있었다고 하는데, 회사 게시판에서 보니까. 근데, 한참 전의 얘기 아니야?

F1 사고는 언제 어디에서 일어날지 알 수 없으니까 걱정해도 어쩔 수 없을 것 같은데. 사람들이 많지 않은 장소라면 괜찮지 않을까?

M 응. 그건 그래. 바다도 괜찮겠네. 근데, 사람이 별로 없는 곳은 재미있는 게 없지 않을까? 2박 3일의 스케줄이라 너무 지루하면 그것도 별로지.

F2 ⓑ온천으로 유명한 곳도 괜찮지 않을까? 숙박 시설도 깨끗하고, 밤에도 조용하고 잘 잘 수 있을 것 같고. 탁구 대회 같은 것도 할 수 있을 것 같고.

M 온천? 좋네. 재미있을 것 같아.

F1 여름에 온천? 겨울이라면 몰라도.

M 여름이라면 그렇게 붐비지 않을 것 같고, 한 곳을 통째로 빌릴 수 있다면 재미있을 것 같지 않아?

F2 ⓒ음식도 중요해. 우리 부장님을 비롯해서 입맛이 까다로운 사원들이 많으니까.

F1 식품 회사의 사원 여행이란 어렵네. 또 음식에 대해서 이러니저러니 평가를 하고 있을 거야. 작년에도 부장님이 가게 직원에게 이런저런 불만을 말해서 분위기 좋지 않았잖아.

</td></tr>
</table>

M そうだね。それじゃ、ⓓなるべく今聞いた意見を参考にして場所を探すから。	M 그렇군. 그럼, ⓓ가능한 한 지금 들은 의견을 참고로 해서 장소를 찾아볼게.
男の人は、どんな場所を探しますか。	남자는 어떤 장소를 찾아봅니까?

1 人の往来が少ない浜辺	1 사람의 왕래가 적은 해변
2 いろいろな観光もできる温泉	2 여러 가지 관광도 가능한 온천
3 食べ物がおいしくて海の近くの温泉	3 음식이 맛있고 바다 근처에 있는 온천
4 安全対策が行き届いた海辺の温泉	4 안전 대책이 빈틈 없는 해변 근처의 온천

[풀이]

ⓐ사원 여행으로 바다가 좋다고 말하고 있고. ⓑ깨끗하고 조용한 온천도 좋다고 말하고 있다. ⓒ음식도 중요하다고 말하고 있고, ⓓ지금까지 나온 의견을 참고해서 장소를 알아본다고 말하고 있다. 따라서 정답은 선택지 3번이다.

[단어]

担当 담당 ┃混雑 혼잡 ┃散々 몹시 심한 모습, 아주 안 좋은 모양 ┃掲示板 게시판 ┃退屈 지루함, 심심함 ┃宿泊 숙박 ┃施設 시설 ┃丸ごと 통째로 ┃〜をはじめ 〜를 비롯해 ┃〜について 〜에 대해서 ┃評価 평가 ┃文句 불평, 불만 ┃参考 참고 ┃往来 왕래 ┃浜辺 해변 ┃対策 대책 ┃行き届く 빈틈이 없다

3番

文化センターで職員の説明を聞いたあと、女の人と男の人が話しています。	문화 센터에서 직원의 설명을 들은 후에, 여자와 남자가 이야기하고 있습니다.
F1 来月の講座に対するお問い合わせですね。かしこまりました。当桜文化センターでは次の四つの講座を受け付けております。まず、ⓐ毎日新しい料理に挑戦して、私だけのレシピを作っていく「クッキングクラス」がございます。週２回、平日の午前のコースで、有名なレストランのシェフが直接指導させていただきます。月に一回はお子様と一緒にする料理教室も開かれており、料理だけじゃなく、クッキー、ケーキ、お菓子など、様々なテーマで進行される人気コースです。次は、ⓑストレッチングから始め、呼吸や多様な動作を学ぶ「ヨガ」の講座がございます。ヨガの講座は週２回、平日の午前の初級クラスと、また週２回で平日の午後始まる中級クラス、最後に、土日の午前の上級クラスに分かれております。体が柔軟でない方には、初級クラスをお勧めします。	F1 다음 달 강좌에 대한 문의로군요. 알겠습니다. 저희 사쿠라 문화 센터에서는 다음의 네 가지 강좌를 접수하고 있습니다. 먼저, ⓐ매일 새로운 요리에 도전하고, 자기만의 레시피를 만들어 가는 '쿠킹 클래스'가 있습니다. 주 2회, 평일 오전 코스로, 유명한 레스토랑의 셰프가 직접 지도해 드립니다. 한 달에 한 번은 아이와 함께하는 요리 교실도 열리고 있는데, 요리뿐만 아니라 쿠키, 케이크, 과자 등 다양한 테마로 진행되는 인기 코스입니다. ⓑ다음은 스트레칭부터 시작해서, 호흡이나 다양한 동작을 배우는 '요가' 강좌가 있습니다. 요가 강좌는 주 2회, 평일 오전의 초급 클래스와, 또한 주 2회로 평일 오후에 시작되는 중급 클래스, 마지막으로 토·일 오전의 상급 클래스로 나뉘어 있습니다. 몸이 유연하지 않은 분에게는 초급 클래스를 추천해 드립니다.

そして©週1回、平日の夕方には「ウクレレ」の教室がございます。楽器は全てお貸しいたします。この講座は先着順で10人までの人数制限がございますが、現在登録された方は7人です。まだ2週間の申請期間が残っておりますが、早めにご登録された方がいいと思います。他の楽器に比べ、より簡単に習うことができます。最後に、⑩「美術クラス」があります。来月は講師の事情により、子供クラスは運営されません。大人クラスは土曜日の午前で、来月のテーマは風景画です。月ごとに異なるテーマで進行する形でございます。

F2 あなたも受けられそうな講座があるね。えーと、子供と一緒にするのもよさそう。

M うん。⑥最近運動不足で、体を動かすのもいいかも。でも、男はあまりいないようでちょっと……。

F2 ①平日の午前は忙しいと思うし、ヒロシも学校へ行かなきゃならないし。午後の講座って……。これだ。ヒロシと一緒にすることもできて。先着順だから、今日登録しないと。締め切りになるかもしれないから、私はこれで。あなたは?

M 三人が一緒にできたら、移動するのも楽でいいけど。⑨来月は午後のシフト勤務だしね。週末にはゆっくり休みたいし、平日の午前は余裕があるから、これにする。

그리고 ©주 1회, 평일 저녁 시간의 '우쿨렐레' 교실이 있습니다. 악기는 모두 대여해 드립니다. 이 강좌는 선착순으로 10명까지의 인원 제한이 있지만, 현재 등록된 사람은 7명입니다. 아직 2주의 신청 기간이 남아 있지만, 빨리 등록하시는 편이 좋을 것 같습니다. 다른 악기에 비해, 보다 간단하게 배울 수 있습니다. 마지막으로, ⑩'미술 클래스'가 있습니다. 다음 달에는 강사의 사정에 의해, 어린이반은 운영되지 않습니다. 성인반은 토요일 오전이고, 다음 달의 테마는 풍경화입니다. 매달마다 다른 테마로 진행하는 방식입니다.

F2 당신도 들을 수 있을 것 같은 강좌가 있네. 음, 아이와 함께 하는 것도 좋을 것 같아.

M 응. ⑥요즘 운동 부족이라 몸을 움직이는 것도 좋을 것 같고. 근데, 남자는 별로 없을 것 같아서 좀…….

F2 ①평일 오전은 바쁠 것 같고, 히로시도 학교에 가야 하고. 오후 강좌가……. 이거다. 히로시랑 같이 할 수도 있고. 선착순이니까, 오늘 등록해야겠네. 마감이 될지도 모르니까, 난 이걸로. 당신은?

M 셋이 함께 할 수 있다면 이동하는 것도 편하고 좋겠지만. ⑨다음달은 오후 교대 근무라서. 주말에는 편히 쉬고 싶고, 평일 오전에는 여유가 있으니까, 이걸로 하겠어.

質問1) 夫はどんな講座を申し込みますか。

1 「クッキングクラス」

2 「ヨガ」

3 「ウクレレ」

4 「美術クラス」

質問2) 妻はどんな講座を申し込みますか。

1 「クッキングクラス」

2 「ヨガ」

3 「ウクレレ」

4 「美術クラス」

질문 1) 남편은 어떤 강좌를 신청합니까?

1 쿠킹 클래스

2 요가

3 우쿨렐레

4 미술 클래스

질문 2) 아내는 어떤 강좌를 신청합니까?

1 쿠킹 클래스

2 요가

3 우쿨렐레

4 미술 클래스

[풀이]

질문1) ⓐ는 선택지 1번의 쿠킹 클래스에 관한 내용이고, ⓑ는 선택지 2번의 요가 강좌에 관한 내용을 설명하고 있다. ⓒ는 선택지 3번의 우쿨렐레에 대해, ⓓ는 선택지 4번의 '미술 클래스'에 대해서 설명하고 있다. ⓔ운동 부족으로 몸을 움직일 수 있는 요가 강좌를 수강하고 싶지만, 남자가 많지 않을 것 같아서 부담스러워 하고 있고, ⓖ오후 강좌는 불가능하고, 주말에는 쉬고 싶다고 말하고 있다. 평일 오전에 수강할 수 있는 강좌는 요가를 제외하면 쿠킹 클래스밖에 없다. 따라서 정답은 선택지 1번이다.

질문2) ①평일 오후 강좌, 아이와 함께 할 수 있는 선착순 강좌는 우쿨렐레이다. 따라서 정답은 선택지 3번이다.

※청해 Part 5 종합 이해의 세 번째 문제 형식이다. 이 문제는 선택지 4개에 대한 남자 또는 여자의 설명을 듣고, 남자와 여자의 대화문이 이어지는 형식이다. 쉽게 말하면, 설명문(독백) + 대화문의 형식이라고 생각하면 된다. 선택지 4개의 특징을 재빨리 메모하는 연습을 통해서 실력을 키울 수 있다.

[단어]

講座 강좌 | 問い合わせ 문의, 조회 | 挑戦 도전 | 指導 지도 | 呼吸 호흡 | 柔軟性 유연성 | 楽器 악기 | 先着順 선착순 | 制限 제한 | ～に比べ ～에 비해 | 同様 같은 모양, 같음 | 事情 사정 | ～により ～에 의해, 따라 | 運営 운영 | 風景 풍경 | 異なる 다르다 | 動かす 움직이다, 움직이게 하다 | 締め切り 마감 | 余裕 여유

제1회 실전 모의고사
정답 및 해석

문자·어휘

| 문제 1 | 1 ③ | 2 ① | 3 ④ | 4 ① | 5 ② | 6 ③ |

문제 1   1 ③   2 ①   3 ④   4 ①   5 ②   6 ③

문제 2   7 ①   8 ②   9 ②   10 ③   11 ①   12 ③   13 ②

문제 3   14 ④   15 ①   16 ③   17 ③   18 ②   19 ①

문제 4   20 ④   21 ②   22 ②   23 ①   24 ④   25 ①

문법

문제 5   26 ②   27 ③   28 ①   29 ①   30 ④   31 ②   32 ③   33 ②   34 ③   35 ①

문제 6   36 ①   37 ④   38 ③   39 ④   40 ③

문제 7   41 ④   42 ③   43 ①   44 ④   45 ②

독해

문제 8   46 ①   47 ③   48 ②   49 ①

문제 9   50 ③   51 ④   52 ②   53 ④   54 ③   55 ④   56 ②   57 ②   58 ①

문제 10   59 ③   60 ③   61 ①   62 ③

문제 11   63 ④   64 ③

문제 12   65 ③   66 ①   67 ④   68 ①

문제 13   69 ④   70 ①

청해

문제 1   1 ③   2 ①   3 ④   4 ①   5 ②   6 ④

문제 2   1 ④   2 ②   3 ④   4 ③   5 ③   6 ④   7 ②

문제 3   1 ③   2 ①   3 ④   4 ②   5 ②   6 ③

문제 4   1 ②   2 ③   3 ②   4 ③   5 ①   6 ①   7 ②
　　　　　8 ②   9 ②   10 ②   11 ③   12 ①   13 ②   14 ①

문제 5   1 ③   2 ③   3 (1) ②   (2) ①

問題 1

______의 단어 읽기로 가장 알맞은 것을 1 · 2 · 3 · 4에서 하나 고르시오.

1 독서를 통해 지식을 축적한다.

2 최근의 자동차는 누구라도 손쉽게 운전할 수 있게 되었다.

3 폭발의 충격으로 유리가 깨졌다.

4 현대인은 대량의 정보의 소용돌이 속에서 거부할 수 없이 휩쓸리고 있다.

5 아버지는 건설업을 경영하고 있다.

6 부정한 거래가 빈번하게 이루어졌다는 증언을 얻었다.

問題 2

(   )에 넣기에 가장 적당한 것을 1 · 2 · 3 · 4에서 하나 고르시오.

7 이 차는 졸음을 깨우는 효과가 있다.

8 친구들과 밴드를 결성하여 콘서트를 개최했다.

9 이번 실패로부터 많은 교훈을 배울 수 있었다.

10 이 약에 함유된 비타민C는 오렌지 10개 분에 상당한다.

11 옛날부터 외모에 대해 강한 콤플렉스를 갖고 있다.

12 돈가스와 오므라이스 중, 어느 쪽을 좋아하는지 질문을 받아도 곤란하지만, 굳이 선택한다면 돈가스다.

13 이 컴퓨터 소프트웨어를 사용하면 복잡했던 회계 처리가 일거에 개선될 것이다.

問題 3

______의 말에 의미가 가장 가까운 것을 1 · 2 · 3 · 4에서 하나 고르시오.

14 갑작스런 일에 놀라고 말았다.

15 그는 내 질문에 시치미를 떼고 있었다.

16 그는 남에게 용기를 주는 일이 자신의 사명이라고 자각했다.

17 상품의 TV광고를 중지하여, 비용 삭감을 도모하기로 했다.

18 영업이익이 지난 해보다 약간 늘었다.

19 편안한 분위기가 되었을 때, 사람은 본심을 말하는 법이다.

問題 4

다음 단어의 용법으로 가장 적당한 것을 1 · 2 · 3 · 4에서 하나 고르시오.

20 이번 인사 이동에 불만이 있다. 너무 불공평하다.

21 오늘은 내가 한턱낼 테니까 얼마든지 주문해.

22 그는 가스 중독으로 입원했다.

23 가게 앞에 길게 사람들이 줄 서 있다.

24 쌀은 품종이 같아도 자란 토지에 따라 맛이 다르다.

25 양국은 친선을 증진시키기 위하여 야구 경기를 실시했다.

問題 5

다음 문장의 (   )에 들어갈 가장 알맞은 것을 1 · 2 · 3 · 4에서 하나 고르시오

26 연말이라서 번화가는 많은 사람들로 붐비고 있었다.

27 실제로 사용해 보고 나서야 비로소, 식기세척기의 편리함을 알았다.

28 요즈음 젊은이들은 자신에게 주어진 문제를 끝까지 생각하는 힘이 부족한 것 같다.

29 그 사람에게 돈을 빌려주었다 하면 한번이라 할지라도 돌아온 적이 없다.

30 시의회의 결정을 받아 종합적인 시가지 개발 방침이 정해지게 되었다.

31 진학 문제는 부모의 의향도 그러하지만, 본인의 희망을 최우선으로 존중해야 한다.

32 고통스러운 전쟁의 시대를 살아남아, 내가 지금 여기에 있는 것이야말로 기적이 아니고 무엇이란 말인가.

33 게임 시장은 불황에도 아랑곳하지 않고 급성장을 계속하고 있다.

34 새롭게 시장이 되는 우에하라 씨는 "집단 괴롭힘 문제나 통학로의 안전 대책, 아동 빈곤 대책 등을 강력하게 추진해 가겠습니다"라고 결의를 표명했다.

35 우리 회사에서는 어떤 이유가 있을지라도, 업무에 관련된 데이터와 자료를 외부로 반출하는 일은 일절 허용되지 않습니다.

다음 문장의   ★   에 들어갈 가장 알맞은 것을 1 · 2 · 3 · 4에서 하나 고르시오.

36 그의 화려한 플레이에는 모두가 시선을 빼앗겼다. 그리고 우리 팀의 응원단에서뿐만 아니라 상대 팀 사람들로부터도 박수가 터져 나왔다.(3–4–1–2)

37 인기 배우가 온다고 하여, 이 이벤트의 티켓은 순식간에 매진됐다.(3–1–4–2)

38 그는 학생으로서 용납할 수 없는 행위를 했다고 해서 퇴학당했다.(4–1–3–2)

39 이런 종류의 사업에 성공하기 위한 열쇠(관건)는 물리적 환경에 있다기보다는 인적 자원에 의한 바가 크다고 생각합니다.(2–1–4–3)

40 사람들은 항상 용기를 가지라고 말한다. 그러나 겁을 먹어서는 안 되는 것일까? 겁이 있기에 조심스러워지고 위험을 피할 수 있는 것이다.(1–4–3–2)

다음 문장을 읽고, 문장 전체의 취지에 입각해서 41 부터 45 에 들어갈 가장 알맞은 것을 1 · 2 · 3 · 4에서 하나 고르시오.

고등학교 졸업 후, 어느 제조업체의 시스템 계열의 사무직으로 취직했다. 부서 인원은 5명으로 소규모이며, 회사의 모든 데이터 시스템을 취급하는 부서라는 점도 있어서, 컴퓨터의 작동 소리만이 울려 퍼지는 듯한 환경의 부서였다. 일을 하고 있으니까 사적인 잡담은 삼가야 하겠지만, 이야기를 하는 것 자체가 금기시되는 분위기여서, 거의 사회 경험이 없던 나는 숨이 막힐 듯한 나날이었다. 그래도 불황의 시대에 10대에 직장이 있는 것은 고마운 일이라고 열심히 일했다.

부서 내에 상사의 눈 밖에 난 사람이 있었다. 나를 제외하고 4명의 남성이고, 유일하게 여성인 나를 딸이나 여동생처럼 귀여워해 주는 상냥한 사람들이지만, 그 사람에 대해서 만큼은 매우 엄격해서 "일이 느리다", "실수가 많다", "목소리가 작다"는 등의 어쨌든 눈에 띄는 것은 닥치는 대로 말하는 듯한 느낌이었다. 내가 보기에 특별하게 그 사람이 너무 뒤쳐진다고는 느껴지지 않았으며, 조금 성격적으로 차분하구나 하는 정도였는데, 연하의 동료도 자신이 윗사람이라고 말하는 듯한 태도를 취하고 있었다.

그런 부서에서 2년 일했다. 하지만 특정인을 못살게 구는 환경이 싫어서 그 환경에서 벗어나려고 일을 그만둘 결심을 했다. 여전히 조용한 방에서 모두 귀를 곤두세우고 있는 가운데, 상사에게 퇴직 이야기를 꺼내는 것은 매우 용기가 필요한 일이었지만, 결심하기를 잘했다고 생각한다.

퇴직이 아니라 부서 이동을 지시 받았는데, 이동한 해당 부서는 일을 하면서도 즐거운 부서로, 이전 부서와는 정반대였다. 상사가 바뀔 뿐으로 이렇게 다른 것인가 하고 느꼈다. 자신만 도망친 것 같아서 죄책감도 있지만, 그 부서에 계속 있었다면 언젠가 몸을 망가뜨리지는 않았을까라고 생각한다. 역시 용기를 내는 것도 필요하다고 느꼈다.

㈜ 차분함 : 태도가 여유롭고 차분한 모습

問題 8

次の (1)〜(4)の文章を読んで、後の問いに対する答えとして最もよいものを、1・2・3・4から一つ選びなさい。

(1)

国際結婚、外国との経済協力、外国人労働者及び留学生の増加などで、今や、日本だけに限らず多文化共生の時代である。大勢の人が多文化共生のための主張や、差別的な視線で彼らを眺めて評価をしてはならないと訴えている。しかし、こうした世論は多文化の共生のための何の助けにもならない。彼らは私たちと違う。多文化共生のためには、彼らが私たちとは違うという事実を認める姿勢が絶対的に必要である。多文化共生を叫ぶ人々が、外国人に着物を着せ、日本のお酒を勧めるのはおかしいことである。@民族の一本化を主張するのと変わらない行動よりは、彼らのアイデンティティを守る行為を尊重して、配慮することが必要ではないだろうか。

46 筆者の意見として合っているものはどれか。

1 他の文化との違いを認め、一律な基準を適用してはならない。
2 違う文化の外国人でも、人間の基本行動には差がないことを認識するべきだ。
3 他の国から移住してきた人を見る視線や判断に差別があってはならない。
4 外国人の自発的な参加を前提に、日本の文化体験に参加させた方がいい。

다음 (1)〜(4)의 문장을 읽고, 다음 질문에 대한 답으로 가장 알맞은 것을 1·2·3·4에서 하나 고르시오.

국제 결혼, 외국과의 경제 협력, 외국인 근로자 및 유학생의 증가 등으로 이제는 일본뿐만 아니라 다문화 공생의 시대이다. 많은 사람들이 다문화 공생을 위한 주장이나 차별적인 시선으로 그들을 바라보고 평가를 해서는 안 된다고 호소하고 있다. 하지만 이러한 여론은 다문화의 공생을 위한 어떠한 도움도 되지 않는다. 그들은 우리와 다르다. 다문화 공생을 위해서는 그들이 우리와는 다르다는 사실을 인정하는 자세가 절대적으로 필요하다. 다문화 공생을 외치는 사람들이 외국인에게 기모노를 입히고, 일본의 술을 권하는 것은 우스운 일이다. @민족의 일체화를 주장하는 것과 다름없는 행동보다는, 그들의 정체성을 지키는 행위를 존중하고 배려하는 것이 필요한 것은 아닐까?

46 필자의 의견으로서 맞는 것은 어느 것인가?

1 다른 문화와의 차이를 인정하고, 일률적인 기준을 적용해서는 안 된다.
2 다른 문화의 외국인이라도 인간의 기본 행동에는 차이가 없음을 인식해야 한다.
3 다른 나라에서 이주해 온 사람을 보는 시선이나 판단에 차별이 있어서는 안 된다.
4 외국인의 자발적인 참여를 전제로, 일본의 문화 체험에 참가시키는 것이 좋다.

[풀이]

46 필자는 외국인에게 일본식 문화를 강요하는 것보다, 그들의 문화를 존중하고 배려하는 것이 중요하다고 말하고 있다. 따라서 정답은 선택지 1번이다.

Tip) 필자의 주장을 묻는 문제는 마지막 부분에 정답에 관한 힌트가 나오는 경우가 많다.

[단어]

国際 국제 | 経済 경제 | 協力 협력 | 労働者 노동자 | 〜及び 〜및 | 増加 증가 | 〜に限らず 〜뿐만 아니라 | 大勢 많은 사람 | 差別 차별 | 眺める 바라보다, 응시하다 | 評価 평가 | 訴える 호소하다 | 認める 인정하다 | 姿勢 자세 | 叫ぶ 외치다 | 勧める 권하다 | 行為 행위 | 尊重 존중 | 配慮 배려 | 認識 인식 | 〜べきだ 〜해야 한다 | 参加 참가 | 体験 체험

(2)

私は厚い本を読む時に負担を感じる。これに比べて、薄い本を読む時は、長閑な気持ちで、余裕を持って本に接することができる。厚い本だとその膨大な量に圧倒されたり、早く読み終えたいという気持ちで、かえって気疲れしてしまうのだ。また、厚い本は著者の意図を察しにくいということも原因になるかもしれない。それで厚い本を読むときは、すべての内容を完璧に理解しながら読まないことにしている。ⓐ著者の答えが私のと違うこともあれば、著者の考えが私と一致していないこともあるのだから。すべての本にはそれなりの目的があるが、それを受け入れるかどうかは、読者にかかっているわけだ。読者に正解を要求できる著者はいない。

47 筆者が最も伝えたいものは何か。
1 内容が難解で時間を消耗させる本を真剣に読む必要はない。
2 ページの量に比例して、本に接する姿勢が変わることは仕方がない。
3 文を書いた著者の目的と読者の結論が必ずしも一致するわけではない。
4 厚い本を読む時は、意識的に負担を感じない心の状態を維持するべきだ。

나는 두꺼운 책을 읽을 때 부담을 느낀다. 이에 비해, 얇은 책을 읽을 때는 편안한 기분과 여유를 가지고 책을 접할 수 있다. 두꺼운 책은 그 방대한 양에 압도되거나 빨리 다 읽어버리고 싶다는 마음으로 오히려 피곤해져 버리는 것이다. 또한 두꺼운 책은 저자의 의도를 살피기 힘들다는 것도 원인이 될지도 모른다. 그래서 두꺼운 책을 읽을 때는 모든 내용을 완벽하게 이해하면서 읽지 않기로 하고 있다. ⓐ저자의 답이 내 것과 다를 수도 있고, 저자의 생각이 나와 일치하지 않을 수도 있기 때문이다. 모든 책에는 그 나름의 목적이 있지만, 그것을 받아들일지 말지는 독자에게 달려 있는 것이다. 독자에게 정답을 요구할 수 있는 저자는 없다.

47 필자가 가장 전하고 싶은 것은 무엇인가?
1 내용이 난해하고 시간을 소모하게 만드는 책을 진지하게 읽을 필요는 없다.
2 페이지의 양에 비례해서, 책을 대하는 자세가 달라지는 것은 어쩔 수 없다.
3 글을 쓴 저자의 목적과 독자의 결론이 반드시 일치하는 것은 아니다.
4 두꺼운 책을 읽을 때는 의식적으로 부담을 느끼지 않는 마음의 상태를 유지해야 한다.

[풀이]

저자의 생각이 독자와 다를 수 있고, 필자가 글을 쓴 목적과 독자의 생각이 일치하는 것은 아니라고 말하고 있다. 따라서 정답은 선택지 3번이다.

[단어]

厚い 두껍다 | 負担 부담 | ～に比べて ～에 비해서 | 長閑な 편안하고 한가로운 | 余裕 여유 | 接する 접하다 | 膨大 방대 | 圧倒 압도 | かえって 오히려, 도리어 | 気疲れ 정신적인 피로, 마음의 피로 | 著者 저자 | 察する 살피다, 헤아리다 | 原因 원인 | 受け入れる 받아들이다 | 要求 요구 | 消耗 소모 | 姿勢 자세 | 状態 상태 | 維持 유지 | ～べきだ ～해야 한다

(3)

人類が地球を支配する前には、微生物が地球を支配していた。ひょっとすると、今も我々が住んでいる世の中は微生物によって維持されているのかもしれない。人間によって変形されつつある地球の環境に合わせて変化し、進化を重ねている微生物の適応力には驚かされる。微生物に対する我々の見方は、否定的な側面が強いが、人間にとって脅威となる微生物は一％に及ばないという。人間は、むしろこの目に見えない地球の実支配者に感謝すべきである。ⓐ医学の発達は言うまでもなく、地球の緑が維持できる最も大きな理由も、微生物の分解作用にほかならないのである。微生物との効果的な共生に、人類の未来がかかっているのかもしれない。

48 この文章で筆者が最も伝えたいものは何か。

1 危険な病原菌を除くと、微生物は科学の発展に寄与する存在だ。

2 人間は、微生物を、地球を救ってくれる存在として認識するべきだ。

3 微生物は地球環境を守る存在だが、誤用されれば、人類に致命的な脅威になることもある。

4 微生物を正しく利用することが、環境保存に大きく役立つことができる。

인류가 지구를 지배하기 전에는 미생물이 지구를 지배하고 있었다. 어쩌면 지금도 우리가 살고 있는 세상은 미생물에 의해서 유지되고 있을지도 모른다. 인간에 의해서 계속해서 변형되고 있는 지구의 환경에 맞춰서 변화하고 진화를 거듭하고 있는 미생물의 적응력은 정말 놀랍다. 미생물에 대한 우리의 견해는 부정적인 측면이 강하지만, 인간에게 위협이 되는 미생물은 1%에 미치지 않는다고 한다. 인간은 오히려 이 눈에 보이지 않는 지구의 실지배자에게 감사해야 한다. ⓐ의학의 발달은 말할 필요도 없고, 지구의 푸르름을 유지할 수 있는 가장 큰 이유도 바로 미생물의 분해작용임에 틀림없는 것이다. 미생물과의 효과적인 공생에 인류의 미래가 달려 있는 것인지도 모른다.

48 이 문장에서 필자가 가장 전하고 싶은 것은 무엇인가?

1 위험한 병원균을 제외하면, 미생물은 과학의 발전에 기여하는 존재이다.

2 인간은 미생물을 지구를 구해 주는 존재로서 인식해야 한다.

3 미생물은 지구 환경을 지켜주는 존재이지만, 오용되면 인류에게 치명적인 위협이 될 수 있다.

4 미생물을 올바르게 이용하는 것이 환경 보존에 큰 도움이 될 수 있다.

[풀이]

필자는 미생물에 의해서 지구 환경이 유지되고, 의학이 발달했다고 주장하고 있다. 또한 인류의 미래가 미생물에 달렸다고 말하고 있기 때문에, 정답은 선택지 2번이다.

[단어]

支配 지배 | 微生物 미생물 | ひょっとすると 혹시, 어쩌면 | ～によって ～에 의해서, ～에 따라서 | 維持 유지 | ～つつある (계속) ～하고 있다 | 環境 환경 | 進化 진화 | 重ねる 거듭하다, 되풀이하다 | 適応力 적응력 | 驚く 놀라다 | ～に対する ～에 대한 | 否定的 부정적 | ～にとって ～에게 있어서 | 脅威 위협 | 及ぶ 이르다, 달하다 | むしろ 오히려, 도리어 | 感謝 감사 | ～べきだ ～해야 한다 | 分解 분해 | 効果 효과 | 除く 제외하다, 제거하다 | 寄与 기여 | 救う 구하다 | 認識 인식 | ～として ～로서 | 役立つ 도움이 되다

4

以下は、ある会社が取引先に出したメールである。

株式会社ユメノニワ
代表取締役　田中一郎　様

株式会社中川商事
代表取締役　小田寿太郎

事務所移転のご挨拶

拝啓　陽春の候　貴社ますますご清栄のこととお慶び申し上げます。

開業以来順調に業績を上げてまいりましたのも皆様のご支援の賜ものと心から感謝いたしております。

さて、この度は⑧事務所の拡張工事により、四月二十三日より下記へ本社を移転し業務を行うこととなりましたので、ご案内申し上げます。ご不便をおかけいたしますが、引き続きご愛顧のほどよろしくお願い申し上げます。

まずは略儀ながら書面にてご挨拶申し上げます。

敬具

記

新住所　　　　〒104-0044　　東京都中央区明石町18-15F
電話番号　　　03-3524-6521
ＦＡＸ　　　　03-3524-7891

49　この文書から分かることはどれか。

1　事務所を移転せざるを得ない理由と時期
2　新しい事業のための事務所移転と目標
3　事務所を移転するためのお願いと手続き
4　新しい事務所の位置と賃貸期間

다음은 어느 회사가 거래처에 보낸 메일이다.

주식회사 유메노니와

대표이사 다나카 이치로 님

주식회사 나카가와상사

대표이사 오다 주타로

사무소 이전의 인사

근계 양춘지절(따뜻한 봄의 계절) 귀사가 나날이 번창하시기를 경하 드립니다

개업 이후 순조롭게 실적을 쌓아온 것도 여러분이 지원해 주신 덕분으로, 진심으로 감사 드리고 있습니다.

그런데 이번에 ⓐ사무실 확장 공사로 인해, 4월 23일부터 하기(밑에 쓰여진 곳)로 본사를 이전하여 업무를 하게 되었기에 안내 드립니다. 불편을 끼쳐 드리겠습니다만, 계속해서 애용해 주시기를 부탁 드리겠습니다.

우선 간략하게 서면으로 인사 드립니다.

경구

- 기 -

새주소	(우)104-0044 도쿄도 츄오구 아카시쵸 18-1, 5F
전화번호	03-3524-6521
FAX	03-3524-7891

---

49 이 문서로부터 알 수 있는 것은 무엇인가?

1 **사무실을 이전할 수 밖에 없는 이유와 시기**

2 새로운 사업을 위한 사무실 이전과 목표

3 사무실을 이전하기 위한 부탁과 절차

4 새로운 사무실의 위치와 임대 기간

[풀이]

사무실 확장 공사로 인한 이전 이유와 시기가 쓰여 있다. 따라서 정답은 선택지 1번이다.

[단어]

株式会社 주식회사 | **代表取締役** 대표이사 | **移転** 이전 | **挨拶** 인사 | **拝啓** 근계(삼가 아룁니다라는 뜻으로 편지 첫머리에 씀) | **貴社** 귀사 | **清栄** 성영(편지에서 상대방의 생활 · 건강 · 번영 등을 축원하는 인사말) | **お慶び申し上げる** 경해(공격하여 축하함) 드리다 | **開業** 개업 | **順調** 순조 | **業績** 업적 | **支援** 지원 | **賜もの** 하사품, 덕분 | **感謝** 감사 | **この度** 이번, 금번(격식을 차린 표현) | **拡張** 확장 | **〜により** ~에 의해, ~에 따라 | **行う** 행하다, 실시하다 | **愛顧** 애고(사랑하며 돌보아 줌) | **略儀ながら** 간략하게 | **〜にて** ~로 | **〜ざるを得ない** ~하지 않을 수 없다 | **手続き** 수속 | **賃貸** 임대

次の(1)～(3)の文章を読んで、後の問いに対する答えとして最もよいものを、1・2・3・4から一つ選びなさい。

(1)

　一人ではできないことも、何人かが力を合わせてすれば可能になる。その集団の単位が、数千、数万人に拡大されれば、さらに@国を覆すほどの①強い力として発展できるようになる。例えば、ⓑクーデターや戦争のようなものが、まさにこうした集団の力と見ることができる。集団の中にいる人は、その強力な力に魅了され、自分も知らないうちに集団の力に引っ張られるケースも頻繁にある。　（中略）

　集団では勇気も増幅される。群衆の中にいる人は恐れを割と少なく感じるという研究結果もある。集団という心強い盾を利用して、自分の声をさらに積極的に出すことができ、普段より果敢に行動することも可能である。ここで問題になるのは、集団の目的である。ⓒ集団という大きな力を利用して、自分たちの利益だけを追求する行動は正しくない。利益に目が眩んで恐れを知らぬ戦士のように前進するその姿から、狂気さえ感じられる場合がある。②集団の心臓は倫理と良心という基盤の中で安全に保護されなければならない。

　勇気の反対は卑怯ではない。恐れを知らずに前進することが勇気だとはいえない。それが正しいことという信念のもとで、恐怖に体と心がぶるぶるしながらも、辛うじて足を運ぶ行為。私はこういうことが勇気ある行動であると思う。つまり、ⓓ勇気というのは、善悪を区別して判断することができる知恵と言える。我々は今まさに勇気の要る時代に生きている。勇気の反対は無知である。

（主）盾：敵の攻撃から身を守るための防御用具。

50 ここでいう、①強い力とは何を指すか。
1　危険要素が多く存在する戦争において、敵を撃破できる物理的な力
2　集団に属している各個人の力の総合計よりさらに強い力
3　従来の枠組みを変化させることが可能なほど、凝集された力
4　集団に所属した人が、自分の限界をはるかに超越して示す力

51 筆者が、②集団の心臓は倫理と良心という基盤の中で安全に保護されるべきであると考える理由はどれか。
1　恐怖知らずに前進する集団の力は、最初の目的とは異なる力に変質しやすいから
2　個人の利益や目的が集団の目標より優先されてはならないから
3　社会体制に反対する集団の力は、恐ろしい速度で拡張される可能性があるから
4　集団の目的とは、特定少数の利益を充当させるためではないから

52 この文章で、筆者が一番言いたいことは何か。
1　恐怖が克服できない勇気は、真の勇気とは言い難い。
2　善と悪を区分できる知恵を整えることが必要な社会となっている。
3　犯罪が急増して冷ややかな社会になった理由は、勇気のことを間違えて理解している人が多いからだ。
4　勇気が必要な行動をするためには、まず倫理を学ぼうと努力する姿勢が必要だ。

다음의 (1)~(3)의 문장을 읽고, 다음의 질문에 대한 답으로 가장 알맞은 것을 1·2·3·4에서 하나 고르시오.

혼자서는 할 수 없는 일도 여러 명이 힘을 모아서 하면 가능해진다. 그 집단의 단위가 수천, 수만 명으로 확대되면, ⓐ나라를 뒤집을 수 있을 정도의 ①강한 힘으로 발전할 수 있게 된다. 예를 들면, ⓑ쿠데타나 전쟁 같은 것이 바로 이러한 집단의 힘이라고 볼 수 있다. 집단 안에 있는 사람은 그 강력한 힘에 매료되어, 자신도 모르게 집단의 힘에 끌려가는 경우도 빈번하다.

(중략)

집단에서는 용기도 증폭된다. 군중 속에 있는 사람은 두려움을 비교적 덜 느낀다는 연구 결과도 있다. 집단이라는 든든한 방패를 이용하여 자신의 목소리를 더욱 적극적으로 낼 수 있고, 평소보다 과감하게 행동하는 것도 가능하다. 여기서 문제가 되는 것은 집단의 목적이다. ⓒ집단이라는 큰 힘을 이용해서 자신들의 이익만을 추구하는 행동은 옳지 않다. 이익에 눈이 멀어서 두려움을 모르는 전사처럼 전진하는 그 모습에서 광기마저 느껴지는 경우가 있다. ②집단의 심장은 윤리와 양심이라는 기반 속에서 안전하게 보호되어야 한다.

용기의 반대는 비겁이 아니다. 두려움을 모르고 전진하는 것이 용기라고 말할 수 없다. 그것이 옳은 일이라는 신념 하에, 공포로 몸과 마음이 부들부들 떨리면서도 힘겹게 발걸음을 옮기는 행위. 나는 이런 것이 용기 있는 행동이라고 생각한다. ⓓ즉 용기라는 것은 옳고 그름을 구별하고 판단할 수 있는 지혜라고 말할 수 있다. 우리는 지금 정말로 용기가 필요한 시대에 살고 있다. 용기의 반대는 무지이다.

(주) 盾 : 방패. 적의 공격으로부터 몸을 지키기 위한 방어용 도구.

50 여기에서 말하는 ①강한 힘이란 무엇을 가리키는 것인가?

1　위험 요소가 많이 존재하는 전쟁에서 적을 격파할 수 있는 물리적인 힘

2　집단에 속해 있는 각 개인의 힘의 총합계보다 더 큰 힘

3　종래의 틀을 변화시키는 것이 가능할 정도로 응집된 힘

4　집단에 소속된 사람이 자신의 한계를 훨씬 초월하여 나타내는 힘

51 필자가 ②집단의 심장은 윤리와 양심이라는 기반 속에서 안전하게 보호되어야 한다고 생각하는 이유는 어느 것인가?

1　두려움을 모르고 전진하는 집단의 힘은 처음 목적과는 다른 힘으로 변질되기 쉽기 때문에

2　개인의 이익이나 목적이 집단의 목표보다 우선시되어서는 안 되기 때문에

3　사회 체제에 반대하는 집단의 힘은 무서운 속도로 확장될 가능성이 있기 때문에

4　집단의 목적이라는 것은 특정 소수의 이익을 충당시키기 위함이 아니기 때문에

52 이 글에서 필자가 가장 말하고 싶은 것은 무엇인가?

1　두려움을 극복하지 못하는 용기는 진정한 용기라고 말하기 어렵다.

2　선과 악을 구분할 수 있는 지혜를 갖추는 것이 필요한 사회가 되었다.

3　범죄가 급증하고 싸늘한 사회가 된 이유는 용기를 잘못 이해하고 있는 사람이 많기 때문이다.

4　용기가 필요한 행동을 하기 위해서는 먼저 윤리를 배우려고 노력하는 자세가 필요하다.

[풀이]

50　ⓐ나라를 바꿀 수 있을 만큼의 힘이고, ⓑ쿠데타나 전쟁과 같은 것이라고 말하고 있다. 즉 어떤 것을 바꿀 수 있을 만큼의 큰 힘이라는 것을 알 수 있다. 따라서 정답은 선택지 3번이다.

Tip) 밑줄 친 문제는 앞뒤의 문장을 잘 살펴보면 정답에 관한 힌트를 찾을 수 있는 경우가 많다.

51　ⓒ집단의 힘을 이용해서 자신의 이익을 추구하는 것은 옳지 않다고 말하고 있기 때문에, 정답은 선택지 4번이다.

52　ⓓ필자는 옳고 그름을 판단할 수 있는 것이 용기이고, 그 지혜가 필요한 시대라고 말하고 있다. 따라서 정답은 선택지 2번이다.

Tip) 필자의 주장을 묻는 문제는 마지막 부분에 정답에 관한 힌트가 나오는 경우가 많다.

[単語]
覆す 뒤집어엎다 | 魅了 매려 | ～うちに ～사이에, ～동안에 | 頻繁に 빈번하게 | 増幅 증폭 | 割と 비교적 | 心強い 든든하다 |
盾 방패 | 果敢 과감 | 追求 추구 | 目が眩む 욕심 등의 영향으로 올바르지 못한 판단을 하다. 넋을 잃고 올바르게 판단하지 못하
게 되다. | 狂気 광기 | 卑怯 비겁 | 恐怖 공포 | 辛うじて 겨우, 간신히 | 撃破 격파 | 属する 속하다 | 枠組み 틀 | 凝集 응집 | 超
越 초월 | 異なる 다르다 | 優先 우선 | 拡張 확장 | ～難い ～하기 어렵다, 힘들다 | 冷ややかな 냉담한 |

(2)

歳月の痕跡がそのまま残されている古い本が集まっている空間を想像してみよう。カバーがぼろぼろになる
ほど擦り切れている@古い本を手でつかむと、暖かい温もりが伝わってくる。単なる出版物の一つに過ぎない
本であるが、生きている生命体から感じられる温もりを持っているようである。このような本が集まっている
空間が図書館である。世界のどの図書館でも、寒さにぶるぶる震える人々の姿は想像できない。（中略）
　図書館を言及するにあたって、芸術を抜きにすることはできない。ⓑ建物自体が芸術品であり、文化財産とし
て登録されている図書館が非常に多い。その時代を反映した思想と文化の頂点が図書館というところである。各
国の有名な図書館は過去と現在をつないでくれる非常に大切な空間である。歴史、建築、文化、社会、芸術、自
然、科学など、この世に存在する全てのものを扱っている図書館の価値は、決して金では買えないその国の大切
な資産というものである。このように重要な価値と象徴を持っている図書館は、そのデザインもまた注目に値す
る。作られた背景も作られた目的も明らかな図書館は、それぞれの特色を持っているのである。（中略）
　人々が図書館を楽しんでいる理由は多いだろうが、その中でも私は、図書館が持っている「共有の美」が最も
好きである。ⓒどんな人でも差別なく受け入れられる空間、営利の追求が目的ではないこの空間があまりにも
愛らしい。何かを渇望している人だけが来られるこの空間は、その特有の温もりでみんなの夢を温かく応援し
てくれるようである。

(注)痕跡：過去にある事物があったことを示す、あとかた。

53 筆者はなぜ、世界のどの図書館でも、寒さにぶるぶる震える人々の姿は想像できないと言っているか。
1 古い本が集まっている空間は暖かく維持されなければならないため
2 図書館に生息する多様な生物が温度を維持することに役立つため
3 本の表紙の材質と紙の特性により、本の表面温度は一定に維持されるため
4 古い書籍から感じられる温かみが集まっている空間であるため

54 筆者は図書館と芸術の関係について、どう考えているか。
1 目につく芸術的なデザインとして設計された複合的な生活文化空間
2 自然との調和を重点にした大事な文化遺産
3 時代の流れと思想を反映して連結する機能的な芸術作品
4 過去の記録と多様な分野の知的財産を管理する国家資産

55 筆者は図書館についてどう述べているか。
1 利益と損害に基づいていない構造に、図書館の存在価値がある。
2 身分の制限なく利用することができる空間が、現代社会では特別に作用される。
3 個人の空間の独占を目的とするのではなく、多様な人々との共有を考えなければならない。
4 差別のない情報の開放場所であり、本の温もりが感じられる空間でもある。

세월의 흔적이 그대로 담겨 있는 낡은 책이 모여 있는 공간을 상상해 보자. 커버가 너덜너덜해질 정도로 헤져 있는 ⓐ낡은 책을 손에 쥐면 따뜻한 온기가 전해져 온다. 단순한 출판물 중의 하나에 불과한 책이지만, 살아 있는 생명체에게서 느낄 수 있는 온기를 지니고 있는 것 같다. 이러한 책들이 모여 있는 공간이 도서관이다. 전 세계의 어떤 도서관에서도 추위에 벌벌 떠는 사람들의 모습은 상상하기 어렵다. (중략)

도서관을 언급하는 데 있어서 예술을 빼놓을 수는 없다. ⓑ건물 자체가 예술품이자 문화 재산으로 등록되어 있는 도서관이 매우 많다. 그 시대를 반영한 사상과 문화의 정점이 바로 도서관이라는 곳이다. 각 나라의 유명한 도서관은 과거와 현재를 이어주는 너무나도 소중한 공간이다. 역사, 건축, 문화, 사회, 예술, 자연, 과학 등, 이 세상에 존재하는 모든 것을 다루고 있는 도서관의 가치는 결코 돈으로는 살 수 없는 그 나라의 소중한 자산인 것이다. 이처럼 중요한 가치와 상징을 지니고 있는 도서관은 그 디자인 또한 주목할 만하다. 만들어진 배경도 만들어진 목적도 분명한 도서관은 저마다의 특색을 가지고 있는 것이다. (중략)

사람들이 도서관을 좋아하는 이유는 많겠지만, 그 중에서도 나는 도서관이 가지고 있는 '공유의 미'를 가장 좋아한다. ⓒ어떠한 사람이라도 차별 없이 받아들여지는 공간, 영리의 추구가 목적이 아닌 이 공간이 너무나도 사랑스럽다. 무언가를 갈구하는 사람만이 올 수 있는 이 공간은 그 특유의 온기로 모두의 꿈을 따뜻하게 응원해 주는 것 같다.

(주) 痕跡 : 흔적. 과거에 어떤 사물이 있었음을 나타내는 것.

53 필자는 왜 전 세계의 어떤 도서관에서도 추위에 벌벌 떠는 사람들의 모습은 상상하기 어렵다고 말하고 있는가?

1 오래된 책이 모여 있는 공간은 따뜻하게 유지되어야 하기 때문에.

2 도서관에 서식하는 다양한 생물이 온도를 유지하는 것에 도움을 주기 때문에

3 책 표지의 재질과 종이의 특성에 의해 책의 표면 온도는 일정하게 유지되기 때문에.

4 오래된 서적에서 느껴지는 따뜻함이 모여 있는 공간이기 때문에

54 필자는 도서관과 예술의 관계에 대해서 어떻게 생각하고 있는가?

1 눈에 띄는 예술적인 디자인으로 설계된 복합적인 생활 문화 공간

2 자연과의 조화를 중점으로 한 소중한 문화 유산

3 시대의 흐름과 사상을 반영하고 연결하는 기능적인 예술 작품

4 과거의 기록과 다양한 분야의 지적 재산을 관리하는 국가 자산

55 필자는 도서관에 대해서 어떻게 말하고 있는가?

1 이익과 손해에 바탕을 두고 있지 않는 구조에 도서관의 존재 가치가 있다.

2 신분의 제한 없이 이용할 수 있는 공간이 현대 사회에서는 특별하게 작용된다.

3 개인 공간의 독점을 목적으로 하는 것이 아니라, 다양한 사람들과의 공유를 생각해야 한다.

4 차별 없는 정보의 개방 장소이자, 책의 온기를 느낄 수 있는 공간이기도 하다.

[풀이]

53 ⓐ필자는 책에서 살아 있는 생명체와 같은 온기를 느낄 수 있고, 그런 책들이 모여 있는 곳이 도서관이라고 말하고 있다. 따라서 정답은 선택지 4번이다.

54 ⓑ도서관은 건물 자체가 예술 작품이고, 그 시대의 사상과 문화를 반영하고 있다고 말하고 있으므로, 정답은 선택지 3번이다.

55 ⓒ필자는 도서관은 차별 없이 들어갈 수 있는 곳이고, 사람들의 꿈을 응원해 주는 온기를 가지고 있다고 말하고 있다.

[단어]

歳月 세월 | 痕跡 흔적 | ぼろぼろ 너덜너덜 | 擦り切れる 닳아서 떨어지다 | 温もり 온기 | 単なる 단순한 | ～に過ぎない ～

에 지나지 않는다 | ぶるぶる 벌벌, 부들부들 | 震える 흔들리다, 떨리다 | 姿 모습 | 言及 언급 | 財産 재산 | 非常に 매우, 상당히 | 反映 반영 | 思想 사상 | 頂点 정점 | 建築 건축 | 扱う 다루다, 취급하다 | 象徴 상징 | ～に値する 가치가 있다, ～할 만하다 | 特色 특색 | 共有 공유 | 差別 차별 | 営利 영리 | 追求 추구 | 渇望 갈망 | 応援 응원 | 生息 생식, 서식 | 書籍 서적 | 温かみ 따뜻함, 온기 | 維持 유지 | ～として ～로서 | 複合 복합 | 調和 조화 | 遺産 유산 | 財産 재산 | 資産 자산 | 制限 제한 | 情報 정보

(3)

　ロシアのヤクーツクという所は、地球で最も寒い都市である。　冬の平均気温が氷点下50度で、氷点下55度になるとすべての学校が休校になる。しかし、このような都市でも20万人を超える人々が生活していて、夏には32度まで気温が上がる。@このような過酷な自然環境のもとでも、人間はその努力と技術によって「死」の領域から「生」の領域に変えることができるのである。人間の環境適応能力は実に驚くほどだ。
　冬の気温が氷点下50度に落ちると⑥ヒトを含めた哺乳類と鳥類を除いたほとんどの動物が冬眠に入る。しかし、哺乳類でも熊やハリネズミは冬眠するのだ。気温が氷点下20度まで下がると、ハリネズミは冬眠に入る。©ハリネズミが冬眠に入るのは自然の法則に反するものではないが、ペットとして育てるハリネズミは例外だ。　野生のハリネズミは冬眠に備えて、餌を大量に摂取するが、人が育てているハリネズミは常に一定量の餌を摂取することに慣れているので、冬眠に入る前も十分な餌は摂取しない。冬眠に入ること自体は心配することではないが、冬眠から出る前に栄養不足で餓死する恐れがあるのである。　（中略）
　人も冬眠が可能である。　現代生命工学の発展は人間を冬眠させる領域にまで至らせている。人間の冬眠と解凍に制約がなくなるほどの技術力が百年、千年先には完成するのかもしれない。人間は自然からの影響を少なく受けることができる技術を継続して発展させてきた。　しかし、@人間が自然の影響を少なく受けようとするほど、生態系の破壊と異常の自然現象が逆に増えつつあるというのが皮肉なものだ。

56 筆者が、人間の環境適応能力は実に驚くほどだと述べた理由は何か。
1　昼と夜の気温の差が激しい場所で生活するのは、動物には不可能なことだから
2　生命を脅かすほどの自然環境においても、生活を維持することが可能だから
3　自然を傷つけず、自然に順応しながら生きていくことが可能だから
4　人間の技術と自然環境の調和の中で、平穏な生活を享受することが可能だから

57 動物の冬眠に対する筆者の説明の中で、正しいものはどれか。
1　鳥類と哺乳類を除いたすべての動物は、気温が大きく下がると冬眠する。
2　ハリネズミが冬眠に入ることは自然の摂理だから、あまり心配することはない。
3　ペットのハリネズミも多くの餌を摂取すると、冬眠に入ることになる。
4　すべての生物の中、冬季に冬眠をしない種は人間だけである。

58 この文章で、筆者が一番言いたいことは何か。
1　人間の生存適応能力の発達が、自然破壊活動につながることを警戒しなければならない。
2　治療のための目的のもとに、冬眠に対する技術研究は続けなければならない。
3　人体を解凍させる技術に対する発展には限界がある。
4　厳しい自然環境の中で、人類は生存のための研究を怠けてはいけない。

러시아의 야쿠츠크라는 곳은 지구에서 가장 추운 도시이다. 겨울의 평균 기온이 영하 50도이고, 영하 55도가 되면 모든 학교가 휴교하게 된다. 하지만 이런 도시에서도 20만 명이 넘는 사람들이 생활하고 있고, 여름에는 32도까지 기온이 오른다. ⓐ이런 가혹한 자연 환경에서도 인간은 그 노력과 기술로 인해서 '죽음'의 영역에서 '생명'의 영역으로 바꿀 수 있는 것이다. 인간의 환경 적응 능력은 실로 놀라울 정도이다.

겨울 기온이 영하 50도까지 떨어지면, ⓑ사람을 포함한 포유류와 조류를 제외한 대부분의 동물들이 동면에 들어간다. 하지만 포유류에서도 곰과 고슴도치는 동면을 한다. 기온이 영하 20도까지 떨어지면 고슴도치는 동면에 들어간다. ⓒ고슴도치가 동면에 들어가는 것은 자연의 법칙에 위반되는 것이 아니지만, 애완용으로 기르는 고슴도치는 예외이다. 야생 고슴도치는 동면에 대비해서 먹이를 대량으로 섭취하지만, 사람이 기르는 고슴도치는 항상 일정량의 먹이를 섭취하는 것에 익숙해져 있기 때문에, 동면에 들어가기 전에도 충분한 먹이는 섭취하지 않는다. 동면에 들어가는 것 자체는 걱정할 필요는 없지만, 동면에서 깨어나기 전에 영양 부족으로 아사할 우려가 있기 때문이다. (중략)

사람도 동면이 가능하다. 현대 생명 공학의 발전은 인간을 동면시키는 영역에까지 이르게 하고 있다. 인간의 동면과 해동에 제약이 없어질 정도의 기술력이 백 년, 천 년 후에는 완성될지도 모른다. 인간은 자연으로부터의 영향을 적게 받을 수 있는 기술을 계속해서 발전시켜 왔다. 그러나 ⓓ인간이 자연의 영향을 적게 받으려고 할수록, 생태계의 파괴와 이상 자연 현상이 도리어 늘어가고 있다는 것이 아이러니하다.

56 필자가 인간의 환경 적응 능력은 실로 놀라울 정도라고 말한 이유는 무엇인가?

1 낮과 밤의 기온 차가 심한 곳에서 생활하는 것은 동물에게는 불가능하기 때문에

2 생명을 위협할 정도의 자연 환경에서도 생활을 유지하는 것이 가능하기 때문에

3 자연을 훼손하지 않고 자연에 순응하며 살아가는 것이 가능하기 때문에

4 인간의 기술과 자연 환경의 조화 속에서 평온한 삶을 누리는 것이 가능하기 때문에

57 동물의 동면에 대한 필자의 설명 중에서 올바른 것은 어느 것인가?

1 조류와 포유류를 제외한 모든 동물은 기온이 크게 내려가면 동면을 한다.

2 고슴도치가 동면에 들어가는 것은 자연의 섭리이기 때문에 그다지 걱정할 필요는 없다.

3 애완용 고슴도치도 많은 양의 먹이를 섭취하면 동면에 들어가게 된다.

4 모든 생물 중 겨울에 동면을 하지 않는 종은 인간뿐이다.

58 이 글에서 필자가 가장 말하고 싶은 것은 무엇인가?

1 인간의 생존 적응 능력의 발달이 자연 파괴 활동으로 이어지는 것을 경계해야 한다.

2 자료를 위한 복석 하에 동면에 대한 기술 연구는 계속해야 한다.

3 인체를 해동시키는 기술에 대한 발전에는 한계가 있다.

4 혹독한 자연 환경 속에서 인류는 생존을 위한 연구를 게을리해서는 안 된다.

[풀이]

56 ⓐ겨울의 평균 기온이 영하 50도가 넘는 환경에서도, 인간의 노력과 기술에 의해서 생활할 수 있다고 말하고 있다. 따라서 정답은 선택지 2번이다.

57 ⓑ사람만 동면을 하지 않는 것은 아니고, 조류와 포유류를 제외한 모든 동물이 동면을 하는 것이 아니라, 대부분의 동물이라고 말하고 있다. 따라서 선택지 1번과 4번은 정답이 아니다. ⓒ고슴도치의 동면은 자연의 법칙에 위반되지 않는다고 말하고 있기 때문에, 정답은 선택지 2번이다. 선택지 3번에 관한 언급은 없었다.

58 ⓓ필자는 혹독한 자연 환경의 영향을 받지 않으려는 인간의 기술이 생태계의 파괴와 이상 현상을 초래하고 있다고 주장하고 있다. 따라서 정답은 선택지 1번이다.

[단어]

超える 넘다, 초월하다 | 過酷 가혹 | 環境 환경 | 努力 노력 | ～によって ～에 의해서, ～에 따라서 | 領域 영역 | 適応 적응 | 含める 포함하다 | 哺乳類 포유류 | 鳥類 조류 | 冬眠 동면 | ハリネズミ 고슴도치 | 反する 위반되다, 거스르다 | 餌 먹이 | 摂取 섭취 | 常に 항상, 늘 | 慣れる 익숙해지다 | 栄養 영양 | 餓死 아사 | ～恐れがある ～할 우려가 있다 | 至る 이르다 | 解凍 해동 | 制約 제약 | 破壊 파괴 | 異常 이상 | ～つつある (계속) ～하고 있다 | 皮肉 빈정거림, 비꼼 | 激しい 격렬하다, 격심하다 | 脅かす 위협하다 | ～において ～에서, ～에 있어서 | 維持 유지 | 傷つける 상처를 입히다, 손상하다 | 順応 순응 | 調和 조화 | 平穏 평온 | 享受 향수 | 摂理 섭리 | 警戒 경계 | 限界 한계 | 怠ける 게으름을 피우다

問題10

次の文章を読んで、後の問いに対する答えとして最もよいものを、1・2・3・4から一つ選んでください。

　希望や欲求を遂げることができなかった人々の中には、周りを非難する人が大勢いる。失敗の原因を自分から探そうとせず、他のことのせいにして、慰めを得ようとする。①失敗の原因はすべて自分にあると考える習慣を持った方がいい。ⓐ自分の能力を正確に把握して判断をすることが、成功を収めた人の特徴といわれている。自分の周囲の状況と流れに対応できなかったのも結局、本人の責任というものである。しかし、過度な自責のせいで自我が崩壊する恐れもあるため、ある程度の保護装置も用意しておかなければならない。

　熾烈な競争が継続される現代社会に生き残るためには、自己肯定が必要である。切に望むと叶うという固い信念を持っていなければならないということである。揺るぎない強い信念は、意識していない状態においても、肉体を支配していく。1968年のハーバード大学の社会心理学科の教授であるローゼンタールは、小学校で面白い②実験を行った。成績如何にかかわらず、無作為に生徒を選別して担当教師に名簿を渡した。そして、その教師には知能が優れた生徒たちの名簿であると話しておいた。8ヵ月後、ⓑそのリスト上の生徒は他の生徒たちより学校の成績が大幅に向上した。教師の期待と激励に応えるための生徒たちの努力の結果だったのである。これを「ピグマリオン効果」という。強い精神と意志は肉体を支配し、肉体は目標に向かって進む。

　上記の実験からも分かるように、人は誰でも周りの期待と関心に応えようとする特性を持っている。人間というものは、周りの視線を意識し、自分に向けられた関心に敏感に反応するのだが、他人が何気なく投げかけた言葉に傷ついたり、慰められたりもするのである。一方、このようなピグマリオン効果に否定的な視線もある。周囲の関心と期待に耐えられない人もいるからである。その結果、自己嫌悪や罪悪感に陥る幼い子供たちも少なくないという。幼い子供であるほど、精神的にまだ未熟な面が多いということを忘れてはならない。ⓒ子供には関心と期待も重要であるが、愛と激励が土台にならなければ、良い教育とは言い難い。　（中略）

　我々は他人に激励と労わりを望んでいる。しかし、ⓓいつまでも他人に頼るのはよくないと思う。周囲に左右されない、揺るがぬ信念と意志とは、自分の内面から作られ、自分の激励と労わりによって完成となる。大変な状況であればあるほど、自分を肯定する声をかけるべきである。

---

59 ①失敗の原因はすべて自分にあると考える習慣を持った方がいいというのはどういう意味か。

1　失敗の理由を他人になすりつけるのは、円満な社会生活に大きな損失になるということ

2　他の人を非難するのは、自責感と共に精神的な混乱を引き起こしかねないということ

3　周りの状況によって被害を受けたとしても、それが認知できなかったのは自分の責任ということ

4　自分の能力を過信して起きた失敗に対する責任は自ら負わざるをえないということ

60 ②実験の結果から分かることは何か。

1 知能が優れた学生たちは、周りの期待に応えようとする欲求が強いということ
2 教師に適切な情報を伝達することで、より良い学習効果を出すことができるということ
3 他人の期待と激励が、目標に向かって動くことができる原動力になるということ
4 子供たちに向けた関心と期待が、必ずしもいい結果をもたらすわけではないということ

61 筆者はピグマリオン効果について、どう考えているか。

1 愛情に欠けた関心と期待は子供たちに否定的な影響を与えかねない。
2 人の言葉と行動に過度に反応するのはよい現象とは見ることができない。
3 辛い状況に置かれた人に対する関心と期待はよい効果を収めることができる。
4 精神的に未熟な人ほど、周りの人や環境に頼ろうとする傾向を示す。

62 この文章で筆者が一番言いたいことは何か。

1 何かを遂げるためには、自分を愛して激励する練習をしなければならない。
2 周辺の状況に動揺せず、主体的な行動をするためには強い信念を持つべきだ。
3 他の人の慰めよりも、自己激励を通じて、目標に向けて前進することが必要だ。
4 自分の内面を調節できるようになると、周辺の状況に揺れないようになる。

다음 문장을 읽고 다음의 질문에 대한 답으로 가장 알맞은 것을 1 · 2 · 3 · 4에서 하나 고르시오.

희망이나 욕구를 이루지 못한 사람들 중에는 주위를 비난하는 사람이 많이 있다. 실패의 원인을 자신에게서 찾으려고 하지 않고, 다른 것의 탓으로 하며 위로를 얻으려고 한다. ①실패의 원인은 모두 자신에게 있다고 생각하는 습관을 갖는 것이 좋다. ⓐ자신의 능력을 정확하게 파악하고 판단하는 것이 성공을 거둔 사람들의 특징이라고 한다. 자신의 주위 상황과 흐름에 대응하지 못한 것도 결국 본인의 책임이라는 것이다. 하지만 과도한 자책으로 자아가 붕괴될 우려도 있기 때문에 어느 정도의 보호 장치도 준비해 두지 않으면 안 된다.

치열한 경쟁이 계속되는 현대 사회에서 살아남기 위해서는 자기 긍정이 필요하다. 간절히 바라면 이루어진다는 단단한 신념을 가지고 있어야 한다는 것이다. 흔들림 없는 강한 신념은 의식하지 않은 상태에서도 육체를 지배해 간다. 1968년 하버드 대학의 사회심리학과 교수인 로젠탈은 초등학교에서 재미있는 ②실험을 실시했다. 성적 여하에 관계 없이 무작위로 학생을 선별해서 담당 교사에게 명단을 건네주었다. 그리고, 그 교사에게는 지능이 뛰어난 학생들의 명부라고 이야기를 해 두었다. 8개월 후, ⓑ그 명단 상의 학생들은 다른 학생들보다 학교 성적이 대폭 향상되었다. 교사의 기대와 격려에 부응하기 위한 학생들의 노력의 결과였던 것이다. 이것을 '피그말리온 효과'라고 한다. 강한 정신과 의지는 육체를 지배하고, 육체는 목표를 향해 나아간다. 앞의 실험에서도 알 수 있듯이, 사람은 누구나 주변의 기대와 관심에 부응하려고 하는 특성을 가지고 있다. 인간이라는 것은 주위의 시선을 의식하고 자신을 향한 관심에 민감하게 반응하지만, 다른 사람이 아무렇지도 않게 던진 말에 상처 받기도 하고, 위로 받기도 하는 것이다. 한편, 이러한 피그말리온 효과에 부정적인 시선도 있다. 주위의 관심과 기대를 견딜 수 없는 사람도 있기 때문이다. 그 결과, 자기혐오나 죄책감에 빠지는 어린 아이들도 적지 않다고 한다. 어린 아이일수록 정신적으로 아직 미숙한 면이 많다는 것을 잊어서는 안 된다. ⓒ아이에게는 관심과 기대도 중요하지만, 사랑과 격려가 바탕이 되지 않으면 좋은 교육이라고 말하기는 어렵다. (중략)

우리는 다른 사람에게 격려와 위로를 바라고 있다. 그러나 ⓓ언제까지나 타인에게 기대는 것은 좋지 않다고 생각한다. 주위에 좌우되지 않는, 흔들리지 않는 신념과 의지라는 것은 자신의 내면에서 만들어지고, 자기 격려와 위로에 의해서 완성된다. 힘든 상황일수록 자신을 긍정하는 말을 건네야 한다.

59 ①실패의 원인은 모두 자신에게 있다고 생각하는 습관을 갖는 것이 좋다는 것은 어떤 의미인가?

1 실패의 이유를 다른 사람에게 돌리는 것은 원만한 사회 생활에 큰 손실이 된다는 것

2 다른 사람을 탓하는 것은 자책감과 함께 정신적인 혼란을 초래할 수 있다는 것

3 주변 상황으로 인해서 피해를 입었더라도, 그것을 인지하지 못한 것은 자신의 책임이라는 것

4 자신의 능력을 과신하여 일어난 실패에 대한 책임은 스스로 질 수밖에 없다는 것

60 ②실험의 결과에서 알 수 있는 것은 무엇인가?

1 지능이 뛰어난 학생들은 주변의 기대에 부응하려고 하는 욕구가 강하다는 것

2 교사에게 적절한 정보를 전달함으로써 더 좋은 학습 효과를 낼 수 있다는 것

3 다른 사람의 기대와 격려가 목표를 향해 움직일 수 있는 원동력이 되는 것

4 아이들을 향한 관심과 기대가 반드시 좋은 결과를 가져오는 것은 아니라는 것

61 필자는 피그말리온 효과에 대해서 어떻게 생각하고 있는가?

1 애정이 결여된 관심과 기대는 아이들에게 부정적인 영향을 줄 수도 있다.

2 다른 사람의 말과 행동에 지나치게 반응하는 것은 좋은 현상이라고는 볼 수 없다.

3 힘든 상황에 놓인 사람에 대한 관심과 기대는 좋은 효과를 거둘 수 있다.

4 정신적으로 미숙한 사람일수록 주변 사람이나 환경에 기대려는 경향을 보인다.

62 이 문장에서 필자가 가장 말하고 싶은 것은 무엇인가?

1 무언가를 이루기 위해서는 자신을 사랑하고 격려하는 연습을 해야 한다.

2 주변 상황에 흔들리지 않고 주체적인 행동을 하기 위해서는 강한 신념을 가져야 한다.

3 다른 사람의 위로보다 자기 격려를 통해서 목표를 향해 나아가는 것이 필요하다.

4 자신의 내면을 조절할 수 있게 되면, 주변 상황에 흔들리지 않게 된다.

[풀이]

59 ⓐ필자는 자신의 능력을 정확하게 판단하고 있어야 한다고 말하고 있고, 주위의 상황이나 흐름에 대응하지 못한 것도 자신의 책임이라고 주장하고 있다. 따라서 정답은 선택지 3번이다.

60 ⓑ교사의 기대와 관심이 학생들의 대폭적인 성적 향상을 이끌어냈다고 말하고 있다. 따라서 정답은 선택지 3번이다.

61 ⓒ애정이 없는 기대와 관심은 아이들에게 부정적인 영향을 줄 수도 있다고 언급하고 있다. 따라서 정답은 선택지 1번이다.

62 ⓓ필자는 힘든 상황일수록 타인에게 기대려 하지 말고, 자신을 격려하고 위로해야 한다고 주장하고 있다. 따라서 정답은 선택지 3번이다.

[단어]

希望 희망 | 欲求 욕구 | 遂げる 이루다, 달성하다 | 非難 비난 | 失敗 실패 | 原因 원인 | 慰める 위로하다 | 能力 능력 | 把握 파악 | 判断 판단 | 収める 거두다 | 特徴 특징 | 崩壊 붕괴 | 保護 보호 | 装置 장치 | 熾烈 치열 | 競争 경쟁 | 生き残る 살아남다 | 肯定 긍정 | 望む 바라다 | 叶う 이루어지다 | 揺るぎない 흔들림 없다, 확고하다 | 状態 상태 | 肉体 육체 | 支配 지배 | ～にかかわらず ～에 상관없이 | 優れる 뛰어나다, 우수하다 | 大幅 대폭 | 期待 기대 | 激励 격려 | 応える 보답하다, 부응하다 | 効果 효과 | 否定的 부정적 | 耐える 참다, 견디다 | 嫌悪 혐오 | 陥る 빠지다 | 幼い 어리다 | 未熟 미숙 | 労わり 위로 | 頼る 기대다, 의지하다 | 左右 좌우 | 状況 상황 | 円満 원만 | 損失 손실 | ～と共に ～와 함께 | 混乱 혼란 | ～かねない ～할 수도 있다, ～할지도 모른다 | ～ざるをえない ～하지 않을 수 없다 | 欲求 욕구 | 情報 정보 | ～に向かって ～를 향해서 | 原動力 원동력 | 現象 현상 | 頼る 의지하다 | 動揺 동요 | 調節 조절 | 揺れる 흔들리다

次のAとBはそれぞれ、遺伝子組み換え食品について書かれた文章である。二つの文章を読んで、後の問いに対する答えとして最もよいものを、1・2・3・4から一つ選びなさい。

A

　ⓐ人口増加による食糧不足の問題は非常に深刻である。2000年代から食糧の世界総生産量が総消費量より低い状態が続いているのである。最近、世界中から熱い関心を集めているⓑ遺伝子組み換え食品が食糧難を解決するカギになることもある。ⓒ健康に有害であるという恐れがあるが、今までに遺伝子組み換え食品の摂取によって致命的な害を受けた人は一人もいない。既存の食品でも長い時間をかけて品種改良を続けてきたのである。ⓓ品質の改良という聞こえのいい表現と遺伝子組み替えという聞きづらい表現の違いを除けば、両者の差はほとんどない。ただ、見解の差だけである。生産量や栄養バランスの改善、また収穫時期を短縮させたり、害虫などの被害からも防御できる技術開発が可能であるのだ。

B

　遺伝子組み換え食品(GMO)の代表的な商品だと言える「ゴールデンライス」。食糧不足や飢餓問題が解決できるという穀物のことである。しかし、これらの遺伝子組み換え食品を擁護(注)する主張とは異なる研究発表も、世界第1位のＧＭＯ豆の生産国であるアメリカでなされているのである。ⓔ今の科学では遺伝子組み換え食品の悪影響も安全性も明確にできない状態である。深海魚の遺伝子が挿入された冷害に強いスーパーイチゴ、さらには人の遺伝子を含んだ米が食卓に並んだら、私は絶対に食べたくない。ⓕ食糧不足の主な理由の一つは、肉類中心の食習慣のためである。ⓖ肉を食べる楽しみを失いたくないが、自然の祝福ではなく人工的に作られたものを食べることよりはましだろう。

(注)擁護：侵害・危害から、かばい守ること。

63 AとBが共通して述べていることは何か。
1　完璧ではないが、遺伝子組み換え食品を通じて世界の食糧問題を解決できるかもしれないと述べている。
2　変形された遺伝子食品が、人体にどのような影響を及ぼすかについては引き続き観察する必要がある。
3　穀物において、遺伝子組み換え食品の生産量は飢餓問題に役に立つこともある。
4　世界的に食糧不足現象が現れている理由と解決策を提示している。

64 遺伝子組み換え食品について、AのとBの筆者はどのように述べているか。
1　AもBも、遺伝子組み換え食品の改善を通じて、食糧不足問題が解決できると述べている。
2　AもBも、遺伝子組み換え食品の限界性と問題点を認識していて、問題の解決に向けた対策を述べている。
3　Aは遺伝子組み換え食品に関する誤解に対して批判的に述べていて、Bは安全性について批判的に述べている。
4　Aは問題解決の原因と方法を中心に述べていて、Bは問題の原因に対する分析を中心に述べている。

다음 A와 B는 각각 유전자 변형 식품에 대해 쓰인 글이다. 두 개의 문장을 읽고, 다음 질문에 대한 답으로 가장 알맞은 것을 1·2·3·4에서 하나 고르시오.

A

> ⓐ인구 증가에 따른 식량 부족 문제는 매우 심각하다. 2000년대부터 식량의 세계 총생산량이 총소비량보다 낮은 상태가 이어지고 있는 것이다. 최근 전 세계에서 뜨거운 관심을 모으고 있는 ⓑ유전자 변형 식품이 식량난을 해결할 열쇠가 될 수도 있다. ⓒ건강에 유해하다는 우려가 있지만, 지금까지 유전자 변형 식품의 섭취에 의해 치명적인 해를 입은 사람은 한 명도 없다. 기존의 식품에서도 긴 시간을 들여서 품종 개량을 계속해 온 것이다. ⓓ품질의 개량이라는 듣기 좋은 표현과 유전자 변형이라는 듣기 거북한 표현의 차이를 제외하면, 양쪽의 차이는 거의 없다. 단지 견해의 차이뿐이다. 생산량과 영양 밸런스의 개선, 또한 수확 시기도 단축시키고, 해충 등의 피해도 방어할 수 있는 기술 개발이 가능한 것이다.

B

> 유전자 변형 식품(GMO)의 대표적인 상품이라고 말할 수 있는 '황금쌀'. 식량 부족과 기아 문제를 해결할 수 있다는 곡물이다. 그러나 이러한 유전자 변형 식품을 옹호하는 주장과는 다른 연구 발표도, 세계 제 1위의 GMO 콩 생산 국가인 미국에서 이루어지고 있는 것이다. ⓔ지금의 과학으로는 유전자 변형 식품의 악영향도 안전성도 밝힐 수 없는 상태이다. 심해어의 유전자가 삽입된 냉해에 강한 슈퍼 딸기, 심지어는 사람의 유전자가 포함된 쌀이 식탁에 오르면 나는 절대로 먹고 싶지 않다. ⓕ식량 부족의 주된 이유 중의 하나는 육류 위주의 식습관 때문이다. ⓖ고기를 먹는 즐거움을 잃고 싶지 않지만, 자연의 축복이 아닌, 인공적으로 만들어진 것을 먹는 것보다는 나을 것이다.
>
> (주) 擁護(ようご) : 옹호. 침해 및 위해로부터 감싸주고 지키는 것.

63 A와 B가 공통적으로 말하고 있는 것은 무엇인가?

1 완벽하지는 않지만, 유전자 변형 식품을 통해서 세계의 식량 문제를 해결할 수 있을지도 모른다.

2 변형된 유전자 식품이 인체에 어떤 영향을 끼치는지에 대해서는 계속 관찰할 필요가 있다.

3 곡식에 있어서, 유전자 변형 식품의 생산량은 기아 문제에 도움이 될 수도 있다.

4 세계적으로 식량 부족 현상이 나타나고 있는 이유와 해결 방안을 제시하고 있다.

64 유전자 변형 식품에 대해서, A의 필자와 B의 필자는 어떻게 말하고 있는가?

1 A도 B도, 유전자 변형 식품의 개선을 통해서 식량 부족 문제를 해결할 수 있다고 말하고 있다.

2 A도 B도, 유전자 변형 식품의 한계성과 문제점을 인식하고 있고, 문제 해결을 위한 대책을 말하고 있다.

3 A는 유전자 변형 식품에 관한 오해에 대해서 비판적으로 말하고 있고, B는 안전성에 대해서 비판적으로 말하고 있다.

4 A는 문제 해결의 원인과 방법을 중심으로 말하고 있고, B는 문제 원인에 대한 분석을 중심으로 말하고 있다.

[풀이]

63 ⓐA는 식량 부족의 원인을 인구 증가, ⓑ해결 방안을 유전자 변형 식품이라고 말하고 있다. ⓕB는 식량 부족의 원인을 육류 위주의 식습관, ⓖ해결 방안을 식습관의 개선이라고 말하고 있다. 따라서 정답은 선택지 4번이다. 선택지 1번과 3번은 A만의 의견이고, 선택지 2번에 관한 언급은 없었기 때문에 정답이 될 수 없다.

64 ⓒⓓA는 유전자 변형 식품에 관한 오해에 대해서, ⓔB는 유전자 변형 식품의 안전성에 대해서 비판적으로 말하고 있다. 따라서 정답은 선택지 3번이다. 선택지 1번은 A만의 의견이고, 선택지 4번은 B의 내용이 본문과 다르기 때문에 정답이 될 수 없다. 선택지 2번은 B만의 의견이기 때문에 정답이 아니다.

[단어]

増加 증가 | ～による ～에 의한, ～에 따른 | 非常に 매우, 상당히 | 深刻 심각 | 状態 상태 | 遺伝子組み換え食品 유전자 변형 식품 | 健康 건강 | ～恐れがある ～우려가 있다 | 摂取 섭취 | 改良 개량 | 栄養 영양 | 収穫 수확 | 短縮 단축 | 害虫 해충 | 防御 방어 | 飢餓 기아 | 穀物 곡물 | 擁護 옹호 | 異なる 다르다 | 挿入 삽입 | 習慣 습관 | 失う 잃어버리다 | 祝福 축복 | ～を通じて ～를 통해서 | 及ぼす 미치다, 이르게 하다 | 観察 관찰 | ～において ～에 있어서, ～에서 | 役に立つ 도움이 되다 | 現れる 나타나다 | 提示 제시 | 改善 개선 | 限界 한계 | 誤解 오해 | 批判 비판 | 分析 분석

問題12

次の文章を読んで、後の問いに対する答えとして最もよいものを、1・2・3・4から一つ選びなさい。

本当に大変で、悲劇的な状況で行われる冗談がある。@その冗談はその状況に対する打開の意志と希望を持ち、自分の苦痛を軽くし、自分に希望を与えるとともに、相手を配慮する行為となる。難しい状況におかれているならば、①冗談をよく言った方がいい。苦痛の中で出てくる冗談とは異なり、日常生活において他人に言う冗談にも意義はある。人間が行動で表現をすることには必ず理由と目的が存在する。苦痛を伴う状況ではない時の冗談は、社会的な関係性を構築するための行動となるだろう。相手に冗談を言うこと自体が、その人との関係構築の始まりになるからである。冗談による結果を予測することは難しいが、関係構築は始まったわけである。つまり、冗談の内容には意味がなくても、行為に意味があるわけなのだ。ただ、ⓑ何の意味もなく言った冗談がもとで、殺人事件にまで発生する世の中である。責任を伴う冗談であるべきであり、②自信がなければ、冗談を言ってはならない。（中略）

追加説明をしなければならない冗談は冗談ではない。ⓒ冗談は正確で簡潔に行わなければならない。このような条件を満たした冗談はユーモアとしてその形態を発展させかねない。基本的に、言葉の駆使にセンスがあり、ユーモアの能力を持っている人は冗談もうまくできる。そしてユーモアのある人は頭もいい。瞬発力と観察力が必要であるからだ。ⓓ周辺の緊張した雰囲気を弛緩させ、人間関係の形成に役立つユーモアというものは、可能ならば無理にでも習得しておいた方がいい。性格とも密接な関係があるが、学習による習得も不可能なことではない。一方、冗談を言うのは頭の良し悪しに左右されることではない。環境によって形成された人格に基盤をおく行為と見なすのが妥当であるが、緊迫した状況で発生する自己保護の形でもある。

私は冗談を言う人を歓迎する。他人との円滑な人間関係の形成が容易でない社会において、ⓔ私との関係のために、勇気をふるって冗談を言ってくれる行為に特別なものを感じるからである。もちろん、冗談を言う人と同様に冗談を受ける人にも責任はある。お互いの勇気が必要とされる冗談が、よい人間関係に発展するか、敵に発展してしまうかは判断できない。しかし何もないことから何かが生まれることはない。もしあなたが変化のない日常に退屈を感じるなら、①自分に冗談を言ってくる知らない人を、徹底的に無視しないで軽い笑顔で応じてあげるのはどうだろうか。

65　筆者が、①冗談をよく言ったほうがいいと言う理由は何か。

1　他人との良い関係形成に役に立つため
2　冗談を言う行為が周辺の状況を変えることもできるため
3　困難な状況下でも自分に希望がでてくるため
4　冗談がきっかけになって、周りの人たちから助けを受けることができるため

66 筆者はなぜ、②自信がなければ、冗談を言ってはならないと言っているか。

1 自分の冗談が誤解に発展して、被害を受ける恐れがあるため
2 冗談はその意味と目的が存在していないため
3 他人との正しい関係形成に悪影響を及ぼすため
4 冗談には一方的な流れがあり、正しいコミュニケーションではないため

67 ユーモアと冗談に対する説明の中、正しいものはどれか。

1 冗談の上位概念にユーモアが存在して、ユーモアは円滑な対人関係のために欠かせない条件である。
2 冗談をよくする人は敏捷性が目立っており、これは性格とも関連がある。
3 ユーモアのある人は冗談も上手な傾向があり、冗談のうまい人は、頭の回転が速い。
4 ユーモアは周辺の張り詰めた空気の解消に役立ち、冗談は特定の条件において行われるべきである。

68 冗談と人間関係において、筆者が一番言いたいことは何か。

1 勇気を出して行動する人に、冷静な無視よりは些細な反応でも見せたほうがいい。
2 難しい状況で苦しんでいる他人のために冗談を言える勇気を持たなければならない。
3 冗談は時代の変化によって異なるため、大衆にアピールできる内容がいい。
4 冗談を言っている人に責任があり、冗談を受け入れる時も慎重でなければならない。

다음 문장을 읽고, 다음 질문에 대한 답으로 가장 알맞은 것을 1·2·3·4에서 하나 고르시오.

정말로 힘들고 비극적인 상황에서 이루어지는 농담이 있다. @그 농담은 그 상황에 대한 타개 의지와 희망을 가지고, 자신의 고통을 덜어내며, 스스로에게 희망을 주는 것과 함께 상대방을 배려하는 행위가 된다. 어려운 상황에 처해 있다면, ①농담을 자주 하는 것이 좋다. 고통 속에서 나오는 농담과는 다르게, 일상 생활에서 다른 사람에게 건네는 농담에도 의의는 있다. 인간이 행동으로 표현을 하는 것에는 반드시 이유와 목적이 존재한다. 고통을 동반하는 상황이 아닐 때의 농담은 사회적인 관계성을 구축하기 위한 행동이 될 것이다. 상대방에게 농담을 하는 것 자체가 그 사람과의 관계 구축의 시작이 되기 때문이다. 농담에 의한 결과를 예측하는 것은 어렵지만, 관계 구축은 시작이 된 것이다. 즉, 농담의 내용에는 의미가 없더라도 행위에 의미가 있는 것이다. 단, ⓑ아무 의미도 없이 건넨 농담 때문에 살인 사건으로까지 발생하는 세상이다. 책임을 동반하는 농담이 되어야 하고, ②자신이 없다면 농담을 해서는 안 된다. (중략)

부가 설명을 해야 하는 농담은 농담이 아니다. ⓒ농담은 정확하고 간결하게 이루어져야 한다. 이와 같은 조건을 충족한 농담은 유머로 그 형태를 발전시킬 수도 있다. 기본적으로 언어의 구사에 센스가 있고, 유머의 능력을 가지고 있는 사람은 농담도 잘한다. 그리고 유머가 있는 사람은 머리도 좋다. 순발력과 관찰력이 필요하기 때문이다. ⓓ주변의 긴장된 분위기를 이완시키고, 인간 관계의 형성에 도움이 되는 유머는 가능하다면 억지로라도 습득을 해 두는 것이 좋다. 성격과도 밀접한 연관이 있지만, 학습에 의한 습득도 불가능한 것은 아니다. 한편, 농담을 하는 것은 머리가 좋고 나쁨에 좌우되는 것이 아니다. 환경에 의해 형성된 인격에 기반을 두는 행위라고 간주하는 것이 타당하겠지만, 급박한 상황에서 발생하는 자기 보호의 형태이기도 하다.

나는 농담하는 사람을 환영한다. 다른 사람과의 원활한 인간 관계의 형성이 쉽지 않은 사회에서 ⓔ나와의 관계를 위해서 용기를 내서 농담을 건네 주는 행위에 특별한 것을 느끼기 때문이다. 물론 농담을 하는 사람과 마찬가지로 농담을 받아 주는 사람에게도 책임은 있다. 서로의 용기가 필요한 농담이 좋은 인간 관계로 발전을 할지, 적으로 발전해 버릴지는 판단할 수 없다. 그러나 아무것도 없는 것에서 무언가가 생기는 일은 없다. 만약 당신이 변화가 없는 일상에 지루함을 느낀다면, ⓕ자신에게 농담을 건네오는 낯선 사람을 철저하게 무시하지 않고, 가벼운 미소로 화답해 주는 것은 어떨까?

65 필자가 ①농담을 자주하는 것이 좋다고 말하는 이유는 무엇인가?

1 다른 사람과의 좋은 관계 형성에 도움이 되기 때문에

2 농담을 하는 행위가 주변의 상황을 바꿀 수도 있기 때문에

3 어려운 상황에서도 자신에게 희망이 나오기 때문에

4 농담이 계기가 되어서 주변 사람들에게 도움을 받을 수 있기 때문에

66 필자는 왜 ②자신이 없다면 농담을 해서는 안 된다고 말하고 있는가?

1 자신의 농담이 오해로 발전되어 피해를 줄 수 있기 때문에

2 농담은 그 의미와 목적이 존재하지 않기 때문에

3 타인과의 올바른 관계 형성에 악영향을 미치기 때문에

4 농담에는 일방적인 흐름이 있어서, 올바른 커뮤니케이션이 아니기 때문에

67 유머와 농담에 대한 설명 중, 올바른 것은 어느 것인가?

1 농담의 상위개념에 유머가 존재하고, 유머는 원활한 대인관계를 위해서 빼놓을 수 없는 조건이다.

2 농담을 자주 하는 사람은 민첩성이 눈에 띄고, 이것은 성격과도 관련이 있다.

3 유머가 있는 사람은 농담도 잘하는 경향이 있고, 농담을 잘하는 사람은 두뇌 회전이 빠르다.

4 유머는 주변의 긴장된 분위기 해소에 도움이 되고, 농담은 특정 조건에서 이루어져야 한다.

68 농담과 인간관계에 있어서, 필자가 가장 말하고 싶은 것은 무엇인가?

1 용기를 내어 행동하는 사람에게, 냉정한 무시보다는 사소한 반응이라도 보이는 편이 좋다.

2 어려운 상황에서 힘들어하고 있는 타인을 위해서 농담을 건넬 수 있는 용기를 가져야 한다.

3 농담은 시대의 변화에 따라서 달라지기 때문에 대중에게 어필할 수 있는 내용이 좋다.

4 농담을 하는 사람에게 책임이 있고, 농담을 받아들일 때도 신중해야 한다.

[풀이]

65 ⓐ힘들고 어려운 상황에서 농담을 하는 것은 자신에게 희망을 주는 것이라고 말하고 있다. 따라서 정답은 선택지 3번이다.

66 ⓑ농담으로 인해 살인 사건까지 발생하는 세상이고, 농담에는 책임이 따라야 한다고 언급하고 있기 때문에, 정답은 선택지 1번이다.

67 ⓒ농담은 정확하고 간결해야 한다는 조건이 있고, ⓓ유머는 긴장된 분위기를 해소할 수 있다고 말하고 있다. 따라서 정답은 선택지 4번이다.

68 ⓔ필자는 농담을 건네는 행위가 다른 사람과의 관계 형성을 위한 용기 있는 행동이라고 말하고 있고, ⓕ그런 사람들을 무시하기보다 미소루 대답을 해 주자고 말하고 있다. 따라서 정답은 선택지 1번이다.

[단어]
悲劇 비극 | 状況 상황 | 行う 행하다, 실시하다 | 冗談 농담 | ～に対する ～에 대한 | 打開 타개 | 意志 의지 | 希望 희망 | 苦痛 고통 | 配慮 배려 | ～において ～에 있어서, ～에서 | 意義 의의 | 伴う 동반하다, 따르다 | 構築 구축 | 予測 예측 | 行為 행위 | 責任 책임 | 追加 추가 | 簡潔 간결 | 条件 조건 | 満たす 채우다 | 形態 형태 | ～かねない ～할지도 모른다, ～할 수도 있다 | 駆使 구사 | 瞬発力 순발력 | 観察 관찰 | 弛緩 이완 | 役立つ 도움이 되다 | 習得 습득 | ～による ～에 의한, ～에 따른 | 基盤 기반 | 見なす 간주하다 | 妥当 타당 | 緊迫 긴박 | 保護 보호 | 円滑 원활 | 歓迎 환영 | 勇気 용기 | 責任 책임 | 敵 적 | 退屈 지루함, 무료함 | 徹底 철저 | 応じる 응하다, 받아들이다 | ～恐れがある ～우려가 있다 | 及ぼす 미치게 하다, 이르게 하다 | 概念 개념 | 欠かせない 빠뜨릴 수 없다 | 敏捷 민첩 | 傾向 경향 | 張り詰める 긴장하다, 덮이다 | 解消 해소 | ～べきだ ～해야 한다 | 冷静 냉정 | 些細 사소, 시시함 | 反応 반응 | 慎重 신중

右のページは、桜市が主催するモニター募集の案内である。下の問いに対する答えとして最もよいものを、1・2・3・4から一つ選びなさい。

69 このモニター募集の活動について合っているのはどれか。

1　調査のための道具はあらかじめ貸出を申請しなければならない。

2　グループは3人以上だが、研修は一人だけ受ければよい。

3　事前に研修を受けなかった人は、11月までに再び研修を申請しなければならない。

4　調査を担当した場合はお金をもらうことができる

70 このモニター募集に参加することができるのは、次のうち誰か。

1　さくら市内の中学校の先生とその生徒3人

2　11月にさくら市に引っ越してくる予定の会社員4人

3　さくら市内にある学校に通っている小学生3人

4　3月に海外に引っ越し予定の高校生のいる4人家族

環境市民モニタリング　モニター募集

水質環境目標値市民モニタリング　第3期市民モニターを募集します。

　桜市では、市民の皆さんに身近な環境に関心を持っていただき、水質の浄化、健全な水循環の回復などにつなげていきたいと考え、公募で集まった皆さん（モニター）による、水質のモニタリングを行っています。4月から10月までの調査を担当していただく、第3期モニターを募集します。みなさん奮ってご応募ください。

■　**活動期間**

4月1日から10月30日まで

・回数：春2回、秋2回

■　**活動内容**

・担当の調査地点において、調査キットを使い、水質等を調査していただきます。

・ⓐ調査に必要な道具は貸出します。

・調査結果については、11月の成果発表会でまとめを行います。

・ⓑ1回以上、希望者を対象に事前に研修を行います。　（一週間の研修を受けない人は活動不可）

・ⓒ調査回数に応じて、謝礼をお支払いします。

■　**応募方法**

・**応募資格**

ⓓグループ代表者は、18才以上の桜市内に在住又は在勤（学）の方であること

グループは、3人以上で構成すること

・募集グループ数：12グループ

■　**応募期間**

2月28日（火曜日）午後17時まで

■ 問い合わせ

電話番号：072-456-1357

ファックス番号：072-789-2468

電子メールアドレス：tanaka@kankyo.city.sakura.jp

오른쪽 페이지는 사쿠라 시가 주최하는 모니터 모집 안내이다. 아래의 질문에 대한 답으로서 가장 알맞은 것을 1·2·3·4에서 하나 고르시오.

69 이 모니터 모집의 활동에 대해서 맞는 것은 어느 것인가?

  1 조사를 위한 도구는 미리 대여 신청을 해야 한다.

  2 그룹은 세 명 이상이지만, 연수는 한 명만 받으면 된다.

  3 사전에 연수를 받지 못한 사람은 11월까지 다시 연수를 신청해야 한다.

  4 조사를 담당할 경우에는 돈을 받을 수 있다.

70 이 모니터 모집에 참가할 수 있는 것은 다음 중 누구인가?

  1 사쿠라 시내 중학교 선생님과 그 학생 3명

  2 11월에 사쿠라 시로 이사 올 예정인 회사원 4명

  3 사쿠라 시내에 있는 학교에 다니고 있는 초등학생 3명

  4 3월에 해외로 이사 갈 예정인 고등학생이 있는 4인 가족

시민 환경 모니터링 모니터 모집

수질 환경 목표치 시민 모니터링 제 3기 시민 모니터를 모집합니다.

사쿠라 시에서는 시민 여러분이 주변 환경에 관심을 갖고, 수질 정화, 건전한 물 순환의 회복 등으로 이어가고 싶다고 생각하여, 공모에서 모인 여러분(모니터)에 의한 수질 모니터링을 실시하고 있습니다. 4월부터 10월까지 조사를 담당해 주실 제 3기 모니터를 모집합니다. 여러분 적극적으로 응모해 주세요.

■ **활동 기간**
4월 1일부터 10월 30일까지
  • 횟수: 봄 2회, 가을 2회

■ **활동 내용**
  • 담당 조사 지점에서 조사 키트를 사용, 수질 등을 조사해 주세요.

  • ⓐ조사에 필요한 도구는 빌려 드립니다.

  • 조사 결과에 대해서는 11월의 성과 발표회에서 요약을 실시합니다.

  • ⓑ1회 이상 희망자를 대상으로 사전에 연수를 합니다.(일주일 간의 연수를 받지 않는 사람은 활동 불가)

  • ⓒ조사 횟수에 따라서 사례를 지불합니다.

■ **응모 방법**
- 응모 자격

ⓐ그룹 대표자는 18세 이상의 사쿠라 시내에 거주 또는 재직(학)하는 분일 것

그룹은 3명 이상으로 구성할 것

- 모집 그룹 수: 12그룹

■ **모집 기간**
2월 28일(화요일) 오후 17시까지

■ **문의**
전화번호: 072-456-1357

팩스번호: 072-789-2468

전자메일주소: tanaka@kankyo.city.sakura.jp

[풀이]

69 ⓐ조사에 필요한 도구의 대여 신청을 할 필요는 없고, ⓑ연수를 받지 않은 사람은 활동에 참가할 수 없기 때문에, 선택시 1번과 2번은 정답이 될 수 없다. ⓒ조사를 하면 사례를 받는다는 것을 알 수 있으므로, 정답은 선택지 4번이다. 선택지 3번에 관한 언급은 없다.

70 ⓓ대표자는 사쿠라 시내에 거주, 재직 또는 재학 중인 18세 이상이라는 조건을 가지고 있다. 따라서 정답은 선택지 1번이다.

[단어]

主催 주최 | 募集 모집 | 活動 활동 | 〜について 〜에 대해서 | あらかじめ 미리 | 貸出 대출, 대여 | 申請 신청 | 研修 연수 | 担当 담당 | 参加 참가 | 環境 환경 | 水質 수질 | 身近な 친밀한, 친근한 | 関心 관심 | 浄化 정화 | 循環 순환 | 回復 회복 | 公募 공모 | 行う 행하다, 실시하다 | 奮って 분발해서, 적극적으로 | 応募 응모 | 〜において 〜에 있어서, 〜에서 | 成果 성과 | 希望 희망 | 対象 대상 | 〜に応じて 〜에 응해서, 〜에 따라서 | 謝礼 사례 | 資格 자격 | 構成 구성 | 問い合わせ 문의

問題1

問題1では、まず質問を聞いてください。それから話を聞いて、問題用紙の1から4の中から、最もよいものを一つ選んでください。

では練習しましょう。

문제1에서는 우선 질문을 들어 주세요. 그러고 나서 이야기를 듣고 문제 용지의 1부터 4 중에서 가장 알맞은 것을 하나 고르세요.

그럼 연습하겠습니다.

例

会社で男の人と女の人が話しています。女の人は、このあとまず何をしなければなりませんか。

M 今、ちょっと時間ある？

F はい。

M あのさ、今日の午後の理事会の会議のこと。聞いた？

F はい、聞きました。みんな大騒ぎで。緊張しちゃいますよね。

M そうなんだよ。悪いけど、手貸してくれない？やることいっぱいで人手が足りないんだ。

F えーと、そうですね。ⓐ実は午前中、人事部から頼まれたアンケートの書類のまとめと、取引先の見積書を送らないと……。

M そっか。ⓑじゃ、それが終わってからでいいよ。ⓒ会議で使う資料のコピーだけ渡しておくね。人数分用意すればいいよ。で、それを事務課の担当者に渡してくれる？

F はい、承知しました。担当者には前もって電話しなくても大丈夫ですか。

M いいよ、ⓓ僕が電話しとくから。あと見積書の件も僕が送っておくから。君はそっちを頼む。なるべく急いでくれ。

女の人は、このあとまず何をしなければなりませんか。

회사에서 남자와 여자가 이야기하고 있습니다. 여자는 이후에 먼저 무엇을 해야 합니까?

M 지금 잠깐 시간 있어?

F 네.

M 저어, 오늘 오후에 이사회 회의. 들었어?

F 네, 들었습니다. 모두 난리여서. 긴장되네요.

M 맞아. 미안한데, 도와주지 않을래? 할 일이 너무 많아서 일손이 부족해.

F 음, 그렇군요. ⓐ실은 오전 중으로 인사부로부터 부탁받은 앙케트 서류 정리와 거래처에 견적서를 보내지 않으면 안 되는데…….

M 그래? ⓑ그럼, 그거 끝나고 나서 해도 좋아. ⓒ회의에서 사용할 자료 복사만 건네 둘게. 인원수만큼 준비하면 돼. 그리고 그걸 사무과 담당자에게 전해 줄래?

F 네, 알겠습니다. 담당자에게는 미리 전화하지 않아도 괜찮을까요?

M 괜찮아. ⓓ내가 전화해 둘 거니까. 그리고 견적서 건도 내가 보내 놓을게. 자네는 그쪽을 부탁해. 가능한 한 서둘러 줘.

여자는 이후에 먼저 무엇을 해야 합니까?

1 取引先の担当者にファックスを送る	1 거래처의 담당자에게 팩스를 보낸다
2 会議で使う資料をコピーする	2 회의에서 사용할 자료를 복사한다
3 アンケートの書類をまとめる	**3 앙케트 서류를 정리한다**
4 事務課に電話する	4 사무과에 전화한다

[풀이]

ⓐ여자는 오전 중에 앙케트 서류를 정리하고 견적서를 거래처에 보내야 한다. ⓑ남자는 그 일이 끝나고 나서 도와 달라고 말하고 있기 때문에, 정답은 선택지 3번이다. ⓒ회의 자료는 이미 복사가 끝난 것이기 때문에, 선택지 2번은 정답이 아니다. ⓓ사무과에는 남자가 전화한다고 했고, 거래처에 팩스를 보낸다는 내용은 없기 때문에, 선택지 1번과 4번은 정답이 될 수 없다.

[단어]

理事会 이사회 | 大騒ぎ 큰 소동, 야단법석 | 手を貸す 손을 빌려 주다, 돕다 | 人手 일손 | 取引先 거래처 | 見積書 견적서 | 資料 자료 | 用意 준비, 대비 | 担当者 담당자 | 承知 알아들음, 승낙 | 件 건

最もよいのは 3 番です。解答用紙の問題 1 の例のところを見てください。最もよいものは 3 番ですから、答えはこのように書きます。

では始めます。

가장 알맞은 것은 3번입니다. 해답 용지의 문제 1의 [예] 부분을 봐 주세요. 가장 알맞은 것은 3번이므로 답은 이렇게 씁니다.

그럼 시작하겠습니다.

1番

会社で女の人と男の人が商品のデザイン変更の件で話しています。男の人は、このあとまず何をしますか。	회사에서 여자와 남자가 상품 디자인 변경 건으로 이야기하고 있습니다. 남자는 이후에 먼저 무엇을 합니까?
F 先週、クライアントから依頼のあったデザイン変更の件、うまく進んでる？	F 지난주에 클라이언트로부터 의뢰가 있었던 디자인 변경 건, 잘 진행되고 있어?
M あ、それが……、まだ処理中なんです。	M 아, 그게……. 아직 처리 중입니다.
F そう？ 何か問題でもあるの？	F 그래? 무슨 문제라도 있어?
M あの、それが……、工場の日程調整がうまくいかないんです。他の取引先との日程もありますし。	M 저어, 그게……, 공장 일정 조정이 잘 안 되네요. 다른 거래처와의 일정도 있고.
F 突然商品のデザイン変更してくるのはちょっとひどいけど……。ＡＢＣ商事は、うちの会社の売上の30％もある大切な取引先だから、しょうがないのよね。納期を少し延ばしてもらうのはできないって？	F 갑자기 상품의 디자인을 변경하는 것은 심하지만……. ABC상사는 우리 회사 매출의 30%나 되는 중요한 거래처라서 어쩔 수가 없네. 납기를 조금 미루어 줄 수는 없대?
M はい、何度もお願いしてみましたけれど、きっぱりとはね付けられました。	M 네, 몇 번이나 부탁을 해 봤는데, 단호하게 거절당했습니다.

F うーん、困ったわね。ⓐ取りあえず、私が工場長と話してみるわね。週末にも工場をフルに稼働してもらうように。ⓑ社長にも報告しなければならないと思うから、まず報告書から作ってね。ⓒそれから、他の取引先の社長さんたちに連絡して、納期の日にちを少しずつ遅らせてもらえないかどうかお願いしてみてくれる？

M はい、分かりました。頼んでみます。

F うん、急いでね。

男の人は、このあとまず何をしますか。

1 工場長に連絡する
2 取引先の社長達に連絡する
3 報告書を作成する
4 社長に連絡する

F 흠, 곤란하네. ⓐ우선 내가 공장장과 얘기를 해 볼게. 주말에도 공장을 풀로 가동시켜 달라고. ⓑ사장님에게도 보고해야 할 것 같으니까, 우선 보고서부터 만들어 줘. ⓒ그리고 나서 다른 거래처 사장님들에게 연락해서, 납기 날짜를 조금씩 늦춰줄 수 있는지 부탁해 볼래?

M 네, 알겠습니다. 부탁해 보겠습니다.

M 응, 서둘러 줘.

남자는 이후 먼저 무엇을 합니까?

1 공장장에게 연락한다
2 거래처 사장들에게 연락한다
3 보고서를 작성한다
4 사장님에게 연락한다

[풀이]

ⓐ공장장에게 연락을 하는 것은 여자가 할 일이기 때문에, 선택지 1번은 정답이 아니다. ⓑ남자는 먼저 사장님에게 제출할 보고서를 만들어야 하기 때문에, 선택지 3번이 정답이라는 것을 알 수 있다. 사장님에게 연락하는 것은 누가 하는 것인지 확실하지 않기 때문에, 선택지 4번은 정답이 될 수 없다. ⓒ거래처 사장들에게 연락하는 것은 보고서를 만든 후에 할 일이다. 따라서 선택지 2번도 정답이 아니다.

[단어]

変更 변경 ┃ 件 건 ┃ 進む 나아가다, 진행되다 ┃ 処理 처리 ┃ 日程 일정 ┃ 調整 조정 ┃ 取引先 거래처 ┃ 売上 매상, 매출 ┃ 納期 납기 ┃ 延ばす 연기하다, 미루다 ┃ きっぱり 딱 잘라, 단호히 ┃ はね付ける 거절하다, 퇴짜 놓다 ┃ 取りあえず 우선 ┃ 稼働 가동 ┃ 報告 보고

2番

会社で女の人と男の人が社員の送別会のことを話しています。女の人は、このあとまず何をしなければなりませんか。

M 田中さんの送別会の件なんだけど、どの店がいいかな。そろそろ決めておかなくちゃね。

F うん、そうね。なるべく、この辺のお店を予約するのがいいわね。移動に便利なとこ。

M まあ、そうだろうけど、この辺で20人入れる店ってなかなかないからな……。

회사에서 여자와 남자가 사원의 송별회에 관한 것을 이야기하고 있습니다. 여자는 이후에 바로 무엇을 해야 합니까?

M 다나카 씨의 송별회 건 말인데, 어느 가게가 좋을까? 슬슬 정해 두어야 하는데.

F 응, 그러네. 가능한 한 이 근처 가게를 예약하는 것이 좋겠네. 이동에 편리한 곳.

M 뭐, 그렇긴 하지만, 이 근처에서 20명이 들어가는 가게는 좀처럼 없으니까……

F うん。まず、近くのお店をリストアップしてみないとね。あ、みんな参加できるのかな。みんなのスケジュール、わかる？

M いや、わからない。まずは今週までに参加者の数を把握しておこう。あ、それと、日にちも決めないと。

F うん。ⓐじゃ、みんなの予定をチェックするときに、日程の希望も聞いてみるわね。でも、ⓑ田中さん、今月いっぱいだから、やっぱりお店を先に予約したほうがいいわね。人数と日にちが決まっても予約できないと困るから。

M ⓒうん、そっちはよろしくね。僕はうちのチームの人たちのスケジュールを確認してみるから。その前に、部長に報告した方がいいだろうね。

F うん。そうね。ⓓ部長への報告は頼んでもいい？

M うん、分かった。任せて。

女の人は、このあとまず何をしなければなりませんか。

1 送別会の場所を予約する
2 送別会の人数を把握する
3 送別会の日にちを調べる
4 部長に報告する書類を作る

[풀이]

ⓐ여자는 가게 예약을 위해서 다른 사람들의 일정을 먼저 알아보려고 했지만, ⓑ가게의 예약을 못하면 곤란할 것 같아서, 가게를 먼저 예약하는 것이 좋겠다고 말하고 있다. ⓒ남자는 여자에게 가게 예약을 부탁하고, 팀원들의 스케줄과 희망 일정은 본인이 확인하겠다고 말하고 있다. 따라서 선택지 2번과 3번은 정답이 될 수 없다. ⓓ부장님에게 보고하는 것도 남자가 하기로 했기 때문에, 선택지 4번도 정답이 아니다. 따라서 정답은 선택지 1번이다.

[단어]

送別会 송별회 | 件 건 | 移動 이동 | 参加 참가 | 把握 파악 | 日にち 날짜 | 希望 희망 | 確認 확인 | 報告 보고

F 응. 우선, 근처 가게 리스트를 작성해 봐야겠네. 아, 다들 참석할 수 있으려나? 모두의 스케줄 알아?

M 아니, 몰라. 우선은 이번 주까지 참가자 수를 파악해 두자. 아, 그리고 날짜도 정해야 해.

F 응. ⓐ그럼, 모두의 예정을 체크할 때에 희망하는 일정도 물어볼게. 근데, ⓑ다나카 씨, 이번 달 말까지이니까, 역시 가게를 먼저 예약해 두는 편이 좋겠네. 인원수와 날짜가 정해져도 예약을 못하면 곤란하니까.

M ⓒ응, 그쪽은 잘 부탁해. 나는 우리 팀 사람들의 스케줄을 확인해 볼 테니까. 그 전에 부장님에게 보고하는 것이 좋겠지?

F 응. 그러네. ⓓ부장님에게 보고는 부탁해도 될까?

M 응, 알겠어. 맡겨 둬.

여자는 이후에 바로 무엇을 해야 합니까?

1 송별회 장소를 예약한다
2 송별회 인원수를 파악한다
3 송별회 날짜를 조사한다
4 부장님에게 보고할 서류를 만든다

3番

大学で留学生と職員が話しています。留学生は、このあとすぐ何をしますか。

M あのう、奨学金の申し込みについて知りたいんですが。

대학에서 유학생과 직원이 이야기하고 있습니다. 유학생은 이후에 바로 무엇을 합니까?

M 저어, 장학금 신청에 대해서 알고 싶은데요.

F はい、わかりました。ⓐ奨学金の申請のためには成績証明書が必要です。前の学期の点数が確認できるもので。それから、外国人登録証も提出しなければならないんです。

M そうですか。今、登録証はないんですが、学生証ではだめなんですか。

F 身分が確認できるものでないとダメなんです。あ、ⓑ学生証も提出してくださいね。この学校の学生であることの証明ですから。

M あ、そうですね。学生証でいいのかと思ってました。外国人登録証は家にあります。

F そうですか。ⓒ成績証明書の発行に少し時間がかかりますから、急いだ方がいいですね。奨学金の申請期間が決まっているので。来週までにはお申し込みください。

M あ、締め切りがあるんですね。今すぐとりに行きます。学生証とパスポート用の写真は持ってますが。

F 写真は要りません。学生証についてますから。ⓓでは、まず学生証を出してください。あとで外国人登録証のコピーを出してもらえばいいですから。

M そうですか。分かりました。

F ⓔそれから、まずこの申請書類を作成してください。そうすれば、必要な手続きをしておくことができますから。追加の提出書類も急いでくださいね。

M わかりました。ありがとうございます。

留学生は、このあとすぐ何をしますか。

1 成績証明書を提出する
2 外国人登録証を取りにいく
3 学生証をコピーする
4 申請書類を作成する

F 네, 알겠습니다. ⓐ장학금 신청을 위해서는 성적증명서가 필요합니다. 지난 학기의 점수를 확인할 수 있는 것으로. 그리고 외국인등록증도 제출해야 합니다.

M 그래요? 지금 등록증은 없는데, 학생증으로는 안 될까요?

F 신분을 증명할 수 있는 것이 아니면 안 됩니다. 아, ⓑ학생증도 제출해 주세요. 이 학교의 학생이라는 것의 증명이니까요.

M 아, 그렇군요. 학생증으로 괜찮을 것이라고 생각하고 있었어요. 외국인등록증은 집에 있습니다.

F 그래요? ⓒ성적증명서의 발행에 다소 시간이 걸리니까, 서두르는 것이 좋을 것 같네요. 장학금 신청 기간이 정해져 있어서. 다음 주까지는 신청해 주세요.

M 아, 마감이 있군요. 지금 바로 가지러 가겠습니다. 학생증과 여권용 사진은 가지고 있는데.

F 사진은 필요 없습니다. 학생증에 붙어 있으니. ⓓ그럼, 먼저 학생증을 제출해 주세요. 나중에 외국인등록증 사본을 제출하면 되니까요.

M 그래요? 알겠습니다.

F ⓔ그리고 우선 이 서류를 작성해 주세요. 그렇게 하면, 필요한 수속을 해 둘 수 있으니까요. 추가 제출 서류도 서둘러 주세요.

M 알겠습니다. 감사합니다.

유학생은 이후에 바로 무엇을 합니까?

1 성적증명서를 제출한다
2 외국인등록증을 가지러 간다
3 학생증을 복사한다
4 신청 서류를 작성한다

[풀이]

ⓐ장학금 신청을 위해서는 성적증명서와 외국인등록증이 필요하고, ⓑ학생증도 제출해야 한다. ⓒ성적증명서 발행에는 시간이 걸린다고 한다. 남자가 바로 할 수 있는 것은 아니기 때문에, 선택지 1번은 정답이 될 수 없다. ⓓ복사가 필요한 것은 외국인등록증이고, 학생증은 제출만 하면 된다. 따라서 선택지 3번은 정답이 아니다. ⓔ먼저 서류를 작성하고, 그 후에 필요 서류를 제출하면 된다고 말하고 있기 때문에, 정답은 선택지 4번이다. 외국인등록증을 제출하려면 집에 다녀와야 하기 때문에, 선택지 2번도 정답이 될 수 없다.

[단어]
職員 직원 | 奨学金 장학금 | 申し込み 신청 | ～について ～에 대해서 | 申請 신청 | 成績 성적 | 証明書 증명서 | 確認 확인 |
登録 등록 | 提出 제출 | 締め切り 마감 | 手続き 수속, 절차 | 追加 추가

4番

大学の職員と留学生が話しています。留学生は、このあとすぐ何をしますか。

M あのう、急に家の事情で学校をしばらく休みたいんですが、どうしたらいいですか。

F あ、そうなんですか。ⓐでは、まず、この休学届を書いてください。休学の場合には、登録金が返還されません。

M えっ？ そうなんですか？ じゃ、戻ってきたら、また登録金を払うことになりますか。

F いいえ、ⓑ次の学期に自動的に登録申請されますから、払う必要はありません。

M あ、そうなんですか。でも、次の学期に来られるかどうかまだわかりませんが。

F ⓒそのときは延長の申請書を提出してください。学校のホームページからも申請はできますが、延期できるのは、2回だけです。

M 2回だけですね。わかりました。寮を出ることになりますが、どうすればいいですか。

F ⓓ寮のことは、退寮の申し込みをしなければなりません。それから、また戻って来るときは、事前に寮の入居申し込みをした方がいいですよ。毎年競争が激しいので。退寮や入寮の事務手続きは、寮の事務室で行ってください。

M ああ、いろいろ複雑ですね。分かりました。

留学生は、このあとすぐ何をしますか。

1 休学届を作成する
2 登録金の払い戻しを申請する
3 延長の申請書を作成する
4 退寮の申請書を作成する

대학의 직원과 유학생이 이야기하고 있습니다. 유학생은 이후에 바로 무엇을 합니까?

M 저어, 갑자기 집 사정으로 학교를 당분간 쉬고 싶은데요, 어떻게 하면 될까요?

F 아, 그렇습니까? ⓐ그럼, 우선 이 휴학신고서를 써 주세요. 휴학인 경우에는 등록금이 반환되지 않습니다.

M 네? 그런가요? 그럼, 돌아오면 다시 등록금을 지불하게 되나요?

F 아니요, ⓑ다음 학기로 자동으로 등록 신청이 되기 때문에 지불할 필요는 없습니다.

M 아, 그래요? 하지만 다음 학기에 올 수 있을지 없을지 아직 모르는데.

F ⓒ그때는 연기신청서를 제출해 주세요. 학교 홈페이지에서도 신청이 가능하지만, 연기 가능한 것은 두 번뿐입니다.

M 두 번뿐이군요. 알겠습니다. 기숙사를 나오게 되는데, 어떻게 하면 될까요?

F ⓓ기숙사는 퇴료신청을 해야 합니다. 그리고 다시 돌아올 때에는 사전에 기숙사 입거신청을 하는 게 좋겠네요. 매년 경쟁이 심하니까요. 퇴료나 입료의 사무 수속은 기숙사 사무실에서 실시해 주세요.

M 아, 여러 가지 복잡하네요. 알겠습니다.

유학생은 이후에 바로 무엇을 합니까?

1 휴학신고서를 작성한다
2 등록금의 환불을 신청한다
3 연장신청서를 작성한다
4 퇴료신청서를 작성한다

[풀이]

ⓐ휴학을 하기 위해서는 휴학신청서를 작성해야 한다. ⓑ등록금 환불은 복학할 시기로 자동 연장된다고 했으니 선택지 2번은 정답이 될 수 없다. ⓒ다음 학기에 학교에 돌아오지 못하게 될 때는 연기신청서를 작성해야 한다고 말하고 있다. 연기신청서는 지금 작성하는 것이 아니기 때문에, 선택지 3번은 정답이 아니다. ⓓ기숙사를 나가게 되어서 퇴료신청서를 작성해야 하지만, 기숙사 사무실에서 신청하는 것이기 때문에 선택지 4번도 정답이 될 수 없다.

[단어]

職員 직원 ┃ 事情 사정 ┃ 休学 휴학 ┃ 届 신고(서) ┃ 返還 반환 ┃ 登録 등록 ┃ 申請 신청 ┃ 延長 연장

5番

大学で先生と女の学生が話しています。女の学生は、このあと何をしますか。	대학에서 선생님과 여학생이 이야기하고 있습니다. 여학생은 이후에 무엇을 합니까?

M 池田さん。ちょっと、お願いしたいことがあるんです。

F はい、どんなことでしょうか。

M ⓐ今週の金曜日にビール工場の見学に行く予定でしたが、先方の工場の都合でキャンセルになったんです。そのことをみんなに伝えてほしいんです。

F そうなんですか……。わかりました。それでは、金曜日の見学はキャンセルになったと、みんなに伝えます。

M あ、ⓑその代わりに、ワインを製造する工場に行くことになったんです。ちょうど、ブドウの収穫時期なので、収穫も実際に体験できるし、そのブドウからワインを作る過程も見せてもらえるんです。

F それは面白そうですね。ⓒでは、みんなに伝えておきます。もう帰っちゃった学生もいますが、明日までに全員に伝えます。

M はい、お願いします。ⓓ工場見学の変更については、さっきメールで学生たちに送ったんですが、チェックをしない学生もいると思って。あ、そして雪野さんと長谷川さんのメールアドレスがぬけているんです。知っていますか？

F ⓔいいえ、私も知らないので明日会ったら聞いてみます。

M あ、長谷川さんには別に話したいことがありますから、明日は私の所に来るように言ってください。

M 이케다 씨. 잠깐 부탁하고 싶은 일이 있어요.

F 네, 어떤 일인가요?

M ⓐ이번 주 금요일에 맥주 공장 견학하러 갈 예정이었지만, 상대 공장의 사정으로 취소가 되었어요. 그 사실을 모두에게 전해 주었으면 좋겠어요.

F 그렇군요……. 알겠습니다. 그럼, 금요일 견학은 취소가 되었다고 모두에게 전하겠습니다.

M 아, ⓑ그 대신에 와인을 제조하는 공장에 가게 되었어요. 마침 포도 수확 시기라서 수확도 실제로 체험할 수 있고, 그 포도로부터 와인을 만드는 과정도 볼 수 있을 거예요.

F 그거 재미있겠네요. ⓒ그럼, 모두에게 전해 두겠습니다. 이미 집에 간 학생도 있는데, 내일까지 전원에게 전하겠습니다.

M 네, 부탁할게요. ⓓ공장 견학 변경에 대해서는 조금 전에 메일로 학생들에게 보냈는데, 체크를 하지 않는 학생도 있을 것 같아서, 아, 그리고 유키노 씨와 하세가와 씨의 메일 주소가 빠져 있어요. 알고 있나요?

F ⓔ아니요, 저도 모르니 내일 만나면 물어보겠습니다.

M 아, 하세가와 씨에게는 따로 할 말이 있으니까, 내일은 저에게 오라고 말해 주세요.

女の学生は、このあと何をしますか。

1　ビール工場に問い合わせる
2　変更の内容について知らせに行く
3　皆に予定のキャンセルをメールする
4　メールアドレスを調べに行く

여학생은 이후에 무엇을 합니까?

1　맥주 공장에 문의를 한다
2　변경 내용에 대해 알리러 간다
3　모두에게 메일로 알린다
4　메일 주소를 알아보러 간다

[풀이]

ⓐ맥주 공장 견학이 취소가 된 것을 알려야 하는 것이지, 맥주 공장에 문의를 하는 것은 아니다. 따라서 선택지 1번은 정답이 될 수 없다. ⓑ맥주 공장 대신에 와인 제조 공장에 가게 되었고, ⓒ공장 견학이 변경된 것에 대해서 학생들에게 알리겠다고 말하고 있고, 집에 간 학생들에게는 내일까지 알린다고 말하고 있다. 따라서 정답은 선택지 2번이다. ⓓ공장 견학 변경에 대한 내용을 여자가 메일로 알리는 것은 아니기 때문에, 선택지 3번은 정답이 아니다.

[단어]

工場 공장 | 見学 견학 | 先方 상대방, 상대편 | 都合 형편, 사정 | ～てほしい ～해 주기 바란다 | 製造 제조 | 収穫 수확 | 体験 체험 | 過程 과정 | 変更 변경 | ～について ～에 대해서 | 問い合わせる 문의하다, 조회하다 | 知らせる 알리다

6番

男の人が電話で話しています。男の人が、次にすることは何ですか。

남자가 전화로 이야기하고 있습니다. 남자가 다음으로 할 일은 무엇입니까?

M　もしもし。あのう、来週の清原先生の講演会に参加したいんですが。

F　あ、八日の清原先生の講演会ですね。少々お待ちください。

M　はい、お願いします。

F　あ、もしもし。お待たせしました。ⓐあいにく、そちらの講演会は満席でございます。15日の講演会なら、ご参加できますが、いかがでしょうか。

M　やっぱり、そうですか。仕方ないですね。それじゃ、15日の方でお願いします。

F　ⓑそれでは、15日の講演会で予約させていただきます。参加費は12日までにお振り込みください。

M　はい、わかりました。

F　午前11時に開演で、開場は30分前からです。ⓒ入場券は、当日受付でお受け取りください。あ、それから、八日のほうですが、キャンセル待ちのお申し込みもできますが。どういたしますか？

M　여보세요. 저어, 다음 주 기요하라 선생님의 강연회에 참가하고 싶은데요.

F　아, 8일 기요하라 선생님의 강연회로군요. 잠시만 기다려 주세요.

M　네, 부탁할게요.

F　아, 여보세요. 오래 기다리셨습니다. ⓐ공교롭게도 그쪽 강연회는 만석입니다. 15일의 강연회라면 참가할 수 있습니다만, 어떠신가요?

M　역시, 그렇군요. 어쩔 수 없죠. 그럼 15일 쪽으로 부탁 드립니다.

F　ⓑ그럼, 15일 강연회로 예약해 드리겠습니다. 참가비는 12일까지 입금해 주세요.

M　네, 알겠습니다.

F　오전 11시에 강연회가 시작되고, 입장 시작은 30분 전부터입니다. ⓒ입장권은 당일 접수처에서 받아 주세요. 그리고 8일 강연회입니다만, 취소 대기 신청도 가능한데, 어떻게 하시겠습니까?

M @ あ、そうなんですか。じゃあ、お願いします。

F はい、かしこまりました。参加費は明日までにお振り込みください。

M @ えぇ！明日までですか。明日はちょっと……、できないな。あ、すみません、今の、キャンセルしてもらえますか。15日のでいいです。

F そうですか、かしかしこまりました。

男の人が、次にすることは何ですか。

1 八日の講演会のキャンセル待ちをする
2 15日の講演会の入場券を取りに行く
3 キャンセル待ちの講演会の参加費を払う
4 **15日の講演会の参加費を振り込む**

M @ 아, 그래요? 그럼, 부탁 드립니다.

F 네, 알겠습니다. 참가비는 내일까지 입금해 주세요.

M @ 앗! 내일까지인가요? 내일은 좀……, 불가능한데. 아, 죄송한데, 지금 거 취소할 수 있을까요? 15일로 괜찮습니다.

F 그러신가요, 알겠습니다.

남자가 다음으로 할 일은 무엇입니까?

1 8일 강연회의 취소 대기를 한다
2 15일 강연회의 입장권을 받으러 간다
3 취소 대기 강연회의 참가비를 지불한다
4 **15일 강연회의 참가비를 입금한다**

[풀이]

@8일 강연회는 만석이라서, ⓑ15일 강연회를 예약하고, 참가비는 12일까지 입금해야 한다. ⓒ입장권은 당일 수령하는 것이기 때문에, 선택지 2번은 정답이 될 수 없고, 8일 강연회 취소 대기 신청도 가능하다고 말하고 있다. ⓓ남자는 8일 강연회의 취소 대기를 신청했지만, ⓔ내일까지 참가비를 입금할 수 없어서, 취소 대기 신청은 하지 않는다. 따라서 선택지 1번과 3번은 정답이 될 수 없다. 15일 강연회의 참가비를 지불해야 하기 때문에, 정답은 선택지 4번이다.

[단어]

講演会 강연회 **│** 参加 참가 **│** あいにく 공교롭게도 **│** 満席 만석 **│** 振り込む 납입하다, 입금하다 **│** 開演 개연(연극, 연설 같은 것을 시작함) **│** 開場 개장 **│** 入場券 입장권 **│** 受付 접수(처) **│** 受け取る 받다, 수취하다 **│** 申し込み 신청

問題 2

問題 2 では、まず質問を聞いてください。その後、問題用紙のせんたくしを読んでください。読む時間があります。それから、話を聞いて、問題用紙の 1 から 4 の中から、最もよいものを一つ選んでください。

では練習しましょう。

문제2에서는 우선 질문을 들어 주세요. 그 후, 문제 용지의 선택지를 읽어 주세요. 읽는 시간이 있습니다. 그리고 나서 이야기를 듣고 문제 용지의 1부터 4 중에서 가장 알맞은 것을 하나 고르세요.

그럼 연습하겠습니다.

例

男の学生と女の学生が話しています。男の学生は、何が一番心配だと言っていますか。

F どうしたの？　うっかない顔しちゃって。

M ふうん、最近色々あってさ。

F そうなの？　じゃ、あたし、相談に乗ってあげるから言ってみて。

남학생과 여학생이 이야기하고 있습니다. 남학생은 무엇이 가장 걱정이라고 말하고 있습니까?

F 무슨 일이야? 우울한 얼굴 하고.

M 으음, 요즘 이런 저런 일이 있어서.

F 그래? 그럼, 내가 상담해 줄 테니까 말해 봐.

M いいよ。君に言っても何も変わることないから。君に心配させたくないし。

F 何言ってるのよ。水臭いじゃない。一人で悩むのは精神的にも悪いよ。ほら、早く。

M 実はさ、今のバイトじゃ、生活厳しいよ。もっとバイト増やさなきゃいけないけど、いいとこないし。

F バイト？ それなら、あたしが紹介してあげるよ。この前、見といた店があるのよ。時給高くて駅からも近いよ。

M ありがとう。でもさ、卒論の締め切りもそろそろだから、バイトする時間がないよ。後2週間でしょ、締め切り。

F うん、あたしも今やってる。卒論大変！ 特に結論のところが難しいから。

M そうだよ。論文全然うまくいってないし、バイトも何とかしないといけないし、何より論文を書く時間がない。ああ、だめだ俺は。な、ちょっと金貸してくれない？

F だめね、あんた。でも、頑張ろう。お金はないけど。

M 됐어. 너에게 말해도 아무것도 달라지는 일 없으니까. 너에게 걱정시키고 싶지 않고.

F 무슨 말이야. 섭섭하게. 혼자서 고민하는 것은 정신적으로도 안 좋아. 자, 얼른.

M 사실은, 지금 아르바이트로는 생활이 힘들어. 아르바이트를 더 늘리지 않으면 안 되는데 좋은 곳도 없고.

F 아르바이트? 그거라면 내가 소개해 줄게. 요전에 봐 둔 가게가 있어. 시급이 높고 역에서도 가까워.

M 고마워. 하지만, 졸업 논문 마감도 곧 다가와서 아르바이트 할 시간이 없어. 앞으로 2주일이잖아, 마감.

F 응, 나도 하고 있어. 졸업논문 힘들어! 특히 결론 부분이 어려워서.

M 맞아. 논문, 정말 잘 안 되고 있고, 아르바이트도 어떻게 하지 않으면 안 되고, 무엇보다 논문을 쓸 시간이 없어. 아, 안 되겠어 난. 저기, 돈 좀 빌려 줄래?

F 안됐다, 애. 그래도 힘내자. 돈은 없지만.

男の学生は、何が一番心配だと言っていますか。

1 生活が厳しいこと
2 論文を書く時間がないこと
3 論文の内容が難しいこと
4 バイトが見つからないこと

남학생은 무엇이 가장 걱정이라고 말하고 있습니까?

1 생활이 힘든 것
2 논문을 쓸 시간이 없는 것
3 논문의 내용이 어려운 것
4 아르바이트가 발견되지 않는 것

最もよいのは2番です。解答用紙の問題2の例のところを見てください。最もよいものは2番ですから、答えはこのように書きます。

では始めます。

가장 알맞은 것은 2번입니다. 해답 용지의 문제2의 [예] 부분을 봐 주세요. 가장 알맞은 것은 2번이므로 답은 이렇게 씁니다.

그럼 시작하겠습니다.

大学で男の人と女の人が話しています。女の人は、どうして映画が面白くなかったと言っていますか。

F この前、勧めてくれた映画だけど、面白くなかったのよ。

M えぇ！ そんなわけないよ。名作として指折りの映画で世界中のマスコミから絶賛されている作品なんだけど……。もしかして、週末の予定で疲れちゃってて、映画見ながらうとうとしてたんじゃない？

F ⓐまあ、少し疲れてたけど、ちゃんと見ていたわよ。

M そう？ 僕が勧めた映画じゃなくて、他のを見たんじゃないの？

F ⓑ違うわよ。勧めてくれたのは一本だけでしょ？ ジャンルがあたしとちょっと合わなかったのかな。

M そうかな？ 戦争映画だから、少し残酷な場面が出てくるしね。

F ⓒそのせいじゃないと思う。あたしがホラー映画が好きなの知ってるよね。

M そうだね。実際に残酷なシーンはほとんどないし、リアルな描写が優れた作品だから、戦争についていろんなことを考えさせられるいい映画だと、僕は思ったけどね。

F ⓓそうかも知れないけどね。あたし、戦争について少し抵抗感を持っているからかも。あまりにもリアルで衝撃的だったし、いろいろ複雑な気持ちで、その映画を見たような気がする。

M ふーん、そうだったんだ。

女の人は、どうして映画が面白くなかったと言っていますか。

대학에서 남자와 여자가 이야기하고 있습니다. 여자는 왜 영화가 재미없다고 말하고 있습니까?

F 지난번에 추천해 준 영화 재미없었어.

M 뭐? 그럴 리가 없어. 명작으로 손꼽히는 영화이고, 전 세계의 언론이 극찬하고 있는 작품인데……. 혹시 주말 일정으로 힘들어서 영화 보면서 졸고 있었던 거 아니야?

F ⓐ뭐, 조금 피곤했지만, 제대로 보고 있었어.

M 그래? 내가 추천한 영화가 아니라 다른 것을 본 거 아니야?

F ⓑ아니야. 추천해 준 것은 한 편뿐이잖아. 장르가 나랑 좀 안 맞았나?

M 그런가? 전쟁 영화라서 조금 잔인한 장면이 나오고.

F ⓒ그거 때문이 아닐 거야. 내가 공포 영화 좋아하는 거 알잖아.

M 그러네. 실제로 잔인한 장면은 거의 없고, 사실적인 묘사가 뛰어난 작품이라서, 전쟁에 대해서 여러 가지를 생각하게 되는 좋은 영화라고 난 생각하는데.

F ⓓ그럴지도 모르겠네. 나, 전쟁에 대해 조금 저항감을 갖고 있는 걸지도. 너무 리얼해서 충격적이었고, 여러 가지 복잡한 마음으로 그 영화를 본 것 같은 기분이 들어.

M 음, 그랬구나.

여자는 왜 영화가 재미없다고 말하고 있습니까?

1 週末に別のスケジュールで疲れていたから
2 男の人が勧めてくれた映画ではなかったから
3 残酷な場面に嫌な気持ちになったから
4 映画の種類が自分の好みではなかったから

1 주말에 다른 일정으로 피곤했기 때문에
2 남자가 추천해 준 영화가 아니었기 때문에
3 잔인한 장면에 싫은 기분이 되었기 때문에
4 영화의 종류가 자신의 취향이 아니었기 때문에

[풀이]

ⓐ피곤해서 영화를 제대로 못 본 것은 아니라고 하고, ⓑ남자가 추천해 준 영화를 본 것이기 때문에, 선택지 1번과 2번은 정답이 아

니다. ⓒ잔인한 장면 때문에 영화가 재미없는 것은 아니라고 말하고 있기 때문에, 선택지 3번도 정답이 될 수 없다. ⓓ여자는 전쟁에 대해서 조금 저항감이 있을 수도 있고, ⓑ장르가 안 맞는 것일 수도 있다고 말하고 있기 때문에, 정답은 선택지 4번이다.

[단어]

名作 명작 | ～として ～(으)로서 | 指折り 손꼽아 헤아림, 손꼽을 만큼 뛰어남 | 絶賛 절찬, 극찬 | 勧める 권하다, 권유하다 | 戦争 전쟁 | 残酷 잔혹 | 描写 묘사 | 優れる 뛰어나다, 우수하다 | ～について ～에 대해서 | 衝撃 충격 | 好み 기호, 취향

2番

<table>
<tr><td>

テレビで女の人が男の人にインタビューをしています。男の人は、今年の採用には何を一番重視すると言っていますか。

F 本日はキューブ電機会社の佐藤さんにおいでいただきました。さっそくですが、今年の新入社員採用のポイントはどんなところでしょうか。

M そうですね。ⓐ今までは会社の将来に適した人材を探していましたが、これからは即戦力として使えるかどうかが何よりも大事だと思っています。将来性もさることながら、不況続きの現在の状況を考えなくてはいけませんから。

F なるほど、そうですか。今御社は海外の取引量も増加しつつありますし、海外勤務の経験や語学力を備えた人材も重要なのではないでしょうか。

M ⓑはい。その点も大事ですが、海外部門にはしばらく採用予定はありません。

F そうですか。面接ではどんなことが重要になりますか。

M そうですね。仕事に対して全般的に理解をしているかどうかについて知りたいですね。それから、ⓒ一緒に働く同僚とコミュニケーションがうまくとれるかどうかも必要です。いくら実力的に優れていても、一匹狼では、会社勤めには困難が伴いますから。

F やはり協調性とコミュニケーション能力も欠かせないということですね。今日は本当にありがとうございました。

男の人は、今年の採用には何を一番重視すると言っていますか。

</td><td>

텔레비전에서 여자가 남자에게 인터뷰를 하고 있습니다. 남자는 올해 채용에는 무엇을 가장 중요시한다고 말하고 있습니까?

F 오늘은 큐브 전기회사의 사토 씨가 나와 주셨습니다. 바로 본론으로 들어가서, 올해의 신입 사원 채용의 포인트는 어떤 부분인가요?

M 글쎄요. ⓐ지금까지는 회사의 미래에 적합한 인재를 찾고 있었지만, 앞으로는 즉시 전력으로 사용할 수 있을지 어떨지가 무엇보다 중요하다고 생각하고 있습니다. 장래성도 물론이지만, 불황이 계속되고 있는 현재 상황을 생각하지 않으면 안 되기 때문입니다.

F 과연, 그렇군요. 지금 귀사는 해외 거래량도 계속 증가하고 있어서, 해외 근무 경험이나 어학 능력을 갖춘 인재도 중요하지 않을까요?

M ⓑ네. 그 점도 중요하지만, 해외 부문에는 당분간 고용할 예정이 없습니다.

F 그렇군요. 면접에서는 어떤 것이 중요하게 될까요?

M 글쎄요. 일에 대해서 전반적으로 이해를 하고 있는지에 대해서 알고 싶네요. ⓒ함께 일하는 동료들과 커뮤니케이션이 잘 될 수 있는지도 필요합니다. 아무리 실력이 뛰어나다고 해도, 독불장군은 회사 근무에는 어려움이 따르니까요.

F 역시 협조성과 커뮤니케이션 능력도 빼놓을 수는 없다는 것이네요. 오늘 정말 감사했습니다.

남자는 올해 채용에는 무엇을 가장 중요시한다고 말하고 있습니까?

</td></tr>
</table>

1　将来的に会社にとって役立つ人材であるところ

2　すぐに会社の戦力として働いて行けるところ

3　海外勤務経験が豊富であるところ

4　性格が円満で顧客との会話スキルがあるところ

1　장래적으로 회사에 있어서 도움이 되는 인재일 것

2　바로 회사의 전력으로서 일을 해 나갈 수 있는 것

3　해외 근무 경험이 풍부할 것

4　성격이 원만하고 고객과의 대화 스킬이 있을 것

[풀이]

ⓐ지금까지의 채용에서는 장래성을 중요시했지만, ⓑ앞으로는 불황이 이어지는 현재 상황을 고려해서 즉시 전력으로 사용할 수 있는 인재를 채용한다고 말하고 있다. 따라서 정답은 선택지 2번이고, 선택지 1번은 정답이 될 수 없다. ⓒ해외 근무 부문은 채용 예정이 없다고 말하고 있고, 해외 근무 경험에 관한 언급은 없었다. 따라서 선택지 3번은 정답이 아니다. ⓓ동료와의 커뮤니케이션이 중요하다고 언급하고 있는 것이지, 고객과의 커뮤니케이션을 언급하고 있는 것은 아니다. 따라서 선택지 4번도 정답이 될 수 없다.

[단어]

採用 채용 | 重視 중시 | 将来 장래, 미래 | 適する 알맞다, 적당하다 | 人材 인재 | 戦力 전력 | ～として ～(으)로서 | 不況 불황 | 状況 상황 | 御社 귀사 | 取引 거래 | ～つつある ～하고 있다, ～하는 중이다 | 勤務 근무 | 備える 갖추다, 대비하다 | 面接 면접 | ～に対して ～에 대해서 | 全般的に 전반적으로 | 実力 실력 | 優れる 우수하다, 뛰어나다 | 一匹狼 독불장군 | 伴う 동반하다, 수반하다 | 協調 협조 | 能力 능력 | 欠かす 빠뜨리다, 빼다 | ～にとって ～에(게) 있어서 | 役立つ 도움이 되다 | 豊富 풍부 | 円満 원만

3番

<table>
<tr>
<td>

女の人が大学時代の先生と話しています。女の人は、何が一番大変だと言っていますか。

F　先生、お久しぶりです。お変わりありませんね。

M　あ、相沢さんもお元気そうですね。最近お仕事はどうですか。希望の貿易会社に就職して、頑張っていると聞いていますが。

F　はい。でも、やっぱり仕事はきついですね。ⓐビジネスマナーとか電話応対とか。しかも会社の業務関連の資格試験も受けないといけないんです。

M　そうですか。それは大変ですね。

F　はい。思ったより大変ですが、すごくやりがいがあるんです。いろんな仕事を覚えながら、何か少しでも自分が会社の役に立っていると思ったら、うれしくて張り切れるんです。

M　そうですか。でもやっぱり健康第一ですから、あまり無理しないでくださいね。相沢さんなら、業務もうまくやれそうだし、前から英語も上手だったし、きっと仕事にも役立っているんでしょうね。

</td>
<td>

여자가 대학 시절의 선생님과 이야기하고 있습니다. 여자는 무엇이 가장 힘들다고 말하고 있습니까?

F　선생님, 오랜만이에요. 여전하시네요.

M　아, 아이자와 씨도 잘 지내는 것 같네요. 요즘 일은 어떤가요? 희망하던 무역 회사에 취직해서 열심히 하고 있다고 들었는데.

F　네. 근데, 역시 일은 힘드네요. ⓐ비즈니스 매너라든지 전화 응대라든지. 게다가 회사 업무 관련 자격시험도 보지 않으면 안 돼요.

M　그래요? 그건 힘들겠네요.

F　네, 생각했던 것보다 힘들지만, 굉장히 보람이 있어요. 여러 가지 일을 익히면서, 뭔가 조금이라도 자신이 회사에 도움이 되고 있다고 생각하면, 기뻐서 더 힘을 낼 수 있어요.

M　그래요? 그래도 역시 건강이 가장 중요하니까, 너무 무리하지 말아요. 아이자와 씨라면 업무도 잘할 수 있을 것 같고, 예전부터 영어도 잘했고, 분명 업무에도 도움이 되고 있겠네요.

</td>
</tr>
</table>

F いいえ、とんでもないです。ⓑ仕事は毎日新しいことばかりで、専門用語も多いし、取引先との信頼関係を築くのも想像以上に大変です。それと、ⓒ何より英語が問題なんです。その国の文化についてまで調べないといけないし、実務で使う言葉や表現がなかなか覚えられなくてこまっています。

女の人は、何が一番大変だと言っていますか。

1　ビジネスに関する業務を覚えること
2　資格試験の準備をしなければいけないこと
3　専門用語の習得と取引先との付き合い
4　業務で実戦的に使う言語を覚えること

F 아니요, 그렇지도 않아요. ⓑ일은 매일매일 새로운 것뿐이고, 전문 용어도 많고, 거래처와의 신뢰 관계를 쌓는 것도 상상 이상으로 힘들어요. 그리고 ⓒ무엇보다 영어가 문제예요. 그 나라의 문화에 대한 것까지 알아 두지 않으면 안 되고, 실무에서 사용하는 말과 표현이 좀처럼 외워지지 않아서 어려움을 겪고 있어요.

여자는 무엇이 가장 힘들었다고 말하고 있습니까?

1　비즈니스에 관련된 업무를 익히는 것
2　자격시험 준비를 하지 않으면 안 되는 것
3　전문 용어의 습득과 거래처 사람과의 교제
4　업무에서 실전적으로 사용하는 언어를 익히는 것

[풀이]

ⓐ비즈니스 매너를 익히는 것도 힘들고, 회사 업무와 관련된 자격시험도 봐야 한다고 말하고 있다. ⓑ전문 용어가 많고 거래처와 신뢰 관계를 쌓는 것도 어렵다고 말하고 있다. ⓒ무엇보다 힘든 것은 실무에서 사용하는 영어라고 말하고 있다. 선택지에 나온 모든 것이 다 힘들다고 말하고 있지만, 여자가 가장 힘들어 하는 것은 선택지 4번이라는 것을 알 수 있다.

Tip) 가장 ○○의 문제는 선택지의 내용이 모두 대화문에서 언급되는 경우가 많다. 강조 표현(何より)을 찾는 것으로 쉽게 정답을 맞출 수도 있다.

[단어]

希望 희망 ▎貿易会社 무역회사 ▎就職 취직 ▎応対 응대 ▎業務 업무 ▎関連 관련 ▎資格 자격 ▎役に立つ 도움이 되다 ▎張り切る 힘이 넘치다 ▎健康 건강 ▎専門 전문 ▎用語 용어 ▎取引先 거래처 ▎信頼 신뢰 ▎築く 쌓다 ▎何より 무엇보다 ▎～について ～에 대해서 ▎実務 실무 ▎～に関する ～에 관한 ▎習得 습득 ▎付き合い 교제 ▎実戦 실전

4番

会社で上司と部下が話しています。エアコンの売り上げを伸ばすために、どうすることにしましたか。

M 秋が来る前にエアコンの売り上げをもっと増やさなきゃいけないんだけど。何かいい方法はないかな。
F そうですね。売り場に来るお客さんたちによると、「最近は景気が良くないし、余計なところにお金を使いたくない。」と言っていました。
M ふうん、やっぱり不景気のせいか。
F ⓐ新商品のポスターも貼ってキャンペーンも何回かやってみましたが、反応はなかなか……。
M そうか……。値段の割引に関しては検討してみた？

회사에서 상사와 부하가 이야기하고 있습니다. 에어컨 매출을 늘리기 위해서 어떻게 하기로 했습니까?

M 가을이 오기 전까지 에어컨 매상을 더 늘려야 하는데. 뭔가 좋은 방법은 없을까?
F 그러네요. 매장에 오는 손님들에 의하면, '요즘에는 경기가 좋지 않고, 쓸데없는 곳에 돈을 쓰고 싶지 않다'고 말하고 있었습니다.
M 음, 역시 불경기 탓인가.
F ⓐ신상품 포스터도 붙이고, 캠페인도 몇 차례 해 보았지만, 반응은 좀처럼……．
M 그렇군……． 가격 할인에 관해서는 검토해 봤어?

F ええ。ⓑライバル会社の商品より５％も下げているので、もう限界ですね。

M そっか。ライバル会社の方も、最近販売不振で厳しいっていう話は聞いているけど。だからといって、何もしないで放っておくわけにはいかないだろう。

F 配送料の無料とか取り付け費用を抑えるのはどうでしょう？　いずれも業者との打ち合わせが必要なんですが。

M ⓒ配送と取り付けが無料のところはまだないね。じゃ、うちはそれを検討してみよう。多少の予算オーバーは構わない。ⓓ設置の方はもっと細かく検討しなくちゃならないから、今回は見送ることにしよう。

エアコンの売り上げを伸ばすために、どうすることにしましたか。

1 新商品のキャンペーンを行う
2 価格の割引で競争力を強化する
3 配送料を無料化する
4 取り付け料を無料化する

F 네, ⓑ라이벌 회사 제품보다 5%나 낮추고 있기 때문에, 이제 한계입니다.

M 그렇군. 라이벌 회사 쪽도 요새 판매 부진으로 힘들다는 이야기는 듣고 있지만. 그렇다고 해서 아무것도 하지 않고 방치해 둘 수는 없지 않겠어.

F 배송료 무료나 설치 비용을 낮추는 것은 어떨까요? 어느 쪽이나 업자들과의 협의가 필요하겠지만.

M ⓒ배송과 설치가 무료인 곳은 아직 없지. 그럼, 우리는 그것을 검토해 보자. 다소 예산 오버는 상관없어. ⓓ설치 쪽은 조금 더 자세하게 검토하지 않으면 안 되니까, 이번에는 보류하기로 하자.

에어컨 매출을 늘리기 위해서 어떻게 하기로 했습니까?

1 신상품의 캠페인을 실시한다
2 가격 할인으로 경쟁력을 강화한다
3 배송료를 무료화한다
4 설치료를 무료화한다

[풀이]

ⓐ캠페인을 과거에 몇 차례 실시한 적이 있었지만, 반응이 좋지 않다고 말하고 있다. 따라서 선택지 1번은 정답이 아니다. ⓑ이미 타사 제품보다 5% 낮은 가격이고, 더 이상은 힘들다고 말하고 있기 때문에, 선택지 2번도 정답이 될 수 없다. ⓒ배송과 설치를 무료로 하는 방법을 검토하고 있고, ⓓ설치 쪽은 보류하자고 말하고 있다. 따라서 정답은 선택지 3번이고, 선택지 4번은 정답이 아니다.

[단어]

売り上げ 매상, 매출 | 伸ばす 늘리다 | ～によると ～에 의하면, 따르면 | 景気 경기 | 余計 쓸데없음, 불필요함 | 貼る 붙이다 | 反応 반응 | 値段 가격, 값 | 割引 할인 | ～に関して ～에 관해서 | 検討 검토 | 限界 한계 | 販売 판매 | 不振 부진 | 厳しい 엄하다, 혹독하다 | 放る 단념하다, 방치하다 | ～わけにはいかない ～할 수는 없다 | 配送 배송 | 取り付け 설치, 장치 | 抑える 억제하다, 누르다 | 打ち合わせ 협의, 상의 | 細かい 자세한, 미세한 | 見送る 보류하다, 배웅하다 | 競争力 경쟁력 | 強化 강화

5番

男の人と女の人が話しています。男の人は、花の育て方の何が問題だと言っていますか。

F この植木鉢の花がどんどん枯れてくるんですが、何が原因なのか見ていただけますか。

남자와 여자가 이야기하고 있습니다. 남자는 꽃을 키우는 방식의 무엇이 문제라고 말하고 있습니까?

F 이 화분의 꽃이 점점 마르고 있는데, 무엇이 원인인지 봐 주실 수 있나요?

M ああ、そうですか。確かに健康だとは言えないですね。肥料は適度にやっていますか。

F はい、@毎月一回ずつ欠かさずやっています。水も毎日やっていますし。何が問題でしょうか。やはり日差しが足りないんでしょうか。

M いや、ⓑこの花はあまり日光を浴びなくてもよく育つ、改良された品種なんです。でもときどきは日当たりのいいベランダなどに置いたほうがいいですね。ⓒ肥料は月に一回もやらなくてもいいです。やりすぎは植物にもよくないですから。人と同様に考えてもいいと思います。でも、今回は肥料の問題ではなく、水の量を少し減らした方がいいと思いますね。

F そうですか。たっぷりやるのがいいと思ってました。

M 水の量が多いと、栄養分が根に吸収される前に外に出てしまいますから。毎日やるにしても今の半分ぐらいに減らすようにするのが望ましいです。あと、ⓓ害虫駆除のためにこの薬を3ヶ月に一回やれば、もっと元気に育っていくと思いますよ。

男の人は、花の育て方の何が問題だと言っていますか。

1 肥料をたくさん使ってしまったこと
2 日差しをたっぷりやらなかったこと
3 水の量をうまく調節できなかったこと
4 害虫の薬を適切に使えなかったこと

M 아, 그래요? 확실히 건강하다고는 말할 수 없겠네요. 비료는 적당히 주고 계신가요?

F 네, @매달 한 번씩은 빠짐없이 주고 있습니다. 물도 매일매일 주고 있고요. 뭐가 문제인 걸까요? 역시 햇볕이 부족한 건가요?

M 아니요, ⓑ이 꽃은 그다지 햇볕을 쬐지 않아도 잘 자라는, 개량된 품종이에요. 그래도 가끔은 햇볕이 잘 드는 베란다 등에 두는 것이 좋겠네요. ⓒ비료는 한 달에 한 번이나 주지 않아도 괜찮습니다. 너무 많이 주는 것은 식물에게도 좋지 않으니까요. 사람과 마찬가지로 생각하시면 될 것 같아요. 하지만 이번에는 비료의 문제가 아니라, 물의 양을 조금 줄이는 것이 좋을 것 같습니다.

F 그래요? 많이 주는 것이 좋을 거라고 생각했어요.

M 물의 양이 많으면 영양분이 뿌리에 흡수되기 전에 밖으로 빠져나가 버리니까요. 매일 주더라도 지금의 절반 정도로 줄이도록 하는 것이 바람직해요. 그리고 ⓓ해충 구제를 위해서 이 약을 3개월에 한 번 준다면, 더욱 건강하게 자라게 될 거예요.

남자는 꽃을 키우는 방식의 무엇이 문제라고 말하고 있습니까?

1 비료를 너무 많이 사용한 것
2 햇볕을 듬뿍 주지 않았던 것
3 물의 양을 제대로 조절하지 못한 것
4 해충 약을 적절히 사용하지 못한 것

[풀이]

@여자는 비료를 한 달에 한 번씩 주고 있고, 물도 매일 주고 있다고 말하고 있다. ⓑ햇볕을 주지 않았던 것은 문제의 원인이 아니고, ⓒ비료는 너무 많이 주지 말라고 하지만, 이번 문제의 원인은 아니라고 말하고 있기 때문에, 선택지 1번과 2번은 정답이 될 수 없다. ⓒ문제의 원인은 물을 너무 많이 준 것이라고 말하고 있기 때문에, 정답은 선택지 3번이다. ⓓ더욱 건강하게 자라기 위해서 해충약을 주는 것이고, 꽃이 시드는 문제의 원인은 아니기 때문에 선택지 4번도 정답이 아니다.

[단어]

育てる 키우다, 기르다 | 植木鉢 화분 | 枯れる 마르다, 시들다 | 原因 원인 | 肥料 비료 | 日差し 햇볕, 햇빛 | 日光を浴びる 햇볕을 쬐다 | 育つ 자라다, 성장하다 | 改良 개량 | 品種 품종 | 植物 식물 | 減らす 줄이다 | 根 뿌리, 근원 | 栄養 영양 | 吸収 흡수 | 抜け出す 빠져 나가다 | 望ましい 바람직하다 | 害虫 해충 | 駆除 구제 | 調節 조절 | 適切 적절

テレビで女の人が高齢化社会の介護について話しています。女の人は、政府はまず何をするべきだと言っていますか。

F　統計局の調査によると、日本は高齢化社会を経て、超高齢化社会に突入してからもずいぶん経っているということです。ⓐお年寄りに介護に関する考えを尋ねてみたところ、自宅でのケアを好む傾向が顕著に現れました。専門家の意見によると、これまで生きてきた、慣れた環境で介護を受けるのがお年寄りたちには、心理的に安心感を与えることになるそうです。
　一方、療養施設で介護を受ける高齢者の増加現象も出ていますが、実際にⓑ療養施設生活者たちに対するアンケート調査の結果では、治療と生活面での肯定的な意見を出した人が多かったそうです。ただし、ⓒ療養施設の費用の負担が大きいこと、長期間生活をしているお年寄りたちの場合は、補助金が減少することへの不満、また、自宅で訪問看護をするのも費用面で合理的ではないという声が同様に高まっています。このようなことからも、政府が高齢者の介護のために何を最優先すべきかについては、すでに答えが出ているのです。

女の人は、政府はまず何をするべきだと言っていますか。

1　生活に慣れた自宅での介護を補助する
2　療養施設の質的、物的な発展を図る
3　療養施設での介護利用者を自宅に戻す
4　合理的な費用問題を考慮する

텔레비전에서 여자가 고령화 사회의 간호에 대해서 이야기하고 있습니다. 여자는 정부가 우선 무엇을 해야 한다고 말하고 있습니까?

F　통계국 조사에 의하면, 일본은 고령화 사회를 거쳐 초고령화 사회로 돌입한 지도 한참 지났다고 합니다. ⓐ노인들에게 간호에 대한 생각을 물어봤더니, 자택에서의 케어를 선호하는 경향이 현저하게 나타났습니다. 전문가의 의견에 의하면, 지금까지 살아온 익숙한 환경에서 간호를 받는 것이 노인들에게는 심리적으로 안심을 주게 된다고 합니다.
　한편, 요양 시설에서 간호를 받는 고령자의 증가 현상도 나오고 있는데요, 실제로 ⓑ요양 시설 생활자들에 대한 앙케트 조사 결과에서는 치료와 생활 면에서 긍정적인 의견을 낸 사람이 많았다고 합니다. 다만, ⓒ요양 시설의 비용 부담이 크다는 것, 장기간 생활을 하고 있는 노인들의 경우에는 보조금이 감소하는 것에 불만, 또한 자택에서 방문 간호를 하는 것도 비용 면에서 합리적이지 않다는 소리가 마찬가지로 높아지고 있습니다. 이런 점에서 정부가 고령자의 간호를 위해서 무엇을 최우선으로 해야 할지에 대해서는 이미 답이 나와 있는 것입니다.

여자는 정부가 우선 무엇을 해야 한다고 말하고 있습니까?

1　생활에 익숙한 자택에서의 간호를 보조한다
2　요양 시설의 질적, 물적인 발전을 도모한다
3　요양 시설의 간호 이용자를 자택으로 되돌린다
4　합리적인 비용 문제를 고려한다

[풀이]

ⓐ자택에서 간호를 받는 것에 대한 경향이 있는 것이고, 요양 시설의 노인들을 자택으로 보낸다는 언급은 없다. 따라서 선택지 1번과 3번은 정부가 해야 할 일이라고 보기 어렵기 때문에 정답이 아니다. ⓑ앙케트 결과에서 치료와 생활 면에서 긍정적인 의견이 많다고 하기 때문에, 선택지 2번도 정답이 될 수 없다. ⓒ요양 시설의 비용이 비싸고, 장기 이용자의 경우 보조금 감소, 자택 방문 간호도 비싼 것에 불만을 가지고 있다고 말하고 있다. 따라서 정답은 선택지 4번이다.

[단어]
高齢化 고령화 | 介護 간호 | ~について ~에 대해서 | 政府 정부 | ~べきだ ~해야 한다 | 統計局 통계국 | ~による ~에 의한,(따른) | 経る 거치다, 경과하다 | 突入 돌입 | 経つ (시간이) 지나다, 경과하다 | ~に関する ~에 관한 | 尋ねる 묻다 | 好む 좋아하다, 즐기다 | 傾向 경향 | 顕著 현저 | 現れる 나타나다, 드러나다 | 慣れる 익숙해지다 | 環境 환경 | 与える 주다, 수여하다 | 療養 요양 | 施設 시설 | 現象 현상 | 肯定 긍정 | 費用 비용 | 負担 부담 | 補助 보조 | 合理 합리 | 最優先 최우선 | 図る 도모하다 | 考慮 고려

7番

ラジオで女の人が話しています。最近、自転車事故が急増している理由は何だと言っていますか。

F 最近、自転車事故が急増しています。ⓐ最も多いのは、自転車と歩行者の衝突ですが、その中で、子供による事故が多いのが特徴です。ⓑ自転車にぶつかる子供はもちろんのこと、自転車に乗っている子供の注意不足による事故が相次いでいます。ⓒ子供の自転車事故を分析した結果、事故が起こる瞬間まで前だけ見て走っている場合が最も多かったです。これは子供の視野が大人のように広くないため発生した結果であると見られています。なお、ⓓ自転車のブレーキの老化やタイヤのチェックなどの自転車の安全点検も必要とされています。自転車に乗っている子供の両親は、必ず機体の欠陥などの確認をするべきだと思います。ⓔ横断歩道での自転車搭乗禁止や交通信号の教育など、事故防止のための両親の努力も必要です。暖かくなるにつれて自転車を利用する人が増えてきますが、乗る前に安全を常に心がけましょう。

最近、自転車事故が急増している理由は何だと言っていますか。

1 視力低下の子供の増加
2 自転車利用者の注意不足
3 自転車点検の注意不足
4 交通安全教育の欠如

라디오에서 여자가 이야기하고 있습니다. 최근에 자전거 사고가 급증하고 있는 이유는 무엇이라고 말하고 있습니까?

F 최근에 자전거 사고가 급증하고 있습니다. ⓐ가장 많은 것은 자전거와 보행자의 충돌인데요, 그 중에서 어린이에 의한 사고가 많은 것이 특징입니다. ⓑ자전거에 부딪히는 어린이는 물론, 자전거를 타고 있는 어린이의 주의 부족에 의한 사고가 잇따르고 있습니다. ⓒ어린이의 자전거 사고를 분석한 결과, 사고가 일어나는 순간까지 앞만 보고 달려가는 경우가 가장 많았습니다. 이것은 어린이의 시야가 어른처럼 넓지 않기 때문에 발생한 결과라고 보여지고 있습니다. 또한, ⓓ자전거의 브레이크 노화나 타이어 체크 등의 자전거 안전 점검도 필요하다고 여겨지고 있습니다. 자전거를 타고 있는 아이의 부모는 반드시 기체 결함 등의 확인을 해야 한다고 생각합니다. ⓔ횡단보도에서의 자전거 탑승 금지나 교통 신호에 대한 교육 등, 사고 예방을 위한 부모들의 노력도 필요합니다. 따뜻해지는 날씨와 함께 자전거를 이용하는 사람들이 늘어나고 있습니다만, 자전거를 타기 전에 안전을 항상 명심합시다.

최근에 자전거 사고가 급증하고 있는 이유는 무엇이라고 말하고 있습니까?

1 시력 저하 어린이의 급증
2 자전거 이용자의 주의 부족
3 자전거 점검의 주의 부족
4 교통 안전 교육의 결여

[풀이]

ⓐ자전거 사고가 급증하고 있는데, 그 중에서 가장 많은 것은 아이에 의한 사고라고 말하고 있다. ⓑ자전거를 타고 있는 경우와 타고 있지 않은 경우 모두 아이의 주의 부족에 의한 것이라고 말하고 있기 때문에, 정답은 선택지 2번이다. ⓒ아이들의 시야가 좁다는 것이 사고의 배경이라고 말하고 있는 것이지, 아이들의 시력 저하가 사고의 원인은 아니다. 따라서 선택지 1번은 정답이 아니다. ⓓ 자전거 점검과 ⓔ교통 안전 교육에 관한 것은 부모에게 권고하는 내용이기 때문에, 선택지 3번과 4번은 정답이 될 수 없다.

[단어]

急増 급증 | 歩行者 보행자 | 〜による 〜에 의한(따른) | 特徴 특징 | 注意不足 주의 부족 | 相次ぐ 잇따르다 | 分析 분석 | 視野 시야 | 老化 노화 | 点検 점검 | 防止 방지 | 努力 노력 | 〜につれて 〜에 따라서, 〜와 더불어 | 常に 항상, 늘 | 心がける 명심하다, 유의하다 | 視力 시력 | 低下 저하 | 欠如 결여

問題 3

問題3では、問題用紙に何も印刷されていません。この問題は、全体としてどんな内容かを聞く問題です。話の前に質問はありません。まず話を聞いてください。それから、質問とせんたくしを聞いて、1から4の中から、最もよいものを一つ選んでください。

では練習しましょう。

문제3에서는 문제 용지에 아무것도 인쇄되어 있지 않습니다. 이 문제는 전체로서 어떤 내용인지를 묻는 문제입니다. 이야기 전에 질문은 없습니다. 먼저 이야기를 들어 주세요. 그러고 나서 질문과 선택지를 듣고 1부터 4 중에서 가장 알맞은 것을 하나 고르세요.

그럼 연습하겠습니다.

例

講演会で男の人が話しています。

강연회에서 남자가 이야기하고 있습니다.

M 最近、言葉を略すことについての討論が話題になっています。言葉はきれいに使わないといけない、若者の略した言葉遣いは無礼だ、略語とは言語破壊活動だといった反対意見。これに対して、言葉は時代によって変化するものだ、今使われている言葉と昔の言葉とは大変差がある、無駄な時間を無くしてくれるからより効果的だといった賛成意見。いずれの意見にもちゃんとした理由を挙げています。私、個人的には賛成でも反対でもありません。今盛り上がっている略語よりは人と話している時の表情について考える必要があると思っています。いくらきれいな言葉を使っていても、丁寧ではない態度を示しているときれいに見えるはずはないでしょう。

M 최근 말을 생략하는 것에 대한 토론이 화제가 되고 있습니다. 말은 예쁘게 사용하지 않으면 안 된다, 젊은 사람들의 생략하는 말투는 무례하다, 약어는 언어 파괴 활동이라고 하는 반대 의견. 이것에 대해서, 언어는 시대에 따라서 변화하는 것이다, 지금 사용되고 있는 말과 옛날 말과는 큰 차이가 있다, 쓸데없는 시간을 없애 주기 때문에 보다 효과적이라고 하는 찬성 의견. 어느 쪽이나 확실한 이유를 들고 있습니다. 저 개인적으로는 찬성도 반대도 아닙니다. 지금 비등되고 있는 약어보다는 다른 사람과 이야기할 때의 표정에 대해서 생각할 필요가 있는 것 같습니다. 아무리 예쁜 말을 쓰고 있더라도, 정중하지 않은 태도를 보이고 있으면 예쁘게 보일 리가 없겠죠.

男の人は何について話していますか。

남자는 무엇에 대해서 이야기하고 있습니까?

1 略語の由来
2 略語の背景
3 会話の姿勢
4 会話の効果

1 약어의 유래
2 약어의 배경
3 대화의 자세
4 대화의 효과

最もよいのは3番です。解答用紙の問題3の例のところを見てください。最もよいものは3番ですから、答えはこのように書きます。
では始めます。

가장 알맞은 것은 3번입니다. 해답 용지의 문제3의 [예] 부분을 봐 주세요. 가장 알맞은 것은 3번이므로 답은 이렇게 씁니다.
그럼 시작하겠습니다.

1番

会社の研修会で専門家が話しています。

M 今日は企業の利益向上についてお話させていただきます。ⓐ企業は利益を追求しなければならないところです。利益を考えない企業は存在価値がないと言っても過言ではないでしょう。ⓑ御社の社員たちの場合、愛社心も高く、顧客に対する接客態度、業務に関しての理解も高いです。ⓒ表やグラフを用いた報告書や企画書などの文書作成の面でも効率的に業務をこなしていると考えられます。もちろん、さらに専門的に活用していくためには、社内教育が必要ですが、至急の課題ではないようです。ⓓ急務と見られるのは、顧客のニーズを知るために何らかの対策を練らなければならないことです。消費者は冷静な目で会社を見ているからです。変化に対処できず、将来のビジョンがない企業は、多様な情報を持っている消費者たちに背を向けられてしまうでしょう。

회사 연수회에서 전문가가 이야기하고 있습니다.

M 오늘은 기업의 이익 향상에 대해서 이야기를 해 드리겠습니다. ⓐ기업은 이익을 추구해야 하는 곳입니다. 이익을 생각하지 않는 기업은 존재 가치가 없다고 말해도 과언이 아니겠죠. ⓑ귀사의 사원들의 경우, 애사심도 높고, 고객에 대한 접객 태도, 업무에 관한 이해도 높습니다. ⓒ표나 그래프를 이용한 보고서나 기획서 등의 문서 작성 면에서도 효율적으로 업무를 잘 소화하고 있다고 생각됩니다. 물론, 더욱 전문적으로 활용해 가기 위해서는 사내 교육이 필요하지만, 시급한 과제는 아닌 것 같습니다. ⓓ급선무로 보여지는 것은 고객의 요구를 알기 위해서 무언가의 대책을 세우지 않으면 안 된다는 것입니다. 소비자들은 냉정한 눈으로 회사를 보고 있으니까요. 변화에 대처하지 못하고 장래의 비전이 없는 기업은, 다양한 정보를 가지고 있는 소비자들에게 외면당하고 말 것입니다.

専門家が言いたいことは何ですか。

1 企業と利益の関係を追求すること
2 専門的な業務教育をすること
3 顧客のニーズを把握すること
4 消費者向けの接客教育をすること

전문가가 말하고 싶은 것은 무엇입니까?

1 기업과 이익의 관계를 추구할 것
2 전문적인 업무 교육을 할 것
3 고객의 요구를 파악할 것
4 소비자 맞춤의 접객 교육을 할 것

[풀이]

ⓐ기업은 이익을 추구하는 곳이라는 일반적인 사실에 대한 언급이고, ⓑ고객에 대한 접객 태도도 높은 편이라고 말하고 있기 때문에, 선택지 1번과 4번은 정답이 아니다. ⓒ더욱 전문적인 업무를 위한 교육은 급한 것이 아니라고 말하고 있기 때문에, 선택지 2번도 정답이 아니다. ⓓ급선무는 고객의 요구를 파악하기 위한 대책을 세우는 것이라고 말하고 있으므로, 정답은 선택지 3번이다.

[단어]

研修会 연수회 | 利益 이익 | ～について ～에 대해서 | 追求 추구 | 存在 존재 | 価値 가치 | 過言 과언 | 御社 귀사 | ～に対する ～에 대한 | 接客 접객 | 態度 태도 | 業務 업무 | ～に関して ～에 관해서 | 用いる 사용하다, 이용하다 | 報告書 보고서 | 企画書 기획서 | 効率 효율 | 至急 시급 | 課題 과제 | 急務 급(선)무 | 対策 대책 | 練る 짜다, 연마하다 | 冷静 냉정 | 対処 대처 | 情報 정보 | 把握 파악

2番

テレビのニュースでアナウンサーが話しています。	TV 뉴스에서 아나운서가 이야기하고 있습니다.

F　現在日本では農業の高齢化が持続的に進んでいます。ⓐ農業に対する若者の忌避現象は今後も続くと専門家たちは予想しています。都市での成功と洗練された生活を追求する農家出身の若者が増えているということです。一方、体の自由が利かなくなったお年寄りには、農家の仕事は厳しいです。畑は放置され始め、草刈りなどといった雑務は、高齢の彼らにとって現実的に不可能なことなのです。餌を探して下りてきた野生動物が、放置された畑に出没するようになり、人身事故まで発生しています。ところで、長野県のある地域では大学生たちが農作業を手伝いながら、農産物の販売にまでかかわり、成功させているという事例があります。なお、長野地域団体ではボランティアで、農家のための支援をしています。ⓑローカルフードの生産と販売に至っては、学生たちと農家、地域団体が一丸となって行っています。このような現象が、高齢化によって苦しんでいる日本の農業の解決策としてつながっていくか関心を集めています。

F　현재 일본에서는 농업의 고령화가 계속해서 진행되고 있습니다. ⓐ농업에 대한 젊은 사람들의 기피 현상은 앞으로 이어질 것이라고 전문가들은 예상하고 있습니다. 도시에서의 성공과 세련된 생활을 추구하는 농가 출신의 젊은 사람들이 늘어나고 있는 것입니다. 한편, 거동이 불편하게 된 노인들에게는 농가의 일은 혹독합니다. 밭은 방치되기 시작하고, 잡초 제거 같은 잡일은 고령인 그들에게 있어서 현실적으로 불가능한 일인 것입니다. 먹이를 찾아 내려온 야생 동물이 방치된 밭에 출몰하게 되고, 인명 사고까지 발생하고 있습니다. 그런데 나가노 현의 어느 지역에서는 대학생들이 농사일을 도우면서, 농산물의 판매에까지 관여하여 성공시키고 있는 사례가 있습니다. 또한 나가노 지역 단체에서는 봉사 활동으로 농가를 위한 지원을 하고 있습니다. ⓑ로컬 푸드의 생산과 판매에 이르러서는 학생들과 농가, 지역 단체가 하나가 되어 실시하고 있습니다. 이러한 현상이 고령화로 인해 힘들어하는 일본 농업의 해결책으로 이어질지 관심을 모으고 있습니다.

アナウンサーは何について話していますか。	아나운서는 무엇에 대해서 이야기하고 있습니까?

1 農業の高齢化の原因と対策
2 野生動物による人身事故の対策
3 農家の生活補助のための政府の支援
4 学生ボランティアによる農業活動

1 농업 고령화의 원인과 대책

2 야생 동물에 의한 인명 사고의 대책

3 농가의 생활 보조를 위한 정부의 지원

4 학생들의 봉사활동에 의한 농업 활동

[풀이]

ⓐ농업의 고령화의 원인으로, 농가 출신의 젊은 사람들의 농업 기피 현상을 언급하고 있다. ⓑ학생들과 농가, 지역 단체가 하나가 되어 농업의 고령화로 인해서 힘들어하는 일본 농업의 해결책을 제시할 수도 있다고 말하고 있다. 따라서 정답은 선택지 1번이다. 학생들의 농업 봉사활동에만 초점을 맞춘 것이 아니기 때문에, 선택지 4번은 정답이 될 수 없고, 선택지 2번과 3번에 관한 언급은 없었다.

[단어]

農業 농업 | 高齢化 고령화 | 持続 지속 | ～に対する ～에 대한 | 忌避 기피 | 現象 현상 | 洗練 세련 | 追求 추구 | 厳しい 엄하다, 혹독하다 | 放置 방치 | ～にとって ～에(게) 있어서 | 餌 먹이, 사료 | 出没 출몰 | 人身事故 인사 사고, 인명 사고 | 農産物 농산물 | 販売 판매 | 事例 사례 | 団体 단체 | 支援 지원 | 解決策 해결책 | ～として ～(으)로서 | 原因 원인 | 対策 대책 | 政府 정부

3番

<table>
<tr><td>

テレビで専門家が話しています。

</td><td>

TV에서 전문가가 이야기하고 있습니다.

</td></tr>
<tr><td>

M 現代社会は共働きの時代と言えます。男性の収入への依存度が高かった以前とは違って、女性もまた働く社会になりました。家庭経済の危機脱出、仕事に対する認識変化、高齢化時代による老後の準備などの影響が、女性たちの就職活動の増加の原因として分析されています。女性の社会進出によって、育児に対する認識も以前とは大きく変わっていることが分かります。労働と育児を両立している女性たちの負担を解消するために、女性のみならず男性の育児有給休暇の導入、シフト勤務制度、ジョブシェアリングなど、共働ぎの家庭を支援している制度が増加しつつあります。しかし、ⓐ結婚した人を対象にしたアンケート調査の結果、男性の育児休暇の経験者は10％以下、女性の場合もまた、35％を下回る数値を記録しました。離婚率が徐々に高まる傾向を示している現象からみると、ⓑ政府主導の制度的な支援だけでなく、現場での認識変化も必要な時期にきたとも言えます

</td><td>

M 현대 사회는 맞벌이의 시대라고 말할 수 있습니다. 남성의 수입에 대한 의존도가 높았던 예전과는 달리, 여성 또한 일을 하는 사회가 되었습니다. 가정 경제의 위기 탈출, 일에 대한 인식 변화, 고령화 시대에 따른 노후 준비 등의 영향이 여성들의 취업 활동의 증가 원인으로 분석되고 있습니다. 여성의 사회 진출에 따라서 육아에 대한 개념도 예전과는 크게 달라져 있는 것을 알 수 있습니다. 노동과 육아를 병행하고 있는 여성들의 부담을 해소하기 위해서, 여성뿐만 아니라 남성의 육아 유급 휴가의 도입, 교대 근무 제도, 잡 셰어링 등 맞벌이 가정을 지원하고 있는 제도가 계속 늘어나고 있습니다. 그러나 ⓐ결혼한 사람을 대상으로 한 앙케트 조사 결과, 남성의 육아 휴가 경험자는 10% 이하, 여성의 경우 또한 35%를 밑도는 수치를 기록하였습니다. 이혼율이 차츰 높아지는 경향을 보이고 있는 현재 상황으로 보면, ⓑ정부 주도의 제도적인 지원뿐만 아니라, 현장에서의 인식 변화도 필요한 시기가 왔다고도 말할 수 있습니다.

</td></tr>
</table>

男の人が言いたいことはどれですか。

1 現代社会の共稼ぎの原因
2 女性の就職活動の増加の原因
3 政府の共働き家庭のための対策
4 会社の共稼ぎ家庭のための配慮

[풀이]

ⓐ필자는 육아 휴가가 제대로 이루어지지 않고 있다고 말하고 있고, ⓑ정부의 제도적인 지원도 중요하지만, 현장(회사)에서의 육아 휴가에 대한 인식 변화가 필요하다고 말하고 있다. 따라서 정답은 선택지 4번이다..

[단어]

専門家 전문가 | 共働き 맞벌이 | 収入 수입 | 依存 의존 | 経済 경제 | 危機 위기 | 脱出 탈출 | ～に対する ～에 대한 | 認識 인식 | 高齢化 고령화 | ～による ～에 의한, ～에 따른 | 就職 취직 | ～として ～(으)로서 | 育児 육아 | 労働 노동 | 負担 부담 | 解消 해소 | 導入 도입 | 制度 제도 | 離婚 이혼 | 支援 지원 | 傾向 경향 | 政府 정부 | 対策 대책 | 配慮 배려 |

4番

講演会で男の人が話しています。

M 今日は、ビジネスマナーについて話させていただきましょう。ビジネスマナーというのは、相手と実際に会う前からすでに始まっています。ⓐ特に電話応対の態度が重要ですが、丁寧な言い方で話すことは、すでに周知のことであり、内容の整理も必要となります。口頭だけの内容は、時間が経過するにつれて、お互いの記憶の内容にくい違いが発生したり、誤解が生じたりすることもあるからです。したがって、ⓑ電話で取り交わした内容を簡潔にまとめて、メールで送っておくといいでしょう。直接会って話をする場合よりも、電話での会話に誤解が発生しやすいということを見落としてはいけないのです。ⓒもちろん、先方の人と対面する場においては、ちゃんとした服装を着用したり、丁寧な言い方をしたりすることは言うまでもないでしょう。

男の人が最も言いたいことは何ですか。

강연회에서 남자가 이야기하고 있습니다.

M 오늘은 비즈니스 매너에 대해서 이야기하겠습니다. 비즈니스 매너라는 것은 상대방과 실제로 만나기 전부터 이미 시작됩니다. ⓐ특히 전화 응대 태도가 중요한데, 정중한 말투로 이야기를 하는 것은 이미 모두 알고 있는 것이고, 내용의 정리도 필요합니다. 말로만 했던 내용은 시간이 지남에 따라서 서로가 기억하는 내용에 차이가 발생하거나 오해가 생기거나 하는 경우도 있기 때문입니다. 따라서 ⓑ전화로 주고받은 내용들을 간결하게 정리해서 메일로 보내 두면 좋겠죠. 직접 만나서 이야기를 하는 경우보다도 전화상의 대화에 오해가 발생하기 쉽다는 사실을 간과해서는 안 되는 것입니다 ⓒ물론 상대방과 대면하는 자리에서는 제대로 된 복장을 착용하거나 정중한 말투를 사용하는 것은 말할 필요도 없겠죠.

남자가 가장 말하고 싶은 것은 무엇입니까?

남자가 말하고 싶은 것은 어느 것입니까?

1 현대 사회의 맞벌이의 원인

2 여성의 취업 활동 증가의 원인

3 정부의 맞벌이 가정을 위한 대책

4 회사의 맞벌이 가정을 위한 배려

1　電話応対における丁寧な言い方
2　電話応対における内容の整理
3　ビジネスマナーに関する服装
4　簡潔なメールの作成方法

1　전화 응대에서의 정중한 말투
2　전화 응대에서의 내용 정리
3　비즈니스 매너에 관한 복장
4　간결한 메일의 작성 방법

[풀이]

ⓐ전화 응대를 할 때, 정중한 목소리로 말하는 것은 이미 다 알고 있는 내용이라고 말하고 있기 때문에, 선택지 1번은 정답이 될 수 없다. 또한 내용을 정리하는 것이 중요하고, ⓑ메일로 보내 두는 것이 좋다고 말하고 있다. 따라서 정답은 선택지 2번이다. ⓒ상대방과 대면할 때, 단정한 복장을 착용하는 것과 정중한 말투를 사용하는 것은 당연하다고 말하고 있다. 따라서 남자가 강조하고 싶은 내용이라고 보기 힘들기 때문에, 선택지 3번은 정답이 아니다. 선택지 4번에 관한 언급은 없었다.

[단어]

～について ～에 대해서 | すでに 이미, 벌써 | 開始 개시 | 応対 응대 | 態度 태도 | 丁寧 정중함, 공손한 | 周知 주지(여러 사람이 두루 알다) | 整理 정리 | 経過 경과 | ～につれて ～에 따라서, ～와 더불어 | 互い 서로 | 誤解 오해 | 生じる 발생하다, 생기다 | したがって 따라서 | 取り交わす 주고받다, 교환하다 | 簡潔 간결 | まとめる 정리하다 | 見落とす 간과하다, 빠뜨리다 | 対面 대면 | 服装 복장 | 着用 착용 | ～における ～에서의, ～경우(의) | ～に関する ～에 관한

5番

大学で先生が話しています。

大학교에서 선생님이 이야기하고 있습니다.

F　ⓐ今日は、健康と睡眠について調べましょう。忙しく、激しく生きている現代人は、特に睡眠時間の不足を訴えています。ⓑ睡眠不足に伴って、男性は問題解決能力に障害が生じ、特に感情調節の能力が低下して、衝動的な行動をとりやすくなります。ⓒ女性の場合には、生理学的なホルモンの変化やストレスの反応を調節する器官が影響されることによって、うつ病などにつながることも多いです。一方、ⓓ9時間以上の睡眠も早期死亡を誘発する主な原因として報告されています。このように、睡眠と健康は非常に密接な関係を持ちますが、睡眠時間の調節と共に正しい睡眠をとることも重要です。健康的な睡眠をとるための簡単な方法は、電気を消して寝ることです。電気をつけたまま寝ると、メラトニンなどのホルモンの分泌が抑制され、適切な睡眠時間にもかかわらず、疲れを感じてしまうそうです。

先生は、何について話していますか。

F　ⓐ오늘은 건강과 수면에 대해서 알아보겠습니다. 바쁘고 치열하게 살아가고 있는 현대인은 특히 수면 시간의 부족을 호소하고 있습니다. ⓑ수면 부족에 따라 남성은 문제 해결 능력에 장애가 생기고, 특히 감정 조절 능력이 저하되어 충동적인 행동을 하기 쉬워집니다. ⓒ여성의 경우에는 생리학적인 호르몬의 변화나 스트레스 반응을 조절하는 기관이 영향을 받는 것에 의해서, 우울증 등으로 이어지는 경우도 많습니다. 한편, ⓓ9시간 이상의 수면도 조기 사망을 유발하는 주요 원인으로 보고되고 있습니다. 이와 같이 수면과 건강은 매우 밀접한 관계를 가지는데, 수면 시간의 조절과 함께 올바른 수면을 취하는 것도 중요합니다. 건강한 수면을 위한 간단한 방법은 불을 끄고 자는 것입니다. 불을 켜 둔 채 잠을 자면 멜라토닌 등의 호르몬 분비가 억제되어, 적절한 수면 시간에도 불구하고 피곤함을 느끼게 된다고 합니다.

선생님은 무엇에 대해서 이야기하고 있습니까?

1 睡眠時間によるホルモンの変化	1 수면 시간에 따른 호르몬의 변화
2 睡眠と健康の相関関係	**2 수면과 건강의 상관관계**
3 ホルモンと睡眠の関係	3 호르몬과 수면의 관계
4 正しい睡眠のための方法	4 올바른 수면을 위한 방법

[풀이]

ⓐ건강과 수면의 관계에 대해서 말하고 있다는 것을 알 수 있다. 수면 부족으로 인해서, ⓑ남성은 문제 해결 능력과 감정 조절 능력이 저하되고, ⓒ여성은 호르몬이나 스트레스 조절에 이상이 생긴다고 말하고 있다. 또한 ⓓ너무 수면 시간이 길면 조기 사망의 원인이 될 수도 있어서 수면과 건강은 매우 밀접한 관계를 가진다고 다시 한 번 언급하고 있다. 따라서 정답은 선택지 2번이다. 건강한 수면을 위한 방법을 한 가지 언급하고 있지만, 주요 테마로 보기에는 다소 무리가 있다. 따라서 선택지 4번은 정답이 아니고, 선택지 1번과 3번에 관한 언급은 없었다.

[단어]

健康 건강 ┃ 睡眠 수면 ┃ ～について ～에 대해서 ┃ 生きる 살다 ┃ 訴える 호소하다, 소송하다 ┃ ～に伴って ～에 따라서 ┃ 解決 해결 ┃ 能力 능력 ┃ 障害 장해 ┃ 生じる 발생하다, 일어나다 ┃ 感情 감정 ┃ 調節 조절 ┃ 衝動的 충동적 ┃ 反応 반응 ┃ 器官 기관 ┃ うつ病 우울증 ┃ 一方 한편 ┃ 早期 조기 ┃ 死亡 사망 ┃ 誘発 유발 ┃ ～として ～(으)로서 ┃ 報告 보고 ┃ 非常に 매우, 상당히 ┃ 密接 밀접 ┃ ～と共に ～와 함께 ┃ ～まま ～채로 ┃ 分泌 분비 ┃ 抑制 억제 ┃ 適切 적절 ┃ ～による ～에 의한

6番

ラジオで女の人と医者が話しています。	라디오에서 여자와 의사가 이야기하고 있습니다.
F 最近、不安障害を訴える人たちが増えています。まず、不安障害の症状について教えてください。	F 최근 불안장애를 호소하는 사람들이 늘고 있습니다. 먼저 불안장애의 증상에 대해서 알려 주시죠.
M ⓐ不安障害というのは、緊張すると自分の思うように話せなかったり、大勢の人の前で話をするときに声が震えたりすることを言います。つまり、不安な気持ちが行動にまで表れるものだと言えるでしょう。	M ⓐ불안장애라는 것은 긴장을 하면 자신의 생각대로 이야기를 못하거나 많은 사람들 앞에서 이야기를 할 때에 목소리가 떨리거나 하는 것을 말합니다. 즉 불안한 마음이 행동으로까지 나타나는 것이라고 말할 수 있죠.
F そうですね。私も幼ない頃、似たような症状がありましたが、今は全然そのような症状がありません。自然に治る場合もあるんですか。	F 그렇군요. 저도 어렸을 때 비슷한 증상이 있었지만, 지금은 전혀 그런 증상이 없습니다. 저절로 낫는 경우도 있는건가요?
M はい。ⓑ子供は、肉体的な部分だけでなく、精神的にもまだ成熟していないので、不安な症状を見せる場合がしばしばあります。時間が経つにつれて肉体的、精神的に成長をしていくため、多少の不安を感じてもそれが生活に大きな影響を与えるほどではなくなるのですね。ⓒ最近よく耳にする社会不安障害という言葉がありますが、これは人と付き合うときに表れるものです。	M 네. ⓑ어린 아이는 육체적인 부분뿐만 아니라 정신적으로도 아직 성숙하지 못하기 때문에, 불안한 증상을 보이는 경우가 종종 있습니다. 시간이 지남에 따라서 육체적, 정신적으로 성장해 가기 때문에, 다소의 불안함을 느끼더라도 그것이 생활에 큰 영향을 줄 정도가 아니게 되는 것이죠. ⓒ최근에 자주 듣는 사회불안장애라는 단어가 있는데, 이것은 다른 사람과 어울릴 때에 나타나는 것입니다.

一人でいるときは、ほとんど出ないのですが、他の人と対話をしたり、行動をしたりするときに不安な気持ちになって異常な行動が出るわけです。

F それでは、このような不安障害を持っている方々にどんな治療方法があるでしょうか。

M ⓓ精神的な異常症状は、簡単に治ることはめったにありません。心理治療と薬の治療を兼ねる場合が一般的ですが、患者によって症状が異なるため、まず病院で相談をしてみることをお勧めします。不安症状は心拍数にも影響されるため、カフェインが含まれているコーヒーやチョコレートのような食べ物は控えた方がいいです。

혼자 있을 때는 거의 나타나지 않지만, 다른 사람과 대화를 하거나 행동을 하거나 할 때에 불안한 기분이 되어서 이상한 행동이 나오는 것입니다.

F 그럼, 이러한 불안장애를 가지고 있는 분들에게 어떤 치료 방법이 있을까요?

M ⓓ정신적인 이상 증상은 간단하게 낫는 경우는 거의 없습니다. 심리치료와 약물치료를 겸하는 경우가 일반적이지만, 환자마다 증상이 다르기 때문에, 우선 병원에서 상담을 해 보는 것을 권유 드립니다. 불안 증상은 심박수에도 영향을 주기 때문에, 카페인이 함유된 커피나 초콜릿과 같은 음식은 피하는 것이 좋습니다.

二人は、何について話していますか。

두 사람은 무엇에 대해서 이야기하고 있습니까?

1 子供の不安症状の種類
2 年齢による病気の変化
3 精神的な病気の原因と治療
4 食べ物と病の関係

1 어린이의 불안 증상의 종류
2 연령에 따른 질병의 변화
3 정신적인 질병의 원인과 치료
4 음식과 질병의 관계

[풀이]

ⓐ불안장애의 원인에 대해서 말하고 있다. ⓑ어린이의 불안 증상의 종류와 관련된 언급은 없기 때문에, 선택지 1번은 정답이 아니다. ⓒ사회불안장애의 원인에 대해서 언급하고 있다. ⓓ정신적인 질병의 치료 방법에 관해서 언급하고 있다. 따라서 정답은 선택지 3번이고, 선택지 2번과 4번에 관한 언급은 없었다.

[단어]

障害 장애 | 訴える 호소하다, 소송하다 | 症状 증상 | ～について ～에 대해서 | 緊張 긴장 | 震える 흔들리다, 떨리다 | 表れる 나타나다, 드러나다 | 幼ない 어린, 미숙한 | 治る 낫다, 치료되다 | 肉体 육체 | 精神 정신 | 成熟 성숙 | 経つ 지나다, 경과하다 | ～につれて ～에 따라서, ～와 더불어 | 耳にする 듣다 | 付き合う 사귀다, 행동을 같이하다 | 異常 이상 | 兼ねる 겸하다 | ～によって ～에 의해서(따라서) | 異なる 다르다 | 勧める 권하다, 권유하다 | 心拍数 심박수 | 含む 포함하다 | 控える 삼가다, 앞두다 | 病 병

問題 4

問題4では、問題用紙に何も印刷されていません。まず文を聞いてください。それから、それに対する返事を聞いて、1から3の中から、最もよいものを一つ選んでください。

では練習しましょう。

문제4에서는 문제 용지에 아무것도 인쇄되어 있지 않습니다. 먼저 문장을 들어 주세요. 그러고 나서 그것에 대한 대답을 듣고, 1부터 3 중에서 가장 알맞은 것을 하나 고르세요.

그럼 연습하겠습니다.

例

<table>
<tr>
<td>

F　今更行ったところで間に合わないよ。

M　1 やっぱりそうだろう。仕方ないね。

　　2 いや、遅れて行くわけにはいかないだろう。

　　3 もうそろそろ帰ろうか。時間もぎりぎりだし。

</td>
<td>

F　이제 와서 가 봤자, 늦을 거야.

M　1 역시 그렇겠지. 어쩔 수 없네.

　　2 아니, 늦게 갈 수는 없지.

　　3 이제 슬슬 집에 갈까? 시간도 아슬아슬하네.

</td>
</tr>
</table>

最もよいのは1番です。解答用紙の問題4の例のところを見てください。最もよいものは1番ですから、答えはこのように書きます。

では始めます。

가장 알맞은 것은 1번입니다. 해답 용지의 문제 4의 [예] 부분을 봐 주세요. 가장 알맞은 것은 1번이므로 답은 이렇게 씁니다.

그럼 시작하겠습니다.

1番

<table>
<tr>
<td>

F　申し訳ございません。送っていただいた資料は、まだ読んでおりません。

M　1 いいえ、大丈夫です。お時間あるときに送ってください。

　　2 え！ そうなんですか。急いでいただけますか。

　　3 はい、資料は明日までに送って差し上げます

</td>
<td>

F　죄송합니다. 보내 주신 자료는 아직 읽지 못했습니다.

M　1 아니요, 괜찮습니다. 시간 날 때 보내 주세요.

　　2 앗! 그래요? 서둘러 주시겠어요?

　　3 네, 자료는 내일까지 보내 드리겠습니다.

</td>
</tr>
</table>

[풀이]　보내 준 자료를 아직 못 읽어서 죄송하다는 여자의 말에, 서둘러 달라는 선택지 2번이 정답이다.

[단어]　申し訳ない 미안하다, 죄송하다 | 資料 자료 | 急ぐ 서두르다 | 差し上げる 드리다

2番

<table>
<tr>
<td>

M　ああ、もう少しで勝つとこだったのに。

F　1 まだ間に合う。頑張って。

　　2 本当！ 負けなくてよかったね。

　　3 いいよ。最善を尽くしたんだから。

</td>
<td>

M　아아, 조금만 더 했으면 이길 수 있었을 텐데.

F　1 아직 늦지 않았어. 힘내.

　　2 정말! 지지 않아서 다행이네.

　　3 괜찮아. 최선을 다했으니까.

</td>
</tr>
</table>

[풀이]　이기지 못해서 아쉽다는 남자의 말에, 최선을 다했으니 괜찮다고 말하는 선택지 3번이 정답이다.

[단어]　間に合う 시간에 맞추다, 충분하다 | 負ける 지다, 패하다 | 最善を尽くす 최선을 다하다

F お客様、先月のレンタル商品の使用料金が、まだお振り込みされていないようですが。	F 손님, 지난달 렌털 상품 사용 요금이 아직 입금되지 않은 것 같습니다만.
M 1 申し訳ありません。これはレンタルできない製品です。 2 あ、すみません。つい、うっかりしていました。 3 では、どうしてくれますか。	M 1 죄송합니다. 이것은 렌털이 불가능한 제품입니다. 2 아, 죄송합니다. 저도 모르게 깜박하고 있었네요. 3 그럼, 어떻게 해 줄 건가요?

[풀이]   상품의 렌털 비용이 입금되지 않았다는 여자의 말에, 깜빡 잊고 있었다고 말하는 선택지 2번이 정답이다.

[단어]   振り込む (계좌에) 입금하다 ▮ うっかりする 깜박 잊다

M 僕が出張でいない間、よろしく頼むね。	M 내가 출장으로 없는 동안 잘 부탁해.
F 1 はい、戻って来られましたら、すぐ出張の支度をいたします。 2 あいにく、田中は只今出張中でおりまして。 3 はい、ご心配なく。	F 1 네, 돌아오시면 바로 출장 준비를 하겠습니다. 2 공교롭게도 다나카는 지금 출장 중입니다만. 3 네, 걱정하지 마세요.

[풀이]   출장 가 있는 동안 잘 부탁한다는 남자의 말에, 걱정하지 말라는 선택지 3번이 정답이다.

[단어]   支度 준비, 채비 ▮ あいにく 공교롭게도, (때)마침 ▮ 只今 지금, 현재

F あのう、少しだけ席を詰めていただけないでしょうか。	F 저기, 조금만 자리를 좁혀 주실 수 없을까요?
M 1 あ、すみません。失礼しました。 2 ありがとうございます。おかげさまです。 3 それでは、使用済みの席は後片付けまでお願いしますね。	M 1 아, 죄송합니다. 실례했습니다. 2 감사합니다. 덕분이에요. 3 그럼, 사용이 끝난 자리는 뒷정리까지 잘 부탁 드려요.

[풀이]   자리를 조금만 좁혀 달라는 남자의 말에, 미안하다는 대답을 하고 있는 선택지 1번이 정답이다.

[단어]   席 자리 ▮ 詰める 좁히다, 채우다 ▮ ～済み ～끝남 ▮ 後片付け 뒷정리, 뒷마무리

6番

M 児玉さんは、道がこんでて少し遅れそうなんだって。	M 고다마 씨는 길이 막혀서 조금 늦을 것 같대.
F 1 もっと早く出発したらよかったのに. 2 道に迷ってたら大変だけどね. 3 さすが遅れないよね.	F 1 조금 일찍 출발했으면 좋았을 것을. 2 길을 잃었으면 큰일인데. 3 역시 늦지 않는군.

[풀이]　친구가 길이 막혀서 조금 늦을 것 같다는 남자의 말에, 불만을 표현하고 있는 선택지 1번이 정답이다.

[단어]　道がこむ 길이 붐비다(막히다) ▎〜だって 〜(이)래 ▎〜のに 〜는데, 〜텐데 ▎道に迷う 길을 잃다

7番

F 何かあったの。浮かない顔しちゃって。	F 무슨 일 있었어? 우울한 얼굴이네.
M 1 うん、仕事はうまく行ってるから心配しないで。 2 うん、いいアイデアが浮かんで来なくてさあ。 3 うん？ 顔に何か付いてるよ。	M 1 응, 일은 잘 되고 있으니까 걱정하지 마. 2 응, 좋은 아이디어가 떠오르지 않아서 말이지. 3 응? 얼굴에 뭔가 묻어 있어.

[풀이]　무슨 일이 있냐고 물어보는 여자의 말에, 좋은 아이디어가 떠오르지 않는다고 답하고 있는 선택지 2번이 정답이다.

[단어]　浮く 뜨다. 마음이 들뜨다 ▎うまく行く 잘 되어가다 ▎付く 붙다

8番

M 新商品の開発も完成したし、今日はこの辺で終わらせましょう。	M 신상품 개발도 완성됐고, 오늘은 이쯤에서 끝냅시다.
F 1 休み時間にも仕事をしなきゃならないなんて大変だね. 2 やっと、休むことができますね. 3 今日は終わらないと思いますが.	F 1 쉬는 시간에도 일을 해야 하다니 힘들겠네. 2 드디어 쉴 수 있겠네요. 3 오늘은 안 끝날 거 같은데요.

[풀이]　신상품 개발이 완성되었으니 일을 끝내자는 남자의 말에, 이제 쉴 수 있겠다고 답하고 있는 선택지 2번이 정답이다.

[단어]　終わらせる 끝내다 ▎〜なんて 〜하다니

F 今度の休みは、家でゆっくり休もうと思ってたのに。	F 이번 휴가는 집에서 푹 쉬려고 생각했었는데.
M 1 わー、今回の休暇は海外ですか？ 2 え？　どうしたの？　休み、なくなったの？ 3 やっぱり、家では、ゆっくりは休めないね。	M 1 와~, 이번 휴가는 해외인가요？ 2 응? 무슨 일이야? 휴가, 없어졌어？ 3 역시, 집에서는 느긋하게 쉴 수 없군.

[풀이] 이번 휴가는 집에서 푹 쉬려고 했지만, 그렇게 되지 못해서 아쉬워하는 여자에게, 휴가가 없어졌느냐고 물어보는 선택지 2번이 정답이다.

[단어] ゆっくり 천천히, 느긋하게 ┃休暇 휴가 ┃海外 해외

M ご都合のよろしい日を教えていただけませんか。	M 여유가 있는 날을 알려 주시지 않겠습니까？
F 1 今日は体の具合がよくありません。 2 それでは、今週の金曜日にしましょうか。 3 私はかまいません。	F 1 오늘은 몸 상태가 좋지 않습니다. 2 그럼, 이번 주 금요일로 할까요？ 3 저는 상관없습니다.

[풀이] 일정이 괜찮은 날짜를 알려 달라는 남자의 말에, 이번 주 금요일로 하자고 답하는 선택지 2번이 정답이다.

[단어] 都合 형편, 사정 ┃具合 형편, 상태

F あのう、失礼します。中川先生にお会いしたいのですが。	F 저기, 실례합니다. 나카가와 선생님을 만나고 싶은데요.
M 1 はい、お願いします。 2 ご案内をお願いしてもいいですか。 3 少々お待ちください。只今、呼んで参ります。	M 1 네, 부탁하겠습니다. 2 안내를 부탁 드려도 될까요？ 3 잠시만 기다려 주세요. 지금 불러오겠습니다.

[풀이] 나카가와 선생님을 만나고 싶다는 여자의 말에, 지금 불러오겠다는 선택지 3번이 정답이다.

[단어] 案内 안내 ┃只今 지금, 현재 ┃参る 가다, 오다(行く, 来る의 겸사말)

M 本日はご多忙中、遠いところまでわざわざお越し いただきまして、誠にありがとうございます。	M 오늘은 바쁘신 중에, 먼 곳까지 일부러 와 주셔서 대단히 감사합니다.
F 1 いいえ、お会いできてうれしいです。 2 では、また来てくださることをお待ちしており ます。 3 お忙しいところをはるばるお見えになりまして。	F 1 아니요, 만나 뵈어서 기쁩니다. 2 그럼, 또 와 주시기를 기다리고 있겠습니다. 3 바쁘신데 멀리까지 와 주셔서.

[풀이]　바쁘신데 멀리까지 와 주셔서 감사하다는 남자의 말에, 만나서 반가웠다고 답하는 선택지 1번이 정답이다.

[단어]　本日 금일, 오늘 | 多忙 매우 바쁨 | わざわざ 일부러 | お越しいただく 찾아와 주시다, 와 주시다 | 誠に 정말로, 대단히 | はるばる 멀리서 | お見えになる 오시다

F この計画書、何か物足りないところあるんじゃ ない？	F 이 계획서, 뭔가 부족한 부분이 있지 않아?
M 1 はい、きっとうまく行くでしょう。 2 あ、すみません。すぐ、やり直します。 3 はい、他の製品も足りないところを確認してい ます。	M 1 네, 분명 잘 될 거예요. 2 아, 죄송합니다. 바로 다시 하겠습니다. 3 네, 다른 제품도 부족한 부분을 확인하고 있어요.

[풀이]　계획서에 부족한 부분이 있다는 여자의 말에, 다시 만들겠다고 답하는 선택지 2번이 정답이다.

[단어]　計画書 계획서 | 物足りない 어딘가 부족하다 | うまく行く 잘 되어가다 | ~直す 다시 ~하다 | 製品 제품

M さすが、一流のホテルのレストランだけのことは ありますね。	M 역시, 일류 호텔 레스토랑인 만큼의 실력이 있네요.
F 1 うん、どれも悪くないね。 2 うん、レストランだけじゃないから。 3 そう？ かなりおいしいと思うんだけど。	F 1 응, 어떤 것도 나쁘지 않네. 2 응, 레스토랑만이 아니니까. 3 그래? 상당히 맛있다고 생각하는데.

[풀이]　일류 호텔 레스토랑을 칭찬하는 남자의 말에, 동의하고 있는 선택지 1번이 정답이다.

[단어]　さすが 과연, 역시 | 一流 일류 | ~だけのことはある ~인 만큼의 가치가 있다. ~할 말한다

問題5では、長めの話を聞きます。この問題には練習はありません。問題用紙にメモをとってもかまいません。

1番　2番

問題用紙に何も印刷されていません。まず話を聞いてください。それから、質問とせんたくしを聞いて、1から4の中から、最もよいものを一つ選んでください。

では始めます。

문제5에서는 긴 이야기를 듣습니다. 이 문제에는 연습은 없습니다. 문제 용지에 메모를 해도 상관없습니다.

1번　2번

문제 용지에 아무것도 인쇄되어 있지 않습니다. 먼저 이야기를 들으세요. 그러고 나서, 질문과 선택지를 듣고 1에서 4 중에서 가장 알맞은 것을 하나 고르세요.

그럼 시작하겠습니다.

1番

店で男の人と女の店員が話しています。	가게에서 남자와 여자 직원이 이야기하고 있습니다.

M カーテンを買いに来たんですが。

F 何かご希望の物でもございますか。

M ええと、そうですね。部屋が明るすぎるので、日光を遮るものがいいんですけど。

F そうでしたら、厚いカーテンの方がいいですね。ご希望の色は？

M 別に色には、こだわってないんですけど……。

F それでしたら、@こちらのベージュ色のカーテンはいかがですか。天然素材で作られていて洗濯するとき、手洗いをしなければならないのですが、肌触りもよくて部屋全体に暖かい感じを与えることができます。⑥色違いで、青色のもあります。こちらは、模様もデザインもかわいくて、若い人に人気の商品です。

M 両方とも、手洗いしないといけないんですか。

F はい、そうなんです。⑥手で洗濯をするのが大変なら、この緑色のカーテンをお勧めします。生地は厚い方ですが、洗濯機で洗っても全然支障がない素材を使用しております。それから、⑥こちらの白いのも、洗濯機で洗えますし、独身男性たちに人気があります。明るい部屋の雰囲気がお好みでしたら、お勧めしたいですね。

M 커튼을 사러 왔는데요.

F 뭔가 희망하는 물건이 있으신가요?

M 음, 글쎄요. 방이 너무 밝아서, 햇빛을 막을 수 있는 것이 좋을 것 같은데.

F 그러시다면 두꺼운 커튼 쪽이 좋겠네요. 원하시는 색깔은?

M 딱히 색상에 집착하지 않아서…….

F 그러시다면, @이쪽의 베이지색 커튼은 어떠신가요? 천연 소재로 만들어져서 빨래할 때 손빨래를 해야 하지만, 감촉도 좋고 방 전체에 따뜻한 느낌을 줄 수 있습니다. ⑥다른 색상으로 파란 색도 있습니다. 이쪽은 모양도 디자인도 귀여워서 젊은 사람들에게 인기 상품입니다.

M 양쪽 모두 손빨래를 해야 하는 건가요?

F 네, 그렇습니다. ⑥손으로 세탁을 하는 것이 힘들다면, 이 초록색 커튼을 추천합니다. 천은 두꺼운 편이지만, 세탁기로 빨아도 전혀 지장이 없는 소재를 사용하고 있습니다. 그리고 ⑥이쪽의 흰색도 세탁기로 빨 수 있고, 독신 남성들에게 인기가 있습니다. 밝은 방의 분위기를 좋아하신다면 추천해 드리고 싶네요.

M えーと、肌触りもよくて暖かい感じもいいですが、ⓔやはり手洗いをするのはちょっと……。あと、汚れが気になるものもちょっと……。今の部屋って、あまりにも明るすぎて。それではこれにします。

M 음, 촉감도 좋고 따뜻한 느낌도 좋지만, ⓔ역시 손빨래를 하는 건 조금……. 그리고 더러워지는 것이 신경 쓰이는 것도 좀……. 지금 방이 너무 밝기도 하고. 그럼 이걸로 하겠습니다.

男の人は、どんなカーテンを買うことにしますか。

남자는 어떤 커튼을 사기로 했습니까?

1　ベージュ色のカーテン
2　青色のカーテン
3　緑色のカーテン
4　白いカーテン

1　베이지색 커튼
2　파란색 커튼
3　녹색 커튼
4　흰색 커튼

[풀이]

ⓐ선택지 1번의 베이지색 커튼은 손빨래를 해야 하지만, 감촉이 좋다고 설명하고 있다. ⓑ선택지 2번의 파란색 커튼도 역시 손빨래를 해야 하지만, 모양과 디자인이 귀엽다고 말하고 있다. ⓒ선택지 3번의 녹색 커튼은 세탁기로 빨 수 있고, 재질도 두껍다고 말하고 있다. ⓓ선택지 4번의 흰색 커튼도 세탁기로 빨 수 있고, 밝은 방의 분위기를 낼 수 있다고 설명하고 있다. ⓔ남자는 손빨래 하는 건 싫다고 했기 때문에 선책지 1번과 2번은 정답에서 제외된다. 또 방이 너무 밝고, 더러워지기 쉬운 것은 신경이 쓰인다고 했으니, 정답은 선택지 3번이다.

[단어]

希望 희망 | 日光 햇빛 | 遮る 가리다, 차단하다 | 厚い 두껍다 | こだわる 구애되다, 얽매이다 | 素材 소재 | 手洗い 손빨래 | 肌 피부 | 触り 촉감 | 模様 모양, 무늬 | 生地 본바탕, 천 | 支障 지장 | 独身 독신 | 好み 기호, 취미 | 汚れ 더러움, 오점 | 気になる 마음에 걸리다, 신경이 쓰이다

2番

食品会社の会議で、上司と二人の部下が話しています。

식품 회사의 회의에서 상사와 부하 2명이 이야기하고 있습니다.

M 来月、発売予定の弁当に、いくつかの問題点が出てきてね。
F1 どのような問題ですか。
M うん、販売価格の面で、他社に比べて高いという消費者のアンケート結果がでているんだよ。
F2 やっぱり、うちの会社は弁当の材料に力を入れていますから。いい材料を使えば、結局、価格は高くなるものですね。

M 다음 달에 발매 예정인 도시락에 몇 가지 문제점이 나와서 말이지.
F1 어떤 문제인가요?
M 음, 역시 판매 가격 면에서 다른 회사에 비해 비싸다는 소비자 앙케트 결과가 나왔어.
F2 역시, 저희 회사는 도시락의 재료에 힘을 쏟고 있으니까요. 좋은 재료를 사용하면, 결국 가격이 높아지는 것이네요.

M うん、そういうわけだね。会社の方針が安くておいしい弁当を販売することだから、値段が高くなることに対しては営業部をはじめいろんな部署が懸念をいだいているんだよ。

F1 お弁当を大量に作るとしたら、材料は安く購入することができるのではないでしょうか。

M ⓐでも、新鮮さが強調される弁当の世界で、いくら上質な材料の保管ができるとしてもやっぱり質の低下に繋がることになりかねないから。材料の賞味期限のことも考えると……。

F2 あのう、ⓑお弁当のサイズを少し小さくしてみるのはどうでしょうか。中身を10％ぐらい削減することができたら、値段も下げることができると思います。

M ⓒう～ん、そうだね。味を落とすわけじゃないから、大丈夫かもしれないね。今日、午後の会議に社長も出席されるから話してみるよ。

男の人は、どんな報告をしますか。

1 使用する材料を大量に買うこと
2 冷凍保存で新鮮さを維持させること
3 商品の大きさを変更すること
4 味に対する部分を譲ること

M 응, 그런 셈이지. 회사의 방침이 싸고 맛있는 도시락을 판매하는 것이라서, 가격이 비싸지는 것에 대해서는 영업부를 비롯한 여러 부서가 걱정을 하고 있지.

F1 도시락을 대량으로 만든다면 재료는 싸게 구입할 수 있지 않을까요?

M ⓐ하지만 신선함이 강조되는 도시락의 세계에서, 아무리 뛰어난 재료 보관이 가능하다고 해도 역시 질적 저하로 이어질 수도 있으니까. 재료의 유통 기한에 대한 것을 생각한다면…….

F2 저어, ⓑ도시락 사이즈를 조금 작게 해 보는 것은 어떨까요? 내용물을 10% 정도 줄일 수 있다면 가격도 내릴 수 있을 것 같습니다.

M ⓒ음, 그렇군. 맛을 떨어뜨리는 것은 아니니까 괜찮을 수도 있겠네. 오늘 오후 회의에 사장님도 참석하시니 얘기해 볼게.

남자는 어떤 보고를 합니까?

1 사용할 재료를 대량으로 사는 것
2 냉장 보존으로 신선함을 유지시키는 것
3 상품의 크기를 변경하는 것
4 맛에 대한 부분을 양보하는 것

[풀이]

ⓐ재료를 대량으로 구입하면, 질적인 저하로 이어질 수 있다고 말하고 있기 때문에, 선택지 1번은 정답이 아니다. ⓑ도시락의 사이즈를 작게 하는 것으로 가격도 내릴 수 있고, ⓒ맛을 떨어뜨리는 것이 아니라서 괜찮을 거라고 말하고 있다. 따라서 정답은 선택지 3번이고, 선택지 4번은 정답이 될 수 없다. 선택지 2번에 관한 언급은 없었다.

[단어]

上司 상사 | 発売 발매 | 販売 판매 | 価格 가격 | ～に比べて ～에 비해서 | 材料 재료 | 方針 방침 | ～に対して ～에 대해서 | ～をはじめ ～을 비롯해 | 懸念 걱정, 우려 | 購入 구입 | 新鮮な 신선한 | 強調 강조 | 上質 질이 좋음 | 保管 보관 | 繋がる 이어지다, 연결되다 | ～かねない ～할지도 모른다, ～할 듯하다 | 賞味期限 유통기한 | 中身 내용, 알맹이 | 削減 삭감 | 味 맛 | 冷凍 냉동 | 保存 보존 | 維持 유지 | 譲る 양보하다

まず話を聞いてください。それから、二つの質問を聞いて、それぞれ問題用紙の1から4の中から、最もよいものを一つ選んでください。

では始めます。

먼저, 이야기를 들어 주세요. 그러고 나서, 두 질문을 듣고 각각 문제 용지의 1에서 4 중에서 가장 알맞은 것을 하나 고르세요.

그럼 시작합니다.

テレビを見ながら、男の人と女の人が話しています。	텔레비전을 보면서 남자와 여자가 이야기하고 있습니다.

M1 次は書籍を紹介する時間です。今日は話題の新刊について、ジャンル別に4冊、紹介いたします。まず、ⓐ一冊目は「猫ちゃんの一日」です。この題名をご存知の視聴者も大勢いらっしゃるでしょうね。この本はインターネット小説として莫大なクリック件数を記録した話題のあの小説です。今も連載中で、一年以上たっても熱が冷めておりません。原作が少し脚色して書かれているため、一度読んだことがある方にも楽しめる内容だと思います。ⓑ二冊目は恋愛小説である「灯台の村」です。ベストセラー作家の島田亮さんの野心作で、発売した日に10万部も販売されたということです。島田さんならではの繊細な感情描写と心に突き刺さる美しい台詞がこの本の醍醐味だとも言えますが、すでに映画化されることも確実になったそうです。ⓒ三冊目は「心の話」です。実はこの本は医学の本として分類されますが、激動の時代を生きる現代人なら必ず必要とされる書籍かもしれません。医学系の専門記者が10年間書き続けた記事をもとに、誤解されやすい医学常識を分かりやすく説明しているそうです。ⓓ四冊目は、「森の魔女」という本です。漫画のジャンルで、現在、最も人気がある本ですが、15歳未満の購読はできません。内容があまりにも扇情的で暴力的なわけではありませんが、ストーリーがやや複雑なので、子供たちは読んでも理解しにくい所が多いという点が大きな理由です。

M1 다음은 서적을 소개하는 시간입니다. 오늘은 화제의 신간에 대해서 장르별로 4권, 소개해 드리겠습니다. 우선 ⓐ첫 번째 책은 『고양이의 하루』입니다. 이 제목을 알고 계시는 시청자도 많이 계시겠죠. 이 책은 인터넷 소설로서 엄청난 조회수를 기록한 화제의 그 소설입니다. 지금도 연재 중이고, 1년 이상 지나도 열기가 식지 않네요. 원작이 조금 각색되어서 쓰였기 때문에, 한 번 읽은 적이 있는 분들도 즐길 수 있는 내용이라고 생각합니다. ⓑ두 번째 책은 연애 소설인 『등대 마을』입니다. 베스트셀러 작가인 시마다 료 씨의 야심작으로, 발매한 날에 10만 부나 판매되었다고 합니다. 시마다 씨만의 섬세한 감정 묘사와 마음에 꽂히는 아름다운 대사가 이 책의 묘미라고도 할 수 있는데, 이미 영화화되는 것도 확실해졌다고 합니다 ⓒ세 번째 책은 『마음의 이야기』입니다. 사실 이 책은 의학책으로 분류되는데, 격동의 시대를 살아가는 현대인들이라면 꼭 필요한 서적일지도 모릅니다. 의학계의 전문 기자가 10년 동안 계속 써 온 기사를 토대로 오해하기 쉬운 의학 상식을 알기 쉽게 설명하고 있다고 합니다. ⓓ네 번째 책은 『숲의 마녀』라는 책입니다. 만화 장르에서 현재 가장 인기가 있는 책이지만, 15세 미만의 구독은 불가능합니다. 내용이 지나치게 선정적이고 폭력적인 것은 아니지만, 스토리가 다소 복잡해서 어린이들은 읽더라도 이해하기 힘든 부분이 많다는 점이 큰 이유입니다.

M2 おお、漫画が話題の新刊に選ばれるなんて、珍しいね。どんな内容か気になるから、一度読んでみようかな。

F 漫画以外のものも読んでみたら？ 集中して読むと、いつの間にか自分も知らないうちにハマっちゃう。文章から得られる面白さを感じてみるのはどうなの？

M2 はい、はい。君はどんな本が気に入ったの？

F 漫画以外は全部気に入ってる。もうすぐ試験だから、全部は読めないね。ああ、残念。

M2 そう？ 試験勉強のストレス解消のために、あの本を読んでみるのはどう？ 役に立つかも知れないよ。

F ⓔいいわよ。一冊、本を選ぶとしたら、やっぱりあれね。私、あの作家のファンなの。原作と少し違うというのも興味があるし。あ、ⓕあの本も面白そう。元々、恋愛小説って、読みごたえもあって展開も速いから。読んでみたらどう？ あとでどんな内容だったか教えてね。

M2 じゃ、一度挑戦してみようか。

M2 오오, 만화책이 화제의 신간으로 선정되다니, 드문 일이네. 어떤 내용일지 궁금하니까 한 번 읽어 볼까?

F 만화책 말고 다른 것도 읽어 보는 게 어때? 집중해서 읽다 보면 자기도 모르게 빠져들어. 글에서 얻을 수 있는 즐거움을 느껴 보는 것은 어때?

M2 네, 네. 넌 어떤 책이 마음에 들어?

F 만화 이외에는 다 맘에 들어. 이제 곧 시험이라서 전부 읽을 수는 없겠네. 아아, 유감이야.

M2 그래? 시험 공부 스트레스 해소를 위해, 저 책을 읽어 보는 건 어때? 도움이 될지도 몰라.

F ⓔ됐어. 책 한 권을 고른다고 한다면 역시 저거지. 나 저 작가 팬이거든. 원작과 조금 다르다는 것도 흥미롭고. 아, ⓕ저 책도 좋을 것 같아. 원래 연애 소설이 읽는 보람도 있고 전개도 빠르니까. 읽어 보는 게 어때? 나중에 어떤 내용이었는지 알려줘.

M2 그럼, 한 번 도전해 볼까?

質問1）男の人はどの本を読もうと思っていますか。
1 「猫ちゃんの一日」
2 「灯台の村」
3 「心の話」
4 「森の魔女」

질문 1) 남자는 어떤 책을 읽으려고 합니까?
1 고양이의 하루
2 등대 마을
3 마음의 이야기
4 숲의 마녀

質問2）女の人はどの本を読もうと思っていますか。
1 「猫ちゃんの一日」
2 「灯台の村」
3 「心の話」
4 「森の魔女」

질문 2) 여자는 어떤 책을 읽으려고 합니까?
1 고양이의 하루
2 등대 마을
3 마음의 이야기
4 숲의 마녀

[풀이]

ⓐ는 선택지 1번의 책을 소개하고 있는 내용이고, ⓑ는 선택지 2번의 책에 대해서 언급하고 있다. ⓒ는 선택지 3번의 책을 언급하고 있고, ⓓ는 선택지 4번의 책에 대해서 말하고 있다. ⓕ남자는 연애 소설에 도전을 해 본다고 말하고 있기 때문에, 질문1의 정답은 선택지 2번이다.

ⓔ여자는 원작과 조금 다른 책을 읽어 본다고 말하고 있기 때문에, 질문2의 정답은 선택지 1번이다.

[단어]

書籍 서적, 책 | 話題 화제 | 新刊 신간 | ～について ～에 대해서 | 題名 제목 | 視聴者 시청자 | 莫大 막대 | 小説 소설 | 連載

연재 | 冷める 식다 | 脚色 각색 | 恋愛 연애 | 灯台 등대 | 野心 야심 | 発売 발매 | 繊細な 섬세한 | 感情 감정 | 描写 묘사 | 突き刺さる 꽂히다, 찔리다 | 台詞 대사 | 醍醐味 묘미 | ～として ～(으)로서 | 分類 분류 | 激動 격동 | 記事 기사 | ～をもとに ～을 토대로(바탕으로) | 誤解 오해 | 常識 상식 | 漫画 만화 | 購読 구독 | 扇情的 선정적 | 暴力 폭력 | 気になる 신경이 쓰이다, 마음에 걸리다 | 集中 집중 | ～うちに ～하는 동안에(사이에) | 文章 문장, 글 | 気に入る 마음에 들다 | 役に立つ 도움이 되다 | 挑戦 도전

제2회 실전 모의고사
정답 및 해석

문자·어휘

문제 1 1 ④ 2 ③ 3 ① 4 ③ 5 ② 6 ②

문제 2 7 ① 8 ① 9 ② 10 ③ 11 ② 12 ③ 13 ①

문제 3 14 ③ 15 ① 16 ① 17 ② 18 ② 19 ②

문제 4 20 ④ 21 ① 22 ① 23 ① 24 ③ 25 ①

문법

문제 5 26 ② 27 ③ 28 ① 29 ③ 30 ④ 31 ② 32 ② 33 ③ 34 ④ 35 ③

문제 6 36 ① 37 ④ 38 ③ 39 ③ 40 ④

문제 7 41 ④ 42 ② 43 ① 44 ③ 45 ③

독해

문제 8 46 ② 47 ④ 48 ② 49 ③

문제 9 50 ① 51 ③ 52 ③ 53 ④ 54 ② 55 ① 56 ② 57 ① 58 ③

문제 10 59 ④ 60 ④ 61 ④ 62 ②

문제 11 63 ③ 64 ②

문제 12 65 ① 66 ④ 67 ② 68 ①

문제 13 69 ④ 70 ③

청해

문제 1 1 ① 2 ③ 3 ④ 4 ② 5 ④ 6 ②

문제 2 1 ③ 2 ④ 3 ④ 4 ③ 5 ② 6 ④ 7 ④

문제 3 1 ② 2 ④ 3 ② 4 ④ 5 ① 6 ③

문제 4 1 ③ 2 ② 3 ③ 4 ② 5 ② 6 ① 7 ③

  8 ① 9 ③ 10 ① 11 ② 12 ② 13 ② 14 ②

문제 5 1 ② 2 ① 3 (1) ③ (2) ④

問題 1

______의 단어 읽기로 가장 알맞은 것을 1 · 2 · 3 · 4에서 하나 고르시오.

1　임금을 인상하도록 회사와 교섭하고 있다.

2　그는 주식 매매로 부호 대열에 합류했다.

3　대형 태풍이 일본 열도를 습격할 우려가 있다고 한다.

4　새로 개발된 섬유는 마찰에 매우 강하다.

5　사태를 악화시키지 않기 위해서는 경솔한 행동을 피해야 한다.

6　베테랑 감독이 이 팀을 이끌게 되었다.

問題 2

(　　)에 넣기에 가장 적당한 것을 1 · 2 · 3 · 4에서 하나 고르시오.

7　최근 시정촌(지방자치단체) 간의 합병이 많아졌다.

8　사고로 열차가 멈춰, 지각할 뻔했지만, 버스로 갈아탔기 때문에 가까스로 시간 내에 도착했다.

9　전시회에는 유명한 그림 여럿이 출품되어 있었다.

10　남을 불쾌하게 만드는 언동은 삼가는 것이 좋다.

11　결석할 때에는 미리 알려 주시도록 부탁 드립니다.

12　나카무라 군은 자랑만 하기 때문에 모두 그의 태도에 분개하고 있다.

13　원칙적으로 과일이나 꽃 등은 세관에서 몰수되게 되어 있다.

問題 3

______의 말에 의미가 가장 가까운 것을 1 · 2 · 3 · 4에서 하나 고르시오.

14　부모님은 지금까지 나를 지탱해 주었다.

15　논리의 모순을 예리하게 지적 받아 당혹스러웠다.

16　아버지는 나의 해외유학을 양해해 주었다.

17　운동회 연습을 마친 아들은 녹초가 되어 돌아왔다.

18　타인의 실패를 이용하다니 역겨운 방식이다.

19　냉동 식재료를 사용하여 마무리까지 걸리는 시간을 단축한다.

問題 4

다음 단어의 용법으로 가장 적당한 것을 1 · 2 · 3 · 4에서 하나 고르시오.

20　그녀는 언뜻 보기에 얌전해 보이지만, 실은 그렇지도 않다.

21　사토 씨는 어떤 장르의 음악을 좋아합니까?

22　큰 실수를 해버려서 부장에게 큰 소리로 욕설을 들었다.

23　그녀는 솜씨 좋게 요리를 만들었다.

24　그는 누구를 상대하든 겸손한 말투로 말한다.

25　이 전기자동차를 구입하면 국가로부터 보조금이 교부된다.

問題 5

다음 문장의 (　　)에 들어갈 가장 알맞은 것을 1 · 2 · 3 · 4에서 하나 고르시오

26　다음 달에 대학 입시를 앞두고 있어 하루라 할지라도 헛되게 할 수 없다.

27　모두를 납득시킬 만한 설명을 하는 것은 곤란할 것이다.

28　해외 여행이나 해외 유학은 불경기에도 불구하고 증가하기만 한다.

29　생각만 한들 한걸음도 앞으로는 나아가지 못한다.

30　학교를 쉬고 놀러 가다니 학생으로서 있어서는 안 될 행위이다.

31　사원 여행에서 돌아온 이후로부터 사내 전체가 좋은 분위기가 되었다.

32　도로 공사 중이리시 불편을 끼쳐 드려 피승합니다만, 이무쪼록 이해해 주시기를 잘 부탁 말씀 드립니다.

33　오랜 동안 계속된 저출산의 영향을 받아 젊은층을 대상으로 한 시장이 축소 경향에 있다는 점은 부정할 수 없다.

34　돈을 쓰면서까지 재활용을 하는 것은 왜일까? 그것은 한정된 자원을 효율적으로 사용함으로써 지구 환경 보호로 이어지기 때문이다.

35　너무 무리를 하면 병이 될 수도 있으니까, 주의하는 것이 좋다.

다음 문장의 ★ 에 들어갈 가장 알맞은 것을 1 · 2 · 3 · 4에서 하나 고르시오.

36 우수한 다나카 군이기에 논문을 1주일 안에 완성했다는 말을 들어도 놀랄 필요는 없다.(2–3–1–4)

37 그녀는 어릴 때 부모님을 잃고, 아버지의 공장을 이어 도산의 위기를 경험했기 때문에 공장 경영의 혹독함을 잘 알고 있다.(3–1–4–2)

38 친구의 외동딸이 결혼하게 되었다. 분명 기뻐하고 있을 것이라고 생각했는데, 딸이 없어지는 쓸쓸함에 한숨만 쉬고 있다고 한다.(4–2–3–1)

39 콘서트의 티켓을 사려고 했지만, 친구가 남아 있던 티켓을 한 장 주어서 사지 않아도 되었다.(4–1–3–2)

40 아들은 집에 돌아오자마자 배가 고프다며 냉장고 안을 들여다 보았다.(3–2–4–1)

다음 문장을 읽고, 문장 전체의 취지에 입각해서 **41** 부터 **45** 에 들어갈 가장 알맞은 것을 1 · 2 · 3 · 4에서 하나 고르시오.

가정용 보드 게임의 정석인 '인생 게임'은 룰렛을 돌려 판 위의 칸에 기록된 이벤트를 해내어, 골을 목표로 한다. 가족이나 돈의 운을 타고난 장밋빛 인생, 그렇지 않은 인생도 룰렛에 따라 결정된다. 모두가 알고 있는 그 게임이다. 이 '인생 게임'의 게임 방법을 실제 상가를 무대로 전개하여 지역 활성화로 연결시키려는 시도가 등장하고 있다. 이 게임이 시작된 것은 2013년으로, 이벤트를 통해 많은 사람들이 상가에 발길을 옮겨 주기를 바라며 시마네 현 이즈모 시의 직원이 생각한 획기적인 이벤트이다.

상가를 무대로 한 '리얼 인생 게임'의 룰은 이렇다. 참가자들은 게임 내에서 통용되는 가상 화폐를 들고 상가를 돌며 각 매장에서 다양한 체험과 이벤트를 거듭한다. 어느 가게에 갈지는 참가자가 룰렛을 돌려 결정한다. 참가자를 맞이한 주인은 무료 샘플을 나눠 주거나 가게의 상품들을 소개하거나, 가게에 따라서는 게임을 하여 지폐를 교환한다. 결국 골인 지점에서 얼마만큼 많은 화폐를 갖고 있는지에 따라 상품을 받거나 상품권으로 교환하거나 할 수 있다.

언젠가부터 대형매장으로만 발길이 향하고, 접객하는 것은 친숙한 손님들뿐이다. 지역 상점은 지나쳐버리게 된다. 가전 판매점이라고는 알고 있어도 어떤 상품이 진열되어 있는지는 모른다. 가게에 들어가면 뭔가 사지 않으면 미안하다. 그렇다면 가지 않는 것이 좋다. 이것이 활기를 잃은 상가에 대해 품고 있는 소비자의 마음이다.

'리얼 인생 게임'은 이러한 심리적 장벽을 극복한다. 강제적으로 매장에 들러 안을 본다. 아무것도 사지 않아도 어떤 상품이 매장에 구비되어 있는지를 알 수 있게 된다.

불경기 여파로 영업을 할 수 없게 되는 가게가 늘어나는 가운데, 시행착오를 거듭하면서도, 지금은 기업의 도움을 받을 수 있는 정도로까지 되었다. 이러한 지역 활성화는 지방에서 전국으로 확산되고 있다.

次の(1)〜(4)の文章を読んで、後の問いに対する答えとして最もよいものを、1・2・3・4から一つ選びなさい。

(1)

　物をうまく整理する人は要らないものを捨てることをためらわない。家の不用品を処分したら、新しい空間ができ、心に余裕がでてきたりする。何かを新たに満たすためには、空間が必要になる。こうした空にする行動を自分の人生にも適用させることがある。長年の歳月と数多くの経験から出来上がった価値観を変えるのは容易ではないし、変える必要を感じないかもしれない。しかし、ⓐ長年にわたって溜まった水は腐るし、その中では、どんなものも成長できないし、生まれてこない。性格や価値観は人が気づかないうちに変わってゆくものである。日常は毎日変わっていき、今日の自分の姿は昨日の自分とは違う。ⓑ自分の中に存在する溜まっているものを空けてみよう。

46 この文章で筆者が最も伝えたいことは何か。
1　物を整理する際には、その物の価値と使用目的を把握するべきだ。
2　変化の為には自分の価値観を果敢に捨てることも重要だ。
3　あるものを得るためには、必ず何かを変えなければならない。
4　心の余裕を得るためには、価値観の変化が必要だ。

다음 (1)~(4)의 문장을 읽고 다음의 질문에 대한 답으로 가장 알맞은 것을 1·2·3·4에서 하나 고르시오.

　물건을 잘 정리하는 사람은 필요 없는 물건을 버리는 것을 주저하지 않는다. 집안의 사용하지 않는 물건을 처분하면 새로운 공간이 생기고, 마음에 여유가 생기기도 한다. 무언가를 새롭게 채우기 위해서는 공간이 필요하다. 이러한 비우는 행동을 자신의 삶에도 적용시키는 일이 있다. 오랜 세월과 수많은 경험에서 완성된 가치관을 바꾸는 것은 쉬운 일이 아니고, 바꿀 필요를 느끼지 못할지도 모른다. 그러나 ⓐ오랜 기간 동안 고인 물은 썩게 되고, 그 안에서는 어떠한 것도 성장할 수 없고, 생길 수도 없다. 성격이나 가치관은 사람들이 깨닫지 못하는 사이에 변해가는 것이다. 일상은 매일 바뀌어가고, 오늘의 나의 모습은 어제의 자신과는 다르다. ⓑ자신의 안에 존재하는 고여 있는 것을 비워 보자.

46 이 문장에서 필자가 가장 전하고 싶은 것은 무엇인가?
1　물건을 정리할 때는 그것의 가치와 사용 목적을 파악해야 한다.
2　변화를 위해서는 자신의 가치관을 과감하게 버리는 것도 중요하다.
3　어떤 것을 얻기 위해서는 반드시 무언가를 바꿔야 한다.
4　마음의 여유를 얻기 위해서는 가치관의 변화가 필요하다.

[풀이]

ⓐ필자는 가치관을 바꾸지 않으면 성장할 수 없다고 말하고 있고, ⓑ자신의 안에 고여 있는 가치관을 버리자고 주장하고 있다. 따라서 정답은 선택지 2번이다.

[단어]

整理 정리 | 要る 필요하다 | 捨てる 버리다 | ためらう 주저하다. 망설이다 | 処分 처분 | 余裕 여유 | 満たす 채우다 | 適用 적용 | 経る 지나다. 거치다 | 価値観 가치관 | 容易 용이(쉬움) | 溜まる 괴다. 모이다 | 腐る 썩다 | 姿 모습 | 空ける 비우다. 쏟다 | 最も 가장 | 際 때 | 把握 파악 | 〜べきだ 〜해야 한다 | 〜為に 〜하기 위해서 | 果敢に 과감하게

(2)

カナダをはじめ、世界の色々な国で、育児における父親の介入を積極的に推奨している。父親が育児にかかわっているか否かが、子どもの成長に大きく影響しているという研究結果が出ているからである。父親との対話不足は、子供の精神的な発達障害をもたらすことは言うまでもなく、子供の身体的な成長にも悪影響を及ぼす。幼児期の子供にとって父という存在は、遊びの対象でもあり、社会性を教える先生でもあるのだ。@今や育児の共同負担は当然な時代である。父親の育児のおかげで、学業成績の向上、社会性と問題解決能力、忍耐心と仲間意識の発達など、子どもは多くの恩恵を受けることができるのである。子供は父親という存在が常に必要である。

47 この文章で、筆者が最も伝えたいものは何か。
1 幼児がいる家庭における父親の育児は、お母さんの役割よりも重要である。
2 子供にとって母の子育てには限界があり、感情の欠乏にもつながりかねない。
3 父は子どもたちとの対話に多くの時間を提供し、一緒に旅行するのが重要である。
4 現代社会の家庭において、父親の育児は選択ではなく必須である。

캐나다를 비롯해 세계의 여러 나라에서 육아에서의 아빠의 개입을 적극적으로 권장하고 있다. 아빠가 육아에 관련되어 있는지의 여부가 자녀의 성장에 크게 영향을 끼치고 있다는 결과가 나오고 있기 때문이다. 아빠와의 대화 부족은 자녀의 정신적인 발달 장애를 초래하는 것은 말할 것도 없고, 자녀의 신체적인 성장에도 좋지 않은 영향을 미친다. 유아기의 자녀에게 있어서 아빠라는 존재는 놀이의 대상이기도 하고 사회성을 가르치는 선생님이기도 하다는 것이다. @이제 육아의 공동 부담은 당연한 시대이다. 아빠의 육아 덕분에 학업 성적의 향상, 사회성과 문제 해결 능력, 인내심과 동료 의식의 발달 등, 자녀는 많은 혜택을 받을 수 있는 것이다. 아이는 아빠라는 존재가 항상 필요하다.

47 이 문장에서 필자가 가장 전하고 싶은 것은 무엇인가?

1 유아가 있는 가정에서의 아빠의 육아는 엄마의 역할보다도 중요하다.

2 아이에게 있어서 엄마의 육아에는 한계가 있고, 감정의 결핍으로도 이어질 수 있다.

3 아빠는 자녀들과의 대화에 많은 시간을 제공하고, 함께 여행을 가는 것이 중요하다.

4 현대 사회의 가정에서 아빠의 육아는 선택이 아닌 필수이다.

[풀이]

@필자는 육아는 부모가 함께 하는 것이고 자녀에게 많은 도움이 된다고 주장하고 있다. 따라서 정답은 선택지 4번이다.

Tip) 필자의 주장을 묻는 문제는 마지막 부분에 정답에 관한 힌트가 나오는 경우가 많다.

[단어]

～をはじめ ～를 비롯해 | 育児 육아 | ～における ～에서의 | 介入 개입 | 推奨 권장 | ～か否か ～인지 아닌지 | 成長 성장 | 影響 영향 | 精神 정신 | 障害 장애 | 悪影響 악영향 | 及ぼす 미치다, 미치게 하다 | 幼児 유아 | ～にとって ～에게 있어서 | 対象 대상 | 負担 부담 | ～おかげで ～덕분에 | 忍耐 인내 | 恩恵 은혜, 혜택 | 常に 항상, 언제나 | 役割 역할 | 限界 한계 | 欠乏 결핍 | ～かねない ～할지도 모른다, ～할 수도 있다 | ～において ～에 있어서, ～에서 | 必須 필수

　どんな社会であれ、構成員の統制と安全を維持するためのルールを持っている。小さい枠内から見た場合の家庭しつけから上位概念の社会である国家の憲法を含む法律に至るまで、大小の規則が存在する。このような規則や規範に逆らう行動を指して「逸脱」という。逸脱というと、否定的な概念で用いられる傾向がある。しかし、ⓐ人類の歴史は誰かの逸脱行為によって発展してきた。例えば、過酷な統制からの逸脱を夢見た人々のおかげで、奴隷制度が廃止され、独裁が崩れるようになったのである。宗教の発展と衰退、芸術と文明の発達も逸脱の過程から発生した結果である。特に、ⓑ文化、芸術的な分野における逸脱行動は、数多くの新しい文化を創り出した。

48 この文章で筆者が最も伝えたいことは何か。

1　社会的に定められた規範の中での逸脱は、創造的な結果を生む。

2　逸脱は新しい文化を作り、社会を肯定的な方向に発展させることもある。

3　過酷な統制と規範に対する反発意識が、逸脱文化を助長する。

4　衝動を排除した逸脱を認めて受け入れると、新しい文化が創られる。

　어떤 사회이든지 구성원의 통제와 안전을 유지하기 위한 규칙을 가지고 있다. 작은 틀에서 본 경우인 가정 예절에서부터 상위개념의 사회인 국가의 헌법을 포함한 법에 이르기까지, 크고 작은 규칙들이 존재한다. 이러한 규칙이나 규범을 거스르는 행동을 가리켜 '일탈'이라고 한다. 일탈이라고 하면 부정적인 개념으로 쓰이는 경향이 있다. 그러나 ⓐ인류의 역사는 누군가의 일탈 행위로 인해서 발전해 왔다. 예를 들면 가혹한 통제로부터 일탈을 꿈꾼 사람들 덕분에 노예 제도가 폐지되었고, 독재가 무너지게 된 것이다. 종교의 발전과 쇠퇴, 예술과 문명의 발달도 일탈 과정에서 발생된 결과이다. 특히 ⓑ문화, 예술적인 분야에서의 일탈 행동은 수많은 새로운 문화를 창조해 냈다.

48 이 문장에서 필자가 가장 전하고 싶은 것은 무엇인가?

1　사회적으로 정해진 규범 속에서의 일탈은 창조적인 결과물을 낳는다.

2　일탈은 새로운 문화를 만들고, 사회를 긍정적인 방향으로 발전시키기도 한다.

3　가혹한 통제와 규범에 대한 반발의식이 일탈 문화를 조장한다.

4　충동을 배제한 일탈을 인정하고 받아들이면, 새로운 문화가 만들어진다.

[풀이]

ⓐ필자는 일탈이 역사를 발전시키고, ⓑ새로운 문화를 만들었다고 언급하고 있다. 따라서 정답은 선택지 2번이다.

[단어]

～であれ～ 이라 해도 | 統制 통제 | 維持 유지 | 枠内 테두리, 틀 | 概念 개념 | 憲法 헌법 | 含む 포함하다 | 法律 법률 | 規則 규칙 | 存在 존재 | 規範 규범 | 逆らう 거스르다, 거역하다 | 逸脱 일탈 | 否定 부정 | 概念 개념 | 用いる 이용하다 | 傾向 경향 | 歴史 역사 | ～によって ～에 의해서, ～에 따라서 | 例えば 예를 들면 | 過酷 가혹 | ～おかげで ～덕분에 | 奴隷 노예 | 廃止 폐지 | 独裁 독재 | 崩れる 무너지다, 붕괴하다 | 宗教 종교 | 衰退 쇠퇴 | ～における ～에서의, ～의 경우의 | 創る 만들다 | 定める 정하다, 결정하다 | 肯定 긍정 | ～に対する ～에 대한 | 反発 반발 | 意識 의식 | 助長 조장 | 排除 배제 | 認める 인정하다 | 受け入れる 받아들이다

(4)

以下は、ある会社が出した社内メールである。

社員各位

お疲れ様です。総務部の橋本です。

本年４月21日をもちまして、当社は設立20周年を迎えます。

つきましては、当社の設立20周年を社員全員でお祝いしたく、下記の日程で祝賀会を開催します。繁忙期ではありますが、社員の皆様およびご家族様には万障お繰り合わせの上、ご参加いただくようにお願い致します。

なお、＠祝賀会欠席の方は、３月30日までに総務部宛、ご連絡ください。

記

日時：４月21日（金）　午後６時〜９時（午後５時30分開場）
会場：日本平ホテル　３階宴会場
総務部　橋本　愛（内線188）

49　このメールに対する説明として合っていないものはどれか。

1　社内メールを送った目的と理由が正確に書かれている。

2　パーティーに参加できない人は決まった期日内に連絡をしなければならない。

3　社員の家族がパーティーに参加する場合、３月末までに知らせなければならない。

4　宴会場に入ることができる時間は、パーティーが始まる時間の30分前からだ。

다음은 어느 회사가 보낸 사내 메일이다.

사원 여러분

수고하십니다. 총무부의 하시모토입니다.

올해 4월 21일로 당사는 설립 20주년을 맞이합니다.

관련하여 당사 창립 20주년을 사원 전원이 함께 축하하고 싶어서 아래의 일정으로 축하회를 개최합니다. 매우 바쁜 시기이긴 하지만 사원 여러분 및 가족 분들 모두 부디 시간을 내셔서 참가하시도록 부탁 드립니다.

또한 ＠축하회 불참하시는 분은 3월 30일까지 총무부로 연락 주십시오.

기

일시: 4월 21일(금) 오후 6시~9시 (오후 5시 30분 개장)

회장: 니혼다이라호텔 3층 연회장

총무부　하시모토 아이(내선 188)

49　이 메일에 대한 설명으로 맞지 않는 것은 어느 것인가?

1　사내 메일을 보낸 목적과 이유가 정확하게 쓰여 있다.

2　파티에 참가하지 못하는 사람은 정해진 기일 내로 연락을 해야 한다.

3　사원의 가족이 파티에 참가할 경우, 3월 말까지 알려야 한다.

4　연회장에 들어갈 수 있는 시간은 파티 시작 30분 전부터이다.

問題9

次の(1)〜(3)の文章を読んで、後の問いに対する答えとして最もよいものを、1・2・3・4から一つ選びなさい。

(1)

　最近は、伴侶動物を飼っている人が急激に増加している。ⓐ日本では三分の一以上の家庭で、伴侶動物とともに生活しているという統計局の調査もあった。その調査によると、伴侶動物にかかる費用は月に一万円ほどで、伴侶動物を飼うことになったきっかけは、「家族が欲しがっているために」が一位、「家族の一員として」が二位であった。つまり、「愛玩動物」としてペットを飼う時代が暮れて、家族として共に生きる「伴侶動物」の時代になったのである。（中略）

　アメリカの伴侶動物に関する市場規模は七兆円を超えて、日本も一兆五千万円という大規模の市場が形成されている。世界中の様々な国で、ⓑ温泉を楽しむ犬、犬翻訳機などの奇抜なアイデア商品と伴侶動物のための画期的な商品も登場している。商業的に偏る傾向に懸念の声も出ているが、これも家族の構成員に対する愛情のこもった視線という側面では、否定的な現象として見ることはできない。

　ⓒ家族と違って、伴侶動物の具合が悪くなった場合に、病院に連れて行かない人が多いという。健康保険のきかない病院も多いし、費用がかかるからである。また、日本の伴侶動物の流通市場では、競売場を経由する比率が60％を超えている。競売場からの普及は、伴侶動物の大量生産と大量廃棄という恐れを持っている。日本では、容易に販売業者になれることもあって、その数も繁殖場も増え続けており、インターネットによる取引も増加している。ⓓ大量に生産された動物による供給過剰が、需要をはるかに超える際に発生する残酷な想像が、現実にならないよう願うだけである。

50 統計局の調査から分かることは何か。
1　伴侶動物を飼っている人の統計と伴侶動物に伴う費用
2　伴侶動物を飼うことになったきっかけと伴侶動物の長所
3　動物を育てる行為に対する時代的な変遷過程
4　共同体の一員として、愛玩動物を育てる理由と目的

51 伴侶動物の市場について正しいものはどれか。
1　世界中に、市場規模の拡大による副作用が懸念される現象が現われている。
2　伴侶動物のための文化施設と流通に対する投資が大幅に増加している。
3　商業的な商品の増加と愛情のこもったアイデア商品の増加が同時に進められている。
4　犬の市場の活性化とともに猫産業の発展も著しい増加を示している。

52 この文章を通じて、筆者が一番言いたいことは何か。
　1　伴侶動物に対する保険制度、病院治療などの費用負担を考慮するべきだ。
　2　競売場、ネット販売などの不法な流通市場の撤廃が急がれる。
　3　伴侶動物に対する正しい認識とともに安定的な供給のための規制が必要だ。
　4　伴侶動物に対する政府の支援と供給の安定性を確保しなければならない。

다음의 (1)～(3)의 문장을 읽고, 다음의 질문에 대한 답으로 가장 알맞은 것을 1·2·3·4에서 하나 고르시오.

　최근에는 반려동물을 키우는 사람이 급격하게 증가하고 있다. 일본에서는 ⓐ3분의 1 이상의 가정에서 반려동물과 함께 생활하고 있다는 통계국의 조사도 있었다. 그 조사에 의하면, ⓐ반려동물에 드는 비용은 월 1만 엔 정도이고, 반려동물을 키우게 된 계기는 '가족이 키우고 싶어하기 때문에'가 1위, '가족의 일원으로서'가 2위였다. 즉 '애완동물'을 키우는 시대가 저물고, 가족으로서 함께 사는 '반려동물'의 시대가 된 것이다. (중략)

　미국의 반려동물에 관한 시장 규모는 7조 엔을 넘고, 일본도 1조 5천만 엔이라는 대규모 시장이 형성되어 있다. 전 세계의 여러 나라에서 ⓑ온천을 즐기는 개, 강아지 번역기 등의 기발한 아이디어 상품과 반려동물을 위한 획기적인 상품들도 등장하고 있다. 상업적으로 치우치는 경향에 우려의 목소리도 나오고 있지만, 이것도 가족의 구성원에 대한 애정이 담긴 시선이라는 측면에서는 부정적인 현상으로 볼 수는 없다.

　ⓒ가족과 달리, 반려동물이 아플 경우에 병원에 데려가지 않는 사람이 많다고 한다. 건강보험이 안 되는 병원도 많고, 비용이 많이 들기 때문이다. 또한 일본의 반려동물 유통시장에서는 경매장을 경유하는 비율이 60%를 넘고 있다. 경매장에서의 보급은 반려동물의 대량 생산과 대량 폐기라는 우려를 가지고 있다. 일본에서는 쉽게 판매업자가 될 수도 있어, 그 숫자도 번식장도 계속 증가하고 있고, 인터넷에 의한 거래도 증가하고 있다. ⓓ대량으로 생산된 동물로 인한 공급과잉이 수요를 훨씬 넘어설 때에 발생할 끔찍한 상상이 현실로 나타나지 않기를 바랄 뿐이다.

50 통계국의 조사에서 알 수 있는 것은 무엇인가?

　1　반려동물을 키우는 사람의 통계와 반려동물에 수반되는 비용

　2　반려동물을 키우게 된 계기와 반려동물의 장점

　3　동물을 키우는 행위에 대한 시대적인 변천 과정

　4　공동체의 일원으로서 애완동물을 키우는 이유와 목적

51 반려동물의 시장에 대해서 올바른 것은 어느 것인가?

　1　전세계적으로 시장 규모의 확대에 따른 부작용이 우려되는 현상이 나타나고 있다.

　2　반려동물을 위한 문화시설과 유통에 대한 투자가 대폭적으로 증가하고 있다.

　3　상업적인 상품의 증가와 애정이 담긴 아이디어 상품의 증가가 동시에 진행되고 있다.

　4　강아지 시장의 활성화와 함께 고양이 산업의 발전도 두드러진 증가를 보이고 있다.

52 이 글을 통해서 필자가 가장 말하고 싶은 것은 무엇인가?

　1　반려동물에 대한 보험 제도, 병원 치료 등의 비용 부담을 고려해야 한다.

　2　경매장, 인터넷 판매 등의 불법적인 유통 시장의 철폐가 시급하다.

　3　반려동물에 대한 올바른 인식과 함께 안정적인 공급을 위한 규제가 필요하다.

　4　반려동물에 대한 정부의 지원과 공급의 안정성을 확보해야 한다.

[풀이]

50 ⓐ통계국의 조사에서 알 수 있는 것은 반려동물을 키우는 가정의 수치, 반려동물에 소비되는 금액, 반려동물을 키우는 이유이

다. 따라서 정답은 선택지 1번이다. 반려동물의 장점은 언급하지 않고 있기 때문에, 선택지 2번은 정답이 될 수 없다. 선택지 3번에 대한 언급은 통계국 조사에서는 확인할 수 없고, 애완동물이 아닌 반려동물을 키우는 이유가 나온 것이기 때문에, 선택지 4번도 정답이 아니다.

[51] ⓑ상업적인 아이디어 상품과 반려동물을 위한 획기적인 상품도 있다고 언급하고 있다. 따라서 정답은 선택지 3번이다.

[52] ⓒ필자는 반려동물을 더욱더 가족처럼 생각해야 한다고 주장하고 있고, ⓓ반려동물의 대량 생산과 대량 공급에 대해서 우려하고 있다. 따라서 정답은 선택지 3번이다.

Tip) 필자의 주장을 묻는 문제는 마지막 부분에 정답에 관한 힌트가 나오는 경우가 많다.

[단어]
伴侶動物 반려동물 | 飼う 기르다, 키우다 | 急激 급격 | 増加 증가 | ～とともに ～와 함께 | 調査 조사 | 費用 비용 | ～として ～로서 | 暮れる 저물다 | ～に関する ～에 관한 | 規模 규모 | 超える 뛰어넘다, 초월하다 | 形成 형성 | 翻訳 번역 | 奇抜 기발 | 画期的 획기적 | 偏る 기울다, 치우치다 | 傾向 향상 | 懸念 걱정, 근심 | ～に対する ～에 대한 | 愛情 애정 | 現象 현상 | 健康 건강 | 保険 보험 | 流通 유통 | 市場 시장 | ～において ～에 있어서, ～에서 | 競売 경매 | 経由 경유 | 普及 보급 | 廃棄 폐기 | 恐れ 우려, 염려 | 繁殖 번식 | ～による ～에 의한, ～에 따른 | 供給 공급 | 過剰 과잉 | 需要 수요 | はるかに 훨씬, 아득하게 | 際 때 | 残酷 잔혹 | 伴う 동반하다, 수반하다 | 育てる 키우다, 기르다 | 行為 행위 | 変遷 변천 | 拡大 확대 | 副作用 부작용 | 現われる 나타나다, 드러나다 | 施設 시설 | 投資 투자 | 活性化 활성화 | 著しい 현저하다, 두드러지다 | 示す 보이다 | 制度 제도 | 加入 가입 | 考慮 고려 | ～べきだ ～해야 한다 | 撤廃 철폐 | 認識 인식 | 規制 규제 | 政府 정부 | 支援 지원 | 確保 확보

(2)

人類は哺乳類の中で最も毛の少ない動物だといえる。初期の人類は、動物と同じく、体の表面が多くの毛で覆われていたのに、なぜ体毛が退化したのだろうか。狩猟の時、体の過熱を防ぐために毛がなくなったという説や、人類が衣服を製作し始めた結果、保温機能の必要性がなくなったので、人間の体毛が消えたという仮説もある。ⓐ様々な主張があるのだが、毛が短くなったり、消え始めた正確な理由は、まだ明らかになっていない。　(中略)

人間にも動物にも毛は非常に重要な役割を担っている。特に、動物にとって、毛は生存のための不可欠なものであり、その中で一番重要な機能は保温である。例えば、ホッキョクグマの毛は二重構造になっていて、氷点下50度以下でも毛が凍らないようになっている。これに比べて人間の体毛は非常に短いために、卓越した保温効果を期待できないが、ⓑ外部の刺激から身を保護する機能がある。特に、鼻毛と眉毛は外部からの埃や微生物を防ぐ役割も果たしている。そして、ⓒ毛のある所には汗腺(主)も存在するが、これが人間の体温を調節しているのである。

毛は、体内の老廃物を排出し、微細な刺激にも反応でき、暗い状況でも身体に脅威になるものを感知してくれる安全装置でもある。ⓓ人間の体毛が、段々短くなるのは、進化なのか退化なのか。いずれにせよ、毛が持っている機能を代替できる手段がない限り、体毛を失っていく人類は、必ずその対策を整えなければならない。

(主) 汗腺：汗を分泌する皮膚腺の一種。

[53] 人間の体毛が消え始めた理由は何か。
1　獲物を追いかける時、体温が上がりすぎるため
2　服の発明とともに、長い体毛の必要性がなくなったため
3　家を建て、部屋を暖めることができるようになったため
4　いくつかの主張らがあるが、明らかになっていない。

54 毛の役割に対する説明のうち、正しいものはどれか。
1 動物にとって、毛は微生物や細菌の侵入を防ぐ保護装置である。
2 人間の体毛は身を保護して体温を維持する役割を果たしている。
3 厳しい環境におけるホッキョクグマの毛は、体温を調節する機能を持っている。
4 人間の体毛は、寒さから身を守ってくれる保温作用を助ける。

55 人間の体毛について、筆者が最も伝えたいものは何か。
1 体毛の退化による変化を認知し、対応できる方法を考えなければならない。
2 無分別な除毛は、人間の感覚に影響を与えかねないということを心掛けるべきである。
3 体毛のおかげで人間は、暗い空間でもバランスを維持しながら生活をすることができる。
4 人間の体毛が次第に退化していくのは、人類の進化による結果にすぎない。

인류는 포유류 중에서 가장 털이 적은 동물이라고 할 수 있다. 초기의 인류는 동물과 마찬가지로 몸 표면이 많은 털로 뒤덮여 있었는데, 왜 체모가 퇴화된 것인가? 수렵할 때 몸의 과열을 방지하기 위해서 털이 없어졌다고 하는 가설이나 인류가 의복을 제작하기 시작한 결과 보온 기능의 필요성이 없어졌기 때문에 인간의 체모가 사라졌다는 가설도 있다. ⓐ여러 가지 주장이 있지만, 털이 짧아지거나 사라지기 시작한 정확한 이유는 아직 명백하게 밝혀지지 않았다. (중략)

인간에게도 동물에게도 털은 굉장히 중요한 역할을 담당하고 있다. 특히 동물에게 있어서 털은 생존을 위한 필수불가결한 것으로, 그 중에서 가장 중요한 기능은 보온이다. 예를 들면, 북극곰의 털은 이중구조로 되어 있어, 영하 50도 이하에서도 털이 얼지 않도록 되어 있다. 이에 비해 인간의 체모는 훨씬 짧기 때문에 탁월한 보온 효과를 기대할 수 없지만, ⓑ외부의 자극으로부터 몸을 보호하는 기능이 있다. 특히 코털과 눈썹은 외부의 먼지나 미생물을 막는 역할도 하고 있다. 그리고 ⓒ털이 있는 곳에는 땀샘도 존재하는데, 이것이 인간의 체온을 조절하고 있는 것이다. (중략)

털은 체내의 노폐물을 배출하고 미세한 자극에도 반응할 수 있으며, 어두운 상황에서도 신체에 위협이 되는 것을 감지해 주는 안전장치이기도 하다. ⓓ인간의 체모가 점점 짧아지는 것은 퇴화인가, 진화인가? 어느 쪽이든 털이 가지고 있는 기능을 대체할 수 있는 수단이 없는 한, 체모를 잃어 가는 인류는 반드시 그 대책을 갖추어야 한다.

(주)汗腺 : 땀샘. 땀을 분비하는 피부샘의 일종.

53 인간의 체모가 사라지기 시작한 이유는 무엇인가?
1 사냥감을 쫓을 때, 체온이 지나치게 오르기 때문에
2 옷의 발명과 함께 긴 체모의 필요성이 사라졌기 때문에
3 집을 짓고 방을 따뜻하게 할 수 있게 되었기 때문에
4 여러 주장들이 있지만, 정확하게 밝혀지지 않았다.

54 털의 역할에 대한 설명 중 올바른 것은 어느 것인가?
1 동물에게 있어서 털은 미생물이나 세균들의 침입을 막는 보호 장치이다.
2 인간의 체모는 몸을 보호하고 체온을 유지하는 역할을 하고 있다.
3 혹독한 환경에서의 북극곰의 털은 체온을 조절하는 기능을 가지고 있다.
4 인간의 체모는 추위로부터 몸을 지켜 주는 보온 작용을 돕는다.

55 인간의 체모에 대해서 필자가 가장 전하고 싶은 것은 무엇인가?

1 체모의 퇴화에 의한 변화를 인지하고 대응할 수 있는 방법을 생각해야 한다.

2 무분별한 제모는 인간의 감각에 영향을 줄 수도 있다는 사실을 유의해야 한다.

3 체모 덕분에 인간은 어두운 공간에서도 균형을 유지하며 생활할 수 있다.

4 인간의 체모가 점점 퇴화되어 가는 것은 인류의 진화에 의한 결과에 지나지 않는다.

[풀이]

53 ⓐ인간의 체모의 퇴화에 관한 이유는 아직 명백하게 밝혀지지 않았다고 언급하고 있다. 따라서 정답은 선택지 4번이다.

54 ⓑ인간의 체모는 외부의 자극으로부터 몸을 보호하고, ⓒ체온을 조절한다고 말하고 있다. 따라서 정답은 선택지 2번이다. 선택지 1번에 관한 언급은 없었고, 북극곰의 털은 체온을 조절하는 것이 아니라, 유지하기 위한 것이기 때문에 정답이 될 수 없다. 인간의 체모는 탁월한 보온 기능이 없다고 언급했기 때문에, 선택지 4번도 정답이 아니다.

55 ⓓ필자는 인간의 체모가 점점 짧아지는 것을 의식하고, 체모의 기능을 대신할 대책이 필요하다고 주장하고 있다. 따라서 정답은 선택지 1번이다.

[단어]

哺乳類 포유류 | 表面 표면 | 覆う 덮다 | 退化 퇴화 | 狩猟 수렵 | 防ぐ 막다, 방지하다 | 衣服 의복 | 製作 제작 | 保温 보온 | 機能 기능 | 消える 꺼지다, 사라지다 | 仮説 가설 | 明らかになる 명백해지다, 밝혀지다 | 非常に 매우, 상당히 | 役割 역할 | 担う 담당하다, 짊어지다 | ~にとって ~에게 있어서 | 生存 생존 | 例えば 예를 들면 | 凍る 얼다 | ~に比べて ~에 비해서 | 卓越 탁월 | 刺激 자극 | 埃 먼지 | 果す 완수하다, 달성하다 | 汗腺 땀샘 | 老廃物 노폐물 | 排出 배출 | 微細 미세 | 反応 반응 | 状況 상황 | 脅威 위협 | 装置 장치 | 進化 진화 | 代替 대체 | 失う 잃어버리다 | 整える 조정하다, 정돈하다 | 獲物 사냥감 | 追いかける 뒤쫓아가다 | 細菌 세균 | 侵入 침입 | 制限 제한 | 維持 유지 | ~における ~에서의, ~경우의 | 調節 조절 | 助ける 돕다 | ~による ~에 의한, ~에 따른 | 対応 대응 | ~かねない ~할지도 모른다, ~할 듯하다 | ~べきだ ~해야 한다 | ~おかげで ~덕분에 | ~にすぎない ~에 지나지 않는다

(3)

　指輪が初めて現れた時期は先史時代であり、今とは違って、呪術的な意味を込めて使用していたそうである。そして、ⓐ結婚指輪が使われ始めたのは古代ローマ時代である。教皇の主導のもとで、誓いの証として鉄の結婚指輪が登場したのである。ⓑ古代ギリシャやエジプトでは、薬指が心臓と魂をつなぐ魂の通路で、薬指に流れる静脈が心臓と連結されていると思われていたのである。フランス人の中では、心臓と繋がっている血管が中指にあると信じて、そこにはめる人もいる。また、17世紀のイギリスの新婦たちは、宗教的に聖母マリアの純潔さを称える意味で、親指に指輪をはめることもあった。（中略）

　指輪をはめる指にもそれぞれの意味がある。目標や夢の実現のためには左手親指に、よい人間関係を構築したいなら、左手中指に指輪をはめればいいという。また、新しい恋や事業の成功を望むなら、小指にはめたらよいそうだ。これらのことは、客観的な資料や科学的な検証が基礎になっているわけではない。しかし、あることを切望したり、信頼に対する証として指輪を身につける女性が多い。男たちには、指輪と言ったら結婚しか浮かばない。

　現実的で、理性的な面が先行している男たちは、身体の装いに関心がなかったり、迷信を信じない傾向が強い。しかし、ⓒ大変な状況になり、その理性的な判断に誤りが生じれば、頼るものがなくなったりもする。指輪でなくてもいい。自分を守ることができる誓い、希望を抱くことのできる証を一つぐらい作っておくことも必要であると思う。

56 指輪の由来に関する説明のうち、正しいのはどれか。

1 結婚指輪が初めて発見されたのは、先史時代である。

2 結婚指輪は誓約の証拠として、古代ローマ時代に登場した。

3 古代ギリシャ時代には鉄で作られた結婚指輪があった。

4 結婚指輪が今の姿を整えたのは、古代ギリシャ時代である。

57 指輪をはめる指の位置と意味に関する説明のうち、正しくないのはどれか。

1 古代ギリシャ時代には配偶者の霊との交流のために、指輪を薬指に着用した。

2 英国においては、宗教的な影響によって親指に指輪をはめた時代もあった。

3 仕事で成功するためには、小指に指輪をはめた方が良いという噂がある。

4 指輪をはめる位置に関する話は、客観性をもとに作られたわけではない。

58 この文章で筆者が最も伝えたいものは何か。

1 男もファッションと自信のために、指輪を着用した方がいい。

2 理性的な判断を増幅させることに、装身具の着用が助けになる。

3 精神的な平穏状態の維持に役立つものを作った方がいい。

4 科学的に証明されてない迷信を、過信しない方がいい。

　반지가 처음 나타난 시기는 선사시대이고, 지금과는 다르게 주술적인 의미를 담아 사용하고 있었다고 한다. 그리고 ⓐ결혼 반지가 처음으로 사용되기 시작한 것은 고대 로마시대이다. 교황의 주도하에 맹세의 징표로서 철로 된 결혼반지가 등장한 것이다. ⓑ고대 그리스나 이집트에서는 약지가 심장과 영혼을 이어주는 영혼의 통로이고, 약지에 흐르는 정맥이 심장과 연결되어 있다고 생각되고 있었던 것이다. 프랑스 사람 중에는 심장과 연결되어 있는 혈관이 중지에 있다고 믿어서, 그곳에 끼우는 사람도 있다. 또한 17세기 영국의 신부들은 종교적으로 성모 마리아의 순결함을 기리는 의미로 엄지에 반지를 끼는 경우도 있었다. (중략)

　반지를 끼는 손가락에도 각각의 의미가 있다. 목표나 꿈의 실현을 위해서는 왼손 엄지에, 좋은 인간관계를 구축하고 싶다면 왼손 중지에 반지를 끼면 좋다고 한다. 또한 새로운 사랑이나 사업의 성공을 바란다면 새끼 손가락에 끼우면 좋다고 한다. 이런 것들은 객관적인 자료나 과학적인 검증이 바탕이 된 것은 아니다. 그러나 어떤 것을 갈망하거나 신뢰에 대한 징표로서 반지를 몸에 지니는 여성이 많다. 남자들에게 반지라고 하면 결혼밖에 떠오르지 않는다.

　현실적이고 이성적인 면이 앞서는 남자들은 몸치장에 관심이 없거나 미신을 믿지 않는 경향이 강하다. 하지만 ⓒ힘든 상황이 되어, 그 이성적인 판단에 오류가 발생하면 기댈 것이 없어지기도 한다. 반지가 아니어도 좋다. 자신을 지킬 수 있는 맹세, 희망을 품을 수 있는 증표를 하나쯤 만들어 두는 것도 필요하다고 생각한다.

56 반지의 유래에 관한 설명 중 올바른 것은 어느 것인가?

1 결혼반지가 처음 발견된 것은 선사시대이다.

2 **결혼반지는 서약의 증거로서 고대 로마시대에 등장했다.**

3 고대 그리스시대에는 철로 만들어진 결혼반지가 있었다.

4 결혼반지가 지금의 모습을 갖춘 것은 고대 이집트시대이다.

57 반지를 끼는 손가락의 위치와 의미에 관한 설명 중 옳지 않은 것은 어느 것인가?

1 고대 그리스시대에는 배우자의 영혼과의 교류를 위해서 반지를 약지에 착용하였다.

2 영국에서는 종교적인 영향으로 엄지에 반지를 끼우던 시대도 있었다.

3 일로 성공하기 위해서는 새끼 손가락에 반지를 끼우는 편이 좋다는 소문이 있다.

4 반지를 끼우는 위치에 관한 이야기는 객관성을 바탕으로 만들어진 것은 아니다.

58 이 문장에서 필자가 가장 전하고 싶은 것은 무엇인가?

1 남자도 패션과 자신감을 위해서 반지를 착용하는 것이 좋다.

2 이상적인 판단을 증폭시키는 것에 장신구의 착용이 도움이 된다.

3 정신적인 평온 상태의 유지에 도움이 되는 것을 만드는 것이 좋다.

4 과학적으로 증명이 되지 않은 미신을 과신하지 않는 것이 좋다.

[풀이]

56 ⓐ결혼반지가 처음 등장한 것은 고대 로마시대이고, 맹세의 징표로 사용했다고 한다. 따라서 정답은 선택지 2번이다. 선사시대에 발견된 것은 결혼반지가 아니라 주술적인 의미로 사용하는 반지이기 때문에, 선택지 1번은 정답이 아니다. 철로 된 결혼반지는 고대 로마시대에 만들어진 것이기 때문에, 선택지 2번도 정답이 될 수 없다. 선택지 4번에 관한 언급은 없었다.

57 ⓑ고대 그리스에서는 약지가 심장과 영혼의 통로라고 생각하고 있었다고 말하고 있다. 따라서 정답은 선택지 1번이다.

58 ⓒ필자는 힘든 상황에서 좌절하지 않고 자신을 지킬 수 있는 증표를 만들라고 말하고 있다. 따라서 정답은 선택지 3번이다.

[단어]

指輪 반지 | 現れる 나타나다, 드러나다 | 呪術 주술 | ～を込めて ～를 담아서 | 教皇 교황 | 主導 주도 | 誓い 맹세, 서약 |
証 증거 | ～として ～로서 | 鉄 철 | 心臓 심장 | 魂 혼, 영혼 | 静脈 정맥 | 繋がる 이어지다 | 血管 혈관 | はめる 끼우다 |
宗教 종교 | 純潔さ 순결함 | 称える 기리다 | 実現 실현 | 構築 구축 | 望む 바라다 | 客観的 객관적 | 資料 자료 | 検証 검증 |
切望 갈망, 간망 | 信頼 신뢰 | ～に対する ～에 대한 | 身につける 몸에 지니다, 익히다 | 浮かぶ 떠오르다 | 装い 치장, 단장 |
迷信 미신 | 信じる 믿다 | 傾向 경향 | 状況 상황 | 判断 판단 | 誤り 잘못, 실수 | 生じる 생기다, 발생하다 | 頼る 의지하다 |
守る 지키다 | 希望 희망 | 抱く 품다 | 由来 유래 | ～に関する ～에 관한 | 誓約 서약 | 証拠 증거 | 整える 조정하다, 정돈하다 |
配偶者 배우자 | 霊 영, 영혼 | 着用 착용 | ～において ～에 있어서, ～에서 | 影響 영향 | 噂 소문 | 自信 자신감 | 増幅 증폭 |
装身具 장신구 | 平穏 평온 | 状態 상태 | 維持 유지 | 役立つ 도움이 되다 | 証明 증명 | 過信 과신

問題10

次の文章を読んで、後の問いに対する答えとして最もよいものを、1・2・3・4から一つ選びなさい。

私の妻は塩の使用量に気を使っている。妻の話によると、調味料の中で最も重要で、慎重に扱わなければならないのが塩だという。ⓐ高血圧をはじめ各種の生活習慣病の原因となる可能性もあるからだ。成人の一日のナトリウム摂取推奨量は2000mgという。塩について考える時、一番先に思い浮かぶのが、十分に①健康を脅かしかねない、慎重に扱わなければならない物質という考えだ。

　私たちの時代で塩は、簡単に購買することができ、値段も安いために、②塩の価値についても特別に考えなくなった。しかし、以前、ⓑ塩はとても重要な財産で、富の象徴だった時期もあった。1482年に起きたフェラーラ・戦争は塩貿易を背景に、なんと３年間の戦争が続いたのだ。その時代の塩は、ⓒ食べ物を保存するための不可欠なものとして、また、16世紀のヨーロッパの絶対王政時代には、戦争をする前に、まず塩から用意したほど貴重であった。負傷した兵士の治療のために塩水を使用することもあった。中国の秦という国では、国家だけが塩を販売することができており、ⓓエジプトではミイラを作るために遺体を塩水に一週間程度浸しておいたものだ。　（中略）

　止血、解熱、解毒と殺菌作用、老廃物除去、新陳代謝の促進、動脈硬化の防止、消化促進など、塩は多くの役割を担っている。塩は代替不可能な大切な資源でもある。塩の機能のうち、僕が最も気に入っているのは③浄化作用だ。ⓔ私たちの体の血液をきれいに浄化させる塩の力は本当に魅力的だ。自分の力が及ばない血液を助ける塩という存在に感謝の気持ちを伝えたい。ⓕ塩は不正な存在を追う悪魔払い^(注)にも使われたという。カトリック文化で使用する聖水にも若干の塩を入れたそうである。

　忌避の対象とばかり思われていた塩だが、それが持っている様々な機能と役割について考えてみたら、塩の重要性について改めて考えさせられるしかないだろう。人の体を清めさせてくれる塩が、人の心をも浄化させることが可能であればどうだろうか。ⓖ体の浄化にも相当な時間と手間がかかるが、心の浄化はそれより何倍の時間を耐えなければならないからだ。人間らしく生きるためには誰でも必ずやらなければならないことが必死の浄化なのだ。人類の技術で、心を浄化して精神を100％治療できる装置が作れることはないだろう。ⓗ自分を大切に思い、不正の全てのものから自分を守ることができる浄化の時間を持つことが重要だ。

（注）悪魔払い：宗教、民俗信仰において、祈祷・儀式などによって悪魔・悪霊、悪神、魔神、偽りの神を追い払うこと、またその祈祷・儀式・行事である。

---

59 筆者が、①健康を脅かしかねない、慎重に扱わなければならない物質と言った理由は何か。

1　塩を精製する時作られる毒性物質が人体に良くない影響を与えかねないため

2　塩の使用量によって健康に役立つこともあり、脅威になることもあるため

3　一日の平均所要量以上のナトリウムを摂取することになると、その他に塩を摂取する必要がないため

4　生活習慣病の原因を塩だと思う人が多いため

60 筆者が言う②塩の価値に関する内容で、正しくないものは何か。

1　重要な資産である塩貿易をめぐって争いが起きた時代もあった。

2　食べ物の腐敗防止の目的で塩を使用したりした。

3　遺体を長く保存するために、塩水を活用する国もあった。

4　塩が一般的な貨幣単位として使用された時代もあった。

61 この文章で、③浄化作用が指しているものは何か。

1　宗教的な儀式において塩を使用することにより、良くないものを浄化させること

2　塩が持っている食べ物に対する解毒と殺菌作用を通じて、体をきれいに維持させること

3　身体の中の血管の老廃物除去のための機能として塩を使用すること

4　塩の機能と意味をもとに、肉体と精神ともきれいにすること

62 この文章で、筆者が一番言いたいことは何か。

1 塩に対して否定的に考えることより、感謝の気持ちを持たなければならない。

2 **肉体的な浄化作用以上に、精神的な浄化作用の必要性を認識するべきである。**

3 人間の心理と精神的なストレスを治療できる機械の発明が急がれる。

4 精神的な疾患は肉体の疾患よりさらに多くの時間と忍耐が必要である。

다음 문장을 읽고 다음의 질문에 대한 답으로 가장 알맞은 것을 1·2·3·4에서 하나 고르시오.

나의 아내는 소금의 사용량에 신경을 쓰고 있다. 아내의 말에 의하면, 조미료 중에서 가장 중요하고 조심스럽게 다루어야 할 것이 소금이라고 한다. ⓐ고혈압을 비롯한 각종 생활습관병의 원인이 될 가능성도 있기 때문이다. 성인의 하루 나트륨 섭취 권장량은 2000mg이라고 한다. 소금에 대해 생각할 때 가장 먼저 떠오르는 것이 충분히 ①건강을 위협할 수 있는, 조심스럽게 다루어야 할 물질이라는 생각이다.

우리들의 시대에서 소금은 간단하게 구매할 수 있고 가격도 싸기 때문에 ②소금의 가치에 대해서도 특별하게 생각하지 않게 되었다. 그러나 예전에 ⓑ소금은 매우 중요한 재산이자 부의 상징이던 시기도 있었다. 1482년에 일어난 페라라 전쟁은 소금 무역을 배경으로 무려 3년 간의 전쟁이 이어진 것이다. 그 시대의 소금은 ⓒ음식을 보존하기 위한 필수불가결한 것으로, 또한 16세기 유럽의 절대왕정시대에는 전쟁을 하기 전에 먼저 소금부터 준비했을 정도로 귀중했다. 부상당한 병사들의 치료를 위해서 소금물을 사용하기도 했다. 중국의 진이라는 나라에서는 국가만이 소금을 판매할 수 있었고, ⓓ이집트에서는 미라를 만들기 위해서 시신을 소금물에 일주일 정도 담가 두곤 했다. (중략)

지혈, 해열, 해독과 살균 작용, 노폐물 제거, 신진대사의 촉진, 동맥경화 방지, 소화 촉진 등 소금은 많은 역할을 담당하고 있다. 소금은 대체 불가능한 소중한 자원이기도 하다. 소금의 기능 중 내가 가장 마음에 드는 것은 ③정화작용이다. ⓔ우리 몸의 혈액을 깨끗하게 정화시키는 소금의 힘은 정말 매력적이다. 자신의 힘이 미치지 않는 혈액을 도와 주는 소금이라는 존재에 고마운 마음을 전하고 싶다. ⓕ소금은 부정한 존재를 쫓는 구마에도 사용되었다고 한다. 카톨릭 문화에서 사용하는 성수에도 약간의 소금을 넣었다고 한다.

기피의 대상으로만 여겨졌던 소금이지만, 그것이 가지고 있는 여러 기능과 역할에 대해서 생각해 본다면, 소금의 중요성에 대해서 다시 생각하게 될 수밖에 없을 것이다. 사람의 몸을 깨끗하게 해 주는 소금이 사람의 마음까지도 정화시키는 것이 가능하다면 어떨까? ⓖ몸의 정화에도 상당한 시간과 수고가 들지만, 마음의 정화는 그보다 몇 배의 시간을 견뎌야 하기 때문이다. 사람답게 살기 위해서는 누구나 반드시 해야 할 필사적인 정화라는 것이다. 인류의 기술로 마음을 정화하고 정신을 100% 치료할 수 있는 장치를 만들 수는 없을 것이다. ⓗ자신을 소중히 여기며 부정한 모든 것으로부터 자신을 지킬 수 있는 정화의 시간을 갖는 것이 중요하다.

(主) **悪魔払い** : 구마. 종교, 민속신앙에서 기도·의식 등으로 악마·악령, 악신, 마신, 거짓된 신을 쫓는 것, 또는 그 기도·의식·행사이다.

59 필자가 ①건강을 위협할 수 있는, 조심스럽게 다루어야 할 물질이라고 말한 이유는 무엇인가?

1 소금을 정제할 때 만들어지는 독성물질이 인체에 좋지 않은 영향을 줄 수도 있기 때문에

2 소금의 사용량에 따라서 건강에 도움이 되기도 하고 위험이 되기도 하기 때문에

3 하루 평균 권장량 이상의 나트륨을 섭취하게 되면, 그 외에 소금을 섭취할 필요가 없기 때문에

4 **성인병의 원인을 소금이라고 생각하는 사람이 많기 때문에**

[60] 필자가 말하는 ②소금의 가치에 대한 내용으로 올바르지 않은 것은 무엇인가?

1 중요한 자산인 소금 무역을 둘러싸고 다툼이 일어났던 시대도 있었다.

2 음식물의 부패 방지의 목적으로 소금을 사용하기도 했다.

3 시신을 오래 보존하기 위해서 소금물을 활용하는 나라도 있었다.

4 소금이 일반적인 화폐 단위로서 사용되던 시대도 있었다.

[61] 이 문장에서 ③정화작용이 가리키고 있는 것은 무엇인가?

1 종교적인 의식에서 소금을 사용하는 것에 의해, 부정한 것을 정화시키는 것

2 소금이 가지고 있는 음식에 대한 해독과 살균 작용을 통해서 몸을 깨끗하게 유지시키는 것

3 몸 속의 혈관의 노폐물 제거를 위한 기능으로 소금을 사용하는 것

4 소금의 기능과 의미를 토대로, 육체와 정신 모두 깨끗하게 하는 것

[62] 이 문장에서 필자가 가장 말하고 싶은 것은 무엇인가?

1 소금에 대해서 부정적으로 생각하는 것보다 감사하는 마음을 가져야 한다.

2 육체적인 정화 작용 이상으로 정신적인 정화작용의 필요성을 인식해야 한다.

3 인간의 심리와 정신적인 스트레스를 치료할 수 있는 기계의 발명이 시급하다.

4 정신적인 질환은 육체의 질환보다 더욱 많은 시간과 인내가 필요하다.

[풀이]

[59] ⓐ소금이 성인병의 원인이 될 수도 있다고 말하고 있기 때문에, 정답은 선택지 4번이다.

[60] ⓑ중요한 재산인 소금을 둘러싸고 전쟁이 벌어진 시기도 있고, ⓒ음식물의 보존, ⓓ시신의 보존을 위해서 소금이 사용되고 있었다는 것을 알 수 있다. 본문에서 언급하지 않은, 선택지 4번이 정답이다.

[61] ⓔ소금은 인체의 혈액을 정화시키는 것과 ⓕ정신적으로 부정한 것을 정화시킨다고 언급하고 있다. 따라서 정답은 선택지 4번이다.

[62] ⓖ필자는 몸의 정화에도 많은 시간과 노력이 필요하지만, 마음의 정화에 그 이상의 것이 필요하다고 언급하고, ⓗ마음의 정화의 중요성을 강조하고 있다. 따라서 정답은 선택지 2번이다.

Tip) 필자의 주장을 묻는 문제는 마지막 부분에 정답에 관한 힌트가 나오는 경우가 많다.

[단어]

気を使う 신경을 쓰다 | 〜によると 〜에 의하면, 〜에 따르면 | 調味料 조미료 | 慎重 신중 | 扱う 다루다, 취급하다 | 高血圧 고혈압 | 〜をはじめ 〜을 비롯해 | 生活習慣病 생활습관병 | 摂取 섭취 | 推奨量 권장량 | 〜について 〜에 대해서 | 健康 건강 | 脅かす 위협하다, 협박하다 | 〜かねない 〜할지도 모른다, 〜할 듯하다 | 物質 물질 | 購買 구매 | 財産 재산 | 富 부 | 象徴 상징 | 戦争 전쟁 | 〜にわたって 〜에 걸쳐서 | 貿易 무역 | 背景 배경 | 保存 보존 | 用意 준비 | 貴重 귀중 | 負傷 부상 | 販売 판매 | 遺体 유체, 시체 | 浸す 담그다, 흠뻑 적시다 | 止血 지혈 | 解毒 해독 | 殺菌 살균 | 老廃物 노폐물 | 除去 제거 | 促進 촉진 | 防止 방지 | 役割 역할 | 担う 담당하다 | 代替 대체 | 資源 자원 | 浄化 정화 | 血液 혈액 | 魅力 매력 | 感謝 감사 | 若干 약간 | 忌避 기피 | 対象 대상 | 改めて 다시 | 清める 맑게 하다, 깨끗이 하다 | 手間 수고 | 耐える 견디다, 참다 | 〜らしい 〜답다 | 装置 장치 | 守る 지키다 | 精製 정제 | 毒性 독성 | 影響 영향 | 脅威 위협 | 〜に関する 〜에 관한 | 資産 자산 | 争い 다툼, 분쟁 | 備える 갖추다, 구비하다 | 腐敗 부패 | 防止 방지 | 貨幣 화폐 | 〜として 〜로서 | 〜において 〜에 있어서, 〜에서 | 〜に対する 〜에 대한 | 殺菌 살균 | 〜を通じて 〜을 통해서 | 維持 유지 | 否定的 부정적 | 認識 인식 | 〜べきだ 〜해야 한다 | 疾患 질환

次のAとBはそれぞれ、電子ペーパーについて書かれた文章である。二つの文章を読んで、後の問いに対する答えとして最もよいものを、1・2・3・4から一つ選びなさい。

A

多くの量の情報と知識の携帯性という側面から、電子ペーパーの発明は革新的なものである。電子ペーパーは、平面化されたディスプレイとは異なり、本物の紙のように折ったり曲げたりすることが可能である。外部の衝撃にも割れる恐れがなく、わずか0.7mmの厚さと約15gの重さは、ⓐ携帯性と安全性を飛躍的に引き上げた結果であると言える。外部の光源を利用するⓑ電子ペーパーの電力の消耗は、LCDの千分の1に過ぎない。また、ⓒ一般のディスプレーでは見られない角度でも文字を認識できることが長所として挙げられている。また、ⓓ携帯電話やパソコンのように長時間画面を持続的に見る場合に生じる目の疲労がほとんどないというのも電子ペーパーの特徴である。

B

ⓔ電子ペーパーの発明は少なくとも、人の知的欲求を満たすために消えていく木を救うことができる可能性を持っている。携帯性の発展は人間の怠惰を誘発するというなど、電子ペーパーを否定している人も多い。しかし、地球温暖化と大気汚染の深刻さが、人の命を脅かす時代に至った今の状況を直視するべきである。木を守ると、森を守ることができるようになり、人を含めた数多くの生命体の命を守れるのである。だが実際に、多くの人々は、紙のリサイクル工程で発生する費用や公害を考慮せずに、紙は再生資源であり環境に大きな影響を与えていないと考えている。ⓕ紙のリサイクル率を増やすよりは紙の使用量自体を減らすことが賢明である。

63 AとBの両方の文章に触れられている点は何か。

1 電子ペーパーが環境保護に貢献する現象と動作原理

2 電子ペーパーが持っている長所とこれから改善されるべき点

3 既存の問題が補完できる電子ペーパーの役割

4 一般の紙と電子ペーパーの違いや環境問題との関係性

64 電子ペーパーについてAとBはどう言っているのか。

1 AもBも電子ペーパーは優れた長所があるが、限界性も明らかであると述べている。

2 AもBも電子ペーパーの発展と活用、今後の活躍について肯定的に述べている。

3 Aは、電子ペーパーの作動原理や特徴について述べ、Bは電子ペーパーが環境に及ぼす悪影響について述べている。

4 Aは、電子ペーパーの長所と短所を同時に述べ、Bは一般の紙と電子ペーパーの違いを中心に述べている。

다음 A와 B는 각각 전자 종이에 대해서 쓰인 글이다. 두 개의 문장을 읽고 다음 질문에 대한 답으로 가장 알맞은 것을 1·2·3·4에서 하나 고르시오.

A

많은 양의 정보와 지식의 휴대성이라는 측면에서 전자 종이의 발명은 혁신적인 것이다. 전자 종이는 평면화된 디스플레이와는 달리, 실제 종이처럼 접거나 휘게 하는 것이 가능하다. 외부의 충격에도 깨질 염려가 없고, 불과 0.7mm의 두께와 약 15g의 무게는 ⓐ휴대성과 안전성을 비약적으로 끌어올린 결과라고 말할 수 있다. 외부의 광원을 이용하는 ⓑ전자 종이의 전력 소모는 LCD의 1천분의 1에 지나지 않는다. 또한 ⓒ일반 디스플레이에서는 볼 수 없는 각도에서도 글자를 인식할 수 있는 것이 장점으로 꼽히고 있다. 또한 ⓓ휴대폰이나 컴퓨터처럼 오랜 시간 화면을 지속적으로 보는 경우에 발생하는 눈의 피로가 거의 없다는 것도 전자 종이의 특징이다.

B

ⓔ전자 종이의 발명은 적어도 사람의 지적 욕구를 충족시키기 위해서 사라져 가는 나무를 구할 수 있는 가능성을 가지고 있다. 휴대성의 발전은 인간의 게으름을 유발한다는 등 전자 종이를 부정하고 있는 사람도 많다. 그러나 지구 온난화와 대기 오염의 심각함이 사람의 목숨을 위협하는 시대에 이른 지금의 상황을 직시해야 한다. 나무를 지키면 숲을 지킬 수 있게 되고, 사람을 비롯한 수많은 생명체들의 목숨을 지킬 수 있는 것이다. 그렇지만 실제로 많은 사람들은 종이의 재활용 공정에서 발생하는 비용이나 공해를 고려하지 않고, 종이는 재생자원이며 환경에 큰 영향을 주지 않는다고 생각하고 있다. ⓕ종이의 재활용률을 늘리기보다는 종이의 사용량 자체를 줄이는 것이 현명하다.

63 A와 B의 양쪽 문장에서 언급하고 있는 점은 무엇인가?

1 전자 종이가 환경 보호에 공헌하는 현상과 동작 원리

2 전자 종이가 가지고 있는 장점과 앞으로 개선되어야 할 점

3 기존의 문제를 보완할 수 있는 전자 종이의 역할

4 일반 종이와 전자 종이의 차이와 환경 문제와의 관계성

64 전자 종이에 대해서 A와 B는 어떻게 말하고 있는가?

1 A도 B도 전자 종이는 뛰어난 장점이 있지만, 한계성도 분명하다고 말하고 있다.

2 A도 B도 전자 종이의 발전과 활용, 이후의 활약에 대해서 긍정적으로 말하고 있다.

3 A는 전자 종이의 작동 원리와 특징에 대해서 말하고, B는 전자 종이가 환경에 미치는 악영향에 대해서 말하고 있다.

4 A는 전자 종이의 장점과 단점을 동시에 말하고, B는 일반 종이와 전자 종이의 차이점을 중심으로 말하고 있다.

[풀이]

63 ⓐA는 전자 종이의 휴대성과 안전성, ⓑ전력 소모, ⓒ기존과는 다른 글자 인식의 제한 해결, ⓓ기존의 디스플레이가 가진 단점을 해결하고 있다고 주장하고 있고, ⓔB는 전자 종이의 발명으로 환경 보전이 가능하다고 주장하고 있다. 따라서 정답은 선택지 3번이다.

64 ⓐ, ⓑ, ⓒ, ⓓ의 내용에서도 알 수 있듯이, A는 전자 종이 활용의 장점만을 언급하고 있고, ⓕB는 전자 종이의 사용으로, 종이 자체의 사용을 줄여야 한다고 말하고 있다. 따라서 정답은 선택지 2번이다.

[단어]

～について ～에 대해서 ┃ 情報 정보 ┃ 知識 지식 ┃ 携帯 휴대 ┃ 発明 발명 ┃ 革新 혁신 ┃ 異なる 다르다 ┃ 折る 접다, 꺾다 ┃ 曲げる 구부리다, 굽히다 ┃ 衝撃 충격 ┃ 割れる 깨지다, 분열되다 ┃ 恐れ 우려, 두려움 ┃ わずか 불과 ┃ 飛躍的 비약적 ┃ 引き上げる 끌어올리다 ┃ 消耗 소모 ┃ ～に過ぎない ～에 지나지 않는다 ┃ 認識 인식 ┃ 長所 장점 ┃ ～として ～로서 ┃ 挙げる 예로 들다 ┃

生じる 생기다, 발생하다 ▎疲労 피로 ▎特徴 특징 ▎欲求 욕구 ▎満たす 채우다 ▎消える 사라지다 ▎救う 구하다 ▎怠惰 나태, 태만 ▎誘発 유발 ▎否定 부정 ▎地球温暖化 지구 온난화 ▎汚染 오염 ▎深刻 심각 ▎命 목숨, 생명 ▎脅かす 위협하다 ▎状況 상황 ▎工程 공정 ▎考慮 고려 ▎資源 자원 ▎賢明 현명 ▎貢献 공헌 ▎現象 현상 ▎改善 개선 ▎既存 기존 ▎補完 보완 ▎役割 역할 ▎優れる 우수하다, 뛰어나다 ▎限界 한계 ▎活躍 활약 ▎肯定 긍정 ▎及ぼす 미치다, 이르게 하다

問題12

次の文章を読んで、後の問いに対する答えとして最もよいものを、1・2・3・4から一つ選びなさい。

　最近はソーシャルネットワークサービスを通じて自分の撮った写真を、他人と共有したりしている人も多い。ほとんどの人の写真を撮る理由は思い出の保管のためであろう。旅行先でのことや、家族とのことなどの特別な瞬間を大事にしたいために写真を撮る人が多い。ⓐ写真というのは、後で見てもその時の感情と思い出を蘇らせることができる媒介体としての①機能を遂行しているのである。ⓑ写真は時間と空間の保管及び保存媒体としての圧倒的な能力を持っている。

　絵と写真は両方とも、目に見えるあるものを紙に移したものであるにもかかわらず、この二つに対する我々の反応は全く違う。創造された絵と違って、写真は現実そのもので、事実を代弁する象徴となっているのである。なんともおかしいのは、ⓒ写真もまた絵と同様に本物ではないし、事実ではないということである。つまり絵や写真は、一様にあることを紙に引き写して表現したものである。（中略）

　写真は芸術作品とも分類されている。芸術は誰かによって作られた結果物、すなわち創造性が最も重要視される分野でもある。写真は現在を写したもので、事実だけを持っている媒体であるにもかかわらず、その中に創造性を発見できるということである。このような写真芸術において、もっとも重要な核心的道具は、まさにレンズである。ⓓカメラのレンズを利用して、光の屈折と角度、遠近法を基に、自分が表現したいものを創造することが写真芸術というものである。写真は純粋芸術ではなく、ただ技術であると貶す人も多いのであるが。（中略）

　事実性と創造性は共存しにくいが、写真は絶対的に違う概念として認識されているこの二つの領域を行き来している。事実を事実らしく描写することに最も近接した技術の産物である写真機。そして、作家の意図と創作目的を忠実に反映するために、技術の進化を繰り返しているレンズ。このふたつの物以外で、作品を修正することは望ましくないと思う。もちろん、補正された作品は技術的に原本よりも優越しているが、ⓔ優れた補正技術により、写真の最大の魅力とされる事実性の喪失につながるのは残念なことである。

65 ここでいう①機能というのは何か。

1　思い出と感情を保管するだけでなく、蘇生させることができるもの
2　趣向が似ている多数の人々とともに、あることを共有するためのもの
3　時間の流れにつれて忘れられやすい事件や思い出を保存するためのもの
4　自分の趣味を共有して、見知らぬことについての記憶を保管するもの

66 絵と写真について、筆者はどう考えているか。

1　絵と写真はいずれも、事実とは関係のない捏造された結果である。

2　写真は事実性を重要視して、絵は芸術的な創造性を強調する。

3　絵の創造性と写真の現実性が歪曲される結果になることもある。

4　いずれも本物ではなく、人間によって作り出されたものである。

67 筆者は、写真の芸術性についてどう言っているか。

1　芸術的な進歩によって作られた写真は、芸術性が薄い。

2　写真は技術的な補完によって、その中に芸術性を持っていることもある。

3　創造の原則を直接的に違反している写真は、純粋芸術と見ることはできない。

4　時代の変化と共に芸術作品に分類されているが、創意的な作品とは言えない。

68 芸術作品として写真が進む方向について、筆者が一番言いたいことは何か。

1　あまりにも技術的な面を強調した写真は、事実性を実現させがたい。

2　創造性と事実性の共有が可能な革新的なレンズの発明が必要である。

3　写真作家は、写真の補正と修正による創意性を示さなければならない。

4　カメラの角度とレンズの屈折を利用した写真の操作は望ましくない。

다음 문장을 읽고 다음 질문에 대한 답으로 가장 알맞은 것을 1·2·3·4에서 하나 고르시오.

　최근에는 소셜 네트워크 서비스를 통해서 자신이 찍은 사진을 다른 사람과 공유하고 있는 사람도 많다. 대부분의 사람들이 사진을 찍는 이유는 추억의 보관 때문일 것이다. 여행지에 관한 것이나, 가족에 대한 것 등의 특별한 순간을 소중하게 하고 싶기 때문에 사진을 찍는 사람이 많다. ⓐ사진이라는 것은 나중에 보더라도 그때의 감정과 추억을 되살릴 수 있는 매개체로서의 ①기능을 수행하고 있는 것이다. ⓑ사진은 시간과 공간의 보관 및 저장 매체로서의 압도적인 능력을 가지고 있다.

　그림과 사진은 모두 눈에 보이는 어떤 것을 종이에 옮긴 것임에도 불구하고, 이 두 가지를 대하는 우리의 반응은 전혀 다르다. 창조된 그림과는 다르게 사진은 현실 그 자체이고, 사실을 대변하는 상징이 되어 있는 것이다. 정말 이상한 것은 ⓒ사진 또한 그림과 마찬가지로 진짜가 아니고 사실이 아니라는 점이다. 즉 그림이나 사진은 똑같이 어떤 것을 종이에 옮겨서 표현한 것이다. (중략)

　사진은 예술 작품으로도 분류되고 있다. 예술은 누군가에 의해 만들어진 결과물, 즉 창조성이 가장 중요시되는 분야이기도 하다. 사진은 현재를 묘사한 것이고 사실만을 가지고 있는 매체임에도 불구하고, 그 안에 창조성을 발견할 수 있다는 것이다. 이러한 사진 예술에서 가장 중요한 핵심 도구는 바로 렌즈이다. ⓓ카메라의 렌즈를 이용해서 빛의 굴절과 각도, 원근법을 바탕으로 자신이 표현하고 싶은 것을 창조하는 것이 사진 예술이라는 것이다. 사진은 순수예술이 아니라, 단지 기술이라고 폄하하는 사람들도 많지만.(중략)

　사실성과 창조성은 공존하기 어렵지만, 사진은 절대적으로 다른 개념으로 인식되고 있는 이 두 가지의 영역을 넘나들고 있다. 사실을 사실답게 묘사하는 것에 가장 근접한 기술의 산물인 사진기. 그리고 작가의 의도와 창작 목적을 충실히 반영하기 위해서 기술의 진화를 거듭하고 있는 렌즈. 이 두 가지 외에 작품을 수정하는 것은 바람직하지 않다고 생각한다. 물론 보정된 작품은 기술적으로 원본보다 우월하지만,ⓔ뛰어난 보정 기술에 의해 사진의 최대 매력으로 여겨지는 사실성의 상실로 이어지는 것은 유감스러운 일이다.

65 여기에서 말하는 ①기능이라는 것은 무엇인가?

1 추억과 감정을 보관하는 것뿐만 아니라, 소생시킬 수 있는 것

2 취향이 비슷한 여러 사람들과 함께 특정한 것을 공유하기 위한 것

3 시간의 흐름에 따라서 잊혀지기 쉬운 사건이나 추억을 보존하기 위한 것

4 자신의 취미를 공유하고 낯선 것에 대한 기억을 보관하는 것

66 그림과 사진에 대해서 필자는 어떻게 생각하고 있는가?

1 그림과 사진은 모두 사실과는 관계 없이 조작된 결과물이다.

2 사진은 사실성을 중요시하고, 그림은 예술적인 창조성을 강조한다.

3 그림의 창조성과 사진의 현실성이 왜곡된 결과가 되기도 한다.

4 어느 쪽도 진짜가 아니고, 인간에 의해서 만들어진 것이다.

67 필자는 사진의 예술성에 대해서 어떻게 말하고 있는가?

1 기술적인 진보에 의해서 만들어진 사진은 예술성이 희박하다.

2 사진은 기술적인 보완으로 인해서 그 안에 예술성을 가지고 있기도 하다.

3 창조의 원칙을 직접적으로 위반하고 있는 사진은 순수예술이라고 볼 수 없다.

4 시대의 변화와 함께 예술작품으로 분류되고 있지만, 창의적인 작품이라고 말할 수는 없다.

68 예술 작품으로서 사진이 나아갈 방향에 대해서 필자가 가장 말하고 싶은 것은 무엇인가?

1 지나치게 기술적인 면을 강조한 사진은 사실성을 실현시키기 어렵다.

2 창조성과 사실성의 공유가 가능한 혁신적인 렌즈의 발명이 필요하다.

3 사진 작가는 사진의 보정과 수정에 의한 창의성을 나타내야 한다.

4 카메라의 각도와 렌즈의 굴절을 이용한 사진의 조작은 바람직하지 않다.

[풀이]

65 ⓐ사진은 감정과 추억을 되살릴 수 있고, ⓑ보관 및 저장 기능이 뛰어나다고 말하고 있다. 따라서 정답은 선택지 1번이다.
Tip) 밑줄 친 문제는 앞뒤의 문장을 잘 살펴보면, 정답에 관한 힌트를 찾을 수 있는 경우가 많다.

66 ⓒ그림과 마찬가지로 사진도 진짜는 아니라고 언급하고 있기 때문에, 정답은 선택지 4번이다. 그림과 사진이 조작된 것이라는 본문의 내용은 없기 때문에 선택지 1번은 정답이 될 수 없고, 선택지 2번과 3번에 관한 언급은 없었다.

67 ⓓ카메라의 렌즈 기술로, 자신이 표현하고 싶은 것을 창조하는 것이 사진 예술이라고 언급하고 있다. 따라서 정답은 선택지 2번이다.

68 ⓔ필자는 뛰어난 보정 기술로 인해 사진 예술에 사실성이 없어지는 것을 우려하고 있다. 따라서 정답은 선택지 1번이다.
Tip) 필자의 주장을 묻는 문제는 마지막 부분에 정답에 관한 힌트가 나오는 경우가 많다.

[단어]

～を通じて ～을 통해서 | 共有 공유 | 思い出 추억 | 瞬間 순간 | 蘇る 되살아나다. 소생하다 | 媒介体 매개체 | 機能 기능 | 遂行 수행 | 保管 보관 | ～及び ～및 | 圧倒的 압도적 | 移す 옮기다 | ～にもかかわらず ～에도 불구하고 | 反応 반응 | 創造 창조 | 代弁 대변 | 象徴 상징 | 引き写す 베끼다. 복사하다 | 表現 표현 | 分類 분류 | ～によって ～에 의해서, ～에 따라서 | すなわち 즉 | ～において ～에 있어서, ～에서 | 核心 핵심 | 屈折 굴절 | 角度 각도 | 遠近法 원근법 | 純粋 순수 | 貶す 헐뜯다, 비방하다 | 概念 개념 | ～として ～로서 | 領域 영역 | 描写 묘사 | 意図 의도 | 反映 반영 | 繰り返す 반복하다, 되풀이하다 | 望ましい 바람직하다 | 補正 보정 | 優越 우월 | 優れる 우수하다, 뛰어나다 | 喪失 상실 | 蘇生 소생 | 趣向 취향 | ～につれて ～에 따라서 | 強調 강조 | 歪曲 왜곡 | いずれも 어느 것이나, 모두 | 原則 원칙 | 違反 위반 | ～と共に ～와 함께 | 革新 혁신

右のページは、桜市文化博物館の会員登録の案内である。後の問いに対する答えとして最もよいものを、１・２・３・４から一つ選びなさい。

69 この博物館の会員制の説明と合っているものはどれか。
1 グループ会員の団体加入の場合、年会費の割引を受けることができる。
2 どんな会員であれ、特別展はいつでも無料で入場することができる。
3 博物館の会員になる場合、博物館が主催する行事も割引を受けることができる。
4 博物館が発行する本を購入する場合、割引を受けることができる。

70 この博物館の会員申請方法及び注意事項について合っているものはどれか。
1 会員申請をするとき、指定された口座に振り込まなくてもいい。
2 新規会員申請の場合は、1回に限り、手数料を支払わなければならない。
3 会員証を提示しなければ、特別展の入場の際の割引を受けることができない。
4 会員の有効期間内に、会員を変更することができる時期がある。

桜市文化博物館　会員登録のご案内

桜市文化博物館はさくら市の文化と歴史を愛して、会員相互の交流および親睦を図るという方達のために会員制で運営しています。次のようなサービスを用意しておりますので、皆様の沢山のご関心お願いします。

■ 会員の種類と特典

	秋会員	春会員	グループ会員
入会条件	どなたでも	どなたでも	2名様以上で
年会費	4,000円	6,000円	5,000円/お1人
特別展入場	ⓐ2回(3回目から団体料金を適用)	何回でもご入場可能	何回でもご入場可能
総合展示室入場	何回でもご入場可能	何回でもご入場可能	何回でもご入場可能
同伴者割引（団体料金扱い）	1名まで	5名まで	5名まで

(1) 会員証で総合展示場・特別展（秋会員は年間2回まで）ともに無料でご覧になれます。ただし、館主催以外の展覧会は有料となります。
(2) ⓑ当博物館発行の出版物を割引価格にてご購入いただけます。
(3) ⓒ当博物館が主催・後援する行事のご案内をいたします。
(4) 催事情報や各種行事案内等を毎月ご送付いたします。

■ 申込方法

・受付でのお申し込み
桜市文化博物館１階の窓口にて受け付けております。

・郵便でのお申し込み
申込書に必要事項をご記入のうえ、下記口座にお支払い下さい。ご入金が確認でき次第、会員証をお送りいたします。
振込先：ＸＸゆうちょ銀行

ⓓ宛先：桜市文化博物館

口座番号：01250-4-13405

※ ⓔ恐れ入りますが、初回のみ、振込手数料をご負担いただくこととなります。また、手続きには1週間ほどかかります。あらかじめご了承下さい。

■ ご注意

(1) 会員証は受付にて必ずご提示ください。

(2) ①会員証のご提示がない場合は、会員特典をご利用いただけません。

(3) 会員証を他の人に貸与することは出来ません。

(4) ⑨有効期限内（一年）での秋会員・春会員・グループ会員の会員区分の変更はできません。

오른쪽 페이지는 사쿠라 시 문화 박물관 회원 등록 안내이다. 아래의 질문에 대한 답으로 가장 알맞은 것을 1·2·3·4에서 하나 고르시오.

69 이 박물관의 회원제의 설명으로 맞는 것은 어떤 것인가?

1 그룹 회원의 단체 가입의 경우 연회비를 할인 받을 수 있다.

2 어떤 회원이든지 특별전은 언제라도 무료로 입장할 수 있다.

3 박물관 회원이 될 경우에 박물관이 주최하는 행사도 할인 받을 수 있다.

4 박물관이 발행하는 책을 구입할 경우 할인을 받을 수 있다.

70 이 박물관의 회원 신청 방법 및 주의 사항에 대해서 맞는 것은 어떤 것인가?

1 회원 신청을 할 때, 지정된 계좌로 송금하지 않아도 된다.

2 신규 회원 신청의 경우에는 1회에 한해 수수료를 지불해야 한다.

3 회원증을 제시하지 않으면 특별전 입장 시 할인을 받을 수 없다.

4 회원의 유효 기간 내에 회원 변경을 할 수 있는 시기가 있다.

사쿠라 시 문화 박물관 회원 등록 안내

사쿠라 시 문화 박물관은 사쿠라 시의 문화와 역사를 사랑하고, 회원 상호 간의 교류 및 친목을 도모하려는 분들을 위해서 회원제로 운영하고 있습니다. 다음과 같은 서비스를 준비하고 있으니, 여러분들의 많은 관심 바랍니다.

■ 회원의 종류와 혜택

	가을 회원	봄 회원	그룹 회원
가입 조건	누구나	누구나	두 분 이상으로
연회비	4,000엔	6,000엔	5,000엔/한 분
특별전 입장	ⓐ2회 (3회부터 단체 요금을 적용)	몇 번이라도 입장 가능	몇 번이라도 입장 가능
종합전시실 입장	몇 번이라도 입장 가능	몇 번이라도 입장 가능	몇 번이라도 입장 가능
동반자 할인 (단체 요금 취급)	1명까지	5명까지	5명까지

(1) 회원증으로 종합전시장·특별전(가을 회원은 연간 2회까지) 모두 무료로 보실 수 있습니다. 다만, 박물관 주최 이외의 전람회는 유료가 됩니다.

(2) ⓑ우리 박물관 발행 출판물을 할인 가격으로 구입할 수 있습니다.

(3) ⓒ우리 박물관이 주최·후원하는 행사 안내를 하겠습니다.

(4) 행사 정보나 각종 행사 안내 등을 매달 송부해 드립니다.

■ 신청 방법

• 접수처에서 신청

사쿠라 시 문화박물관 1층 창구에서 접수 받고 있습니다.

• 우편으로 신청

신청서에 필요 사항을 기입하신 후 아래 계좌로 지불해 주시기 바랍니다. 입금이 확인되는 대로 회원증을 보내 드립니다.

입금처: XX우체국은행

ⓓ수신처: 사쿠라 시 문화 박물관

계좌번호: 01250-4-13405

※ ⓔ죄송합니다만, 첫 회만 입금 수수료를 부담하시게 됩니다. 또 수속에는 1주일 정도 걸립니다. 미리 양해 부탁 드립니다.

■ 주의

(1) 회원증은 접수처에서 꼭 제시 바랍니다.

(2) ⓕ회원증 제시가 없는 경우에는 회원 특전을 이용할 수 없습니다.

(3) 회원증을 다른 사람에게 대여할 수 없습니다.

(4) ⓖ유효 기간(1년) 내 가을 회원·봄 회원·그룹 회원 구분의 변경은 불가능합니다.

[풀이]

69 ⓐ가을 회원일 경우, 특별전 할인은 2회까지이기 때문에, 선택지 2번은 정답이 될 수 없다. ⓑ박물관이 발행하는 출판물을 할인 받을 수 있기 때문에, 정답은 선택지 4번이다. ⓒ박물관이 주체하는 행사는 할인을 받을 수 있는 것이 아니라, 안내를 받는 것뿐이다. 따라서 선택지 3번은 정답이 될 수 없다. 선택지 1번에 관한 언급은 없었다.

70 ⓓ지정된 계좌로 송금을 해야 하기 때문에, 선택지 1번은 정답이 될 수 없다. ⓔ신규 회원 신청을 우편으로 하는 경우에만 입금 수수료를 내야 한다고 말하고 있다. 따라서 선택지 2번도 정답이 아니다. ⓕ회원증을 제시하지 않으면, 특전 할인을 받을 수 없다고 말하고 있기 때문에, 선택지 3번이 정답이다. ⓖ회원 유효 기간 내에 회원 변경은 불가능하기 때문에, 선택지 4번도 정답이 될 수 없다.

[단어]

博物館 박물관 | 会員 회원 | 団体 단체 | 加入 가입 | 割引 할인 | ～であれ ～이라 해도, ～일지라도 | 主催 주최 | 行事 행사 | 発行 발행 | 購入 구입 | 申請 신청 | ～及び ～및 | 注意 주의 | 事項 사항 | ～について ～에 대해서 | 指定 지정 | 口座 구좌, 계좌 | 振り込む 납입하다 | 新規 신규 | 手数料 수수료 | 支払う 지불하다 | 会員証 회원증 | 提示 제시 | 際 때 | 有効 유효 | 期間 기간 | 変更 변경 | 歴史 역사 | 交流 교류 | 親睦 친목 | 図る 도모하다 | 運営 운영 | 用意 준비 | 条件 조건 | ご覧になる 보시다(見る의 존경어) | 価格 가격 | ～にて ～로 | 後援 후원 | 窓口 창구 | ～次第 ～하는 대로 | 恐れ入る 황송해하다, 송구스러워하다 | 負担 부담 | 手続き 수속, 절차 | あらかじめ 미리 | 了承 양해 | 貸与 대여

<段>

問題1

問題1では、まず質問を聞いてください。それから話を聞いて、問題用紙の1から4の中から、最もよいものを一つ選んでください。

では練習しましょう。

문제 1에서는 우선 질문을 들어 주세요. 그리고 나서 이야기를 듣고 문제 용지의 1부터 4중에서 가장 알맞은 것을 하나 고르세요.

그럼 연습하겠습니다.

例

会社で男の人と女の人が話しています。女の人は、このあとまず何をしなければなりませんか。

M 今、ちょっと時間ある？

F はい。

M あのさ、今日の午後の理事会の会議のこと。聞いた？

F はい、聞きました。みんな大騒ぎで。緊張しちゃいますよね。

M そうなんだよ。悪いけど、手貸してくれない？やることいっぱいで人手が足りないんだ。

F えーと、そうですね。ⓐ実は午前中、人事部から頼まれたアンケートの書類のまとめと、取引先の見積書を送らないと……。

M そっか。ⓑじゃ、それが終わってからでいいよ。ⓒ会議で使う資料のコピーだけ渡しておくね。人数分用意すればいいよ。で、それを事務課の担当者に渡してくれる？

F はい、承知しました。担当者には前もって電話しなくても大丈夫ですか。

M いいよ、ⓓ僕が電話しとくから。あと見積書の件も僕が送っておくから。君はそっちを頼む。なるべく急いでくれ。

会社で 남자와 여자가 이야기하고 있습니다. 여자는 이후에 먼저 무엇을 해야 합니까?

M 지금 잠깐 시간 있어?

F 네.

M 저어, 오늘 오후에 이사회 회의. 들었어?

F 네, 들었습니다. 모두 난리여서. 긴장되네요.

M 맞아. 미안한데, 도와주지 않을래? 할 일이 너무 많아서 일손이 부족해.

F 음, 그렇군요. ⓐ실은 오전 중으로 인사부로부터 부탁받은 앙케트 서류 정리와 거래처에 견적서를 보내지 않으면 안 되는데…….

M 그래? ⓑ그럼, 그거 끝나고 나서 해도 좋아. ⓒ회의에서 사용할 자료 복사만 건네 둘게. 인원수만큼 준비하면 돼. 그리고 그걸 사무과 담당자에게 전해 줄래?

F 네, 알겠습니다. 담당자에게는 미리 전화하지 않아도 괜찮을까요?

M 괜찮아. ⓓ내가 전화해 둘 거니까. 그리고 견적서 건도 내가 보내 놓을게. 자네는 그쪽을 부탁해. 가능한 한 서둘러 줘.

女の人は、このあとまず何をしなければなりませんか。

여자는 이후에 먼저 무엇을 해야 합니까?

1 取引先の担当者にファックスを送る

2 会議で使う資料をコピーする

3 アンケートの書類をまとめる

4 事務課に電話する

1 거래처의 담당자에게 팩스를 보낸다

2 회의에서 사용할 자료를 복사한다

3 앙케트 서류를 정리한다

4 사무과에 전화한다

最もよいのは 3 番です。解答用紙の問題 1 の例のところを見てください。最もよいものは 3 番ですから、答えはこのように書きます。では始めます。

가장 알맞은 것은 3번입니다. 해답 용지의 문제 1의 [예] 부분을 봐 주세요. 가장 알맞은 것은 3번이므로 답은 이렇게 씁니다. 그럼 시작하겠습니다.

1番

会社で男の人と女の人が話しています。女の人は、このあとすぐ何をしますか。

M 堀さん、ちょっと時間ある？

F はい。

M 今回の展示会で使う予算の件なんだけど、会計から予算オーバーって言われちゃったんだ。で、資金の使用先を調整しなければならないと思う。

F そうですか。これでも、ギリギリのところまで抑えているんですが。もっと切り詰められるのか、改めて検討してみます。

M 悪いね。それと、ⓐもっと安く借りられる所があるか調べてくれるかな。駅から遠くても顧客たちがバス一本で来れる所なら大丈夫だと思う。駅から近い所は便利だけど、高いから……。

F ⓑ承知しました。何箇所か当たってみます。場所ももう少し小さくてもいいですね。そうすれば、もっと予算を減らせると思います。

M いや、展示会に来ていただける顧客たちの人数はもう決まっているから、ある程度の規模じゃないとまずいよ。

F そうですか。分かりました。ⓒ場所を決めてから予算の報告書を提出いたします。あのう、いつまでに……？

회사에서 남자와 여자가 이야기하고 있습니다. 여자는 이후에 먼저 무엇을 합니까?

M 호리 씨, 잠깐 시간 있어?

F 네.

M 이번에 전시회에서 쓸 예산 건 말인데, 회계부에서 예산 초과라고 하네. 그래서 자금의 사용처를 조정하지 않으면 안 될 것 같아.

F 그래요? 이것도 아슬아슬한 수준까지 억누르고 있는 건데요. 더 줄일 수 있을지 다시 검토해 볼게요.

M 미안해. 그리고 ⓐ더 싸게 빌릴 수 있는 곳이 있는지 조사해 줄래? 역에서 멀어도 고객들이 버스 한 번으로 올 수 있는 곳이라면 괜찮을 것 같은데. 역에서 가까운 곳은 편리하지만, 비싸서…….

F ⓑ알겠습니다. 몇 군데 둘러보겠습니다. 장소도 조금 작아도 괜찮겠죠? 그렇게 하면 더 예산을 줄일 수 있을 것 같아요.

M 아니, 전시회에 와 주실 고객들의 인원 수는 벌써 정해져 있어서 어느 정도 규모가 아니면 안 돼.

F 그런가요? 알겠습니다. ⓒ장소를 정하고 나서 예산 보고서를 제출하겠습니다. 저어, 언제까지……?

M 明日の午後までに間に合うかな。急いでくれる？今やってもらってるアンケートの結果報告書はしばらく置いといてもいいし、他の人に引き継いでもらっても構わないから。

F えぇ！ そうですか。ⓐでも、他の人に頼むことになると、いろいろ説明するにも時間がかかるし……。先にそれを終わらせてから、展示会の方をやります。

M 分かった。それじゃ、悪いけど、頼むね。

女の人は、このあとすぐ何をしますか。

1 アンケートの報告書を仕上げる
2 予算の報告書を作成する
3 もっと狭い会場を探す
4 バスで行ける場所を探す

M 내일 오후까지 맞출 수 있을까? 서둘러 줄래? 지금 하고 있는 앙케트 결과 보고서는 잠시 놓아 두어도 괜찮고, 다른 사람에게 인계해도 상관없으니까.

F 앗! 그래요? ⓐ하지만 다른 사람에게 부탁하게 되면, 여러 가지 설명하는 데도 시간이 걸리니…… 먼저 그걸 끝내고 나서 전시회 쪽을 하겠습니다.

M 알겠어. 그럼, 미안하지만 부탁할게.

여자는 이후에 먼저 무엇을 해야 합니까?

1 앙케트 보고서를 완성한다
2 예산보고서를 작성한다
3 조금 더 작은 장소를 찾는다
4 버스로 갈 수 있는 장소를 찾는다

[풀이]

ⓐ전시회 장소를 다시 알아봐 달라는 남자의 말에, ⓑ알겠다고 답하고 있다. ⓒ장소를 정하고 나서 예산보고서를 제출한다고 말하고 있기 때문에, 선택지 2번은 정답이 될 수 없다. ⓓ지금 하고 있는 앙케트 결과 보고서부터 끝내고, 전시회 쪽을 처리하겠다고 말하고 있다. 따라서 장소를 알아보는 선택지 3번과 4번은 정답이 될 수 없고, 선택지 1번이 정답이다.

[단어]

展示会 전시회 | 予算 예산 | 資金 자금 | 調整 조정 | ギリギリ 아슬아슬 | 抑える (억)누르다. 억제하다 | 切り詰める 줄이다. 절약하다 | 改めて 다시 | 検討 검토 | 借りる 빌리다 | 承知 알아들음. 승낙 | 箇所 장소, 군데 | 規模 규모 | 報告書 보고서 | 提出 제출 | 間に合う 시간에 맞추다. 충분하다 | 引き継ぐ 이어받다. 계승하다 | 仕上げる 마무리하다

2番

会社で男の人と女の人が話しています。女の人は、このあとまず何をしますか。

M 相沢さん、ちょっと時間ある？

F はい、どんなことでしょうか。

M 明日の会議で使う企画書のことなんだけど、少し変更してもらいたいところがあって。ⓐ全体的に、内容は分かりやすくまとまっているけど、写真が少し足りないようで追加した方がいいと思う。

F はい、分かりました。

M そして、ⓑグラフの数値がちょっと間違ってたから修正しておいたよ。

회사에서 남자와 여자가 이야기하고 있습니다. 여자는 이후 먼저 무엇을 합니까?

M 아이자와 씨, 잠깐 시간 있어?

F 네, 무슨 일인가요?

M 내일 회의에서 쓸 기획서 말인데, 조금 변경해 주었으면 하는 부분이 있어서. ⓐ전체적으로 내용은 알기 쉽게 정리가 되어 있는 것 같은데, 사진이 조금 부족한 것 같아서 추가하는 것이 좋을 것 같아.

F 네, 알겠습니다.

M 그리고, ⓑ그래프 수치가 조금 잘못되어 있어서 수정해 두었어.

F あぁ、そうでしたか。すみませんでした。	F 아, 그랬나요? 죄송합니다.
M 最後に、ⓒこのグラフのことなんだけど。サイズが少し小さくて見る人によっては、数字がよく見えないこともあるんじゃないかと思う。ちょっとだけ拡大するほうがいいんじゃない？　お年を召した社長や部長もいらっしゃるからね。	M 마지막으로, ⓒ이 그래프에 말인데. 사이즈가 조금 작아서 보는 사람에 따라서는 숫자가 잘 안 보일 수도 있을 것 같아. 조금 확대하는 것이 좋지 않을까? 나이가 있으신 사장님이나 부장님도 오시니까.
F あ、そうかもしれませんね。分かりました。ⓓ全体的にもう一度、内容のチェックをしてみます。	F 아, 그럴 수도 있겠네요. 알겠습니다. ⓓ전체적으로 다시 한 번 내용 체크를 해 보겠습니다.
M ⓔうん、その方がいいと思う。写真の大きさもそれに合わせて修正する必要があるから、予めしておいた方がいいだろう。	M ⓔ응, 그게 좋겠어. 사진의 크기도 거기에 맞춰서 수정할 필요가 있으니 미리 해 두는 것이 좋겠지.
F そうですね。分かりました。	F 그렇군요. 알겠습니다.

| 女の人は、このあとまず何をしますか。 | 여자는 이후 먼저 무엇을 합니까? |

1 企画書の内容を分かりやすく直す	1 기획서의 내용을 알기 쉽게 고친다
2 企画書のグラフのサイズと数字を修正する	2 기획서의 그래프 사이즈와 숫자를 수정한다
3 企画書の全般的な内容をチェックする	**3 기획서의 전반적인 내용을 체크한다**
4 企画書の写真を変更して追加する	4 기획서의 사진을 변경하고 추가한다

[풀이]

ⓐ기획서의 내용은 전체적으로 잘 정리가 되어 있지만, 사진을 조금 추가해야 한다. 따라서 선택지 1번은 정답이 아니다. ⓑ그래프 숫자는 수정을 해 두었지만, ⓒ사이즈를 조금 확대하는 것이 좋다고 말하고 있기 때문에, 선택지 2번도 정답이 될 수 없다. ⓓ전체적으로 내용을 다시 한 번 체크한다고 말하고 있기 때문에, 정답은 선택지 3번이다. ⓔ내용의 수정에 따라서 사진의 크기를 맞춘다고 말하고 있다. 따라서 여자는 먼저 기획서 내용을 체크한 후에, 사진 크기를 수정하는 것이기 때문에, 선택지 4번도 정답이 아니다.

[단어]

企画書 기획서 | 変更 변경 | 全体 전체 | 追加 추가 | 修正 수정 | 〜によって 〜에 의해, 따라 | 拡大 확대 | 年を召す 나이를 드시다(年をとる의 높임말) | 直す 고치다

3番

会社で男の人と女の人が話しています。男の人は、最初に何をしなければなりませんか。	회사에서 남자와 여자가 이야기하고 있습니다. 남자는 가장 먼저 무엇을 해야 합니까?
F 今回の新商品はまだ商品名が決まってないけれど、どうなっていますか。	F 이번 신상품 아직 상품명이 정해지지 않았는데, 어떻게 되고 있죠?
M あ、社内でのリサーチとお客様たちからのアンケート調査の結果がもうすぐ出ると思います。遅くなってしまって申し訳ありません。	M 아, 사내 리서치와 고객들로부터의 앙케트 조사 결과가 이제 곧 나올 것 같습니다. 늦어져서 죄송합니다.

F そう？ 商品名を付けるのが遅すぎると広告も遅くなってしまうから。広報部からも「急いでほしい」って、催促されているんですよ。結果はいつ頃になりそうですか。

M 今週の金曜日までには全部終わるようです。今まとめの段階に入っているので。

F そう。じゃあ、まず、ⓐこれまでの結果で得票数の多かったものを３つ教えてくれますか。もう、大体決まっているでしょう。

M わかりました。確認してすぐ報告します。

F ⓑあと、工場からサンプルもいくつか確保しておいてください。それも一緒に広報部に持って行かなければなりませんから。特に、今回の新商品に、今年の会社の業績がかかっていますから。商品の完成にあまりにも時間がかかりすぎてるんじゃないかって、あちこちから懸念の声がでているんですよ。

M はい、分かりました。ⓒ報告が終わり次第工場に行って来ます。

F ⓓあ、報告はいいです。私が確認してみますから。それほど時間かかることじゃないし。サンプルの方を急いでください。

M はい、分かりました。工場に連絡してすぐに取って来ます。

F ああ、そうだ。ⓔ今大村さんが工場の近くの取引先にいるはずですね。彼に電話してみて、もしそちらにいるなら、帰りに寄って来るように伝えておくといいですね。

M はい、分かりました。

男の人は、最初に何をしなければなりませんか。

1 リサーチ結果を確認しに行く
2 内容を知らせに広報部へ行く
3 サンプルを取りに工場へ行く
4 同僚に連絡する

F 그래? 상품 이름을 짓는 것이 너무 늦어지면 광고도 늦어져 버리니까. 홍보부에서 서둘러 달라고 재촉 받고 있어요. 결과는 언제쯤이 될 것 같아요?

M 이번 주 금요일까지는 다 끝날 것 같습니다. 이제 정리하는 단계로 들어가 있어서.

F 그래? 그럼 우선, ⓐ지금까지 결과에서 득표수가 많았던 것을 3개 알려 줄래요? 이제, 대부분 정해져 있죠?

M 알겠습니다. 확인해서 바로 보고하겠습니다.

F ⓑ그리고 공장에서 샘플도 몇 개 확보해 두세요. 그것도 같이 홍보부에 가지고 가야 하니까요. 특히, 이번 신상품에 올해 회사의 실적이 달려 있으니까요. 상품 완성에 너무 많은 시간이 드는 것이 아니냐고, 여기저기에서 걱정의 소리가 나오고 있어요.

M 네, 알겠습니다. ⓒ보고가 끝나는 대로 공장에 다녀오겠습니다.

F ⓓ아, 보고는 됐어요. 제가 확인해 볼 테니까요. 그리 오래 걸리는 일도 아니고. 샘플 쪽을 서둘러 주세요.

M 네, 알겠습니다. 공장에 연락하고 즉시 가지고 오겠습니다.

F 아, 맞다. ⓔ지금 오무라 군이 공장 근처 거래처에 있겠네요. 그에게 전화해 보고 만약 그쪽에 있다면, 돌아오는 길에 들렀다 오라고 전하면 되겠네요.

M 네, 알겠습니다.

남자는 가장 먼저 무엇을 해야 합니까?

1 리서치 결과를 확인하러 간다
2 내용을 알리러 홍보부에 간다
3 샘플을 가지러 공장으로 간다
4 동료에게 연락을 한다

[풀이]

ⓐ남자는 리서치 결과를 확인한 후에 보고를 해야 하고, ⓑ공장에 샘플도 가지러 가야 한다. 홍보부에 가는 것은 여자가 할 일이기 때문에, 선택지 2번은 정답이 될 수 없다. ⓒ남자는 리서치 결과 보고 후에, 공장에 가려고 하지만, ⓓ보고는 하지 않아도 된다고 하

고, 공장의 샘플을 서두르라고 말하고 있다. 따라서 선택지 1번도 정답이 아니다. ⓔ공장 근처의 동료에게 전화를 하는 것이 먼저이기 때문에, 선택지 3번은 정답이 아니고, 선택지 4번이 정답이 된다.

[단어]

新商品 신상품 | 調査 조사 | 申し訳ない 미안하다, 죄송하다 | 広告 광고 | 催促 재촉 | 段階 단계 | 確認 확인 | 報告 보고 |
確保 확보 | 業績 업적 | 懸念 걱정, 근심 | ～次第 ～하는 대로 | 取引先 거래처 | 寄る 들르다

4番

<table>
<tr><td>

女の学生が電話で大学の職員と話しています。女の学生は、当日何をしなければなりませんか。

F もしもし。あのう、再来週の児玉教授のセミナーに参加したいんですが、まだ空いてますか。

M 再来週の児玉教授のセミナーですね。少々お待ちください。今確認して参ります。

F はい、お願いします。

M あ、もしもし。お待たせしました。まだ何席か残っておりますが、一番後ろの席でもよろしいでしょうか。人気のセミナーなので。

F あ、よかった。全然構いません。参加費はどう払えばいいですか。

M ⓐ参加費は今週までにお振り込みください。あ、恐縮ですが、駐車場が小さいとのことですので、なるべく電車やバスなどをご利用ください。

F ええ、ⓑ私はバスに乗るつもりなんで大丈夫です。

M それから、ⓒ入場券は当日のセミナーの一時間前から受付でお渡ししております。セミナーの案内冊子も無料で配布しておりますので、ご利用ください。もし、お車の場合は駐車料金がかかります。一時間までは無料となっておりますが。

F はい、分かりました。

M それでは、最後に、お名前とご住所をお願いいたします。

</td><td>

대학에서 여학생이 전화로 대학 직원과 이야기하고 있습니다. 여학생은 당일에 무엇을 해야 합니까?

F 여보세요. 저어, 다다음주 고다마 교수님의 세미나에 참가하고 싶은데요, 아직 자리가 있나요?

M 다다음주 고다마 교수님의 세미나 말이죠? 잠시만 기다려 주세요. 지금 확인하고 오겠습니다.

F 네, 부탁 드려요.

M 아, 여보세요. 오래 기다리셨습니다. 아직 몇 자리 남아 있는데, 가장 뒤쪽 좌석이라도 괜찮으시겠습니까? 인기 있는 세미나라서요.

F 아, 다행이다. 전혀 상관없어요. 참가비는 어떻게 내면 되나요?

M ⓐ참가비는 이번 주까지 입금해 주세요. 아, 대단히 죄송하지만, 주차장이 협소하기 때문에 가능한 한 전철이나 버스를 이용해 주십시오.

F 네, ⓑ저는 버스를 탈 거라서 괜찮습니다.

M 그리고 ⓒ입장권은 당일 세미나 한 시간 전부터 접수처에서 건네드리고 있습니다. 세미나 안내 책자도 무료로 배포하고 있으니 이용해 주세요. 만약 자동차로 오실 경우에는 주차 요금이 듭니다. 1시간까지는 무료이지만.

F 네, 알겠어요.

M 그럼 마지막으로 이름과 주소를 부탁 드리겠습니다.

</td></tr>
</table>

女の学生は、当日何をしなければなりませんか。

여학생은 당일에 무엇을 해야 합니까?

1 参加費を払う	1 참가비를 지불한다
2 入場券をもらう	2 입장권을 받는다
3 セミナーの資料代を払う	3 세미나 자료비를 지불한다
4 駐車料金を追加精算する	4 주차 요금을 추가 정산한다

[풀이]

ⓐ다다음주 세미나 참가비는 이번 주까지 입금을 해야 하기 때문에, 선택지 1번은 정답이 아니다. ⓑ여자는 버스를 타고 간다고 말하고 있기 때문에, 선택지 4번도 정답이 될 수 없다. ⓒ입장권은 당일에 접수처에서 받을 수 있고, 안내 책자도 무료로 받을 수 있다고 말하고 있다. 따라서 정답은 선택지 2번이다. 선택지 3번에 관한 언급은 없었다.

[단어]

参加 참가 | 確認 확인 | 参る 가다. 오다(行く, 来る의 겸사말) | 恐縮 공축(죄송스럽게 여김), 황송 | 入場券 입장권 | 受付 접수 (처) | 冊子 책자 | 配布 배포 | 追加 추가 | 精算 정산

5番

<table>
<tr>
<td>

大学のゼミの受付で男の人と女の人が話しています。男の人は、このあとまず何をしますか。

M すみません。ゼミに参加しに来たんですが。サクラ大学の山本ひろしです。

F ああ、山本さんですね。少々お待ちください。

M はい、お願いします。

F お待たせしました。山本さん、確認できましたので、この名札を首におかけになってから、ゼミの会場にご入場ください。ゼミは午後2時からでございます。20分前からご入場できることになっております。

M あ、そうですか。まだ1時間以上ありますね。あのう、この近くに何か飲み物を売ってるところは、ありませんか。

F 申し訳ありません。この建物には休憩室がございませんので、ⓐもしよろしければ、2階で展示会が開かれておりますので、見に行かれるのもいいかと思いますが。

M 展示会が開催されているんですか。

F はい、それから、ⓑこのリサーチに協力いただける方に、ちょっとしたものも差し上げておりますので、よろしければご記入お願いできますか。

M ⓒわかりました。あ、その前にちょっと飲み物を買いに行ってきます。この名札、預かってもらえますかね。

F はい、ⓓゼミの参加者用のロッカーに保管することができます。この用紙にお名前をお書きください。

</td>
<td>

대학 세미나의 접수처에서 남자와 여자가 이야기하고 있습니다. 남자는 이후에 먼저 무엇을 합니까?

M 실례합니다. 세미나에 참가하러 왔는데요. 사쿠라 대학의 야마모토 히로시입니다.

F 아, 야마모토 씨군요. 잠시만 기다려 주세요.

M 네, 부탁 드립니다.

F 오래 기다리셨습니다. 야마모토 씨, 확인이 되었기 때문에 이 명찰을 목에 걸고 세미나 장에 입장하시면 됩니다. 세미나는 오후 2시부터입니다. 20분 전부터 입장할 수 있습니다.

M 아, 그래요? 아직 1시간 이상 남았네요. 저어, 이 근처에 뭔가 마실 것을 팔고 있는 곳은 없나요?

F 대단히 죄송합니다. 이 건물 내에는 휴게실이 없으니, ⓐ혹시 괜찮으시다면 2층에서 전시회가 열리고 있는데, 가 보시는 것도 좋을 것 같습니다.

M 전시회가 열리고 있나요?

F 네, 그리고 ⓑ이 리서치에 협력해 주시는 분에게 소정의 상품도 드리고 있으니, 괜찮으시다면 작성해 주실 수 있을까요?

M ⓒ알겠습니다. 아, 그 전에 잠깐 마실 것을 사러 갔다 올게요. 이 명찰은 맡아 줄 수 있나요?

F 네, ⓓ세미나 참가자용 사물함에 보관할 수 있습니다. 이 신청 용지에 이름을 적어 주세요.

</td>
</tr>
</table>

M はい、分かりました。

男の人は、このあとまず何をしますか。

1　２階の展示会に行く
2　アンケートを作成する
3　飲み物を買いに行く
4　ロッカーの申し込みをする

M 네, 알겠습니다.

남자는 이후에 먼저 무엇을 합니까?

1　2층의 전시회에 간다
2　앙케트를 작성한다
3　마실 것을 사러 간다
4　사물함 신청을 한다

[풀이]

ⓐ세미나 입장을 기다리는 동안에 전시회에 가 보라고 권유하고 있고, ⓑ리서치를 작성해 주면, 소정의 상품도 준다고 말하고 있다. ⓒ리서치 작성 전에 마실 것을 사러 다녀 오겠다고 말하고 있기 때문에, 선택지 2번은 정답이 될 수 없다. ⓓ마실 것을 사러 가기 전에 명찰을 맡기기 위해 사물함 신청 용지를 작성해야 한다고 말하고 있다. 따라서 선택지 3번은 정답이 아니고, 선택지 4번이 정답이다. 전시회에 가는 것에 관한 확실한 언급은 없기 때문에, 선택지 1번도 정답이 아니다.

[단어]

受付 접수(처) | 参加 참가 | 確認 확인 | 名札 명찰, 이름표 | 入場 입장 | 休憩 휴게, 휴식 | 展示会 전시회 | 開く 열리다 | 開催 개최 | 協力 협력 | 差し上げる 드리다 | 記入 기입 | 預かる 맡다, 보관하다 | 作成 작성 | 申し込み 신청

6番

ホテルで女の人がフロントの人と話しています。女の人は、これからどうしますか。

M いらっしゃいませ。花見ホテルでございます。
F あの、すみませんが、予約のキャンセルをしたいんですが。
M はい、かしこまりました。お名前をお願いします。
F はい、藤井あゆみです。
M 藤井様ですね。ありがとうございます。少々お待ちください。
F はい。
M 大変お待たせしました。今日のパーティールーム、１泊の予定でいらっしゃいますね。ⓐ大変申し訳ございませんが、当日３時以降のキャンセルには対応しかねることになっております。
F あら、そうなんですか。今日友達二人が急に来れなくなって。

M 어서 오세요. 하나미 호텔입니다.
F 저어, 실례합니다. 예약 취소를 하고 싶어서요.
M 네, 알겠습니다. 이름을 부탁 드리겠습니다.
F 네, 후지이 아유미입니다.
M 후지이님이시군요. 감사합니다. 잠시만 기다려 주세요.
F 네.
M 오래 기다리셨습니다. 오늘 파티룸 1박 예정이시군요. ⓐ대단히 죄송하지만, 당일 3시 이후의 취소에는 대응하기 어렵습니다.
F 아, 그런가요? 오늘 친구 2명이 갑자기 못 오게 되어서.

M 大変申し訳ありません。あのう、よろしければ、日にちの変更とかお部屋の変更をなさるのはいかがでしょうか。当日のご変更ですので、利用料金の50％の追加料金がかかってしまいますが、お日にちのご変更が可能でございます。この紙に必要事項をご記入ください。

F ああ、そうですか。よかった。ⓑ来週の土曜日のパーティールームに変更できますかね。

M 少々お待ちください。すぐに予約状況を確認いたします。

F はい、お願いします。

M お待たせしました。ⓒ申し訳ありませんが、来週の土曜日の夜11時からは予約が入っております。一般客室への変更またはパーティールームもその前日でしたらご利用になれます。

F ああ、そうなんですか。ⓓ土曜日の方は諦めるしかないわね。

M 대단히 죄송합니다. 저어, 괜찮으시다면 날짜 변경이나 객실 변경을 하시는 것은 어떠신가요? 당일 변경이기 때문에, 이용 요금의 50%의 추가 요금이 들지만, 날짜 변경이 가능합니다. 이 종이에 필요 사항을 기입해 주세요.

F 아, 그런가요? 다행이다. ⓑ다음 주 토요일 파티룸으로 변경 가능할까요?

M 잠시만 기다려 주세요. 바로 파티룸 예약 상황을 확인하겠습니다.

F 네, 부탁 드려요.

M 오래 기다리셨습니다. ⓒ죄송하지만, 다음 주 토요일 밤 11시부터는 예약이 되어 있습니다. 일반 객실로의 변경 또는 파티룸도 그 전날이라면 이용 가능하십니다.

F 아, 그렇군요. ⓓ토요일 쪽은 포기하는 수밖에 없겠네요.

女の人は、これからどうしますか。

여자는 이제부터 어떻게 합니까?

1 パーティールームの予約をキャンセルする
2 パーティールームの予約の日を変更する
3 当日の一般客室に変更する
4 他の日に一般客室を予約する

1 파티룸 예약을 취소한다
2 파티룸 예약 날짜를 변경한다
3 당일 일반 객실로 변경한다
4 다른 날에 일반 객실을 예약한다

[풀이]

ⓐ당일 3시 이후의 예약 취소는 불가능하기 때문에, 선택지 1번은 정답이 아니다. ⓑ여자는 다음 주 토요일로 파티룸을 변경하려고 하지만, ⓒ토요일 밤 11시부터 예약이 되어 있기 때문에 금요일 파티룸 사용 또는, 토요일 일반 객실로의 변경을 권유하고 있다. ⓓ 토요일 파티룸을 포기한다고 말하고 있기 때문에, 금요일 파티룸 사용으로 변경한다는 것을 알 수 있다. 따라서 선택지 3번과 4번 은 정답이 될 수 없고, 선택지 2번이 정답이다.

[단어]

予約 예약 | 申し訳ない 미안하다, 죄송하다 | 対応 대응 | ～かねる ～하기 어렵다 | 変更 변경 | 追加 추가 | 事項 사항 | 記入 기입 | 状況 상황 | 客室 객실 | 諦める 포기하다, 단념하다

問題 2

問題２では、まず質問を聞いてください。その後、問題用紙のせんたくしを読んでください。読む時間があります。それから、話を聞いて、問題用紙の１から４の中から、最もよいものを一つ選んでください。

では練習しましょう。

문제2에서는 우선 질문을 들어 주세요. 그 후, 문제 용지의 선택지를 읽어 주세요. 읽는 시간이 있습니다. 그러고 나서 이야기를 듣고 문제 용지의 1부터 4 중에서 가장 알맞은 것을 하나 고르세요. 그럼 연습하겠습니다.

例

男の学生と女の学生が話しています。男の学生は、何が一番心配だと言っていますか。

F どうしたの？ うっかない顔しちゃって。

M ふうん、最近色々あってさ。

F そうなの？ じゃ、あたし、相談に乗ってあげるから言ってみて。

M いいよ。君に言っても何も変わることないから。君に心配させたくないし。

F 何言ってるのよ。水臭いじゃない。一人で悩むのは精神的にも悪いよ。ほら、早く。

M 実はさ、今のバイトじゃ、生活厳しいよ。もっとバイト増やさなきゃいけないけど、いいとこないし。

F バイト？ それなら、あたしが紹介してあげるよ。この前、見といた店があるのよ。時給高くて駅からも近いよ。

M ありがとう。でもさ、卒論の締め切りもそろそろだから、バイトする時間がないよ。後2週間でしょ、締め切り。

F うん、あたしも今やってる。卒論大変！ 特に結論のところが難しいから。

M そうだよ。論文全然うまくいってないし、バイトも何とかしないといけないし、何より論文を書く時間がない。ああ、だめだ俺は。な、ちょっと金貸してくれない？

F だめね、あんた。でも、頑張ろう。お金はないけど。

男の学生は、何が一番心配だと言っていますか。

1 生活が厳しいこと
2 論文を書く時間がないこと
3 論文の内容が難しいこと
4 バイトが見つからないこと

남학생과 여학생이 이야기하고 있습니다. 남학생은 무엇이 가장 걱정이라고 말하고 있습니까?

F 무슨 일이야? 우울한 얼굴 하고.

M 으음, 요즘 이런 저런 일이 있어서.

F 그래? 그럼, 내가 상담해 줄 테니까 말해 봐.

M 됐어. 너에게 말해도 아무것도 달라지는 일 없으니까. 너에게 걱정시키고 싶지 않고.

F 무슨 말이야. 섭섭하게. 혼자서 고민하는 것은 정신적으로도 안 좋아. 자, 얼른.

M 사실은, 지금 아르바이트로는 생활이 힘들어. 아르바이트를 더 늘리지 않으면 안 되는데 좋은 곳도 없고.

F 아르바이트? 그거라면 소개해 줄게. 요전에 봐 둔 가게가 있어. 시급이 높고 역에서도 가까워.

M 고마워. 하지만, 졸업 논문 마감도 곧 다가와서 아르바이트 할 시간이 없어. 앞으로 2주일이잖아, 마감.

F 응, 나도 하고 있어. 졸업 논문 힘들어! 특히 결론 부분이 어려워서.

M 맞아. 논문 정말 안 되고 있고, 아르바이트도 어떻게 하지 않으면 안 되고, 무엇보다 논문을 쓸 시간이 없어. 아, 안되겠어 난. 저기, 돈 좀 빌려 줄래?

F 안됐다, 얘. 그래도 힘내자. 돈은 없지만.

남학생은 무엇이 가장 걱정이라고 말하고 있습니까?

1 생활이 힘든 것
2 논문을 쓸 시간이 없는 것
3 논문의 내용이 어려운 것
4 아르바이트가 발견되지 않는 것

最もよいのは2番です。解答用紙の問題2の例のところを見てください。最もよいものは2番ですから、答えはこのように書きます。では始めます。

가장 알맞은 것은 2번입니다. 해답 용지의 문제2의 [예] 부분을 봐 주세요. 가장 알맞은 것은 2번이므로 답은 이렇게 씁니다.

그럼 시작하겠습니다.

1番

男の人と女の人が話しています。男の人は、どうして会社を辞めると言っていますか。

M 僕、会社辞めようと思ってるんだ。

F うん？　どうして、突然？　専攻が生かせる仕事ができるって喜んでたじゃない。

M うん、そうだよ。ⓐ今働いている所では、僕がしたいことができるし、仲間たちもいい人だし。

F でも辞めるんでしょ？　今の会社って残業が多すぎるから？　1週間3日残業なんて、信じらんない。

M ⓑ残業って、疲れることもあれば面白いこともあるよ。深夜の時間にみんなでおいしいものを食べながら、いろんな話をすると、もっと親しくなれるし。

F じゃ、あのうるさい部長に対して我慢の限界なの？

M いや、仕事に対する注意だから。アドバイスとして感謝してる。

F じゃ、どうして仕事を辞めようと思ってるわけ？

M ⓒ実はね、田舎の母が病気なんだよ。で、今は妹に面倒を見てもらっているけど、妹もいつまでも仕事を休むわけにはいかないし、子供もいるから。

F あ、そうだったんだ。お母さん、早く良くなるといいわね。

M うん、ありがとう。お医者さんも一ヶ月ほど治療を受ければ、また元気になれると言ってくれてるし、そこまで心配するほどではないと思う。ⓓ今度仕事を辞めて田舎に戻ったら、自分の将来に対してよく考え直してみるつもりなんだ。

男の人は、どうして会社を辞めると言っていますか。

1 やりたい仕事ではないから
2 残業が多すぎて病気になったから
3 家族の世話をしなければならないから
4 将来に対する計画を立ててみたいから

남자와 여자가 이야기하고 있습니다. 남자는 왜 회사를 그만둔다고 말하고 있습니까?

M 나, 회사 그만두려고 해.

F 응? 왜 갑자기? 전공을 살릴 수 있는 일을 할 수 있다며 기뻐했잖아.

M 응, 맞아. ⓐ지금 일하는 곳에서는 내가 하고 싶은 일을 할 수 있고, 동료들도 좋은 사람들이고.

F 그래도 그만둘 거지? 지금 회사는 야근이 너무 많아서? 일주일에 3일 야근이라니, 믿을 수 없어.

M ⓑ잔업이란 게 피곤한 것도 있지만, 재미있는 것도 있어. 심야 시간에 다 같이 맛있는 것도 먹으면서 이런저런 이야기를 하면 더 친해질 수도 있고.

F 그럼, 그 시끄러운 부장에 대해서 참는 데 한계가 온 건가?

M 아니, 일에 대한 주의니까. 조언으로 (여겨) 감사하고 있어.

F 그럼, 왜 일을 그만두려고 하는데?

M ⓒ실은 말이지, 고향에 있는 엄마가 아파. 그래서 지금은 여동생이 돌봐 주고 있지만, 여동생도 언제까지 일을 쉴 수는 없고, 애도 있으니까.

F 아, 그랬구나. 어머니, 빨리 좋아지면 좋겠네.

M 응, 고마워. 의사도 한 달 정도 치료를 받으면 다시 건강해질 수 있다고 하고, 그렇게 걱정할 정도는 아니라고 생각해. ⓓ이번에 일을 그만두고 고향에 돌아가면, 자신의 미래에 대해서 다시 잘 생각해 보려고 해.

남자는 왜 회사를 그만둔다고 말하고 있습니까?

1 하고 싶은 일이 아니기 때문에
2 잔업이 너무 많아 병에 걸렸기 때문에
3 가족을 돌봐야 하기 때문에
4 미래에 대한 계획을 세워 보고 싶기 때문에

[풀이]

ⓐ지금 회사는 남자가 하고 싶은 일이 가능한 회사이고, ⓑ야근이 많아서 아픈 것은 아니기 때문에, 선택지 1번과 2번은 정답이 될 수 없다. ⓒ고향에 있는 남자의 어머니가 아프고, 계속 여동생에게 맡길 수는 없어서 회사를 그만두는 것이다. 따라서 정답은 선택지 3번이다. ⓓ미래에 대한 계획을 세우려는 것을 남자가 회사를 그만두는 이유로 보기 어려우므로 선택지 4번도 정답이 아니다.

[단어]

辞める 그만두다, 사직하다 ┃ 専攻 전공 ┃ 生かす 살리다, 활용하다 ┃ 喜ぶ 기뻐하다 ┃ 仲間 동료, 한패 ┃ 残業 잔업, 야근 ┃ 深夜 심야 ┃ 我慢 참음 ┃ 限界 한계 ┃ 感謝 감사 ┃ 田舎 시골, 고향 ┃ 面倒を見る 돌봐 주다, 보살피다 ┃ ～わけにはいかない ～할 수는 없다 ┃ 将来 장래, 미래 ┃ ～直す 다시 ～하다 ┃ 世話をする 돌보다, 시중을 들다 ┃ 計画を立てる 계획을 세우다

2番

夫と妻が話しています。夫は、このコンピューターの何に一番驚いたと言っていますか。

M ついに届いたね。このコンピューター。

F うん、コンピューター？ また、買い替えたの？

M またって。コンピューターはね、消耗品なので定期的に買うしかないよ。平均寿命って5年ぐらいだから。

F でも、今のコンピューター、まだ使えるんでしょ？

M 今のはもうダメだ。ワープロのファイル1つ開くのに5分もかかっちゃって。知美ももうすぐ大学の試験のために動画の授業を受けなければならないって言ってるし。

F それはそうだけど。コンピューターは、高いんだから……。

M ご心配なく。ⓐこれは特売キャンペーンで買ったから、すっごく安いんだ。7万円で、このレベルの性能のコンピューターが買えたってことは運がよかったとしか言えないよ。

F そう？ それはよかったね。今月は家の出費が多いんだけどな……。

M 君は、映画好きなんだろ？ ⓑハードディスクの容量も十分だから、いくつかダウンロードしてみようか。

F 本当？ ⓒモニターも大きくて映画も見ごたえがあるかもね。テレビと同じぐらいの画面でこの値段だなんて信じられないわ。

M だろう？ ⓓしかも、何といっても、このモニターは最高だ。目の疲れも少ないし、使い道に応じて画面の選択もできるし。

남편과 아내가 이야기하고 있습니다. 남편은 이 컴퓨터의 무엇에 가장 놀랐다고 말하고 있습니까?

M 드디어 도착했네. 이 컴퓨터.

F 응, 컴퓨터? 또 새로 산 거야?

M "또"라니. 컴퓨터는 소모품이기 때문에 정기적으로 살 수밖에 없어. 평균 수명이 5년 정도니까.

F 하지만 지금 있는 컴퓨터 아직 쓸 수 있잖아.

M 지금 건 이제 안 돼. 워드 파일 하나 여는 데도 5분이 걸려. 도모미도 곧 대학 시험을 위해서 동영상 수업을 들어야 한다고 하니까.

F 그건 그렇지만. 컴퓨터는 비싸니까…….

M 걱정 마시죠. ⓐ이건 특별 캠페인으로 산 거라 굉장히 싸. 7만 엔으로 이 정도 성능의 컴퓨터를 살 수 있었다는 것은 운이 좋았다고밖에 말할 수 없지.

F 그래? 그건 다행이네. 이번 달은 가계 지출이 많아서…….

M 당신, 영화 좋아하지? ⓑ하드 디스크의 용량도 충분하니 몇 개 정도 다운로드 받아 볼까?

F 정말? ⓒ모니터도 커서 영화도 볼만하겠네. TV와 비슷한 화면으로 이 가격이라니 믿을 수 없어.

M 그렇지? ⓓ게다가 뭐니 뭐니 해도 이 모니터는 최고야. 눈의 피로도 적고, 사용 용도에 따라서 화면 선택도 가능하고.

夫は、このコンピューターの何に一番驚いたと言っていますか。

1 性能に比べて安いこと
2 保存スペースが十分なこと
3 モニターの画面サイズ
4 モニターの様々な機能

남편은 이 컴퓨터의 무엇에 가장 놀랐다고 말하고 있습니까?

1 성능에 비해 저렴한 것
2 저장 공간이 충분한 것
3 모니터의 화면 크기
4 모니터의 다양한 기능

[풀이]

ⓐ성능에 비해서 가격이 싸다는 것과 ⓑ하드의 저장 공간도 충분하다고 말하고 있다. ⓒ모니터 화면이 크다는 것은 여자가 놀란 점이기 때문에, 선택지 3번은 정답이 될 수 없다. ⓓ남자가 가장 놀란 것은 모니터의 다양한 기능이라는 것을 알 수 있다. 따라서 정답은 선택지 4번이다. 성능에 비해 저렴한 가격과 컴퓨터의 저장 공간이 충분하다는 언급도 있지만, 더욱 강조한 것(何といっても、このモニターは最高だ)은 선택지 4번이기 때문에 선택지 1번과 2번은 정답이 될 수 없다.

[단어]

驚く 놀라다 | 届く 닿다, 도달하다 | 買い替える 새로 사다, 교체하다 | 消耗 소모 | 定期 정기 | 平均 평균 | 寿命 수명 | 動画 동영상 | 特売 특매, 특가 | 性能 성능 | 出費 지출, 지출 비용 | 容量 용량 | 信じる 믿다 | 使い道 용도, 사용법 | ～に応じて ～에 따라서, ～에 맞게 | 画面 화면 | 選択 선택 | ～に比べて ～에 비해서 | 保存 보존

3番

会社で男の人と女の人がある商品の売り上げを伸ばす方法について話しています。どの案を採択することになりましたか。

회사에서 남자와 여자가 어느 상품의 매상을 늘릴 방법에 대해서 이야기하고 있습니다. 어느 안건을 채택하게 되었습니까?

M わが社で開発した冷蔵庫の売れ行きが先月から少し落ちてるんだけど……。先月ライバル会社が似たような新商品を発売したのが原因なのかな。

F ええ。あちらが本格的なマーケティング活動を開始したので、その影響を受けているみたいですね。ⓐ新商品の発売記念として他の商品まで大々的なイベントをしているそうです。価格の面でもうちのものと1割、差があるんです。

M ふうん、価格競争か。何かうまい手立てはないのかな。

F あのう、割引よりはⓑ製品を購入してもらうときに、配布用の小さいサンプルをつけるのはどうでしょうか。色々他の商品の宣伝にも繋がるし、プレゼントをもらったという気持ちにもなると思いますが。

M 우리 회사에서 개발한 냉장고의 팔림새가 지난달부터 조금 떨어지고 있는데……. 지난달에 경쟁 회사가 비슷한 신제품을 발매한 것이 원인일까?

F 네. 그쪽이 본격적인 마케팅 활동을 시작하고 있어서 그 영향을 받는 것 같네요. ⓐ신제품 발매 기념으로 다른 상품까지도 대대적인 행사를 하고 있다고 합니다. 가격적인 면에서도 우리 것과 10%의 차이가 있습니다.

M 흐음. 가격 경쟁인가. 뭔가 좋은 방법은 없을까?

F 저어, 할인보다는 ⓑ제품을 구입할 때 배포용의 작은 샘플을 주는 것은 어떨까요? 여러 가지 다른 제품의 선전으로도 이어지고, 선물을 받는다는 기분도 들 것 같아요.

M ⓒこの前にも似たようなキャンペーンを行ってみたが、お客たちの反応はいまいちだったな。消費者の関心を集めるには物足りないところがある。今テレビとラジオの宣伝もしているだろう？

F ええ、ⓓ他社との差別化を図るために、すでに有名な女優を起用して製品の優雅さと洗練されたデザインについて強調しています。でも、やっぱり値段の要素が一番大きいんだと思います。

M 消費者にとってはその点が最も重要なんだろうね。よし。うちも消費者の負担を減らす方法で企画してみよう。ⓔ来月の会社創立20周年記念として冷蔵庫の製品に限って特価キャンペーンを行う方向で。

M ⓒ지난번에도 비슷한 캠페인을 실시해 봤지만, 고객들의 반응은 그저 그런 정도였어. 소비자들의 관심을 모으기에는 조금 부족한 부분이 있지. 지금 TV와 라디오 선전도 하고 있지?

F 네, ⓓ다른 회사와의 차별화를 도모하기 위해서, 이미 유명 여배우를 기용해서 제품의 우아함과 세련된 디자인에 대해서 강조를 하고 있습니다. 하지만 역시 가격 요소가 가장 큰 것 같습니다.

M 소비자에게 있어서는 그 점이 가장 중요하겠지. 좋아. 우리도 소비자의 부담을 줄이는 방법으로 기획을 해 보자. ⓔ다음 달 회사 창립 20주년을 기념으로 냉장고 제품에 한해서 특가 캠페인을 실시하는 방향으로.

どの案を採択することになりましたか。

어느 안건을 채택하게 되었습니까?

1 製品を購入してくれた際に、粗品を進呈する
2 広告や宣伝を今より華やかに展開する
3 会社の全製品を少し割引して販売する
4 特定製品をイベントの対象として割引を行う

1 제품을 구입해 주었을 때 선물을 증정한다
2 광고와 선전을 지금보다 화려하게 전개한다
3 회사의 전 제품을 조금 할인해서 판매한다
4 특정 제품을 이벤트 대상으로 할인을 실시한다

[풀이]

ⓐ신제품 발매를 기념으로 다른 제품까지 행사를 하고 있는 것은 다른 회사의 사정이기 때문에, 선택지 3번은 정답이 아니다. ⓑ제품을 구입하면 선물을 주는 것은 ⓒ반응이 좋지 않았다고 말하고 있다. 따라서 선택지 1번도 정답이 될 수 없다. ⓓ이미 TV와 라디오를 통해서 광고하고 있고, 보다 화려하게 전개한다는 내용은 언급되고 있지 않다. 따라서 선택지 2번도 정답이 아니다. ⓔ냉장고 제품에 한해서 이벤트를 실시한다고 말하고 있기 때문에, 정답은 선택지 4번이다.

[단어]

売り上げ 매출, 매상 | 伸ばす 늘리다 | ～について ～에 대해서 | 採択 채택 | 売れ行き 팔림새 | 本格的 본격적 | ～として ～(으)로서 | 競争 경쟁 | 割引 할인 | 購入 구입 | 配布 배포 | 繋がる 이어지다, 연결되다 | 行う 행하다, 실시하다 | 反応 반응 | いまいち 별로(조금 모자라는 모양) | 物足りない 어딘가 부족하다 | 宣伝 선전 | 差別 차별 | 図る 도모하다 | 起用 기용 | 優雅 우아함 | 洗練 세련 | 強調 강조 | ～にとって ～에(게) 있어서 | 負担 부담 | 粗品 변변치 못한 물건(선물의 겸칭) | 進呈 진정, 증정 | 華やか 화려함 | 対象 대상

4番

ラジオで音楽評論家が日本の音楽について話しています。評論家は、音楽番組に何を期待していますか。

라디오에서 음악 평론가가 일본 음악에 대해서 이야기하고 있습니다. 평론가는 음악 방송에 무엇을 기대하고 있습니까?

F 今日は日本の音楽番組について音楽評論家の高橋先生にお話しを伺います。最近のテレビの音楽番組なんですが、先生から見られてどのような傾向を見せているとお考えですか。

M ええ。それがですね、ⓐ一言で言うと、偏った放送をしていると言えます。特に若い視聴者を対象として作られた番組が多く見られますね。日本の大衆音楽ではなく、K-POPやアメリカなどで流行っている歌だけが集中的に扱われているんですね。

F 確かにそうですね。外国の曲やプロモーションビデオなどがよく見られるようになりましたから。このような現象を招いた原因は何でしょうか。

M ⓑまず、視聴率が原因の一つとして見られます。視聴率が低いと、その番組を持続することは不可能でしょう。そのために時代の変化に敏感な若者をターゲットにしているのです。ⓒまた、インターネットの発達と共に素人でも以前よりは手っ取り早く自分の曲を大衆に知らせることができるようになりました。インターネットを扱うのが、若い人たちにはそれほど難しいことではないため、自然に若者を中心とする音楽が流行することになってしまったんですね。

F そうですね。変化が激しいせいで、その反動としてあっという間に消えてしまう曲も多くなったわけですね。

M ええ、そうです。だからこそⓓ放送局はもっと多様な世代のための歌を聞かせながら、放送しなければならないのです。若者のための音楽だけじゃなくて、音楽を愛している中高年はもちろん、治療の目的にも活用される音楽や、お年寄りのための曲もたくさん聞かせなければならないのです。

評論家は、音楽番組に何を期待していますか。

1 外国の歌より日本の大衆音楽を紹介すること
2 多様性を追求してアマチュア歌手の曲も流すこと
3 特定した世代を対象としてはいけないこと
4 ヒーリングのための音楽を扱うこと

F 오늘은 일본의 음악 방송에 대해서 음악 평론가인 다카하시 선생님에게 이야기를 들어 보겠습니다. 최근의 텔레비전 음악 방송 말인데요, 선생님이 보시기에는 어떤 경향을 보이고 있다고 생각하시나요?

M 네. 그게 말이죠. ⓐ한마디로 말하자면, 편파적인 방송을 하고 있다고 말할 수 있습니다. 특히 젊은 시청자를 대상으로 만들어진 방송을 많이 볼 수 있죠. 일본 대중음악이 아니라 K-POP이나 미국 등에서 유행하고 있는 노래만이 집중적으로 다뤄지고 있는 것입니다.

F 확실히 그렇군요. 외국 곡이나 프로모션 비디오 등을 자주 볼 수 있게 되었으니까요. 이러한 현상을 초래한 원인은 무엇일까요?

M ⓑ우선, 시청률이 원인의 하나로 보입니다. 시청률이 낮으면 그 프로그램을 지속하는 것은 불가능하겠죠. 그 때문에 시대의 흐름에 민감한 젊은 사람을 타깃으로 하고 있는 것입니다. 또한 ⓒ인터넷의 발달과 함께 아마추어라도 전보다는 손쉽게 자신의 곡을 대중들에게 알릴 수 있게 되었습니다. 인터넷을 다루는 것이 젊은 사람들에게는 그리 어려운 일이 아니기에 자연스럽게 젊은 사람들을 중심으로 하는 음악이 유행하게 되어 버린 것이죠.

F 그렇군요. 변화가 심한 탓에, 그 반동으로 순식간에 사라져 버리는 곡도 많아진 것이군요.

M 네, 그렇습니다. 그렇기 때문에 ⓓ방송국은 더욱 더 다양한 세대를 위한 노래를 들려주면서 방송을 해야 하는 것입니다. 젊은 사람을 위한 음악뿐만 아니라 음악을 사랑하는 중장년층은 물론, 치료의 목적으로도 활용되는 음악이나 노인들을 위한 곡도 많이 들려줘야 하는 것이죠.

평론가는 음악 방송에 무엇을 기대하고 있습니까?

1 외국 노래보다 일본의 대중음악을 소개하는 것
2 다양성을 추구하여 아마추어 가수의 곡도 방송을 내보내는 것
3 특정한 세대를 대상으로 해서는 안 되는 것
4 치료를 위한 음악을 다뤄야 하는 것

5番

テレビで男の人がある会社の自動車について話しています。今度の新製品の改善された点は何だと言っていますか。	TV에서 남자가 어느 회사의 자동차에 대해서 이야기하고 있습니다. 이번 신제품의 개선된 점은 무엇이라고 말하고 있습니까?

M 今日はサクラ自動車会社から10年ぶりに発表された自動車について紹介させていただきます。ⓐ広い空間と運転者の快適さを求めてきたサクラ自動車ならではの長所はもちろんそのまま兼ね備えておりますが、ⓑこれまでは燃費の悪さが問題とされてきました。しかし、今回の新製品の自動車は、そこが改善されております。今まで発売されてきた製品に比べて、同じ燃料で約30％の走行距離を伸ばしています。燃料の使用が減れば、価格の減少に繋がることにもなります。初めて自動車を購入するとき、ⓒ同等の他社の製品よりやや高いという意見もありますが、車の寿命とされる20年の期間を考えましたら、燃費の減少が価格の減少になるとも考えられますね。ⓓ多くの人に愛されてきたサクラ自動車は、今後地球温暖化の原因となる自動車排気ガスの減少にも貢献していくことでしょう。

M 오늘은 사쿠라 자동차 회사에서 10년 만에 발표된 자동차에 대해서 소개를 해 드리겠습니다. ⓐ넓은 공간과 운전자의 쾌적함을 추구해 온 사쿠라 자동차만의 장점은 물론 그대로 겸비하고 있고, ⓑ지금까지는 연비가 나쁜 것이 문제시되어 왔습니다. 그러나 이번 신제품 자동차는 그 점이 개선되어 있습니다. 지금까지 출시되어 온 제품에 비해 같은 연료로 약 30%의 주행 거리를 늘리고 있습니다. 연료의 사용이 줄면 가격 감소로도 이어집니다. 처음 자동차를 구입할 때, ⓒ동등한 다른 회사 제품보다 다소 비싸다는 의견도 있지만, 자동차의 수명으로 여겨지는 20년의 기간을 생각한다면, 연비 감소가 가격 감소가 된다고도 생각할 수 있겠죠. ⓓ많은 사람들에게 사랑을 받아 온 사쿠라 자동차는 이후, 지구 온난화의 원인이 되는 자동차 배기가스 감소에도 공헌해 가겠죠.

今度の新製品の改善された点は何だと言っていますか。

1 運転者に快適さを与える車体のデザイン
2 より効率的に燃料を使えるようになったこと
3 他の会社との競争を考えた価格
4 環境汚染の改善のための燃料選択

이번 신제품의 개선된 점은 무엇이라고 말하고 있습니까?

1 운전자에게 쾌적함을 주는 차체 디자인
2 보다 효율적으로 연료를 사용할 수 있게 된 것
3 다른 회사와의 경쟁을 생각한 가격
4 환경 오염 개선을 위한 연료 선택

6番

大学の新入生オリエンテーションで先生が話しています。先生は、このクラスの最も重要な目標は何だと言っていますか。

M 家というのは、昔も今も重要なものと考えられています。この授業では、まず、家を建てる形式と特徴に関する内容を学んでいきます。それから、ⓐ各地域に合わせた家の建て方と起源について、また、それがどのように変化して行ったのかについても勉強しましょう。もちろん歴史的な背景についても考えてみなければなりませんね。また、ⓑ各時代に合わせて家という建築物がどのような形をしていたかについての課題も出すつもりです。ⓒそして、何よりも、家の構造と特徴が人々の生活にどのような影響をもたらしているのかを調べてみることが大切な課題となるでしょう。皆さんが建築に対して興味をもてるように、色々面白い映像も紹介する予定ですから、みんなで楽しい授業にしていきましょう。

先生は、このクラスの最も重要な目標は何だと言っていますか。

1 家を建てる方法と起源
2 地域による家の構造の違い
3 時代に応じた建築の特徴
4 家の造りと生活の関連性

대학의 신입생 오리엔테이션에서 선생님이 이야기하고 있습니다. 선생님은 이 수업의 가장 중요한 목표는 무엇이라고 말하고 있습니까?

M 집이라는 것은 예전에도 지금도 중요한 것으로 생각되고 있습니다. 이 수업에서는 먼저, 집을 짓는 형식과 특징에 관한 내용을 배워 나갈 것입니다. 그리고 ⓐ각 지역에 맞는 집 짓는 방법과 기원에 대해서, 또한 그것이 어떻게 변화되어 간 것인가에 대해서도 공부합시다. 물론, 역사적인 배경에 대해서도 생각하지 않으면 안 되겠죠. 또한 ⓑ각 시대에 맞게 집이라는 건축물이 어떤 형태를 하고 있었는지에 대한 과제도 낼 생각입니다. ⓒ그리고 무엇보다 집의 구조와 특징이 사람들의 생활에 어떤 영향을 가져오고 있는지를 알아보는 것이 중요한 과제가 되겠죠. 여러분이 건축에 대해서 흥미를 가질 수 있도록 여러 가지 재미있는 영상도 소개할 예정이니, 모두 즐거운 수업으로 만들어 갑시다.

선생님은 이 수업의 가장 중요한 목표는 무엇이라고 말하고 있습니까?

1 집을 짓는 방법과 기원
2 지역에 따른 집의 구조와 차이
3 시대에 따른 건축의 특징
4 집의 구조와 생활의 연관성

[풀이]

ⓐ지역에 따라 집을 짓는 방법과 기원, 변화에 대해서 공부한다고 말하고 있다. 지역에 따른 집의 구조와 차이에 관한 언급은 없기 때문에, 선택지 2번은 정답이 될 수 없다. ⓑ시대에 따른 건축의 특징에 대한 과제도 낸다고 말하고 있다. ⓒ무엇보다도 집의 구조와 특징이 생활에 어떤 영향을 주는지가 가장 중요하다고 말하고 있기 때문에, 정답은 선택지 4번이다. 선택지 1번과 3번에 관한 언급도 있지만, 가장 중요하다는 내용은 없기 때문에 정답이 될 수 없다.

[단어]

最も 가장 | 建てる 세우다, 짓다 | 形式 형식 | 特徴 특징 | ～に関する ～에 관한 | 合わせる 맞추다 | 起源 기원 | ～について ～에 대해서 | 歴史 역사 | 背景 배경 | 建築 건축 | 整える 갖추다, 정돈하다 | 構造 구조 | 影響 영향 | ～に対して ～에 대해서 | 映像 영상 | ～による ～에 의한(따른) | 応じる 응하다, 따르다 | 関連 관련

7番

講演会で男の人が話しています。折り紙が流行している一番の理由は何だと言っていますか。

강연회에서 남자가 이야기하고 있습니다. 종이 접기가 유행하고 있는 가장 큰 이유는 무엇이라고 말하고 있습니까?

M 最近、親の間で折り紙が流行っているそうです。ⓐ低コストの折り紙を通して子供たちに良い影響を与えるために始める親が多いですが、むしろ本人が楽しむ場合も多いそうです。このような現象に対して、あるリサーチ会社がアンケートを行った結果、興味深い事が分かりました。ⓑ折り紙は、子供の集中力や色彩感覚の向上、情緒面での安定などに良い影響を与えると言われています。ただ子供に折らせておくだけではなく、親が一緒にしたときに、より効果があるそうです。何を折るのかを子供に事前に説明してあげることも重要です。それによって、親はちゃんと子供に何かを教えている喜びと折り紙を子供と一緒に折ることで精神的な安定が得られるとのことです。精神的な安定が求められるのは、子供だけではないからでしょう。職場でのストレスも解消することができ、ⓒ子供と一緒に楽しい時間が過ごせるということが流行の最大の理由として分析されています。

M 요즘, 부모님들 사이에서 종이 접기가 유행하고 있다고 합니다. ⓐ적은 비용의 종이 접기를 통해서 아이들에게 좋은 영향를 주기 위해서 시작하는 부모님들이 많지만, 오히려 본인이 즐기게 되는 경우도 많다고 합니다. 이러한 현상에 대해서 어느 리서치 회사가 앙케트를 실시한 결과, 흥미로운 사실을 알 수 있었습니다. ⓑ종이 접기는 아이들의 집중력이나 색채 감각의 향상, 정서 면에서의 안정 등에 좋은 영향을 준다고 합니다. 단지 아이에게 종이를 접게 해 두는 것만이 아니라, 부모가 함께할 때 더욱 효과가 있다고 합니다. 무엇을 접는 것인지 아이에게 미리 설명을 해 주는 것도 중요합니다. 그것에 의해, 부모는 제대로 아이에게 무언가를 가르치고 있다는 기쁨과 종이 접기를 아이와 함께 하는 것으로 정신적인 안정을 얻을 수 있다고 합니다. 정신적인 안정이 요구되는 것은 아이뿐만이 아니기 때문이죠. 직장에서의 스트레스도 해소할 수 있고, ⓒ아이와 함께 즐거운 시간을 보낼 수 있다는 것이 유행의 최대 이유로 분석되고 있습니다.

折り紙が流行している一番の理由は何だと言っていますか。

종이 접기가 유행하고 있는 가장 큰 이유는 무엇이라고 말하고 있습니까?

1 子供の集中力を向上させるため

2 子供の情緒的な発達に役立つため

3 経済的に負担にならないため

4 子供と一緒に楽しく遊べるため

1 아이들의 집중력을 향상시키기 위해서

2 아이들의 정서적인 발달에 도움이 되기 때문에

3 경제적으로 부담이 되지 않기 때문에

4 아이와 함께 즐겁게 놀 수 있기 때문에

[풀이]

ⓐ종이 접기가 유행하는 이유로 비용이 적게 든다고 말하고 있고, ⓑ집중력과 정서적인 발달에 좋은 영향을 준다고 말하고 있다. 선택지 1번과 2번, 3번 모두 종이 접기가 유행하고 잇는 이유에 대해서 언급을 하고 있지만, ⓒ최대 이유는 아이와 함께 즐거운 시간을 보낼 수 있다고 말하고 있기 때문에, 정답은 선택지 4번이다.

[단어]

講演会 강연회 ┃ 折り紙 종이 접기 ┃ 流行 유행 ┃ ～を通して ～를 통해서 ┃ 影響 영향 ┃ 与える 주다 ┃ 現象 현상 ┃ ～に対して ～에 대해서 ┃ 行う 행하다, 실시하다 ┃ 集中力 집중력 ┃ 色彩 색채 ┃ 感覚 감각 ┃ 向上 향상 ┃ 情緒 정서 ┃ 安定 안정 ┃ 精神 정신 ┃ 求める 요구하다, 요청하다 ┃ 職場 직장 ┃ 解消 해소 ┃ 役立つ 도움이 되다 ┃ 経済 경제 ┃ 負担 부담

問題 3

問題3では、問題用紙に何も印刷されていません。この問題は、全体としてどんな内容かを聞く問題です。話の前に質問はありません。まず話を聞いてください。それから、質問とせんたくしを聞いて、1から4の中から、最もよいものを一つ選んでください。では練習しましょう。

문제3에서는 문제 용지에 아무것도 인쇄되어 있지 않습니다. 이 문제는 전체로서 어떤 내용인지를 묻는 문제입니다. 이야기 전에 질문은 없습니다. 먼저 이야기를 들어 주세요. 그러고 나서 질문과 선택지를 듣고 1부터 4 중에서 가장 알맞은 것을 하나 고르세요.

그럼 연습하겠습니다.

例

講演会で男の人が話しています。

강연회에서 남자가 이야기하고 있습니다.

M 最近、言葉を略すことについての討論が話題になっています。言葉はきれいに使わないといけない、若者の略した言葉遣いは無礼だ、略語とは言語破壊活動だといった反対意見。これに対して、言葉は時代によって変化するものだ、今使われている言葉と昔の言葉とは大変差がある、無駄な時間を無くしてくれるからより効果的だといった賛成意見。いずれの意見にもちゃんとした理由を挙げています。私、個人的には賛成でも反対でもありません。今盛り上がっている略語よりは人と話している時の表情について考える必要があると思っています。いくらきれいな言葉を使っていても、丁寧ではない態度を示しているときれいに見えるはずはないでしょう。

M 최근 말을 생략하는 것에 대한 토론이 화제가 되고 있습니다. 말은 예쁘게 사용하지 않으면 안 된다, 젊은 사람들의 생략하는 말투는 무례하다, 약어는 언어 파괴 활동이라고 하는 반대 의견. 이것에 대해서, 언어는 시대에 따라서 변화하는 것이나, 지금 사용되고 있는 말과 옛날 말과는 큰 차이가 있다, 쓸데없는 시간을 없애 주기 때문에 보다 효과적이라고 하는 찬성 의견. 어느 쪽이나 확실한 이유를 들고 있습니다. 저 개인적으로는 찬성도 반대도 아닙니다. 지금 비등되고 있는 약어보다는 다른 사람과 이야기할 때의 표정에 대해서 생각할 필요가 있는 것 같습니다. 아무리 예쁜 말을 쓰고 있더라도, 정중하지 않은 태도를 보이고 있으면 예쁘게 보일 리가 없겠죠.

<table>
<tr><td>

男の人は何について話していますか。

1 略語の由来

2 略語の背景

3 会話の姿勢

4 会話の効果

</td><td>

남자는 무엇에 대해서 이야기하고 있습니까?

1 약어의 유래

2 약어의 배경

3 대화의 자세

4 대화의 효과

</td></tr>
</table>

最もよいのは３番です。解答用紙の問題３の例のところを見てください。最もよいものは３番ですから、答えはこのように書きます。

では始めます。

가장 알맞은 것은 3번입니다. 해답 용지의 문제3의 [예] 부분을 봐 주세요. 가장 알맞은 것은 3번이므로 답은 이렇게 씁니다.

그럼 시작하겠습니다.

1番

<table>
<tr><td>

テレビで女の人が話しています。

F ⓐ先月の外務省の調査結果で、最近10年の間、外国へ行く日本人留学生の数が減少しつつあることが分かりました。この調査結果について、ⓑ専門家たちは円高現象と国際的な情勢の変化を原因として挙げています。なお、ⓒ若者の消極的な態度と安定志向的なライフスタイルがこのような現象をもたらしたという批判の声も出ています。つまり、若者の競争力不足と安逸な人生への姿勢が、日本の発展に支障を与えるという意見なのです。しかし、それだけでしょうか。ⓓ留学経験が就職に不利になってしまう企業の採用パターンや経済不況から生じる家計への負担などによる原因も考えるべきではないでしょうか。ⓔ留学生の数の減少をより多角的な観点で捉えなければならないと思います。単に若者の生き方の問題ではなく、社会の構造や国家レベルでの対処を考慮してこそ、このような現象の解決策への道が見つけられると思います。

女の人は、何について話していますか。

</td><td>

TV에서 여자가 이야기하고 있습니다.

F ⓐ지난달의 외무성(외교부) 조사 결과로, 최근 10년 동안 외국에 가는 일본인 유학생 수가 계속 감소하고 있다는 것을 알 수 있었습니다. 이 조사 결과에 대해서 ⓑ전문가들은 엔고 현상과 국제적인 정세의 변화를 원인으로 들고 있습니다. 또한 ⓒ젊은 사람들의 소극적인 태도와 안정 지향적인 라이프 스타일이 이러한 현상을 초래했다는 비판의 소리도 나오고 있습니다. 즉 젊은 사람들의 경쟁력 부족과 안일한 삶의 자세가 일본의 발전에 지장을 준다는 의견이라는 것입니다. 하지만 그것뿐일까요? ⓓ유학의 경험이 취직에 불리해져 버리는 기업의 채용 패턴과 경제 불황에서 생기는 가계의 부담 등에 의한 원인도 생각해야 하지 않을까요? ⓔ유학생 수의 감소를 보다 다각적인 관점에서 인식해야 한다고 생각합니다. 단순히 젊은 사람들의 삶의 방식의 문제가 아니라, 사회 구조나 국가 차원에서의 대처를 고려해야만 이러한 현상의 해결책으로의 길을 발견할 수 있을 것입니다.

여자는 무엇에 대해서 이야기하고 있습니까?

</td></tr>
</table>

1 円高現象と日本企業の採用方針

2 外国で勉強する人の減少の原因

3 若い人の消極的な生活スタイル

4 長期的な不況による留学の負担

1 엔고 현상과 일본 기업의 채용 방침

2 외국에서 공부하는 사람의 감소 원인

3 젊은 사람들의 소극적인 생활 스타일

4 장기적인 불황에 의한 유학의 부담

[풀이]

ⓐ외국으로 가는 일본인 유학생의 감소에 대해서 말하고 있다. ⓑ그 원인으로, 전문가들은 엔고 현상과 국제 정세의 변화. ⓒ젊은 사람들의 소극적인 태도를 언급하고 있다. ⓓ필자는 유학이 불리하게 작용되는 기업의 채용 패턴과 경제 불황에 의한 가계의 부담도 원인으로고 주장하고 있다. ⓔ유학생의 수가 감소하는 이유에 대해서 다각적인 관점이 필요하다고 말하고 있다. 따라서 정답은 선택지 2번이다.

[단어]

~つつある ~하고 있다. ~중이다 | ~について ~에 대해서 | 円高 엔고(엔화 강세) | 現象 현상 | 情勢 정세 | ~として ~(으)로서 | 挙げる (예로) 들다 | 消極的 소극적 | 態度 태도 | 志向 지향 | 批判 비판 | 競争 경쟁 | 安逸 안일 | 支障 지장 | 就職 취직 | 採用 채용 | 不況 불황 | 生じる 발생하다, 생기다 | 家計 가계 | 負担 부담 | 観点 관점 | 捉える 인식하다, 파악하다 | 構造 구조 | 対処 대처 | 考慮 고려 | 解決策 해결책 | ~による ~에 의한(따른)

2番

<table>
<tr><td>

ラジオで電気会社の社長が話しています。

M 最近はいろいろ便利な機能を持った電気製品が増えていますね。ええと、氷が出てくる冷蔵庫とか、風を出さなくても涼しくなる扇風機やエアコンなど。ⓐ今までわが社は忙しい現代社会における暮らしの質を高めることに努めてまいりました。快適さと便利さをモットーにして今後も精進していくつもりです。一方で、ⓑ以前から使われてきた古い製品がどんどん姿を消しているのも否定できない現実です。幼い頃、家族みんな集まって一緒に聞いていたラジオ。世間の人々の話を聞きながら感動したり怒ったりしたこともありました。冬になると、こたつに入ってすき焼きを食べながら、友人と歓談したこと。どんどん消えて行く物に込められた子供の頃の思い出が懐かしいですね。ⓒ今すぐは無理ですが、いつか過去の郷愁を蘇らせる製品を、ぜひ作ってまいりたいと思います。

男の人は、電気製品についてどう考えていますか。

</td><td>

라디오에서 전기 회사의 사장님이 이야기하고 있습니다.

M 최근에는 여러 가지 편리한 기능을 가진 전기 제품이 늘어나고 있지요. 얼음이 나오는 냉장고나 바람을 내지 않고도 시원해지는 선풍기나 에어컨 등. ⓐ지금까지 저희 회사는 바쁜 현대 사회에서 생활의 질을 높이는 것에 노력해 왔습니다. 쾌적함과 편리함을 모토로 해서 앞으로도 정진해 나갈 예정입니다. 한편, ⓑ예전부터 사용해 온 오래된 제품들이 점점 모습을 감추고 있는 것도 부정할 수 없는 현실입니다. 어린 시절 가족이 모두 모여서 함께 듣던 라디오. 세상 사람들의 이야기를 들으면서 감동하거나 화를 내거나 한 적도 있었습니다. 겨울이 오면 고타쓰에 들어가서 전골을 먹으며 친구들과 즐겁게 이야기를 했던 것. 점점 사라져 가는 물건에 담겨진 어린 시절의 추억이 그립네요. ⓒ지금 당장은 무리지만, 언젠가 과거의 향수를 되살릴 수 있는 제품을 꼭 만들어 가고 싶습니다.

남자는 전기 제품에 대해서 어떻게 생각하고 있습니까?

</td></tr>
</table>

1 便利さを追求する製品が作りたい	1 편리함을 추구하는 제품을 만들고 싶다
2 若い人のための製品が作りたい	2 젊은 사람을 위한 제품을 만들고 싶다
3 今は消えてしまった製品が作りたい	3 지금은 사라져버린 제품을 만들고 싶다
4 過去のことが思い出せる製品が作りたい	4 과거를 떠올릴 수 있는 제품을 만들고 싶다

[풀이]

ⓐ지금까지 생활의 질을 높이는 편리한 제품을 만들어 왔다고 말하고 있기 때문에, 선택지 2번은 정답이 될 수 없다. ⓑ예전부터 사용해 온 제품들이 사라져 가는 것은 부정할 수 없는 현실이라고 언급하고 있지만, 그런 제품을 만들고 싶다는 언급은 없다. 따라서 선택지 3번도 정답이 아니다. ⓒ지금 당장은 힘들지만, 과거의 추억을 떠올릴 수 있는 제품을 만들고 싶다고 말하고 있기 때문에, 정답은 선택지 4번이다. 선택지 2번에 관한 언급은 없었다.

[단어]

機能 기능 | ～における ～(에서)의, ～의 경우의 | 努める 힘쓰다, 노력하다 | 快適な 쾌적한 | 精進 정진 | 消す 지우다, 감추다 | 否定 부정 | 幼い 어리다, 미숙하다 | 世間 세간, 세상 | すき焼き 전골(요리) | 歓談 환담(정답고 즐겁게 서로 이야기함) | 込める 담다 | 思い出 추억 | 懐かしい 그립다 | 郷愁 향수 | 蘇る 되살아나다, 소생하다 | 追求 추구

3番

テレビでリポーターが話しています。	TV에서 리포터가 이야기하고 있습니다.
F はい、皆さん。今私は「車人形」という人形劇で有名な八王子に来ています。ⓐ長い間人々に愛されてきたこの人形劇は後継者不足で、次第に消えて行くという現状でしたが、今はそんな現象を心配する必要がないほど、沢山の人が公演を見るために訪れています。インターネットの広報映像が爆発的なクリック件数を記録したのをきっかけに、週末を迎えて大勢の人がここ、八王子に向かっているとのことです。特に、日本国内だけでなく、海外からも沢山の観光客が訪れているということです。ⓑこんなに特別な反応を得ることができたのは、なんと小学生たちが人形を操っているからなんです。沢山の人の声援や要望に応えて、公演の延長を考えましたが、子供たちの疲れを心配する意見が多かったため、予定通り、今週末までの公演としたそうです。ⓒ伝統を大切に守っていこうとする子供たちの姿を、皆さんにもぜひ一度ご覧になっていただきたいですね。	F 네, 여러분. 지금 저는 '구루마닌교'라는 인형극으로 유명한 하치오지에 나와 있습니다. ⓐ오랫동안 사람들에게 사랑 받아 온 이 인형극은 후계자 부족으로 점점 사라지고 있는 상황이었지만, 지금은 그런 현상을 걱정할 필요가 없을 만큼 많은 사람들이 공연을 보기 위해 찾아오고 있습니다. 인터넷의 홍보 영상이 폭발적인 클릭 수를 기록한 것을 계기로 주말을 맞이하여 많은 사람들이 이곳, 하치오지로 향하고 있다고 합니다. 특히 일본 국내뿐만 아니라 해외에서도 많은 관광객들이 찾아오고 있다고 합니다. ⓑ이렇게 특별한 반응을 얻어 낼 수 있었던 것은 놀랍게도 초등학생들이 인형을 조종하고 있기 때문입니다. 많은 사람들의 성원과 요망에 따라서 공연의 연장을 생각했지만, 아이들의 피로를 걱정하는 의견이 많았기 때문에 예정대로 이번 주말까지의 공연으로 했다고 합니다. ⓒ전통을 소중하게 지켜 가려는 아이들의 모습을 여러분들도 꼭 한 번 보셨으면 좋겠네요.
リポーターは、何について伝えていますか。	리포터는 무엇에 대해서 전하고 있습니까?

1 伝統人形劇の魅力	1 전통 인형극의 매력
2 公演の成功の理由	2 공연의 성공 이유
3 伝統芸能の継承	3 전통 예능의 계승
4 子供人形劇の開発	4 어린이 인형극의 개발

[풀이]

ⓐ후계자 부족으로 점점 사라지고 있는 인형극이 큰 성공을 거두고 있다고 말하고 있다. ⓑ초등학생들이 인형을 조종하고 있는 것이 인기의 비결이라고 설명하고 있다. ⓒ전통을 지켜 가려는 아이들의 모습을 보러 왔으면 좋겠다고 말하고 있다. 따라서 리포터는 위기에 처한 전통 인형극이 성공한 이유에 대해서 말하고 있다는 것을 알 수 있고, 정답은 선택지 2번이다.

[단어]

人形劇 인형극 | 後継者 후계자 | 次第に 차츰, 점차 | 現状 현상, 상황 | 訪れる 찾아오다, 방문하다 | 広報 홍보 | 爆発 폭발 | 反応 반응 | 操る 조종하다 | 声援 성원 | ～に応えて 응하다, 부응하다 | 延長 연장 | ～通り ～대로 | 魅力 매력 | 継承 계승

4番

女の人が話しています。

F　私がアナウンサーになったのは、すべて祖母のおかげです。子供の頃から祖母と一緒に育ったことで、その影響をたくさん受けたのですが、特に祖母が読んでくれた新聞記事の内容があまりにも面白かったのです。また、祖母の声がとても落ち着いていて地震や火災などの災害に関する記事でも恐ろしいと感じませんでした。ⓐその記事を聞きながら成長するにつれて、自然にメディアへの関心が高まっていき、特に放送局の仕事に興味を持つようになりました。ⓑ個人の意見を出すことなく、事実を正確に伝えることができる声。アナウンサーになるために最も難しいことが声でした。声が高くてアナウンサーとしては適切ではないなどとも言われました。声のせいでたくさんの涙を流しました。今は亡くなった祖母の声を思い出しながら、癒されたり、そのための対策を立てたりすることができました。ⓒ時代が少し変わったためか、私の明るくて高い声が好きだとおっしゃってくださる視聴者の方々もおり、非常に感謝しております。ⓓ欠点を長所に変える努力をして、練習を続けていれば、皆さんにも間違いなく良いことが起こると思います。

여자가 이야기하고 있습니다.

F　제가 아나운서가 된 것은 모두 할머니 덕분입니다. 어린 시절부터 할머니와 함께 자랐기 때문에 그 영향을 많이 받았는데요, 특히 할머니가 읽어 준 신문 기사 내용이 너무 재미있었습니다. 또한 할머니의 목소리가 너무 차분해서 지진이나 화재 등의 재해에 관한 기사도 무섭다고 느끼지 않았습니다. ⓐ그 기사를 들으며 성장함에 따라서 자연스럽게 미디어에 대한 관심이 높아져 갔고, 특히 방송국의 일에 흥미를 가지게 되었습니다. ⓑ개인의 의견을 내는 것이 아니라, 사실을 정확하게 전달할 수 있는 목소리. 아나운서가 되기 위해서 가장 힘든 것이 목소리였습니다. 목소리가 높아서 아나운서로서는 적절하지 않다는 얘기도 들었습니다. 목소리 때문에 많은 눈물을 흘렸습니다. 지금은 돌아가신 할머니의 목소리를 떠올리면서 위로 받기도 하고 그것을 위한 대책을 세울 수도 있었습니다. ⓒ시대가 조금 변해서인지 저의 밝고 높은 목소리가 좋다고 말씀해 주시는 시청자 분들도 있어서 매우 감사하고 있습니다. ⓓ결점을 장점으로 바꾸는 노력을 하고 연습을 계속해 간다면, 여러분들에게도 틀림없이 좋은 일이 생길 겁니다.

女の人が最も伝えたいことは何ですか。

1 アナウンサーになったきっかけ
2 アナウンサーに必要な技術
3 時代の変化を利用する方法
4 困難を克服する姿勢

[풀이]

ⓐ아나운서가 된 계기와 ⓑ아나운서에게 필요한 것에 대해서 언급하고 있다. ⓒ시대의 변화를 이용하는 방법에 대한 소개는 없기 때문에, 선택지 3번은 정답이 될 수 없다. ⓓ단점을 장점으로 바꾸기 위해서 노력하는 것이 중요하다고 말하고 있으므로, 여자가 가장 전하고 싶은 것은 선택지 4번이다. 선택지 1번과 2번에 관한 언급도 있지만, 가장 전하고 싶은 내용이라고 보기는 힘들다.

[단어]

頃 무렵, 때 ┃ 落ち着く 침착하다, 차분하다 ┃ 災害 재해 ┃ 恐ろしい 두렵다, 무섭다 ┃ ～につれて ～에 따라서 ┃ 癒す 치유하다 ┃ 対策を立てる 대책을 세우다 ┃ 視聴者 시청자 ┃ 欠点 결점 ┃ 長所 장점 ┃ 努力 노력 ┃ きっかけ 계기 ┃ 技術 기술 ┃ 克服 극복

5番

講演会で男の人が話しています。

M 我々人間が感じられる味は、甘味、塩味、苦味、そして酸味です。しかし、ⓐ温度の変化につれて前述の4つの味をより豊かにすることも、抑制することもできます。ⓑ普通、温度が上昇するにつれて甘味はさらに増加され、塩味と苦味は減少されます。逆に温度が下がるにつれて塩味と苦味は強くなり、甘味は弱まる性質があります。そして、酸味は、温度の変化に大きく左右されないということです。このように、温度と味の関係を利用したら、食べ物をよりおいしく食べることができます。簡単な例を挙げますと、味噌汁を飲む時、温めて飲むときと冷めたまま飲むときにその味が違うことに気づいたことがあると思います。温かい時と、そうではない時とに感じる甘味と塩味が違うからです。

강연회에서 남자가 이야기하고 있습니다.

M 우리 인간이 느낄 수 있는 맛은 단맛, 짠맛, 쓴맛, 그리고 신맛입니다. 하지만 ⓐ온도의 변화에 따라서 앞에서 말한 네 가지 맛을 더욱더 풍부하게 하는 것도, 억제하는 것도 가능합니다. ⓑ보통 온도가 상승함에 따라서 단맛은 더욱 증가되고, 짠맛과 쓴맛은 감소됩니다. 반대로 온도가 내려감에 따라서 짠맛과 쓴맛은 강해지고, 단맛은 약해지는 성질이 있습니다. 그리고 신맛은 온도 변화에 크게 좌우되지 않는다고 합니다. 이와 같이 온도와 맛의 관계를 이용한다면 음식을 보다 맛있게 먹을 수 있습니다. 간단한 예를 들자면, 된장국을 먹을 때 따뜻하게 데워서 먹을 때와 식은 채 먹을 때에, 그 맛이 달랐던 것을 알아차린 적이 있을 것입니다. 따뜻할 때와 그렇지 않을 때에 느끼는 단맛과 짠맛이 다르기 때문입니다.

男の人は何について話していますか。

1 味と温度の関連性
2 温度による甘味の変化
3 温度の変化に関係ない酸味
4 甘味と塩味の比較

남자는 무엇에 대해서 이야기하고 있습니까?

1 맛과 온도의 관련성
2 온도 변화에 따른 단맛의 변화
3 온도 변화에 관계없는 신맛
4 단맛과 짠맛의 비교

[풀이]
ⓐ온도의 변화에 따라서 맛을 더 풍부하게 하거나 억제하는 것이 가능하다고 말하고 있다. ⓑ구체적으로 온도의 변화와 네 가지 맛의 변화를 설명하고 있다. 따라서 정답은 선택지 1번이다. 선택지 2번과 3번에 관한 언급이 있지만, 전체적인 내용을 묻는 문제의 형식을 생각한다면, 정답으로 보기에는 다소 부족함이 있다. 선택지 4번에 관한 언급은 없었다.

[단어]
講演会 강연회 | 甘味 단맛, 감미 | 塩味 짠맛 | 苦味 쓴맛 | 酸味 신맛, 산미 | 変化 변화 | 〜につれて 〜에 따라서, 〜와 더불어 | 豊か 풍부함, 풍족함 | 抑制 억제 | 上昇 상승 | 増加 증가 | 減少 감소 | 弱まる 약해지다 | 性質 성질 | 左右 좌우 | 例を挙げる 예를 들다 | 温める 따뜻하게 하다 | 冷める 식다 | 気づく 알아차리다, 깨닫다 | 関連 관련 | 比較 비교

6番

テレビで男の人と専門家が話しています。

M ⓐ最近の調査によると、歯を磨かない子供たちが、5年前に比べ15％増加しているそうです。歯ブラシを口に入れることに対する拒否感が強いというのが子供たちの回答の中で最も多かったそうですね。ところで、歯ブラシはどのようにして作られたのでしょうか。

F ⓑ人類が初めて歯を磨き始めたのは、なんと、紀元前5000年までに遡ります。その頃は、木の枝を噛んで、柔らかい繊維状になった木の棒を今の歯ブラシのように使用していました。紀元前3000年頃にはヤシの木と火打ち石、蜂蜜を混合して、現在の言葉で言う歯磨き粉を作ったと知られています。

M あ、木の枝が歯ブラシの始まりだったんですね。それでは、今のような形の歯ブラシが作られたのはいつごろでしょうか。

F ⓒ16世紀の中国の寒い地方で、飼っていた豚の毛を、竹や骨で作った長い棒に刺して作られたものだと推定されています。このような品物を、中国の商人たちがヨーロッパの人に紹介したのが始まりだそうです。ⓓ19世紀に入って、動物の毛が細菌を繁殖させるという研究結果とナイロンの発明とが相まって、今の歯ブラシの姿になったのです。

二人は、何について話していますか。

TV에서 남자와 전문가가 이야기하고 있습니다.

M ⓐ최근 조사에 따르면 이를 닦지 않는 아이들이 5년 전에 비해서 15% 증가했다고 합니다. 칫솔을 입에 넣는 것에 대한 거부감이 강하다는 것이 아이들의 응답 중에서 가장 많았다고 하네요. 그런데 칫솔은 어떻게 해서 만들어진 것일까요?

F ⓑ인류가 처음 양치질을 시작한 것은 무려 기원전 5,000년까지 거슬러 올라갑니다. 그 시절에는 나뭇가지를 씹어서 부드러운 섬유질 형태가 된 나무 막대기를 지금의 칫솔처럼 사용하고 있었습니다. 기원전 3,000년경에는 야자나무와 부싯돌, 꿀을 혼합해서 현재 사용하는 말로 치약을 만들었다고 알려져 있습니다.

M 아, 나뭇가지가 칫솔의 시작이었군요. 그럼, 지금과 같은 모습의 칫솔이 만들어진 것은 언제쯤인가요?

F ⓒ16세기 중국의 추운 지방에서 기르고 있던 돼지의 털을 대나무나 뼈로 만든 긴 막대기에 박아서 만들어진 것으로 추정되고 있습니다. 이러한 물건을 중국의 상인들이 유럽 사람에게 소개한 것이 시작이라고 합니다. ⓓ19세기에 들어서서 동물의 털이 세균을 번식시킨다는 연구 결과와 나일론의 발명이 어우러져 지금의 칫솔 모습이 된 것이죠.

두 사람은 무엇에 대해서 이야기하고 있습니까?

1 子供たちの歯の健康状態	1 아이들의 치아 건강 상태
2 中国の歯ブラシの変化	2 중국의 칫솔의 변화
3 歯ブラシの起源と変遷	**3 칫솔의 기원과 변천**
4 奇跡の歯ブラシの発明	4 기적의 칫솔의 발명

[풀이]

ⓐ는 아이들이 이를 닦지 않는 이유에 관한 내용이므로, 선택지 1번은 정답이 아니다. ⓑ기원전 5000년의 칫솔의 기원에 대해서 언급하고 있고, ⓒ16세기 칫솔에 대한 소개와 ⓓ19세기 칫솔에 대한 내용을 언급하고 있다. 따라서 정답은 선택지 3번이다. 선택지 2번과 4번에 관한 언급은 없었다.

[단어]

～によると ～에 의하면, 따르면 ▎磨く 닦다, 갈다 ▎拒否感 거부감 ▎回答 회답, 응답 ▎遡る 거슬러 올라가다 ▎噛む 씹다, 물다 ▎柔らかい 부드럽다 ▎繊維質 섬유질 ▎火打ち石 부싯돌 ▎蜂蜜 벌꿀, 꿀 ▎混合 혼합 ▎毛 털 ▎刺す 찌르다 ▎推定 추정 ▎細菌 세균 ▎繁殖 번식 ▎～について ～에 대해서 ▎健康 건강 ▎状態 상태 ▎起源 기원 ▎変遷 변천 ▎奇跡 기적

問題 4

問題4では、問題用紙に何も印刷されていません。まず文を聞いてください。それから、それに対する返事を聞いて、 1から3の中から、最もよいものを一つ選んでください。では練習しましょう。

문제4에서는 문제 용지에 아무것도 인쇄되어 있지 않습니다. 먼저 문장을 들어 주세요. 그러고 나서 그것에 대한 대답을 듣고, 1부터 3 중에서 가장 알맞은 것을 하나 고르세요. 그럼 연습하겠습니다.

例

F 今更行ったところで間に合わないよ。	F 이제 와서 가 봤자, 늦을 거야.
M 1 やっぱりそうだろう。仕方ないね。	**M 1 역시 그렇겠지. 어쩔 수 없네.**
2 いや、遅れて行くわけにはいかないだろう。	2 아니, 늦게 갈 수는 없지.
3 もうそろそろ帰ろうか。時間もぎりぎりだし。	3 이제 슬슬 집에 갈까? 시간도 아슬아슬하네.

最もよいのは1番です。解答用紙の問題4の例のところを見てください。最もよいものは1番ですから、答えはこのように書きます。では始めます。

가장 알맞은 것은 1번입니다. 해답 용지의 문제4의 [예] 부분을 봐 주세요. 가장 알맞은 것은 1번이므로 답은 이렇게 씁니다.

그럼 시작하겠습니다.

1番

F 中山商事との契約の件で、田中部長にお渡しいただきたい書類があるのですが。	F 나카야마 상사와의 계약 건으로, 다나카 부장님에게 건네 주셨으면 하는 서류가 있는데요.
M 1 わかりました。お渡しいただきます。	M 1 알겠습니다. 건네 주실 겁니다.
2 では、後々、こちらからご連絡いたします。	2 그럼, 나중에 저희 쪽에서 다시 연락 드리겠습니다.
3 かしこまりました。後ほど渡しておきます。	**3 알겠습니다. 나중에 건네 두겠습니다.**

[풀이] 다나카 부장님에게 서류를 건네 달라는 여자의 말에, 나중에 건네 두겠다고 답하는 선택지 3번이 정답이다.

[단어] 契約 계약 | 後ほど 조금 후에, 나중에

2番

M この値段、もう少し勉強してもらえませんか。	M 이 가격, 조금 더 싸게 해 줄 수 없을까요?
F 1 いいえ、そんなはずがないんです。 　2 これ以上は無理ですが。 　3 では、私も勉強します。	F 1 아니요, 그럴 리가 없습니다. 　2 이 이상은 무리입니다만. 　3 그럼, 저도 공부하겠습니다.

[풀이] 조금 더 싸게 해달라는 남자의 말에, 더 이상은 안 된다고 답하는 선택지 2번이 정답이다. 勉強가 '공부'라는 뜻 외에, 가격을 깎을 때 쓰는 표현이라는 것도 알아 두자.

[단어] 値段 가격 | 勉強 공부, 할인 | ～はずがない ～일 리가 없다

3番

M 佐藤さんの仕事ぶりには頭が下がりますね。	M 사토 씨의 일하는 모습에는 머리가 숙여지네요.
F 1 本当にお疲れ様でした。 　2 危ないので頭を下げてください。 　3 ええ、実に感心してしまいますね。	F 1 정말로 수고 많으셨습니다. 　2 위험하니 머리를 숙여 주세요. 　3 네, 정말 감탄하게 되네요.

[풀이] 頭が下がる는 상대방의 행동이나 모습 등이 훌륭해서 고개가 숙여진다는 뜻이다. 따라서 정답은 선택지 3번이다.

[단어] ～ぶり ～모습, ～태도 | 危ない 위험하다

4番

F 部長、この前の計画書、通ったそうです。	F 부장님, 지난번 계획서, 통과되었다고 합니다.
M 1 今度こそ通らせてみよう。ファイト！ 　2 うん、これからが本番だ。気を抜かないように。 　3 計画書は机の上に置いときました。	M 1 이번에야말로 통과시키자. 파이팅! 　2 응, 이제부터가 진짜야. 긴장을 늦추지 않도록. 　3 계획서는 책상 위에 올려 두었습니다.

[풀이] 계획서가 통과되었다는 여자의 말에, 이제부터가 진짜라고 답하는 선택지 2번이 정답이다.

[단어] 計画書 계획서 | 通る 통과하다 | 本番 정식, 실전 | 気を抜く 긴장을 늦추다

5番

M あのラジオ、捨てるぐらいなら僕が使いたかったのに。	M 저 라디오, 버릴 거라면 내가 쓰고 싶었는데.
F 1 遅れたら先に使っちゃうよ。 　 **2 もう故障ばかりしてたんだよ。** 　 3 物をそう簡単に捨てちゃだめよ。	F 1 늦으면 먼저 써 버릴 거야. 　 **2 계속 고장만 났어.** 　 3 물건을 그렇게 간단하게 버리면 안 돼.

[풀이] 라디오를 사용하고 싶었다는 남자의 말에, 고장이 나서 어쩔 수 없다고 답하는 선택지 2번이 정답이다.

[단어] 捨てる 버리다 | 遅れる 늦다 | 故障 고장

6番

F 今回のプロジェクトは水に流されちゃったみたい。	F 이번 프로젝트는 없던 일이 되어 버린 것 같아.
M **1 あんなに頑張って準備したのに。** 　 2 ここでは水を流してはいけません。 　 3 プロジェクトのことで、みんな、張り切ってますね。	M **1 그렇게 열심히 준비했는데.** 　 2 이곳에서는 물을 흘려 보내면 안 돼요. 　 3 프로젝트 일로 모두 힘이 넘치네요.

[풀이] 프로젝트가 무산되었다는 여자의 말에, 아쉬워하는 선택지 1번이 정답이다.

[단어] 水に流す 없었던 일로 하다 | 張り切る 힘이 넘치다

7番

M 何だ、この報告書。間違いだらけじゃない。	M 뭐야, 이 보고서. 실수투성이잖아.
F 1 はい、ミスしてはいけませんから。 　 2 新入社員じゃあるまいし、こんなミスは困るよ。 　 **3 申し訳ありません。やり直します。**	F 1 예, 실수해서는 안 되니까요. 　 2 신입 사원도 아니고, 이런 실수는 곤란해. 　 **3 죄송합니다. 다시 하겠습니다.**

[풀이] 보고서가 실수투성이라는 남자의 말에, 죄송하다고 답하는 선택지 3번이 정답이다.

[단어] だらけ 투성이 | ～じゃあるまいし ～도 아니고 | 申し訳ない 죄송하다, 미안하다 | ～直す 다시 ～하다

8番

F 今日はお客さんから散々文句言われちゃって。	F 오늘은 손님에게 심한 불평을 들었어.
M **1 うん？ 何か失敗でもしたわけ？** 　 2 こんな日ばっかりならいいけどね。 　 3 文句はよくないよ。我慢するのが勝ちさ。	M **1 응? 뭔가 실수라도 한 거야?** 　 2 이런 날만 있으면 좋겠네. 　 3 불평은 좋지 않아. 참는 게 이기는 거야.

[풀이] 손님에게 불평을 들었다는 여자의 말에, 실수라도 있었냐고 되묻는 선택지 1번이 정답이다.

[단어] 散々 몹시, 호되게 | 文句 불평 | ~ちゃう ~해 버리다(~てしまう의 축약 표현) | 失敗 실패, 실수 | 我慢 참음

9番

M この企画書、今日中に提出してもらえないとまず いんだけど。	M 이 기획서, 오늘 중으로 제출해 주지 않으면 안 되는데.
F 1 あ、企画書はすでにもらいました。 2 提出された書類は確認できます。 3 申し訳ありません。すぐに仕上げます。	F 1 아, 기획서는 이미 받았습니다. 2 제출하신 서류는 확인 가능합니다. 3 죄송합니다. 바로 마무리하겠습니다.

[풀이] 기획서를 오늘 중으로 제출해 달라는 남자의 말에, 바로 마무리하겠다는 선택지 3번이 정답이다.

[단어] 企画書 기획서 | 提出 제출 | 確認 확인 | 申し訳ない 죄송하다, 미안하다 | 仕上げる 완성하다, 마무리하다

10番

F そんなことで、わざわざ行くことはないと思うけど。	F 그런 일로, 일부러 갈 필요는 없을 것 같은데.
M 1 それでも直接行って確認した方がいいよ。 2 そうだよ、行かなくてよかった。 3 わざわざ来てくれてありがとう。	M 1 그래도 직접 가서 확인하는 것이 좋아. 2 맞아, 안 가길 잘했어. 3 일부러 와 줘서 고마워.

[풀이] 일부러 가지 않아도 될 것 같다는 남자의 말에, 직접 가서 확인하겠다고 말하는 선택지 1번이 정답이다.

[단어] わざわざ 일부러 | 直接 직접 | 確認 확인

11番

M あとで手が空いたら、これ手伝ってもらえる？	M 나중에 한가해지면 이것 좀 도와줄 수 있어?
F 1 はい。承知しました。 2 あのう、今はちょっと難しいようですが。 3 手が空いたら、言ってください。	F 1 네. 알겠습니다. 2 저어, 지금은 좀 어려울 것 같은데요. 3 한가하면 말해 주세요.

[풀이] 나중에 도와줄 수 있냐는 남자의 말에, 알겠다고 답하는 선택지 1번이 정답이다.

[단어] 手が空く 손이 비다(일이 끝나 틈이 나다) | 承知 알아들음, 승낙

12番

F 今日はバーゲンの最後の日だったけど、結局行かずじまいだった。	F 오늘 바겐세일 마지막 날이었는데, 결국 안 가고 말았네.
M 1 え？何か買ったの？ 2 え？何か買う物でもあったの？ 3 え？結局行ったの？	M 1 응? 뭔가 샀어？ 2 응? 뭔가 살 게 있었어？ 3 응? 결국 갔어？

[풀이] 결국 바겐세일에 가지 않았다는 여자의 말에, 뭔가 살 게 있었냐고 물어보는 선택지 2번이 정답이다.

[단어] ～ずじまい | ～하지 않고 끝냄

13番

M おかしいな。この時間にバスが来ないわけないのに。	M 이상하네. 이 시간에 버스가 오지 않을 리가 없는데.
F 1 このような状況で、一人で帰るわけにはいきませんよ。 2 そうだね。事故でもあったのかな。 3 あ、忙しいわけではありません。	F 1 이런 상황에 혼자서 집에 갈 수는 없어요. 2 그러네, 사고라도 났나？ 3 아, 바쁜 것은 아닙니다.

[풀이] 버스가 오지 않을 리가 없다는 남자의 말에, 동조하고 있는 선택지 2번이 정답이다.

※わけ와 ない를 이용한 세 가지 표현에 대해서도 알아 두자

- ～わけがない ～일 리가 없다
- ～わけにはいかない (간단히) ～할 수는 없다
- ～わけではない ～인 것은 아니다

[단어] 状況 상황

14番

F お客様、只今ご購入された製品の発送は、本日は難しいようですが、いかがいたしましょうか。	F 손님, 지금 구입하신 제품의 발송은, 오늘은 어려울 것 같은데, 어떻게 할까요？
M 1 大丈夫です。今日もらっていいですから。 2 では、いつもらえますかね。 3 何とか受けてもらえませんか。	M 1 괜찮습니다. 오늘 받아도 됩니다. 2 그럼, 언제 받을 수 있나요？ 3 어떻게든 받아줄 수 없나요？

[풀이] 지금 구입한 제품의 발송이 오늘은 어렵다는 점원의 말에, 언제 받을 수 있냐고 물어보는 선택지 2번이 정답이다.

[단어] 只今 지금, 방금 | 購入 구입 | 製品 제품 | 発送 발송

問題 5 では、長めの話を聞きます。この問題には練習はありません。問題用紙にメモをとってもかまいません。

문제5에서는 긴 이야기를 듣습니다. 이 문제에는 연습은 없습니다. 문제 용지에 메모를 해도 상관없습니다.

1番　2番

問題用紙に何も印刷されていません。まず話を聞いてください。それから、質問とせんたくしを聞いて、1から4の中から、最もよいものを一つ選んでください。では始めます。

1번　2번

문제 용지에 아무것도 인쇄되어 있지 않습니다. 먼저 이야기를 들으세요. 그러고 나서, 질문과 선택지를 듣고 1에서 4 중에서 가장 알맞은 것을 하나 고르세요. 그럼 시작하겠습니다.

1番

会社で男の先輩と女の後輩が話しています。

F　先輩、今度フランスからお客さんがいらっしゃることになったんですけど、どこかいい店、教えてもらえますか。

M　フランスから？　えーと、いくつか思いつく所はあるけど。そのお客さん、どんな物が好きで、どんな物が食べられないか、わかる？

F　別に食べられない物はないようです。あ、最近、健康に気を使っているとおっしゃってましたが。

M　そう？　それじゃ、肉より魚とか野菜中心の店がいいね。4つ候補があるんだけど。ⓐまず一番目の店は、「満腹」という店。元々焼肉の専門店なんだけど、ここのナス料理は本当に最高だよ。おいしくて有名なお店なんだ。予約すれば、静かな席で和やかな店の雰囲気を楽しみながらゆっくり食事ができるところ。そしてⓑ二番目は「奈良」という和食の有名な店。昔ながらの方法で調理された伝統的な和食を楽しめるところだよ。ここも個室があってゆっくり食事ができるよ。

F　ふ～ん、そうなんですか。

M　ⓒ三番目のお店は「天食」というところ。畳の部屋で食事が楽しめるから外国人にとっては特別に感じられると思う。シェフの腕も確かで、雰囲気も独特だから、観光客でいつも混んでいるところだよ。主に魚介類を扱っているんだ。

회사에서 남자 선배와 여자 후배가 이야기하고 있습니다.

F　선배님, 이번에 프랑스에서 손님이 오시기로 되었는데요, 어딘가 좋은 가게 가르쳐 줄 수 있나요?

M　프랑스에서? 흠, 몇 군데 떠오르는 곳은 있는데. 그 손님, 어떤 음식을 좋아하고, 어떤 음식을 못 먹는지 알아?

F　딱히 못 먹는 음식은 없는 것 같아요. 아, 요즘 건강에 신경을 쓰고 있다고 말씀하셨는데.

M　그래? 그럼, 고기보다는 생선이나 야채 중심의 가게가 좋겠네. 4개의 후보가 있는데. ⓐ우선 첫 번째 가게는 '만푸쿠'라는 가게. 원래는 불고기 전문점이지만, 이곳의 가지 요리는 정말 최고지. 맛있고 유명한 가게야. 예약하면 조용한 자리에서 부드러운 가게 분위기를 즐기면서 천천히 식사를 할 수 있는 곳이지. 그리고 ⓑ두 번째는 '나라'라는 일식으로 유명한 가게. 예전 그대로의 방법으로 조리된 전통적인 일식을 즐길 수 있는 곳이지. 여기도 독실이 있어서 느긋하게 식사할 수 있어.

F　음～, 그렇군요.

M　ⓒ세 번째 가게는 '덴쇼쿠'라는 곳. 다다미 방에서 식사를 즐길 수 있기 때문에, 외국인에게는 특별하게 느껴질 수 있을 거야. 셰프의 실력도 확실하고 분위기도 독특해서 관광객들로 항상 붐비는 곳이야. 주로 생선이나 해산물을 다루고 있어.

F でも、畳の部屋だと、正座ができない人にはきついですね。

M うん、そうかもしれないね。　もうひとついい店があるよ。ⓓ四番目の店だけど、季節料理を味わうことができる「花見」という店だよ。個室はないけど、静かな雰囲気で、少人数のお客しか受け付けない店。材料の新鮮さではこの店と肩を並べるところはないと思う。肉料理も魚料理もおいしいよ。

F へえ。えーと、そうですね。ⓔやっぱり肉を扱わない店のほうがいいかな。季節料理もいいと思うけど、せっかく日本にいらっしゃるんだから、個室でゆっくり日本の伝統料理を味わっていただきたいし。正座だと、お料理をゆっくり味わえないと思うし、あの店を予約してみます。

女の人は、どの店を予約するつもりですか。

F 그런데 다다미 방이라면 무릎을 꿇고 앉을 수 없는 사람에게는 힘들겠네요.

M 응, 그럴지도 모르겠네. 또 하나 좋은 가게가 있어. ⓓ네 번째 가게인데, 계절 요리를 맛볼 수 있는 '하나미'라는 가게야. 독실은 없지만 조용한 분위기에서 소수의 손님밖에 받지 않는 가게. 재료의 신선함으로 이 가게를 따라올 수 있는 곳은 없다고 생각해. 고기 요리도 생선 요리도 맛있어.

F 아~. 그렇군요. ⓔ역시 고기를 취급하지 않는 가게가 좋을 것 같아요. 계절 요리도 좋을 것 같지만, 모처럼 일본에 오시는 거니까, 독실에서 여유롭게 일본의 전통요리를 맛보셨으면 좋겠고. 무릎을 꿇고 앉아서는 요리를 느긋하게 맛볼 수 없을 것 같고, 그 가게를 예약해 볼게요.

여자는 어떤 가게를 예약합니까?

1 満腹
2 奈良
3 天食
4 花見

1 만푸쿠
2 나라
3 덴쇼쿠
4 하나미

[풀이]

ⓐ는 선택지 1번, ⓑ는 선택지 2번, ⓒ는 선택지 3번, ⓓ는 선택지 4번에 관한 내용을 각각 언급하고 있다. ⓔ고기를 취급하지 않고, 독실이 있는 것과 무릎을 꿇고 앉지 않아도 되는 곳을 예약한다고 말하고 있다. 따라서 정답은 선택지 2번이다.

[단어]

浮かぶ 뜨다, 떠오르다 | 気を使う 신경을 쓰다 | 候補 후보 | 和やかな 부드러운, 포근한 | 和食 일식 | 調理 조리 | 伝統 전통 | 個室 독실 | ~にとって ~에(게) 있어서 | 腕 팔, 솜씨 | 独特 독특 | 魚介類 어패류(생선이나 해산물) | 扱う 다루다, 취급하다 | 正座 정좌(무릎을 꿇고 단정하게 앉음) | 味わう 맛보다 | 新鮮 신선 | 肩を並べる 어깨를 나란히 하다(비견하다)

宅配会社の会議で３人が話しています。

M1 最近、配送の遅れで、お客さんから不満の声が多いんだが。何かいい対策はないかな？

M2 「配達の希望時間が、ちょうど道路が渋滞する時間と重なってしまうから」とドライバーさんたちは言っていますが。出勤前とか退社後の時間に配達を希望されるお客様が多いですからね。

M1 そっか。

F あのう、ⓐ宅配の届く時間を会社のほうで決めておくのはどうでしょうか。渋滞の時間を避けて品物を配達するわけです。

M1 ふーん、時間を会社のほうで調整するのか。

M2 それより、宅配の運転手さんたちの出勤時間を一時間早くするのはどうでしょうか。朝の渋滞に巻き込まれる前に荷物を積み込んで出発するのなら、渋滞の時間を避けることができると思います。

M1 ⓑ一時間早めることで渋滞を避けられるかな。しかも、ドライバーさんの出勤時間を調整するのはちょっとな……。

M2 ああ、そうですかね……。

F では、現在行っている当日配送の価格を少し引き上げるのはどうでしょうか。お客さんの不満のほとんどは当日配送を望むお客さんから出ていますので。値段をあげれば、一般配送の希望者が増えるんじゃないでしょうか。

M1 ⓒ値段を引き上げるのは慎重に考えなければならないんだ。ライバル会社との価格競争で水を開けられるかもしれないから。しかも、速くて安全な配送が基本の我が社の経営方針にも合わない。

F それもそうですね。

M2 あのう、宅配のルートを変えてみるのはどうでしょうか。今のルートは５年前に決められて以来、一度も変わったことがなかったんです。以前とは違って渋滞のところが変わっている場合もあると思うので、ドライバーさんたちにリサーチしてみます。

택배회사 회의에서 세 사람이 이야기하고 있습니다.

M1 요즘, 배송 지연으로 손님들에게서 불평이 많은데. 뭔가 좋은 대책 없을까?

M2 "택배 희망 시간이 마침 도로가 정체되는 시간과 맞물려 버리기 때문"이라고 기사들은 말하고 있습니다. 출근 전이나 퇴근 후의 시간에 배달을 희망하시는 손님이 많기 때문이죠.

M1 그래?

F 저어, ⓐ택배 도착 시간을 회사 측에서 정해 두는 것은 어떨까요? 정체 시간을 피해서 물건을 배달하는 거죠.

M1 음, 시간을 회사 쪽에서 조정하는 건가.

M2 그것보다 택배 기사들의 출근 시간을 한 시간 빨리 하는 것은 어떨까요? 아침의 정체에 말려들기 전에 물건을 싣고 출발한다면, 정체 시간을 피할 수 있을 것 같습니다.

M1 ⓑ한 시간 앞당기는 것으로 정체를 피할 수 있을까? 게다가 기사들의 출근 시간을 조정하는 것은 좀…….

M2 아아, 그렇군요…….

F 그럼, 지금 실시하고 있는 당일 배송의 가격을 조금 더 올리는 것은 어떨까요? 손님들의 불만의 대부분이 당일 배송을 원하는 손님에게서 나온 것이니까요. 가격을 올리면 일반 배송 희망자가 늘어나지 않을까요?

M1 ⓒ가격을 올리는 것은 신중하게 생각해야 해. 경쟁사들과의 가격 경쟁에서 밀리게 될지도 모르니까. 게다가 빠르고 안전한 배송이 기본인 우리 회사의 경영 방침에도 맞지 않아.

F 그것도 그렇군요.

M2 저어, 택배의 루트를 바꿔 보는 것은 어떨까요? 지금 루트는 5년 전에 결정된 이후, 한 번도 바뀐 적이 없었습니다. 예전과는 다르게 정체되는 장소가 바뀐 경우도 있을 것 같고, 기사들에게 설문 조사를 해 보겠습니다.

M1 それはいいね。ドライバーさんの研修をもう一度することで。ⓓ安全で迅速なルートを調査してみよう。ただ、それは今すぐできることではないから、少し時間を置いて進めることにしよう。ⓔ直前の問題として、今は、やっぱり、お客様のご希望の時間帯の配達だから、そちらの方向でもう少し詰めてみよう。

M1 그거 좋네. 기사들에게 연수를 다시 한 번 하는 것으로. ⓓ안전하고 빠른 루트를 조사해 보자. 다만, 지금 당장 가능한 일은 아니니까, 조금 시간을 두고 진행하도록 하자. ⓔ당면한 문제로서, 지금은 역시 손님의 희망 시간대 배달이니까 그쪽 방향으로 조금 더 좁혀 보자.

今の問題を解決するために、まず何をしますか。

지금의 문제를 해결하기 위해서 우선 무엇을 합니까?

1　配送時間の調整
2　出勤時間の調整
3　配送価格の調整
4　配送ルートの調整

1　배송 시간 조정
2　출근 시간 조정
3　배송 가격 조정
4　배송 루트 조정

[풀이]

ⓐ택배 도착 시간을 정해 두자는 의견이 나오고 있다. ⓑ기사들의 출근 시간 조정에 관한 의견과 ⓒ가격을 올리는 의견에 대해서는 부정적인 반응을 하고 있기 때문에, 선택지 2번과 3번은 정답이 아니다. ⓓ배송 루트를 조정하는 것은 시간을 두고 진행하자고 했으므로 선택지 4번도 정답이 아니다. ⓔ배송 시간대 조정에 대한 의견을 진행하게 되었기 때문에, 정답은 선택지 1번이다.

[단어]

宅配 택배 ▎配送 배송 ▎対策 대책 ▎希望 희망 ▎渋滞 정체 ▎重なる 겹치다 ▎届く 닿다. 도달하다 ▎避ける 피하다 ▎巻き込む 말려들게 하다. 연루되게 하다 ▎積み込む 화물을 싣다 ▎調整 조정 ▎引き上げる 끌어올리다. 인상하다 ▎競争 경쟁 ▎水を開ける 경쟁 상대를 떼어놓다 ▎経営 경영 ▎方針 방침 ▎研修 연수 ▎迅速 신속

まず話を聞いてください。それから、二つの質問を聞いて、それぞれ問題用紙の 1 から 4 の中から、最もよいものを一つ選んでください。では始めます。

먼저, 이야기를 들어 주세요. 그러고 나서, 두 질문을 듣고 각각 문제 용지의 1에서 4 중에서 가장 알맞은 것을 하나 고르세요.

그럼 시작합니다.

テレビを見ながら、男の人と女の人が話しています。	TV를 보면서 남자와 여자가 이야기하고 있습니다.

F1 今日は「自動車の未来」について話をさせていただきます。未来の自動車は、全ての点において今の自動車よりさらに勝る性能を兼ね備えることになるそうです。その中で最も期待できる四つの特徴について紹介をしてみましょう。ⓐ一番目の機能は、無人運転システムです。ドライバーが直接運転しなくても自動車が自動で目的地まで安全に運転してくれるのです。長距離、長時間の走行にこれ以上悩まされることはありません。ⓑ二番目は代替燃料の登場です。今使用している石油を利用せず、環境に優しい燃料の利用が可能になるのです。現在も、主に電気が新しいエネルギーとして電気自動車が実用化されておりますが、走行距離も短く、充電できるスタンドも少なくて、充電にも時間がかかってしまいます。しかし、未来の電気自動車は一回の充電で日本全域を一周できるほどになるとのことです。ⓒ三番目は車輪の変化です。駐車する時、狭い空間に入れるためには車を何度も操作しなければならない問題と、特に空間認知を苦手とする、女性やお年寄りにとって便利になることでしょう。現在、自動車の車輪の動きは限られていますが、未来の自動車は動きの制限がなく、自らが空間に合わせて駐車するようになるそうです。ⓓ四番目は車体の変化です。簡単に言えば、自動車のある部分がまるでコンピューターのスクリーンのようになります。トランクを開けたい時はトランクを指でタッチすればいい、走行中にも窓を触ると画面が表れてインターネット検索や映画も見られるようになるとのことです。皆さん本当に楽しみですね。

F1 오늘은 '자동차의 미래'에 대해서 이야기를 해 보겠습니다. 미래의 자동차는 모든 점에서 지금의 자동차보다 더욱 우수한 성능을 겸비하게 된다고 합니다. 그 중에서 가장 기대되는 네 가지 기능에 대해서 소개를 해 보겠습니다. ⓐ첫 번째 기능은 무인 운전 시스템입니다. 운전자가 직접 운전을 하지 않더라도 자동차가 자동으로 목적지까지 안전하게 운전해 주는 것입니다. 장거리, 장시간의 주행에 더 이상 시달릴 필요는 없습니다. ⓑ두 번째는 대체 연료의 등장입니다. 지금 사용하고 있는 석유의 힘을 이용하지 않고, 친환경 연료 이용이 가능해지는 것입니다. 현재도, 주로 전기가 새로운 에너지로서 전기 자동차가 실용화되어 있지만, 주행 거리도 짧고, 충전할 수 있는 주유소도 적고, 충전에도 시간이 걸립니다. 하지만 미래의 전기 자동차는 한 번 충전으로 일본 전역을 일주할 정도가 될 거라고 합니다. ⓒ세 번째는 차륜의 변화입니다. 주차를 할 때, 좁은 공간에 들어가기 위해서는 차를 몇 번이나 조작해야 하는 문제와 특히 공간의 인지 능력이 부족하다는 여성이나 노인들에게 있어서 편리한 것이 되겠죠. 현재, 자동차 차륜의 움직임은 제한되어 있지만, 미래의 자동차는 움직임의 제한이 없고, 스스로 공간에 맞추어 주차를 하게 된다고 합니다. ⓓ네 번째는 차체의 변화입니다. 간단하게 말하자면 자동차의 어떤 부분이 마치 컴퓨터 스크린처럼 됩니다. 트렁크를 열고 싶을 때에는 트렁크를 손가락으로 터치하면 되고, 주행 중에도 창문을 만지면 창문에 화면이 나타나서 인터넷 검색이나 영화도 볼 수 있게 된다고 합니다. 여러분 정말 기대되죠.

M へえ〜、すごいな〜。こんな車なら、僕も買いたいくらいだ。運転するとき、危ないこともなさそうだね。

F2 でも運転のときは寝ちゃだめよ。機械って、融通が効かないんだから。でも、環境を考えたエネルギー利用もそうだし、いい方向に開発されているみたいね。

M うん。長い時間運転するとき、疲れて退屈なのが一番つらいから、ⓔ車の中で、映画も見られて、ネット検索もできるんだったら、いいな。

F2 うん、面白そうね。トランク開けるのも楽そうだし。ⓕあたしにとって一番の悩みは車を動かすとき、止めてある他の車にぶつからないようにすることなのよね。それが嫌で車で通勤ができないのよ。道路も狭いし、車も多すぎるよ。だから、今度の車は魅力的だわね。

M うん、未来の自動車はそんな心配は全くないね。早くできたらいいなぁ。楽しみ〜。

M 우와~ 굉장하다. 이런 차라면 나도 사고 싶을 정도야. 운전할 때 위험할 일도 없을 것 같네.

F2 그래도 운전할 때는 자면 안 되지. 기계라는 건 융통성이 없으니까. 그래도 환경을 생각한 에너지 이용도 그렇고, 좋은 방향으로 개발되고 있는 것 같네.

M 응. 오랜 시간 운전할 때 피곤하고 지루한 것이 가장 괴로워. 저런 자동차라면 전혀 지루하지 않을 것 같아. 운전하지 않을 때, ⓔ차 안에서 영화도 볼 수 있고, 인터넷 검색도 할 수 있으면 좋네.

F2 응, 재미있을 것 같네. 트렁크 여는 것도 편할 것 같고. ⓕ나에게 가장 큰 걱정은 자동차를 움직일 때, 세워져 있는 자동차에 부딪치지 않도록 하는 거야. 그게 싫어서 자동차로 통근을 못하겠어. 도로도 좁고 차도 너무 많아. 그래서 이번 자동차는 매력적이지.

M 응, 미래의 자동차는 그럴 걱정은 전혀 없겠네. 빨리 만들어졌으면 좋겠다. 기대 돼~.

質問1） 女の人はどの機能が気に入りましたか。
1 「無人運転システム」
2 「代替燃料の登場」
3 「車輪の変化」
4 「車体の変化」

문제 1) 여자는 어떤 기능이 마음에 들었습니까?
1 무인 운전 시스템
2 대체 연료의 등장
3 차륜의 변화
4 차체의 변화

質問2） 男の人はどの機能が気に入りましたか。
1 「無人運転システム」
2 「代替燃料の登場」
3 「車輪の変化」
4 「車体の変化」

문제 2)남자는 어떤 기능이 마음에 들었습니까?
1 무인 운전 시스템
2 대체 연료의 등장
3 차륜의 변화
4 차체의 변화

[풀이]
ⓐ는 선택지 1번, ⓑ는 선택지 2번, ⓒ는 선택지 3번, ⓓ는 선택지 4번에 관한 내용이다. ⓕ여자는 자동차를 운전할 때 주차하는 것이 가장 큰 걱정이라고 말하고 있다. 따라서 [질문1]의 정답은 선택지 3번이다.
ⓔ남자는 차 안에서 영화를 볼 수 있고, 인터넷 검색도 할 수 있는 것이 좋다고 했다. 따라서 [질문2]의 정답은 선택지 4번이다.

[단어]
〜において 〜에서 | 機能 기능 | 走行 주행 | 代替 대체 | 燃料 연료 | 環境 환경 | 〜として 〜(으)로서 | 充電 충전 | 車輪 차륜 | 操作 조작 | 認知 인지 | 限る 한정하다, 제한하다 | 制限 제한 | 融通が効く 융통성이 있다 | 検索 검색

외국어 출판 40년의 신뢰
외국어 전문 출판 그룹
동양북스가 만드는 책은 다릅니다.

40년의 쉼 없는 노력과 도전으로 책 만들기에 최선을 다해온 동양북스는
오늘도 미래의 가치에 투자하고 있습니다.
대한민국의 내일을 생각하는 도전 정신과 믿음으로 최선을 다하겠습니다.

동양북스

📖 동양북스 추천 교재

회화 코스북

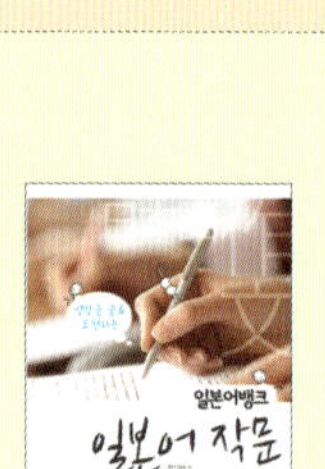

일본어뱅크 다이스키
STEP 1·2·3·4·5·6·7·8

일본어뱅크
좋아요 일본어 1·2·3·4·5·6

일본어뱅크 도모다찌
STEP 1·2·3

분야서

일본어뱅크
좋아요 일본어 독해 STEP 1·2

일본어뱅크
일본어 작문 초급

일본어뱅크
사진과 함께하는
일본 문화

일본어뱅크
항공 서비스 일본어

가장 쉬운 독학
일본어 현지회화

수험서

일취월장 JPT
독해·청해

일취월장 JPT
실전 모의고사 500·700

일단 합격하고 오겠습니다
JLPT 일본어능력시험
N1·N2·N3·N4·N5

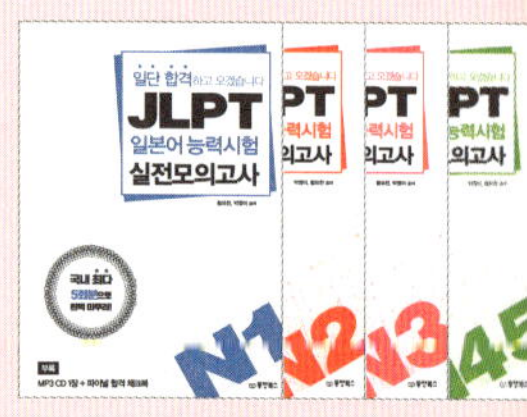

일단 합격하고 오겠습니다
JLPT 일본어능력시험
실전모의고사 N1·N2·N3·N4/5

단어·한자

특허받은
일본어 한자 암기박사

일본어 상용한자 2136
이거 하나면 끝!

일본어뱅크
좋아요 일본어 한자,

가장 쉬운 독학
일본어 단어장

일단 합격하고 오겠습니다
JLPT 일본어능력시험
단어장 N1·N2·N3

동양북스 추천 교재

중고급 학습

첫걸음 끝내고 보는
프랑스어
중고급의 모든 것

첫걸음 끝내고 보는
스페인어
중고급의 모든 것

첫걸음 끝내고 보는
독일어
중고급의 모든 것

첫걸음 끝내고 보는
태국어
중고급의 모든 것

첫걸음 끝내고 보는
베트남어
중고급의 모든 것

단어장

버전업! 가장 쉬운
프랑스어 단어장

버전업! 가장 쉬운
스페인어 단어장

버전업! 가장 쉬운
독일어 단어장

가장 쉬운 독학
베트남어 단어장

여행 회화

NEW 후다닥
여행 중국어

NEW 후다닥
여행 일본어

NEW 후다닥
여행 영어

NEW 후다닥
여행 독일어

NEW 후다닥
여행 프랑스어

NEW 후다닥
여행 스페인어

NEW 후다닥
여행 베트남어

NEW 후다닥
여행 태국어

수험서 · 교재

한 권으로 끝내는 DELE
어휘 · 쓰기 · 관용구편 (B2~C1)

수능 기초 베트남어
한 권이면 끝!

버전업!
스마트 프랑스어

일단 합격하고 오겠습니다
독일어능력시험
A1 · A2 · B1 · B2

새로운 도서, 다양한 자료 동양북스 홈페이지에서 만나보세요!

www.dongyangbooks.com
m.dongyangbooks.com

홈페이지 도서 자료실에서 학습자료 및 MP3 무료 다운로드

PC

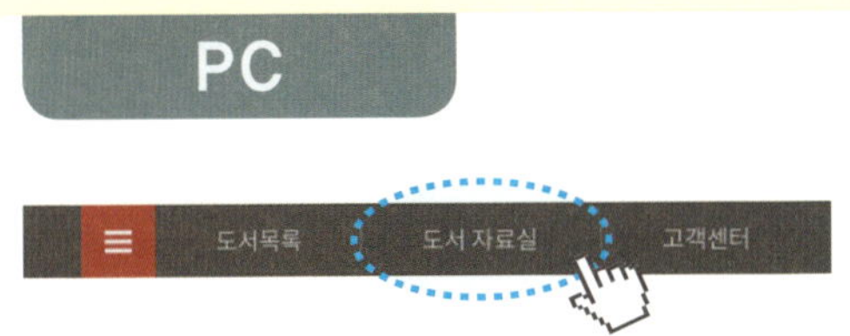

❶ 홈페이지 접속 후 **도서 자료실** 클릭
❷ **하단 검색 창**에 검색어 입력
❸ MP3, 정답과 해설, 부가자료 등 첨부파일 다운로드
　* 원하는 자료가 없는 경우 '요청하기' 클릭!

MOBILE

* 반드시 '인터넷, Safari, Chrome' App을 이용하여 홈페이지에 접속해주세요. (네이버, 다음 App 이용 시 첨부파일의 확장자명이 변경되어 저장되는 오류가 발생할 수 있습니다.)

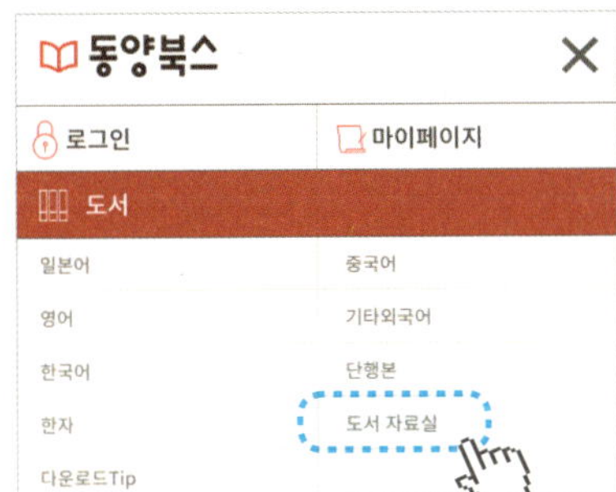

❶ 홈페이지 접속 후 ☰ 터치
❷ **도서 자료실** 터치

❸ **하단 검색창**에 검색어 입력
❹ MP3, 정답과 해설, 부가자료 등 첨부파일 다운로드
　* 압축 해제 방법은 '다운로드 Tip' 참고

미래와 통하는 책

가장 쉬운 독학
일본어 첫걸음
14,000원

버전업! 굿모닝
독학 일본어 첫걸음
14,500원

일단 합격하고 오겠습니다
JLPT 일본어능력시험 N3
26,000원

일본어 100문장 암기하고
왕초보 탈출하기
13,500원

가장 쉬운 독학
중국어 첫걸음
14,000원

가장 쉬운 중국어
첫걸음의 모든 것
14,500원

일단 합격 新HSK
한 권이면 끝! 4급
24,000원

중국어
지금 시작해
14,500원

영어를 해석하지 않고
읽는 법
15,500원

미국식
영작문 수업
14,500원

세상에서 제일 쉬운
10문장 영어회화
13,500원

영어회화
순간패턴 200
14,500원

가장 쉬운 독학
베트남어 첫걸음
15,000원

가장 쉬운 독학
프랑스어 첫걸음
16,500원

가장 쉬운 독학
스페인어 첫걸음
15,000원

가장 쉬운 독학
독일어 첫걸음
17,000원